集刊 集人文社科之思 刊专业学术之声

集 刊 名: 人权研究
主　　编: 齐延平
执行主编: 郑智航

(Vol.25) JOURNAL OF HUMAN RIGHTS

第二十五卷

集刊序列号: PIJ-2018-269
中国集刊网: www.jikan.com.cn
集刊投约稿平台: www.iedol.cn

人权研究

JOURNAL OF
HUMAN RIGHTS
Volume 25

主　编／齐延平

执行主编／郑智航

第 二十五 卷

社会科学文献出版社

SOCIAL SCIENCES ACADEMIC PRESS (CHINA)

《人权研究》集刊序

"人权"，乃是人因其为人即应享有的权利，它无疑是人类文明史中一个最能唤起内心激情与理想的词语。人权，在今天已不再是一种抽象的意识形态，而是已成为一门需要熟虑慎思的学问。在呼吁人权的激情稍稍冷却的时候，挑战我们的智慧与理性的时代已经来临。

近代以来国人对人权理想的追求，总难摆脱经济发展、民族复兴的夙愿，曾经的救亡图存激起的民族主义情绪，始终是我们面对"西方"人权观念时挥之不去的顾虑。在个人与社群、公民与国家、自由与秩序、普遍价值与特殊国情之间，我们一直在作艰难的抉择。也正因此，为人权理想奔走呼号的人士固然可敬，那些秉持真诚的保留态度的人们也值得尊重。

人权不但张扬个人的自尊、自主、自强，也代表着一种不同于两千年中国法制传统的"现代"政治制度，它所依托的话语体系，既需要融合我们自己对理想社会的追求，也对我们既有的生活方式构成了严峻挑战。当意识到必须以一种近乎全新的政治法律制度迎接人权时代的来临之时，我们必须审慎思考自己脱胎换骨、破旧立新的方式。当经历"三千年未有之大变局"之后，一个古老的中国无疑遇到了新的问题。在这种格局下，人权的支持者和怀疑者都需要交代内心的理由：人权对中国意味着什么？对于渴望民族复兴的中国来说，人权对公共权力的规训是否意味着削弱我们行动的能力？对于一个缺乏个人主义传统的国家来说，人权对个人价值的强调是否意味着鼓励放纵？对于一个较少理性主义的国家来说，人权是否意味着将割裂我们为之眷恋的传统之根？对于这一源自"西方"的观念，我们又如何既尊重其普遍价值又能不罔顾国情？诸如此类的问题，人权主义者必须作出回答，批评者亦必须作出回应。

人权既是美好的理想，又是政府行动的底线标准。

人权因其美好而成为我们为之奋斗的目标，毕竟，一个大国政道和治道的双重转换，确实需要时间来承载思想和制度上的蜕变。但是，对公共权力的民意约束、对表达自由的保护、对信仰自由的尊重、对基本生存底线的维持、对人的个性发展的保障，都昭示了政治文明走向以人权为核心的追求"时不我待"。我们必须承认，人权不是今人栽树、后人乘凉的美好愿景，而应当成为政府的底线政治伦理。政府的人权伦理不能等待渐进的实现，而是政府之为政府的要件。人权标准是一个"理想"并不等于也不应成为故步自封、拒绝制度转型的理由。

人权规范政府，但并不削弱权威。

近代民族国家的兴起和资本主义的扩张，将个人从传统的群体生活中抛出，个人直面国家，成为现代政治的基本特征。个人主义价值观的兴起，在文化意义上凸现了个性的价值，在制度设计上为保护个人提供了防护性装置。民主化消除了君主专制和寡头政治的专横，但又带来了"多数派暴政"的危险，而巨型资本渐趋显现的对个人权利的社会性侵害，也经由政府释放着它的威胁。因此，人权观念的主流精神，始终在于防范公共权力。

但是，政府固然没有能力为非，行善却也无能为力。缺乏公正而有力政府的社会，同样是滋生专制和暴政的温床。我们不会把尊重秩序与爱好专制混为一谈，也不会将笃信自由与蔑视法律视为一事。为公共权力设定人权标准，将强化而不是削弱权威，因为只有立基于民主选举、表达自由、尊重个性之上的公共权力才会获得正当性。与此同时，权威不等于暴力，它不是说一不二和独断专行。只有一个受到民意约束的政府，才能对维护公民的权利和自由保持高度的敏感。在一系列由于公共治理危机引发的严峻公共事件不断叩问我们良心的时候，我们相信，只有健全保障权利的政治安排，才能不致使政府因为无法获知民众的多元诉求而闭目塞听。我们需要牢记，一个基于民意和保障权利的政府才是有力量的。

人权张扬个性，但并不鼓励放纵。

人权旨在通过强化个人力量来制约公权力，它既张扬个性的价值，也坚信由制度所构造的个人创新精神乃是社会文明进步的根本动力。它让我们重新思考保障公共利益依赖于牺牲个人权益的传统途径的合法性和有效性是否仍然可行。在人权主义者看来，集体首先是个人的联合，公共利益也并非在各个场合都先于个人利益，它并不具有超越于个人之上的独立价值。为了所谓公益而把牺牲个人当作无可置疑的一般原则，将最终使公共利益无所依归。人权尊重个人自由，也倡导个体责任与自由结伴而行，它旨在改善个人努力的方向，排除在公共安排方面的投机，唤起普遍的慎重和勤奋，阻止社会的原子化和个人的骄奢放纵。自由与责任的结合，使每个人真正成为自我事务的"主权者"。当专断与暴政试图损害人的心灵的时候，人权思想具有阻止心灵堕落的功能。一个尊重个人价值的社会，才能滋养自立自强、尊重他人、关爱社群的精神氛围。一个尊重个人价值的社会，才能真正增进公共利益、获致国家的富强和民族的复兴。

人权尊重理性，但并不拒绝传统。

面临现代社会个人与国家的二元对立，我们期望通过培育权利和自由观念增强个人的力量。人权尊重理性，它将"摆脱一统的思想、习惯的束缚、家庭的清规、阶级的观点，甚至在一定程度上摆脱民族的偏见；只把传统视为一种习得的知识，把现存的事实视为创新和改进的有用学习材料"（托克维尔语）。理性主义尊重个体选择，但它并不是"弱者的武器"，甚至不能假"保护少数"之名行欺侮多数之实。"强者"和"多数"的权利同样属于人权的范畴。张扬理性乃是所有人的天赋权利，故人权理念不鼓励人群对立、均分财富和政治清算。我们主张人权与传统的融合，意味着我们要把界定"传统"含义的权利当作个人选择的领地留给公民自己、把增进公民德行的期望寄托于自由精神的熏陶而不是当权者的教化。我们相信，人权所张扬的理性价值，在审视和反思一切陈规陋习的同时，又能真诚地保留家庭、社群、民族的优良传统。

人权尊重普遍价值，但并不排斥特殊国情。

人权的普遍价值，系指不同的民族和文化类型在人权观念上的基本共识，它旨在唤醒超越国家疆界的同胞情谊，抛却民族主义的偏私见解。人权不是"西方"的专属之物，而是为全人类共享的价值。我们拒绝个别国家挥舞的人权大棒，仅仅是确信那些出于狭隘民族国家利益的人权诉求构成了对人类共同价值的威胁。二战以后，随着对威胁人类和平和尊严的反思日益深切和国际交往的日益紧密，"人权"概念从东方和西方两个角度得到阐释，它厘定了共同的底线标准，也容忍各国的特殊实践。没有哪个国家可以标榜自己为人权的标准版本。但是我们相信，承认人权的特殊性只是为了拓展各族人民推进人权保障的思想潜力，任何国家以其特殊性来否定人权价值都是缺乏远见的。特殊性的主张不能成为遮羞布，人权在消除不人道、不公正实践方面的规范意义，应被置于首要地位。正像宪制民主有其改造现实、修正传统的功能和追求一样，人权标准与现实之间的紧张关系必须通过优化制度安排、改造陈规陋习来解决。

当下纷繁复杂的人权理论，寄托着人们的期望，也挑战着人们的理智；既是我们研究的起点，也是我们审视的对象。人权是一门需要理性建构的学科。唯怀有追求自由的执着热情，又秉持慎思明辨的冷静见解，才能使之萌茁发展。《人权研究》集刊就是为之搭建的一个发展平台。

是为序。

徐显明

2008 年 12 月 10 日

目 录

CONTENTS

Research on Emerging Rights

权利基本理论

关于李大钊人权思想的若干研究*

朱力宇　王陈平**

摘　要：俄国十月革命前后，李大钊开始以马克思主义来解释并试图解决中国包括人权在内的重大问题。社会主义社会是他希望人民都能过上人权有保障的美好幸福生活的社会。他认为，必须以革命的方式解决国外帝国主义、国内武人军阀的压迫与中国人民之间的矛盾，这样才能在中国建立国家享有主权、人民享有人权的社会主义社会。李大钊还根据唯物史观，对包括人道主义、平民主义以及博爱、自由、平等和道德等问题，进行了大量的研究。李大钊一生的奋斗历程，同党领导人民为国家争主权、为人民谋幸福的历史紧密相连。李大钊的人权思想，是马克思主义中国化的重要组成部分和理论成果。在纪念中国共产党成立一百周年之际和目前正在进行的党史学习教育活动中，对李大钊的人权思想，有继续进行深入研究的理论价值和现实意义。

关键词：天赋人权；唯物史观；社会主义；国家主权；人道主义；平民主义

李大钊是中国共产党的主要创始人之一。在纪念中国共产党成立一百周年之际和目前正在进行的党史学习教育活动中，本文拟通过对李大钊有关著述中涉及人权问题的一些观点的回顾，从马克思主义中国化的视野进行一些解读和研究，以弥补过去学界对此研究的某些空白和不足。

---

* 本文系中国人民大学重大规划项目"中国人权思想史"（项目编号：20XNLG02）的阶段性成果。

** 朱力宇，中国人民大学法学院教授、博士生导师，法学博士；王陈平，中国人民大学法学院博士研究生。

有关史料记载，李大钊 1913 年毕业于天津北洋法政专门学校，求学期间曾经研习欧美等国包括人权思想在内的有关学说。1913 年冬他赴日本留学，就读于东京早稻田大学，开始接触社会主义思想和马克思主义学说。1916 年回国后，他积极投身新文化运动，宣传民主、科学精神，抨击旧礼教、旧道德。1917 年俄国十月革命胜利后，李大钊成为我国最早的马克思主义传播者。1919 年他热情投入并参与领导五四运动，从一个爱国的民主主义者转变为一个马克思主义者。

"马克思主义不仅深刻改变了世界，也深刻改变了中国。"① 李大钊1919 年 9 月、11 月在《新青年》第六卷第五号、第六号上连续发表《我的马克思主义观》的长文，对马克思主义作了比较全面、系统的介绍。该文肯定马克思主义为"世界改造原动的学说"，不仅在当时的中国思想界产生了重要影响，同时也表明李大钊从此开始以马克思主义的政治经济学特别是剩余价值理论、唯物史观、阶级斗争学说、科学社会主义思想等来研究、分析和解决包括人权在内的中国有关问题。因此，他的人权观点也有了本质的科学转变。在这个转变过程之前和之后，他在有关著述中阐明了一系列的人权思想和观点。因此，本文拟以《我的马克思主义观》发表前后为时间界线，来研究、解读他的一些人权思想。

一 《我的马克思主义观》发表前李大钊关于人权及天赋人权理论的论述

作为忧国忧民的中国优秀知识分子，李大钊早在 1913 年 4 月 1 日，就发表了《大哀篇——（一）哀吾民之失所也》一文，针对当时国家的政局和人民大众的权利，尖锐而哀叹地指出："然则所谓民政者，少数豪暴狡狯者之专政，非吾民自主之政也；民权者，少数豪暴狡狯者之窃权，非吾民自得之权也；幸福者，少数豪暴狡狯者掠夺之幸福，非吾民安享之幸福

---

① 习近平：《在纪念马克思诞辰 200 周年大会上的讲话》，《人民日报》2018 年 5 月 5 日，第 2 版。

也。此少数豪暴狡狯者外，得其所者，有几人哉？吾惟哀吾民而已矣！"①
在1913年6月1日的《论民权之旁落》一文中，他又针对当时军阀割据、
战乱频仍、民不聊生的状况，讽刺又悲愤地指出："吾人不幸，沉郁于专
制厄运。彼其时辄以'民权'、'民权'之声浪，流动于抑塞冥晦之空气
中，口于斯、耳于斯者，莫不有愉快之感。迄今，暴君仆矣，共和成矣。
向者，从事铁血本赤诚拯济斯民者，或则葬于硝烟弹雨之中，或则侪于闲
云野鹤之列。一时棼棼攘，竞进以鼓荡政治恶潮者，不为武断蛮野之军
人，则为豪横骄喧之暴党。政权争握，不归甲则必归乙，如水益深，如火
益热。而以政争之故，兵争或因之以起，民生益沦于涂炭。"② 这些论述
说明，拯国家于危亡之际，救民众于苦难之中，是青年时代的李大钊就已
经具有的坚定信念和伟大志向；为中国人民谋人权，为中国求富强，是他
的初心。

　　李大钊在成为马克思主义者之前，曾经研究和传播过西方欧美国家的
天赋人权理论和法国的《人权宣言》。1913年9月1日他在《一院制与二
院制》一文中指出："然吾华近于平民政治，往昔已然，欧美儒者亦所公
认。统察社会，实无阶级之可言，较之欧美大有殊异，益以共和告成，五
族平等，天赋人权理论固不容有所轩轾，平民政治制度更不容特设阶级，
则此说之不容于民国，勿俟喋喋矣。"③ 1913年11月1日他在《欧洲各国
选举制考》一文中还提出："顾选举权扩张之准的，因国而异。而一般议
者，亦言人人殊，或则谓选举权为伴租税之义务，或则谓选举权宜以义务
为权衡，甚或持'天赋人权说'而为极端之主张。"④

　　天赋人权理论认为，人人生而平等，生存、自由、获得财产和反抗压
迫等是人们自然的和不可剥夺的权利；其同社会契约说、古典自然法学派
有密切关系。本文在后面将引述和专门研究的李大钊"平民政治"或
"平民主义"的思想，也与天赋人权理论有所吻合。他在这里哀叹的是，

_____

① 中国李大钊研究会编注《李大钊全集1》，人民出版社，2013，第9~10页。
② 中国李大钊研究会编注《李大钊全集1》，人民出版社，2013，第73~74页。
③ 中国李大钊研究会编注《李大钊全集1》，人民出版社，2013，第93页。
④ 中国李大钊研究会编注《李大钊全集1》，人民出版社，2013，第132页。

这些反对阶级特权、主张人人平等的进步人权思想，是为当时的中华民国所不容的。

同时，李大钊在完全转变为马克思主义者之前的 1917 年 3 月 11 日，在《立宪国民之修养》一文中还主张："立宪国民之仪度，当以自由、博爱、平等为持身接物之信条。此等信条入人既深，则其气质之慈祥恺悌、中正和平，必能相为感召，以成循礼守法之风习。"① 这也是他根据天赋人权理论和传统的中国儒家文化提出的对社会中个人道德修养的美好希冀。

不仅如此，李大钊还将他的人道主义的博爱情怀，具体而直接地倾注于一些贫困阶层和弱势群体。1917 年 2 月 10 日，他在《可怜之人力车夫》一文中说："北京之生活，以人力车夫为最可怜。终日穷手足之力，以供社会之牺牲，始赢得数十枚之铜圆，一家老弱之生命尽在是矣。""夫以理言之，则以人类为牺牲，乃最背乎人道主义；以利言之，则驱尔许之劳力，掷于不生产之职业，乃见讥于经济原理。然以工厂不兴，市民坐困，迫之不得不归于此途，宁为牛马于通衢，犹胜转死于沟洫。京中人力车夫之所由日多者，乃概为救死问题，其他人道、经济之说，皆救死以后之事也。"② 李大钊对贫苦劳动人民的悲悯之心，可以说溢于言表，泪透纸背。此后，李大钊一直保持着对贫苦劳动人民的人文关怀，这从他的《唐山煤厂的工人生活——工人不如骡马（一九一九年三月九日）》《北京贫民生活的一瞥（一九二一年三月五日）》等文章都可以看出。

此后，受俄国十月革命的影响，李大钊对天赋人权理论及其在中国的实现，从思想上开始逐步有了一些改变。例如，对于当时属于弱势群体的妇女，李大钊从男女平等、妇女参政的角度，在 1919 年 2 月 15 日的《战后之妇人问题》一文中指出："现代民主主义的精神，就是令凡在一个共同生活组织中的人，无论他是什么种族、什么属性、什么阶级、什么地域，都能在政治上、社会上、经济上、教育上得一个均等的机会，去发展

---

① 中国李大钊研究会编注《李大钊全集 1》，人民出版社，2013，第 518 页。
② 中国李大钊研究会编注《李大钊全集 1》，人民出版社，2013，第 454 页。

他们的个性，享有他们的权利。妇人参政的运动，也是本着这种精神起的。因为妇人与男子虽然属性不同，而在社会上也同男子一样，有他们的地位，在生活上有他们的要求，在法律上有他们的权利，他们岂能久甘在男子的脚下受践踏呢？"① 不仅如此，对于第一次世界大战结束后全球都存在的女性人权问题，李大钊还以阶级和阶级斗争的眼光，尖锐地提出："这些问题，若是单靠着女权运动去解决他们，固然也不能说全没有一点效果。但是女权运动，仍是带着阶级的性质。"② "我以为妇人问题彻底解决的方法，一方面要合妇人全体的力量，去打破那男子专断的社会制度；一方面还要合世界无产阶级妇人的力量，去打破那有产阶级（包有男女）专断的社会制度。"③ 也就是说，李大钊此时已经开始认识到，中国妇女解放和参政的问题，实际上就是要以俄国为范本，通过革命建立新的社会才能实现。

还需要指出的是，李大钊1919年4月27日，还针对对女性人权具有极大侮辱和损害的卖淫状况，在《废娼问题》一文中提出，主张废娼有五大理由：第一，为尊重人道不可不废娼；第二，为尊重恋爱生活不可不废娼；第三，为尊重公共卫生不可不废娼；第四，为保障法律上的人身自由不可不废娼；第五，为保持社会上妇女的地位不可不废娼。关于第一条不可不废的理由，李大钊认为因为这是"侮辱人权背反人道的制度风俗"，关于第五条不可不废的理由，他认为因为这"大失妇女在社会上人格的尊严"④。为此，他提出："我的废娼的办法：第一，禁止人身卖买；第二，把现在的娼妓户口调查清楚，不许再行增添；第三，拿公款建立极大的感化院，专收退出娼寮的妓女，在院经一定的时期教他们点工艺和人生必需的知识，然后为他择配；第四，实行女子强迫教育，入公立学校概不收费。"他还特别提出："其实这都还是些治标的办法。根本解决的办法，还是非把这个社会现象背后逼着一部分妇女不去卖淫不能生活的社会组织根本改造不

---

① 中国李大钊研究会编注《李大钊全集 2》，人民出版社，2013，第 410 页。
② 中国李大钊研究会编注《李大钊全集 2》，人民出版社，2013，第 414 页。
③ 中国李大钊研究会编注《李大钊全集 2》，人民出版社，2013，第 415 页。
④ 参见中国李大钊研究会编注《李大钊全集 2》，人民出版社，2013，第 452～454 页。

可。"① 应该说，李大钊此时提出的治本方法，如前所述，就是要在全中国建立一个包括妇女在内所有人的人权都有保障的新社会。

总之，"近代中国长期遭受外来侵略，国家贫穷落后，人民困苦不堪，毫无权利可言"②。在俄国十月革命之前，李大钊作为一名传统的、具有人文情怀的、爱国爱民的中国优秀知识分子，立志要改变国家无主权和人民无人权的状况。在俄国十月革命之后，他已经开始逐步转变成为具有共产主义思想的革命者，所以对天赋人权理论也就再鲜有提及。他连续发表的《法俄革命之比较观》（1918 年 7 月 1 日）、《庶民的胜利》（1918 年 11 月）、《Bolshevism 的胜利》（1918 年 12 月）、《新纪元》（1919 年元旦）等文章和演讲，不仅热情讴歌十月革命，而且还以敏锐的眼光，深刻认识到这场革命将对 20 世纪世界历史进程产生划时代的影响，从中看到了中华民族争取独立和中国人民求得解放的希望，也开始以马克思主义来审视、解释和试图解决中国包括人权在内的重大问题。这也是以李大钊、陈独秀、毛泽东等为代表的中国共产党人的建党初心。

二　李大钊根据唯物史观对包括人权在内的思想、法律、伦理道德等上层建筑现象的解释

以《我的马克思主义观》一文为标志，表明李大钊已经全面接受了马克思主义。1919 年 12 月 1 日，在《物质变动与道德变动》一文中，李大钊指出："马克思一派唯物史观的要旨，就是说：人类社会一切精神的构造都是表层构造，只有物质的经济的构造是这些表层构造的基础构造。在物理上物质的分量和性质虽无增减变动，而在经济上物质的结合和位置则常常变动。物质既常有变动，精神的构造也就随着变动。所以思想、主义、哲学、宗教、道德、法制等等不能限制经济变化、物质变化，而物质

---

① 中国李大钊研究会编注《李大钊全集 2》，人民出版社，2013，第 454 页。
② 中华人民共和国国务院新闻办公室：《为人民谋幸福：新中国人权事业发展 70 年》，《人民日报》2019 年 9 月 23 日，第 14 版。

和经济可以决定思想、主义、哲学、宗教、道德、法制等等。"① 中国共产党成立后的 1923 年 9 月至 1924 年上半年，在《马克思的历史哲学与理恺尔的历史哲学》一文中，李大钊则将唯物史观进一步分为历史和社会纵横两方面的结合来加以解释，他指出，按照马克思的意思，"社会的变革，便是历史；推言之，把人类横着看，就是社会，纵着看就是历史。喻之建筑，社会亦有基址（Basis）与上层（Uberbau）。基址是经济的构造，即经济关系，马氏称之为物质的或人类的社会的存在。上层是法制、政治、宗教、艺术、哲学等，马氏称之为观念的形态，或人类的意识。从来的历史家欲单从上层上说明社会的变革即历史而不顾基址，那样的方法，不能真正理解历史。上层的变革，全靠经济基础的变动，故历史非从经济关系上说明不可"②。他还进一步指出："马氏认社会的构造是个整个的东西，有其基址，亦有其上层，经济关系是其基址，观念的形态是其上层，上层与基址相合而成此构造。马氏虽认上层的变动随着基址的变动而变动，但绝不是把社会构造的整个全体，裂为零碎的东西，而以基址概全构造，以经济史概全文化史，概全历史学。我们承认历史学是各个特殊的历史学的总合，同时亦当承认经济关系在社会全构造中是其基址，承认经济在整个的文化生活中是比较重要的部分。"③ 1924 年 5 月，在《史学要论》的长文中，李大钊又强调："马克思一派，则以物质的生产关系为社会构造的基础，决定一切社会构造的上层。故社会的生产方法一有变动，则那个社会的政治、法律、伦理、学艺等等，悉随之变动，以求适应于此新经变动的经济生活。故法律、伦理等不能决定经济，而经济能决定法律、伦理等。这就是马克思等找出来的历史的根本理法。"④

根据李大钊上述论述的思想脉络和阐释，他的主要观点是：物质和经济的基础，同样决定包含在思想意识、道德伦理、法律制度等思想上层建

---

① 中国李大钊研究会编注《李大钊全集 3》，人民出版社，2013，第 134 页。
② 中国李大钊研究会编注《李大钊全集 4》，人民出版社，2013，第 423 页。理恺尔，今译李凯尔特（Henrich Rickter，1863~1936）德国唯心主义哲学家，新康德主义弗赖堡学派的代表人物。——本文作者注
③ 中国李大钊研究会编注《李大钊全集 4》，人民出版社，2013，第 434 页。
④ 中国李大钊研究会编注《李大钊全集 4》，人民出版社，2013，第 552 页。

筑和政治上层建筑中的人权观念和人权制度；经济的发展、经济基础的变动，同样也会决定与法律、伦理道德等密切相关的人权观念和制度的发展和变动。

特别是 1923 年 9 月至 1924 年上半年，在《唯物史观在现代社会学上的价值》一文中，李大钊更是将生产力发展的重要性概括为："马克思则以'物质的生产力'为最高动因。由家庭经济变为资本家的经济，由小产业制变为工场组织制，就是由生产力的变动而决定的。"① "李大钊在这里所概括的马克思主义关于人类社会发展的最高动力和原因，也可以归结为属于迄今为止我们党一直坚持的关于人权发展归根结底取决于社会生产力发展的基本观点。"② 例如，此后他根据唯物史观一直认为，社会的根本问题是解决经济问题。一旦解决了经济问题，那么人口、妇女、劳动、青年、废娼、童工、土地等问题，乃至市民生活等实际问题，也就迎刃而解。也就是说，李大钊认为，人权问题归根到底也是要通过发展经济来解决。

总之，可以说，中国共产党人对唯物史观或历史唯物主义的理解，最初是经过李大钊传播和解释的：人类社会发展的规律，是生产方式的更替，是经济基础决定上层建筑；当然上层建筑对经济基础也有反作用。这种理解和解释，不仅是科学的，而且也构成了马克思主义人权理论的基础，即需要从生产力与生产关系、经济基础与上层建筑的矛盾运动中去认识人类社会人权的历史和变迁的动力和原因。直至今日，中国共产党人始终认为，"没有物质资料的生产和供给，人类其他一切权利的实现都是非常困难或不可能的。生存权利的有效保障、生活质量的不断提高，是享有和发展其他人权的前提和基础"，所以，"多年来，中国始终把解决人民的生存权、实现人民的发展权作为第一要务，不断解放和发展生产力，致力于消除贫困，提高发展水平，为保障人民各项权利的实现创造了基础条件"③。

---

① 中国李大钊研究会编注《李大钊全集 4》，人民出版社，2013，第 439 页。
② 朱力宇：《为人民谋幸福：中国共产党对中国社会主要矛盾的科学分析和界定》，《人权》2021 年第 2 期。
③ 中华人民共和国国务院新闻办公室：《为人民谋幸福：新中国人权事业发展 70 年》，《人民日报》2019 年 9 月 23 日，第 14 版。

三　李大钊追求建立"过那一种很好的精神和物质的生活"的社会主义社会

李大钊在建党前后研究、传播马克思主义的过程中，为中国社会发展指出的历史和社会前进的必然方向是：建立社会主义和共产主义社会。在他看来，这也是中国共产党的奋斗目标。

关于必须建立社会主义社会，建党前夕的1921年3月，李大钊在《社会主义下之实业》一文中就认识到："所以中国实行社会主义，不愁缺乏资本，尤不愁缺乏劳力，以此而开发地大物博的中国富源，实业是大可发展的。且中国不实行社会主义，则官僚之势力太大，他们也是掣肘实业的人。中国实业界的人，没有不受官僚的操纵压迫的，既行社会主义而后，则此种掣肘实业的人，当然可以消灭了。我要说一句武断的预言：中国实业之振兴，必在社会主义之实行。"① 1922年2月19日，李大钊在北京大学马克思学说研究会所作的题为《马克思的经济学说》的演讲中还提出："马克思唯物史观讲，在资本主义发达中，产生了一种新势力。这种新势力，就是'社会主义'。'社会主义'之发生，恰如鸡子在卵壳里发生一样。'社会主义'之想打破资本主义的制度，亦恰如鸡子之想打破卵壳一样。卵壳打破，才能产生一个新生命；卵壳打破，才能产生一个新局面。在这卵壳尚未打破的时期，是一种进化现状，到鸡子已经发生成熟的时期，便非打破这壳不可。'社会主义'也是如此。到了已经发生成熟的时期，便非打破这资本主义的制度不可。打破卵壳，是革命的现象；打破这资本主义的制度，也是革命的现象。"②

为什么中国不应当实行资本主义制度而要建立社会主义社会呢？1922年7月1日，在《平民政治与工人政治》一文中，李大钊从民主和平等的角度作出了回答："无论富者统治贫者，贫者统治富者；男子统治女子，

---

① 中国李大钊研究会编注《李大钊全集3》，人民出版社，2013，第354页。
② 中国李大钊研究会编注《李大钊全集4》，人民出版社，2013，第56页。

女子统治男子；强者统治弱者，弱者统治强者；老者统治幼者，幼者统治老者，凡此种种擅用与治服的体制，均为社会主义的精神所不许。"① 在李大钊看来，社会主义的精神是包括人人平等的，所以中国应当建立社会主义社会。1922 年 12 月 17 日，在北京中国大学哲学读书会上所作题为《社会问题与政治》的讲演中，李大钊还运用马克思主义关于阶级和阶级斗争的学说，指出："但以上所举的两个问题，都是由于经济不平等而来，因此经济能力薄弱的人，受经济能力富强的支配，所以欲根本解决，非打破这个阶级不可。主张根本改革的俄国，最看重政治力，当劳工革命欲以无产阶级打破有产阶级，以造成世界底幸福以前，各妇女即和劳动者联合，组织团体，先取参政权、普选举权等。因为妇女和劳工有密切的关系，所以应当和衷共济，组织平民团体，得到政治力量以后，再藉以解决社会问题。"②

由上可以看出，此时李大钊已经从马克思主义基本原理出发，扬弃了天赋人权理论，即：既主张人人应当平等，但是又认为造成人人不平等的根本原因，不是"天生的"或者"上帝赋予的"，而是由于经济地位的不平等造成的阶级不平等和人人不平等。

在《平民政治与工人政治》一文中，李大钊还根据马克思、恩格斯关于未来社会的描述，对社会主义和共产主义制度进行了介绍和解释。他指出："社会主义与共产主义都尚在孕育时期，故在今日尚不能明瞭的指出他是一种什么制度。但在吾人心理的三方面，可以觅出他的根蒂：（一）知的方面，社会主义是对于现存秩序的批评主义。（二）情的方面，社会主义是一种使我们能以较良的新秩序代替现存的秩序的情感；这新秩序，便是以对于资本制度的知的批评主义的结果，自显于意象中者。（三）意的方面，社会主义是在客观的事实界创造吾人在知的和情的意象中所已经认识的东西的努力，就是以工人的行政代替所有权统治的最后形体的资本主义的秩序的努力。社会主义与共产主义，在学说的内容上没有区别，不过在

---

① 中国李大钊研究会编注《李大钊全集 4》，人民出版社，2013，第 107 页。
② 中国李大钊研究会编注《李大钊全集 4》，人民出版社，2013，第 138 页。李大钊这里所举的两个问题，是指妇女参政问题和劳工问题。——引者注

范围与方法上有些区别罢了。德谟克拉西与社会主义，在精神上亦复相同。"① 1923 年 9 月至 1924 年上半年，在长文《社会主义与社会运动》中，李大钊又继续就此解释说："就以上所言三项，故可知社会主义从吾人精神方面言之，可分为（1）智、（2）情、（3）意三项。然其所作运动，则以科学社会主义为根据，此根据必须是实在的，故从社会方面观察，可分为（1）政治、（2）法律、（3）经济三项言之。照政治方面言，必须无产阶级专政，方合其目的。所以社会主义，包含国家社会主义与无政府主义两种。照法律方面言，必须将旧的经济生活与秩序，废止之、扫除之，如私有权及遗产制，另规定一种新的经济生活与秩序，将资本财产法、私有者改为公有者之一种制度。从经济方面言，必须使劳动的人，满足欲望，得全收利益。"② 1923 年 11 月 7 日，李大钊在上海大学所作题为《社会主义释疑》的演讲中，还将社会主义社会的生产和生活方式明确界定为："社会主义是使生产品为有计划的增殖，为极公平的分配，要整理生产的方法。这样一来，能够使我们人人都能安逸享福，过那一种很好的精神和物质的生活。"③

李大钊的上述介绍和解释，实际上是从经济基础和政治上层建筑的关系方面，描述了未来的社会主义和共产主义社会的美好幸福图景。

总之，以李大钊为代表的中国早期的马克思主义者，运用刚刚学到的马克思主义理论，剖析了资本主义制度固有的矛盾；揭示出资本主义最终必将在矛盾激化中走向灭亡，社会主义必将取代资本主义；肯定中国的出路只能是建立社会主义社会。按照李大钊的观点，如果建立的是这样的社会主义，中国就能够真正做到尊重每个劳动者及其劳动和劳动成果，就能够真正把满足社会成员日益增长的物质和文化需要作为社会生产的目的，就能够为劳动者发挥和发展才能逐步创造必要的社会条件。现在看来，李大钊所说的"社会主义的精神"、"必须使劳动的人，满足欲望，得全收

---

① 中国李大钊研究会编注《李大钊全集 4》，人民出版社，2013，第 106～107 页。引文中的"德谟克拉西"，如所周知，是"民主"一词的中文音译，下同。——引者注

② 中国李大钊研究会编注《李大钊全集 4》，人民出版社，2013，第 245 页。

③ 中国李大钊研究会编注《李大钊全集 4》，人民出版社，2013，第 457 页。

利益"、"实业之振兴"、"人人都能安逸享福,过那一种很好的精神和物质的生活"等等,实际上都是他希望中国人民都能过上我们现在所说的人权有保障的美好幸福生活。当然,对此他的正确结论之一是,只有通过共产党和革命方式,才能建立社会主义社会,才能实现这样的美好愿景。①

四 李大钊关于反对、摆脱、打破帝国主义、封建主义和官僚资本主义的压迫,建立社会主义的新中国等有关人权问题的观点

更为重要的是,李大钊还认为,中国不可能自发地演进为社会主义社会。他在《我的马克思主义观》中指出:"而在马克思则谓阶级竞争之所由起,全因为土地共有制崩坏以后,经济的构造都建在阶级对立之上。马氏所说的阶级,就是经济上利害相反的阶级,就是有土地或资本等生产手段的有产阶级,与没有土地或资本等生产手段的无产阶级的区别;一方是压服他人,掠夺他人的,一方是受人压服,被人掠夺的。这两种阶级,在种种时代,以种种形式表现出来。"② 1920 年 1 月 1 日,他在《由经济上解释中国近代思想变动的原因》一文中进一步解释说:"这就是世界的资本阶级压迫世界的无产阶级的现象,这就是世界的无产阶级寻不着工作的现象。欧美各国的经济变动,都是由于内部自然的发展;中国的经济变动,乃是由于外力压迫的结果,所以中国人所受的苦痛更多,牺牲更大。"③ "欧洲各国的资本制度一天盛似一天,中国所受他们经济上的压迫也就一天甚似一天。中国虽曾用政治上的势力抗拒过几回,结果都是败辱。把全国沿海的重要通商口岸都租借给人,割让给人了,关税、铁路等等权力,也都归了人家的掌握。"④

关于中国必须从帝国主义的压迫、剥削和侵略中解放出来,李大钊更

---

① 参见朱力宇《为人民谋幸福:中国共产党对中国社会主要矛盾的科学分析和界定》,《人权》2021 年第 2 期。
② 中国李大钊研究会编注《李大钊全集 3》,人民出版社,2013,第 17 页。
③ 中国李大钊研究会编注《李大钊全集 3》,人民出版社,2013,第 189 页。
④ 中国李大钊研究会编注《李大钊全集 3》,人民出版社,2013,第 188 页。

有众多论述。建党前夕的1921年1月27日，他在《中国的社会主义及其实行方法的考察》一文中还指出："现在的中国能否即刻实行社会主义，这件事目前已经成为议论的中心问题。不少人认为要实行社会主义，必须首先着力于发展实业，以开发全国的事业，增加富力，从而使一般人尤其是广大的下层农民富裕起来，认为这是最稳妥和最好的方法。然而我的想法却与此相反。"为什么呢？李大钊认为，这是由当时中国的国情或者说社会性质决定的："我认为要在现存制度下发展实业，只能越发强化现在的统治阶级而迫使下层农民为少数的统治者阶级付出更多的劳动。有人认为历来的借款多用于政界，而最近成立的四国新借款团已决定将借款用作实业方面，这样既可不使政界发生骚动，又能使我国逐渐繁荣起来。我也反对这种说法。如前所述，在现存制度下谋求实业的兴盛，实质上就是要使我国的统治阶级与各国的资本阶级结合起来，这样只能加强统治阶级的力量，而决不会带来其他任何好结果，这是显而易见的。"① 1922年9月3日，他在《在上海社会主义青年团"国际少年日纪念会"上的演讲》中，简明扼要地概括说："中国现在的特殊情形由来有两种：一种是外来的压迫，即受国际帝国主义、资本主义的支配；一种是国内武人军阀的压迫。要求（从）此种情形中解放，完全须由我们团结起来奋斗。"②

值得提到的是，李大钊还将中国人民的解放与国际共产主义运动联系起来。在建党前夕的1921年3月21日的《俄罗斯革命之过去、现在及将来》一文中他就指出："俄国这次大革命，不是独独代表俄国精神，是代表人类共同的精神。比如法国革命，不独关系于法国，却关系于全世界。此次俄国革命，足以表示全世界人类共同的精神。他底办法，虽然不能认为终极的理想境界，但他是革命的组织，是改造必经的阶段，自由的花是经过革命的血染，才能发生的。"③ 1922年11月7日俄国十月革命胜利五周年之际，他在《十月革命与中国人民》一文中又说："受资本主义的压迫的，在阶级间是无产阶级，在国际间是弱小民族。中国人民在近百年

---

① 中国李大钊研究会编注《李大钊全集3》，人民出版社，2013，第328页。
② 中国李大钊研究会编注《李大钊全集4》，人民出版社，2013，第112～113页。
③ 中国李大钊研究会编注《李大钊全集3》，人民出版社，2013，第367～368页。

来，既被那些欧美把长成的资本主义武装起来的侵略的帝国主义践踏催［摧］凌于他的铁骑下面，而沦降于弱败的地位。"为了使中国人民从外来压迫与国内压迫中解放出来，李大钊还提出："我们劳苦的民众，在二重乃至数重压迫之下，忽然听到十月革命喊出的'颠覆世界的资本主义'、'颠覆世界的帝国主义'的呼声，这种声音在我们的耳鼓里，格外沉痛，格外严重，格外有意义。""这个在历史上有重大意义的十月革命，不只是劳苦民众应该纪念他，凡是像中国这样的被压迫的民族国家的全体人民，都应该很深刻的觉悟他们自己的责任，应该赶快的不踌躇的联结一个'民主的联合阵线'，建设一个人民的政府，抵抗国际的资本主义，这也算是世界革命的一部分工作。"①

1927年4月，李大钊在英勇牺牲前夕的《狱中自述》中，总结中国共产党人的奋斗目的时说："对外联合以平等待我之民族及被压迫之弱小民族，并列强本国内之多数民众；对内唤起国内之多数民众，共同团结于一个挽救全民族之政治纲领之下，以抵制列强之压迫，而达到建立一恢复民族自主、保护民众利益、发达国家产业之国家之目的。"②

综上，也就是说，李大钊认为中国共产党人所有奋斗和革命活动，就是要为国家争取主权，为人民争取人权；国家没有主权，人民也就没有人权。还需要提到的是，根据有关史料，李大钊曾受到英国哲学家、社会学家斯宾塞的进化论的影响，其著述中也有提及斯宾塞的思想观点。而在上述李大钊关于"解放"（包括民族解放和人民解放）的、"革命"（包括法国革命和俄国革命）的观点，表明他已经与斯宾塞主张的点滴改良和阶级调和的进化论决裂；③ 而这并不是因为他的观点激进或极端，而是由于中国和中国人民所遭受的内外压迫的国情，必须采取反抗压迫的革命和解放的方式。

总之，李大钊上述论述，标志着中国共产党人在从旧民主主义革命转

---

① 中国李大钊研究会编注《李大钊全集4》，人民出版社，2013，第124页。
② 中国李大钊研究会编注《李大钊全集5》，人民出版社，2013，第298页。
③ 赫伯特·斯宾塞（Herbert Speacer, 1820～1903），英国哲学家、社会学家，社会学创始人之一。其自由主义思想和社会进化论经严复译介及宣传之后，在近代中国产生了广泛的影响。所以，这也是对李大钊人权思想发展变化研究需要进一步发掘的。

变为新民主主义革命时，已经认识到了外来压迫与国内压迫形成的中国社会性质，使中国不可能实行资本主义制度，也无法建立社会主义社会。所以，必须首先以革命的方式解决这些压迫与中国、中国人民之间的矛盾。也就是说，在李大钊看来，只有解决了这些矛盾，才能使中国国家取得主权、人民享有人权。这与后来毛泽东关于中国社会是殖民地、半殖民地和半封建性质的科学分析，是相一致的；与毛泽东关于帝国主义和中华民族的矛盾、封建主义和人民大众的矛盾，是中国社会主要矛盾的正确界定，也是相一致的。同时也表明，以李大钊为代表的中国共产党人研究和传播马克思主义、探索新民主主义革命的过程，是为人民谋幸福、为国家争主权的早期思想探索。李大钊上述关于反对、摆脱、打破帝国主义、封建主义和官僚资本主义的压迫，建立社会主义的新中国等有关人权问题的观点和论述，是以马克思主义研究和解决中国人权问题的重要理论成果。

五 李大钊论与人道主义相联系的博爱、自由、平等、互助等人权思想

李大钊在《我的马克思主义观》中提出："我们主张以人道主义改造人类精神，同时以社会主义改造经济组织。不改造经济组织，单求改造人类精神，必致没有效果；不改造人类精神，单等改造经济组织，也怕不能成功。我们主张物心两面的改造，灵肉一致的改造。"[1] 1919 年 9 月 15 日，他还将自己的人道主义新观念与科学社会主义理论相联系，在《"少年中国"的"少年运动"》一文中，希望在将来社会主义和共产主义社会里进行的"精神改造的运动，就是本着人道主义的精神，宣传'互助'、'博爱'的道理，改造现代堕落的人心，使人人都把'人'的面目拿出来对他的同胞；把那占据的冲动，变为创造的冲动；把那残杀的生活，变为友爱的生活；把那侵夺的习惯，变为同劳的习惯；把那私营的心理，变为公善的心理。这个精神的改造，实在是要与物质的改造一致进行，而在物质

---

① 中国李大钊研究会编注《李大钊全集 3》，人民出版社，2013，第 23 页。

的改造开始的时期，更是要紧。因为人类在马克思所谓'前史'的期间，习染恶性很深，物质的改造虽然成功，人心内部的恶，若不划除净尽，他在新社会新生活里依然还要复萌，这改造的社会组织，终于受他的害，保持不住。"①

1919 年 10 月 12 日，李大钊在《双十字上的新生活》一文中指出："在《新生活》连环式的双十字上，有四大精神，就是博爱、自由、平等、牺牲。这是我们创造'新生活'的基础，也就是我们建立民国的基础。"② "人间共同生活的关系既是以爱为基础，那么人类相互之间，自然要各尊重各的个性。各自的个性，不受外界的侵害、束缚、压制、剥夺，便是自由。真实的自由，都是建立在'爱'字上的。"③ "博爱的生活，是无差别的生活，是平等的生活。在'爱'的水平线上，人人都立于平等的地位，没有阶级悬异的关系。""这样说来，自由、平等的生活，都是以爱为基础的生活。""实行这个'爱'字，必须有牺牲的精神。爱人道，便该为人道牺牲。爱真理，便该为真理牺牲。爱自由，便该为自由牺牲。爱平等，便该为平等牺牲。爱共和，便该为共和牺牲。爱的方法便是牺牲，牺牲的精神便是爱。"④

1919 年 11 月 1 日李大钊在《再论新亚细亚主义（答高承元君）》一文中指出："世界上无论何种族何国民，只要立于人类同胞的地位，用那真正 Democracy 的精神，来扶持公理，反抗强权的人，我们都认他为至亲切的弟兄。我们情愿和他共同努力，创造一个平等、自由、没有远近亲疏的世界。这是我主张的新亚细亚主义的精神。"⑤ 1920 年 8 月 17 日，针对产生于五四运动中而成为轰动一时的政治主张和口号的"国民大会"，李大钊在《晨报》发表的《要自由集合的国民大会》一文中提出："此外我

---

① 中国李大钊研究会编注《李大钊全集 3》，人民出版社，2013，第 67 页。
② 中国李大钊研究会编注《李大钊全集 3》，人民出版社，2013，第 81 页。根据李大钊全集的题解注释，《新生活》是五四时期通俗性进步刊物，周刊，李辛白编辑。1919 年 8 月 17 日在北京创刊，1921 年停刊，共出版 55 期。李大钊在该刊共发文章 41 篇，为主要撰稿人之一。
③ 中国李大钊研究会编注《李大钊全集 3》，人民出版社，2013，第 81~82 页。
④ 中国李大钊研究会编注《李大钊全集 3》，人民出版社，2013，第 82 页。
⑤ 中国李大钊研究会编注《李大钊全集 3》，人民出版社，2013，第 100 页。

们还要本着自由、平等、博爱、互助、劳工神圣诸大精神，发布一种神圣的民权宣言。"①

人道主义是源于欧洲文艺复兴时期的一种思想，与天赋人权论有天然的联系，是以人为中心的世界观：提倡关怀人、尊重人，主张人格平等、互相尊重。法国资产阶级革命时期，把它具体化为"自由""平等""博爱"。例如，人的尊严被认为是人道主义的核心价值；人道主义主张捍卫人的基本安全、自由和追求幸福的权利；人道主义反对一切基于种族的、性别的、宗教的、年龄的、国别的歧视，强调要为一切人的智力和美德提供平等机会；等等。这种思想在当时是反对封建、宗教统治的武器，曾起过积极作用。李大钊主张的人道主义，是对资产阶级人道主义的继承，但是又有本质的区别。因为它已经是基于马克思主义的阶级和阶级斗争学说之上的人道主义，是维护劳动人民的尊严和权利的思想。

还需要提出的是，李大钊还专门论述了在社会中，特别是在社会主义社会中自由与秩序的关系。1921 年 1 月，他在《自由与秩序》一文中指出："由此看来，真正合理的个人主义，没有不顾社会秩序的；真正合理的社会主义，没有不顾个人自由的。个人是群合的原素，社会是众异的组织。真实的自由，不是扫除一切的关系，是在种种不同的安排整列中保有宽裕的选择的机会；不是完成的终极境界，是进展的向上行程。真实的秩序，不是压服一切个性的活动，是包蓄种种不同的机会使其中的各个分子可以自由选择的安排；不是死的状态，是活的机体。""我们所要求的自由，是秩序中的自由；我们所顾全的秩序，是自由间的秩序。只有从秩序中得来的是自由，只有在自由上建设的是秩序。个人与社会、自由与秩序，原是不可分的东西。"② 在《社会主义与社会运动》中，李大钊又进一步指出："有人疑虑社会主义实行后，国家与社会权利逐渐增加，个人自由易受其干涉，遂致束缚。此亦误解。然过渡时代的社会主义，确是束缚个人主义的自由，因少数资本主义者之自由当然受束缚，不过对于大多

---

① 中国李大钊研究会编注《李大钊全集 3》，人民出版社，2013，第 263 页。
② 中国李大钊研究会编注《李大钊全集 3》，人民出版社，2013，第 327 页。

数人的自由确是增加。故社会主义是保护自由、增加自由者，使农工等人均多得自由。"①

自由与秩序的关系，是哲学、法学等学科研究的重要领域，也是人们探讨人权问题经常涉及的问题。李大钊根据辩证唯物主义的观点认为，在现实的社会政治生活中，自由是具体的；在自由的行使和范围上，要受到客观物质生活条件的制约，以及他人和社会正当的对等权益的制约。这来自自由的内在规定性。秩序意味着事物之间包括物与物之间、人与人之间、人与物之间以及人的身与心之间等一种相对确定而可预期的状态。人类社会生活同样有而且必须有秩序。所以，李大钊预见到，在社会主义社会，既要坚持自由的不可剥夺性，又要承认自由的有限性；既要看到秩序对自由的制约，又要强调秩序对自由的限定必须符合自由内在规定性的要求。

根据有关史料，李大钊在成为马克思主义者之前，曾经受到俄国无政府主义者克鲁泡特金的影响。② 无政府主义包含了众多哲学体系和社会运动实践。它的基本立场是反对包括政府在内的一切统治和权威，提倡个体之间的自助关系，关注个体的自由和平等；其政治诉求是消除政府以及社会上或经济上的任何独裁统治关系。对大多数无政府主义者而言，是一种由自由的个体自愿结合，以建立互助、自治、反独裁主义的和谐社会。而李大钊上述关于自由与秩序的关系的论述，则表明他已经彻底抛弃了无政府主义。正如他1921年7月1日在《俄罗斯革命的过去及现在》一文中所说："俄罗斯革命的中心势力可分为三大派：一是无政府主义派，此派在三四十年前虚无主义盛行时代是一很大的势力，可是在一九一七年前早已不成为革命的重要原素了；一是自由主义派，一是社会主义派，这是近年来促进俄国革命的两大势力。在这两种势力的背后实有一更大的势力，为他们的泉源，就是一般人民对于自由的热烈的要求。"③

---

① 中国李大钊研究会编注《李大钊全集4》，人民出版社，2013，第246~247页。
② 在李大钊的著述中将 Peter Kropokin（1842~1921）译为"库罗泡特金"，今译"克鲁泡特金"，其为俄国革命家、无政府主义理论家，代表作之一《互助论》（1902年）曾对20世纪初的中国思想界产生过广泛而深刻的影响。
③ 中国李大钊研究会编注《李大钊全集3》，人民出版社，2013，第401页。

总之，李大钊还根据马克思主义的唯物史观，对政治上层建筑中意识形态的有关问题，包括人道主义和与其密切相联系的博爱、自由、平等、道德等问题，进行了大量的研究和论述。这些问题，与现今人们所讨论的人权，都有不可分割的联系，或者说，也属于人权研究的范畴。所以，就马克思主义的人道主义重视人的地位和价值，把实现一切人的解放和自由作为奋斗目标而言，李大钊主张的人道主义，与马克思主义人权理论追求的目的和价值是一致的。

六　李大钊关于"我们所要求的新道德，就是适应人类一体的生活、世界一家的社会之道德"的思想

李大钊从唯物史观的理论出发，在《物质变动与道德变动》一文中提出："道德是精神现象的一种，精神现象是物质的反映，物质既不复旧，道德断无单独复旧的道理；物质既须急于开新，道德亦必跟着开新，因为物质与精神是一体的，因为道德的要求是适应物质上社会的要求而成的。"[1] 也就是说，在李大钊看来，一个社会的道德必然随着该社会物质生活条件的变化发展而变化发展。根据这一观点，他还提出了自己所憧憬的社会主义和共产主义社会的道德："这次的世界大战，是从前遗留下的一些不能适应现在新生活、新社会的旧物的总崩颓。由今以后的新生活、新社会，应是一种内容扩大的生活和社会——就是人类一体的生活，世界一家的社会。我们所要求的新道德，就是适应人类一体的生活，世界一家的社会之道德。从前家族主义、国家主义的道德，因为他是家族经济、国家经济时代发生的东西，断不能存在于世界经济时代的。今日不但应该废弃，并且必然废弃。我们今日所需要的道德，不是神的道德、宗教的道德、古典的道德、阶级的道德、私营的道德、占据的道德；乃是人的道德、美化的道德、实用的道德、大同的道德、互助的道德、创造的道德！"[2] 而在

---

① 中国李大钊研究会编注《李大钊全集 3》，人民出版社，2013，第 140～141 页。
② 中国李大钊研究会编注《李大钊全集 3》，人民出版社，2013，第 146 页。

《社会主义与社会运动》中，李大钊更是提出："又有人言社会主义是不道德者。因为此种主义是建设于愤懑、仇怨上面者，因此社会主义有此种势力，似乎不甚善良。但就实事考察之，压制资产阶级为怨仇，若就彼自己方面而言，是互助、相爱，不是谋怨仇，并为大多数人谋幸福。"①

从现今形成普遍共识的人权理论来看，人权首先是道德意义上的人的权利，即人权是一种在道德上具有强烈正当性的权利，或者说，是一种在道德上具有高度优先性的权利诉求。② 李大钊上述关于社会主义和共产主义社会的道德的论述，从人权角度审视，无疑是发人深省的。

总之，李大钊所提倡的社会主义和共产主义社会的道德及其形成，无疑具有强烈正当性和高度优先性，包含着丰富的人权因素。因为，人权可以说是对人之所以为人的价值所提出的权利主张，一定国家和社会的人权观念，都具有相应的道德基础。我国现在所倡导社会主义核心价值观的"富强、民主、文明、和谐，自由、平等、公正、法治，爱国、敬业、诚信、友善"24个字，从马克思主义中国化的视野来看，社会主义道德建设和社会主义人权建设，是相辅相成的。在社会主义核心价值观中，富强、民主、文明、和谐是国家层面的价值目标；自由、平等、公正、法治是社会层面的价值取向；爱国、敬业、诚信、友善是公民个人层面的价值准则。应该说，上述24个字所体现的社会主义核心价值体系的根本性质和基本特征，大都可以在李大钊的有关论述中找到较早的出处。

七 李大钊关于"人民全体所行的民权民主的政治"的平民主义思想

关于平民主义，李大钊的著述甚多，也是其重要的思想理论。例如，他除了在《平民政治与工人政治》等若干文章中提及外，最著名的还有1923年1月所著《平民主义》一书。关于 Populism（平民主义）的中文

① 中国李大钊研究会编注《李大钊全集4》，人民出版社，2013，第247页。
② 参见朱力宇、叶传星《人权法》，中国人民大学出版社，2017，第12页。

翻译，李大钊曾经解释说，有译为"民本主义"的，有译为"民主主义"的，有译为"民治主义"的，有译为"唯民主义"的，也有音译为"德谟克拉西"即"民主"的。今为通俗了解起见，译为"平民主义"。① 李大钊阐述的平民主义思想，涉及民主、民族解放、平等特别是阶级平等和男女平等、自由、博爱等的人权问题。由于上文已经对李大钊关于自由、平等、博爱等的观点进行过一些引述，所以下文的引述将集中于他在民主方面的一些观点。

建党前的 1919 年 10 月 15 日，李大钊在《妇女解放与 Democracy》一文中就提出："现代欧美的 Democracy，仍然不是真正的 Democracy。因为他们一切的运动、立法、言论、思想都还是以男子为本位，那一半妇女的利害关系，他们都漠不关心。就是关心，那人代为谋的利益，也决不是他们的利益，决不像他们自己为谋的恳切。'人民'这个名词，决不是男子所得独占的，那半数的妇女一定也包含在内。Brougham Villiers 说的好：'The formula of democracy is not government of the people for the people by the man but by the people'。译他的大意，就是那真正的 Democracy 不是男子所行的民权民主的政治，乃是人民全体所行的民权民主的政治。这里所谓人民全体，就是包含男女两性在内。"②

1921 年 12 月 15 日至 17 日，他在《由平民政治到工人政治》一文中提出："德谟克拉西，无论在政治上、经济上、社会上，都要尊重人的个性，社会主义的精神，亦是如此。从前权势阶级每以他人为手段、为机械而利用之、操纵之，这是人类的大敌，为德谟克拉西及社会主义所不许。社会主义与德谟克拉西有同一的源流，不过社会主义目前系注重经济方面：如男子占势力，而以女子为奴隶；贵族自为一阶级，而以平民为奴隶；资本家自为一阶级，而以劳动者为奴隶。凡此社会上不平等不自由的

---

① 参见中国李大钊研究会编注《李大钊全集 4》，人民出版社，2013，第 141 ~ 142 页。根据《布莱克维尔政治学百科全书》对"平民主义"的概念含义所作的阐释，Populism 可以有几种不同的翻译方法，比如，可以译为"人民党主义"、"民粹主义"、"民众主义"以及"平民主义"等等；国内有学者对将其译为"民粹主义"持有异议，本文作者同意这一异议。

② 中国李大钊研究会编注《李大钊全集 3》，人民出版社，2013，第 90 页。

现象，都为德谟克拉西所反对，亦为社会主义所反对。"① 而在《平民主义》一书中，他更是提出："现代政治或社会里边所起的运动，都是解放的运动。人民对于国家要求解放，地方对于中央要求解放，殖民地对于本国要求解放，弱小民族对于强大民族要求解放，农夫对于地主要求解放，工人对于资本家要求解放，妇女对于男子要求解放，子弟对于亲长要求解放。这些解放的运动，都是平民主义化的运动。"② 所以，在《平民主义》一书中，李大钊明确提出："总结几句话，纯正的'平民主义'，就是把政治上、经济上、社会上一切特权阶级，完全打破，使人民全体，都是为社会国家作有益的工作的人，不须用政治机关以统治人身，政治机关只是为全体人民，属于全体人民，而由全体人民执行的事务管理的工具。凡具有个性的，不论他是一个团体，是一个地域，是一个民族，是一个个人，都有他的自由的领域，不受外来的侵犯与干涉，其间全没有统治与服属的关系，只有自由联合的关系。这样的社会，才是平民的社会，在这样的平民的社会里，才有自由平等的个人。"③ "社会主义与平民主义在学理上当解释明白。社会主义不一定要平民主义政府 Democracy 之下实行的，无论何种政体，如专制政体等，均可实行。但就两者精神方面言之，平民主义是种精神，社会主义亦是一种精神，两者是相接近而一致，均由平民而起者。"④ 按照李大钊的观点，平民主义与马克思主义的科学社会主义既有联系又有区别。其联系主要在于，二者都主张全体人民在政治、经济、社会等方面的自由和平等；其区别主要在于，社会主义是可以在无产阶级专政下实行和建设的。

总之，作为中国科学社会主义理论最早探索者的李大钊，他的平民主义思想，以马克思主义为指导，运用阶级斗争学说，对新民主主义革命初期中国所面临的一系列问题作了初步探讨。他把农民反抗地主、工人反抗资本家、殖民地半殖民地人民反抗帝国主义殖民掠夺的斗争称为平民主义

---

① 中国李大钊研究会编注《李大钊全集4》，人民出版社，2013，第4页。
② 中国李大钊研究会编注《李大钊全集4》，人民出版社，2013，第147～148页。
③ 中国李大钊研究会编注《李大钊全集4》，人民出版社，2013，第160页。
④ 中国李大钊研究会编注《李大钊全集4》，人民出版社，2013，第247页。

运动，同时又把资产阶级的"平民主义"与劳工阶级的"平民主义"明确区别开来，认为劳工阶级"平民主义"的基础是工人政治，性质是无产阶级专政，前途是实现社会主义。而毫无疑义，他所主张的要"人民全体所行的民权民主的政治"，"政治上、经济上、社会上，都要尊重人的个性"，"政治机关只是为全体人民，属于全体人民，而由全体人民执行的事务管理的工具"等等的平民主义思想，与旧民主主义革命思想有本质区别，是后来以毛泽东为代表的中国共产党人进一步探索新民主主义革命理论基础的思想来源之一。

八 简短的结语

习近平总书记 2021 年 7 月 1 日在庆祝中国共产党成立 100 周年大会上的讲话中指出："中国共产党一经诞生，就把为中国人民谋幸福、为中华民族谋复兴确立为自己的初心使命。一百年来，中国共产党团结带领中国人民进行的一切奋斗、一切牺牲、一切创造，归结起来就是一个主题：实现中华民族伟大复兴。"① 国务院新闻办公室 2021 年 6 月 24 日发表的《中国共产党尊重和保障人权的伟大实践》白皮书也指出："100 年来，中国共产党坚持人民至上，坚持将人权的普遍性原则与中国实际相结合，坚持生存权、发展权是首要的基本人权，坚持人民幸福生活是最大的人权，坚持促进人的全面发展，不断增强人民群众的获得感、幸福感、安全感，成功走出了一条中国特色社会主义人权发展道路。"② 可以说，李大钊一生的奋斗历程，同马克思主义在中国传播的历史紧密相连，同中国共产党创建的历史紧密相连，同中国共产党领导的为国家争主权、为人民谋幸福的历史紧密相连，也同实现中华民族伟大复兴的主题紧密相连。李大钊的人权思想，也属于马克思主义中国化的重要组成部分和理论成果。

2021 年 2 月 20 日，习近平总书记在党史学习教育动员大会上的讲

---

① 习近平：《在庆祝中国共产党成立 100 周年大会上的讲话》，《人民日报》2021 年 7 月 1 日，第 2 版。

② 习近平：《在党史学习教育动员大会上的讲话》，《求是》2021 年第 7 期。

话中指出："十月革命的胜利，社会主义的兴起，就是当时的世界大势。我们党从这个世界大势中产生，走在了时代前列。"① 在这开天辟地的大事变中，李大钊的理论和实践的贡献居功至伟。所以，在进行党史学习教育的今天，进一步研究李大钊的人权思想，是有理论价值和现实意义的。

① 习近平：《在党史学习教育动员大会上的讲话》，《求是》2021 年第 7 期。

权利分析的观察视角与理论进路

李拥军　张　笑*

摘　要：权利是社会以肯定的规范形式对主体自由或利益的认可与保障，权利只能是主体的权利，没有主体，权利就失去了逻辑起点与归宿，因此，权利主体既是构成权利规范的必要条件又是描述权利现象的重要特征。个人是社会构成的基本形式，而群体又是人存在与发展的必要方式与手段，因而个人与共同体构成了权利主体的各种形态。权利作为矛盾体而存在，在外部，它表现为与义务的矛盾关系，这一关系贯穿于一切法现象之中；在内部，消极权利和积极权利的辩证统一构成了权利现象的全貌。因此，矛盾性是权利的基本属性，于是从这一属性出发，权利便可以划分为消极权利和积极权利两种样态，而这两种样态又是分别通过行为权和接受权、自由权和要求权、传统人权和社会经济文化权利三种形式来表现的。"权利本位论""义务重心论""权利义务并重论""法权核心论"在不同侧面阐述了权利和义务的关系。

关键词：权利；义务；共同体；国家

追求权利是人类最一般、最基础的心理特征和行为规律。人对权利的追求是历史延续和社会发展的动力。正如马克思所言，"人们为之奋斗争取的一切，都同他们的利益有关"[①]。因此，权利是人的基本价值追求，是社会演进的根本动力，是人类文明的实质性要素。法律作为人类文明的

---

　*　李拥军，吉林大学法学院教授，博士生导师；张笑，吉林大学法学理论专业博士研究生（2009 廉政专项计划）。
　①　《马克思恩格斯全集》第 1 卷，人民出版社，1995，第 187 页。

结晶，它本质上应该成为"人民自由的圣经"①。于是，任何标榜正义的法律都不能忽视权利的存在。也正因如此，自然法学者才疾呼"权利即法，法即权利"。权利虽然丰富了法律，但它也为法律和法学出了一道难题。② 首先，权利之所以难以被认识，是因为它有一张普洛透斯式的脸，这张脸放在不同人头上就有不同的样态。有人把它看作利益，有人称之为要求，有人说它是规范，又有人奉之为自由；有人说它是观念，有人说它是实体，有人说它是统治者愚弄人民的工具，有人说它是人民成为主人的象征。其次，人们对权利的认识没有统一标准，不同的人对权利的态度迥然不同。弱者将权利看成护身符，用之抵御强者的侵凌；强者将权利当作特供品，视之为自然的恩赐，理所当然。农民拥有它为了实现温饱，知识分子获得它为了言论上的自由，商人得到它为了发财致富。精英人物认为拥有它可以实现政治抱负，解民之倒悬；人民大众认为有了它可以遏制权力的异化。发达国家认为它们有权领导全世界，民族国家则认为独立的发展是它们的自由。正因如此，就有了权利的冲突与对抗。最后，采用不同的观察视角，沿袭不同的理论进路，对权利的认识就有不同的观点和思路。自由主义者认为权利只是个人的专利，社群主义者则认为群体的权利高于个人的权利；人本主义者认为权利只是人的权利，环保主义者则认为动物权利也不容忽视；自然法学者认为在法律之外人有道德上的权利，且它高于法律权利，实证法学者则认为只有法律上的权利才是真正的权利，自然权利不过是一派胡言；信奉消极权利观的人认为权利就是国家不得干涉个人事务的自由，而持积极权利观的人又认为权利是对国家为其提供各种服务与福利的要求。权利本位论者认为，法律在于实现人的自由，故法律的基石是权利，义务来源于权利、服务于权利；义务重心论者则认为，法律在于规范秩序，故法律的重心应是义务，权利源于义务，义务确证权利；权利义务并重论者又认为权利、义务二者无主次、轻重之分。

① 《马克思恩格斯全集》第 1 卷，人民出版社，1995，第 176 页。
② 参见张文显《法哲学范畴研究》，中国政法大学出版社，2001，第 298~299 页。

毛泽东指出："……矛盾存在于一切过程中，并贯串于一切过程的始终，矛盾即是运动，即是事物，即是过程，也即是思想。否认事物的矛盾就是否认了一切。"[①] 权利形态之所以多样，权利理论之所以复杂，权利认识之所以成为难题，根本上就在于它是一个矛盾的存在，它代表着一种矛盾关系。从主体上看，权利关系是个人与共同体的矛盾统一。从法律构成上看，权利与义务的矛盾贯穿于一切法现象之中。从权利的内部属性上看，积极权利和消极权利构成了它的全貌。从其存在形态上看，它既是从理想到现实的运动过程，又是从权利规则到权利原则的静态展开。以往的研究忽视了这一矛盾性，正如张文显教授所说的那样："常常被一种狭隘的视野所封闭，被固定的思维所限制，以自我为中心，观察问题不会转向，不能换位思考和直线性；……所以，我们的权利定义往往缺乏高度抽象性，难免出现挂一漏万，以偏概全。"[②] 本文正是试图突破这种圈囿，从权利的矛盾性出发，以不同的观察视角和理论进路对权利问题进行分析，以求对其全貌作以展示。

一 基于权利主体的理论进路

权利是社会以肯定的规范形式对主体自由或利益的认可与保障，权利只能是主体的权利，没有主体，权利就失去了逻辑起点与归宿，因此，权利主体既是构成权利规范的必要条件又是描述权利现象的重要特征。个人是社会构成的基本形式，而群体又是人存在与发展的必要方式与手段，因而个人与共同体构成了权利主体的各种形态。

（一）权利主体的基本形态——个人与共同体

个人拥有权利已成定论，但共同体能否成为主体进而享有权利历来就有争议。一般个人主义者或自由主义者认为，权利永远属于个人，任何形

---

① 《毛泽东选集》第 1 卷，人民出版社，1991，第 319 页。
② 张文显：《法哲学范畴研究》，中国政法大学出版社，2001，第 299 页。

式的共同体不过是人的集合，不具有客观性，因而诸如社会、国家、人类等共同体不具有任何权利。① H. L. A. 哈特（Hart）说："一种典型的观点认为，权利仅归个人所拥有或仅属于个人……它是一种个人道德属性，只有个人才有资格享有这种特性。"② 诺齐克在其名著《无政府、国家与乌托邦》中开篇就鲜明地提出"个人拥有权利"，随后他又论述到"存在着不同的个人，他们分别享有不同的生命，因此没有任何人可以因为他人而被牺牲——这正是道德边际约束存在的根据"；"因为并不存在为它自己的利益而愿意承担某种牺牲的有自身利益的社会实体。只有个别的人存在，只有各个不同的有他们自己的个人生命的个人存在。为了别人的利益而使用这些人中的一个，利用他去为别人谋利，不用更多，这里所发生的就是对他做某件事而目的都是为了别人。谈论一种全面社会利益就属于这种事情。以这种方式利用一个人，就意味着没有充分地尊重和理解他是一个单独的人，他的生命是他拥有的唯一生命的事实"③。艾伦·布坎南也否认集体权利的存在，他认为："在每一个过程中，个人投身于社会相互作用以图推进他们自己的目标（不管目标是什么）。在参与社会活动的个人的目标或目的之外不存在别的目标或目的。……根本没有'社会目的'、'国家目的'、'国家目标'或'社会福利机能'，诸如此类的东西。"④ 有些学者虽然承认有共同体的存在，也承认有共同体权利的称谓，但否认这种权利的实在性。如朗·富勒（Lon fuller）称共同体的权利只是法律上的推定（legal fictions）⑤。又如美国学者爱因·兰德认为，团体只是个人的虚拟，集体权利不过是个人权利的引申，"任何团体或'集体'，不管是

---

① 参见〔美〕贝思·J. 辛格《实用主义、权利和民主》，王守昌译，上海译文出版社，2001，第 4 页。

② 参见〔美〕贝思·J. 辛格《实用主义、权利和民主》，王守昌译，上海译文出版社，2001，第 6 页。

③ 〔美〕诺齐克：《无政府、国家与乌托邦》，何怀宏译，中国社会科学出版社，1991，第 41~42 页。

④ 〔美〕布坎南：《自由、市场和国家》，转引自俞可平《权利政治与公益政治》，社会科学文献出版社，2000，第 143 页。

⑤ 参见〔美〕贝思·J. 辛格《实用主义、权利和民主》，王守昌译，上海译文出版社，2001，第 4 页。

大是小，仅仅是无数个体的组合。除了个体成员的权利之外，团体没有任何权利，团体的'权利'是从其成员的权利引申出来的，是个体自愿的选择和契约式的同意，也是个体在进行特殊活动时的权利运用"①。我国一些学者也持类似观点，"'集体'和'社会'永远都是一个虚拟的存在体，永远都只能附从于个体生命的实存形式之上，它只是个体生命为自己能够相互生存所自我创造的一种空间性舞台"，"在人的世界里，'集体'或'社会'都不能成为它自己的主体，能够成为'集体'或'社会'的主体的只能是人！正是从这一本质上讲，根本不存在社会主体或集体主体……'集体主体'或'社会主体'等概念的产生和普遍生活化，这恰恰是政府侵犯人的权利和利益的基本方式。……对'集体'和'社会'予以大力的提倡和推崇，那么，'集体主体'或'社会主体'也就从虚拟的存在形态变成了人的世界的绝对的、唯一真实的主体形态，生命的个体主体也就被挤到了生活的角落，成了'社会'或'集体'任意发配的对象物"②。

与此相反，社群主义者或某些功利主义者在承认个体权利的同时也强调共同体及其权利的存在。他们认为，群体是一个有机的整体，它不但有共同的文化传统，而且具有一致认同和情感。这样，社群本身就具备了作为权利主体所要求的基本条件，如独立的意志和行动能力、承担一定的义务等。在他们看来，共同体权利不但有其主体条件，而且具有其客观要求。社群或共同体的基本的功能之一，是对其成员分配各种利益和资源，满足成员的物质需要和精神需要，若社群自身没有权利，它就不能实现这种功能。③ 西方学者拉里·梅（Larry May）对此这样主张："个人可能由共同利益和共同目的统一起来，也可能由于共同的身份（例如穆斯林或犹太人）而受到他所称的'基于集团的伤害'。因此，……社会集团可能拥有权利和责任。"④ 查尔斯·泰勒（Charles Taylor）将这种共同体权利称作

---

① 〔美〕爱因·兰德：《新个体主义伦理观》，秦裕译，生活·读书·新知三联书店，1993，第100页。
② 唐代兴：《利益伦理》，北京大学出版社，2002，第228~229页。
③ 俞可平：《权利政治与公益政治》，社会科学文献出版社，2000，第241页。
④ 引自〔美〕贝思·J.辛格《实用主义、权利和民主》，王守昌译，上海译文出版社，2001，第5页。

"高级的善",每个成员都有对这种"善"服从的义务。① 迈克·华尔采(M. Walzer)认为社群的公共权益虽形形色色,但归结起来无非两类——"安全"和"福利"。② 贝思·J. 辛格更为深刻地描述了共同体权利,他说:"一个真正规范的共同体是一个自我管理的,然而它们的成员又相互回应的共同体,要获得这样的共同体,就必须去维护自治和权威这两者的实施。只有通过将自治和权威制度化为每个共同体的权利-资格,该共同体才能与他共同体一致并取得它们同样的尊重。这就是说,它们就该是'普通的权利'";"各种共同体也可以有权利,就像一个人一样,至少某些共同体有能力参与权利关系。……如果我们接受这样一个观念,即任何有经验的并且可以以任何方法加以区分的事物都是真实的。那么共同体的存在也无疑是真实的"。郭道晖先生对集体权利这样论述:"集体权利一般是指某一个社会共同体的公权利——公有权利或公共权利,如国家、民族、社会团体(政党、群众团体、企事业单位等法人组织)以及国际组织的公权利","它只为作为一个整体的组织所享有,是整体或组织的公共权利而不是个体的私人权利"③。

中外学者关于权利主体基本形态上的争议与分歧给了我们许多有益的启示。本文不同意某些学者的权利只属于个人、除个人外其他实体均无权利可言的观点,同时也反对某些学者的公共权利必然优于个人权利、为普遍利益必然可以牺牲个人权利的论断。④ 个人和共同体是权利主体的两种基本形态。马克思说:"全部人类历史的第一个前提无疑是有生命的个人的存在"⑤;"凡是有某种关系存在的地方,这种关系都是为我而存在的"⑥。个人是社会构成的基本形式,是人类历史发生的逻辑前提和终极目标,离

---

① 俞可平:《权利政治与公益政治》,社会科学文献出版社,2000,第242页。
② 俞可平:《权利政治与公益政治》,社会科学文献出版社,2000,第244页。
③ 郭道晖:《论集体权利与个体权利》,《上海社会科学院学术季刊》1992年第3期,第51页。
④ 社群主义者迈克·桑德尔(M. Sandel)认为普遍的善优于个人权利,为普遍利益必然可以牺牲个人权利。另一社群主义者阿拉斯太·麦金太尔(A. Macintyre)的观点则更为激进,认为自然权利或个人权利纯属虚构,相信他们就如同相信女巫和独角兽一样荒谬可笑。可详见俞可平《权利政治与公益政治》,社会科学文献出版社,2000,第237~239页。
⑤ 《马克思恩格斯选集》第1卷,人民出版社,2012,第146页。
⑥ 《马克思恩格斯选集》第1卷,人民出版社,2012,第161页。

开了人也就没有了人类社会，任何权利只是空谈，因此，从根本意义上说，权利永远都是个人的权利，个人权利是权利的最基本、最普遍的形式。但马克思又指出："人的本质并不是单个人所固有的抽象物，在其现实性上，它是一切社会关系的总和"，人实际上"是属于一定的社会形式的"①。这就是说，人是社会的人，生存于社会之中的人任何时候都不能以孤立的个体形式生存和发展，所以群体是人存在的必要方式和发展的必要手段。因此，人类为了生存和发展必然要结成各种形式的共同体。当共同体被拟以"人"的外观和内涵时，它就有了作为主体所必备的人格，于是为其赋予权利就成为可能。

不是人的集合都可以构成共同体，特别是享有权利的共同体。共同体是因具有共同利益需求而形成同一观点的人的集合，因此，共同观念是共同体形成的首要条件。正如辛格所说："那些我们用来界定共同体的观念，我们称之为社会规范：共同的理解、共同预期、行为规则、目标和利益、价值与关切，以及那些使得我们以一种有意义的方式彼此交往和互动并说明我们是社会的人的特征的东西。所有那些已经把一套共同社会规范内在化的人构成我所谓的'规范的共同体'。"② 凯尔森也这样认为："如果我们用'共同体'这一术语代替'联合'，我们便表达了'组成'一个联合的人们有某种共同之处的观念。他们共同有的就是调整其相互行为的规范秩序。"③ 马克斯·韦伯则将这种共同观念描述为"完全地或部分地以目的合乎理性为取向"④。共同观念是在人们不断交往的过程中形成的，它一旦形成就具有相对的稳定性和独立性，因而它也是该群体区别于其他主体的显著标志。由于它的存在，对内群体形成了相对封闭的空间，对外产生了统一行动的可能。换言之，某一群体是在共同观念的统合下形成了紧密而稳固的联合而成为社会交往主体进而享有权利的。也正是基于这种共

---

① 《马克思恩格斯选集》第 1 卷，人民出版社，2012，第 135 页。
② 〔美〕贝思·J. 辛格：《实用主义、权利和民主》，王守昌译，上海译文出版社，2001，第 70 页。
③ 〔奥〕凯尔森：《法与国家的一般理论》，沈宗灵译，中国大百科全书出版社，1996，第 111 页。
④ 〔德〕马克斯·韦伯：《经济与社会》，林荣远译，商务印书馆，1997，第 71 页。

同观念，从单个人出发经过高度抽象，共同体被拟制了人格；从个人权利出发，经过高度抽象，共同体被赋予了权利。郭道晖提出：集体公共权利不是"个体权利混合而形成的"，"而是由个体权利化合而生成的一种有别于个体权利的新权利"①。本文不反对共同体权利是因拟制而生成的观点，承认它是观念的产物并不意味着就否定了其实在性。因为就个人权利而言，归根结蒂，它也是观念中的产物。正如康德所言："现在，实践理性通过它的权利原则，决意这样：我将认识到'我的和你的'被应用到诸对象时，不是根据那些感官的条件，而是撇开这些条件以及由这些条件所表示的占有，因为这些条件想到意志活动的一些决定，这些决定都是符合自由法则的。因为，只有一种理智上的概念，才能概括在理性的权利概念之下。所以，我可以说或占有一块土地，虽然我并不是确实站在它上面，而是站在另一块土地上。现在的问题并不考虑对该对象的一种智力上的关系，而是我在实践上把该物置于我的力量之中并任由我处置，这是一种通过上述认识而实现了的并与空间无关的占有概念。"② 马克思对此则更为精辟地指出："权利，就它的本性来讲，只在于使用同一的尺度"③，权利只是一种关系，而这种"法权关系，不外是一种反映经济关系的意志关系"④。由此看来，任何权利都只不过是人的利益、关系或行为在观念上的表述而已，无非这种观念是靠人的行为来实现罢了。"从本质上看，'权利'存在于社会共识之中，即只有人们就权利是否存在形成一致的肯定意见，权利才能存在。"⑤ 所以单纯的一种利益需求或主张并不能成为权利，只有它们被群体或社会普遍认同时，才能成为权利，因此，即使只是一种观念上的主张，一旦得到社会的普遍认同，也就具有了实在性。个人权利如此，社会、国家、人类等共同体的权利也不例外。

---

① 郭道晖：《论集体权利与个体权利》，《上海社会科学院学术季刊》1992 年第 3 期，第 51 页。
② 〔德〕康德：《法的形而上学原理》，沈叔平译，商务印书馆，1991，第 64~65 页。
③ 《马克思恩格斯选集》第 3 卷，人民出版社，2012，第 364 页。
④ 《马克思恩格斯全集》第 16 卷，人民出版社，1964，第 277 页。
⑤ 〔美〕詹姆斯·S. 科尔曼：《社会理论的基础》（上册），邓方译，社会科学文献出版社，1999，第 65 页。

(二) 权利主体的具体形态——个人、国家和人类

1. 个人

古往今来，许多思想家都在赞美人的伟大。人之所以伟大，就在于他是"具有意识经过思虑或凭激情行动的、追求某种目的的人"①。"动物是和它的生命活动直接同一的。它没有自己和自己的生命活动之间的区别。它就是这种生命活动。人则把自己的生活活动本身变成自己的意志和意识的对象。他的生活活动是有意识的。……有意识的生活活动直接把人跟动物的生命活动区别开来。"人是能够思维的动物，人的行为是意识支配下的行为。人既能"按照任何物种的尺度来进行生产"，即根据所有被改造的对象的规律来进行生产，又"随时随地都能用内在的固有尺度来衡量对象"②，即根据人自己的欲望、目的、要求从事改造对象的行为。人正是在这种合目的性与合规律性、"人的尺度"与"物的尺度"的统一性实践中实现自身的发展和世界的改造的。而动物只能按照"物的尺度"一代一代复制自己，因而它没有自己的"历史"和"发展"。

人的意识首先表现为需求和欲望，正如马克思所说："人作为自然存在物，而且作为有生命的自然存在物，一方面具有自然力、生命力，是能动的自然存在物；这些力量作为天赋和才能、作为欲望存在于人身上。"③也正是有了这种需求和欲望人才真正成其为人。人的存在必备三个条件：一是生命的有机自然体——肉体，二是生命的无机机体——大自然，三是运用资源和创造资源的能力。第一个条件是完满的，第二个条件是残缺的，第三个条件是虚空的。④第一个条件之所以完满是因为人有健全的意识和充足的欲望；第二个条件之所以残缺是因为大自然无法满足人的这种欲望；第三个条件之所以虚空是因为人运用自然满足人的欲望的能力不是与生俱来的，而是在欲望的支配下在实践中逐步获得的，它需要人不断地

---

① 《马克思恩格斯选集》第 4 卷，人民出版社，2012，第 253 页。
② 〔德〕马克思：《1844 年经济学 – 哲学手稿》，刘丕坤译，人民出版社，1979，第 50 ~ 51 页。
③ 《马克思恩格斯全集》第 3 卷，人民出版社，2002，第 324 页。
④ 参见唐代兴《利益伦理》，北京大学出版社，2002，第 190 页。

去填充。因此，在这个意义上说，人的一生不过是在欲望的驱使下不断增加自身能力和财富、满足自身需求和欲望的过程，人类社会的历史也不过是在欲望的推动下不断地改造自然、创造物质和精神财富、完善自我的过程。对此恩格斯精辟地指出："鄙俗的贪欲是文明时代从它存在第一日起直至今日的起推动作用的灵魂；财富，财富，第三还是财富——不是社会的财富，而是这个微不足道的单个人的个人的财富，这就是文明时代唯一的，具有决定意义的目的。"① 这种受欲望驱动的对利益的追求和主张便是权利的萌芽，所以人的欲望与需求是权利形成的动向之源与动力之源。

并不是有了人类就有了权利，权利只是人类的社会发展到一定阶段的产物，权利代表着人自主地位的形成。本文认为生活在初民社会的人们也有原始权利②的观点难以成立。因为权利本身就是观念中的产物，如果人类不具有追求自身利益的意识也就根本不会有权利现象产生。在生产力极为低下的原始社会（主要是前期和中期），单个人无法脱离群体而生存，迫于自然的压力；原始人不可能有个人利益的追求，因为一旦有这种追求，在财富极度匮乏的条件下，群体将无法维系。正因如此，也就不可能有原始人的权利。正是基于此，恩格斯这样指出："在氏族制度内部，还没有权利和义务的分别；参与公共事务，实行血族复仇或为此接受赎罪，究竟是权利还是义务这种问题，对印第安人来说是不存在的；在印第安人看来，这种问题正如吃饭、睡觉、打猎究竟是权利还是义务的问题一样荒谬。"③ 随着生产力的发展，人改造自然能力的增强，到了原始社会后期，出现了剩余产品进而产生了私有观念，这种私有观念直接表现为人对利益的需求，这种需求在长期社会生活中被逐渐认可，便产生了权利。因此，在这意义上说，"权利不过表明人类逐渐摆脱外部世界对自己的控制和奴

---

① 《马克思恩格斯选集》第 4 卷，人民出版社，2012，第 194 页。

② 关于对原始权利的论述可参见夏勇《人权概念的起源》，中国政法大学出版社，1992，第 3~25 页；常健《当代中国权利规范的转型》，天津人民出版社，2000，第 147~172 页；杨春福《权利法哲学研究导论》，南京大学出版社，2000，第 80~86 页；童之伟《法权与宪政》，山东人民出版社，2001，第 27 页。

③ 《马克思恩格斯选集》第 4 卷，人民出版社，2012，第 175 页。

役；表明人类对统治自己的异己力量的依附已逐渐趋于瓦解；也表明了人类已经具备了支配自己外部世界的力量"①。对于人来说，权利不是从来就有的，它也不是一成不变的，人类自身能力愈增加，人对权利的需求就越强烈和广泛。前现代社会的人们不可能有游及全球的奢求，现代社会的人们也不敢言及对太阳系拥有主权。权利制度的健全与完善标志着人在日益独立与自由、社会在日益进步和发展。

人天生是自由的动物。康德说："自由是独立于别人的强制意志，而且根据普遍的法则，它能够和所有人的自由并存，它是每个人由于他的人性而具有的独一无二的、原生的、与生俱来的权利。"② 马克思更是忠爱自由，他认为，"一个种的全部特性、种的类特性就在于生命活动的性质，而人类的类特性恰恰就是自由的自觉的活动"③。由此看来，自由是每个人生来就有的品质，根据这种品质每个人都应该成为他自己的主人，因此，追求自由和权利是人类本性的表现。它既是人存在的目的和方式，也是推动人类社会发展的最强大的动力。诚然，群居生活的原始人，不能脱离群体而生存，因而不可能具有权利意识，也就不可能产生权利观念，但这并不是否认人在本质上有自由的因子，只不过是在特定的生活条件下，人们不敢或也不可能暴露而已。正因如此，当条件成熟时，当生产力发展时，当剩余产品出现时，人热爱自由的天性便立刻显现，权利意识与主张会顿时生成。人人都有天赋的自由，人人都有权维护自己的利益，那么，权利冲突就不可避免。而激烈的冲突会使共同体无法维系，无节制的冲突最终会使每个人失去自由与权利。于是在这种冲突的交往中，人们认识到只有合作、让渡自己的部分利益并建立一定的规则才能使自己的利益与自由得以实现。因此，公共道德、公共习惯、公共权力、国家法律得以产生。所以我们说单纯的对自由的需求和对利益的主张不是权利。这种需求或主张只有被共同体认可、被公共规则所确定才能成为权利。权利本身既意味着对自己利益的肯定也意味着对别人利益的认可。正如辛格所说：

---

① 葛洪义：《探索与对话：法理学导论》，山东人民出版社，2000，第205页。
② 〔德〕康德：《法的形而上学原理》，沈叔平译，商务印书馆，1991，第50页。
③ 《马克思恩格斯全集》第42卷，人民出版社，1979，第96页。

"在这样做时，它们就确立了相互认同的基础。因为我认识到我有权就是认识到你也有权，反之亦然。所以我也就懂得了，如果我们中任何人可以被任意剥夺这一权利，那么，它实际上就不是权利。所以，我能认识到，保卫你的权利是对我有利的，并且，我也能向你表明，保卫我的权利，也是有利于你的。"①

"人们的社会历史始终只是他们个体发展的历史，而不管他们是否意识到这一点。他们的物质关系是形成他们一切关系的基础。这些物质关系不过是他们的物质的和个体的活动，借以实现的必然形式罢了。"② 社会只能是人的社会，个人是社会的出发点和归宿。如果离开了人，任何共同体都只是一具没有意义的"空壳"。因此，任何共同体或社会，只要是作为人的相互关系而存在，个体就是其具体内容，任何社会活动、任何社会存在，归根结蒂都是人的活动、人的存在，活生生的个人才是社会赖以存在的真实基础。社会、国家乃至全人类都是由人组成的，而不是相反，因此，我们必须把人当作目的而不能将之当作手段来对待。个人永远在逻辑上和道义上居于优先地位，因为人的主体是实在，而共同体的人格是拟制的，社会、国家、全人类都不过是人与人的关系而已。正如马克思所言："上面所提到的真正的社会联系并不是由反思产生的，它是由于有了个人需要和利己主义才出现的，也就是个人在积极实现其存在时的直接产物。"③ 既然没有个人就无所谓共同体，那么没有个人权利也就无所谓集体权利。人类社会的浩瀚之洋无非由无数个人的涓涓细流汇合而成，那么集体权利也不过是无数个人权利的合力而已。个人权利既是化合集体权利的微量元素又是抽象集体权利的基本范畴。

2. 国家

与市民社会相比，古今许多思想家更容易将国家视为一个独立的政治或法律实体从而为其赋予人格。早在古希腊，柏拉图就认为，"国家是大

---

① 〔美〕贝思·J. 辛格：《实用主义、权利和民主》，王守昌译，上海译文出版社，2001，第 38 页。
② 《马克思恩格斯全集》第 4 卷，人民出版社，1995，第 532 页。
③ 《马克思恩格斯全集》第 42 卷，人民出版社，1979，第 24 页。

写的人"，这个"大写的人"是由"单个的人"组成的，单个的人在这个恶劣的自然界，完全凭借自己的力量无法获得更多更好的资源，因此，他们必须求助于人与人之间的合作，相互合作的人聚集而居，聚居的"公共住宅区为城邦"①，他这里所说的"城邦"是国家和社会的复合体。亚里士多德赋予了城邦更高的主体地位，他认为，城邦是一个"至高而广涵"并"以善业为目的"的"政治社团"②，是人类存在的最自然状态，是道德意义上最高级的人的共同体。比之前者古罗马的西塞罗则更为明确地赋予了国家主体地位，他认为"应该用法的权能或权利术语而不是社会学或伦理学的术语来讨论国家"③，"国家乃是人民之事业，但人民不是人们某种随意聚合的集合体，而是许多人基于法的一致和利益的共同而结合起来的集合体。这种联合的首要原因主要不在于人的软弱性，而在于人的某种天生的聚合性"④。资本主义的启蒙时代最突出的特征就是民族国家的兴起，因此，国家被赋予真正意义上的人格也是从这时开始的。马基雅弗利第一次把"国家"具体化为一种非个人的实体，并在现代政治学意义上使用这个术语。霍布斯不但赋予国家以人格，而且还从人的角度阐释它。他认为：国家是"一大群人相互订立信约，每人都对它的行为授权，以便使它能按其认为有利于大家的和平与共同防卫的方式运用全体的力量和手段的一个人格"；国家是充满艺术性创造的"人造人"，主权是灵魂，官员是关节，赏罚是神经，资产是财富和实力，人民的安全是事业，公平和法律是理智和意志，和睦是健康，动乱是疾病。⑤ 卢梭也这样认识国家："这一结合行为就产生了一个道德的与集体的共同体，以代替每个订约者的个人；组成共同体的成员数目就等于大会中所有的票数，而共同体就以这同一行为获得了它的统一性、它的公共的大我，它的生命和它的意志。

---

① 参见〔古希腊〕柏拉图《理想国》，郭斌和、张竹明译，商务印书馆，1986，第57～60页；又见唐代兴《利益伦理》，北京大学出版社，2002，第345页。
② 〔古希腊〕亚里士多德：《政治学》，吴寿彭译，商务印书馆，1965，第1页。
③ 孙晓莉：《中国现代化进程中的国家与社会》，中国社会科学出版社，2001，第15页。
④ 转引自浦兴祖、洪涛主编《西方政治学说史》，复旦大学出版社，1999，第97页。又可参见〔古罗马〕西塞罗《国家篇·法律篇》，沈叔平译，商务印书馆，1999，第34页。
⑤ 〔英〕霍布斯：《利维坦》，黎思复、黎廷弼译，商务印书馆，1985，第132页、引言第1页。

这一由全体个人的结合所形成的公共人格，以前称为城邦，现在则称为共和国或政治体。"[1] 康德视国家为"具有公共利益的人们组成的公民'联合体'"，他不但着重强调法律对它的维系作用，而且肯定了国家权利的存在。[2] 凯尔森则更着重从法律角度阐述国家的主体地位，他把国家看作"由国内的（不同于国际的）法律秩序创造的共同体。国家作为法人是这一共同体或构成这一共同体的国内法律秩序的人格化"[3]。

古今思想家们对国家主体地位的论述都不同程度地给予了我们有益的启示，但仍存在片面性。马克思主义的观点可以对此作合理解答。马克思认为是社会产生了国家而不是国家产生了社会，因此，国家存在的合理性基础就在于它是服务于社会的重要手段。正如前所述，社会中的人是一个个自利的个体，而市场规则又不可避免地具有自发性、盲目性、滞后性的弱点，特别是在今天生产力极度发展、社会分工越发细化的时代，这种弱点更加明显。因此，单凭社会自身无法实现其良性运行，资本主义世界中一次次的经济危机和经济衰退就是例证。于是，社会需要一个独立于它的力量对其进行调控，事实上，现代社会中国家对解决社会中诸如无序竞争、供需失衡、环境污染、贫富分化等问题，保证市场繁荣与稳定正发挥着日益重要的作用。既然社会离不开国家，那么要让其正常发挥作用，就必须让其具有独立人格，掌握必要的财产，进而赋予其一定的权利或权力。

国家权利包括三种具体形态。一是国家主权。它是一个国家作为世界大家庭的一员应享有的权利，它类似于康德所提出的"民族的权利"[4] 和凯尔森提出的"国际人格的权利"[5]。它是一个国家作为国际法人基于国际法而享有的权利，诸如一个国家不受别国侵犯的权利、保持自己领土完整的权利、获得他国尊重与扶助的权利，等等。二是狭义上的国家权利。

① 〔法〕卢梭：《社会契约论》，何兆武译，商务印书馆，1980，第25～26页。
② 参见〔德〕康德《法的形而上学原理》，沈叔平译，商务印书馆，1991，第136～137页。
③ 〔奥〕凯尔森：《法与国家的一般理论》，沈宗灵译，商务印书馆，1996，第203页。
④ 参见〔德〕康德《法的形而上学原理》，沈叔平译，商务印书馆，1991，第178～180页。
⑤ 参见〔奥〕凯尔森《法与国家的一般理论》，沈宗灵译，商务印书馆，1996，第278～279页。

它又表现为两种形态，其一表现为国家对其拥有的财产的所有权。必要的物质财产既是国家正常运转的基本条件又是其对市场经济实施调控的必要手段，因此，国家所有权具有很重要的意义。它包括国家机关财产所有权、国有企业财产所有权、金融储备所有权、无主物所有权等。其二表现为国家作为民事主体所享有的权利。比如在国债发行中，国家与私人主体之间构成平等的民事法律关系，此时国家享有的权利。又如国家向私人订货，在这种合同关系中所享有的债权等。三是国家权力。国内学界一般对权力和权利是作严格区分的，一般认为权利来源于英文中的 right，它是包括个人和各种社会组织在内的社会个体行使的各种自利性权益，权力是由国家机关行使的各种支配性力量。但在西方学界，二者并不存在严格的区分而是经常互用。如《牛津法律大辞典》中有"民法上权力"的词条，并定义为："有权做具有法律效力或作用的事情的法律概念，如，立遗嘱；如果不还借款，债权人有权出卖抵押物；……通常认为权力只是更广泛的'权利'概念的含义之一。"① 在西方法学史上，权力经常用来表述权利的一种情形。在罗马法中，当今译为"法"与"权利"的拉丁字 ius 原来有十来种意思，其中有四种接近于我们今天所理解的权利，其中有一种意思就是将权利表征为权力，即权利是受法律支持的习惯权力或道德权力。② 美国法学家霍菲尔德将权利表述为要求、自由、权力和豁免，其中权力被表述为权利的一种情形，他认为，权力权就是赋予权利人要求他人为自己的目的做某事的资格。③ 美国法学家庞德曾提出权利的六种意义：一是利益，二是利益加上保障他人的法律工具，三是狭义上的法律权利，四是权力，五是自由权，六是特权，其中权力被描述为权利的一种含义。④ 同样，哈特也认为权力权是权利的重要情形。⑤ 另外，在西方学者的著作中，经

---

① 《牛津法律大辞典》，光明日报出版社，1988，第 706 页。
② 张文显：《二十世纪西方法哲学思潮研究》，法律出版社，1996，第 490 页。
③ 〔英〕A. J. M. 米尔恩：《人的权利与人的多样性——人权哲学》，夏勇等译，中国大百科全书出版社，1995，第 118 页。
④ 参见〔美〕庞德《通过法律的社会控制法律的任务》，沈宗灵、董世忠译，商务印书馆，1984，第 46～48 页。
⑤ 参见沈宗灵《现代西方法理学》，北京大学出版社，1992，第 236～237 页。

常见到权利与权力混用的情况，比如康德用"国家权利"或"公共权利"代替"国家权力"或"公共权力"。① 法国思想家马布利也曾有过"国家权利"的用法。② 类似的情况在洛克、凯尔森等西方名家著作中也有所显见。之所以出现上述情况是因为权利和权力两者具有同源性和运作机理的相似性。正如前所述，既然国家起源于社会，公权力来源于私权利的委托，那么公权力不过是无数私权利的合力而已，所以就其运作机理而言，权力也不过是权利特性的显现而已。比如物权的支配性、债权的请求性、监护权的管理性、代理权的不可让与性都不同程度地在权力运作中有所显见，换言之，权力的运作形式几乎都能在其母体——权利中找到原形。基于此，在法现象层面一切权力现象都能用权利去表征。③ 正是如此，国家权力当然表现为国家权利的一种情形，立法权、司法权、行政权也就当然表现为国家权利的诸种形态。

3. 人类

西方世界中有关人类关怀的最早思想可追溯到古希腊。应该说在城邦时代希腊人的主流政治观念是带有狭隘地域性和民族性的。他们对于"他们自己的都市国家有一种天然的优越感；认为其他民族都是只会巴巴的叫，甚至不能正常谈话的野蛮人，他们的生活习惯是应该回避而不该仿效的"④。但随着城邦制度的衰落，希腊时代后期的斯多噶学派提出了世界主义的口号。他们认为，生活在同一理性——自然法之下的人们生而平等，四海之内皆为兄弟。因此，许多西方学者将他们的思想誉为"胸怀全球的人道主义""世界大同主义"⑤。随着罗马国家的兴起，在罗马人的心目中，罗马国家成为世界性的。"Securus judicale orbis berrarum"即"无畏地审判全世界"成为其主流思想⑥，罗马法中也有市民法和万民法之

---

① 参见〔德〕康德《法的形而上学原理》，沈叔平译，商务印书馆，1991，第 136～137 页。
② 参见〔法〕马布利《马布利选集》，何清新译，商务印书馆，1960，第 116 页。
③ 但反之并不成立，因为权利的内涵要比权力丰富得多，比如生育、结婚等有关自然人特性方面的权利，权力是不可能涵盖的。
④ 〔英〕贝尔纳：《历史上的科学》，转引自夏勇《人权概念的起源》，中国政法大学出版社，1992，第 96 页。
⑤ 〔美〕梯利：《西方哲学史》，葛力译，商务印书馆，1995，第 122 页。
⑥ 参见葛洪义《探索与对话：法理学导论》，山东人民出版社，2000，第 153 页。

分。罗马法学家西塞罗认为"正义只有一个，它约束整个人类社会"，自然法具有永恒性质，先于民族和国家而与上帝同在，[①] 而且他还大胆地设想了"世界国家""世界宪法"。[②] 另一位法学家乌尔比安则更为激进，甚至提出动物也是自然法的子民，在自然法下包括人在内的所有生灵组成了一个共同体。[③] 中世纪的基督教发展了罗马人的人类统一性思想。在它的精神世界里"上帝面前人人平等"，每个人都应博爱世界，但这根本无法掩盖其世俗世界赤裸裸的不平等。文艺复兴和资产阶级启蒙运动重新唤醒了人的意识，资产阶级为人类的自由、平等、博爱而呐喊。但丁打出了"人类本来就是按照上帝的形象创造出来的，也应像上帝那样是个统一体"[④] 的口号。康德提出了"人类的普遍权利""世界公民的权利"的主张，并声称"这种权利和所有民族有可能组成一个联合体有关"，进而将"涉及某些普遍地调整他们彼此交往的法律"称为"世界法"[⑤]。意大利资产阶级革命家、复兴运动领袖马可尼提出了"个人是国家的公民""国家是人类的公民"、人类是"许多同种的民族国家拼合而成的整体"[⑥] 的思想。我国古代也有"世界大同""万物一体""天下一家""普渡众生"等思想，但在以家族为本位的小农社会里，这些思想始终没有取得正统地位。

整个人类作为真正意义上的共同体而享有的主体资格是在二战后的现代社会的发展中逐渐形成的，这其中包含着多方面动因。

第一，对二战的反思和人权的发展。两次世界大战夺去了数千万人的生命，又造成了数以亿计人的伤残和流离失所，世界人民真切地厌恶战争、呼唤和平。各国人民逐渐认识到只有世界安宁，才有个人幸福和发

---

① 参见张宏生、谷春德主编《西方法律思想史》，北京大学出版社，2000，第37页。

② 夏勇：《人权概念的起源》，中国政法大学出版社，1992，第99页。

③ 乌尔比安在《学说汇纂》里讲述道："自然法是自然界所教给一切动物的法；这种法不是专为人类所有，而对生长在陆地海洋的动物以及空中的飞禽都是共同的。在自然法中，我们便有了我们称之为婚姻的男女结合，于是便有生育和抚养子女；事实上我们发现一切动物，甚至最野的兽类，都有着表明它们知道这种法的标志。"转引自夏勇《人权概念的起源》，中国政法大学出版社，1992，第110页注⑦。

④ 〔意〕但丁：《论世界帝国》，朱虹译，商务印书馆，1985，第10页。

⑤ 〔德〕康德：《法的形而上学原理》，沈叔平译，商务印书馆，1991，第189页。

⑥ 参见〔英〕格雷厄姆·沃拉斯《政治中的人性》，朱曾汶译，商务印书馆，1995，第177页。

展。世界和平是人类共同体及其观念形成的首要条件，因为在彼此混战的世界里谈及全人类共同利益是不现实的。基于此，人们普遍认同应由一个超国家机构——联合国负责协调国家间的关系。联合国从 1945 年成立以来，成员国已从最初的 50 个发展到现在的 185 个。① 它在解决国际争端、促进国际合作、实现世界和平、增进全人类的福祉方面正发挥着日益重要的作用。二战中德国法西斯分子对所谓的劣等民族令人发指的屠杀也给世界人民以深刻的教训。这使人们意识到对人权的保护不仅是一个国家内部的事务，而且也关系到世界的和平与安全。因此，1945 年《联合国宪章》明确将"增进并激励对全体人类之人权及其基本自由之尊重"作为自己的宗旨之一。1948 年的《世界人权宣言》也指出："对人权的无视和侮辱已发展为野蛮暴行，这些暴行玷污了人类的良心，而一个人人享有言论和信仰自由并免于恐惧和匮乏的世界的来临，已被宣布为普通人民的最高愿望。"1977 年联合国大会通过的关于人权新概念的第 32/130 号决议指出："联合国和所有会员国均有责任实行国际合作，以谋求解决属于经济、社会、文化或人道之一性质的国际问题，以及增进和鼓励不分种族、性别、语言或宗教，尊重人权和全体人类的基本自由。"近年来世界性或区域性的国际人权组织相当活跃，各国人权立法和国际公约也纷纷出台，这都对人权的维护与实现作出了不同程度的贡献。诚然，还不能说，人权就是人类共同体所享有的权利，它仍然是针对个人的权利，但"人权"的概念已表明人类的相互认同已经达到了一定的程度。人权在主张人类一律平等时，实际上已经为处理人类关系提供了一个共同的准则，这一准则使世界上的各色人等得以维系一体。当然关于人权的认识，不同的人之间还存在许多差异，但人权无疑是迄今为止得到最大多数人共同认可的社会政治原则。人权的实质是全人类的和谐。

第二，科学技术的发展和经济全球化。在现代社会，科学技术获得了前所未有的发展，这大大地缩短了人与人之间的时空距离。市场经济的共

---

① 截止到 1996 年 12 月 31 日。参见马世力《世界史纲》（下册），上海人民出版社，1999，第 805 页。

性，又使每个国家都紧密地联系在一起。人员频繁流动，资本畅通无阻，世界呈现你中有我、我中有你、一荣俱荣、一损俱损，牵一发而动全身之势。"由于旅行和通信交往频率的增加以及费用的降低，世界不同地区正在日趋融合于一体。因此，全球化也是一种联结，图像、思想、旅行者、移民、价值观、时尚和音乐都在不断地沿着全球化的进路流动着。"① 60亿人正紧密地联系在一起，世界正构建一个大的网络，全球日益成为"地球村"②。事实上，早在20世纪初，英国思想家沃拉斯面对科技的高速发展就敏锐地预见到人类将有"一个不必通过鲜血和仇恨获得的未来"，"只要意识到人类的一个共同宗旨，或甚至承认这样一个共同宗旨是可能的"，"一个世界联盟"将最终实现。③ 世界的发展告诉我们，人类正朝着这一目标迈进。

第三，全人类面临的问题。人是理性的动物，但在人的意识和行为中又充满着非理性；人是最有智慧的动物，但又常常做最愚蠢的事；人极具创造性，但人的创造又往往伴随着破坏。因此，科学技术和市场经济在人手里都是一把双刃剑，它既能造福人类又能毁灭人类。事实上，随着科技的进步、市场经济的发展，人类的生存与发展也正面临种种问题，比如地球变暖、环境污染、生态危机、恐怖组织、毒品泛滥、贫富分化、核战争等都不同程度地威胁着人类的共同利益。这些问题绝不是单靠哪一个国家能解决的，只有国家间加强合作才能共渡难关、共谋发展。这些问题的出现，也从另一个侧面佐证人类共同权利的存在，因为只有权利有可能被剥夺，人们才能意识到权利的存在。

正因如此，习近平总书记提出了"坚持和平发展道路，推动构建人类命运共同体"，"建设持久和平、普遍安全、共同繁荣、开放包容、清洁美丽的

---

① 〔英〕罗宾·科恩、保罗·肯尼迪：《全球社会学》，文军译，社会科学文献出版社，2001，第15页。

② 美国社会学家马歇尔·麦克吕亨早在1969年就出版了《地球村里的战争与和平》一书，就像我们今天面对计算机全球网络的迅猛发展一样，当时他惊呼通过电视直播，越南战争使每个家庭犹如"亲临其境"，地球变小了，像一个村庄。参见庞中英《权力与财富——全球化下的经济民族主义与国际关系》，山东人民出版社，2002，第231～232页。

③ 〔英〕格雷厄姆·沃拉斯：《政治中的人性》，朱曾汶译，商务印书馆，1995，第187～188页。

世界"的主张。人类共同体正在形成，人类共同利益日益凸显。和平的环境是其形成的基本条件，科学技术和市场经济是其维系的纽带，人类的共同问题是其形成的引子。时至今日，人类作为一个群体对权利的需求显示出前所未有的迫切，因为只有赋予人类以权利，才有协调国家、社会、个人关系的合理依据；因为只有人类的普遍权利获得尊重，才有人类社会和谐有序，生活于其中的每个人才能幸福安康。作为类存在的人同时也负有一定意义的责任，因为它虽是万物之灵长，但不应是万物之敌人，它虽是自然的主人，但不应是自然的强盗。维护自然的和谐既是人类的权利又是人类的义务。

二 基于权利属性的理论进路：积极权利和消极权利

权利作为矛盾体而存在，在外部，它表现为与义务的矛盾关系，这一关系贯穿于一切法现象之中；在内部，消极权利和积极权利的辩证统一构成了权利现象的全貌。因此，矛盾性是权利的基本属性，于是从这一属性出发，权利便可以划分为消极权利和积极权利两种样态，而这两种样态又是分别通过以下三种形式来表现的。

（一）行为权和接受权

从权利人享有权利时的不同形态看，积极权利和消极权利常常表现为行为权（有的学者称为行动权）和接受权。这种表述方式主要侧重于权利人。英国政治学家拉斐尔最早做了这样的划分，他的观点得到了英国法学家米尔恩的赞同："享有行为权是有资格去做某事或用某种方式去做某事的权利。享有接受权是有资格接受某物或以某种方式受到对待的权利。当某人拒绝提供你有资格得到的东西时或某人不给予你有资格得到的待遇时，接受权受到了侵犯。""当某人阻止你去做你有资格去做的事情时，或者用可怕的后果威胁你不能去做时，行为权就受到了侵犯。"[①] 行为权主

---

① 〔英〕A. J. M. 米尔恩：《人的权利与人的多样性》，夏勇等译，中国大百科全书出版社，1995，第112页。

要在于表明权利人可以以积极主动的方式不受他人干涉地行使权利的一种状态，而接受权则主要在于表明权利人以某种被动的接受方式享有或行使权利的一种状态。例如宪法中的选举权和被选举权、债权关系中的请求权和受领权、诉讼关系中的起诉权和应诉权等。以作为行为权的言论自由为例，它表明权利人可积极自由地通过各种方式表达自己的言论，如果当他受到威胁而保持沉默时，他的权利就受到了侵犯。又如某人享有领取救济金的接受权，当政府无端停止发放时，就侵犯了他的权利。行为权须权利人积极行使方能实现，因此，法律对其享有或行使主体的资格要求较高，否则易造成危害权利人的利益或权利滥用等情况。而接受权往往表现为享有某种利益的资格，它呈现甘受意不付出的样态，即它的行使风险相对较小，因而较之前者法律对其主体资格要求较低。比如，赠与权、订立遗嘱权作为行为权表现为对自己财产的处分，权利人须达到一定年龄、具有一定认知能力方可行使，而受赠权和继承权因其仅表现为对别人财产的取得，只要是法律认可的主体都可行使，一般没有年龄或认知能力的限制。也是因为行为权有此特性，所以它更具可选择性，即权利是否行使完全取决于自己对利弊得失的预测。而接受权由于没有意志的人甚至胎儿、动物都能享有，因此，它往往不具有可选择性。比如，婴儿享有受其父母照管和保护的权利就不具有选择性，如果强调这种权利也是可选择的，极易造成对无能力婴儿权益的漠视与伤害。

（二）自由权和要求权

依他人对权利人权利的不同态度，消极权利表现为自由权，积极权利表现为要求权。与行为权和接受权不同，这种表述方式主要侧重于从他人的角度描述权利。自由权之所以被称为消极权利是因为它本身是人固有的、只要他人不干预凭借本人的能力即能实现的权利，即这种权利的实现关键在于他人的不作为。而要求权则表现为权利人要求他人采取主动肯定的行为满足自己需要的权利，即此权利实现的关键在于他人的积极作为，因此，它被称为积极权利。美国哲学家 J. 范伯格用否定权利和肯定权利来表述这样的划分。① 霍菲尔德的权利概念中有要求权、自由权、权力权、豁免权四种情形。权力权既然表现为对他行为的支配，当然也能表现为要求他人为一定行为，因此，实际上它也是一种特殊的要求权；豁免权表现为对某种责任的免除，也就是说，权利人享有实施某种行为且不受追究的自由，因此，它实际上也是一种自由权。所以从这个意义上说，霍菲尔德的权利概念本质上也是一种对消极权利和积极权利的表述。一般来说，对世权表现为消极权利，如财产所有权、人身自由权、生命健康权等。除权利人之外的所有人都负有不得干预权利人正常行使权利的义务，只要他人不作为，该权利即能实现。诸如债权、要求国家赔偿权、要求国家提供福利权、申诉权等对人权一般表现为积极权利。这种权利一般是针对特定主体提出的，只有特定主体积极作为权利方可实现。比如只有债务人积极履行债务，债权人的权利方可实现；只有国家实施福利措施，公民的福利要求权才能得到满足。但这不是绝对的，对世权有时也可表现为积极权利，例如偶然事故中的受害人有权得到有救助能力的任何人的帮助，即只有他人积极实施帮助，受害人方能保住生命，此时，这种权利既是对世权又是积极权利。对人权有时也可表现为消极权利，比如甲乙在合同中约定，一旦一方违约，其须支付违约金，如果甲违约，乙有免除甲支付违约金的权利，此时该权利既是对人权又是消极权利。

（三）传统人权和社会经济文化权利

从政府对公民个人权利的保障方式上看，也就是从人权的角度来看，学界往往把传统人权称为消极权利，把现代人权中的社会经济文化权利称为积极权利。正如美国学者 L. 享金所说："在美国宪法理论中，个人权利一直被看作政府可以对个人做些什么的限制和唯一可以构成的'豁免'。另一方面，人权不仅包括这些消极的'豁免'要求，而且也包括积极的资源要求，宣布社会需要为个人所做的一切。人权包括自由——免受拘留、

① 〔美〕J. 范伯格：《自由、权利和社会正义》，王守昌等译，贵州人民出版社，1998，第85 页。

酷刑的自由和言论、集会的自由；人权也包括食物权、住房权和其他人的基本需要。"①

从消极人权到积极人权是一个历史发展的过程。在资本主义初期，饱尝封建专制之害的新兴资产阶级，对国家权力总是保持着一种警视的态度，加之发展自由资本主义的需要，以洛克、亚当·斯密、密尔等为代表倡导的自由主义国家学说得到了肯定。这种学说主张政府是国家的"守夜人"，"管得最少的政府是最好的政府"，个人权利和自由先于国家而存在，只要国家不予干预，权利完全能够充分实现，市场经济也能良性运行。美国1776年《独立宣言》就证明了这一点，"我们认为这些真理是不言而喻的：人人生而平等，他们都从他们的造物主那里被赋予了某些不可转让的权利，其中包括生命权、自由权和追求幸福的权利。为保障这些权利，所以才在人们中间成立政府，而政府的正当权力，则来自被统治者的同意。如果遇到任何一种形式的政府变成损害这些目的的，那么人民有权利来改造它或废除它，以建立新政府"。马克思对此论述道："资产者不允许国家干预他们的私人利益，资产者赋予国家权力的多少只限于为保证他们自身的安全和维护竞争所必需的范围之内。"② 因此，在这种自由主义的指导下，此时的人权表现为一种消极自由的形式，即人权就是排除国家干涉的个人自由，诸如生存权、言论自由权、免受酷刑权、选举权和被选举权等是其主要表现形式。从19世纪末开始，随着市场经济的发展、科学技术的革命、城市人口的扩大、社会分工的复杂化，强势弱势群体明显分化，各种社会问题层出不穷，如经济危机、失业、贫困、无知、环境污染，等等。这意味着奉行传统的自由主义，国家仅仅履行不作为的消极义务，占人口多数的贫弱者的基本权利难以实现。在这种情势下，传统的自由主义的国家观逐渐被干预主义的国家观代替，传统"守夜人"国家开始走向"福利国家"，因为唯有动用国家"有形之手"，建立完善的社会服务与救济体系，权利和自由才能正常实现，从而克服日趋严重的社会流

---

① 〔美〕L. 亨金：《权利的时代》，信春鹰译，知识出版社，1997，第3页。

② 《马克思恩格斯全集》第3卷，人民出版社，1956，第412页。

弊。于是，一种积极的权利观形成了，它不仅仅强调个人有不受国家干涉的自由，它更强调个人有要求政府采取积极措施促进和保障其利益实现的权利；它不仅强调国家负有消极义务，更强调国家应该负有实施社会福利、保障弱者权益、维护社会平衡的义务。提及积极权利，人们更愿意把它同罗斯福联系起来，对此西方学者这样论述道："权利（在古典的历史著作中）定义为行动的自由……在富兰克林·狄纳多·罗斯福总统任职期间，权利的概念发生了严重的混乱。'权利'由追求价值的自由暗中偷换为价值自身：现在一切美国人都有工作的权利、住房的权利，（等等）……现代政治家已经（随后）把（权利的概念）降低到荒谬可笑的地步……"[1] 因为在 1929 ~ 1933 年的大危机中罗斯福总统的新政标志着现代干预主义国家观正式形成。事实上，早在 20 世纪初叶，欧美国家就把注意力集中到制定国家健康保障法上，这些法案授予公民享有受到健康保护的权利，英国并于 1911 年通过了《国家健康保障法令》。[2] 1942 年英国著名"贝弗里奇报告"（《社会保险及有关服务》）把"救济贫困"的概念由原来的救济贫民变为保障国民的最低生活标准，并认为凡是由于各种原因达不到国民最低生活标准的公民都有权利从社会中获得救济。1970 年美国最高法院在"戈德堡诉凯利"案中说福利救济是一种人们有资格获得的法定权利。[3] 1976 年美国国会通过的《食物权利救济法案》中说："每个人无论在自己的国家或在全世界都享有食物的权利——营养充分的饮食权利——从今以后，此项权利作为美国政策的基石加以承认。"[4] 积极权利观的生成也带来了宪法的重大变革。现代各国宪法除宣布公民的各种基本权利和自由外，大都规定了公民还享有健康保障权、劳动权、休息娱乐权、受教育权、环境权等社会经济文化权利，同时也规定了国家负有创造积极条件，促进和保障

---

[1] 转引自〔美〕汤姆·L. 彼彻姆《哲学的伦理学》，雷克勤等译，中国社会科学出版社，1990，第 299 页。

[2] 参见汤姆·L. 彼彻姆《哲学的伦理学》，雷克勤等译，中国社会科学出版社，1990，第 297 ~ 298 页。

[3] 参见程燎原、王人博《权利及其救济》，山东人民出版社，1998，第 185 页。

[4] 参见汤姆·L. 彼彻姆《哲学的伦理学》，雷克勤等译，中国社会科学出版社，1990，第 297 ~ 298 页。

这些权利实现的义务。1976 年 1 月 3 日正式生效的联合国《经济、社会和文化权利国际公约》正式将这些权利定为基本人权。积极权利观更能反映现代人的权利意识，人们逐渐形成了这样的认识：国家只有积极创造条件，人的基本权利才能充分实现。

消极权利和积极权利及其三种表现形式之间都不是彼此孤立的，而是彼此互动的。如果侧重从权利人享有权利的形态上表述，便会有行为权和接受权之分；如果侧重从他人对权利人的态度上表述，便会有自由权和要求权之别；如果把他人特定为政府，侧重从政府行为对权利的影响上表述，又会有传统人权和社会经济文化权利的划分。社会经济文化权利由于侧重点不同，既可表述为"要求权"又可表述为"接受权"。① 在某种意义上说，一切权利既都可以表征为自由，也都可以表征为一定的要求。② 自由权不过是一种对他人不干预本人行使权利的要求而已，而要求权不过是一种要求他人为某种行为的自由。于是，传统人权也可表述为一种要求权，社会经济文化权利也可表述为一种自由权。因此，消极权利和积极权利既是绝对的又是相对的，它们的辩证统一构成了完整的权利现象。

三 基于权利义务关系的理论进路

权利和义务是重要的法律现象和法学范畴。作为法这一事物两个分离的、相反的成分和因素，它们既是相互排斥的，又是相互依存、相互贯通的。它们的矛盾运动贯穿于一切法律现象和法学部门之中。从另一个侧面讲，权利之所以存在是义务证明的结果。就如同没有黑就无所谓白，人对白的认识是从黑开始的一样。因此，对权利问题进行探讨时就不可能不涉

---

① 彼彻姆将积极权利表述为"受益权"，即接受政府福利、机会或服务的权利。参见〔美〕汤姆·L. 彼彻姆《哲学的伦理学》，雷克勤等译，中国社会科学出版社，1990，第 296 ~ 297 页。

② 在法学史中，许多思想家，如斯宾诺莎、霍布斯、康德、黑格尔、斯宾塞等，都把权利定义为自由，而如范伯格等则把权利定义为一种要求。可详见张文显《法哲学范畴研究》，中国政法大学出版社，2001，第 300 ~ 302 页；〔美〕J. 范伯格《自由、权利和社会正义》，王守昌等译，贵州人民出版社，1998，第 82 页。

及义务。既然法是通过权利和义务来表现的，权利是通过义务来证明的，所以权利义务问题是任何研究权利的法律人都无法回避和忽视的法学的重大基本问题。也正因如此，这一问题一直是中外学界争论的热点之一。两方学界历来就有自然法学者与实证法学者关于权利先定和义务先定的争论。① 国内学界对它的讨论大致是从 1988 年在长春举行的首次全国法学基本范畴研讨会开始的，此次会议掀起了一场关于法的本位的讨论热潮。在此次会议和以后的讨论中逐渐形成了"权利本位论""义务重心论""权利义务并重论"等理论，后来，"法权核心论"又参与其中。这些理论都在不同侧面阐述了权利和义务的关系，因而对深化此问题的研究大有裨益。30 多年后对那场学术争鸣重新进行审视，对于理解权利和义务的关系问题仍然具有重要意义。

（一）权利本位论

在 1988 年的长春会议上，当时的一些青年学者提出了"法学应是权利之学""法应以权利为本位"的观点，后来人们把这种主张称为"权利本位论"，经过 30 多年的发展，这一理论已基本成为多数学者的共识，成为学界的主流观点。权利本位论的观点大致有如下几点。②

第一，权利是法律结构的核心和基点。与义务相比它具有逻辑先在性，是权利创造义务，限定义务，牵动义务，没有权利就没有义务，也不需要义务，义务应来源于权利、服务于权利并从属于权利。因此，"权利"是法学中最根本的核心概念。例如，"不得杀人"这一义务是源于人们有生存的权利，而不是因为有"不得杀人"的义务，人们才有理由活下去。

---

① 西方学界有"以权利为基础的理论"（right-based theory）和"以义务为基础的理论"（duty-based theory）之争。参见张文显《二十世纪西方法哲学思潮研究》，法律出版社，1996，第 505～506 页。

② 下列关于权利本位论的叙述主要取材于张文显《法哲学范畴研究》，中国政法大学出版社，2001，第 334～366 页；郑成良《权利本位说》，《政治与法律》1989 年第 4 期；郑成良《权利本位论——兼与封曰贤同志商榷》，《中国法学》1991 年第 1 期。相关学者的权利本位思想可参阅林喆《权利本位——市场经济发展的必然要求》，《法学研究》1992 年第 6 期；葛洪义《法律·权利·权利本位》，《社会科学》1991 年第 3 期；程燎原、王人博《权利及其救济》，山东人民出版社，1998，第 303～313 页；等等。

在当代中国，一切义务的设定都是为保证人民当家作主这一根本性权利的实现，而不是相反。第二，在权利义务的关系上，权利是目的，义务是手段，法律设定义务的目的在于保障权利的实现。权利是义务存在的根据和意义，主体在行使其权利的过程中，只受法律规定的限制，而确定这种限制的目的仅在于保证对其他主体的权利给予应有的同样的承认、尊重与保护，以创造一个尽可能使所有主体都得以实现自由公平而且安全的法律秩序。第三，权利和义务在价值上有主要与次要、主导与非主导之分。法的本位就反映了两者在法律上的价值轻重的不同。总体上，古代法是以义务为本位的，现代法是以权利为本位的。因此，在现代法哲学中，"权利"是更根本的概念，是法哲学的基石范畴，无论是法学理论，还是法律实践都应以权利为本位。因为，首先，权利更准确地反映了法的主体性。人既是法的实践主体，又是法的价值主体，衡量一个人或组织是不是法律主体，首先看他或它是不是权利主体，权利主体才是真正意义上的法律主体和法律关系主体。如果一个人不能以自己的名义独立地享有权利，或者只有义务没有权利，就不能算是完整的主体。其次，权利更真实地反映了法的价值属性。因为权利更直接地反映了法的价值属性，因为权利更直接地体现了社会利益关系。现代法的价值显然不限于秩序，而扩大到了促进经济增长、社会可持续发展、政治发展、文化进步、个人自由、社会福利、国际和平与发展等。这些新增的法律价值既是通过权利来体现的，又是通过权利来实现的。

（二）义务重心论

义务重心论是针对权利本位论而提出的怀疑性的观点。持此论者不同意权利本位论的"法的本位或重心在于权利"的观点，而是认为义务是法的重心，权利来源于义务。[①]

首先，他们认为法的重心不是权利而是义务。第一，从历史上看，禁

---

① 以下关于义务本位论的叙述取材于张恒山《义务先定论》，山东人民出版社，1999，第一章和第五章。

忌、义务的出现和发展是人类有序化的标志，法律是对原始道德、习惯规则的认可，因此，最初的法律主要表现为义务性规范。虽然近代资产阶级高扬"自由、平等"的旗帜，近代法律也包括了许多个人权利的规定，但这不过是对历史义务的批判和否定而已。第二，法律的首要作用在于固定化一种秩序，使社会稳定有序，法律所要固定化的秩序内容就是各种各样的社会关系。法律是对人们在各种关系中的行为作出的描述或规定，而权利和义务是作上述描述或规定的基本手段。面对倾向于任意作为的人，法注意的重心应放在义务规范以及违反这一义务规范所遭受的不利后果的设定上，因为，当一种客观的社会关系存在而无法律干涉的时候，可能破坏、损害该种社会关系的一般不是享有权利的一方而是承担义务的一方。当法律要维护既定秩序、保持社会稳定和保护该种社会关系时，法律要对付的就是那些可能损害既定社会关系、在该关系中的义务承担者。第三，从国家对社会的控制上看，义务规范在法律上居重心地位。在既定的社会关系中，如果一方已享有习惯上的权利，法律用不着再就权利加以规定。对于享有权利的一方来说，无论法律是否明确地认可他在习惯准许的范围内活动，只要法律不明确禁止他的行为，他总是要自主地行使其习惯权利。法律对社会关系的保护实际上是通过对违反义务者的行为纠偏来实现的。因此，法律的重心在于注意明确地按照社会关系的客观要求设定义务，并规定与此相关的不履行义务的后果，这样，法律才具有可操作性。第四，从社会的反控上看，义务规范也是法律的重心。法律不仅是社会管理机关控制社会的工具，同时也是社会对管理机关反控的工具。法律作为反控的手段其运作方式有两种：一是赋予权利，二是设定义务。而单纯的宣告权利不足以实现反控目标，因为单纯的权利宣告既不足以防止国家机关工作人员的腐败也不足以防止国家机关的决策失误。就对公民权利的保护而言，权利宣告也不如明确规定国家机关不可干预的事务范围，从而对国家机关加以约束来得有效，因为这种宣告对国家机关来说毕竟是间接的、隐性的、弱性的。其次，他们主张在权利和义务的关系上义务先定而权利后生。权利具有两个实质性特征，一是自求性，它表现为人们对一定利益的需求和主张；二是他评性，即这种需求或主张只有取得社会其他成

员的赞赏、同意、认可才能是正当的，才能称其为权利。而某人这种需求
和主张要想取得他人的同意和认可，乃是以某人履行义务为先行条件的。
如果没有主体对义务的承诺履行，也就没有其他成员的赞同，也就没有其
他成员不干扰、不阻碍、不妨害，也就没有主体的利益和自由。因此，义
务规则的先设先定，主体对义务的承诺和履行，是该主体权利的依据。

　　义务重心论这个貌似与人权和民主精神相悖的观点，实际上是一个十
分有理论深度的独到见解。如果从实证法的角度出发，法的重心是义务的
论断无疑是正确的。从实证法的角度看，法无疑是一种社会规范，而任何
一种社会规范都是作为约束人的理性形式而存在的。因此，最能体现这种
感性约束的手段是义务而不是权利。所以只有权利而没有义务不能形成规
则，只有义务而没有权利规定却能形成法律（如刑法）。正如此论者所说
的那样，人的权利大部分存在于习惯之中，只要法律不明确禁止，人就可
以自由行使。而义务表征一种约束和负担，人往往不能主动履行，因此，
法律必须将之明确规定，这种规定也是对权利的一种保护方式。从这个意
义上说，在实证法中关于义务的条款绝对要多于关于权利的条款。在权利
形成的逻辑上，义务重心论者认为单纯的主张并不是权利，权利形成需要
他人或群体的认同，这种认识无疑也是深刻的。这些观点与权利本位论并
不矛盾。两种理论之所以显示出差异，只是各自所站的角度和分析方法不
同而已。权利本位论，"这是一种价值陈述，它所回答的是'应当是什
么'，而不是或主要不是回答'是什么'的问题"[①]。其方法是价值分析。
正如前所述，对利益的追求和对自由的渴望是人的天性，而权利是最能体
现这种天性的方式。如果承认每个人天生都是一个自利性主体的话，那就
不可能是先尽义务后获得权利，而是你先承认我的权利我才会承认你的权
利，也就是说，先让我享有权利，我才会遵守规则与履行义务。皮之不
存，毛将焉附，没有权利，何谈义务。正如经济学上的需求和供给一样，
没有需求，何谈供给。人之所以让渡权利，设定规则和义务，其目的无
他，无非以此为手段更好地实现人的权利，不以此为目的设定的规则和义

---

　　① 郑成良：《权利本位论——兼与封曰贤同志商榷》，《中国法学》1991 年第 1 期。

务只能是人的枷锁。因此，我们从这个意义上说，权利是目的，而义务是手段。约束性是规则的本质属性，因而在实在法上法律常常表现为义务。正因如此，在人类历史上，本来为人的自由而设定的法律常常被统治者异化成侵夺人的自由的工具。正是在这个意义上，我们才必须高扬"权利本位"的旗帜，其目的既是为了唤醒人们在社会中的自主性、自觉性、自为性、自律性、主导性、主动性的权利意识，又是为了使掌权者铭记义务从何而来、为何而设、为谁服务的基本法律公理。

（三）权利义务并重论

这一理论是针对权利本位论而提出的又一怀疑性的观点，也是传统法学教材中长期占统治地位的观点，其内容大致如下。[①]

第一，权利和义务没有主次之分，因而也就没有法的本位和重心的问题。矛盾的主导方面和非主导方面不是也不可能是固定不变的，而是随着具体条件的变化而相互转化。因而权利和义务这对矛盾的主次关系也不是固定不变的，在这个条件下权利是主导方面，义务是非主导方面；在另一个条件下，义务是主导方面，权利是非主导方面。而绝不会也不可能在任何情况下权利永远是矛盾的主导方面。而权利本位说把权利永远当成矛盾的主导方面有悖于辩证法。第二，我们在法学研究和法制建设中的经验和教训不在于是以权利为本位还是以义务为本位的问题，而在于忽视了对权利义务这对矛盾双方转化的具体条件的把握以致出现了"左"和"右"的干扰和失误。如果不顾我国实际片面强调一方否定一方，都会有危害。第三，权利义务并重或一致性原则优于权利本位说。它要求任何权利主体也都是义务主体，任何义务主体也都是权利主体，人民当家作主就体现于此。人民是国家的主人，既是权利的拥有者，又是义务的履行者，这个精神应贯穿于社会主义整个立法。

---

① 关于权利义务并重论的观点可参见封曰贤《权利本位说质疑——兼评"社会主义法是新型的权利本位法"》，《中国法学》1990 年第 6 期；封曰贤《权利本位的异议》，《现代法学》1990 年第 5 期；封曰贤《论权利义务的界限》，《天津社会科学》1990 年第 1 期；郭宇昭《析"权利本位说"》，《中国法学》1991 年第 3 期。

权利义务并重论主张权利和义务无主次之分，放在法的实效和法的要素层面分析，无疑是正确的。它表达了这样一个事实：将法放在"社会"领域进行动态研究，有权利必有义务，同样，有义务也必有权利，义务是实现权利的条件，权利是履行义务的基本前提。这正是权利本位论中权利义务相关性的观点。① 但从本体论讲，权利义务并重的"二元论"是不存在的。要么坚持权利来源于义务的义务本位论或义务重心论，要么坚持义务来源于权利的权利本位论，第三种选择是没有的，也是不可能的。正如郑成良教授所说："只有在承认权利是义务的逻辑起点的前提下才能实现权利和义务一致性。"②

（四）法权核心论

这是比之前述"权利本位"大讨论稍后出现的一种观点。持此论者认为传统的用权利义务表征法律关系的理论有一个不可弥补的缺陷，那就是没有引入"权力"概念，"权利和义务涵盖不了真实的公法关系中的权力因素，因而只适用于解释私法关系，不能合理解释公法关系"。"国家在法律上的表现就是权力，因而权力在政治社会是一种最经常的存在，是最为重要的法现象之一，足以与权利的地位相并列。"而权利本位论者却"通过采用权利义务分析框架，基本上将权力排除在法理学视野之外"。因此，他引入了一个"法权"概念，法权是权力和权利的统一体，是各种形式法定之权的总称，它是法学的核心范畴，能表征一切法律关系。由法权出发，私法关系可表征为权利－权利关系，这是平等主体间的民事关系；公法关系可表征为权利－权力关系和权力－权力关系，它表现为公民与国家的关系和国家机关与国家机关的关系。他认为只有在权力－权利模式中才有讲"权利本位"的必要，其他两种关系都是平权关系，讲权利本位与讲义务本位并无区别。③

---

① 详见张文显《法哲学范畴研究》，中国政法大学出版社，2001，第338～339页。

② 郑成良：《权利本位论——兼与封曰贤同志商榷》，《中国法学》1991年第1期。

③ 上述观点可参阅童之伟《法权与宪政》，山东人民出版社，2001，第71、121、23页和《权利本位说再评议》（第96～130页）一文。

　　"权力"是公法中一个很重要的概念，法权核心论者将其引入法律关系之中，丰富了传统的法律关系理论，这是这一理论的最大优点。但他们将义务排除在法律关系之外则失之偏颇。如果没有义务与法权相对应，法权如何成为核心？权利和权力既存在统一性，又存在差异性。如果将两者分为现象和价值两个层面分析，权利的特点在于现象和价值的统一，即它在两个层面上都表现为个人对自己利益的主张与追求；而权力的特点则在于现象和价值的分离，即它在法现象层面表现为国家权利的行使，在价值层面表现为国家为私主体服务的义务（因此，我们将行使公权力的人称作"公仆"）。既然如此，一切法律关系都可以用权利义务来表征。法权核心论中的权利－权利关系是典型的民事主体间的权利义务关系。权力－权力关系，由于权力在现象上表现为权利，因此，这种关系实际上也是公主体（国家机关）与公主体之间的权利义务关系。权利－权力关系在现象层面或表现为公主体享有权利、私主体履行义务或表现为私主体享有权利、公主体履行义务，但在价值层面它永远表现为私主体享有权利、公主体履行义务的关系。在私法关系中我们强调权利本位意在强调私权神圣的观念，因为独立的财产权和人身自由权是一切民事关系发生的基点，义务的附加必须以此为起点和基础。在公法关系（包括权力－权力关系）中强调权利本位意在强化权力来源于权利、从属于权利、服务于权利的观念。正如张文显教授指出的那样："权利是国家权力的源泉，也是国家权力配置和运作的目的和界限，即国家权力的配置和运作，只有为了保障主体权利的实现，协调权利之间的冲突，制止权利之间的相互侵犯，维护和促进权利的平衡，才是合法的和正当的。在权利与权力的关系中，主张权利本位，反对权力本位，意在把权利从权力中解放出来，即人们常说的'松绑'，以实现政治与经济、政府与企业、国家与市民社会的相对分离，彻底抛弃官本位、国家本位的封建遗迹，促进经济市场化、政治民主化、文化理性化和社会现代化。"①

---

　　① 张文显：《二十世纪西方法哲学思潮研究》，法律出版社，1996，第507页。

结　语

在多元视角下观察权利，能够比较全面而深刻地把握权利的本质。通过以上分析我们可以得出以下几点认识。

第一，权利理论意义在于对人的价值的重视。现代权利起源于中世纪的中后期。文艺复兴、宗教改革、资产阶级革命，还有罗马法的普遍接受，通过这些运动恢复了人的价值，把人从神的婢女的地位当中解放出来。"我思故我在""我欲故我在""我生而为人"这样的口号，使"自然权利"的概念得以产生，从而成为解放人的一种思想武器。1988 年的"权利本位"的提出和近代的权利思想的产生是殊途同归的。"权利本位"也是一种思想解放运动，它是在针对极"左"思潮下人性的扭曲和对权利的践踏反思的基础上进行的一场思想解放运动。几千年来封建专制制度以及新中国成立以来走过的弯路，致使我国的社会治理长时间强调人的义务、对人责任的施加和国家利益至上，权利本位学者才疾呼以权利为中心来设计制度，要义务服从于权利。

第二，权利本位思想表面上表达的是权利和义务的关系，实际上表达的是权利和权力的关系，即私权利和公权力的关系。因为公权力本质上也是一种义务，是一种全心全意为人民服务的义务。所以我们把行使国家权力的人称为"公仆"。正因如此，"义务来源于权利，从属于权利并服务于权利"，其实表达的是"公权力来源于私权利，从属于私权利并服务于私权利"这样的一个内涵。所以，由此引申出法治社会的两大原则，一个就是"法不授权无权力"，一个就是"法不禁止皆自由"。马克思说："是市民社会产生了政治国家，而不是政治国家产生了市民社会。"按照社会契约论，政治权力来源于人民的让渡和委托，原生于人民的私权利，如果没有明确被剥夺，人民就拥有；而来源于授权的公权力，只要没有法律的明确规定，那么就不存在。因此，权利本位的理论目的既是要唤醒人们在社会生活中的自主性、自为性、自觉性、自律性、主导性、主动性的权利意识，又是为了让掌权者铭记公权力从何而来、为谁行使、对谁负责的基本的政治公理。

第三，权利理论的功用在于思想上的启蒙和价值上的指引。这是思考"权利本位论"和"义务重心论"或"义务先定论"区别的主要节点。不是说法律以权利为本位就代表法律当中一定是权利条款多、义务条款少。其实在一个法律制度的具体设计上，无论是公法还是私法，肯定是义务条款多，权利条款少。这是因为法律确定的是制度，制度就是给人定规矩，义务更能体现这种规矩的特色。义务具有确定性，它提供的是确定性的指引，因此，它更能体现规则的特色。从制度设计的角度讲，即使在劳动法、消费者权益保护法这样的权利保护法中，也肯定是义务的条款要比权利的条款多。这是因为规定用人单位和生产者、销售者的义务，比直接规定劳动者、消费者的权利更具现实意义，使对权利的保护更具可操作性。因此，如果某一个法律围绕着保护人的权利而设定义务，即使义务再多，它也是权利本位法。所以说不能从义务条款的多少来确定它是权利本位法还是义务本位法。

第四，权利本位并不意味着权利一家独大，而是意味着权利和义务应该对等设置。中国古代的法律是义务本位的，并不是说古代的法律就没有权利，而是说它的权利和义务是按身份配置的，权利和义务是不对等的。处于高位阶的人对于处于低位阶的人来说，他只享有权利，不履行义务。处于低位阶的人对于高位阶的人来说，他只履行义务，不享有权利。处于低位阶的人，只有他到了高位阶以后才能享有权利。所以没有义务的权利是特权，没有权利的义务是奴役。由此说来，法治社会倡导权利本位，强调的是权利和义务不能割裂，应该平行配置，即强调没有无权利的义务，也没有无义务的权利。西方人的自由观念和中国人的自由观念是不一样的，西方意义上的自由，不论是 freedom 还是 liberty，都不是绝对意义上的自由，自由和限制是连在一起的。所以，密尔的名著 On Liberty，严复先生没有将其名译成"论自由"或"自由论"，而是译成"群己权界论"。也就是说，自由就是集体和个人权利的界限。孟德斯鸠说："自由是做法律所许可的一切事情的权利；如果一个公民能够做法律所禁止的事情，他就不再有自由了，因为其他的人也同样会有这个权利。"①

第五，突出权利并不意味着拒斥合作，并不意味着只是激情和口号。所以，在研究中，我们发现 right 这个词和 claim 这个词，很多学者是混用的。也就是说，很多学者把一种单纯的诉求直接表述为权利。claim 只是一种要求和主张，并不是一种实实在在的法律中的 right。从实证的层面讲，这种停留在口号层面的要求或主张，只能算是一种权利的半成品或毛坯。因为一项权利的生成或存在需要两个核心要件。一个是权利主体必须提出利益的要求和主张。另一个是这种主张必须得到社会的认同。虽然社会的认同方式很多，如主流道德的认同、传统习惯的认同，等等；但是在当今的社会中，无疑法律的认同是最有效、最具可操作性的认同。在法治社会里，没有经过法律认同的主张，最起码还不是一种让人能够安全享有或具有可塑性的权利。即使在现代社会，某一项要求和主张要得到法律的认同，总要比提出这种要求和主张困难得多。因为某一项要求和主张，如果仅仅是提出，便不用考虑它实施成本的问题，也不用设计专门的义务与之对应，更不用承担试错的责任。而某一项法律权利的确认和实施，必须要考虑到民众的接受力、制度的可操作性、历史文化传统、法律实施成本和代价等因素，而且还要承担制度试错的责任，一旦把某些诉求规定到法律当中变成了权利，如果它不可行或有问题，立法者要承担试错的责任。因此那些关乎立法和司法的法学家和法律家们肩上所背负的责任，要比那些提出这些主张和要求的思想家们重得多，所以前者理应比后者更保守和慎重。

---

① 〔法〕孟德斯鸠：《论法的精神》（上册），张雁深译，商务印书馆，1961，第154页。

传统权利概念的反思及其"元理论"证成*

——一个权利理论的新进路

张洪新**

摘 要：有关权利的理论解说存在利益与意志两种相互竞争的理论。权利利益论与意志论的分歧主要存在于概念层面，而非证成方面。然而，依据一般权利概念界定的要求，无论利益论还是意志论，对权利的概念性解释都存在一定困境，无法作为权利的一般性概念。从元理论层面，观念论为构想权利概念提供了基础，需要将互惠与平等而非利益与自由作为权利概念解说的前提预设。在元理论视野中，权利主要作为一种独立的规范性事业，主体在追求所珍视之物，实现人的尊严和价值时，以互惠为检验标准，以平等参与为条件。权利的概念分析是开放的，但前提是捕提到权利话语在实践推理中的复杂方式和作用。

关键词：权利；元理论；法律证成；利益论；意志论

有关权利的理论阐释，存在利益论与意志论两种模式。① 依据利益论，赋予个人以某种权利，旨在保护某种重要利益；相反，依据意志论，权利

---

* 本文系教育部人文社会科学研究青年基金项目"权利中国的理论与实践研究：一种形而上学的省察"（项目编号：18YJC820086）、国家社科基金后期资助项目"司法权力的丰富性研究"（项目编号：19FFXB029）的阶段性成果。

** 张洪新，周口师范学院政法学院讲师，法学博士。

① 从学术脉络层面讲，有关权利的论辩可以追溯到 12 世纪，但早期权利论辩的主要论题是权利是否必然是"可执行的"（enforceable），并非采取理论的形式。对权利论辩的早期历史，可参见 Roscoe Pound, "Legal Rights", *International Journal of Ethics*, Vol. 26, 1915, pp. 92 – 95。以理论形式形成的权利分析，通常发生在现代，主要由学者对哈特权利意志理论的相关批判所引发，有关权利利益论和意志论的各自代表以及相关观点的概括性分析，可参见 J. Quong, "Rights", in F. D'Agostino, G. Gaus ed. , *The Routledge Companion to Social and Political Philosophy*, New York and London: Routledge, 2013, pp. 618 – 628。

是法律赋予主体意志支配的能力。虽然利益论和意志论各有支持者，但在不同理论的支持者看来，对方对权利的解说困难重重。意志论学者认为，利益论错误地将权利与利益两种不同的事物混淆起来，其功利基础容易造成对个人价值的否认。利益论则认为，权利的意志论不能解释某些权利的不可转让性质，以意志为由排除不具有选择和控制能力的婴儿、精神病患者的权利，违反权利的直觉性理解。表面上看，有关权利的理论解说没有任何东西是达成一致同意的，利益论和意志论之间的争论还在继续。① 对大多数读者和参与者而言，关于利益论和意志论的论证是枯燥乏味的分析性争论，有些学者甚至提出了各种替代性方案。②

本文无意于加入权利理论论辩的任何一方，而是试图回答一个元理论层面的问题。考虑到权利理论解说存在的"合理分歧"③，一个有意义的问题是：在何种意义上，利益论和意志论构成一种真正权利论辩，而非一种单纯各说各话的智力表演？如果构成论争，它们所争辩的议题是什么？特别是，如果利益和/或意志不能构成一般性权利理论解说的要素，那么，一般性的权利理论解说应该选择何种要素？想要通过理论及其理论论证理解权利，来自元理论层面的问题就必须被提出和得到某种回答，即便这种回答不是终局性的。

一　权利的理论与元理论研究

（一）权利理论：概念与证成

通常认为，权利的利益理论和意志理论之间的分歧是关于某种权利的

---

① See Mark McBride ed. , *New Essays on the Nature of Rights*, Oxford：Hart Publishing, 2017, pp. 3 - 10；George Rainbolt, *The Concept of Rights*, Dordrecht：Springer, 2006, pp. 80 - 87.

② See Rowan Cruft, "Rights：Beyond Interest and Will Theory", *Law and Philosophy*, Vol. 23, 2004, pp. 347 - 397；G. Sreenivasan, "A Hybrid Theory of Claim-Rights", *Oxford Journal of Legal Studies*, Vol. 25, 2005, pp. 257 - 274.

③ "合理分歧"是政治哲学中的重要概念。价值多元的现代社会，真诚地思考和交谈并尽其所能地运用各种普遍的理性能力的人，在有关生活意义和道德问题的讨论中，自然地不是趋向于达成共识，而是趋向于发生争议。参见〔美〕查尔斯·拉莫尔《现代性的教训》，刘擎、应奇译，东方出版社，2010，第183页以下。

依据，即授予某人权利的原因或正当性理由。或者，至少权利的这两种理论所提供的权利的概念解释，都蕴含着某种特定的权利证成。根据权利的利益理论，道德和法律规范赋予个人权利的原因是为了保护他们的利益。同样，如果权利被视为授予选择，似乎自然认为权利能得到证成，如果我们珍视个人自治或者自由选择方面的价值的话。在这个意义上，自由主义者倾向于赞同意志理论，这也绝不是偶然的。对于平等主义者，他们也最有可能赞成一种权利的利益理论。尽管上述看法具有直觉上的吸引力，但这是不正确的。因为某种特定的权利之证成并不必然依赖于权利的某种概念性解释，两者之间并不存在必然性的逻辑关系。要理解为什么会这样，首先需要在权利的概念和证成之间作出适当区分。

概括而言，权利的概念性分析旨在解释拥有一项权利意味着什么（what it means to have a right）。也就是说，概念性解释提供了一个权利的定义。那么，何谓概念性解释呢？借用英国哲学家赖尔的话说就是，概念性解释的目的"并不在于增加对于研究对象的所知，而在于纠正我们已经掌握的知识的逻辑地理格局（logical geography）"①。概念考察的目标并非提供新知识，而是澄清概念的意义。② 经由概念分析，分析者能获知有关概念所意指事物性质重要的方面，事物性质的这种有趣而重要的本质方面对理解和掌握该概念具有核心作用。③ 在权利概念的逻辑地理格局中，经常存在的另一地理坐标便是义务概念，因为无论是权利的利益理论还是意志理论，它们都同意权利相关于某种有待履行的义务，问题在于这种义务指向于谁而履行。④ 通过概念性解释，与义务相关的权利含义得到界定和澄清。

与权利的概念性分析不同，权利的证成分析则提供了为什么某项权利应被授予的依据和理由，从而指向权利的内容。⑤ 既然利益论和意志论都

---

① 〔英〕吉尔伯特·赖尔：《心的概念》，刘建荣译，上海译文出版社，1988，第 1 页。

② 参见陈嘉映《说理》，上海文艺出版社，2020，第 90 页。

③ 参见〔美〕朱尔斯·L. 科尔曼《原则的实践：为法律理论的实用主义方法辩护》，丁海俊译，法律出版社，2006，第 227 页。

④ See Tim Hayward, "On Prepositional Duties", *Ethics*, Vol. 123, 2010, pp. 265 – 267.

⑤ See Rainer Forst, "The Justification of Human Rights and the Basic Right to Justification: A Reflexive Approach", *Ethics*, Vol. 123, 2010, pp. 722 – 726.

同意，权利的识别必须以某种相关的义务作为前提，那么，权利的证成分析旨在寻求证明对个人强加某种相关义务的正当性，旨在寻求建立规范和社会关系本身应该存在的地方。换言之，不仅要表述一种权利，而且应该以某种方式去证成该权利的正当性。① 在权利的利益论看来，权利相关的某种义务正当的理由是，义务的履行能保护和促进权利持有人的利益。然而，不能说权利的意志论对义务的证成是诉诸选择或自治。因为如果意志论对权利的证成诉诸的是某种有待保护和促进的选择或者自治，在选择或自治构成权利持有人的重要利益方面的意义上，意志论将成为某种修正版本的利益理论，而非意志理论。

的确，作为一种完备的权利理论，意志论需要一种证成，但这种证成只要在逻辑上是融贯的，那么，选择何种依据和理由作为证成因素则是无关紧要的。② 这是因为事物的存在和产生总是有（客观）原因的，而理由则是可以事后（任意）添加的。不同版本的意志论都可以选择不同的依据和理由，但这不会与权利的利益论形成一种论争。对于权利的利益论和意志论的学者而言，权利问题的重点在于权利是如何产生的，如何确定权利的持有者，而非权利的理由是什么。

如果说权利利益论和意志论的论争不在于证成方面，那么，利益论和意志论所论辩的权利概念问题究竟是什么呢？实际上，利益理论和意志理论都是对下述问题的一种尝试回答，即何时某种权利由（法律或道德）规范所授予。抽象地看，规范通常指定某种义务或责任。但是，这些义务所相关权利的拥有主体是谁，则并不清楚。在这里，存在不同的方式来确定义务的指向性问题。③ 一旦规范作为给定条件出现在问题之中，所存在的分歧便是规范所蕴含的义务所指示的方向。这也是为什么有关权利的辩论

---

① See Alon Harel, "What Demands are Rights? An Investigation into the Relation Between Rights and Reasons", *Oxford Journal of Legal Studies*, Vol. 17, 1997, pp. 16 – 20.

② See John Edwards, "Rights: Foundations, Contents, Hierarchy", *Res Publica*, Vol. 12, 2006, pp. 288 – 292.

③ 如何确定义务的指向性是伦理学中的重要问题，诉诸权利仅仅是义务指向得以确立的一种方式，背景规范、社会关系、政治制度都可以确定义务的指向，对此问题的一般性分析，参见 Gopal Sreenivasan, "Duties and Their Direction", *Ethics*, Vol. 120, 2010, pp. 465 – 470。

最肥沃的土壤主要发生在法定权利领域。① 由于法律规范的内容相对清楚，需要一个富有成效的理论框架去追问它们是否产生某种权利。如果产生某种权利，这种权利又是谁的权利。在这里，权利的意志理论和利益理论各自确定不同的必要和充分条件，将相关义务与非相关义务区别开来，进而判定谁是某种权利的持有者（right-holder）。但由于将规范视为给定的，权利的这两种理论并没有在规范的内容或理由方面存在争议。换句话说，它们之间的分歧仅发生在概念层面上。

尽管权利的诸种理论论争通常聚焦于权利的概念方面，但利益理论和意志理论在范围上是限定的。权利利益论和意志论的支持者强调，他们的理论仅涉及某种特定领域和/或某种特定权利。如当前利益论和意志论之间论辩的著名参与者马修·克莱默（Matthew Kramer）和希尔·斯坦纳（Hillel Steiner）指出，利益论与意志论的论争仅限于法律领域中的主张权（claim-right）。② 因为在法律中，只有主张权才与规范所设定的某种义务存在相关关系。正如霍菲尔德指出的，法律领域中每一种法律关系都可以用相反和相关两类规范性关系进行分析，对于"A 拥有一项权利"则存在四种规范性立场来指称：主张 – 义务、特权 – 无权、权力 – 责任、豁免 – 无能力。③ 在利益论和意志论的支持者看来，只有主张（claim）才是真正的权利，即法律上的权利必然是一种主张权。对于主张权，所存在的问题便是如何确定权利的持有者。这是权利的利益论和意志论得以展开论争的领域和前提。

在这个基础之上，现在让我们详细说明利益理论和意志理论在权利的概念方面所存在的具体分歧。依据利益论，权利的持有者是一种义务的履行所旨在服务的当事人。结果则是，能够在一种义务履行中受益成为相关权利持有者的一个必要但不充分的条件。④ 对权利的这种解释，坚持意志

---

① 当然，对于利益论和意志论的论争是否局限于法律权利领域，特别是法律上的主张权利，学者存在不同观点，对此参见 L. Wenar, "The Nature of Rights", *Philosophy and Public Affairs*, Vol. 33, 2005, pp. 223 – 235。

② See Matthew Kramer, Hillel Steiner, "Theories of Rights: Is There a Third Way?", *Oxford Journal of Legal Studies*, Vol. 27, 2007, pp. 289 – 298。

③ 参见〔美〕霍菲尔德《基本法律概念》，张书友编译，中国法制出版社，2009，第28页以下。

④ See M. Kramer, "Some Doubts about Alternatives to the Interest Theory of Rights", *Ethics*, Vol. 123, 2013, pp. 245 – 257.

论的学者则认为，从某种义务的履行中受益，既非授予某人权利的必要条件，更非充分条件。相反，拥有一项权利的充分必要条件是能够控制义务的履行，无论这是否服务于权利持有者的利益。对于意志论而言，正是因为处于能够选择的规范立场，他（她）才具有一项权利。① 所谓控制一种义务，意味着能合法地放弃（或执行）义务。依据意志论，权利是法律赋予主体的能力或者是意志的支配力。② 需要注意的是，权利的意志概念不应与以下规范性主张相混淆，即权利应该被授予人们是为了保护他们作出选择的能力。权利的意志论确实蕴含权利持有者是自主的选择者，但它并不要求他们必须是自主的选择者。

总之，权利利益论和意志论之间的论争辩论，主要发生在权利概念或权利本质方面，而不是权利得以建立的价值和依据。在权利的概念方面，利益论与意志论各自给出了相互竞争的解说。权利概念的利益与意志方面，分别捕捉到了权利在实践推理中发挥作用的两种重要方式。在权利的概念方面，不存在一种中间道路或者第三条道路。③ 任何折中的第三条道路，都是逃避问题的。对谁拥有何种权利这个问题，任何理论解说都必须在利益论或意志论所编织的概念脉络中前行。

（二）权利元理论的一般性要求

将利益论与意志论的论争界定为概念层面，而非证成层面，并不意味着证成问题在权利理论中是不重要的。实际上，一种完备的权利理论，既应当包括权利的概念方面，解释权利的要旨或者功能；也应当包括权利的证成方面，解释权利得以成立的基础和依据。考虑到利益论与意志论都主张对权利概念界定的正确性，必须回答的问题是何种权利理

---

① 参见〔英〕H. L. A. 哈特《法理学中的定义与理论》，载〔英〕H. L. A. 哈特《法理学与哲学论文集》，支振锋译，法律出版社，2005，第 39 页。

② 参见方新军《为权利的意志说正名：一个类型化的视角》，《法制与社会发展》2010 年第 6 期。

③ See Matthew Kramer, Hillel Steiner, "Theories of Rights: Is There a Third Way?", *Oxford Journal of Legal Studies*, Vol. 27, 2007, pp. 281 - 293.

论对权利概念的界定是适当的?① 为此，必须从权利的规范理论进入元理论层面。

按照《牛津英语大辞典》的解释，将"meta"（元）这一前缀加到某一学科的名字之前，表示的是一种比原来学科更高的、研究该学科深层的、更为根本问题的学问。如伦理学中，元理论"既不研究具体的道德事实，也不探讨规范本身的状态与性质，而是基于语言分析对道德词汇和道德陈述的意义作出解释，从而探究道德判断的可知性、真值性"②。可见，元理论并非像描述理论与规范理论那样涉及理论内部的视角与路径，而是有关理论本身的正确性。在经济学中，元理论的分析表现为对经济学元假设的剖析与追问。所谓元假设（null hypothesis）就是一种不言自明、潜藏在所有经济解释的社会科学理论中的假设。元假设即对人类行为和社会组成的基本前提预设，这是学者理解一组社会现象的概念原点，对于谁被什么样的理论说服具有强烈的心理效果。③ 如经济学中建立在个人利益理性算计基础之上的"经济人"假设，是自斯密以来古典经济学中占主导地位的假设。然而，现代经济学者认为，如果经济模型仅仅考虑"经济现象"这种不成文规则，视主体为自利的最大化者，不仅限制了经济理论的适用范围，甚至使得经济学专业在某些情况下显得特别荒谬可笑。因为如果严格遵从"经济人"假设规则，经济理论将无法同诸如非自愿失业的存在等几乎毋庸置疑的经济事实取得一致。④ 作为"经济人假设"的替代或修正，经济学者又提出了"有限理性""不完全信息"等作为经济模型的新假设规则。在法哲学中，对元理论问题作出重

---

① 在法哲学中，对于能否在概念与性质之间建立必然关联，并非没有疑问。此处不去回答这个法哲学问题，而只是指出利益论与意志论的论争在于概念层面，就足够了。对概念与性质之间关系的更多分析，参见 Robert Alexy, "On Two Juxtapositions: Concept and Nature, Law and Philosophy. Some Comments on Joseph Raz's 'Can There Be a Theory of Law?'", *Ratio Juris*, Vol. 20, 2007, pp. 162 – 166。

② 甘绍平:《伦理学的当代建构》，中国发展出版社，2015，第45页。

③ 参见〔美〕马克·格兰诺维特《社会与经济》，罗家德、王水雄译，中信出版集团，2019，第5~6页。

④ 参见〔美〕乔治·阿克洛《一位经济理论家讲述的故事——关于经济理论新假设有趣结果的论文集》，胡怀国译，首都经济贸易大学出版社，2006，第2~5页。

要讨论的是拉兹。拉兹指出，描述理论之概念分析并不必然导致概念上之理解。[①] 概念上之理解逻辑上由适当法理论所担保，拉兹认为，一种成功的法理论需要满足两个标准：首先，由有关法律必然为真的命题组成；其次，这些命题解释了法律是什么。[②] 当然，在元理论层面可以进一步追问，法哲学中能否在概念与性质之间建立必然关联？[③] 此处不予讨论元理论层面的这个进一步的"元问题"，而是要问就权利研究而言，元理论层面的研究是否有必要，以及如果有必要的话，又该如何推进权利的元理论研究。

或以为，所谓元理论研究便是对理论自身的前提预设进行揭示、解释、澄清和批判。理论是一套相互关联的命题，是由概念以及概念间的联结或关系构成，为事件的发生方式提供说明。一旦假设得到检验，出现了新关系，理论就构筑起来了。[④] 从科学方法视角来看，任何一种理论建构都有自己的前提预设、问题模式、概念框架与话语体系。只有在共有的前提预设基础之上，理论之间才能够开展有效的对话；也只有厘清了各自理论的前提预设，才能够理解诸种理论之间的论争；对理论前提预设的反思和批判，则是理论得以发展、科学得以进步的重要契机。可以说，"若无必要，勿增前设"是对"奥卡姆剃刀"理论的最好解释。[⑤] 对理论前提预设的批判性反思，也为经典马克思主义哲学的"意识形态批判"所强调。[⑥]

---

① See Joseph Raz, "Can There be a Theoy of Law?", in Joseph Raz, *Between Authority and Interpretation: On the Theoy of Law and Practical Reason*, Oxford: Oxford University Press, 2009, p. 30.

② See Joseph Raz, "Can There be a Theoy of Law?", in Joseph Raz, *Between Authority and Interpretation: On the Theoy of Law and Practical Reason*, Oxford: Oxford University Press, 2009, p. 17.

③ 参见陈景辉《法理论的性质：一元论还是二元论？——德沃金方法论的批判性重构》，《清华法学》2015 年第 6 期。

④ 参见〔美〕托德·多纳（Todd Donovan）、肯尼斯·赫文（Kenneth Hoover）《社会科学研究：从思维开始》（原书第 11 版），潘磊等译，重庆大学出版社，2020，第 33~35 页。

⑤ 参见〔英〕拉里·西登托普《发明个体：人在古典时代与中世纪的地位》，贺晴川译，广西师范大学出版社，2021，第 399 页。

⑥ 哲学学者孙正聿认为，辩证法进而一般意义上的哲学研究，其根本都是对构成思想和理论的前提进行批判，前提批判是哲学本身存在的方式。参见孙正聿《理论思维的前提批判：论辩证法的批判本性》（第 2 版），中国人民大学出版社，2010，第 16~21 页；孙正聿《哲学：思想的前提批判》，中国社会科学出版社，2016，第 2~10 页。批判性思维的核心是通过评估一个陈述的理由来判断这个陈述是否为真。当然，批判性思维不是到处去批判，去拒绝各种事物，也不是对其他人持批判态度，而是要对各种各样陈述的理据作出评估。参见〔瑞典〕奥萨·维克福什《另类事实：知识及其敌人》，汪思涵译，中信出版社，2021，第 224~225 页。

就权利的元理论分析而言，判断利益论与意志论所允诺的概念能否作为一般性权利概念，必须看理论本身所依赖的前提预设是否充分，与理论其他要素是否融贯，这对于选择某种权利理论，进而选择该权利理论所允诺的权利概念作为一般权利概念，具有决定性的作用。通常来说，融贯性有三个基本的要求，即连续性、全面性以及唯一性。① 连续性是指一种理论的原则和命题在逻辑上是连续的，即是说要符合逻辑规格；全面性是指一种理论对该理论范围内的所有问题都提供了答案，如果所提供的答案是单一的正确答案，没有错误，没有不可解决的问题，那么这种理论就是完整的；唯一性要求每个命题要么是对的，要么是错的，不存在不确定的或其他真理性的价值。由于利益论与意志论都主张自身的正确性而否定对方，可以说两种理论都满足了唯一性和全面性要求，融贯性需要考虑的问题便是是否符合逻辑规格，前提与结论是否具有联系性。

总之，一种完备的权利理论必然涉及权利之证成，因为权利本身是正当的事物。于此，虽然利益论与意志论的论争在概念层面，但证成问题的充分、融贯与否则是判断利益论和意志论所允诺的权利概念能否作为权利一般概念的重要参考。下面将依次检验权利的利益理论与意志理论对权利的概念性解释是否符合上述要求。在权利利益论与意志论各自对权利概念界定所存在的问题之处，为我们寻找一种更为适当的权利理论构成要素提供指引和方向。

二　估价利益论的概念与证成

(一) 作为权利根基的利益

权利的利益理论可以追溯到功利主义的创始者边沁那里，在边沁看来，"权利对于享有权利的人来说本身就是好处和利益"②。在现代，经由

---

① 参见〔美〕肯·克雷斯《融贯性》，载〔美〕丹尼斯·帕特森主编《布莱克威尔法哲学和法律理论指南》，汪庆华等译，上海人民出版社，2013，第538页以下。
② 〔英〕杰里米·边沁：《立法理论》，李贵方等译，中国人民公安大学出版社，2004，第117页。

拉兹、汤普森、克莱默等人的努力，权利的利益理论成为当前权利理论的主流。① 为了避免对权利利益理论的庸俗化理解，首先必须对构成权利根基的利益作出准确理解和界定。因为从概念上看，利益原则上可以具有任意内容。但权利代表了利益的正当性，需要进行法律的证成。为了进行法律证成，利益概念必须与特定理性条件相关，并由此在一种有限的意义上被理解。② 如此理解的利益概念才能证立个人基本权利以及服务于人际关系的制度的正当性。

首先，对于权利的利益分析，利益论并不像利益法学的创始者耶林所主张的那样单纯和直接，即权利本身就是利益。相反，利益论学者对权利和利益之间的直接和单向的关系进行了深层次的反思和重构。利益论者同意权利本身不是利益，因为权利在性质上是伦理主义的，而利益是结果主义或功利主义的。权利在以下两个方面优先于利益：一是权利本质是保护个人，最重要的是对抗多数人的利益，它将特定问题移出了立法以及多数人意志控制的范围；二是权利不是以功利或社会效果为基础，而是以含有某种价值含量的道德原则为基础。③ 否认权利是利益是一回事，但承认权利和利益存在概念关联却是另一回事。问题的复杂性在于，从道德辩护的角度，权利必然在人的利益、需要或福利中找到基础，反过来也必须受到类似因素的限制。如果不是这样的话，那么为什么还要要求人们去主张和实现权利？这没有足以说服他人的正当理由。④

因而，权利虽然在概念上区别于利益，但可辩护的权利背后预设着某种重要利益，即便不是实体意义上的利益。经过适当的规范性评价，利益

① 参见〔英〕约瑟夫·拉兹《公共领域中的伦理学》，葛四友译，江苏人民出版社，2013，第317~318页。汤普森版本的利益论，参见 Judith Jarvis Thomson, *The Realm of Rights*, Cambridge, MA: Harvard University Press, 1990。克莱默版本的利益论，参见 Matthew Kramer, "Refining the Interest Theory of Rights", *American Journal of Jurisprudence*, Vol. 55, 2010, pp. 31-39。
② 参见〔德〕诺伯特·霍斯特《法是什么？法哲学的基本问题》，雷磊译，中国政法大学出版社，2017，第182~183页。
③ 参见皮文睿《论权利与利益及中国之旨趣》，张明杰译，载夏勇主编《公法》（第1卷），法律出版社，1999，第105~109页。
④ 郑永流：《人格、人格的权利和人格权的制定法设置》，载郑永流《法是一种实践：智慧法哲学和法律方法论文选》，法律出版社，2010，第80页。

可以上升为权利，只要对这里的利益本身作宽泛解释。而且，指出权利背后所隐藏的利益不会使对权利的分析显得空洞和乏味。按照拉兹的分析，权利存在于权利拥有者的利益足以使他人负有义务的地方，"只有这种义务对于那种保护和增进产生某种权利的利益的行动至关重要的时候，当然也有其他理由认为一个人应该服从这样一种义务，这一定义认定权利才是某种义务的充分理由"①。权利的利益论为我们解开了权利概念含混和不清晰的地方，需要给予认真对待。

其次，利益可以在多种意义上构成权利的根基并不意味着利益总是旨在使权利的持有者获得利益，权利也并非总是有益于权利的持有者。权利的意志论学者经常批判权利的利益概念错误地描述了权利在实践中存在的真实状态。在现实情形中，存在很多权利，即便是在一般情形中，其目的并非促进权利持有者的利益，反而有害于权利持有者的福利。② 如法官拥有惩罚罪犯的权利，但这种权利并非旨在让法官受益；交通监督员有签发罚单的权利，但这种权利的要旨在于改进机动车驾驶员的福利，而非促进监督员的利益；某人拾到外太空飘落到地球的陨石，依照无主物的先占原则，先占人是该陨石的权利持有者，但该权利可能有害于权利持有者，因为这块陨石可能含有致害性的放射物质。对利益论的这种批评，克莱默认为利益论所指涉的利益概念并非其目的，而是利益所产生的效果。③ 无论赋予法官还是交通监督员以权利，所产生的效果都是使得法官和交通监督员职务行为的履行变得更加便利，使得这些主体作为法官和交通监督员的情形变得总体上有利。

进一步，对于某些权利可能有害而非有益于权利持有者，克莱默指出必须在权利的内容与权利的效果之间进行区分。④ 利益构成权利的根基仅

---

① 〔英〕约瑟夫·拉兹：《自由的道德》，孙晓春等译，吉林人民出版社，2011，第169页。

② See e. g., L. Wenar, "The Nature of Rights", *Philosophy and Public Affairs*, Vol. 33, 2005, pp. 223 – 242.

③ See Matthew Kramer, "Rights without Trimmings", in M. Kramer, N. E. Simmonds, and H. Steiner ed., *A Debate over Rights*, Oxford: Oxford University Press, 1998, pp. 85 – 88.

④ See Matthew Kramer, Hillel Steiner, "Theories of Rights: Is There a Third Way?", *Oxford Journal of Legal Studies*, Vol. 27, 2007, pp. 281 – 290.

意味着，可以用 Q 来指代某些个体或者集体或者非人的动物，用 D 表示道德或者法律规范所强调的某种义务，对于 Q 所处情形的某些方面而言，如果 D 这种义务的履行能一般地而非总是有助于促进 Q 的福利，那么，Q 就是相关于义务 D 的权利持有者。① 所谓义务履行对权利持有者的最终受益，仅是一种假定，一种总体的效果。例如，法律之所以赋予每个身患绝症的人结束他或她的生命的自由，是因为法律推定在身患绝症的情形下，赋予将死之人结束自己生命的权利，如果他或她自杀了，并不会使得他或她的财产受到任何惩罚。在此，法律规范的核心特征是在此情形下赋予将死之人以权利是有益的，此种利益足以将这种自由指定为一种权利。当然，在某种情形下，许多身患绝症的人感到有压力去行使这种权利，可能最终有害于身患绝症的人的利益。虽然此种后果令人遗憾，但它的发生在规范条件下绝不是必然的，必须区分内在于规范的效果以及规范所产生的偶然性效果，在确定是否某种霍菲尔德主义的资格（Hohfeldian entitlement）被认为是一种权利时，利益论学者应该只看前者，而非后者。② 当然，作为一种假定，如果有令人信服的证据表明立法的意图就是旨在促进患有致命疾病的人自杀，或者规范产生的偶然性效果在很大范围内持续产生，利益理论的学者也会退后一步，反对赋予将死之人结束自己生命的自由以法律上的权利。

因而，利益论学者不认为每一种霍菲尔德主义的资格都可以被归类为一种权利，权利也并非总是能促进权利持有人的利益。传统理解中只有当法律规范旨在使这些人受益时，利益理论才将人归为权利拥有者，这是不正确的。在解释法律规范时，意图所发挥的作用仅仅是辅助性的，重点在于内在于规范的效果。虽然某些义务的履行能够使某些人受益，但该种受益成为法律权利的一种必要而非充分的条件，因而，权利利益理论必须找出一种充分条件，在利益可以构成权利根基的意义上，识别出确定的权利持有人。

---

① See M. Kramer, "Some Doubts about Alternatives to the Interest Theory of Rights", *Ethics*, Vol. 123, pp. 246 – 248.

② See Mark McBride, "The Unavoidability of Evaluation for Interest Theories of Rights", *Canadian Journal of Law & Jurisprudence*, Vol. 33, 2020, pp. 293 – 315.

（二）最低限度充分性作为测试标准

众所周知，在与权利意志论的论辩过程中，意志理论学者所提出来的重要批评便是利益论识别出来的权利持有者存在包容过度（over-inclusiveness）的问题。① 因而，权利的利益理论对权利概念的解释要想具有说服力，必须分析的问题是经由何种测试标准利益能够被识别为可向某种特定义务人提出来的一种法律上可执行、可主张的权利。

作为利益论的主要竞争对手，意志论为权利的利益概念提出了第三方当事人受益的经典挑战。在意志论的学者看来，利益论无法解释为什么某些第三方拥有确定的利益，但第三方事实上并不拥有法律权利；或者即便在第三方拥有法律权利的地方，为什么某些利益获得法律保护，而其他利益无法获得法律保护。② 例如，A 和 B 之间订立合同约定 B 必须为 C 履行特定合同义务，即修理 C 漏水的屋顶。在法律上，C 是否意识到 A 和 B 之间合同的存在是无关紧要的。然而，问题是依据合同，C 是否拥有真正的法律权利。因而，利益理论也必须回答为什么是某些特定的第三方当事人拥有法律上的权利。在第三方受益的情形中，利益论必须解释谁的利益担保了权利持有者的地位：与 B 订立合同的 A 有利益，使得 B 修理 C 房屋的义务得以履行；C 也将获得最终利益，如果 B 确实修理了 C 的房屋；与 C 是邻居的 D 也将最终获益，如果 C 的房屋确实由 B 修理了；与 C 同处同一个街道的 E 的产权也会受到 B 的影响，如果 E 打算出卖房屋的话。A 与 B 的合同会影响到一系列诸如此类的第三方当事人的利益。利益论是否意味着所有这些第三方当事人都有法律上的权利？第三方受益的情形为利益论的概念界定提出了一个棘手难题。

并非偶然，利益论要想是令人信服的，就必须为权利的利益概念界定提出一种以利益为依据的证成。为了识别出一种权利持有人，利益论学者

---

① See Rowan Cruft, "Rights: Beyond Interest Theory and Will Theory", *Law and Philosophy*, Vol. 23, 2004, pp. 347 – 397.

② 参见〔英〕H. L. A. 哈特《法理学中的定义与理论》，载〔英〕H. L. A. 哈特《法理学与哲学论文集》，支振锋译，法律出版社，2005，第 40 页以下。

必须知道一种特定的法律规范如何得到证成，法律规范的内容是什么。在利益论中，证成性解释在逻辑上优先于概念性解释。利益理论学者必须找到一个充分条件，在诸多第三方受益人中区分为什么其中仅有某些是相关权利的持有人。在权利利益论的学者中，由于克莱默更多地直接参与了与权利意志论的论辩，为利益论作出了精细修正和强烈辩护，因而，这里主要以克莱默版本的利益论作为分析对象。

克莱默指出，利益论乐于在一种给定的法律体系中授予受益的第三方以权利持有者的身份，只要受益的第三方当事人或通常由于义务的履行而受益的任何当事人，在某种特定事实集合中满足最低限度的充分性测试（minimum sufficiency test）标准。[①] 在给定法律规范时，最低限度的充分性测试旨在从那些被视为潜在权利持有者范围中识别出确定的权利持有者。概括而言，最低限度的充分性测试标准是这样运作的：为了确定某人是否拥有合同下的权利或任何其他法律规范的权利，分析者需要问的是为了足以构成对合同或规范的一种违反，哪些事实是最低限度所必需的。一种最低限度的事实集合至少包括：（1）某种特定主体 Q 遭受了一种损害，遭受一种损害应该被解释为通常对 Q 的福利构成一种实质障碍；而且（2）这种损害是由负有义务的 R 所引起的，R 作为相关义务的特定承担主体；（3）R 之所以必须履行这种相关义务是由合同约定或法律规范所设定。对于构成合同或规范的违反而言，满足了这些条件的事实集合便是充分的，而且对于事实集合的充分性而言，事实集合中的每一种元素都是必要的。换言之，最低限度的事实集合不包含冗余元素。

为了说明最低限度的充分性测试标准的具体运作，设想这样一种情形：依据某雇佣合同，雇主有义务付给他的雇员多丽丝以工作报酬；通常，多丽丝用她薪水的一部分在当地的超市买东西；经由此，超市老板便在一定程度上依赖于多丽丝的经常光顾来维持其生存和经营。问题是：如果雇主不付给多丽丝薪水，那么超市老板是否有权利让雇主支付多丽丝薪

---

① See Matthew Kramer, "Refining the Interest Theory of Rights", *American Journal of Jurisprudence*, Vol. 55, 2010, pp. 31–37.

水呢？根据克莱默的最低限度的充分性测试，超市老板并没有这种权利。理由在于多丽丝没有得到报酬作为事实 A，超市老板没有从多丽丝的购买中获得钱作为事实 B。A 和 B 构成一组事实集合。就其本身而言，事实 A 足以构成一种合同的违反。相反，当且仅当事实 A 存在时，事实 B 是相关的。因此，对于确定超市老板是否作为权利持有者而言，事实 B 是多余的。这便反过来废止了 AB 作为识别权利持有者的事实集合资格。因为事实 A 本身就足以构成一个完整的、非冗余的集合。实际上，由于事实上 A 是自给自足的（self-sufficient），任何支持额外权利的其他事实序列都被证明是多余的，超市老板当然被排除在拥有权利之外。

可见，为了识别确定的权利持有者，最低限度的充分性测试标准要求分析者必须确定何种事实或者哪些事实集合是充分的，即不存在冗余的事实，这些充分事实的存在使得特定主体 Q 的通常利益遭受损害，这种损害本该由特定 R 履行相关义务来避免。满足了这些最低限度事实集合，那么 Q 便是相关义务人 R 的权利持有者。问题是：最低限度的充分性测试标准作为权利持有者的识别标准符合一般权利概念界定的要求吗？

（三）测试标准存在的问题

最低限度的充分性测试标准作为一般权利界定的概念性解释，虽然解决了第三人受益是否存在权利的问题，但在以下方面仍然是不能令人满意的。

首先，最低限度的充分性测试标准作为权利持有者的识别标准运作预设了存在两个或更多的相关事实场景，但最低限度的充分性测试无法在只有一种相关事实场景中运作。[1] 例如，如 A 付钱给 B 来让 B 修理 C 的房屋。如果房屋没有被修理，B 和 C 以及其他当事人是否都有法律上的权利？某种意义上，问题答案依赖于法律体系的实在规定。例如，由于房屋没有被修理，假设 D 在 C 的房子里租了一个房间，因漏水 D 的卧室受到

---

[1] See David Frydrych, "Kramer's Delimiting Test for Legal Rights", *American Journal of Jurisprudence*, Vol. 62, 2017, pp. 197 – 207.

了损害，无法再继续租住房屋。依据克莱默的测试标准，基于 A 与 B 的修理屋顶合同，D 显然有法律上的权利。在这里，最低限度的充分性测试标准都得到满足：一个满足最低限度的充分性事实集，即一个未被修理的屋顶；B 作为相关义务人，违反了合同义务；由于 B 未能履行合同义务，D 的利益受到损害。然而，通常理解中，说房屋承租者 D 对 B 拥有相关的法律上可主张、可执行的权利，违反了权利概念界定的现实性要求。

其次，最低限度的充分性测试标准也不能满足耶林主义对权利概念所提出来的经典挑战。作为 19 世纪的著名学者，耶林通常被认为是利益法学的创始人。悖谬的是，开创利益法学的耶林，却反对从利益角度理解法律权利。实际上，耶林对任何旨在通过理论确认什么被认为是权利的能力持怀疑态度。对权利的利益概念，耶林提出了以下案例。[①] 通过政治或金融压力或腐败，一家国内制造商获得了政府的青睐。制造商说服当局政府通过了一项法律，要求对某些与自己存在竞争利害关系的外国商品征收关税。新通过的法律以该制造商的利益为基础，也直接使该制造商受益，法律更是有意为之。在此场景中，该制造商显然有强有力的动机使该法律得到忠实执行。然而，根据这项法律，该制造商是否有法律权利？作为履行关税义务的其他相关当事人，该制造商是否为法律权利的持有者？

依据克莱默的测试，耶林所构想的这种情形似乎无法避免将法律权利赋予国内制造商。如果某一方违反了缴纳关税的义务，作为最低限度的事实，这足以使国内制造商和政府都拥有法律上可主张、可执行的权利。再一次，说国内制造商在此场景中拥有法律权利显然将是奇怪的，违背了人们对权利概念的直觉性理解。但依据克莱默的测试，却并非不可能的。从一般权利概念界定必须满足的要求而言，最低限度的充分性测试标准作为权利持有者的识别标准是不必要的。

最后，即便克莱默最低限度的充分性测试标准能作为权利持有者的识别标准，它也无法解释为什么满足这种测试标准的利益是同一的，但权利

---

① See H. L. A. Hart, "Legal Rights", in H. L. A. Hart, *Essays on Bentham: Jurisprudence and Political Theory*, Oxford: Clarendon Press, 1982, p. 180.

在不同的法律规范体系中存在不同表现形态和内容。例如，作为法律权利，美国的言论自由无论是在权利规定上还是在权利实践中，明显不同于中国的言论自由，虽然言论自由背后所保护的利益性质和种类在美国和中国是相同的或者类似的。权利主张不能仅仅是某种利益充分重要性的主张，而是在一个已经存在的规范性框架和制度之内能够证明强加义务的某种社会关系的适当性的主张，该规范性制度维护和界定利益得到保护的方式和范围，进而是规则和制度形塑了权利形态。① 权利之存在并不仅仅是因为个人拥有这种利益的重要性，更在于权利持有者和义务人之间的某种正当关系。

总之，克莱默版本的利益理论所存在的上述问题意味着，对权利概念的任何一种分析所需要的并不仅仅是对权利背后利益性质的反思，更在于对既定或合理建构起来的社会政治关系性质的反思，后者证明了强加某种义务以保护某种利益是正当合理的。

三　意志论与平等的自由

依据权利的意志论，权利存在于某人能控制一种现存义务的履行之时。某种意义上，权利的意志概念最符合权利的本质，因为无论权利体现为何物，都必须依赖权利主体积极的主张和奋争。尽管如此，作为一种一般性的权利理论，权利意志论所依赖的自由前提却与权利关系的平等承诺相违背。将自由作为权利的本质，权利意志概念所付出的理论代价是巨大的，会造成意志论本身的不融贯。

（一）构成权利本质的自由

如果说意志论经常批评利益论存在包容过度的问题，那么作为权利理论的主要竞争对手，权利的意志概念则受到利益论的批评。在利益论的支持者看来，权利意志概念存在包含不足（under-inclusivity）的问题，因为

---

① See J. E. Penner, "The Analysis of Rights", *Ratio Juris* 300, Vol. 10, 1997, pp. 300 – 311.

意志论不适当地将没有选择能力的主体排除在权利持有者的范围之外。据称，意志论不能解释法律明确承认主体为权利持有人的情形，即便他或她在法律上没有能力自我执行或放弃权利。这类权利拥有者的例子，包括儿童、精神病人、昏迷状态的人等。① 显然，没有选择能力的这些人在法律上都是有权利的。权利的意志论也无法解释为什么某些权利是不可剥夺或者不可转让的，权利意志概念不符合权利概念界定的现实性要求。

然而，在权利意志论的坚持者看来，无能力（incompetency）并没有对权利意志概念构成真正的挑战，因为经过修正的某种权利意志概念，意志论能符合权利概念界定的现实性要求。概括而言，权利的意志概念允许一种权利的组成要素在不同主体之间进行区分和分配，权利的意志概念中并没有任何内容暗示权利只能由个体行使，考虑到个体当前或未来的利益，个体也能从这种由他人、共同体或者国家代为行使的权利中得到好处。比如说，大多数人都同意儿童拥有受教育的权利，并借此权利使得他们不同于他们自然成长的状态，这种权利通常来说受他们的父母或其他监护人保护，却有悖于他们自身在眼下持有的意见。依据权利的意志概念，特定权利一般来说或仅属于具有理性能力的个体，或只能由这些个体代为行使，因为权利最终目的旨在使自治的道德理想得到实现。权利保障并表达对个体自我发展有利的社会和政治条件，权利是单一个体必须采取的走向完善的最终步骤。②

因此，缺乏自治的个体固然享有权利，但当其处于他律的情况时，就不能自行行使这些权利，相反，权利的行使要从有利于自治的角度出发，即或由他人代为行使，或由过去的自我行使，从而为未来提供有利条件。意志论认为代理人是真正的（bona fide）权利持有者，尽管他们个人并不拥有相关的权力。③ 权利的意志概念为自治的条件附加了严格条件，最终

① See e. g. , Neil MacCormick, "Rights in Legislation", in P. M. S. Hacker, J. Raz ed. , *Law, Morality and Society: Essays in Honour of HLA Hart*, Oxford: Clarendon Press, 1977, pp. 194 – 198.
② 参见〔英〕古纳尔·贝克《费希特和康德论自由、权利和法律》，黄涛译，商务印书馆，2015，第249页。
③ See N. E. Simmonds, " Rights at the Cutting Edge", in M. Kramer, N. E. Simmonds, and H. Steiner ed. , *A Debate over Rights*, Oxford: Oxford University Press, 1998, pp. 229 – 232.

旨在将他律的概念和对教育和改良的需要扩展到使人成为人的过程。对权利意志论来说，个体理性所担保的自治能力可以存在程度的不同，自治是生成的，而非既成的。权利是当下个体的一种假设性属性，它是通过在当下支配他们的人获得实现的，从而最终有利于其未来的理性自我。因此，假定所有版本的意志论都认为一种权利持有人的执行和/或放弃权力的自我拥有是权利的必要条件，显然是错误的。

同样的道理也适用于利益论学者所提出来的不可剥夺性/不可放弃的论点。对这些论点的表面理解是某些权利是不可剥夺或不可转让的。然而，意志论者在其自身内部就何种执行或放弃是权利的必要组成因素，存在严重分歧。例如，在阐明权利的意志论时，哈特认为权利的意志概念承认控制可以存在不同程度的要求，有关控制的最充分的标准由三个不同的要素组成：（1）权利持有者可以放弃或者撤销义务，也可以使其处于存续状态；（2）在违背义务或被威胁要违背义务时，权利持有者可以保留不予执行，也可以通过提起损害赔偿之诉来要求履行义务，或者在特定情形下，提请禁令，以阻止后续侵权行为；以及（3）权利持有者可以放弃或撤销因义务被违反而产生的赔偿责任。[①] 类似地，依据尼尔·西蒙德（Nigel Simmonds）的建议，任何给定的法律权利都可能有一组可变的权力集合。[②] 在学理上，根据意志和控制表现的强弱程度，可以将意志大致区分为支配力、请求力、形成力和抗辩力等不同类别。[③] 显然，一种典型权利所具有的不可转让性、不可放弃性或不可执行性特征并不能反驳权利的意志论，因为缺乏任何一种权力并不能证明其他的权力无法同时获得。

因而，对权利意志概念的批评要想成立，就需要证明对一种给定权利，没有人拥有执行和/或放弃的权利。如果存在这种情形，就意味着权利意志论是不充分的。由于意志论承认控制存在程度的不同，在完全不存

---

① See H. L. A. Hart, "Legal Rights", in H. L. A. Hart, *Essays on Bentham: Jurisprudence and Political Theory*, Oxford: Clarendon Press, 1982, pp. 183 – 184.

② See N. E. Simmonds, "Rights at the Cutting Edge", in M. Kramer, N. E. Simmonds, and H. Steiner ed., *A Debate over Rights*, Oxford: Oxford University Press, 1998, p. 230.

③ 参见〔德〕拉伦茨《德国民法通论》（上册），王晓晔等译，法律出版社，2003，第280页以下。

在执行和/或放弃的权利的地方，权利就不存在。无论利益论还是意志论都同意需要构建一种一般性的权利理论，旨在捕捉权利在实践推理中的功能。权利概念对实践推理的依赖，构成权利理论之间论辩的核心前提。在完全不存在执行和/或放弃的权利的场景中，即不存在意志的场景中，实践推理的公设便不存在。因为实践推理"必须预先认定，人是可以不受感性世界摆布的，能够按照灵明世界的规律，即自由的规律，来规定自己的意志的"①，权利概念对实践推理的这种前提性依赖意味着，对权利概念的任何理论解说不能否定意志概念，否定了意志自由，也便是否定了实践推理的公设，进而否定了权利概念，自由意志构成权利概念的本质性特征。

权利概念的这种自由本质，在康德实践哲学中得到最显著体现。在康德政治理论中，没有哪个术语的力量能够超过"权利"一词。现代英国权利学者贝克指出，准确理解康德的权利概念，必须进一步区分自然权利和获得性权利。② 获得性权利涉及一些与道德无关的事物，它们对实现自律而言并非必然，并因此可以依据时间和地点的不同而不同。与获得性权利不同，自然权利是区分正当的与不正当的政治体制的道德标准，包括对个体身体、心理、精神和道德完整性的权利，只服从为主体同意的法律的权利以及获得财产的权利。在康德看来，这些最终都是从自由的权利中推出的，只要它们能够依据普遍的法则与他人的自由共存。在康德的实践哲学中，这种自由的权利是"唯一的原始权利"，它构成了整个权利体系的基础，并且由于每个人的人性而属于每个人。原初权利不能从权宜之计或从具体情势的压力中推出，而必须以理性的先天原则为依据，即以人作为有理性的道德存在者，而非以自然的充满欲望的存在者的最终目标为依据。

经由如此修正，似乎权利的意志概念最能符合权利的本质。因为所谓权利，并非天赋的，能自动地进入权利持有者的手中，毋宁是权利主体不

---

① 北京大学哲学系外国哲学史教研室编译《西方哲学原著选读》（下卷），商务印书馆，1982，第319页。

② 参见〔英〕古纳尔·贝克《费希特和康德论自由、权利和法律》，黄涛译，商务印书馆，2015，第217页。

断努力、奋斗和抗争的产物。然而，权利的意志概念要想得以成立，在根本上依赖于自由假设。问题在于，个体自律的实现是否像一般的看法认为的分析性地包含着行动者的意志自由，将自由作为权利概念的依据又是否符合权利意志论的根本承诺？对此问题的回答直接决定权利的意志论作为一种理论本身的融贯性。

（二） 意志论证成的不融贯性

将自由作为权利意志理论的前提预设，清晰地由哈特版本的意志理论所蕴含，哈特也是权利意志论的著名支持者。因而，这里主要以哈特版本的意志论作为分析对象，评估意志理论对权利概念的解说是否充分。在其中，可以发现自由预设并不足以构成权利的依据，哈特版本的意志理论只有通过假定一种平等原则而非意志自由才能够成立，而众所周知平等原则经常为权利利益理论的学者所拥抱。就此而言，权利利益论与意志论之间的分歧并非通常理解的那么不可调和。

简单来说，哈特对权利意志概念的论证是条件性的，或者说是关系性的。这种条件性的权利概念指出了一项权利的真正本质是：存在依据相关实施者的意思实施某种行为的权利。[①] 作为奥斯丁之后现代法实证主义的重要继承者，哈特指出，如果存在任何特殊权利，必须存在一种自然权利，即平等自由的权利（the right to equal freedom）。[②] 在哈特版本的意志理论中，平等和自由都是一种权利概念旨在描述的东西。然而，经过分析可以发现，哈特对特殊权利和一般权利的区分，却使得他放弃了最初的平等，最终滑向将自由作为权利意志概念的证成依据。概括而言，哈特对权利意志论的证成始于哈特对特殊权利与一般权利的著名区分。在哈特看来，特殊权利是产生于某种协议或特殊关系的权利，典型的如通过允诺和缔结合同。只有在某种特殊关系存在的情形下，谁是相关于某种义务的权利持有者的问题才得以产生。换言之，在缺乏特殊关系的场景下，X 没有

---

① 参见〔英〕尼尔·麦考密克《法律制度：对法律理论的一种解说》，陈锐、王琳译，法律出版社，2019，第 177～180 页。

② See H. L. A. Hart, "Are there any Natural Rights", *Philosophy Review*, Vol. 64, 1955, pp. 175 - 176.

责任受制于 Y 或者说任何人强制执法的权力，这意味着 X 有反对干涉的权利，即一种自由的权利（a right to freedom）。从某种意义上说，哈特的观点非常简单，其结论似乎来源于对权利形式的一种分析。权利是为法律所确认的一种可执行性主张，也就是说，某人有权力来强制义务承担者履行相关义务。哈特指出，当且仅当 Y（也只有 Y）拥有针对 X 的一种特殊权利时，X 才有责任受制于 Y 的干涉。由此可见，如果 Y 没有这样的权力，Y 便没有能力干涉 X。相关于无能力的规范性立场是一种霍菲尔德意义上的豁免，所以 X 豁免于 Y 的干涉，即一种自由的权利。

然而，哈特对免于干涉自由的论证所依赖的假设是只有权利才是法律上可执行的主张。这种假设显然是可争论的，但这种假设同样为利益论所同意，因而并非专属于意志论。① 的确，某人缺乏一种干预的权力等同于该人没有能力这样做，因而无能力相关于豁免。但是，权力和豁免都是二阶的规范性立场，其仅仅在承认这些规范性立场的法律或者道德体系中存在。而且，在缺乏特殊权利的情形下，不存在任何权利或者规则。② 换言之，必须认为所有权利都是特殊权利，在缺乏特殊权利的情形下，所存在的仅仅是赤裸裸的自由，因为没有授予任何权利的规则存在。某种意义上，必然存在一般权利，即自由权，哈特对权利意志概念的主张便是特殊权利必然预设了一种非干涉的普遍权利。此处要点是，如果 X 通过允诺行为或者某种合同对 Y 创造了一种权利，这意味着 X 赋予了 Y 干涉的权利，或说 X 放弃了其对 Y 非干涉的豁免。的确，通过允诺或者合同产生义务的行为是一种霍菲尔德意义上的权力，但这种权力并非一定要依附于一种主张权利。如果要实现概念上的过渡，哈特所隐藏的一个假设便是只有权利持有者拥有这种权力。显然，哈特的这种假设并不必然为其他版本的意志理论所接受。因为权利意志论所共同接受的假设是主张不能在没有权力的情况下存在，而不是所有权力必然依附于权利的持有者。

当然，即便承认哈特对非干涉普遍权利的论证是正确的，哈特也仅仅

---

① See N. E. Simmonds, "Rights at the Cutting Edge", in M. Kramer, N. E. Simmonds, and H. Steiner ed., *A Debate over Rights*, Oxford: Oxford University Press, 1998, pp. 120 – 132.

② See Adina Preda, "Rights: Concept and Justification", *Ratio Juris*, Vol. 28, 2015, pp. 408 – 414.

假设而非论证在缺乏同意的情形下，人们拥有一种免于强制的自由。换言之，在没有任何特殊关系存在的情形下，没有理由允许人们干涉其他人，当然也没有理由允许某些人受到的干涉比其他人受到的干涉多。权利当然能够授予某些人干涉其他人的自由，但这不是或者说不仅仅是因为每个人都拥有非干涉的普遍权利，而是因为我们每一个人都是平等的。"在自由概念中首先包含的，只是通过绝对自动性制定我们可能有的效用性概念的能力；理性存在者必然都相互认为有这种单独的能力。"① 自由存在者都会假定在自身以外有自己同类中的其他自由存在者，这是必然的；但是，他们要作为自由存在者共同存在下去，却并不是必然的。依据这种观点，权利不仅授予自由，也包含每个人都必须平等地接受的义务和限制，如此每个人才能够成为人和获得自由。作为启蒙时期实践理性的重要补充，现代英国学者菲尼斯指出，"权利话语的现代用法强调平等，事实上每个人都是人类兴旺的所在，而这种兴旺被认为是对于各人同样有利。换言之，权利话语始终将正义放在我们考量的突出位置"②。因而，在某种关系存在的情形中，最终是平等而非自由担保了某种规范性立场可以被界定为一种霍菲尔德意义上的主张权。在这里，权利意志论者需要放弃一种自由假设，选择更具包含意义的平等基质作为权利概念的依据，如哲学上更具实践智慧的概念"康乐"（well-being）。③ 如果将平等作为权利概念的根基，权利的意志论就可能比利益论更加深刻地看清权利概念在实践中所发挥的重大作用，进而理解权利话语在解决政治和社会问题过程中的复杂方式。在传统社会，社会不平等被视为自然的，因而也是不证自明的。然而，"所有人平等"一旦确立，必将打破一种区隔化的世界观。虽然古老的集体式社会观念抑制了任何进行普遍化的诱惑，但普遍化正是人作为能动主体的经验，并且主导着近代西方教会法学家的著述。"通过拉开人的能动性与特定的社会角色之间的距离，一种'是'与'应当'的截然区别得

---

① 〔德〕费希特：《以知识学为原则的自然法权基础》，《费希特文集》（第 2 卷），梁志学编译，商务印书馆，2014，第 263 页。
② 〔英〕约翰·菲尼斯：《自然法与自然权利》，董娇娇等译，中国政法大学出版社，2005，第 176 页。
③ 参见周濂《后形而上学视阈下的西方权利理论》，《中国社会科学》2012 年第 6 期。

以可能，而这也是关于可观察事实的陈述与关于道德规则的陈述之间的区别。"① 由于权利利益概念经常提出政治和社会实践中以利益为根基的权利实践经常面对冲突和权衡的问题，某种意义上，权利的意志概念能够为此提供一种规训。

进一步，权利对关系的依赖，特别是对平等关系的依赖意味着，构想权利概念的出发点不应该是孤立个体，无论这种个体是拥有充分自治能力还是部分自治能力，而应该是费希特的交互主体性。在费希特看来，"个体性概念是一个交互概念，就是说，是这样一个概念，它只能联系着另一个思维加以设想，而且从形式上看，是受思维本身、受相同的制约的。在任何理性存在者中，这个概念只有在它被设定为是由另一个思维完成时，才是可能的"②。依据这种交互性主体，人不能作为孤立个体而成为人，而只能在与他人的关系中，通过与他人的沟通和交往才能成为人，这种关系并非像物体世界那样是为了确立"主客体从属关系"，而是为了确立"平等协作关系"。③ 因而，人因其作为道德行动者的能力而可能享有的权利，就不再被视为属于前社会和政治关系的孤立存在者，而必须被认为是属于社会的行动者。唯有在社会和政治关系的语境中，主体的身份、目的和价值才能得到建构。权利对社会和政治关系的这种依赖使得康德式的绝对命令公式除了有内在意志自由的约束以外，还必须进一步承担费希特的外在目的要求："彼此作为目的相互对待，从根本上讲意味着承认对方的自律能力，这又意味着要尊重使自律获得实现的社会和政治条件。"④ 这意味着，人拥有的权利不只是其作为道德存在者拥有的，也是其作为社会性和政治性存在者拥有的。这些权利准确地说，产生于自然人成为社会性存在者，相互承认彼此的独立和自由的时刻。费希特强调："人的概念绝

---

① 〔英〕拉里·西登托普：《发明个体：人在古典时代与中世纪的地位》，贺晴川译，广西师范大学出版社，2021，第253页。

② 〔德〕费希特：《以知识学为原则的自然法权基础》，《费希特文集》（第2卷），梁志学编译，商务印书馆，2014，第303页。

③ 参见〔德〕费希特《关于学者使命的若干演讲》，《费希特文集》（第2卷），梁志学编译，商务印书馆，2014，第21页。

④ 〔英〕古纳尔·贝克：《费希特和康德论自由、权利和法律》，黄涛译，商务印书馆，2015，第217页。

不是个人概念，因为个人概念是不可想象的，相反的，人的概念是类概念。"① 据此，我们也可以说，并不存在个人的（individual）权利，有的仅是人类的（human）权利。

总之，经过反思可以发现，诉诸自由并不足以充分地证成权利的意志概念。哈特版本的论证也并没有诉诸任何专属于意志理论的前提，因为意志论所诉诸的前提，即实践推理的概念公设自由、权利必须是可主张的，同样为利益论所共享。如果要证成任何权利，权利意志论必须诉诸一个独立的平等原则，而非自由。权利意志论要想是充分的，即维护一种旨在完善自治性道德理想的权利观念，平等而非自由是权利概念的合适基础。

四　一种权利理论的可能构成要素

经由上述分析可知，在权利概念的界定方面，无论利益论还是意志论都失败了。那么，权利概念界定的这两种理论失败的原因是什么？理论者又应该如何对权利概念和证成予以理论性解说？如果不诉诸利益和意志，一种权利理论应该诉诸何种要素？批判性地检讨权利利益论和意志论之间论争的经验和教训，为构建一种新的权利理论解说提供了可能出路。本部分将作出论证，在元理论层面，观念论为构想权利概念提供了基础，需要将互惠与平等而非利益与自由作为权利概念解说的前提预设。

（一）概念的诸种类型

既然权利的利益论与意志论的论争发生在概念层面，一个必须予以提出和反思的问题是权利概念本身是何种概念类型。这是因为概念在共享和使用它们的人的思想和商谈中发挥着不同种类的功能。在学术脉络史中，对于"概念是什么"存在着四种观点②：（1）理念论，典型代表为柏拉图，理念论将概念理解为一种客观实体，独立于自然物质或社会制度；

---

① 〔德〕费希特：《以知识学为原则的自然法权基础》，《费希特文集》（第2卷），梁志学编译，商务印书馆，2014，第294～295页。
② 参见雷磊《法律概念是重要的吗?》，《法学研究》2017年第4期。

（2）唯实论，概念被认为是概念词的所指或者说意涵，唯实论概念作为标准发挥作用，如单身汉，典型代表如弗雷格和卡尔纳普；（3）观念论，将概念理解为实体在个人的精神中的显现，或对象的内在或外在属性，典型代表如笛卡尔和康德；（4）唯名论，将概念理解为其他事物的语言实体，即语词、语词体系的类似组成部分，典型代表如后期维特根斯坦和蒯因。

既然"概念"存在着不同界定，那么，适合于"权利"概念的应该是何种概念类型呢？对此的回答当然不是何种概念类型在哲学上更有优势，① 而是说何种概念更能有利于捕捉到甚至深挖权利在实践推理中的功能。显然，权利概念并非理念论的，因为权利并非某种客观实体，就在那里，等待着我们去发现。同样，权利概念也不应当或者仅仅是唯实论或者唯名论的。权利概念虽然能够在现实中有所指称——如果没有确定所指的话，通常表现为某种实实在在的利益，权利也将丧失主体的兴趣，但权利不能限于某种确定所指，权利概念更应该能够适应客观境况而发生变迁，唯实论是不适当的；权利概念虽然也经常在某种语言中运用，特别是与义务共同出现在某种语言中，但权利并非仅存在于符号的交流当中，权利的唯名论混淆了权利与权利的意义，更无法区分权利表述的意义与所指。② 可见，能够适合于权利概念的分析的概念类型必然是一种观念论。

为了证成观念论适合于权利的理论分析，可以借助奥戈登和理查兹的思想（精神）、符号（表达）与所指（客体）"语义三角"来说明。③ 从逻辑角度，任何一种"概念"的不同界定，都可以体现为对三种不同关系的理解：（1）"符号－客体"关系，现实中的对象可以用符号来展现；（2）"符号－思想"关系，符号表达和思想并不存在自然主义所设想的那种天然联系，符号既可以指称个体，也可以指称类型；（3）"思想－客体"关系，即符号背后的思想有别于符号所指称的客体。据此可以发现，理念论将概念置于"思想"，唯实论将概念等同于"所指"，唯名论将概

① 对不同概念类型在哲学上的反思，参见 Bobe Hale and Crispin Wright ed. , *A Companion to the Philosophy of Language*, Oxford: Blackwell Publishing, 1997, pp. 663 – 670。

② See Andrew Halpin, "No-Right, its Correlative", *The American Journal of Jurisprudence*, Vol. 65, 2020, pp. 147 – 166.

③ 参见雷磊《法律概念是重要的吗?》，《法学研究》2017 年第 4 期。

念等同于"符号",它们仅抓住了"语义三角"的一个方面。观念论不同,其将概念定位为"思想"与"所指"之间的关系,既不认为概念的意义与事实等同,也不主张意义仅存在于各个思考者的思想之中。相反,观念论认为所谓概念的意义是一种主观思想与客观所指的统一,既要以客观事实为基础,也要经过主观因素的加工。观念论作为概念类型,经由哲学诠释学得以充分表达。依据哲学诠释学,意义并非事物本质属性的客观反映和描述,更非纯粹主体心理状态的外在流露,毋宁说意向主体对客观实在进行诠释的结果,是主体前见与客观实在进行"视域融合"的产物。① 观念论作为一种概念类型,意味着对属于观念论的某种概念的把握必须克服主体 – 客体两分图式,而转向一种主体间性的过程中去。

因而,观念论为构想权利概念的思考方式提供了一种新的视角,必须在有关权利的概念与权利观念之间予以区分。② 在概念上,必须将权利看作一种解释性概念,而非一种标准性概念或者自然种类概念。③ 就此而言,权利的利益论与意志论共享权利这个概念,不是因为他们对某种可以通常称之为权利的标准情形取得共识或一致意见,而是因为他们参与了判断行为与制度是否正义的社会实践,参与到了某种实践推理的过程中。对权利实践内在的某种最基本要义和目标应该是什么,不同主体都有种种见解,

① 参见〔德〕汉斯·格奥尔格·加达默尔《真理与方法——哲学诠释学的基本特征》(上卷),洪汉鼎译,商务印书馆,2010,第 544~547 页。

② 观念(conception)与概念(concept)的区分也为权利理论论辩的参与者所承认,如哈特认为,一个概念的意义也许是不变的,但其适用的标准可以是变化的和有争议的。参见 H. L. A. Hart, *The Concept of Law*, Second Edition, Oxford: Oxford Univeristy Press, 1994, p. 246。当然,概念与观念的区分也为罗尔斯、德沃金等其他学者所接受。在此,在概念与观念相区分的意义上,任何一种理论对权利概念的界定必然是一种权利观念(a conception of rights),由于存在不同的理论,在理论自身融贯的意义上,也就存在不同的权利观念(the conceptions of rights),尽管理论自身都主张自身概念的正确性。进一步,这也意味着在理论角度对权利概念的界定,结论必然是一种权利观念,但也可以存在其他更多、更好的权利概念,条件是这种权利观念能够进一步捕捉到权利在实践推理中的复杂方式和作用。

③ 解释性概念与标准性概念不同。因为共享某种解释性概念并不要求使用者对标准或事例具有任何潜在的一致意见或合意。例如,自由主义者和保守主义者共享正义的概念,但他们对判断正义的标准以及哪些制度是正义的、哪些是非正义的,并没有一致意见。参见〔美〕罗纳德·德沃金《身披法袍的正义》,周林刚、翟志勇译,北京大学出版社,2014,第 152 页。

无论这种见解是清晰明确的还是无以言表的。① 但无论如何，不同权利概念的主张者都需要从这些假设中抽取有关在特殊场合下继续该实践的正确方式的更加具体的见解：需要作出的正确判断，以及回应这些判断的正确行为。对观念论的概念性分析，学者必须动用他自己对该实践应该为之服务的价值，以及对在运作中能最好地服务于这些价值的概念的观念之认识，必须是参与性的，而非纯粹描述性的。

在这个意义上，如果权利的界定果真是价值不涉或者价值中立的问题，对实质性的争论和决定毫无暗示，那么为什么理论学者和普通公民还浪费时间争论它？为什么常识未能使理论学者和普通公民对这个概念的标准定义达成共识？② 事实上，几乎每一个人都承认争论中的权利概念至少具有一些重要性，但也仅此而已。这种共识使关于这些权利这种政治性概念更精确而言是什么或意味着什么的实质性问题仍然悬而未决，充满争议。因而，有关权利概念的这种争论必然是深层次的，本质上是一种实质性争论。"在通常的思考和言说中，自由、民主等概念是作为价值的解释性概念而发挥作用的；它们的描述性意义是有竞争的，而这种价值取决于对描述性意义的哪种说明最好地捕获或领悟了那个价值。描述性的含义不能从评价性力量中剥离，因为在上述方式中，前者依赖于后者。"③ 权利问题的这种实质性争论意味着，分析者不能仅仅从众多相互竞争的关于权利的解说中选择一个，然后由此确定权利有或者没有价值。相反，在道德分歧与价值多元的现代社会，有关"权利"的最终分析必须作出某种规范性价值判断。④ 分析者必须主张，权利并不是简单地依据某种观念而无价值的，它是依据某一得到最佳辩护的观念而没有价值的，这种规范性事业并不将描述性和评价性的含义分开，而是利用两者之间的相互联系。

总之，将权利视为一种解释性政治概念意味着，任何一种权利的概

---

① See Hamish Stewart, "The Definition of a Right", *Jurisprudence*, Vol. 3, 2012, pp. 319 - 338.

② See Ronald Dworkin, *Taking Rights Seriously*, London: Duckworth, 1977, p. xi.

③ Ronald Dworkin, "Hart's Postscript and the Character of Political Philosophy", *Oxford Journal of Legal Studies*, Vol. 24, 2004, pp. 1 - 9.

④ See Jean Thomas, "Thinking in Three Dimensions: Theorizing Rights as a Normative Concept", *Jurisprudence*, Vol. 11, 2020, pp. 552 - 573.

念分析都需要有一个独立的具有正当价值的道德作为内容填充。①任何主张道德上正当的行为或规范以及任何声称合法的社会秩序或者制度都必须以某种方式得到论证。② 这也意味着权利所依赖的某种关系以及这种关系所嵌入的某种政治社会结构或法律体系，必须以适用于它们的道德规范为依据或者与之相兼容，同时也必须在某种适当结构和实践中得到正当性证明。这意味着，必须将权利本身作为一种独立的规范性事业予以解说。③ 既然如此，对权利这种规范性事业的理论解说应该诉诸何种构成要素呢？结合利益论和意志论论争的经验，在此提出一种尝试性回答。

（二）互惠性检验和平等参与作为规范权利理论的核心要素

通过分析利益论和意志论的论争，可以知道权利的这两种相互竞争的理论都同意权利存在于权利持有者与义务人的某种关系当中。对权利所依赖关系性质的反思，为构想一种新的权利概念性解释提供了出发点。然而，权利不同于利益和/或自由，也不能被它们所替代，任何概念都应该在"是其自身"的逻辑层面得到界定和理解。在权利可以体现、保护以及允诺某种利益和自由的意义上，重要的便是权利体现、保护以及允诺某种利益和自由的方式。④ 任何一种法律体系要想存在、发展与可持续，就必然存在某些实质性校验标准，这些标准用来筛选哪些利益分配标准是合适的，或哪些分类标准是不能合理拒绝的。

---

① See Charles Lowell Barzun, "Legal Rights and the Limits of Conceptual Analysis: A Case Study", *Ratio Juris*, Vol. 26, 2013, pp. 215 – 233.

② See Robert Alexy, "Law, Morality, and the Existence of Human Rights", *Ratio Juris*, Vol. 25, 2021, pp. 2 – 14.

③ 将权利作为一种规范性事业，应区别于一种权利的程序性理论。权利的规范性事业强调权利所依赖关系限制的反思，主张对权利内核要素的实质性评价；相反，权利的程序性理论则主张，法律对意志和利益的理解，重要的不是对其下定义、确定范围，而是设计出一种让人能够自由表达意志、参与利益评价的程序性制度，相关分析参见彭诚信《现代权利理论研究》，法律出版社，2017，第195页。权利的程序性理论存在的问题是，纯粹的程序性分析背离或者放弃了对权利本体的正当性探究。

④ See James Sherman, "A New Instrumental Theory of Rights", *Ethic Theory and Moral Practice*, Vol. 13, 2010, pp. 215 – 220.

通常来说，虽然传统道德语言与现代权利语言探讨的是公平正义的事务，但权利语言与道德语言分析的视角是不一样的。"当传统道德语言讨论某人应否根据公义的要求而得到某种对待时，它所采用的是超然、客观的旁观者的观点，即从社会或自然整体秩序的立场来看待问题。而现代权利语言讨论某人应否得到某种对他有利的对待时，它是从这个人的角度出发，看他应否享有某种权利，而说他应享有某权利，即是说他享有这权利的情况是符合公义要求的。较实际地说，现代权利语言的出现的效果，就是容许社会中的成员在尝试争取或保护自己利益的时候，可以说他们在争取他们应有的权利，从而加强他们的要求的道德说服力。正是因为权利语言有这样的功能，所以现代世界中很多受压迫的阶层都运用权利的语言来提出他们的正义要求。"① 权利是一种实践之物，构成实践推理的重要环节。参照权利利益论与意志论对权利概念分析的经验，处于某种关系中的主体对利益和自由的一种"权利"追求，必须以互惠性作为检验标准，以平等参与作为程序性条件。

首先，之所以规范性的权利理论必须以互惠性作为检验标准，是因为权利本身是正当的事物，而权利概念所依赖的关系也应当是正当的。互惠是人类社会中最为重要的一条道德理想。可以说，互惠性检验是将某种利益转化权利的关键。如果处于某种关系中的双方当事人的地位在理论上和实践中都是不可逆的（reversible），那么这种关系所形塑的便是特权或者权力，而非一种平等保障每个人的权利。地位的反转、义务的反转，进而权利的反转，只有在持续不断的主体互动关系中才能产生和存在。如果没有这种互逆性，内含于权利中的利益实际则是空中楼阁，依赖于偶然因素，易碎而不稳定。这也是为什么权利和义务的观念只有在市场经济的社会中才能得到充分发展的原因。

其次，以互惠性作为利益或者自由的测试标准，一种独立的规范性权利事业则又至少假定了平等的参与以及审议决策作出的正当程序。自然权利理念一个主要的论点便是参与政治结构的权利，而这些政治结构决定了

_____

① 陈弘毅：《人权、启蒙与进步》，《法制现代化研究》1996年卷，第220~221页。

公民所具体和实际享有的权利和承担的义务。① 在这个意义上，权利不仅保护人的自主性和能动性，同时也表达了政治上的自主和参与。"脱离了人身处其间的政治、社会、法律结构和制度思考人，也就是脱离在其中人才能得到理解的条件来思考人。"② 承认权利对关系性条件的依赖并不是否认个体的人格地位，相反，个体仍然拥有人格权，只是这种人格权被界定为针对各种社会条件的权利，正是这些条件允许个体实现内在于人格中的人类本质和尊严。③ 利益论与意志论之间的争论背后映射着一幅更为宽泛的源自启蒙运动时期有关社会图景的观点。在这种社会图景中，任何一种政治共同体中正义原则和社会规则起源于理性发展了的自由，并且所有公民都是平等的。每个人只有同他人平等协作，如此每个人也才会实现自身的目标。依据这种费希特式的自然权利观念，权利尤其指涉针对理性能动性的完善过程，指涉人类的自我实现。理性能动性的主体并非个体性的，而是处于平等关系中的交互性主体。④ 作为能动性完善过程的权利，应该更多地将平等而非自由作为自身概念的基底。

实际上，对于启蒙运动时期的哲学家来说，问题不仅仅在于证明政治共同体的存在，或者指出人们自己应该为别人谋福利，更在于证明道德上正当的共同体应该民主地组织起来这个主张。政治上的共同体应该坚持民主，因为事实上只有在民主社会中每个人才有机会为讨论作出他或她的贡献，也只有政治参与式的民主才能使大多数受压迫者的利益和诉求得到认真考虑。在这个意义上，权利这种独立的规范性事业首先应该被认为是在一个有组织的政治社会上的一种关于成员资格的规范性理念。⑤ 它的核心特征是在作集体决策时，一个人的利益应该得到政治社会中的基本制度的

① See James Morauta, "Rights and Participatory Goods", *Oxford Journal of Legal Studies*, Vol. 22, 2002, pp. 91 – 113.
② 〔英〕古纳尔·贝克：《费希特和康德论自由、权利和法律》，黄涛译，商务印书馆，2015，第160页。
③ See James Griffin, *On Human Rights*, Oxford: Oxford University Press, 2008, pp. 130 – 135.
④ 〔英〕古纳尔·贝克：《费希特和康德论自由、权利和法律》，黄涛译，商务印书馆，2015，第250页。
⑤ See Rainer Forst, "The Justification of Human Rights and the Basic Right to Justification: A Reflexive Approach", *Ethics*, Vol. 120, 2010, pp. 711 – 722.

考虑。"被看作为一名成员就是让一个人的利益得到正当的考虑，不仅在权威性的决策制定过程中而且也在这些决策的内容上。"① 在集体决策作出的过程中，将某些人排斥在外，特别是将一些受集体决策影响的人排斥在外，实际上就等于把他们视为局外人，否定他们的个人地位。

由是观之，在法律以及道德意义上，权利的实践重要性体现在以下判断之中。（1）所有的人必须被授予人的地位，权利是属于人类的，而不是集体的、民族的或者国家的，更不是个人的。权利归因于费希特意义上的某种交互性的主体关系之中，权利资格独立于他们的社会地位、宗教信仰以及政治归属、种族、性别以及出身，权利的这种交互主体地位不能因任何事而丧失或者撤销。（2）所有的人都必须被授予平等的道德和法律地位，一种平等的公民身份。② 平等的公民身份和地位是现代国际人权实践中一个最为重要的特征。在这里，平等是作为身份和地位上的平等，而不是在分配观念意义上的平等。身份和地位上的平等可以和一系列的差异和物质上的不平等相兼容。（3）规范的自我决定原则，对权利的主体需要进行霍耐特所强调的"规范性重构"，转移到公民自愿对自我立法的条件中去，"即把事先已经堆积起来的，已经内在于其他领域对自由进行追忆和收集，并用来作为事先自身自由的条件：如果民主决策的参与者都能学习，在其他行动领域为实现机制化的自由要求所进行的对社会斗争有权利得到他们的支持，因为这也关系到他们自己的自由的前提条件，只有有了这些条件，民主决策政治领域中所有自愿参与民主决策的规范性要求才具有合法性"③。每一主体作为政治社会实体中的一个成员，自由地持有他们个人所坚持的价值和信念并且与其行为保持一致，在消极的意义上，没有约束或者干涉同一政治社会实体中的其他成员的同样自由。在积极的意义上则要求，政治社会上的安排和一般规范必须由一般理由正当化，而这

① Joshua Cohen, "Minimalism about Human Rights: The Most We Can for?", *Journal of Political Philosophy*, Vol. 12, 2004, p. 197.

② 参见〔美〕查尔斯·蒂利《身份、边界与社会》，谢岳译，上海人民出版社，2021，第243页。

③ 〔德〕阿克塞尔·霍耐特：《自由的权利》，王旭译，社会科学文献出版社，2013，第546～547页。

种一般理由的智识性以及论辩性的力量不能诉诸不能被理性证明的价值和信念，必须诉诸一种经由互惠性检验的理由和信念。

在这种规范权利理论中，权利被视为一种正向反馈机制，一种通过我们都可参与的决策程序塑造我们的集体生活并为我们的集体生活所塑造的循环反馈机制。在这一循环机制中，平等参与构成了拥有权利的权利，且通过承认基本资格和与他人一起对决策的参与使我们将自己的公民同胞视为自治权利的承受者，值得予以平等的关注和尊重。"只有这样，议题本身的复杂性才能和复杂性所引起的分歧的合理性一同获得理解，而分歧本身通常反映的是不同的经验和道德考量。只有那样，妥协才是可能的，这才会总是好的政策而不仅仅是好的政治，因为某个问题的所有维度都获得了考虑和表达。"① 在这样一种复杂的循环反馈的网络中，一个行动领域自己独特的自由的实现，依赖于其他领域对各自基本自由原则的实现。

总的来说，任何一种权利话语，无论体现为法律权利、自然权利还是人权，都与政治斗争纠缠在一起，这里所有有关权利的讨论含糊不清便不足为奇。在澄清权利话语的混淆所作出的重要努力方面，无论是权利利益论、意志论以及两者之间的论争，最终与霍菲尔德对权利关系的经典分析是一脉相承的。只不过，任何对权利概念的解说和澄清都不能脱离权利话语得以运作的政治语境。只有在公共政治的运作过程中，权利概念所体现的诸种物事才能得以填充和具体。以互惠作为检验标准与以平等参与作为程序性要求，能够为权利之善的追求提供一种规训。

五　结　语

有关权利的理论解说存在两种相互竞争的理论，即利益论与意志论。从元理论视角观之，权利的这两种论争主要发生在概念层面，而非证成层面。然而，在元理论层面，构想权利概念，需要首先反思适合于权利概念

---

① 〔英〕理查德·贝拉米：《政治宪政主义：民主合宪性的一种共和主义辩护》，田飞龙译，法律出版社，2014，第 64 页。

本身的概念类型，观念论为构想权利概念提供了一种新视角。依据观念论，必须将权利作为一种独立的规范性事业予以追求，在其中主体追求所珍视之物，实现人的尊严和价值时，要以互惠为检验标准，以平等参与为条件。

当然，在元理论层面，任何一种理论对权利概念的界定必然是一种权利观念（a conception of rights）。"哲学家是否会发现某种必然属性是有趣的，在一定程度上要看具体语境：它依赖于在特定时期何种问题和现象看起来最令人困惑不解。因此，对于任何一种法律理论，我们都不能期待它们是完全的。每一代人都会提出新的问题，这些新提出的显著挑战会对哲学家寻求哪些特性进行归纳和研究产生影响。"① 于此，存在也必然存在其他更多、更好的权利概念，但必须深究权利话语在实践推理中的复杂方式和作用。权利理论之探究仍然是一项未竟的事业。

---

① 〔美〕斯科特·夏皮罗：《合法性》，郑玉双、刘叶深译，中国法制出版社，2016，第12～13页。

多元主义视角下国际人权秩序
重构的"中国方案"

康华茹*

摘　要：全球人权传统是多元的，且能够彼此相容与互鉴。但在人权国际化的进程中，西方积累起强势的人权话语权，持续主导国际人权体系的发展与运行，在实行人权文化输出的同时压制其他人权传统的成长，导致国际人权秩序的严重失衡。在全球化的时空环境下，西方人权观念与模式已不足以支撑人权所承载的时代使命和意义，西方主导国际人权秩序的失衡状况也亟待改变。2006 年，联合国实施人权机制改革，人权委员会被新成立的人权理事会取代，实质上启动了国际人权秩序重构的进程。中国提出的"构建人类命运共同体"的理念，以及在中国文化传统、历史经验和社会土壤中孕育成长的独特的人权思想与道路模式，为构建适应全球化背景的国际人权新秩序提供了可行方案。"中国方案"所指示的，是以"多元一体"为基本格局，认可且能够汇聚多元文化传统之价值与智慧，从而有助于实现人类共同的"善"的生活的国际人权新秩序。

关键词：人权；国际人权秩序；中国方案；多元一体

引　言

2006 年，国际人权机制的中枢机构联合国人权委员会被新成立的人权理事会取代，成为国际人权体系自创始以来发生的最大变革。人权理事

---

* 康华茹，中南财经政法大学法学院博士研究生，郑州大学国际学院助教，哥伦比亚大学访问学者。

会在成员国分布、选举及退出机制和工作方法等方面，改变了之前人权委员会的诸多规定和做法，实质上形成对国际人权体系权力格局的重要调整。改革从机制和程序上动摇了一直以来西方在国际人权秩序中的主导地位，为来自其他地域和文化的国家提升人权话语权提供了新的机会和途径，同时也启动了国际人权秩序重构的进程——从西方主导下失衡的国际人权体系向着更加多元、公正和包容的国际人权新秩序发展。

然而，西方在国际人权体系中的主导地位不可能在一夕之间被消解，国际人权秩序的重构也不是一蹴而就的事情，而是一个需要历史积累的渐进过程。时至今日，国际人权话语体系仍受"西方中心论"的支配；可以预见的是，西方还将致力于保护和维持其现有的主导地位和话语权。因此，构建国际人权新秩序的重任就主要落在非西方国家的肩上。这其实也是非西方国家，尤其是长期以来在人权问题上遭受西方不公正对待的国家的要求。那么，国际人权秩序的重构该向何处去？这是推动重构进程首先要回答的问题。

作为在意识形态、社会制度和国家体制等方面与西方截然不同的社会主义大国，中国始终坚持独立自主的人权道路，发展出不同于西方的人权理论和实践模式，取得了人权事业的巨大进步。同时，自 1979 年首次派代表参加人权委员会会议，中国积极参与国际人权事务，为全球人权保护与提升作出了重要贡献。中国人权哲学植根于悠久的中华文明，成长于近现代的历史经验和当代全球化的社会背景，既蕴含着历史沉淀的古老智慧，也承载着近代以来全球发展与剧变的印记，传递出新的时空环境下的人类诉求。以其宏大的视域和包容精神，中国人权思想与实践为国际人权秩序的重构提供了区别于西方人权文化的"中国方案"。

对中国在国际人权体系中的角色，以及中国崛起对国际人权秩序可能产生的影响，中西方学界在研究视角上出现显著的差异。西方学界多采取批判性视角，以"西方中心主义"的思维检视中国对国际人权规范的遵守情况①，认

---

① See Ann Kent，*China, the United Nations, and Human Rights: The Limits of Compliance*，Philadelphia：University of Pennsylvania Press，1999.

为中国对国际人权事业的贡献形式多于实质①，甚至视中国为国际人权体系的负面因素②，将中国的崛起看成对国际人权秩序的挑战③。国内学界则多从"中国视角"出发，着重阐述中国在遵守和内化国际人权规范方面取得的进步④，认为中国为全球人权保护事业作出了重要贡献⑤，当前中国需进一步提升国际人权话语权，在国际人权事务中发挥与大国地位相匹配的作用⑥。两种研究进路为考察中国与国际人权体系的关系和互动模式，提供了不同的分析视角与解释框架，但也都存在问题和不足。其中，"西方中心主义"的研究范式多是基于西方价值观念和立场的评判，难免带有思维和结论上的偏见与自负，导致信服力缺乏。国内的研究有助于弥补上

① See Rhona Smith, "Form over Substance? China's Contribution to Human Rights through Universal Periodic Review", *Asian Yearbook of International Law*, Vol. 17, 2011, pp. 85 – 125; Rana Siu Inboden, "China and the International Human Rights Regime 1982 – 2011", Thesis (Ph. D.) of the University of Oxford, 2014.

② See Rosemary Foot, *Rights beyond Borders: The Global Community and the Struggle over Human Rights in China*, Oxford: Oxford University Press, 2001.

③ See Katrin Kinzelbach, "Will China's Rise Lead to a New Normative Order: An Analysis of China's Statements on Human Rights at the United Nations (2000 – 2010)", *Netherlands Quarterly of Human Rights*, Vol. 30, 2012, pp. 299 – 332; Rosemary Foot, Rana Siu Inboden, "China's Influence on Asian States During the Creation of the UN Human Rights Council: 2005 – 2007", *Asian Survey*, Vol. 54, 2014, pp. 849 – 868; Björn Åhl, "The Rise of China and International Human Rights Law", *Human Rights Quarterly*, Vol. 37, 2015, pp. 637 – 661; Yu-Jie Chen, "China's Challenge to the International Human Rights Regime", *New York University Journal of International Law and Politics*, Vol. 51, 2019, pp. 1179 – 1222.

④ 参见朱立群《中国与国际体系——进程与实践》，世界知识出版社，2015，第254~294页；李晓燕《中国参与国际人权机制的阶段性"遵约"行为研究》，《人权》2016年第6期。

⑤ 参见王民《中国在国际人权领域中所做的努力》，《外交学院学报》1991年第4期；罗艳华《联合国层面的全球人权治理：中国的参与和贡献》，《人权》2017年第2期；赵树坤、毛奎《南南人权治理中的中国贡献：理念与实践——以全球人权治理为视域》，《人权》2018年第1期；常健、殷浩哲《人权概念的不断丰富和发展——兼论〈世界人权宣言〉的历史意义和中国对人权事业的重要贡献》，《红旗文稿》2018年第22期；何苗《改革开放以来中国对国际人权事业进步的贡献》，《人权》2018第4期；罗艳华《新中国参与国际人权事务的历程及对国际人权事业的贡献》，《人权》2019年第3期；熊芸萱《新中国成立70年对国际人权事业发展的贡献》，《沈阳工业大学学报》（社会科学版）2019年第4期。

⑥ 参见毛俊响《国际人权话语权的生成路径、实质与中国的应对》，《法商研究》2017年第1期；孙平华《论全球治理中的中国人权话语体系》，《中国政法大学学报》2019年第3期；任丹红、张永和《论中国人权话语体系的建构与国际话语权的争取》，《西南政法大学学报》2019年第1期；邱昌《中国在国际人权领域话语权：现实困境与应对策略》，《人权》2018年第3期。

述问题，但因其聚焦于中国，国际人权体系演进过程中中国之外的信息容易被忽略，因而无法以纵览全局的视域，审视国际人权体系权力格局的变化及中国在其中的角色，亦无法对国际人权秩序重构的"中国方案"作出有说服力的解释。

在笔者看来，相对于上述两种研究范式，多元主义的视角对本文提出的问题更具解释力。这一视角能够将国际行为体与国际体系的互动置于平行的世界空间和多元文化的背景下，从更宽的视域审视来自不同地域和文化的各国、国际组织和非政府组织等，在国际体系中接触、交流与互动以共同促进全球人权事业发展的世界图景。国际人权秩序重构的"中国方案"正是以这样的时空环境为背景。因此，以多元主义的视角解读"中国方案"，将有助于更深刻地理解这一方案对构建更加公正、合理、多元的国际人权秩序的价值和意义，以及中国在国际人权秩序重构进程中的重要角色。

一 多元主义视角下的全球人权传统

（一）全球人权传统的多元性

人权概念产生于西方的启蒙文化，是人类文明现代化进程中的重要成果，也是现代性的重要表征。正如西方现代性"不能被看成是唯一真实的现代性，它实际上只是多元现代性的一种形式"[①]，"人权"也并非西方文明的专利。人权作为一种道德权利的基本属性及其所具有的社会性和历史性，决定了西方之外的其他人类文明，也有植根于其自身文化和社会土壤的对人的尊严、价值的理解，以及追求人的物质、精神福祉或利益的思想和制度。早在联合国着手制定《世界人权宣言》时，一些非西方的政治家和学者在答复联合国教科文组织就此开展的问卷调查时也表示：虽然人权话语是近代欧洲的发明，但人权的源头也体现在他们各自的传统中。[②]

---

① 陈嘉明：《现代性与后现代性十五讲》，北京大学出版社，2006，第105页。
② 转引自〔美〕玛丽·安·葛兰顿《美丽新世界——〈世界人权宣言诞生记〉》，刘轶圣译，中国政法大学出版社，2016，第72页。

不同的人类社会共同体，无论其组织方式和发展程度如何，道德是普遍存在的。"哪里有社会生活，哪里就必定有道德的存在。"① 道德所包含的美德、原则和规则要素，蕴含着一个社会共同体对人的本质、价值的认识，以及对公平、正义的理解。"义务"是道德的核心要素，与道德所规定的义务相关联和对应的，就是"应得"的概念以及由此衍生的利益、主张、资格、自由等，这便是存在于一个社会共同体的或隐或显的权利观念。因此，人权的思想要素包含在一个社会共同体的道德观念中。人类社会生活方式的多样性意味着"在每个地方都存在道德的同时，并不是每个地方都存在同样的道德"②。有些道德原则为所有的文化所共享，有些道德规范只在某一个共同体的成员之间适用，这便是米尔恩（A. J. M. Milne）所说的"共同道德"和"特殊道德"。③ "特殊道德"决定了不同的社会和文化对"人"自身以及人与人之间的社会关系的界定各异，从而孕育出有各自鲜明文化特征的人道主义思想和权利观念，并以不同方式将之落实在社会制度中。

从人类文明的发展进程来看，前现代时期，一些"人权的思想性和机能性等价物"④ 已经产生并持续演化，在不同的时代和地区其内容和存在方式各不相同。进入现代化历史阶段，西方现代性的各种不同特征借助宗教、武力等手段传播到全球，其中包括人权思想与制度。非西方民族－国家或社会的现代化进程因受到西方文化的强烈冲击，在初始阶段不可避免带有西方化的色彩，⑤ 但"现代性不等同于西方化"⑥，非西方世界也在日益有意识地追求自身的文化认同，追求属于自我的现代性或者说是使现代

---

① 〔英〕A. J. M. 米尔恩：《人的权利与人的多样性——人权哲学》，夏勇、张志铭译，中国大百科全书出版社，1995，第 56 页。

② 〔英〕A. J. M. 米尔恩：《人的权利与人的多样性——人权哲学》，夏勇、张志铭译，中国大百科全书出版社，1995，第 56 页。

③ 参见〔英〕A. J. M. 米尔恩《人的权利与人的多样性——人权哲学》，夏勇、张志铭译，中国大百科全书出版社，1995，第 56 ~ 71 页。

④ 〔日〕大沼保昭：《人权、国家与文明》，王志安译，生活·读书·新知三联书店，2014，第 158 页。

⑤ 参见李明轩《现代性的嬗变：从单一到多元》，《理论月刊》2019 年第 9 期。

⑥ Shmuel N. Eisenstadt, "Multiple Modernities", *Daedalus*, Vol. 129 (1), 2000, pp. 2 – 3.

性自我化。① 同样地，人权概念、理论及实践模式在非西方社会的产生与演变，也不等同于其各自"人权等价物"的"西方化"。20 世纪以来，亚洲、非洲和拉丁美洲在各自文化和传统的土壤中孕育出自己的人权概念，这些人权概念虽受西方人权文化的影响，但又都带有与之不同的鲜明文化特征，中国的人权观即其中一例。② 因这种植根于其本土资源的鲜明特征或属性，笔者以"人权传统"指称在不同的社会和文化中孕育和发展的、表现形式各异的人权思想、制度和实践，这既包括人权概念形成以前存在于漫长历史时期的人权的思想性和机能性等价物，也包括现代化时期在不同地域逐渐成长起来的人权理论和制度实践。

概括来说，在多元主义的视角下，非西方的国家和地区虽然未能在前现代时期像西方一样发展出体系化的人权理论和制度，但在其独特的文化传统中也包含具有人权意义的思想、制度和实践元素；在现代化的进程中，这些元素与现代化进程带来的新元素发生接触，经元素的重新组合与新陈代谢，产生具有各自鲜明文化特征的现代人权观念、理论与实践模式，从而形成全球多元人权传统并存和发展的大图景。

（二）多元人权传统的相容性

多元的重要内涵之一是差异，但差异并不意味着整体的或全面的不可调和的冲突或对立。相反，人权所具有的道德意义及其普遍性决定了多元人权传统之间可以彼此相容。人权的普遍性首先指向人权主体，即所有人类成员，无论其属于哪一个社会共同体，都同等享有人权；同时，人权的普遍性还指向不同的社会共同体基于"共同道德"在人权内容上达成的共识。换言之，无论一个社会共同体采取什么样的独特生活方式，都存在某些为社会生活本身所必需的道德要素。由于文化和文明的传统必定延续在各自的社会生活方式之中，这些道德要素就成了每种传统的一部分。③ 因

---

① 参见李明轩《现代性的嬗变：从单一到多元》，《理论月刊》2019 年第 9 期。
② 参见徐显明《对人权的普遍性与人权文化之解析》，《法学评论》1999 年第 6 期。
③ 参见〔英〕A.J.M. 米尔恩《人的权利与人的多样性——人权哲学》，夏勇、张志铭译，中国大百科全书出版社，1995，中文版序第 2 页。

此，多元人权传统之间存在一种"共通性"。基于这一认识，米尔恩提出"最低限度的道德"的概念，认为有七项权利是适用于所有社会的，即生命权、要求正义权、受帮助权、自由权、被诚实对待权、礼貌权以及儿童的受抚养权。在他看来，这些权利植根于社会生活本身的道德要求，无论采取何种特定形式，都能够适用于一切文化和文明，而不管它们之间有何种差异。① 卡尔·威尔曼（Carl Wellman）从人权的道德维度出发，提出了基本人权与派生人权的二分法，其中基本人权即具有绝对普遍性的权利，适用于任何时间任何地点，包括生命权、自由权、结社权与不付诸他人的道德豁免权。② 詹姆斯·格里芬（James Griffin）则认为存在三个最高层次的普遍人权：自主性、福利和自由，所有其他人权都以这三项人权为基础。③ 可以说，虽然对普遍性权利内容的观点有所不同，学者们在有一些基本权利适用于所有社会和文化这一点上，却并无异议。

人权的普遍性与全球人权传统的多元性是认识全球人权文化与秩序的两个基本方面。二者并非简单的并列关系，亦非同一层面上割裂对立的关系，而是不同层面上彼此紧密联系、相互依存的关系。④ 人权的普遍性位于更高的位阶，是适用于所有不同人权传统的人权基本属性。在前述提及的教科文组织的调查问卷中，来自世界各地的约七十份答复表达出对"人权"的不同理解，诠释着全球人权传统的多元特征；同时，这些观点也包含着对"人权"的统一认识。教科文组织从中总结出获得普遍认同的十五项基本权利，指出这些权利"其实暗含于人类本性中，无论是从个体视角还是社会视角看都是如此。而正是仰赖基本权利，人类才得以生存"⑤。

---

① 参见〔英〕A. J. M. 米尔恩《人的权利与人的多样性——人权哲学》，夏勇、张志铭译，中国大百科全书出版社，1995，第153 ~188 页。

② 卡尔·威尔曼认为派生人权属于条件性权利，是只有在特定条件具备时才享有的权利。但他并不因此否认派生人权的普遍性。在他看来，既然派生权利由人之为人就能享有的基本人权衍生出来，因此，它们是普遍性的道德人权，但是只在它们的衍生条件下适用。参见〔美〕卡尔·威尔曼《人权的道德维度》，肖君拥译，商务印书馆，2018，第40 ~41、56 ~71 页。

③ 参见〔英〕詹姆斯·格里芬《论人权》，徐向东、刘明译，译林出版社，2015，第1 页。

④ 参见徐显明《对人权的普遍性与人权文化之解析》，《法学评论》1999 年第6 期。

⑤ 转引自〔美〕玛丽·安·葛兰顿《美丽新世界——〈世界人权宣言诞生记〉》，刘轶圣译，中国政法大学出版社，2016，第76 页。

换言之,是人类的本性,决定了人权的普遍性以及不同社会和文化对基本权利在认识上的"共通性",而这也正是存在于不同的社会共同体的多元人权传统能够彼此相容的基础。

(三) 多元人权传统的互鉴性

从历史的维度看,人权传统同所有其他文化表现形式一样,一直处于动态的演变中。在不同历史时期,一个社会共同体的文化传统中既包含与现代人权概念相融甚至相济的一些要素,同时也包含另一些与之矛盾和排斥的元素。在演化和更新的过程中,传统中原有的与人权相融的元素继续存在和发展,与之不相恰的元素则逐渐减少,被新的元素所取代,直至形成今日的人权概念。[1] 以西方为例,其文化传统中的一些元素,如自然法思想、权利观念、人文主义等促成了近代人权概念的形成;但在近代以前,欧美各国也存在许多与人权精神相违背的元素,如奴隶制度,在宗教上的不容忍和对所谓异端分子的迫害、残忍与不人道的惩罚方法,专制君主权力的任意行使等,而种族和性别的不平等问题则直到近代以后才受到关注。反过来,中国传统文化、伊斯兰文明以及其他各地区的文化、宗教、规范、理念等,尽管在近代欧洲文明向世界扩张的过程中受到强烈冲击,甚至被否定,却包含许多有益于在后现代实现人的物质和精神福利的构思。[2] 因此,西方社会之外的其他人权传统,既非西方传统的初级形态,也非其反面或负面状态,而是不同群体在一定条件下面对相同或相似问题时的不同应对方式,这些应对经验经长期积累不断系统化、体系化,最终展现不同的面貌。[3] 从这个意义上说,多元人权传统之间尽管各自的发展路径、进程和表现形式不同,但并无绝对的优劣之分。

各种形态的人类文化,几乎没有一种是在绝对封闭的环境中自我生成与发展的,几乎每一种文化中都包含着自生的原文化与继受的文化,自生

---

[1] 参见陈弘毅《中国文化传统与现代人权观念》,《法学》1999 年第 5 期。

[2] 参见〔日〕大沼保昭《人权、国家与文明》,王志安译,生活·读书·新知三联书店,2014,第 17 页。

[3] 参见梁治平《"事律"与"民法"之间——中国"民法史"的研究再思考》,《政法论坛》2017 年第 6 期。

的原传统与继受的传统。① 这种文化上的双向交流与互鉴，无时无刻不在发生。被吸收的"异文化"经过"消化"和"改造"，成为各文明新的元素，并从宗教、政治和意识形态等方面反映出来。② 不同的人权传统在接触的过程中也持续发生着交流与互鉴。一方面，西方人权文化被广泛传播到其他国家和地区；与此同时，西方社会也受到源自其他地域和文化的人权观念的影响。"发展权"概念最初由来自非洲的人权专家提出，在发展中国家的推动下逐渐为许多西方国家所接受，最终被纳入现代人权概念和国际人权话语体系，即一个重要例证。在国际人权秩序被西方主导的背景下，尽管迄今为止不同人权传统之间的"互鉴"意味着人权的思想和制度元素主要从西方向非西方社会流动，但不可否认的是，相反方向的流动既是各人权传统接触的必然结果，亦是国际人权体系发展演进的内在要求。

如果说在平行的世界空间里，不同的人权传统之间因其"差异"而具有"互鉴"的价值，那么在各人权传统与国际人权规范体系之间，则发生着另一种形态的相互关系——双向"社会化"。③ 一方面，国际人权规范以其高于各人权传统的权威在全球扩散，在"本地化"的过程中内化为地区或国家层面的人权规范。另一方面，如果以历史的维度审视人权国际化的进程，③ 可以发现国际人权规范的生成并非都是"从无到有"的创造性建构，更多的则是原本属于"地方性"的规范要素因具有"普遍性"的品质，受到普遍认可和接受，从而上升为国际规范。简言之，地方性人权传统影响并塑造着国际人权规范，这也是杜维明在探讨儒家文化传统时所指出的"地方性知识具有全球性意义"⑤。在起草《世界人权宣言》（简称《宣言》）的过程中，因中国代表张彭春的参与，《世界人权宣言》也融合

---

① 参见徐显明《对人权的普遍性与人权文化之解析》，《法学评论》1999 年第 6 期。

② 参见费孝通《"美美与共"和人类文明》（上），《群言》2005 年第 1 期。

③ 参见朱立群《中国与国际体系：双向社会化的实践逻辑》，《外交评论（外交学院学报）》2012 年第 1 期。

④ 参见何志《人权国际化基本理论研究》，吉林大学 2004 年博士学位论文，第 80 ~84 页。

⑤ Tu Weiming, "The Implications of the Rise of 'Confucian' East Asia", *Daed alus*, Vol. 129 (1), 2000, p. 196.

了中国传统儒家文化的内核——"仁"的思想要素。① 正是因为多元人权传统之间所具有的互鉴性，以及地方性知识所具有的上升为普遍性规范的生命力，现代人权概念和规范体系早已超出西方原有的范畴，汇聚着来自世界其他地域和文化的思想与智慧。

二　西方主导下国际人权秩序的失衡

在人权国际化的进程中，西方凭借其显著的人权资源优势和在二战后国际秩序重建中的关键角色，在国际人权体系的创设过程中发挥了压倒性的主导作用，积累起其他人权传统无法与之匹敌的人权话语权，持续主导国际人权机制的发展与运行。与其主导地位相伴而生的，是"霸权主义"在人权领域的延伸。一方面，西方实行人权观以及更广泛意义上的价值观输出；另一方面，西方推行"人权外交"政策，在人权行动中嵌入政治目标，以"人权"之名行干涉他国内政之实。西方的"人权霸权主义"行径导致了国际人权体系的严重失衡。

（一）西方主导国际人权体系创立

近代人权概念在西方形成以后，在很长一段时期内，只落实在一国国内的政治和法律框架中，人权问题也被视为纯粹的国内事务来对待。《联合国宪章》（以下简称《宪章》）对人权的确认和提倡标志着人权国际化的确立，为国际人权体系的创立奠定了基础。根据《宪章》授权，联合国成立人权委员会，制定国际人权法案，从机构和规范两个方面构建起国际人权体系的基本框架。西方国家和非政府组织，尤其是美国，在国际人权

---

① 国内外多位学者对此都有论述，其中代表性著作有：化国宇《国际人权事业的中国贡献：张彭春与〈世界人权宣言〉》，中国政法大学出版社，2015；孙平华、吴宁《张彭春：世界人权体系的重要设计师》，社会科学文献出版社，2017；Sumner B. Twiss, "P. C. Chang, Freedom of Conscience and Religion, and the Universal Declaration of Human Rights", in Arvind Sharma ed., *The World's Religions after September*, Vol. 3, Westport, Connecticut: Praeger Publishing, 2009, pp. 175 – 183；Hans Ingvar Roth, *P. C. Chang and the Universal Declaration of Human Rights*, Philadelphia: University of Pennsylvania Press, 2018。

体系的创设过程中占据着绝对的优势地位。

人权问题被纳入联合国框架，可追溯至美国总统罗斯福于 1941 年初提出的"四大自由"①，其意义在于将人的基本权利与当时的战争背景相联系，为人权嵌入战后国际秩序的重建打下了基础。而后，美国在为将要成立的联合国起草《宪章》草案时，将人权问题纳入经济及社会理事会（以下简称"经社理事会"）的职责范围，确立了人权在联合国体系中的位置。② 虽说英国和苏联的同意也是人权能够在《宪章》中占有一席之地的必要条件，但美国的倡议和设计无疑起着决定性的作用。

国际人权体系的中枢机构，也是体系构建和发展的组织基础——人权委员会的设立也主要得益于以美国为代表的西方社会的推动。旧金山会议上，作为美国代表团顾问的 40 余家非政府组织，极力主张由《宪章》授权设立一个以提升和保护人权为职责的专门委员会。③ 美国代表团接受这一提议，并说服其他主要国家支持这一方案。授权经社理事会设立人权委员会的《宪章》第 68 条由此产生。而后，旨在为人权委员会的正式组成提出设计方案的核心小组，在成员构成上也体现出西方国家的优势地位。核心小组的 9 名成员中，有 4 名来自西方国家，其余 5 名分布在苏联、东欧、亚洲和拉丁美洲。④ 尤其是，美国代表罗斯福夫人和法国代表分别任核心小组的主席和副主席，更加强了西方在其中的主导地位。可见，人权委员会的设立及其成员组成方案，也主要是西方设计的结果。

西方在建立国际人权体系的规范基础——国际人权法案的制定上也发挥了关键作用。这一设想首先由英国国际法学者劳特派特在 1942 年提出

---

① See "The 'Four Freedoms' —Franklin D. Roosevelt's Address to Congress", January 6, 1941, http://www.wwnorton.com/college/history/ralph/workbook/ralprs36b.htm, 最后访问时间：2020 年 2 月 20 日。

② See Howard Tolly, Jr. *The U. N. Commission on Human Rights*, Boulder and London: Westview Press, 1987, p. 3.

③ See Howard Tolly, Jr. *The U. N. Commission on Human Rights*, Boulder and London: Westview Press, 1987, pp. 4 - 5.

④ See United Nations, "Commission on Human Rights and Sub-commission on the Statue of Women", UN Doc. E/27, 1946, para. 7.

并在 1945 年以一本书的形式呈现了出来。[1] 美国的非政府组织也在其间提出要制定一部国际权利法案。[2] 旧金山会议上，多个拉美国家虽极力推动这一设想，却未被大国们接受。而后，在《宪章》签字仪式上，美国总统杜鲁门提议制定一部"国际权利法案"，[3] 才切实推动国际社会将这一设想付诸行动。在构成国际人权法案的三部人权文书的制定过程中，西方国家和非政府组织的参与度和影响力都更为突出。对于被视为最具普遍意义的《世界人权宣言》，美国学者也坦承表示："出于更多当代的压力和希冀，人们很容易夸大《世界人权宣言》起源的全球性和多重文化性。"[4] 而更客观的评价是：尽管《宣言》的哲学基础是多元的，但其主要体现的是西方长久以来坚持的自然权利思想。[5] 而且，因为苏联和东欧等社会主义国家及发展中国家的极力坚持和斗争，西方国家才作出妥协，同意在体现西方人权观的公民和政治权利的基础上，增加关于经济、社会和文化权利的规定。这也是《公民权利和政治权利国际公约》和《经济、社会及文化权利国际公约》的制定之所以经历长达近二十年的原因。

由上可见，在国际人权体系创设的过程中，西方社会一直在其中扮演绝对主导的角色。尤其是美国，称其一手设计了国际人权体系的基本框架并不为过。这样的主导地位，为原本属于地方性的西方价值体系和人权理念的"普遍化"创造了契机，也为西方建立和积累国际人权话语的主导权提供了条件。具体而言，二战以前，近代意义上的人权话语只在西方文化和社会中适用并产生意义。随着以联合国为框架的国际体系的创立，人权话语进入一个开放且多元的环境中；来自不同文化传统的多元主体在其中

---

① 参见〔美〕塞缪尔·莫恩《最后的乌托邦》，汪少卿、陶力行译，商务印书馆，2016，第 50 页。

② 美国联邦基督教协进会 (Federal Council of Churches of Christ in America) 在 1943 年发布的广为流传的《和平的六大支柱》(*Six Pillars of Peace*) 中，提到要制定一部国际权利法案。转引自〔美〕塞缪尔·莫恩《最后的乌托邦》，汪少卿、陶力行译，商务印书馆，2016，第 50 ~51 页。

③ 参见〔美〕玛丽·安·葛兰顿《美丽新世界——〈世界人权宣言诞生记〉》，刘轶圣译，中国政法大学出版社，2016，第 17 页。

④ 〔美〕塞缪尔·莫恩：《最后的乌托邦》，汪少卿、陶力行译，商务印书馆，2016，第 62 页。

⑤ See Johannes Morsink, "The Philosophy of the Universal Declaration", *Human Rights Quarterly*, Vol. 6, 1984, p. 310.

发生接触和交流，通过参与、影响国际人权事务的管理与决策，逐渐构建出话语权力的分配格局。在这一过程中，经过较长时间历史沉淀而发展相对成熟的西方人权话语，借助西方社会的主导地位，在国际人权体系权力格局中树立起任何其他文化传统无法与之匹敌的权威，为其日后长期主导国际人权机制奠定了牢固的基础。

（二）西方主导国际人权机制运行

在被人权理事会取代以前，人权委员会一直是国际社会管理全球人权事务的中心平台和国际人权机制的中枢机构。西方国家和非政府组织凭借其在人权委员会以及由委员会设立的各种人权机制和程序中的优势地位，主导国际人权机制的运行。

人权委员会的席位区域分布是反映国际人权体系权力格局的首要指标。在成立之后的前二十年，委员会的席位分布不固定，绝大多数时间里西方国家在五个区域集团中占据的席位最多。委员会的主席国也大多由西方国家或其盟友所占据，美国更是在委员会的前五届会议上一直任主席国。1967 年以后，委员会席位的区域分布固定下来，非洲国家席位大幅增加，在不结盟运动的背景下，西方国家的绝对优势受到削弱，但其在委员会的相对主导地位依然未变。90 年代以后，随着东欧剧变和苏联解体，西方国家在委员会的主导力量又显著增强，这种情况一直持续至今日。[①]借助在人权委员会的席位优势以及以此为基础的决策权，西方国家主导其他人权机构和程序中关键岗位的任命权，如起草国际人权文书的特别报告员、特别程序和申诉程序的独立专家、条约监督机构的独立专家等，[②] 这导致第三世界国家在国际人权体系尤其是在重要岗位中的代表严重不足。

非政府组织在国际人权体系尤其是国际人权监督中发挥重要作用。"西方"这一标签完全可以被用来形容绝大多数具有影响力的人权组织的

---

① See United Nations, "Commission on Human Rights. Membership（1947 – 2005）", https://www.ohchr.org/Documents/HRBodies/CHR/1947_2005 Members.doc，最后访问时间：2020年 2 月 20 日。

② 参见毛俊响《国际人权话语权的生成路径、实质与中国的应对》，《法商研究》2017 年第 1 期。

人员构成与财政来源。① 从人权委员会第一届会议开始,西方的非政府组织就活跃其中,至第五届委员会会议,参加的非政府组织已超过委员会当时的成员国数。② 与西方相比,其他地区的人权组织的发展则滞后得多,直到目前,大多都还处于起步阶段,在专业水平和影响力方面与西方相比差距明显。以中国为例,直到 1996 年中华全国妇女联合会才作为第一个参与人权委员会会议的中国非政府组织,在国际上发出来自中国民间社会的声音。③ 尤其是,许多西方非政府组织在全球开展活动,并将工作重点放在发展中国家,这又强化了其在全球的影响力。

西方国家和非政府组织对国际人权机制的主导渗透到了机制运行的方方面面,宏观方面如国际人权发展战略与方向的确定,具体层面则涉及人权理论供给与规范制定、人权机制建设与机构主导、人权规则解释与监督实施、人权实体规范与程序规范等范畴。④ 其中,国际人权法案的制定,是西方主导国际人权发展战略与方向以及国际人权规范体系创设的代表性事例;国际人权体系框架的重要变化——人权高级专员的设立,是西方主导国际人权机构设置与机制发展的典型例证,⑤ 而以"人权法官"自居肆意评判其他国家的人权状况,则是西方主导国际人权监督的表现。

---

① 参见〔美〕玛丽·安·葛兰顿《美丽新世界——〈世界人权宣言诞生记〉》,刘轶圣译,中国政法大学出版社,2016,第 230 页。

② See United Nations, "Report of the Commission on Human Rights, First session", UN Doc. E/259, 1947, p. 2; "Report of the Commission on Human Rights, Second Session", UN Doc. E/600, 1947, p. 3; "Report of the Fifth Session of the Commission on Human Rights", UN Doc. E/1371, 1949, pp. 3–4.

③ 中华全国妇女联合会不仅参加了当年的人权委员会会议,还在会议上就妇女儿童权利保护和性别平等发言。See United Nations. "Summary record of the 41st meeting, Commission on Human Rights, 52nd session", UN Doc. E/CN. 4/1996/SR. 41, 1996, paras. 3–6.

④ 参见毛俊响《国际人权话语权的生成路径、实质与中国的应对》,《法商研究》2017 年第 1 期。

⑤ 20 世纪 60 年代初,美国提出设置一个专门负责人权事务的联合国高级官员的设想,并赋予其"高级专员"的称谓。当时有影响力的多个西方非政府组织对此表示认同,开始致力于推动这一议程。因苏联及东欧国家的反对,这一设想一直未能实现。在东欧剧变及苏联解体的背景下,借助 1993 年的维也纳世界人权大会,西方国家和非政府组织将此设想重新提上日程。在大会的敦促下,同年 12 月,联合国大会通过决议,决定设置"促进与保护人权高级专员"。See Theo van Boven, "The United Nations High Commissioner for Human Rights: The History of a Contested Project", *Leiden Journal of International Law*, Vol. 20, 2007, pp. 769–780.

（三） 西方的人权输出及对其他人权传统的压制

从功用主义的角度看，西方在主导国际人权体系的同时，在客观上为国际人权事业的起步和发展作出了重大贡献。然而，人权所具有的超越伦理与法律范畴的政治意义，以及二战以来复杂多变的国际环境，要求我们必须从更宽的视域认识西方的人权政策与行动。

首先，人权被写入《联合国宪章》，并不能说明西方心怀在全球提升和保护人权的高尚理想。促进基本权利与自由完全不是三巨头在讨论联合国形态与宗旨时所关注的重点，大国们也并没有将人权作为其战后重点工作的打算，普遍人权的理念虽然在《联合国宪章》中找到了容身之处，却不过只是权力与利益盘根错节网络中一根微不足道的丝线而已。① 丘吉尔顾虑英国在大片殖民地上的利益，对人权问题始终心存警惕；就连罗斯福本人，对人权的态度也被认为是"不冷不热"和"漫不经心"。② 人权其实是作为一种"副产品"③ 被纳入战后国际体系，在当时不仅处于边缘地位，甚至这一战时说辞掩饰了大国背后的企图。④ 在大国们看来，"人权"口号一方面具有工具性价值，可以作为同盟国赢得二战的思想武器加以利用，同时又不足以影响它们在战后的利益划分和获得。正是出于这样的考量，大国才容许人权在战后国际秩序中获得一席之地。因此，当热战结束，冷战拉开帷幕，西方国家尤其是美国对人权的背离也就变得不足为奇，人权很快沦落为西方与社会主义阵营对抗的牺牲品。为打击、遏制社会主义阵营，美国及其盟友公开或秘密在海外采取干预他国选举、军事打击、策划暗杀等各种行动，造成大量严重的人权侵犯事件。美国中央情报局的秘密行动更是渗透到全球各地，包括"颠覆敌对国家""研制毒素和

---

① 参见〔美〕玛丽·安·葛兰顿《美丽新世界——〈世界人权宣言诞生记〉》，刘轶圣译，中国政法大学出版社，2016，第 7 ~8、18 页。

② 参见〔美〕塞缪尔·莫恩《最后的乌托邦》，汪少卿、陶力行译，商务印书馆，2016，第 49 页。

③ 参见〔美〕塞缪尔·莫恩《最后的乌托邦》，汪少卿、陶力行译，商务印书馆，2016，第 44 页。

④ 参见〔美〕塞缪尔·莫恩《最后的乌托邦》，汪少卿、陶力行译，商务印书馆，2016，第 43 页。

控制思想的药物",公然藐视国际法和普遍道德原则。①

其次,国际人权机制的运行涵盖国际人权规范与标准的制定、解释、实施与监督等各个环节,其中每一项活动,都可能成为原本属于地方性的人权理念走向国际,完成从"本土"到"普遍"的转换的重要契机。西方在国际人权体系中的主导地位,决定了利用这些契机使适用于自身的价值观念和规范体系扩展到全球,得到普遍接受和遵守,是其必然的考虑和目标。因此,西方国家一方面在其海外行动中背离人权,另一方面又利用各种国际人权机制输出其价值观,力图将其他国家置于符合其自身价值体系的人权范式和框架内,同时又竭力避免自身被这些规范和机制所束缚。美国的人权外交政策尤其表露出这样一种"霸权主义"思维:"真正的人权应该由美国权利法案所列举的公民和政治权利所组成。……美国的基本作用就是在国际关系中推广这些权利。"② 因此,在继《世界人权宣言》之后制定一部有约束力的公约的过程中,为了确保公约不会对美国形成限制,美国国会向时任人权委员会主席的罗斯福夫人施压,主张公约只能包含政治与公民权利,且不可具有自我执行的效力。③ 当联合国最终的决定不符合美国的设想时,时任国务卿的杜勒斯公开宣布:"美国将不再积极参与人权委员会制定具有约束力的公约的工作,也不会成为类似公约的签署国。"④ 2018 年 6 月,因无法使人权理事会完全按照其意愿行事,美国断然宣布退出。正如有学者指出的,美国有时倾向于把联合国看成一个推广美国价值观和利益的国际组织,当联合国限制了美国的自由,使美国不能在所有问题上都占上风时,美国就会感到不舒服。⑤ 这种借助普遍权利要

---

① 参见〔美〕刘易斯·加迪斯《冷战》,翟强、张静译,社会科学文献出版社,2013,第165～166页。
② 〔美〕戴维·福赛思:《美国外交政策与人权:理论的分析》,周琪、余万里译,载周琪主编《人权与外交(人权与外交国际研讨会论文集)》,时事出版社,2002,第109页。
③ 参见〔美〕玛丽·安·葛兰顿《美丽新世界——〈世界人权宣言诞生记〉》,刘轶圣译,中国政法大学出版社,2016,第196页。
④ 转引自〔美〕玛丽·安·葛兰顿《美丽新世界——〈世界人权宣言诞生记〉》,刘轶圣译,中国政法大学出版社,2016,第206页。
⑤ 参见〔美〕戴维·福赛思《美国外交政策与人权:理论的分析》,周琪、余万里译,载周琪主编《人权与外交(人权与外交国际研讨会论文集)》,时事出版社,2002,第114页。

求将自由主义价值观念投射到全世界的思维，无异于迫使人权服务于一种自由主义的原教旨主义。①

再次，与人权文化和价值观念输出相伴而生的，是西方对其他人权传统的排斥、压制与否定，这尤其体现在国际人权监督中。西方视自己为"人权法官"，借国际人权监督机制将许多第三世界国家推上"被告席"，肆意评判和指控这些国家的人权状况。在这一过程中，西方人权理念中的合理成分与其他文化传统中的不合理成分都被过分放大，形成国际人权秩序中的"西方中心主义"。②"西方中心主义"给西方人权观念打造的强势地位，使被审议的第三世界国家常常为解释、澄清或反驳不实指控而疲于应对，因而处于明显的话语劣势，无法正常扮演和发挥其在国际人权体系中应有的角色和作用。这又进一步催生了这些国家在人权方面的压抑与自卑，其人权理论和实践中的合理成分以及具有普遍意义的元素也因此受到压制，不能得到应有的尊重和认可。

更重要的是，人权所具有的道德光环极易被怀有不同政治目的的主体所利用。以"人权"之名，原本属于一国国内管辖的事务，很容易被上升为国际问题，成为各方利益博弈的砝码。而西方因其在国际人权体系中的主导地位，就更多了一层在人权事务中嵌入并实现政治目标的便利。在很多情况下，西方尤其是美国正是利用这一点，根据自身利益需求对目标国家的人权状况进行评判，不仅采取双重标准，甚至不惜夸大、歪曲、编造事实对目标国家进行攻击。③ 美国学者指出：尽管美国政府时常会发出自由主义的国际主义宣言，但1941年以来美国外交政策思想中占据主导地位的是现实主义，其主要目标是推进利己主义的国家利益，而不是推广人权、民主或法治观念；而且，为达成目的，必要时甚至可以不受常规的法

---

① 参见〔英〕约翰·格雷《自由主义的两张面孔》，顾爱彬、李瑞华译，江苏人民出版社，2002，第113页。

② 参见毛俊响《国际人权话语权的生成路径、实质与中国的应对》，《法商研究》2017年第1期。

③ 参见张玉夺《新干涉主义研究——以美国为中心》，吉林大学2004年博士学位论文，第90～111页。

律观念和个人道德的限制。① 这一"现实主义"的思维逻辑，也可以解释西方国家在国际人权事务中的虚伪性及其背后的真实意图。换言之，西方对其他国家的人权批评，其根源及实质都不是纯粹的人权问题，西方社会所真正关心的也并非其他国家人民的利益和福祉。在这些批评的背后，除了文化层面的价值观输出，还有对政治目标的追求。但西方的人权输出与压制也遭到了第三世界国家的抵制。许多发展中国家加强合作，在一些国别人权状况、死刑适用和存废等问题上，与西方形成一定的对抗局面，这又进一步导致了人权事务的"政治化"问题。

但是，非西方人权传统所内含的生命力，决定了西方对国际人权体系的主导不可能是全面的。而且，人权提升与保护作为全人类共同的高尚事业的性质本身，也决定了西方对国际人权体系的主导不可能一直持续。当西方的主导地位带来国际人权体系的严重失衡以及人权事务的"政治化"问题突出，联合国框架下的国际人权机制已无法有效履行其使命，这引起了国际社会的普遍不满，并最终带来了国际人权体系的重大改革。

三　构建国际人权新秩序的中国方案

（一）重构进程中的国际人权秩序

西方的"自然权利学说"以抽象的思辨方法引申出共同的道德和人权观念，无视具体的社会历史条件，把存在于西方社会共同体内的历史性的普遍要求认定为超时空的要求，因而"极其容易超越某种合理性的限度，在现实中制造不合理的灾难"②。同时，因人权事务的"政治化"问题突出，国际人权监督的"双重标准"与"选择性"普遍存在，人权委员会无法有效履行其职责，因而陷入严重的信誉危机。时任联合国秘书长安南指

① 参见〔美〕戴维·福赛思《美国外交政策与人权：理论的分析》，周琪、余万里译，周琪主编《人权与外交（人权与外交国际研讨会论文集）》，时事出版社，2002，第121页。
② 马德普：《普遍主义的贫困——自由主义政治哲学批判》，人民出版社，2005，第4～5页。

出："委员会执行任务的能力，因信誉和专业精神低落而日益受到影响。特别是，各国竞相成为成员国，目的不是提升人权，而是保护本国免遭批评，或者批评他国。结果，委员会'信誉赤字'扩大，给整个联合国系统的名誉蒙上阴影。"① 在发展中国家和发达国家共同的不满声中，联合国人权机制改革被提上日程。其结果是，人权委员会被新成立的人权理事会所取代。

人权理事会的成立带来了国际人权体系多个方面的重要变化。其一，相比作为经社理事会职司委员会之一的人权委员会，人权理事会是联合国大会的附属机构，其成员由所有联合国会员国直接选举产生，因此具有更高的地位和权威。人权事务因此从国际经济和社会事务中独立出来，在国际体系中的地位得到提升，凸显了人权保护的独立价值。更进一步，人权地位与价值的提升，将有助于减少对人权的工具性利用，纠正人权的"政治化"问题，以及更好地实现人权的提升和保护。其二，人权理事会的席位分配、成员国选举和退出机制在一定程度上纠正了国际人权体系的失衡状况，为国际人权秩序的合理化发展创造了契机。理事会重新分配了各地区的席位，纠正了长期以来亚洲国家在人权委员会代表性不足的问题。理事会改变了此前人权委员会会员国可无限连选连任的规定，实行不得连任两次的任期制度，为更多成员国——尤其是国际影响力相对较小的发展中国家更深入地参与国际人权事务创造了条件，避免理事会成为某些国家的专门舞台，同时也有助于促进更广泛的国际人权对话与合作。理事会还确立了针对严重侵犯人权的成员国的退出机制，这既是对成员国的一种监督，也有助于维护理事会的信誉，使理事会能够更好地履行使命。其三，理事会创立了普遍定期审议机制，所有联合国成员国都被纳入审议对象范围，有效防止了以美国为首的西方国家利用其影响力，操纵国际人权机制使自身免受审议，同时将目标国家一直作为审议对象的不平衡现象。在这一机制之下，审议西方国家对国际人权规范的遵守情况，指出其中存在的问题，提出相应的建议和意见，并对其接受和实施这些建议的情况进行监

---

① United Nations, "In larger freedom : towards development, security and human rights for all : report of the Secretary-General", UN Doc. A/59/2005, 2005, para. 182.

督，成为理事会必须履行的职责。这一方面将促使西方在评判目标国家人权状况时有所忌惮，达到在一定程度上纠正其"双重标准"和"选择性"倾向的效果；同时西方社会存在的人权侵犯事件也将更容易暴露在国际视野之下，从而有助于西方人权保护事业的发展。更重要的是，这一机制为此前因西方人权指控一直处于防御地位和话语劣势的发展中国家，提供了评判和监督西方人权状况的更有效的途径，有助于增强其人权自信。同时，这一机制将西方国家置于与其他国家同等的地位，无法再做国际人权监督的"例外"或"人权法官"，西方在国际人权体系中的主导地位在一定程度上被"相对化"。

由上可见，联合国人权机制改革带来了人权事务在国际体系中地位的提升和人权独立价值的凸显，实现了更加公正合理的席位区域分配，为发展中国家更有效地参与国际人权事务的管理创设了新的机制，同时在一定程度上弱化了西方在国际人权体系中的主导地位。这些都为改变国际人权体系严重失衡的状况，促使其向着更加合理、公正的方向发展奠定了基础。从这个意义上说，联合国人权机制改革的成果——人权理事会的成立，开启了国际人权秩序重构的进程。

然而，任何改革都只是在原有基础上的改良和创新，而非革命性或颠覆性的变化。对非西方国家来说，联合国人权机制改革为其带来的只是有助于提升其地位和增加其话语权的新的机会和途径，并未能在实质上改变其在国际人权秩序权力格局中的位置或提高其人权话语的影响力。西方世界在国际人权体系中的主导地位也并未受到根本性影响，同时其长期积累起来的人权话语权亦不可能在短期内被超越。因此，国际人权秩序的重构必定是一个长期的渐进的过程。在这个过程中，西方作为既得利益者，如何阻止或延缓这一进程是其必然的考虑；而作为西方人权输出与压制对象的发展中国家，既有理由也有责任承担起推动这一进程的重任。长期以来，中国一直是西方人权指控和压制的重点目标，但中国始终坚持独立自主的人权道路，取得了国内人权事业的巨大进步；同时积极致力于推动国际人权事业的发展，为全球人权进步作出了重要贡献。立足于今日全球化的世界背景，继承悠久的中华文化传统，结合当代人权保护的实践经验，中国为构建更加合理、公正的国际人权秩序提供了一套可行的方案。

（二）"人类命运共同体"为国际人权秩序提供新框架

在抽象意义上，人权反映一个社会共同体的所有成员对权利的整体要求，是存在差异的个体基于彼此承认的共同价值而达成共识，向社会共同体提出的总体诉求。这些诉求以人自身为最终目标，追求人作为一种生物及社会性存在的最佳状态，并以每个人应当享有且可以通过某种制度化程序来主张的权利的形式体现出来。从这个意义上说，人权为我们重新界定了何为"善"的生活，并为人类指示了一种新的社会结合形式，作为实现这种"善"的生活的一套新方案。[1] 因此，人权被视为比人类实际上尝试过的其他任何思想、制度都能更有意义地保护人之基本利益和价值的思想和制度[2]，一种旨在为全世界所关注的任何领域内的问题提供一个答案的新的世界观[3]，甚至是人类文明发展更高形态的人类信仰[4]。然而，作为一种全体人类共享的理念，人权在实践中面临的难题是：如何协调秉持不同价值观念、怀有各自利益诉求的多元社会共同体，将它们统摄在人权所指示的"善"的生活的框架之下，在人类对幸福生活的渴望与总体社会资源承受能力之间建立起相契合的制度。

西方传统塑造了以自由权为中心的人权观[5]，将人权的主体局限于个体的人，凸显个人中心主义，旨在保护个人基本权利和自由免受国家权力侵害。半个多世纪以来，作为经济、社会和文化权利的第二代人权以及发展权、环境权与和平权等集体权利，相继被确立在国际人权文书中，获得国际社会的认可。但在西方的舆论报道和批判、政府的政策拟定以及市民

---

① 参见〔美〕塞缪尔·莫恩《最后的乌托邦》，汪少卿、陶力行译，商务印书馆，2016，第214页。

② 参见〔日〕大沼保昭《人权、国家与文明》，王志安译，生活·读书·新知三联书店，2014，第317页。

③ 参见〔美〕塞缪尔·莫恩《最后的乌托邦》，汪少卿、陶力行译，商务印书馆，2016，第221页。

④ 参见朱力宇《〈世界人权宣言〉是多元文化融通的范本》，《现代法学》2018年第5期。

⑤ 参见杨适《人权观和中西文化传统差异》，《北京大学学报》（哲学社会科学版）1992年第3期。

之间的对话和讨论中，人权基本还只是自由权；通过西方媒体和舆论的影响力，将自由权视为人权核心部分的倾向仍占据支配性地位。[①] 在这一理念下，集体人权的概念仍受到排斥，人类作为一个整体所具有的人权主体资格不被认可；同时，自由权强调人权的政治维度，对人类生活的经济、社会和文化维度关注不够，甚至有意忽略，这种带有明显局限性的思维，显然已落后于人权作为一种新的世界观的高度。因此，以自由权为中心的西方人权观，已无法支撑起人权在全球化的今天所承载的使命和意义。与之相对，中国提出的"构建人类命运共同体"的理念，为解决人权在实践中面临的难题提供了新的框架。

中国文化传统浸透着一种"心怀天下"的包容、担当精神和宏大气概，这为中国在人权问题上超越西方的"一家独善"式的傲慢与偏狭思维奠定了哲学基础。从"仁者，爱人"到"己所不欲，勿施于人"、"己欲立而立人，己欲达而达人"，以儒家思想为内核的中国文化传统处处透出一种"推己及人"的仁爱精神。"推己及人"推衍开来，便是中国古典哲学中"天下大同"的社会理想。在新的时空环境下，古典的"天下观"完成传统话语的现代转换，以"构建人类命运共同体"的理念表达出来，反映出全球化进程中不同的社会共同体之间日益加深的相互依赖与休戚与共的密切关系。[②] 根据这一理念，所有人类成员都生活在一个共同体中，彼此命运息息相关，这是全球化时代必须尊重的社会现实。这意味着不同的文化和传统无论存在怎样的差异，在终极目标上必将走到一起。简单来说，这一终极目标即更加繁荣与进步的人类社会共同体，在这样的共同体中，个体的自由与全面发展能够得到更好的保障。

"构建人类命运共同体"要求将"人权"视为全人类共同的事业，而不仅仅是西方文化的价值追求。非西方的其他文化和社会拥有与西方完全等同的资格对全球人权事业提出主张，而且负有促进这一共同事业的同等责任。

---

① 参见〔日〕大沼保昭《人权、国家与文明》，王志安译，生活·读书·新知三联书店，2014，第204页。

② 参见常健《构建人类命运共同体及其对全球人权治理的启示》，载中国人权研究会主编《构建人类命运共同体与全球人权治理》，五洲传播出版社，2018，第104页。

更进一步，"构建人类命运共同体"的理念寄予着人类对安定、富足、自由、幸福等所有美好的向往，以及为了这样的美好未来共同付出努力的积极态度。它要求国际人权体系的所有主体——国家、国际组织、非政府组织等，以全人类共同的"善"的生活为指向，尊重各自在价值观念和认识体系方面的差异，以全球视野整体性地审视人们共同的生活环境、资源需求及面临的危机，通过对话与互动开展有效合作，形成良好的全球治理结构，以实现人类整体的共同繁荣以及作为个体的每一个人的自由和全面发展。

概括来说，"构建人类命运共同体"的理念包含着对当前人类所面临的多重全球性危机的深刻认识，以及一种"心怀天下"的责任和担当意识；它将眼光放在全人类的高度，超越了因国界、种族、宗教等有形和无形的藩篱而割裂开的不同社会共同体主要甚至仅仅关注自身的局限。在这一点上，它与"人权"在当代发展的最高意蕴相契合，即立足于全人类，实现人类共同的"善"的生活。这一理念重新界定了不同人权传统之间的关系及相处模式，否定了长期以来西方自认为理所当然的主导国际人权体系的正当性，既有助于纠正国际人权体系的失衡问题，也可以弥补西方人权观不足以支撑人权在全球化时代的新使命的局限。正是在上述意义上，这一理念为国际人权秩序的重构提供了一个新框架。2017 年 3 月，人权理事会第三十四届会议通过的两个决议——"经济、社会和文化权利"和"粮食权"，在文本中首次引用了"人类命运共同体"的表述，[1] 标志着这一概念开始进入国际人权话语体系。

（三）中国对构建国际人权新秩序的理论供给

在多元主义的视角下，以自由权为中心的人权观仅仅是对人权的一种理解而非唯一理解。[2] 尤其是，在人类共享命运的全球化时代，单纯依赖

---

[1] See United Nations, "Question of the realization in all countries of economic, social and cultural rights : resolution / adopted by the Human Rights Council on 23 March 2017", UN Doc. A/HRC/RES/34/4, 2017, p. 2；"The right to food : resolution / adopted by the Human Rights Council on 23 March 2017", UN Doc. A/HRC/RES/34/12, 2017, p. 1.

[2] 参见〔荷〕汤姆·茨瓦特、曲相霏《在遵行中挑战：为中国的人权立场赢得更多支持》，《国际法研究》2017 年第 1 期。

启蒙文化与基督教文明，不可能发展出具有普遍意义且能够实现逻辑自洽的人权理论和话语体系。同时，如前述论及的，每一个人权传统所蕴含的对人类文明有益的元素都具有从"地方"转换为"普遍"的生命力，正是不同人权传统的思想交流与碰撞，促成了人权概念在现代社会的丰富与更新。在中国传统文化和社会土壤中成长起来的中国人权思想，为现代人权理论的发展提供了不同于西方传统的有益元素。

人权概念在近代虽由西方引入中国，但其赖以成长的文化和社会土壤却是中国传统儒家文化与马克思主义的结合。① 同西方的自由主义传统不同，儒家文化强调人伦，从孔子提出"仁者爱人"，到孟子的"仁义礼智信"，人伦精神始终是中国文化传统的核心。② 近代以来，随着对马克思主义的信仰，中国找到了认识世界的新方法——历史唯物主义和辩证唯物主义。中国对人权的认识和理解，扎根于悠久的儒家伦理文化，吸收了唯物辩证法的思想元素，形成于近代中国遭受外侮内患以及当代中国经济与社会发展和国家日益强盛的历史经验中。因此，中国人权思想不仅包含浓厚的伦理精神，反映马克思主义的世界观和方法论，也折射出百余年来中华民族特殊的历史遭遇和发展轨迹。

与西方以超验思维解释人权起源，强调人权的绝对普遍性不同，中国坚持历史唯物主义，以现实的人为出发点和基本前提，在承认抽象意义上的人权普遍性的基础上，认为人权具有社会性和历史性，是具体和相对的，因此人权的普遍性原则应与各国的历史、文化和具体国情相结合。与西方单一地从个体角度看待人权，仅视其为个人权利不同，中国人权哲学以伦理精神和传统宗法文化为根基，同时吸收马克思主义的思想元素，将人视为处于社会关系中的人，从个人和集体两个视角看待人权，认为其既包括个人权利，也包括集体权利；社会共同体的成员在享有权利的同时，也须履行相应的义务。因此，人权是个人权利和集体权利、权利和义务的

---

① 参见杨适《人权观和中西文化传统差异》，《北京大学学报》（哲学社会科学版）1992 年第 3 期；陈志尚《马克思的人权观在中国》，《北京大学学报》（哲学社会科学版）2012 年第 6 期。

② 参见杨适《人权观和中西文化传统差异》，《北京大学学报》（哲学社会科学版）1992 年第 3 期。

统一。与西方片面强调个体与国家的对抗因而聚焦于公民和政治权利不同，中国从个体与国家生存的基本需求出发，结合近代以来中国因社会生产和经济发展水平落后而遭受西方列强侵略和蹂躏的历史遭遇，坚持经济、社会和文化权利与公民和政治权利同等重要，且生存权和发展权为首要的基本人权；同时，中国古代追求"和谐"的哲学观念、家国同构的社会组织模式以及"民本"（在现代发展为"以人为本"）的社会治理理念，使得国家与个人之间的张力并不突出。此外，与西方的人权"霸权主义"不同，中国一贯坚决反对任何国家以人权的名义输出价值观念、意识形态、政治标准和发展模式，主张尊重来自不同历史、宗教、文化背景的国家的传统，本着求同存异、互相尊重、加强合作的精神管理全球人权事务，共同促进国际人权事业发展，构建人类命运共同体。①

概括来说，中国从人类社会历史发展的纵深视角审视人权的起源与演进，立足于人的基本属性以及人类社会的组织形态演绎人权的性质和内容，以一种更宽的视域和更贴近人类现实生活本真的思维，对人权作出了更丰富也更具普遍意义的阐释。更重要的是，中国人权思想体现出一种多元思维和深深的包容与"和合"精神。这主要体现在，在发展出不同于西方的人权思想的同时，中国也认可西方人权传统中的有益成分，而非狭隘地对其一味排斥和否定；同时，中国对人权属性和内涵的阐释也暗示了具有不同历史、文化、传统和国情的其他国家阐释和发展自身人权思想与实践模式的可能性。可见，中国人权理论包含着对今日世界的"多元"事实的深刻认识，以及对与自身存在差异的其他人权传统的认可和尊重。这样的多元思维并不意味着对人权的普遍性的否定，确切地说，它否定的是地方性人权传统的绝对普适性。正如中国代表在人权委员会指出的："中国不反对人权普遍性原则。它反对的是不考虑国家和地区之间传统、文化和发展的差异，企图将一国或国家集团的价值观强加于其他国家，并将这些

---

① 参见国务院新闻办公室《中国的人权状况》，载中国人权网，http://www.humanrights.cn/html/2014/1_0827/1729.html；国务院新闻办公室《为人民谋幸福：新中国人权事业发展70年》，载中国人权网，http://www.humanrights.cn/html/wxzl/2/5/2019/0922/45591.html，最后访问时间：2020年4月20日。

价值观作为普遍公认的标准。"① 在认可多元和差异的基础上，中国主张以"合"的精神避免压制与对抗，提倡通过有效接触与积累共识，消弭彼此的"分"，在合作中共享人权发展的成果。因此，中国人权理论与"构建人类命运共同体"的精神一脉相承，是一种从全人类出发，尊重不同社会共同体的差异，认可其他人权传统内含的价值，追求相互合作与和谐发展的思维，而这正是构建更加公正、合理的国际人权新秩序的基础。

（四）中国对全球多元人权模式的实践证成

新中国的人权保护实践，与当代中国发展进程相统一。独立自主，既不盲从西方的人权模式，亦不屈服于西方"人权"旗帜下的政治施压，是中国人权保护实践的首要特点。在此基础上，中国坚持把人权的普遍性原则与自身实际相结合，把生存权、发展权作为首要的基本人权，努力推进经济、社会、文化权利和公民、政治权利全面协调发展，成功地走出了一条符合中国国情的人权发展道路，丰富了人类文明多样性。② 以国内和国际两个层面取得的成就，中国证明了多元人权模式的可行性与合理性。

"人权"绝不只是动听又抽象的说辞，还是具体可见可衡量的结果，宏观层面反映在一个社会整体的发展与进步上，微观层面则表现为对人们的合理需求与利益的满足。中国人权道路模式的成功，首先体现在中国在整体社会发展及保障人民各项权利方面取得的成绩上。根据联合国开发计划署和中国国务院发展研究中心联合发布的《中国人类发展报告2016》，中国从1980年的低人类发展水平国家到2011年跻身高人类发展水平国家，是三十多年中人类发展进步最快的国家之一。《报告》还指出，中国的人类发展体现在收入与减贫、健康、教育和政治社会参与等各方面，其中经济快速增长起到了关键作用。1980年至2010年，中国收入指数的增

---

① United Nations, "Commission des droits de l'homme, Cinquante et unième session, Compte rendu analytique de la 49ème seance", UN Doc. E/CN. 4/1995/SR. 49, 1995, para. 38.

② 参见《习近平致"2015·北京人权论坛"的贺信》，载中国人权网，http://www. humanrights. cn/html/2016/4_0526/17783. html；国务院新闻办公室《为人民谋幸福：新中国人权事业发展70年》，载中国人权网，http://www. humanrights. cn/html/wxzl/2/5/2019/0922/45591. html，最后访问时间：2020年4月22日。

幅排名全球第一，经济（收入）增长对人类发展指数增长的贡献达到了 56.26%。[①] 减贫行动是中国人权事业进步的最显著标志。联合国《2015 年千年发展目标报告》显示，中国极端贫困人口比例从 1990 年的 61%，下降到 2014 年的 4.2%，是世界上减贫人口最多的国家，也是世界上率先完成联合国千年发展目标的国家，对全球减贫的贡献率超过 70%。[②] 与经济快速增长和社会繁荣进步相伴的，是人民各项基本权利得到了更好的保障和提升——从基本的生存权、健康权、受教育权到政治性权利、发展权等。[③]

在国际上，中国秉承和平共处五项原则的精神，积极参与国际人权事务，为全球人权事业进步作出了重要贡献。在规范层面，通过参与制定国际人权文书，中国推动了国际人权标准与规范体系的发展和完善；在制度层面，通过为国际人权机制的有效运作提出意见和建议，参与人权委员会改革，中国推动了国际人权机制的提升与改进；在实践层面，通过各种多边与双边机制，中国致力于维护国际和平与稳定，捍卫受压迫国家和人民的自决权与平等权，向发展中国家提供人道主义救援和发展援助，推动各国人权事业共同发展。尤其是，中国始终倡导以平等、相互尊重、国际合作的原则管理国际人权事务，敦促在全球消除帝国主义、霸权主义和种族主义，要求改变南北不平等的国际经济秩序，注重提升发展中国家在国际人权体系中的地位，推动了更合理、公正的国际人权秩序的构建。此外，中国挫败了以美国为首的西方国家及其盟友针对中国提出的 11 次人权提案，成功抵制了西方以"人权"之名向中国施加的政治压力以及干涉中国内政的企图，维护了国家主权与领土完整，捍卫了国家和人民的利益。基于中国在国内国际两个层面作出的努力及取得的显著成绩，近年来，中国

---

① 参见联合国开发计划署驻华代表处、国务院发展研究中心《中国人类发展报告 2016》，中译出版社，2016，第 17~30 页。

② 参见国务院新闻办公室《中国的减贫行动与人权进步》，载中国人权网，http://www.humanrights.cn/html/wxzl/2/5/2016/1017/22767.html，最后访问时间：2020 年 4 月 20 日。

③ 参见国务院新闻办公室《为人民谋幸福：新中国人权事业发展 70 年》，载中国人权网，http://www.humanrights.cn/html/wxzl/2/5/2019/0922/45591.html，最后访问时间：2020 年 4 月 20 日。

在人权领域获得国际社会越来越多的认可。2006 年，在首届人权理事会成员国的选举中，中国以 146 票当选；2009 年，中国竞选连任时获得的票数较之前增加了 30 票；2016 年，中国获得的票数更是高达 184 票，也即 95% 的联合国成员国都对中国参选理事会投了赞成票。可见，中国在国际人权事务中的影响力和话语权正在日益提升。

中国的人权实践与人权理论相辅相成。正因为中国人权思想植根于中国文化传统和历史经验，并与基本国情相契合，才能在实践方面取得瞩目成果。反过来，中国人权事业取得的突出成就也为其人权理论的合理性和可行性提供了最有力的注脚。更进一步，中国在人权问题上表现出的主体精神及取得的成功，传递着这样一个信息：西方的人权理论并不具有绝对的普遍意义，西方的人权实践模式也不是唯一能够成功的模式，每个国家都可以探索适合自己的人权道路。因此，中国的人权道路模式，在事实上起着一种引领和示范作用，它将鼓励处于相似发展阶段尤其是同样受西方人权输出与压制的国家走出西方阴影，挖掘自身文化传统中的人权资源，结合其历史经验与具体国情，走上更加富有成效且可能与西方不同的人权道路。长此以往，非西方国家将逐渐培养起人权自信，在全球人权事务的管理与决策中发挥更重要的作用，进而改变在国际人权秩序权力格局中的被动地位；与此同时，西方的主导地位将被"相对化"，西方人权输出与压制政策也将失去存在的基础。其结果将是，国际人权体系将由西方主导转变为更加平衡、多元、包容的不同人权传统之间的共存和共同发展。

结　语

在全球化的世界空间里，"多元"是一个必须尊重的客观事实，这一点在人权问题上也同样适用。建立在人类"共同道德"的基础上，同时反映不同社会共同体"特殊道德"的多元人权传统之间，不仅能够彼此相容，也并无绝对的优劣之分。然而，在人权国际化的进程中，掌握资源优势的西方，通过将其"地方性"的价值观念和制度"普遍化"，塑造了以西方为主导的国际人权秩序，试图将多元的人权传统"统一"到西方的规范体系之下，并成功地打造了一种印象：西方人权理念与国际人权体制的内在基础是同一且唯一的。① 直至今日，全球的知识和情报空间依然以欧美为中心，有关人权的观念及讨论，仍受欧美中心的思维方式的支配，存在"普遍人权＝欧美的思想、观念、制度等，而特殊＝非欧美的宗教、文化和生活方式"这样潜在的前提。② 但是，人权国际化的进程，也是人权话语的社会环境从内核相对单一的西方文化扩展到全球多元文化的过程。社会和文化土壤的改变，以及非西方社会主体意识的觉醒和增强，决定了西方人权话语对国际人权体系的主导不可能一直持续；相应地，构建更加平衡、合理、公正、多元的国际人权新秩序也是全球化时代人类文明发展的内在要求。

中国以其强烈的自主意识和主体精神，发展出不同于西方的人权理论和道路模式，③ 从人权哲学方法论和认识论上突破了"西方即普遍"的人权意识形态，对"西方中心主义"的思维定式形成了冲击。这也是中国常常被西方描绘成国际人权体系的挑战者甚至负面因素的重要原因。在"破"的同时，中国也在"立"，从框架、理论和实践等不同层面为国际人权秩序的重构提供了一套方案。这套方案之所以不同于西方以自我为中心的独善式和霸权主义思维，在于它包含中国文化传统的核心理念："他者"思维、"天下观"及"和合"精神。基于"推己及人"的"他者"思维，中国尊重并认可来自其他社会和文化的人权传统的价值与生命力，承认或肯定人权道路的"另择性"，既不"从人之美"，亦不"唯我独美"，而是推崇"各美其美，美人之美"。④ 从更宽的视域看，这种包含着平等和包容精神的"他者"思维是多元主义的内核所在。同时，基于传统的"天下观"与"和合"精神，中国人权哲学立足于全人类，以对全球

① 参见〔荷〕汤姆·茨瓦特、曲相霏《在遵行中挑战：为中国的人权立场赢得更多支持》，《国际法研究》2017 年第 1 期。
② 参见〔日〕大沼保昭《人权、国家与文明》，王志安译，生活·读书·新知三联书店，2014，第 193～195 页。
③ 参见张静《中国人权发展的自主性》，载齐延平主编《人权研究》（第 20 卷），社会科学文献出版社，2018，第 58～80 页。
④ 参见费孝通《美好社会与美美与共——费孝通对现时代的思考》，生活·读书·新知三联书店，2019，第 304～305 页。

化时代人类生活环境的深刻洞见，为人类文明的发展指示了方向：不同的文化和传统应在尊重彼此差异的基础上，为共同的繁荣进步平等地接触与对话，以合作的精神消弭分歧，实现人类社会的"美美与共，天下大同"。因此，中国对国际人权秩序的设想，既非以维护自身利益为目的对国际人权体系进行"利己"式设计，也非以自身为标准在全球推行中国模式；它是对西方带有文化优越主义与霸权主义色彩的人权哲学的批判与超越，也是适应全球化背景并符合全体人类共同需求的思路与框架。

但中国方案对"多元"的肯定和提倡，并不意味着各人权传统可以毫无限制地自由发展，它必须建立在"一体"的基础上。具体而言，第一，"多元"是一种价值承认，它所包含的对地方性人权传统的"特殊性"的认可，不应成为为任何人权侵犯行为作辩护的借口。第二，"一体"要求尊重和遵守既有的国际人权规范和标准，同时也认可地方性人权传统在补充、完善既有规范方面的价值和意义。第三，"一体"要求多元人权主体在尊重彼此差异的基础上，通过有效对话，不断探索多元人权传统之间的共通性，共同致力于实现人类共同的"善"的生活。概言之，中国方案所指示的，是以"多元一体"为基本格局的更加平衡、公正且能够汇聚多元文化传统之智慧的国际人权新秩序。当前，随着美国实行"外交回缩"政策并退出联合国人权理事会，国际人权秩序进入新的变革时期。我们有理由相信，心怀"构建人类命运共同体"的理想的中国，必将在国际人权秩序的重构进程中发挥重要作用。

我国财产权差别保护的现状与解决路径

杨官鹏[*]

摘　要： 保护私有财产权的呼声随着非公有制经济的发展逐渐提高并被写入了宪法和法律规范。但是坚持以公有制为主体的宪法规范导致国有、集体、私人的财产权必然处于差别地位，并具体表现在形式的不平等、实质的不平等和相互转化的不平等三个方面。这种差别地位直接影响到立法、行政、司法等各领域的具体判断，而在行政征收和涉私营经济案件中相关矛盾尤为显著。由于调整民事领域法律关系的私法规范所能承担的功能有限，依赖过去《物权法》与现行《民法典》的平等保护原则无法从根本上扭转这一现状。在宪法规范的内在矛盾尚未完全调和的情况下，依赖下位法立法以及行政执法与司法审查的个案应对和事后纠偏往往收效不佳。要实现财产权的平等保护，应由国家权力机关及其常设机关履行法定职权，特别是积极行使宪法解释权并主导相关法律规范的制定。地方各级人大亦应通过行使决定权和监督权及时主动地介入私有财产权的保护和救济。

关键词： 财产权；平等保护；宪法规范；人大职权

一　平等保护原则之限度

平等保护原则几乎是过去《物权法》最重要的原则，它集中体现在第3条"保障一切市场主体的平等法律地位和发展权利"的规定中。现已施

---

* 杨官鹏，华东政法大学科学研究院助理研究员，华东政法大学法治中国建设研究中心成员，早稻田大学法学博士。

行的《民法典》第206、207条保留了这一规定，并更加突出强调："国家、集体、私人的物权和其他权利人的物权受法律平等保护，任何组织或者个人不得侵犯。"但是我国法律体系对各类财产权的保护并不单纯局限于民法规范层面，还涉及宪法以及行政法、经济法、刑法等各个部门法的问题。对于财产权是否应当给予平等保护，在宪法学层面上就要解决对不同财产权的平等保护是否符合宪法规范这一核心问题。

我国宪法规定以社会主义制度为根本制度（第1条），生产资料的社会主义公有制为社会主义经济制度的基础（第6条）。同时宪法文本中依据财产权的主体不同分为公有财产和私有财产，公有财产又分为国有财产和集体所有财产，强调"社会主义的公共财产神圣不可侵犯"（第12条）。为维护社会主义的根本制度和社会主义公有制，切实保护社会主义公共财产乃是应有之义，但对私有财产的表述则是"公民的合法的私有财产不受侵犯"（第13条）。如果单从这种语义表述的差别来看，宪法规范中对于"公"与"私"的保护是不平等，或者至少说形式上是缺乏平等的。有学者也据此主张现行宪法规定并未对公私财产给予平等保护，甚至可以说采取了差别保护。

宪法和法律是国家和社会正常运转的基本规则，法治社会更需要尊重并遵守这种规则。宪法规定了我国实行社会主义市场经济，市场经济的内在要求就是市场主体平等的地位。然而，在我国以社会主义公有制为基础的基本经济制度和以土地公有制为基础的土地所有制背景下，宪法最初的制度设计和立法原意中没有将"公"与"私"列于完全平等的地位。这种形式上的不平等除了宪法以外，也体现在各个部门法和社会现实中。上述两种宪法和法律原则的同时存在，造成了在社会生活中共存着平等保护和差别保护两种几乎相反的规则。

纵使从一般生活经验来讲，不同主体之财产权的地位及被保护程度的差别似乎也客观存在。而要准确判断我国是否对不同主体的财产权给予了平等保护，首先要理解何谓不同财产权的"平等保护"。平等保护应首先表现为不同财产权拥有"平等地位"，并至少包含具体三个方面的内涵。一是形式上的平等，即宪法和法律法规、政策文本中的表述平等；二是实质上的平等,即现实中平等保护的实际落实;三是不同财产权之间在法律上可以相互转化,而非单方面转化。要比较不同主体财产权的地位和受保护程度,需要从上述三个角度来加以考量。

(一) 平等保护与宪法规范

有学者对宪法财产权的"形式主义陷阱"进行批判:"近代中国的主流宪法思想对于财产权一直是主张予以节制的。""古典自由主义法制之下财产权专属于私法领域、高度独立于公法,私法作为封闭的体系为财产权提供了充分的保障,反倒是现代宪法关于财产权的规定为公权力侵入私法领域并限制财产权提供了宪法依据。"[①] 还有学者强调公权力在私权领域之介入应理性掌控其力度与限度。[②] 应当承认,西方强调个体性的权利观念与我国传统社会伦理观乃至西方近代的社会化思潮间存在冲突,要平衡财产权的私权属性与社会属性,即个体权利需要和社会利益达成一定的平衡,不能一边倒地宣扬个体权利,这也已在过去学界的"本位论之争"中有所体现。但现代法治国家的社会福祉和公共利益等所谓概念需要通过宪法规范作出界定,不能因历史上有过宪法为限制财产权提供依据的事例,就无视法治国家的宪法规范中对个体权利的保障条款。事实上,以人权保障条款为代表的、对于包括私有财产权的保护在内的个体权利的保护规范正是近代立宪制度的最重要价值之一。

对于民法规范自身的作用,早已有学者强调其适用范围有限:"《物权法》对各种财产的平等保护仅限于民事生活领域,而民事领域的财产交往是商品交换,交易双方必须地位平等,不能有强制命令。但在民事生活领域之外,民法上的平等原则就不适用了。"[③] 也有学者意识到了民法对财产权保护的局限性,他指出:"公法负责调整公权力之间以及公权力与私权利之间的关系,私法负责调整私权利之间的关系。从财产权私法保护与

---

① 聂鑫:《财产权宪法化与近代中国社会本位立法》,《中国社会科学》2016 年第 6 期,第 141、150 页。

② 周华:《以权利为视角论民法之谦抑性》,《学术交流》2016 年第 5 期,第 100 页。

③ 《法学专家解读物权法:财产平等是最重要原则》,载新华网,https://www. chinacourt. org/article/detail/2006/09/id/216809. shtml,最后访问时间:2020 年 8 月 6 日。

公法保护之间的协调与分工角度去看，民法自身的定位就并非解决公权力对财产权的侵害问题。"① 笔者也认同这一观点。过去学界关于《物权法》草案的大讨论就是围绕此议题展开的②。而即便从 2007 年《物权法》颁布到当下《民法典》已经颁布执行的时期内，与之相关的争议都未完全休止。公私法界限之争更是学界对是否应平等保护财产权的问题长期争论的集中体现。需认识到民事生活领域并非完全隔绝于公法规范的射程之外，特别是宪法中涉及财产权的内容对其更是影响深远。在"民事生活领域之外"的范围并不必然适用民法上的平等原则，但必然受到宪法规范与其他公法规范有形或无形、直接或间接的规制和约束。不能单以私法的相对独立性为由，否认宪法规范对于私有财产权法律地位和保护程度的重要乃至根本性作用。

（二）宪法规范的内在要求

财产权理论是西方自由主义思想的重要基础，比如洛克阐述的自然权利就是以财产权为中心。在现代法治国家，财产权和政府间的关系由宪法规定，财产权的保障也是宪法中基本人权保障的重要基石。但随着财产权形态的愈发多样化和复杂化，对于财产权的细化分类以及必要和适度的限制也为各国所重视。

在我国现行的宪法规范中，对不同所有制的财产权利的保护程度是不同的。保护公共财产的规定见于第 12 条，保护私有财产的规定见于第 13 条。③ 通过对比公共财产（包括国家财产和集体财产）和私有财产保护的宪法条

---

① 游伟：《财产权民法保护的局限性及其宪法克服》，载齐延平主编《人权研究》（第 19 卷），社会科学文献出版社，2018，第 315 页。

② 2005 年 8 月，北京大学法理学教授巩献田发表了一封"致吴邦国委员长并转全国人大常委会的《公开信》"，他认为全国人大常委会办公厅公布的《中华人民共和国物权法（草案）》严重违反了宪法中关于"公有制为主体"的基本经济制度，具有明显鼓吹私有化的倾向，并公开质疑草案违宪。此后法学界展开了一场争论。

③ 《宪法》第 12 条："社会主义的公共财产神圣不可侵犯。国家保护社会主义的公共财产。禁止任何组织或者个人用任何手段侵占或者破坏国家的和集体的财产。"《宪法》第 13 条："公民的合法的私有财产不受侵犯。国家依照法律规定保护公民的私有财产权和继承权。国家为了公共利益的需要，可以依照法律规定对公民的私有财产实行征收或者征用并给予补偿。"

文，至少可以得出两点结论。第一是宪法主张保护各类财产权，即不论是公共财产还是私有财产都应进行保护。第二是宪法中公共财产和私有财产的地位和保护程度是有区别的。对社会主义公共财产的保护不设置限定条件，如"神圣不可侵犯""禁止""任何"等绝对性的语义表述，都充分体现了社会主义公有制国家以公有制为主体的基本原则，并且主张这一原则具有天然的、与生俱来的合宪性、合法性。但对私有财产的保护则需要遵循一些限定条件，如强调私有财产不受侵犯要以其"合法"为前提，还应符合"公共利益的需要"并"可以征收或者征用"。

从上述语义表述的差别来看，宪法对"公"与"私"的保护程度是不同的——至少在文本形式上是缺乏平等的。有学者据此认定现行宪法并未明确规定对公私财产给予平等保护，甚至可以说是在实质上采取了差别保护。然而与上述宪法规范相悖的是，2007年《物权法》规定"保障一切市场主体的平等法律地位和发展权利"（第3条）、"国家、集体、私人的物权和其他权利人的物权受法律保护，任何单位和个人不得侵犯"（第4条），等于在民法规范中确立了平等保护原则，在事实上承认了对不同主体财产权的平等保护。

民法和宪法之间存在的形式上的冲突问题，正是长期以来围绕是否应对不同主体财产权进行平等保护争论的焦点所在。问题的根源在于，现行宪法规范中存在两种经济制度，对财产权的保护提出了两种矛盾的要求。一种是基本经济制度，倾向于国家要运用超经济和超市场的手段确保公有制经济的"主体"地位和国有经济的"主导"地位。另一种则是市场经济制度，要求各类市场主体应自由经营、平等竞争并受法律平等保护。也就是说，差别保护和平等保护两种原则的对立乃是宪法的基本经济制度条款与市场经济制度条款对立的具体表现。

我国经济制度的基础是生产资料的社会主义公有制，但同时为促进社会主义市场经济的健康有序发展，也不应忽视对私有财产的保护。事实上私有财产权的保护条款已经写入了宪法与法律规范，其地位也在日益提高。但需要注意的是在实然层面，不同主体财产权的地位仍有所差别。不能因为有私法规范对私有财产主体平等地位的保护，就轻视或忽略宪法规范对私法规范和社会现实的影响作用。而且这种影响已实际体现在了形式的不平等、实质的不平等和相互转化的不平等三个方面。

（三）私有财产的合法性限定

我国宪法对财产保护的"合法性"限定是有历史渊源的。1954 年《宪法》第 11 条规定："国家保护公民的合法收入、储蓄、房屋和各种生活资料的所有权。"1982 年《宪法》为回应现实中侵犯国有财产，贪污、盗窃、损害公共财产的情况，设置了"社会主义的公共财产神圣不可侵犯"这一条款，同时也规定"国家保护个体经济的合法的权利和利益"[①]。社会主义市场经济体制建立以后，我国公民自身财产和财富无论是数量、种类还是形式都随着社会经济的发展而大幅增加[②]。但是宪法和法律制度的保障并不匹配，保护私有财产的呼声越发高涨，2004 年修宪过程中"公民的合法的私有财产不受侵犯"的条文（第 13 条第 1 款）就是在此背景下产生的。

但宪法修改过程中对"合法的"这一限定词曾有过争议。当时部分民营企业主因在过去创业中的违法犯罪行为被逮捕或判刑，尽管有人主张要对民营企业家的原罪实行赦免，但更多人偏向认为："只要是犯罪行为就应受到追究，不能因为他们是民营企业家对社会有贡献了就不追究其犯罪，这样有失社会公正和会对法制造成破坏。"[③] 因此宪法最后明确规定保护的私有财产应该是合法财产而不能是非法财产。

与我国不同，域外许多国家的宪法规定中并没有区分财产权的公有或私有。尤其是采用资本主义私有制的国家，往往只一般性地规定"财产权受法律保护"，并不强调"公"或"私"受保护程度或地位的区别。假设

---

① 1982 年 4 月 15 日召开的宪法修改委员会第三次全体会议上，彭真曾指出："这一条（指"社会主义的公共财产神圣不可侵犯"）很重要。贪污、盗窃、损害公共财产。1 亩地要 30 万元，敲国家的竹杠。这是侵占国家利益。"参见许崇德《中华人民共和国宪法史》，福建人民出版社，2003，第 682 页。

② 王兆国：《关于宪法修正案（草案）的说明》，2004 年 3 月 8 日第十届全国人大代表大会第二次会议。

③ 蔡定剑：《宪法精解》，法律出版社，2006，第 203～204 页。

我国在宪法规范中将公共财产和私有财产列于相同的保护地位，势必面临两个问题：第一个是，公共财产和私有财产的权益之间存在抵触或难以避免的矛盾时，应当保护哪一个，即需要舍本逐末时"孰本孰末"的问题；第二个是，在公共财产和私有财产都需要保护而社会资源配置有限时，应当优先保护哪一个，即"孰轻孰重"的问题。

如果在保护私有财产权中设置"合法的"限定条件是为了避免私营企业家逃脱经济犯罪的制裁，那么"法"的外延就只被限于刑事法范畴。但实际合法性限定的含义和要求已远远超出了刑法的规制范围。具体比如《土地管理法》和实施条例，以及《城乡规划法》《村庄和集镇规划建设管理条例》等法律法规中的违法违章建筑；违反《国有土地上房屋征收及补偿条例》，拒不接受征收或签订征收补偿协议的城市房屋；违反《土地管理法》及地方征收条例相关规定，拒不接受征收或签订征收补偿协议的农村集体土地和宅基地等。显然除了刑法的规制范围以外，在上述情形中私有财产权也似乎应当被认定为"不合法"，排除在私有财产的保护范围外。

这里就引申出宪法的合法性限定中"法"是什么的问题。一方面，如果"合法的私有财产不受侵犯"这一宪法规范要求私有财产应合乎包括央地各层级的法律、法规、规章、规范性文件等所有法规范，那么在上述情形中的私有财产就都不"合法"，不属于私有财产权的保护范围。但这些情况能够成立的大前提在于，率先承认各不同层级的法律规范具有天然的合法性和合理性。另一方面，如果说"合法的私有财产不受侵犯"这一宪法规范只要求合乎法律，那么位于宪法、法律位阶以下的法规、规章、规范性文件等下位法规范中对私有财产权保护的限制规定，就并不必然符合宪法或法律规范的要求。在此前提下，由于相关限制性规定可能违背宪法和法律，所以势必要对这些规定本身进行监督和规范。而宪法作为国家的根本大法，自然也就应作为对这些规定进行监督规范的根本依据。

二 形式上的不平等及其影响

(一) 合法性限定之影响

判断不同主体财产权在形式上的地位是否平等,需要考察宪法和法律规范的表述和具体规定。因此考察对象包括两个方面,一是宪法在表述上的平等与否,二是宪法规范影响下具体法律规范规定的平等与否。

增加保护私有财产的宪法条款,是宪法随着社会经济发展与时俱进的体现,也是对市场经济背景下保护私有财产之现实需要的回应。但是也有学者指出,宪法就私有财产保护作出的所谓"合法性"限定具有强烈的国家主义意味,因为财产权合法与否需要国家法律确认和赋予,意味着财产权的保护范围由法律创设,是对财产权的一种隐形限制[①]。

宪法作为国家根本法,其位阶高于一般法律,因此,一般法律的制定与实施都必须在遵守宪法原则的前提下进行。与对私有财产的合法性限定条款不同,在宪法的"实行社会主义公有制""神圣不可侵犯"等要求下,下位阶的部门法对公有财产也确实实施了较非公有财产更高程度的特殊保护。具体比如:2009 年起施行《国有资产法》,加大对国有资产的保护力度,针对国有资产流失的情况作出了特别规定;《物权法》也具体规定了对国有财产的保护,侵犯其物权的要承担民事责任。此外,依照行政法和刑法的相关规范,侵犯公共财产、违反行政管理规定的依法承担行政责任,构成犯罪的要依法追究刑事责任。

我国宪法将私有财产权的保护条款置于总纲与根本经济制度之下。对于宪法"公民基本权利与义务"部分中没有涉及财产权这一点,有学者强调:"宪法在私有财产规定方面并不是一种建立在人权价值取向基础上的规定,更多地反映出来的是经济制度或者基本政策。"[②] 尽管从我国现行

---

① 游伟:《财产权民法保护的局限性及其宪法克服》,载齐延平主编《人权研究》(第 19 卷),社会科学文献出版社,2018,第 317 页。

② 张全喜:《我国私有财产权的宪法保障》,《哈尔滨师范大学社会科学学报》2015 年第 2 期,第 41 页。

宪法规范的沿革来看，对公民的合法财产的保护是在逐渐加强的，但在有关法律文件中，在私有财产和个体经济的保护方面又确实存在一些不合理规定，甚至在同属私人财产所有者的情况下对不同个体的保护也可能存在差别。具体以私营企业财产权为例。有学者指出："私营企业财产权的刑法保护立法相对滞后，且与国有企业财产权的刑法保护相比，在罪与非罪、此罪与彼罪及追诉标准方面都存在明显的差异，厚公薄私的印迹比较突出，导致私营企业财产权刑法保护的力度较弱，缺乏平等性。"[①] 在涉及私营企业财产权的刑事案件中还存在"过早、过度的刑事介入以及适用不合时宜的罪名"，给民营企业的发展增加了不必要的刑事负担。[②]

宪法规范中对私有财产的保护规定存在两个问题：第一是在不满足合法性限定条件时，即对"不合法"或"非法"的财产权，特别是私有财产权和集体财产权是否应该进行保护，简单讲就是是否保护不合法的；第二是在满足合法性限定条件时，对包括私有财产权在内的不同主体的财产权进行平等保护，是否符合宪法规范的内在要求，也就是只要合法就要一律平等保护吗？

再以社会矛盾相对集中的违章建筑拆除问题为例。由于违章建筑的性质和认定非常复杂，社会上关于违章建筑的纠纷频繁出现。当违章建筑受到侵害时是否可以要求侵害人承担侵权责任，有观点认为国家既然保护的是合法财产权，对基于违法的民事行为产生的违章建筑就不应当进行保护。然而违章建筑只能且必须由法律授权的相关部门进行认定和处理，除此以外的任何单位或个人都没有权限擅自拆除、侵占和损毁违章建筑。如果说非法的财产因为违反法律或规章就可以受到侵犯而不被保护，那么人人就都可以以他人财产权非法为借口肆意损害。认定建筑物是否违章必须经过法定机关实施严格的认定程序。但在实践中因为对违章建筑的性质问题即违章建筑的建造人对违章建筑有什么权利的问题的认识模糊，法院在处理违章建筑损害索赔案件时，对受到损害的违章建筑人有无起诉权、有

---

① 尹宁、张永强：《论刑法对私营企业财产权的平等保护》，《西南政法大学学报》2016 年第 2 期，第 46 页。

② 刘宪权：《涉民营企业犯罪案件的刑法适用》，《法学杂志》2020 年第 3 期。

无胜诉权问题有极为不同的看法①。

另外关于违章建筑的租赁合同的效力问题也存在许多争论。许多人主张对非法建筑的租赁一概不予保护，理由是这样有利于遏制违法建筑之风和农村经济的良性发展，尽管从感情上或许有些难以接受，但是不能因为感情上难以接受就置法律法规于不顾，否则就是对违法建筑的放任。然而，事实上我国并无法律法规明确规定租赁违法建筑无效或不得收取租金，而只是规定违法建筑不得出租。这就规避了在出租形成既定事实后如何处理的问题，也没有具体规定如何判定违法建筑以及认定违法建筑的时间问题，更没有权限排除利害关系人诉求于行政复议和司法救济。尽管不能排除农村中有违法搭建以谋取不当利益的行为，我们基于维护农村长期稳定健康的社会经济发展环境需要处理违法建筑，但也应该建立一个能够积极防范、应对违法建筑的合情合理的长效机制，这也符合党中央提出的国家治理体系和治理能力现代化的精神要求。

由于我国土地利用制度的复杂性，许多建筑被称为违法建筑或违章建筑的原因也多种多样。有的是因为未经规划部门的批准或违反规定未在指定地点修建；有的是由于历史等原因暂未取得产权证明；也有的是未取得土地使用权，因而也无法取得建筑许可证；在有土地使用权的土地上建造违章建筑，但未经取得建筑许可证而擅自建设；也有因为特殊原因暂未取得建筑许可，但预期有可能取得或即将取得的情况；等等。因为违法建筑认定这一问题本身涉及历史原因和各种产权问题，非常复杂，必须由行政机关经过严格的认定程序，同时也不能排除司法救济。我们必须承认违法建筑自身拥有相对合理的权益，而且这种权益完全可以并应该得到法律上的救济。如果只是因为认定违法建筑，就不分具体情况，一味不加以任何合理保护，就有悖于公权力机关履行维持社会秩序和主张公平正义的职责，有可能引起民众对行政和司法机关的不信任感。②

---

① 许根华、傅国华：《损害违章建筑应承担民事赔偿责任》，《人民法院报》2002年2月28日，第3版。

② 杨官鹏：《"违建必须拆"要两面看——城市违法建筑强制拆除的新议题》，《上海房地》2020年3月。

在所谓"合法"的前提下，当财产权受到公权力侵犯时，可以通过行政复议或诉讼，遵循非法证据排除规则并依照国家赔偿制度请求返还财产、获取赔偿或补偿。而现实中对大量合法性存疑的私有财产的保护，其力度往往是弱于合法财产的。而且由于我国尚未建立起合宪审查制度，执法与司法中判断是否"合法"往往要依托于各层级的法律法规、规章或其他文件。但是，对于是否应对其给予一定程度的保护，以及如果给予保护又应达到何种程度等问题，在各类法律规范中又未得以统一。尽管《刑事诉讼法》规定了正当程序原则、权利救济原则，《民法典》规定了平等保护原则，但涉及财产权保护的许多具体问题显然已经超出了目前刑法、民法等部门法的应对范围①。对这些问题的解决路径，现行条件下仍存在很大的不确定性。但如果对这些根本问题不正面回答，遇到一些具体问题时，法律法规应如何作出规定、司法审判实践如何处理，都难免碰到无所适从的情况，更不利于形成稳定有效的权利救济法律制度，长远来看也将影响社会主义市场经济的健康有序发展。

（二）财产权保护的立法问题

总览近年来涉及土地和房屋征收的立法，可以看到其中大多是由行政机关主导。如国务院制定的《土地管理法实施条例》、《国有土地上房屋征收与补偿条例》、《城市房屋拆迁管理条例》（已废止）、《城镇国有土地使用权出让和转让暂行条例》、《外商投资开发经营成片土地暂行管理办法》，再如国务院部门制定的《城市国有土地使用权出让转让规划管理办法》《国有土地上房屋征收评估办法》《划拨用地目录》《划拨土地使用权管理暂行办法》，等等。虽具体层级不同，有些属于行政法规，有些属于部门规章，但实际都作为立法规范在发挥作用。行政机关主导征收立法存在许多局限性，会导致很多问题。由于政府作为行政机关本身就是国有财产的所有者和管理者，在遇到不同财产权之间存在冲突的时候，势必将国

---

① 有学者就提出"全面完善民营企业产权保护制度是国家层面激发民营企业活力的重要决策和部署……仅靠刑事法律绝不可能完成……"。参见刘宪权《涉民营企业犯罪案件的刑法适用》，《法学杂志》2020年第3期。

有财产置于优先保护地位，而集体财产和私有财产就处于相对劣势和次要保护地位。

2017年5月，《土地管理法（修正案）征求意见稿》由国土资源部发布后，有学者强调该法的修改工作应当按照十八届四中全会关于"发挥人大及其常委会在立法工作中的主导作用"、"建立由全国人大相关专门委员会、全国人大常委会法制工作委员会组织有关部门参与起草综合性、全局性、基础性等重要法律草案制度"的要求来进行，不宜由作为行政主管部门的国土资源部来主导。他还指出："《土地管理法》是一部牵涉整个国家和社会重大利益调整、事关中国经济社会发展和改革创新大局的综合性、全局性、基础性法律，因此还是应当由地位更为超然且更能集思广益的全国人大相关专门委员会及全国人大常委会法制工作委员会，来主导修改的起草工作为宜。"①

2020年7月21日，习近平总书记在企业家座谈会上指出要完善各类市场主体公平竞争的法治环境。② 而法治环境的营造应以合理、规范的立法为第一要务。特别是涉及土地征收和补偿的问题，集体土地征收的低价补偿问题一直被诟病。如果没有一个全面性的、统揽大局的立法观，很难解决甚至直面这些长期性的深刻体制问题。对此有学者指出，集体土地征收的立法实践反映了征收的行政主导性，形成了"扬公抑私"的立法倾向。无论是征收中的现实诉求还是域外经验，都要求集体土地征收的立法完善必须首先要实现立法理念向"抑公扬私"转变③。而在我国目前的政治体制架构中，具备这种强有力的立法权力并且拥有相应立法能力，且能脱离部门利益局限的，只有全国人大及其常务委员会。

正如学者肖黎明所言："考虑到我国现行集体土地征收制度的现实困境，同时考察并借鉴域外的土地征收立法理念，我国的集体土地征收制度亟待更新立法理念，并在此基础上确立土地征收的立法原则并完善相关法

---

① 程雪阳：《土地管理法修改宜由全国人大常委会主导》，《改革内参》（综合版）2017年第30期。

② 参见《习近平：在企业家座谈会上的讲话》，中国政府网，http://www.gov.cn/xinwen/2020-07/21/content_5528791.htm。

③ 陈小君：《农村集体土地征收的法理反思与制度重构》，《中国法学》2012年第1期。

律制度。"① 我国农村集体土地征收的相关立法遭遇了一系列经济和社会问题。要建立完善的土地征收法律制度，应当在"抑公扬私"立法理念的指导下系统考量公共利益、补偿标准、征收程序等立法内容。

不只是公有财产和私有财产之间，在公有财产内部即国有财产和集体所有财产之间，也存在差别保护。这一问题不仅体现在集体土地征收的低额补偿问题上，还体现在对权利人的诉权保护上。1986 年制定的《土地管理法》作为我国土地管理制度的基本法，首次在法律上明确了政府征收土地的权限。该法颁布以后经历了 1988 年、1998 年、2004 年三次的修改，始终是规定农村土地征收制度的基本法律。《土地管理法》第 16 条规定："土地所有权和使用权争议，由当事人协商解决；协商不成的，由人民政府处理。""当事人对有关人民政府的处理决定不服的，可以自接到处理决定通知之日起三十日内，向人民法院起诉。"这种规定可以理解为采纳了"行政处置前置主义"。也就是说，因土地所有权和使用权争议而提起行政诉讼之前，都首先需由行政机关即政府来处理。尽管土地管理法规定"土地所有权和使用权争议"可以提起行政诉讼，但土地征收活动中的争议和纠纷是否应被纳入法院受案范围在很长时期内都未有定论。

1991 年由国务院颁布的《土地管理法实施条例》（已废止）曾规定，土地使用权争议由土地所在的乡级人民政府或者县级人民政府处理；土地所有权和使用权发生争议需要重新确认所有权和使用权的，由县级以上人民政府确认所有权和使用权，核发土地证书（第 8 条）。1999 年国务院颁布的《土地管理法实施条例》对征地方案在批准以后是否能就征收决定本身提起诉讼并没有相关规定，只规定了政府土地行政主管部门的公告义务、意见听取义务，以及被征收集体经济组织和农民对补偿标准的提出异议权："对补偿标准有争议的，由县级以上地方人民政府协调；协调不成的，由批准征收土地的人民政府裁决"，同时"征地补偿、安置争议不影响征收土地方案的实施"（第 25 条）。

---

① 肖黎明：《浅析集体土地征收制度立法理念的更新》，《法制日报》2015 年 9 月 30 日，第10 版。

也就是说，《土地管理法》及其实施条例的相关规定，采取了"行政处置前置"的做法，而且长期都没有就土地征收争议——包括对征收决定本身和征收补偿的异议是否属于行政诉讼受理范围作出明确规定。另外，依照《城市房地产管理法》第 19 条和《土地管理法》第 58 条，土地使用权供公共利益使用而回收的情况下，应对土地使用权人进行适当的补偿。但对于这种所谓"适当的补偿"的具体内容，《土地管理法》中也没有明确规定①。

2015 年起实施的新行政诉讼法将"对征收、征用决定及其补偿决定不服的"正式明确纳入行政诉讼案件受理范围，并明确实施立案登记制，在保护行政征收活动中被征收人的诉权上是一个明显的进步。但由于没有类似行政程序法的立法对行政征收权施加限制，在我国特殊的二元土地所有制架构下，行政征收权彰显出异常强势的特性。由于欠缺民主程序，只存在行政机关内部各层级或部门之间的监督和审查，外部机关对行政征收权的审查制度并不完善。征收决定的批准和征收方案的制定几乎交叉在一起，并没有区分征收事业的公益性认定程序和损失补偿程序，而是将二者几乎统一在征收方案的制定这一个环节里面。政府通过公开征收补偿方案直接进入征地程序，进而通过签订征收补偿协议完成征收，往往对征收土地事业的公共性、公益性并不足够重视。在这样的制度设计下，被征收农村集体经济组织和农民对征收决定本身的合法性和必要性，并没有提出异议的足够空间和制度保障。

综上论述，如果说不同财产权在形式上的平等是指"宪法和法律法规、政策文本中的表述平等"，那么这种形式上的平等只是部分意义的平等，而并非完全意义的形式平等。过去的《物权法》和现在的《民法典》

---

① 2019 年 8 月 26 日，十三届全国人大常委会第十二次会议审议通过《中华人民共和国土地管理法》（修正案），新《土地管理法》已自 2020 年 1 月 1 日起施行。新法明确了征收补偿的基本原则是保障被征地农民原有生活水平不降低。以区片综合地价代替旧法规定的年产值倍数法，其第 48 条规定在土地补偿费、安置补助费、地上附着物和青苗补偿费之外，增加农村村民住宅补偿费和被征地农民社会保障费，被征地农民获得了更加完善的保障。但是另一方面，在我国农村集体土地所有制度下，如何切实保障对村民个人的征收补偿足额发放和土地权利的切实维护，除了提高补偿标准和增加补偿方式以外，还有待于农村集体经济制度本身的进一步发展和完善。

所规定的"不同市场主体的平等法律地位",事实上更侧重于在民事活动中的主体平等,但对于在行政、经济、政策活动中能否实现平等保护,显然已经超出了其调整范围。

三 实质上的不平等及其危害

(一) 财产权救济制度的问题

如果说不同财产权形式上的平等是指宪法和法律法规、政策文本中的表述和规定等层面的平等,那么财产权实质上的平等则可以理解为现实中平等保护的实际落实。这种落实应至少涵盖确保同等的市场主体地位和待遇,以及受司法救济的保障程度等各个方面。

关于私有财产权的司法救济问题,需要结合近年的立法情况进行考察。1999 年施行的《行政复议法》规定,对行政机关作出的关于确认土地、矿藏、水流、森林、山岭、草原、荒地、滩涂、海域等自然资源的所有权或者使用权的决定不服的,公民、法人或者其他组织可以依照本法申请行政复议(第 6 条)。但这里所谓的"确认所有权和使用权的决定"这一概念并不清晰。特别是在土地征收实务中,土地确权只是复杂的土地征收程序中最基础的一环,对征收决定和征收赔偿并没有详细规定。《行政复议法》第 5 条规定,公民、法人或者其他组织对行政复议决定不服的,可以依照行政诉讼法的规定向人民法院提起行政诉讼,但是法律规定行政复议决定为最终裁决的除外。尽管基于尊重行政机关第一次判断权的理念,域外许多国家都存在行政复议前置的规定,但多在单行法中已经明确规定了具体的前置条件,形成了较为系统配套的行政救济体系。

1990 年施行的《行政诉讼法》规定:"人民法院审理行政案件,对具体行政行为是否合法进行审查。"(修改前第 5 条)依照第 11 条受案范围的规定,对限制人身自由或者对财产的查封、扣押、冻结等行政强制措施不服的,认为行政机关侵犯法律规定的经营自主权的,申请行政机关履行保护人身权、财产权的法定职责,行政机关拒绝履行或者不予答复的,认为行政机关违法要求履行义务的,认为行政机关侵犯其他人身权、财产权的，以上都属于人民法院受理的案件范围。但是行政诉讼中的司法统制，一度被限制在"具体行政行为的合法性"这一概念上。而"具体行政行为"作为我国行政法初期设立的概念，在比较法上考量的话本身就具有争议之处。在2015年修改时，这一概念被传统行政法理论中的"行政行为"这一表述所取代。另外，修改以前的行政诉讼法对土地征收决定和征收赔偿案件是否属于受案范围，也一度长期未作明确规定。

《行政诉讼法》第63条规定，人民法院审理行政案件，以法律和行政法规、地方性法规为依据，参照规章。行政法规、规章或者行政机关制定、发布的具有普遍约束力的决定、命令，不属于行政诉讼案件的受理范围（第13条）。尽管2014年修改后的行政诉讼法规定了对规范性文件的司法附带审查，但仍然保留了"以法律和行政法规、地方性法规为审判依据"与"以规章为审判参照"的条款①。也就是说，包括条例、规章在内的各层级行政法规，以及带有地方性法规和部门规章性质的办法、规则等，在行政诉讼法修改前后，都被排除在司法审查的范围之外。

相较而言，域外土地征收的权利救济的相关立法更加注重公民权利的保护和救济。如日本《土地征收法》规定，公共事业和征收裁决都属于行政处分（行政行为），因此既可以是行政复议的对象，也可以是撤销诉讼的对象。但就补偿相关的事项通过当事人诉讼解决（第132条、第133条）②。另外对于征收委员会的征收裁决，土地征收法（第129条）还特殊规定，不采取行政复议的形式而是通过向国土交通大臣提交审查请求来实现③。也就是说，日本《土地征收法》在20世纪50年代颁布时就已经规定，无论是针对土地征收决定的合法性本身还是征收补偿金额的争议，都可以依法提起行政复议和行政诉讼。其中行政诉讼主要是通过日本《行政

---

① 《行政诉讼法》第53条："公民、法人或者其他组织认为行政行为所依据的国务院部门和地方人民政府及其部门制定的规范性文件不合法，在对行政行为提起诉讼时，可以一并请求对该规范性文件进行审查。前款规定的规范性文件不含规章。"第64条："人民法院在审理行政案件中，经审查认为本法第五十三条规定的规范性文件不合法的，不作为认定行政行为合法的依据，并向制定机关提出处理建议。"

② 〔日〕平松弘光「日本法からみた中国の土地収用制度」（島根県立大学総合政策学会）総合政策論叢24号（2012年）88頁。

③ 〔日〕平松弘光「やさしい土地収用手続き〔1〕」用地ジャーナル2012年1月号35頁。

事件诉讼法》规定的撤销诉讼以及当事人诉讼等多种法定诉讼类型来解决。可以说完善的立法体制促成了较为完备的法律规定，这种较为合理、完备的法律保障，给予了私有权利者在意图得到权利救济的时候一道坚实的屏障和倚靠，从而不至于在强大的政府公权力面前失去来自司法权的保护。

（二）财产权司法救济的演变

这里以社会普遍关注的城市房屋拆迁和征收补偿为例来看财产权司法救济的演变。1991年国务院颁布的《城市房屋拆迁管理条例》作为我国第一部城市房屋征收条例，规定了被拆迁人对有关拆迁补偿的行政裁决有异议时拥有诉讼提起权①。但是被拆迁人对拆迁决定本身有异议时是否拥有诉讼提起权，该条例并未有明确规定。另外，对于当事人未达成拆迁补偿协议能否直接向法院提起诉讼，该条例规定也并不明确。

对于城市房屋征收引起的损失补偿争议案件，依照1993年的司法解释，我国曾一度将其作为民事案件处理②。之后1996年的最高院批复除规定了拆迁人与被拆迁人之间的房屋补偿、安置争议属于民事案件以外，还规定了对房屋拆迁中的行政裁决不服的可以提起行政诉讼③。因此，该批

---

① 1991年《城市房屋拆迁管理条例》第14条规定："拆迁人与被拆迁人对补偿形式和补偿金额、安置用房面积和安置地点、搬迁过渡方式和过渡期限，经协商达不成协议的，由批准拆迁的房屋拆迁主管部门裁决。被拆迁人是批准拆迁的房屋拆迁主管部门的，由同级人民政府裁决"；同时，"当事人对裁决不服的，可以在接到裁决书之日起十五日内向人民法院起诉"。

② 1993年最高人民法院在《关于适用〈城市房屋拆迁管理条例〉第十四条有关问题的复函》中批复："在城市房屋拆迁过程中，拆迁人与被拆迁人对房屋拆迁的补偿形式、补偿金额、安置用房面积、安置地点、搬迁过渡方式和过渡期限，经协商达不成协议发生的争执，属于平等民事主体之间的民事权益纠纷。据此，我们同意你院审判委员会倾向性的意见，即房屋拆迁主管部门或同级人民政府对此类纠纷裁决后，当事人不服向人民法院起诉的，人民法院应以民事案件受理。"

③ 1996年最高人民法院关于受理房屋拆迁、补偿、安置等案件问题的批复中指出："一、公民、法人或者其他组织对人民政府或者城市房屋主管行政机关依职权作出的有关房屋拆迁、补偿、安置等问题的裁决不服，依法向人民法院提起诉讼的，人民法院应当作为行政案件受理。二、拆迁人与被拆迁人因房屋补偿、安置等问题发生争议，或者双方当事人达成协议后，一方或者双方当事人反悔，未经行政机关裁决，仅就房屋补偿、安置等问题，依法向人民法院提起诉讼的，人民法院应当作为民事案件受理。三、本批复发布之日起，最高人民法院（1993）法民字第9号《关于适用〈城市房屋拆迁管理条例〉第十四条有关问题的复函》同时废止。"

复明确了被拆迁人的三项权利，即申请行政裁决权、提起行政诉讼权和提起民事诉讼权。那么按照 1993 年和 1996 年的两次司法解释，当事人未达成拆迁补偿协议能够直接向法院提起诉讼，并作为民事案件处理；当事人达成拆迁补偿协议但又反悔，仅就补偿、安置问题也可以提起诉讼，也作为民事案件处理。另外，当事人对行政机关作出的有关房屋拆迁、补偿、安置等问题的裁决不服，可以提起行政诉讼。

其中被拆迁人提起民事诉讼权的行使基于两种情况：一种是因房屋补偿、安置等问题发生争议，未经行政机关裁决，仅就房屋补偿、安置等问题，依法向人民法院提起诉讼；另一种是在达成协议后，一方或者双方当事人反悔，未经行政机关裁决，仅就房屋补偿、安置等问题，依法向人民法院提起诉讼。也就是说，依照 1996 年最高院批复，无论当事人是否达成拆迁补偿安置协议，只要未经行政机关裁决，当事人都有提起民事诉讼的权利。

2001 年制定的《城市房屋拆迁管理条例》第 16 条规定，达不成拆迁补偿安置协议的，经当事人申请交由房屋拆迁管理部门裁决。房屋拆迁管理部门是被拆迁人的，由同级人民政府裁决。当事人对裁决不服的，可以向人民法院起诉。可以说 2001 年条例基本沿用了 1991 年条例的相关规定。然而，2005 年司法解释几乎完全推翻了 1993 年、1996 年司法解释的规定。2005 年最高人民法院在批复中提到人民法院不予受理就补偿安置争议提起的民事诉讼①。那么根据该批复和 2001 年条例的规定，达不成补偿安置协议并就补偿安置争议提起的民事诉讼，必须首先经过行政部门（房屋拆迁管理部门）裁决的程序，否则法院不予受理。当事人对裁决不服的才可以向人民法院起诉，也就是采用"行政裁决前置"原则。随着城市化的急速发展和全国各地拆迁活动的大规模进行，2000 年前后的二十年里，也就是两部房屋拆迁管理条例实施的时期，各种社会矛盾和冲突接

---

① 2005 年最高人民法院对浙江省高院关于"当事人达不成拆迁补偿安置协议就补偿安置争议提起民事诉讼人民法院应否受理"问题的批复指出："拆迁人与被拆迁人或者拆迁人、被拆迁人与房屋承租人达不成拆迁补偿安置协议，就补偿安置争议向人民法院提起民事诉讼的，人民法院不予受理，并告知当事人可以按照《城市房屋拆迁管理条例》第十六条的规定向有关部门申请裁决。"

连显现，拆迁管理条例中对被拆迁人权利保护的缺乏重视以及在强制拆迁、权利救济等方面存在的明显纰漏受到了尖锐批评，社会上对制定一部顺应时代的新法规的呼吁也越发强烈①。

2011 年国务院颁布的《国有土地上房屋征收与补偿条例》（以下简称《征收补偿条例》）终于取代了过去的拆迁管理条例②。《征收补偿条例》改变了过去拆迁条例下拆迁者和被拆迁者相互直接对峙的局面，明确由市、县级政府直接负责房屋征收补偿工作，并交由房屋征收部门具体实施。房屋征收部门对征收实施单位在委托范围内实施的征收与补偿行为负责监督，并对其行为后果承担法律责任。但城市房屋征收的本质是国家对土地使用权的收回，虽然名义上是以房屋为对象进行征收，而城市土地所有权仍属于国家，征收房屋的同时还要将土地使用权收回。所以对房屋等有形财产权的保护并不必然意味着对土地使用权等无形财产权的保护。另外，2015 年起实的《行政诉讼法》虽明确将"对征收、征用决定及其补偿决定不服的"纳入行政诉讼案件受理范围，并明确实施立案登记制，但诉权的保证更多止步于程序上的改善，并没有从实质上改变私有财产权遭受处置的弱势地位。

通过这一历史时期的回顾和考察，从 20 世纪 90 年代初期开展大规模城市化建设和土地征收及房屋拆迁活动后，长达二十余年的时间跨度（当然也涵盖从 2007 年《物权法》颁布实施之后的一段时期）内，包括行政立法、行政执法、司法救济制度在内的实质性的私有财产权的保障都是不

---

① 有观点认为："《城市房屋拆迁管理条例》的主要条款，从一开始就是违反法治原则的，它发挥过积极作用但是以牺牲被拆迁公民的基本权利为代价的。该条例的核心条款明显不合宪，也没有满足宪法设定的征收私人财产的前提条件，并且有与法律相抵触的嫌疑。"参见童之伟、袁发强《关键是消除违宪法源并代之以合宪的法律法规》，《法学》2007 年第 8 期，第 41 页。

② 《国有土地上房屋征收与补偿条例》明确规定："被征收人对市、县级人民政府作出的房屋征收决定不服的，可以依法申请行政复议，也可以依法提起行政诉讼"（第 14 条），"房屋征收部门与被征收人在征收补偿方案确定的签约期限内达不成补偿协议，或者被征收房屋所有权人不明确的，由房屋征收部门报请作出房屋征收决定的市、县级人民政府依照本条例的规定，按照征收补偿方案作出补偿决定，并在房屋征收范围内予以公告"，"被征收人对补偿决定不服的，可以依法申请行政复议，也可以依法提起行政诉讼"（第 26 条）。

足的。尽管近年《土地管理法》《行政诉讼法》《征收补偿条例》等相关立法的修改或制定使这一状况有所改善，然而也并没有从根本上改变各主体财产权在形式、实质和相互转化三个方面不平等的局面。

四 财产权间转化的不平等

（一）征收条款与私有财产保护

在我国二元土地所有制背景下，国家通过集体土地征收和城市房屋征收等方式，将集体土地的所有权、宅基地的使用权和国有土地使用权等收归国有，从而进行基础设施和公益事业建设。那么按照宪法规定，对合法的私有财产、集体财产是否应和国有财产一样平等保护？有观点认为，如果不同主体的财产权平等意味着其相互之间可以转化，那么我国不同主体的财产权之间显然没有做到真正平等，理由在于：宪法规定国家可以对土地和公民的私有财产实行征收或者征用并给予补偿，现实中集体财产和私有财产可以通过征收、收回等方式向国有财产转化，但国有财产不得轻易向集体和私有财产转化。

这种观点以宪法规定公权力可以对私有财产实行征收征用为由而宣扬私有财产的弱势地位，但其理由并不充分。因为宪法中征收征用条款的设置并不必然建立在我国社会主义公有制的基础之上。在采取私有制的资本主义国家，如日本宪法第 29 条明确规定："财产权的内容应符合社会之福祉，并由法律所规定。私有财产在正当补偿的前提下可以被征为公共所用。"即便是天然承认对不同主体的财产权给予平等保护的私有制国家，也仍然明确规定了征收征用的宪法条款。理由在于："在现代社会中土地的私有权一般都应从属于公共政策。征收征用条款是对土地所有权的公权规制的一个重要环节，可以为环境规制等的推进与改善提供不可或缺的手段。"[①] 此种观点在日本已成为共识。另外，受到德国影响而成为日本学界通说的"特别牺牲说"认为，基于合法的原因的国家征地行为使无义务

---

① 〔日〕今村成和：《行政法入门》（第 9 版），畠山武道补订，有斐阁，2011，第 55 页。

的特定人为国家付出了特别牺牲，且这种特别牺牲具有个案性质时，应当本着公平公正的原则，对被征主体所受到的损失予以补偿。

另一方面，宪法规范中对私有财产权的限制条款仍然是建立在对私有财产的保护基础之上的。正如反对激进主义和暴力革命的近代英美保守主义，建立在与古典自由主义思想达成社会契约的基本共识基础之上一样，近代宪法规范中存在的、私有财产应受到社会利益制约的相关规定，也首先应是立足于对个体尊严的尊重与保护。不能说财产权始终受到社会本位立法的限制，就无视近代宪法规范中对保护私有财产的价值倾向。

因此，不能以宪法规范中设置征收征用条款为由认为我国宪法否认对私有财产权的平等保护。2004 年宪法修正案对征收征用条款的规范性修改确立了补偿原则，在立法原意上更加倾向于增强对私有财产的保护。我国的土地征收制度建立在特殊的城乡二元土地制度基础之上，因此无法脱离公有制为主体地位的宪法要求。作为社会主义公有制国家，国家垄断土地一级市场，不承认土地的私人所有。但与此同时，在城市国有土地上通过出让、划拨等形式来获取国有土地的使用权，以及拥有在国有和集体土地之上建造的房屋的私人所有权，等等，这些都作为私有财产权为宪法和法律所保护。可见宪法中的征收征用条款本身其实并不存在所谓"姓资"还是"姓社"的问题，也不违背实行社会主义公有制的宪法原则。相反，对不同主体的财产实行平等保护不仅不会动摇公有经济的主体地位和国有经济的主导地位，还会改善和加强这种地位①。

（二）转化过程暨征收程序的问题

但反过来看，尽管宪法的征收征用条款本身并不直接意味着不同主体财产权的差别地位，在实际征收活动中不同主体财产权受到差别对待的事例却屡见不鲜。比如两部《城市房屋拆迁管理条例》由于明显欠缺对被拆

---

① 童之伟：《物权法草案该如何通过宪法之门——评一封公开信引起的违宪与合宪之争》，《法学》2006 年第 3 期，第 23 页。

迁人权利保护的充分考量，各种社会矛盾和冲突也接连显现，2011 年国务院颁布的《征收补偿条例》取代了过去的拆迁条例，作为现行规范城市房屋征收与补偿的基本法规，比过去具有很大进步。

但是从征收程序上看，一些国家在制度设计上更加重视对征收权的发起进行事先的严格审查，有的还会专门交由行政征收主体以外的第三方机关进行独立审查。如日本的土地征收制度中就设立了"事业认定制度"，即对公共事业建设的公益性审查制度，还赋予了社会资本审议委员会等机构以审查权限。我国现行的土地征收程序虽与许多发达国家一样也可以大致分为征收决定程序和补偿程序两个阶段，但由于在征收决定程序中奉行"行政权主导"，相较于在征收前就公共性进行"事前审查"，在制度设计上更侧重于"事后救济"。这种事后救济在近年的政策制定和立法动向中主要体现在三个方面：第一，强化对行政机关强制执行权的司法审查；第二，确保权利人的诉权；第三，明确权利人可就行政行为违法造成的损害提起赔偿。这些虽然在《征收补偿条例》颁布以后的立法和司法解释中得以体现，但是对发动行政征收本身的公益性和合法性的实质审查制度并没有正式建立，对于行政程序和公众参加又缺乏相关法律规范，特别是没有一部《行政程序法》，征收活动的发起仍较缺少民众参与和民主监督。

另外《征收补偿条例》第 8 条规定了公共利益需要的具体情况，如涉及国防、能源、教育、防灾等需要时，市、县级人民政府可作出房屋征收决定。《土地管理法》第 58 条规定，为公共利益需要使用土地、为实施城市规划进行旧城区改建需要调整使用土地时，可以收回国有土地使用权。尽管该条例在《土地管理法》基础上作出了更为具体的规定，但相较而言，日本《土地征收法》第 3 条将征收适格事业限制为非营利事业，采取了更为详尽的列举式规定，依照具体法律对公益征收事业进行穷尽式列举。相比可见，我国公益征收事业的确定方式及过程对方针政策、行政裁量的依附程度明显更高。这就导致民众往往无力去深究征收活动的公益性，而更多选择从补偿金额上争取最大权益。

《征收补偿条例》将征收程序的决定权委任给市、县级人民政府（第

4 条第 1 款），具体的实施工作委任给人民政府确定的房屋征收部门（同条第 2 款）。而日本的土地征收程序则分为事业认定程序和征收裁决程序。事业认定即国土交通大臣或都道府县知事等行政机关所实施的、对是否动用强制征收权进行认定的程序。征收裁决即设置在都道府县等地方自治体中的征收委员会所承担的、确定补偿金额和支付期限等征收权的具体实施办法的裁决程序。从这个角度来看，我国《征收补偿条例》的相关规定中，市、县级人民政府同时兼任了事业认定机关和征收裁决机关，而房屋征收部门又是公益征收事业的实施人，就导致了本该相互分离权限的事业认定机关、征收裁决机关、征收事业实施人三者在现实中呈现"三位一体"的局面。这种权力配置方式虽然与我国行政组织构造的特点有关，但其结果是进一步强化行政权力的优越性，容易给民众带来心理上的压迫感。事实上土地征收问题早已经成为私有财产权受侵害事件频发的全国性社会问题。这也正是由现实中保护集体公有财产权的程度远远不够，同时又对个人私有财产权的保护重视严重不足所导致的。

五　平等保护的实现路径

（一）宪法规范的发展演变

18 世纪法国大革命第一次明确提出了"私有财产神圣不可侵犯"原则。我国作为社会主义公有制国家，宪法规范中对私有财产权的保护并非天生，而是伴随着私营经济与市场经济的产生和发展逐渐得来的。自十一届三中全会后，全国的工作重点开始向社会主义现代化经济建设上转移。[①]在此背景下 1982 年宪法修正案增加了对土地所有制的规定，明确"城市的土地属于国家所有"，"农村和城市郊区的土地，除由法律规定属于国家所有的以外，属于集体所有"，并禁止"侵占、买卖、出租或者以其他形式非法转让土地"。基于我国当时实际情况，明确保护国有和集

---

① 彭真：《关于中华人民共和国宪法修改草案的报告》，第五届全国人大第五次会议，1982 年 11 月 26 日。

体的土地有利于农村集体经济的发展和城市建设。① 修正案还恢复了
1954 年宪法"国家依照法律的规定保护公民的私有财产的继承权"的
内容。

此后随着我国社会经济的改革和发展，除全民所有制、集体所有制、
个体劳动者所有制以外，还逐渐发展出了以雇佣劳动关系为基础的私人所
有制。以生产资料社会主义公有制为主体的多种经济形式已经突破了宪法
的规定。这就造成私营经济无法律保障，工商行政部门进行指导、监督也
无章可循，出现了企业经营者偷税漏税严重、不敢扩大投资、合法生意被
当作经济犯罪等乱象②。在这一背景下，1988 年国务院发布了《私营企业
暂行条例》，明确私营经济是社会主义公有制经济的补充，并对其生产经
营范围、权利义务和违法责任等进行了规定。此后 1988 年宪法修正案也
增加了"保护私营经济合法权利"③ 的规定。

宪法就土地所有权的规定原本是为了保护国有和集体的土地，但随着
对外开放政策的逐步实施，以深圳特区为首，上海、天津、广州、海南等
地开始了拍卖土地使用权的尝试以及允许转让土地使用权的试点工作。
1988 年宪法修正案随之增加了"允许依法转让土地使用权"的规定，对
于建立包括房地产等生产要素在内的社会主义市场经济体系具有深远的意
义。1999 年宪法修改又进一步明确规定了"发展社会主义市场经济制
度"、"公有制为主体、多种所有制经济共同发展"、"按劳分配为主体、
多种分配方式并存"。

随着非公有制经济在促进经济增长、扩大就业、活跃市场等方面的重
要作用日益显现，2004 年宪法修改进一步明确了国家发展非公有制经济

---

① 宪法修改委员会第二次全体会议对宪法修改委员会秘书处草拟的《中华人民共和国宪法修
改草案（讨论稿)》进行讨论并审议。其间，秘书处印发了题为《中华人民共和国宪法修
改草案（讨论稿）的说明》的材料，向委员们提供修改经过和条文内容的详细情况。参见
许崇德《中华人民共和国宪法史》，福建人民出版社，2003，第 615、619、620 页。
② 王向明：《谈谈七届全国人大一次会议关于修改宪法的问题》，《法律适用》1988 年第 10
期，第 3~4 页。
③ 《宪法》第 11 条增加规定"国家允许私营经济在法律规定的范围内存在和发展。私营经
济是社会主义公有制经济的补充。国家保护私营经济的合法的权利和利益，对私营经济
进行引导、监督和管理"。

的方针，将其作为社会主义市场经济的"重要组成部分"①。同时原来关于个体经济、私营经济的表述也从国家实行"引导、监督和管理"改为"鼓励、支持和引导"和"依法实行监督和管理"。

2004 年宪法修正案还增加了"公民的合法的私有财产不受侵犯"、"国家依照法律规定保护公民的私有财产权和继承权"的规定。原因是随着经济发展和人民生活水平提高，公民拥有的私人财产普遍有了不同程度的增加。特别是越来越多拥有私人生产资料的公民对用法律保护自身财产有了更加迫切的需求。用财产权代替原来的所有权，在权利含意上更加准确、全面，进一步明确国家对全体公民的合法的私有财产包括生活资料和生产资料都给予保护②。

综上可见，我国关于私有财产的宪法规范是随着社会经济形势的发展在不断演变的。我国宪法从在社会主义计划经济背景下只规定"国家保护公民的合法的收入、储蓄、房屋和其他合法财产的所有权"（1982 年修改），到开始增加规定"国家保护私营经济的合法权利和利益"（1988 年修改），又明确规定"国家实行社会主义市场经济"（1993 年修改），再到明确规定"坚持公有制为主体、多种所有制经济共同发展的基本经济制度"、"国家保护个体经济、私营经济的合法的权利和利益"（1999 年修改），最后明确规定"公民的合法的私有财产不受侵犯"、"国家依照法律规定保护公民的私有财产权和继承权"（2004 年修改）。可以看到这种转变最大的推动力，就是从过去长期实行以阶级斗争为纲和计划经济，到现在明确发展社会主义市场经济，将"集中力量进行社会主义现代化建设"作为国家的根本任务（宪法序言）。这一演变使得公有与私有之间的地位差距大大缩小，更有利于推动市场经济制度的发展。加强保护非公有制经济和私有财产，更能激发市场活力和促进社会主义市场经济的发展，而忽视私有财产的保护有悖于实行市场经济的宪法要求。

从现行宪法的几次修改过程来看，宪法对财产权保护条款的语义表述

---

① 王兆国：《关于中华人民共和国宪法修正案（草案）的说明》，《中国人大》2004 年第 6 期，第 19 页。

② 王兆国：《关于中华人民共和国宪法修正案（草案）的说明》，《中国人大》2004 年第 6 期。

和精神都是随着社会经济的发展而不断演变发展的。也正是这种演变发展带来了我国宪法规范中实行公有制经济和发展市场经济的两种不同要求。应承认宪法和法律对私有财产的各项保护措施都在不同程度上有利于保障和促进作为市场经济重要组成部分的私营和个体经济的发展，有利于社会生产力的提高和财富的增长。宪法和法律对私有财产权的保障为改革开放的顺利进行起到了促进作用，改革开放和市场经济的发展又对宪法规范提出了更高的现实要求，两方面相互影响、相互促进。习近平总书记在"庆祝改革开放 40 周年大会"上提出"将改革开放进行到底，不断实现人民对美好生活的向往"。现行宪法的几次修改带来了私有财产权受保护的地位与程度的提升，这也正是在改革开放不断深化的时代背景下进行的。

党的十六届三中全会报告指出，要建立和完善社会主义市场经济体制，就必须"保障所有市场主体的平等法律地位和发展权利"。党的十八届三中全会决定提出"允许更多国有经济和其他所有制经济发展成为混合所有制经济"，并将混合所有制经济明确为"基本经济制度的重要实现形式"。中央全面深化改革领导小组审议通过的《关于完善产权保护制度依法保护产权的意见》明确要坚持平等保护，健全以公平为核心原则的产权保护制度，公有制经济财产权不可侵犯，非公有制经济财产权同样不可侵犯①。宪法序言明确了我国在党的领导下发展社会主义市场经济和开展社会主义现代化建设事业，党的上述报告和决议正是顺应时代的发展和市场经济的要求。

（二）宪法规范的矛盾解决

最先提出宪法中社会主义概念的经济内涵与市场经济的客观要求之间存在抵牾的是童之伟教授，他主张应通过国家权力机关释宪来解决②。也有学者持不同看法，认为这与宪法学理论中的宪法解释即"在出现重大疑

---

① 中央全面深化改革领导小组第二十七次会议审议通过的《关于完善产权保护制度依法保护产权的意见》（2016 年 11 月 4 日）。

② 中央全面深化改革领导小组第二十七次会议审议通过的《关于完善产权保护制度依法保护产权的意见》（2016 年 11 月 4 日）。

难时作为最终的机构决定宪法"的真正含义相去甚远，以人大常委会的宪法解释来摆脱困境只能是"一种理想主义的期待"，因为"我国的人大常委会并不具备这种权限"，"真正的宪法冲突，只能通过政治的方式，也即宪法修改和革命（宪法中断）的方式来解决"①。还有观点认为社会主义概念的经济内涵与市场经济的客观要求之间不存在抵牾，理由是"社会主义对国家所有权实行特殊保护的宪法依据是关于计划经济体制的规范，而不是有关公有制这种社会主义基本经济制度的规范"②。持这种观点的学者一般倾向于倡导民法学的平等公平原则和精神，支持《物权法》《民法典》确立的平等保护原则，而且赞同市场经济体制的建立是由区别保护向平等保护转变的宪法依据。

学者张千帆强调，宪法规定的社会主义市场经济应是一个健全统一的大市场，而不是国有、集体和私人三个割裂的市场③。学者韩大元提出，《物权法》的平等保护是宪法平等保护的体现和宪法原则的具体化，并不是其创制的原则④。在宪法和法律当中实现公私财产的平等保护将改善非公有制经济的制度环境，从而扭转当前非公有制经济发展乏力的局面。而非公有制经济的快速发展对于我国正处于总体放缓的经济形势来说无疑将是一剂强心针。童之伟教授也并未否认平等保护的正当性和必要性以及差别保护所带来的影响和危害，但前提是实现平等保护须通过正当的手段和程序。他指出："法律对不同主体的财产实行平等保护是以国家、集体在财产占有方面事实上占据了优越的宪法地位为前提的，是以国家、集体事实上占有或垄断了社会的全部财产中的基础性部分为前提的。"他还强调："非公经济上了宪法，若无行之有效的违宪审查制度仍不足以保障私有财产不会被无偿剥夺；民营企业飞速发展的秘密应在政治法律领域寻找，应更进一步讲清只有落实民主、法治，经济体制改革才可能

---

① 秦前红、涂四益：《物权法之争与宪法解释——兼与童之伟教授商榷》，《法学评论》2007 年第 3 期，第 4、8 页。

② 高飞：《也谈物权法平等保护财产权的宪法依据——与童之伟教授商榷》，《法学》2006 年第 10 期，第 128 页。

③ 张千帆：《物权法中的宪法问题》，《中国经济时报》2006 年 5 月 22 日，第 5 版。

④ 韩大元：《从物权法草案的争论想到的若干宪法问题》，《法学》2006 年第 3 期，第 30 页。

成功。"① 宪法中市场经济的要求和社会主义概念的经济内涵之间或许并不存在根本冲突，正如"计划经济不等于社会主义"、"计划和市场都是手段"②。宪法规范中实现市场经济的要求并不是否认社会主义，何况宪法文本已在"市场经济"前冠以了"社会主义"的表述。但关键问题在于，"实行市场经济"与"以公有制为主体的基本经济制度"之间的不同价值导向存在显而易见的矛盾。

这一矛盾和冲突集中体现在财产权的差别保护上，既包括形式上的差别保护，也包括实质上的差别保护。而且这种差别保护在现实中是普遍存在的，不仅体现在公有财产和私有财产之间，还体现在公有财产内部的国家所有和集体所有财产之间。仅仅依靠单行法律法规和具体政策，或许能解决一时一事的具体问题，但后续再出现新的问题，又要再制定新的文件去解决。这很容易损害宪法和法律的权威性，以及人们对一个法治社会运转规则的稳定预期。如果不去正视这一不同宪法规范间的矛盾问题，后续的许多问题都将无法得到根本解决。

"解释宪法，监督宪法的实施"和"解释法律"是我国宪法第 67 条明确赋予全国人大常委会的职权。要走出财产权差别保护的现实困境，必须以国家权力机关即人大为主体来解决。这种主体地位体现在全国人大及其常委会是具有制定、修改和解释宪法权限的权力机关。具体的解决途径既包括修宪、释宪，监督宪法实施，还有充分主导立法权，以及对相应法律法规进行充分的备案监督。与此同时，还需要地方各级人大积极履行职权，真正贯彻和落实市场经济的平等保护原则。

（三）建议措施

必须要清醒认识到财产权差别保护的现实及其带来的种种危害。再以土地征收制度为例，由于我国实行国家所有和集体所有并行的土地所有制，不动产征收包括集体土地征收和城市房屋征收，其救济途径有行政复

---

① 童之伟：《深化改革要求合理解说基本经济制度——胡德平先生〈改革放言录〉评说》，《法学》2013 年第 12 期，第 3 页。
② 《邓小平文选》（第 3 卷），人民出版社，1993，第 373 页。

议、行政诉讼、信访等，实施救济长期以行政机关内部和司法机关为主体。但行政机关内部审查并没有脱离行政权主导的机制，缺乏有效监督。此外，司法审查在我国主要体现为涉及集体土地征收和城市房屋征收补偿等的行政诉讼制度。但由于长期以来立法更迭，又受制于诉讼门槛等因素，仍然存在起诉难、受理难和胜诉难的情况，征收活动的公益性审查制度也有待完善。

因此，民法中平等保护原则的本质是在宪法规范差别保护背景下的所谓平等。要从根本上解决不平等的问题必须从宪法规范入手。人大作为国家权力机关，应该在现有的制度框架内积极履行自身职权，直面并解决以土地征收活动为代表的具体立法规范存在矛盾和疏漏、只重视事后救济而忽视事先审查、救济途径单一且效果不佳等权利保障制度不完善的问题。这里就人大积极履行职权，改变我国财产权差别保护的现状提出以下问题及相应建议。

第一，宪法中基本经济制度条款与市场经济制度条款之间的对立导致法律体系中区别保护和平等保护的同时存在，以及实质上私有财产权保护的缺失。这种缺失体现在长期以来涉及财产权保护的立法规范，仅仅对政府土地征收行为和征收补偿能否提起法律诉讼这一问题就长期暧昧不清，私有财产权的权利救济中存在诉权未定、审查不严和过度依赖授权立法等诸多问题。第二，由于缺乏人大释宪、规范立法和人大监督，导致行政征收权过于强大。仅依靠现有的内部审查和司法审查的框架不足以对政府发动征收权、确定补偿额度和强制执行施加合理和必要的规范与限制，特别是缺乏对用地征收项目的公益性审查。第三，征收立法工作应由全国人大及其常委会主导，进而改变长期以来的过度依赖授权立法和司法解释造法的现状，积极履行包括立法解释权在内的立法权，直面并解决各权力机关、各部门以及各级立法规范之间的冲突问题，转变过去"扬公抑私"的立法思路，将保护私有财产权这一宪法规范落到实处。第四，各级人大应积极行使对发起重大征收活动的决定权、对设立独立行政委员会的任免权和对行政机关的公益认定与征收活动的监督权等。第五，各级人大职权调整方向或可借鉴国外代议制度，发挥现有制度框架内人大代表个体通达民意、维护民益的积极性和能动性，避免不断创设新制度、新规范而造成新的问题。

结　语

由于过去《物权法》和现行《民法典》的调整范围限于民事生活领域，诸如国家权力与公民私人财产权相冲突时应依照何种法律、如何采取权利救济措施等重大问题，都已经超出了其能力范围。应认识到在现行宪法中存在两种经济制度，以及它们对财产权保护提出的两种矛盾的要求：一种是坚持基本经济制度，它倾向于要求国家运用超经济、超市场的手段确保公有制经济的主体地位和国有经济的主导地位；另一种则是发展市场经济制度，它要求各种经济活动主体应该自由经营、平等竞争并受法律平等保护。尽管民法规范确立了平等保护原则，但是如果在宪法规范中没有理清这个问题，那么在刑法、民法、行政法等各个部门法的规定中就会出现平等保护与差别保护混淆不清的情况。进一步落实到下位法的制定以及社会现实中，更难免会出现矛盾与混乱。

民法规范的平等保护原则是宪法中市场经济条款的具体体现。但是作为宪法的下位法，其本身所能调整的范围有限，在民法射程外的范围如刑事诉讼、行政征收和司法救济等领域，平等保护原则并没有被很好地贯彻，事实上也很难被贯彻。民法的平等保护是在宪法对不同财产权保护不平等前提下的平等，落实到很多具体的问题上只依靠民法是无法解决的。差别保护和平等保护两种原则的对立，正是宪法中基本经济制度条款与市场经济制度条款之间的冲突的具体表现。在最根本的宪法规范仍存在内在矛盾的前提下，各类下位阶的法律规范之间就容易出现混乱，行政、司法在具体事项的处理上应采用何种标准、方式也往往无所适从。

财产权差别保护的现实问题不单纯是行政机关违法行使职权和司法机关监督审查不严造成的，还有人大没有切实履行职权致使权利救济得不到根本解决的问题。我国仍未有一部统一的《行政程序法》，司法监督又受制于现有行政诉讼制度，再加上现有的权力建构，共同造成了人大的重大事项决定权存在被弱化的风险。应完善当前人大主导立法的职能，切实履行人大重大事项决定权，加强人大对司法和行政权的监督权，特别是强化行政权力的监督、审查，从而建立健全适应新发展形势的人大职权制度和财产权保护制度。当下人大可以以不动产征收问题为具体切入点，积极履行职权以发挥在私有财产保护中的作用，不断探索人大职权的理论创新和实践创新，找到在平等保护原则要求下完善人大职权制度的方向。

论宪法中的言论概念

郑晓军*

摘　要：宪法言论自由是否应解释为发表各种言论的自由？实践中对言论概念存在不少误读。解释言论自由的规范内涵，有必要区分宪法权利的调整范围与保障强度，发挥调整范围的"过滤网"功能，避免在言论限制问题上产生不必要的分歧。"公民有言论的自由"并不是指个体有想说什么就说什么的自由，其核心要义是防备公权力对公民言论的控制。判断某一言论是否由宪法调整，关键看其是否有被公权力侵害的风险，是否应被移出日常立法过程。由宪法调整私人言论不仅没有必要，而且存在相当程度的风险。由此，不应无限度地扩大宪法中言论概念的外延，对于言论歧视、监管现象，需确定其中是否存在公权要素。如果政府参与、协助、鼓励、授权或委托私人从事言论审查，那么可将私人行为视同国家行为而受到宪法约束。

关键词：言论自由；宪法权利；法律关系；侵害风险

一　引　言

言论自由作为社会科学领域的经典议题，在政治学与法学研究中占有重要地位，相关研究始于宪法学人，近来亦有在部门法推进的趋势。不少论者在讨论言论议题时，总会陷入"寻找宪法依据"的思维惯性，以宪法

---

*　郑晓军，清华大学法学院博士研究生。

言论自由作为部门法问题的分析起点。① 随着人工智能、算法技术向纵深推进，言论议题掀起新一轮讨论热潮，例如算法是否具有言论的法律性质;② 算法技术带来的信息多样性丧失，国家的规制角色应如何转变;③ 网络过滤技术、规制网络域名的技术措施，④ 是否如某些论者所言必将侵害公民的宪法言论自由。除此以外，民事司法活动中援引宪法言论自由条款的现象也日渐增多,⑤ 民事主体因受侮辱、诽谤，起诉至法院后，被告常会以宪法言论自由条款作为言论合理的论据。再如，2015 年 9 月修订通过的《广告法》规定广告中不得使用极限词语，某些媒体认为法律对内容的限制可能侵害广告主、广告经营者与广告发布者的言论自由。⑥

当我们在谈言论自由时，我们在讨论什么？言论概念的开放结构"实际上阻碍了法律体系对言论问题的清晰思考。它们常常以体面为幌子，对言论进行不合理的限制……在模糊的概念界限下研究，我们会得出错误的结论——保障不应被保障的言论，限制不应被限制的言论"⑦。这引发了

---

① 在论及经营者商业诋毁纠纷时，论者指出"不准公共权力事前介入或压制表达自由……是各国宪法学界和审判实践所普遍遵循的原则"，参见姚辉、阙梓冰《批评同行的尺度——商业诋毁行为的司法认定》，《中国应用法学》2018 年第 6 期。再如，论者以《公民权利及政治权利国际公约》、美国宪法第一修正案、德国基本法为论据，论证劳动者职场言论应受保护的原因是劳动者具有宪法言论自由，参见谢增毅《劳动者社交媒体言论自由及其限制》，《法学研究》2020 年第 4 期。

② 参见陈景辉《算法的法律性质：言论、商业秘密还是正当程序?》，《比较法研究》2020 年第 2 期;陈道英《人工智能中的算法是言论吗? ——对人工智能中的算法与言论关系的理论探讨》，《深圳社会科学》2020 年第 2 期。

③ 参见齐延平、何晓斌《算法社会言论自由保护中的国家角色》，《华东政法大学学报》2019 年第 6 期;左亦鲁《算法与言论——美国的理论与实践》，《环球法律评论》2018 年第 5 期。

④ 参见时飞《网络过滤技术的正当性批判——对美国网络法学界一个理论论争的观察》，《环球法律评论》2011 年第 1 期;丁春燕《互联网域名管理制度对网络言论的规制》，《法学杂志》2017 年第 1 期;连雪晴《互联网宪治主义：域名争议解决中的言论自由保护新论》，《华东政法大学学报》2018 年第 6 期。

⑤ 参见李海平、石晶《民事裁判援引宪法的条件任意主义批判——以援引言论自由条款的案件为例》，《政治与法律》2020 年第 8 期。

⑥ 参见左亦鲁《公共对话外的言论与表达 从新〈广告法〉切入》，《中外法学》2016 年第 4 期。

⑦ Tara Smith, "The Free Speech Vernacular: Conceptual Confusions in the Way We Speak about Speech", *Texas Review of Law and Politics*, Vol. 22, 2017, p. 61.

我们的进一步思考：宪法中的言论概念是否与日常生活中的理解一样，具有强大的包容性？是否应将互联网域名、算法一并纳入言论概念的调整范围？民事司法裁判中任意援引宪法言论自由条款，是否不当地理解了宪法的性质与功能？宪法是否可能承担了不应承担的理论与实践任务？"我们应阐明何种情况下才有讨论言论自由的必要性，如果每一项活动都与此相关，我们就应怀疑其中是否出了什么问题。"①

有观点认为，宪法言论自由条款的调整范围不应限定于公共言论，私人言论也应当包括在内，言论自由应解释为持有和发表各种言论的自由，②背后暗含的逻辑是宪法效力应向私人关系扩张。为便于后文论述，本文将此观点概括为"范围扩张论"③。一个来自法哲学层面的追问：是否应由宪法调整所有言论？如果不是，如何判断才更加合理？

本文以"范围扩张论"为标靶，论证如下观点：宪法不是保护言论自由的唯一工具，应给言论概念做减法而非加法。"要保证宪法有所为，必须先使其有所不为"④，扩张宪法言论自由的调整范围，可能仅是让宪法穿上一件华丽却臃肿的外衣，宪法应有的控权功能反而被有意稀释或舍弃了。而如果适当限缩概念的调整范围，留下来的言论便具有类似于"王牌"的宪法地位，可以避免下位法的不当限制。为了完成论证任务，本文首先从宪法权利的分析框架以及宪法的定位切入，为后文论证做好铺垫。在此基础上，揭示由宪法调整私人言论有何难

---

① Leslie Kendrick, "Use Your Words: On the Speech in Freedom of Speech", *Michigan Law Review*, Vol. 116, 2018, p. 669.

② 代表性观点如："将各种私人言论和商业言论排除在宪法的保障范围之外，则不仅放弃了对于种种现实问题的回应与担当，也扼制了宪法言论自由权的生长空间"，参见陈明辉《言论自由条款仅保障政治言论自由吗》，《政治与法律》2016 年第 7 期；"应当把宪法言论自由条款看作是一个统一的、严谨的、不可分割的条款，是所有正当言论都得以保护的条款"，参见范进学《论我国宪法上的言论自由及其义务边界》，《西北大学学报》（哲学社会科学版）2020 年第 4 期。

③ 与"范围扩张论"相对的观点参见姜峰《言论的两种类型及其边界》，《清华法学》2016 年第 1 期。还有论者把基本权利分成平等权、政治权利、精神文化活动自由、人身自由与人格尊严、社会经济权利、获得救济的权利，并认为"我国宪法似乎是把表达自由纳入政治权利的序列中去的"，参见林来梵《宪法学讲义》（第 2 版），法律出版社，2015，第 372 页。

④ 张千帆：《宪法不应该规定什么》，《华东政法学院学报》2005 年第 3 期。

处、可能导致什么风险。最后，提出言论概念调整范围的限定方法，分析何种言论管制才会引发宪法问题，避免在言论限制问题上产生不必要的分歧。

二 宪法权利的功能定位与分析框架

（一）作为权力控制方式的宪法权利条款

产生"宪法是否调整私人言论"分歧的原因之一是我们对宪法结构的不同理解。不同国家和地区对宪法结构的认识，历经漫长的历史演变。现代宪法文本一般包括结构条款与权利条款两部分内容，但仍有必要从宪法的产生过程考察其本质。① 回顾制宪史，可以发现结构条款才是实现宪法功能的必要装置。由此，宪法应有所为，结构条款与权利条款一同划定公权力行使的边界与范围；宪法应有所不为，对民事权利义务关系保持中立，避免设置冗长烦琐的实体条款。

成文宪法之上有作为基础的"元宪法"，因人们只可能对建立共同体、权力行使的基本原则达成共识，而对权力具体的行使方式、是否要实现以及在何种程度上实现积极权利等内容，很大程度上分歧大于共识，所以这些内容不大可能成为契约的组成部分。② 根据共识内容的多少，可以梳理出规范的三种形态：社会契约、宪法与法律，越接近社会契约的宪法甚至无须介入国家机构具体组织、配置与协调问题，而趋向于法律的宪法将直接或间接调整民事权利与义务关系，但这注定将偏离宪法本应具有的中立性。一部理想的宪法，应避免设置冗长的实体条款，"限于法律规则的最低限度的事项"③。就内容而言，宪法仅是法律体系的组成部分之一，"不是用来描述法律或非法律规则的整个集合体，而是这些规则的选集"④。宪法首先是为了创建共同体，设定奋斗目标，更为重要的功能是对国家权

---

① 参见蔡定剑《论道宪法》，译林出版社，2011，第 7 ~ 10 页。
② 参见张千帆《作为元宪法的社会契约》，《比较法研究》2018 年第 4 期。
③ 〔英〕K. C. 惠尔：《现代宪法》，翟小波译，法律出版社，2006，第 31 ~ 32 页。
④ 〔英〕K. C. 惠尔：《现代宪法》，翟小波译，法律出版社，2006，第 2、31 ~ 32 页。

力施加永久且有效的约束。① 宪法不同于普通法律，在代议制国家，法律首先体现多数人的意志，但多数人意志亦有可能侵害少数人权利，故而宪法通过结构条款划定权力的行使边界，限制权力的恣意。简言之，宪法的第一要义在于规范公权力。

为何在宪法中设定公民权利条款？公民权利的宪法地位意味着什么？其正当性基础是什么？首先，是否要在结构条款之外增添权利条款，并非毫无争议。以美国立宪为例，制定于 1787 年的联邦宪法并没有权利条款，最后为了获取反对派的支持，各州直至 1791 年才妥协性地批准了包括十条修正案的《权利法案》（The Bill of Rights），第一修正案也没有采取"人民有言论自由"的形式，而采取了一种防备立法权的设计："国会不得制定有关下列事项的法律……剥夺言论自由。"亚历山大·汉密尔顿（Alexander Hamilton）直言，增添《权利法案》不仅毫无必要，而且有相当的危险性，"对于意欲侵犯者，它提供了主张权力的合理托词。他们可能穿上理性的伪装，认为宪法不应荒谬地限制未曾授予的权力的专擅；而限制表达自由的规定表明，对此进行恰当管制的权力已被授予了政府。由于不明智地热衷于权利法案，这有可能成为建设性权力论的把柄"②。

那么在制度设计上，应如何平衡个体与国家之间的不对等关系？写入宪法的公民权利实则预先划定了权力持有者不能侵入的区域，是国家机关权力行使的注意事项，"构成了个体防止任何权力持有者侵犯的防波堤"③，"即使是为了增进整个共同体的福利、福祉或善"，也不能受任何专断干预④。那些不适合通过民主投票解决、与真理无关、关乎信仰与道德选择、容易受到侵害的权利才有必要写入宪法，提高多数人干涉个体权

---

① See James A. Gardner, "Practice-Driven Changes to Constitutional Structures of Governance", *Arkansas Law Review*, Vol. 69, 2016, p. 336.

② 姜峰、毕竞悦编译《联邦党人与反联邦党人——在宪法批准中的辩论（1787 - 1788）》，中国政法大学出版社，2012，第 269 页。

③ 〔奥〕卡尔·罗文斯坦：《现代宪法论》，王锴、姚凤梅译，清华大学出版社，2017，第 226 ~ 227 页。

④ 参见〔美〕罗纳德·德沃金《刺猬的正义》，周望、徐宗立译，中国政法大学出版社，2016，第 223 ~ 236、355 ~ 360、401 ~ 402 页。

利正当性的门槛，保障少数人权利不受多数人侵害。① "自由或受益权将与不受立法变更的豁免混合在一起……而与宪法豁免（constitutional immunity）相关的术语就是霍菲尔德所言的'无能力'（disability）：立法机构丧失了修订、改革和创新的常规职能。"② 宪法权利被"划除在政府权限之外"，"先于并优于政府所制一切法律"，是一种"政府所不得'触及'的、所不能干扰的"③ 的内容。作此理解的宪法权利不是平等主体之间的行为准则，而是国家与公民关系所要遵循价值的预先实定。积极权利体现了国家的最低给付上限，④ 消极自由如同个体与国家之间的"防火墙"，是国家最高的干预上限，强调"人民静止状态，国家有不法干涉，可以排斥之"⑤。以上理念体现在宪法文本上就是对公权力的禁止与限制规范，例如"国家不得侵犯公民的……自由"或者"公民的……权利不受国家侵犯"。就此而言，宪法是一种预先承诺策略，体现了"对抗的正义"⑥。公民享有宪法权利并不意味着宪法赋予公民采取某种行动的权利，而仅在于强调公民有免受国家不当干涉的自由，公权力不得触及、介入宪法调整范围内的权利。

（二）宪法权利逻辑结构的二元区分

解释宪法权利的规范内涵，需要明确应沿着何种线索分析，此即宪法权利控权功能定位下的方法论展开。从调整范围与保障强度两个维度解构宪法权利，有助于发挥权利调整范围的"过滤网"功能，避免在权利限制问题上产生不必要的分歧。

---

① 参见姜峰《宪法权利是否多多益善?》，《读书》2013 年第 1 期。

② Jeremy Waldron, "A Right-Based Critique of Constitutional Rights", *Oxford Journal of Legal Studies*, Vol. 13, 1993, p. 27.

③ 张佛泉：《自由与权利：宪政的中国言说》，清华大学出版社，2010，第 485~490 页。

④ 参见黄宇骁《论宪法基本权利对第三人无效力》，《清华法学》2018 年第 3 期。

⑤ 〔日〕岩井尊闻口述、熊元翰编《国法学》（上），上海人民出版社，2013，第 61 页。

⑥ 所谓"对抗的正义"，主要指正义如同善与恶、是与非一样，出自社会之间的对抗形成。"站在消极的立场，从防恶的角度去看待国家和政府"是理解宪法权利的思路之一，参见夏勇《人权概念起源——权利的历史哲学》，中国社会科学出版社，2007，第 95~96 页。关于宪法权利功能的更多论述，参见姜峰《宪法权利：保护个人还是控制国家》，《读书》2014 年第 4 期。

宪法权利的调整范围不同于保障强度，此种区分在中文文献中没有得到足够充分的重视。以国王路易十四为例，其尽管位高权重但权力仅限于法国国土，由此限定的是权力的影响范围；在国土范围内不受其他主体的支配，此属于权力的作用强度。① 从一般意义上看，权利的调整范围决定了权利在法律体系中的地位，有助于识别权利的核心内容与边缘地带，判断哪些行为能被权利涵盖。例如，在宪法体系内，言论与出版的外延不同；从整个法体系来看，宪法人格权与民法人格权调整的法律关系也不完全一致。而法律（区别于宪法）中的权利限制条款则确定了权利的保障强度。②

如前所述，宪法权利条款划定了公权力不能触及的范围，如果法律想要限制宪法权利，需由立法机构证明采取的干预手段存在重要理由。我们可以通过一个案例来看如何区分宪法权利的调整范围与保障强度。这是由马克·图什内特（Mark Tushnet）构想的场景——公园里到处是脏乱的鸽子粪便，以致人们无法进入观赏与游玩。A 花了半天时间在公园里给鸽子下毒；B 向公园游客散发传单，上面写着"除非政府对这些鸽子采取管制措施，否则我们不得不毒杀它们"；C 对着被公园里鸽子粪便激怒的人群大喊："我们现在就去毒杀这些鸽子。"③ 在第一个场景中，A 已将其"毒杀意图"实行化，无法落入言论范畴，自然无法由言论自由调整，也就没有必要讨论保障强度的问题，"范围扩张论"与"相对保障论"对此不存在分歧。第二个场景中 B 散发的传单涉及国家行为，所以应由宪法调整并受到最高强度的保障。"范围扩张论"认为 C 的言论应由宪法调整，只是如果与其他利益发生冲突，便需降低自由的保障强度。

参考法律规则的逻辑结构，有助于辨明宪法权利调整范围与保障强度

① See Tara Smith, "The Free Speech Vernacular: Conceptual Confusions in the Way We Speak about Speech", *Texas Review of Law and Politics*, Vol. 22, 2017, p. 64.

② See Aharon Barak, *Proportionality: Constitutional Rights and their Limitations*, Cambridge: Cambridge University Press, 2012, pp. 19 – 23.

③ See Mark Tushnet, "The Coverage/Protection Distinction in the Law of Freedom of Speech: An Essay on Meta-Doctrine in Constitutional Law", *William & Mary Bill of Rights Journal*, Vol. 25, 2017, p. 1083.

之间的关联与界限。解释标示"限速 65"的具体内涵，需将其还原成"在特定高速公路段上行驶的特定人员，行驶速度限制为每小时 65 英里"，其中假定条件是"驾驶的是机动车"、"不是紧急车辆"、"在此高速公路上的某些路段行驶"，行为模式则体现为"禁止每小时行驶超过 65 英里"的勿为模式。① 和自然法则类似，法律规则同样是"以对某些条件赋予其某些后果的假设性判断"，只有达到作为假定条件的"前因"，才有可能落入行为模式的"后果"。② 若要确定言论概念的外延，同样需作如下解构：调整范围类似于法律规则的假定条件；保障强度解决权利的限制、如何控制此种限制过度的问题。

划分宪法言论自由的逻辑结构，意味着限制某些言论不需要审查是否合乎宪法。例如，宪法言论自由并不鼓励公民以暴力方式表达反对意见，这是对言论自由的内部限制，由于不存在包括此种内容的宪法权利，也就不需要对限制此种行为的法律进行合宪性审查。③ 再如，在促进司法秩序的诸手段中，设立伪证罪并非对证人权利影响最小的方式，那为何不像市场竞争理论主张的那样——通过法庭辩论来检验证言的真实性？在图什内特看来，一旦消除了调整范围与保障强度之间的界限，我们将难以解释为何设立伪证罪无须启动合宪性审查程序。

在 Chaplinsky v. New Hampshire 案④中，法院指出，限制某些言论"从未被认为会引发任何宪法问题"。过去我们大多从是否有助于实现特定价值与目标的角度，将言论区分为高价值言论与低价值言论，认为淫秽、亵渎、诽谤、侮辱以及挑衅性言论"并非思想交流中必不可少的部分，对于获得真理而言具有微不足道的价值，以致这些言论所带来的任何裨益，无法与社会在秩序与道德上的利益相提并论"，所以将其认定为低价值言

---

① See Frederick Schauer, "The Boundaries of the First Amendment: A Preliminary Exploration of Constitutional Salience", *Harvard Law Review*, Vol. 117, 2004, p. 1771.

② 参见〔奥〕汉斯·凯尔森《法与国家的一般理论》，沈宗灵译，商务印书馆，2013，第 86～87 页。

③ See Stephen Gardbaum, "Limiting Constitutional Rights", *UCLA Law Review*, Vol. 54, 2007, p. 801.

④ See Chaplinsky v. New Hampshire, 315 U. S. 568 (1942).

论并对应合理性审查基准。遗憾的是，相较于言论的功能视角，从历史维度"预防与惩罚那些定义明确、范围狭窄的言论，从未引发任何宪法问题"的考察，在某种程度上被我们忽视了。弗里德里克·肖尔（Frederick Schauer）指出，诽谤、淫秽、挑衅性言论的处理相当棘手，主要是因为这些言论处于宪法调整与不调整的边界。

在公共事务决策过程中，相关利益主体有机会在平等的平台上充分、公开、无所顾虑地发言，可以纠正单一意见的狭隘自信，让决策部门作出公共决策时汇集来自各方的观点与经验，形成理据更加充分、与治理目标相适应的政策。① 纠正错误言论的良药是另一种相对而言更接近真理的言论，矛盾或冲突的发言不被追究过失责任，并不代表其绝对正确。任何见解都可能正确，压制任一论点都有压制正确见解的可能性。即便一种观点偏颇失实，也不可由政府任意干预与压制，因为这极有可能失去澄清正确见解的机会，正确见解也会因养尊处优而失去生命力与战斗力。② 但是言论自由不同于行动自由，个体并不能假借言论自由之名而行破坏国家秩序之实。③ 如果完全脱离事实基础，主张个体的行动自由，国家安全与社会秩序将处于不安定的状态。言论应是自由的，而行动自由恰恰需要受到限制。④ 由此，区分理性讨论与颠覆性煽动尤为必要，只有那些具有启发与反思功能的言论才能得到更高强度的保障。⑤

总之，特别的权利值得特别的保障。一项权利只有对公共治理有重要意义且面临的侵害风险无法逃避，才需要落入多数人不可触及的宪法调整范围。公共言论关涉公共议题的审议与决策，满足宪法调整的前提，故有必要配置严格审查基准予以宪法保障。主张私人言论入宪需有如此一种

---

① See Jeremy Waldron, "A Right-Based Critique of Constitutional Rights", *Oxford Journal of Legal Studies*, Vol. 13, 1993, p. 37.

② 参见〔英〕约翰·穆勒《论自由》，孟凡礼译，上海三联书店，2019，第57页。

③ 参见张明楷《言论自由与刑事犯罪》，《清华法学》2016年第1期。

④ 参见〔荷兰〕斯宾诺莎《斯宾诺莎文集（第3卷）：神学政治论》，温锡增译，商务印书馆，2014，第276页。

⑤ See Lillian R. BeVier, "The First Amendment and Political Speech: An Inquiry into Substance and Limtis of Principle", *Stanford Law Review*, Vol. 30, 1978, p. 343.

"自信"——确实属于公共治理问题；更为重要的是，公权力可能出于不良动机压制言论，所以预先移出日常立法过程。① 然而私人言论并不具有上述特征，由宪法调整可能使立法机构丧失修订、改革与创新职能，私人言论的弹性调整机制或将失灵。

三　宪法调整私人言论的困境与风险

值得反思的是，公民批评公权力与经营者评论同行、劳动者批评用人单位的尺度是否相同？无视宪法与法律在调整方式与目标上的区别、私人言论类型与价值的多元，将宪法效力向私人关系扩张，将面临一系列难以调和的困境与风险。

（一）宪法与法律调整方式的区别

扩大宪法言论概念的外延，实则混淆了宪法与法律调整方式的区别。一方面，法律通过明确民事主体之间的权利与义务关系，回应与解决现实中更具体、更具挑战性的问题；而宪法着眼于未来，旨在为公权力的行使提供可持续的框架，故而宪法更具刚性，一经颁布便不易被修改。② 立宪者面临的是如何构建具有生命力而非朝令夕改的宪法，③ 所以宪法条款必是深思熟虑、能够长久适用的共识内容。而民事主体之间存在的多种对立、复杂利益，往往需要在日常立法过程中通过少数服从多数的表决机制加以安排与调整，立宪时无法在此类问题上达成共识。不同领域的私人言论所追求的价值不完全一致，内涵与外延也随时代发展，由宪法调整将导致文本始终处于变动状态。

宪法结构条款明确了公权力行使的范围与边界，而权利条款是立宪者

---

① See Jeremy Waldron, "A Right-Based Critique of Constitutional Rights", *Oxford Journal of Legal Studies*, Vol. 13, 1993, p. 27.

② See Aharon Barak, *Proportionality: Constitutional Rights and their Limitations*, Cambridge: Cambridge University Press, 2012, p. 47.

③ See James A. Gardner, "Practice-Driven Changes to Constitutional Structures of Governance", *Arkansas Law Review*, Vol. 69, 2016, pp. 341 – 342.

列举的不受国家干预的范围，实质合理并不由宪法保证。① "宪法提供了通往目标的路径"，它只是告诉我们 "要想抵达正义之城（reach Justopolis），就必须'照此路通行'（follow the path）"②。也即，宪法仅是 "创设法体系其他部分的授权规范"③，通常不指向具体结果，对民事主体之间权利义务关系的安排是有限的。不能因为宪法处于法律秩序的最高位置，就将宪法用作处理民事关系的准绳，④ 追求尊严、自由与平等价值的宪法权利条款，无法处理民事权益的具体分配问题，法律没有必要诉诸宪法来证成价值判断与选择的合理性。私人言论入宪将导致立法者时刻需要注意是否可能逾越边界，进而在分配与协调民事法律关系时总是胆战心惊。由此，立宪者应重点关注日常立法过程中可能产生不良结果的问题，不应剥夺立法者在私人言论问题上的形成自由，"制定更宽泛的宪法，把细节留给法律"是更为妥当的安排。⑤

为了公共利益最大限度地实现，个体的部分自由由法律限制。私人言论并非一项无法权衡的权利，需由立法者在具体的法律关系中仔细考察与衡量相关利益，以便实现最大多数人的福祉。以劳动者职场言论为例，职业伦理以及劳动法要求的忠实慎言义务，并不被视为对劳动者宪法言论自由的侵害。我们不妨区分工作场所的属性，分别考察公职人员与私人劳动者慎言义务的差异性。无论是德国法学家拉班德最早提出的特别权力关系理论，还是后来细化、区分与修正的基础关系与管理关系二分理论、重要性理论，都坚持了这样一种立场：公职人员在履行职务过程中需要履行慎言义务，不能以宪法言论自由抗衡单位的言论管制措施。具

---

① See Philip Hamburger, "The Inversion of Rights and Power", *Buffalo Law Review*, Vol. 63, 2015, pp. 779 – 781.

② Giovani Satoria, *Comparative Constitutional Engineering: An Inquiry into Structures, Incentives and Outcomes*, London: Macmilian Press, 1994, pp. 201 – 202.

③ 参见陈景辉《宪法的性质：法律总则还是法律环境? 从宪法与部门法的关系出发》，《中外法学》2021 年第 2 期。

④ 参见龙卫球《民法依据的独特性——兼论民法与宪法的关系》，《国家检察官学院学报》2016 年第 6 期。

⑤ See Zachary Elkins, Tom Ginsburg, and James Melton, *The Endurance of National Constitutions*, New York: Cambridge University Press, 2009, p. 85.

体来看，行政官员在执行公务过程中不被允许发表与政府立场相悖的观点与评论；[①] 法官在职权范围内，基于裁判者身份履职、发表裁判意见会受到更大程度的限制。[②]

　　私营企业制度与宪法的调整方式不完全一致，不同于宪法言论自由的"排除"（defining-out）机制，企业制度发挥的是"列举"（defining-in）功能，劳动者有责任表明自己的言论属于制度保障的言论类型。[③] 也即，公民面对国家时，言论自由是原则，不自由是例外；而劳动者面对用人单位时，言论不自由是原则，自由反而是例外。这是因为，劳动关系双方具有持续性的管理与从属关系，劳动者不当的言论不仅会损害用人单位的业务与声誉，还有可能侵害同事的合理权益。[④] 如果放任劳动者对外投诉或举报，赋予职场言论宪法地位，对用人单位与劳动者都将是难以承受的信赖利益损失。由此，在私营企业内部，恶意向外部举报、告发商业秘密被视作违反劳动纪律的行为，还有可能因此遭到纪律处分、被解除劳动关系，劳动者并不能以言论自由抗衡用人单位的声誉与经济利益。但也不应一概否认劳动者吹哨行为的正当性。在 Heinisch/Deutschland 案[⑤]中，护工发现供职的健康护理机构无法提供标准的护理服务，机构却指示其在护理记录上做假，所以向检察机关检举机构欺诈消费者。随后护工被机构以经常请假为由解雇，当地工会认为机构解雇是为了封杀劳动者的批评言论，属于"意见压迫"。案件的争议焦点是劳动者能否直接对外告发用人单位内部的违法、违规行为。法院认为，劳动者基于忠诚义务应首先向主管反映情况，只有在内部渠道不畅通、预计无效、不加检举本人可能被追究刑

[①] 参见张千帆《公务员权利的宪法保护——行政内部法律关系的比较研究》，《浙江学刊》2007 年第 3 期。

[②] 参见孙笑侠《论法官的慎言义务》，《中国法学》2014 年第 1 期。

[③] See Cynthia L. Estlund, "Free Speech and Due Process in the Workplace", *Indiana Law Journal*, Vol. 71, 1995, p. 131.

[④] 参见谢增毅《劳动者社交媒体言论自由及其限制》，《法学研究》2020 年第 4 期。

[⑤] Heinisch/Deutschland 案的事实与裁判结果，参见王倩《保护"吹哨人"的劳动法分析——基于德国司法经验的考察》，《当代法学》2016 年第 5 期。

事责任的情况下，劳动者直接向外举报才具有合理性。①

（二） 私人言论调整目标的多样性

"范围扩张论"主张由宪法调整私人言论，但究竟要将言论概念扩展至哪些范畴，并没有给出明确的答案。事实上，私人言论类型多样、价值多元。不同于公共言论相对唯一的价值追求，在私域中很难形成统一的衡量尺度。如差序格局理论揭示的那样，血缘、地缘关系有远近亲疏，行为互动方式也由此各异。对不同的主体，我们主张隐私利益的可能性有所不同，向亲密伙伴所说的内容可能并不希望向公众披露。② "在各种状况下都能自由发言的权利，事实上并不存在。"相较于亲密伙伴，我们对政府的隐私保护期望更高，政府执法或刑事调查时，我们期待更高的隐私标准。③ 本部分将以专业言论与商业言论为例展开分析，可以发现，在涉及承诺与依赖的场景中，个体身份的转换将形成不同的言论尺度，缺乏统一适用自由价值的合理性。④

1. 专业言论

在诸如法律服务、医学诊疗等专业事务中，专业人士通过询问委托人的需求与情况，给出个性化的建议。暂且称此种交流为专业言论（professional speech）。专业言论实际上处于公共对话之外的知识领域，并不同于公共对话内的意见领域。⑤ "为了弥合知识鸿沟，并保障委托人的自主决定权，专业人士必须向委托人传达做出明智决定所需的所有信息"，各国也正通过职业许可、广告法规来规范职业行为，施加职业过失责任，近来

---

① 例如，不同于劳动者不满工作环境的言论，应承认劳动者向外披露用人单位威胁公众健康、安全及腐败问题的正当性。

② See Laurent Sacharoff, "The Relational Nature of Privacy", *Lewis & Clark Law Review*, Vol. 16, 2012, p. 1249.

③ 参见〔美〕艾伦·德肖维茨《你的权利从哪里来》，黄煜文译，北京大学出版社，2014，第 151 页。

④ See Amanda Shanor, "First Amendment Coverage", *New York University Law Review*, Vol. 93, 2018, p. 349.

⑤ 参见左亦鲁《公共对话外的言论与表达 从新〈广告法〉切入》，《中外法学》2016 年第4 期。

亦有限制专业言论内容的趋势。① 如果专业人士提供建议时因无能或疏忽导致委托人遭受直接损失，需要承担渎职责任甚至受到监管机构的严厉处罚。② 我们并不能从宪法中解释出任何知识标准，专业言论标准掌握在知识界自己手里，应由所在的知识共同体来决定什么才是真理。

在刑事辩护中，如果辩护律师与委托人在辩护观点上发生分歧，律师可否主张不受委托人意愿左右，自主决定辩护方案？从律师不是犯罪嫌疑人、被告人的附庸的主流观点，到当下肯定"维护委托人利益"是律师的唯一目标，理论与实务界对辩护律师与委托人之间关系的看法也历经复杂嬗变。背后的法理依据在于辩护律师与委托人签订委托协议，双方产生了民法上代理与被代理的关系，同时基于法律职业伦理要求，作为受托人的律师需要以委托人的利益作为辩护的出发点与落脚点，履行"不得出卖被代理人利益"的消极义务与"实现被代理人利益最大化"的积极义务。③

此外，患者基于医生的专业技术与之形成信赖关系，未能获得患者知情同意或未向患者介绍病情而发生医疗事故的医生，是否有权主张有自主决定说什么的自由？答案同样是否定的，医生具有如实向患者或者其家属介绍病情的陈述义务，这是医生言论的基本原则。但为避免医生对超出专业知识的内容负责，强制披露的信息应限定于对患者医疗决定至关重要的内容。也即，"真正需要惩罚的是'不专业'的言论以及'不专业'的沉默"④。

在张家城与南阳市第九人民医院医疗损害责任纠纷案⑤中，争议焦点是医生没有告知患者注意事项是否存在过错。法院指出，"被告在进行医疗活动时，其与患者之间形成特殊的信赖关系，医疗者属于专家而对方一般是欠缺医学知识的患者，医疗者的行为直接对患者的生命、健康产生重

---

① See Claudia E. Haupt, "Professional Speech", *Yale Law Journal*, Vol. 125, 2016, p. 1271.

② See Ashutosh Bhagwat, "When Speech is not Speech", *Ohio State Law Journal*, Vol. 78, 2017, p. 867.

③ 参见陈瑞华《独立辩护人理论的反思与重构》，《政法论坛》2013 年第 6 期；陈瑞华《辩护律师职业伦理的模式转型》，《华东政法大学学报》2020 年第 3 期。

④ See Claudia E. Haupt, "Professional Speech", *Yale Law Journal*, Vol. 125, 2016, p. 1289.

⑤ 参见张家城与南阳市第九人民医院医疗损害责任纠纷案，南阳市卧龙区人民法院 (2017) 豫 1303 民初 5290 号。

大影响，医疗者在执业过程中，负有注意义务，对患者应保持忠实"。本案中在患者入院陈述其因交通事故受伤，且经过专科检查存在创面有较多血性渗出的情况下，医生应告知患者需注射破伤风抗毒素，但医院未向法院提交医生已告知患者需注射破伤风抗毒素进行预防治疗而患者拒绝破伤预防的证据，所以医生未给患者注射破伤风针的医疗行为，违反了专业人士应有的注意义务，与患者患破伤风存在间接因果关系。

2. 商业言论

商业言论需与消费者利益、社会市场竞争秩序等多元利益协调。对于经营者是否构成商业诋毁，《反不正当竞争法》通过主体、行为、后果等构成要件限定了经营者的言论边界。在言论没有"虚假"、"误导"、"损害商业信誉和商品声誉"的情形下，存在利益冲突的经营者根据相关事实发表观点，有权表明自己的态度和立场。

商业诋毁纠纷案件中，言者大多会以具有言论权利作为名誉侵权抗辩，但需厘清的是，这里的权利并非宪法言论自由。在青岛软媒网络科技有限公司与腾讯科技（深圳）有限公司商业诋毁纠纷案①中，二审法院并没有以宪法言论自由条款作为裁判依据或者论证理由，而是在《反不正当竞争法》第 11 条的基础上，从主体、行为、后果等构成要件进行判断，撤销了一审判决，驳回腾讯的诉讼请求，认为软媒公司的批评具有正当性。

关于软媒公司是否编造了误导性信息②，法院持否定态度。软媒公司使用"垄断"一词并无不当，其从社会公众的视角指出腾讯的相关行为涉嫌垄断，并没有上升到腾讯行为构成法律意义上的垄断。垄断所具有的法律与社会语境内涵不完全一致，但这并不必然禁止公众在一般意义上使用这个词。法院指出，"作为一篇评论文章，根据相关事实发表自己的观点，表明自己的态度和立场，得出相关结论是正常做法，只要是评论者没有恶

---

① 参见青岛软媒网络科技有限公司诉腾讯科技（深圳）有限公司、深圳市腾讯计算机系统有限公司商业诋毁纠纷案，山东省高级人民法院（2020）鲁民终 579 号民事判决书。

② 2019 年 2 月，软媒公司在"IT 之家"网站发表文章《做社交，腾讯逼的》，腾讯认为文章标题、《子夜》反面人物赵伯韬与《孟子》等典故构成法律意义上的商业诋毁。

意，而是依据相关的事实，根据自己的经验认识得出的结论，虽然某些结论可能有些偏颇或用语有些偏激，但也不宜轻易认定其构成商业诋毁"。经营者的言论自由需要与商业信誉利益进行权衡，"经营者不得拒绝别人评论，这是言论自由的应有之义。评论方也不得编造、传播虚假信息或者误导性信息，损害竞争对手的商业信誉和商品声誉，这也是言论自由的应有边界"。概言之，存在竞争关系的竞争者具有民法意义上的言论权利，而非宪法权利层面的言论自由，需要与相关利益进行平衡。

综上，私域里的价值判断难以达成共识，特定关系中的言者负有通知、告知、保密、忠实等言论附随义务，考虑听众基于信赖关系产生的权益，例如劳动者在工作环境中需要维护劳动单位的义务，律师、医生需要保持言论的专业性。私人言论面临的侵害风险各异，对应的保障强度也有高有低，宪法不仅不能调整所有类型的社会关系，而且也无力给出统一的价值评价与衡量尺度。

（三）多元审查基准的裁量风险

若由宪法调整所有类型的言论，需确定以何种基准审查限制言论的法律是否合宪。例如，《广告法》禁止使用极限词语是否合理？能否根据言论的性质确定不同的审查基准：公共言论严格审查，私人言论合理审查？[1] 然而如论者观察到的那样，"在事实上，合理性审查基准几乎等于毫无审查"，所有对内容限制的立法在合理性审查基准下都是合乎宪法的。[2] 那是否可以降低严格审查基准、提高合理审查基准，形成中度的审查强度，一并限缩公共言论的保障强度？多元审查基准看似更合理，但也面临处理上的困难与风险：如果升级保障私人言论，将约束公权力的标准用以审查规制私人言论的法律，很有可能得出违宪的判断，以致阻碍了立法权能的释放；而如果松绑宪法保障强度，降级衡量公共言论，宪法权利亦将沦为

---

① 参见何永红《基本权利限制的宪法审查》，法律出版社，2009，第 83~84 页。

② 根据言论价值的大小来区分审查基准：高价值言论充分保障，中价值言论较少保障，低价值言论更少保障甚至完全不保障。有论者提出这是宪法权利审查的"洋葱模型"（onion model），言论审查强度取决于被规制对象的价值。See Mark Tushnet, "The Redundant Free Exercise", *Loyola University Chicago Law Journal*, Vol. 33, 2001, pp. 78-79.

服务各种利益的工具。①

1. 消除公私域边界而侵害私人自治

立宪主义的核心在于"国家不应滥行介入国民生活",个人能够基于自身意志选择生活的方式,国家只应维持最低限度的秩序。② 在主体对等的法律关系中,意思自治是首位的原则,"私人为立法者,得普遍性、常态性地创设关涉自己与他人之间关系的法律规范"③。例如,我们可能会对专业言论有更高的期待,或者因特定利益的存在而自我设限,主动妥协甚至放弃言论自由。将规范公权力的严格标准用以调整与约束民事主体,即便可以实现预期目的,手段的成本与所实现的效益也不再均衡,亦将破坏私域本应具备的自治、宽容与友善价值。

为避免防备对象范围过大而导致的"打击错误",宪法权利首先强调"国家的静止状态",政府不能直接、间接地约束民事关系。在"全能宪法""总章程式宪法"思维的影响下,宪法成了整合社会生活秩序的治理工具,这将干扰甚至消解宪法功能。④ 过分纠缠于私人利益纠纷的处理,促使法律以一种"隐蔽和温和的方式"对宪法权利具体化,而具体化背后"隐藏着以多数意见的形式侵犯公民权利的风险",作为权力垂直控制的宪法权利将被进一步限制。⑤ "多即是少",那些曾经不以公共利益为条件的宪法言论自由,因外延的过度扩大,尤其是纳入了私人利益或偏好后,因所谓的权利冲突而需要被进一步衡量、附加义务,最终导致权利的整体脆弱性。⑥

法律工具箱中有自由、平等、自治等各类价值,面对不同程度的侵害

---

① See Mark Tushnet, "The Coverage/Protection Distinction in the Law of Freedom of Speech: An Essay on Meta-Doctrine in Constitutional Law", *William & Mary Bill of Rights Journal*, Vol. 25, 2017, pp. 1114 – 1117.

② 参见〔日〕芦部信喜《宪法》,林来梵、凌维慈、龙绚丽译,清华大学出版社,2018,第 10~11 页。

③ 易军:《私人自治的政治哲学之维》,《政法论坛》2012 年第 3 期。

④ 参见徐国利《"总章程"式宪法的困境与当代中国宪法的转型》,《学术界》2014 年第 9 期。

⑤ 参见何晓斌《基本权利在现代宪法中的功能定位——从〈现代宪法论〉说起》,《现代法治研究》2021 年第 1 期。

⑥ See Philip Hamburger, "More is Less", *Virginia Law Review*, Vol. 90, 2004, p. 858.

风险，应适用相应的调整工具。① "杀鸡焉用牛刀"说的正是这个道理。在实行违宪审查制度的国家或地区，如果法律限制了公共言论的内容，法院将适用相较于合理、中度审查更高强度的严格审查。不同于合理审查基准下的推定合宪，严格审查基准下的法律首先被推定无效，并由政府承担法律合宪的证明责任。此证明责任主要包括两个方面：就目的而言，限制必须是为了实现令人信服的、重要的、迫切的公共利益；就手段而言，手段必须与所追求的目的具有实质关联性，且必须采取限制最小的手段，除此以外没有其他更为合适的替代方案。②

在 United States v. Alvarez 案③中，系争法律规定虚假佩戴军功章以及对外谎称军功章获得者的行为属于刑事犯罪。在政府看来，设立荣誉勋章是为了向英雄致敬，有助于激励与表彰人民捍卫共同体的荣誉，对虚假言论设定的刑事禁令是保障荣誉勋章不被他人冒用的适当手段。阿尔瓦雷茨在公开会议上做自我介绍时，谎称自己曾被授予国会荣誉勋章，之后被控违反了上述规定。案件的争议焦点在于系争法律是否违反了第一修正案，肯尼迪法官代表法院宣布上述规定违宪并撰写了多数意见。法院指出，"为纪念英雄而制定的法律必须与为之奋斗的宪法精神相一致"，虽然政府声称现有的刑事禁令为其他言论留下了足够的"喘息空间"，但目的正当性还远远不能证成法律限制言论的合宪性。

总之，如果立法机构制定了一部限制言论的法律，法院通常会采用严格审查基准来判断法律的合宪性。此套分析框架是刚性的，认定的结果大多是违宪，"政府在这一原则的适用下几乎不可能通过审查"④。有论者直言，"理论上严格"的审查基准通常会被证明"实际上是致命的"，而合理审查则相当于一个"虚拟的橡皮图章"，无法发挥宪法审查应有的控权功能。⑤ 如果用约束公权力的刚性标准约束私人言论，将产生约束过当的风险。

---

① 参见姜峰《民事权利与宪法权利：规范层面的解析》，《浙江社会科学》2020年第2期。

② 参见何永红《基本权利限制的宪法审查》，法律出版社，2009，第84~85页。

③ See United States v. Alvarez, 567 U. S. 709 (2012).

④ 参见何永红《基本权利限制的宪法审查》，法律出版社，2009，第81页。

⑤ Richard H. Fallon Jr., "Implementing the Constitution", *Harvard Law Review*, Vol. 111, 1997, p. 79.

2. 混淆权利与利益、规则与原则

不同事物通约的前提是有相同的度量标准，可以参照共同的尺度进行选择。功利主义以利益与效用作为价值衡量的标准，将不具有同质性的 A 与 B 置于标尺上并确定倾斜的方式，从而得出"A 重于 B"的判断；或者根据 A 与 B 的权重寻求相对平衡，A 不会压倒 B，A 与 B 幸存的部分都是应得的。然而，宪法权利与利益、偏好是否可以相互通约？宪法权利是可以衡量的吗？

单一的衡量尺度可能因忽略事物细节上的差异，而改变被衡量事物的本质。① 民事纠纷解决过程中适当的利益平衡是必要、合理的，这敦促决策者考虑所有相关因素，列出优点与缺点，在成本效益分析的基础上选择更优的行动方案。此种深思熟虑的态度具有方法论上的诱惑力，然而一味地衡量公民权利可能会威胁宪法的独立价值，"平衡让我们远离宪法，只是提供'合理的'政策制定，而不是对权利、原则与结构的理论研究"②。"每一项宪法规则与原则都被简单地化约为邀请人们讨论社会政策，那么谈论宪法理论就没有什么意义了。在权衡体制之下，宪法至上理念将有许多不稳定的因素，宪法权利不再是王牌，而只是同一花色中价值更高的牌而已。"③ 在此情况下，权利也就成为一种修辞，"每一方均真诚地认为，主张的权利要求是从基础要求的实质中产生说服力，而实际上它的说服力仅是通过'权利'的修辞得出的"④。

言论概念通胀带来的是权利的贬值，"宪法权利被限制因素凌驾不是偶然现象，而是它的常规状态"⑤，削减言论将没有任何阻力。在那些权利与利益混用的国家或地区，言论常常受到严格审查，利益衡量的结果并不理想。⑥

---

① See Cass R. Sunstein, "Incommensurability and Valuation in Law", *Michigan Law Review*, Vol. 92, 1994, p. 797.

② T. Alexander Aleinikoff, "Constitutional Law in the Age of Balancing", *Yale Law Journal*, Vol. 96, 1987, p. 1005.

③ T. Alexander Aleinikoff, "Constitutional Law in the Age of Balancing", *Yale Law Journal*, Vol. 96, 1987, p. 992.

④ Peter Westen, "The Rueful Rhetoric of Rights", *UCLA Law Review*, Vol. 33, 1985, p. 998.

⑤ 于柏华：《比例原则的权利内置论》，《法商研究》2020 年第 4 期。

⑥ 参见汪庆华《名誉权、言论自由和宪法抗辩》，《政法论坛》2008 年第 1 期。

由于不加区分地衡量所有言论，言论自由将不再被视为需要坚定尊重与维护的信条。[1] 这会产生抑制、惩罚公共问题讨论过程中不同意见的动机，减少发现真相的机会，从而削减社会系统的响应能力。[2] 由此，为防止公权力以不正当的动机审查与管制言论，有必要将公共言论排除出日常立法过程。

"相对保障论"的另一缺陷在于对宪法规则与原则的混淆。规则一般是指需要符合特定条件才得以满足的确定性命令，以"全有或全无"的逻辑适用于相关事实。如果一项规则有效且适用条件均得到满足，就必须明确地执行它所要求的内容，否则便有可能因违反规则而承担消极后果。相反的是，冲突下的平衡是原则论的常态，由于结构方面的差异，作为最佳化命令的原则要求考虑规范和事实的具体情况，通过平衡确定不同原则之间的匹配与协调程度，进而在可能的范围内实现相应原则。[3] "相对保障论"将作为规则的宪法言论自由条款抽离了权利主体、义务主体、权利对象三个要素，经由罗伯特·阿列克西（Robert Alexy）所言的"三重抽象"，变成了可衡量的自由原则。[4] 此种判断存在两方面的不足。其一，法律原则有特定的调整对象，私人言论并不必然适用自由价值。对于专业言论、劳动者言论而言，强制性约束是原则，自由反而是例外。其二，当把宪法权利视作不具有阻断性的初显权利，并认为只有在具体情形中通过合比例的推理方能形成"权利的结论意义"，进而主张国家可以在个案中限制言论，权利内涵透明灵活带来的是稳定性与可预测性的缺失。[5]

人们常常混淆利益与权利，将个体的利益、偏好形容成权利，权利日渐成为人们表达私益诉求与争议解决的修辞。而在讨论涉及公共事务的时候却将作为宪法权利的言论自由同多种利益相权衡，变成一种相对利益。

---

① See Tara Smith, "Just Sayin: How the False Equivalence of Speech with Action Undermines the Freedom of Speech", *Drexel Law Review*, Vol. 11, 2019, p. 535.

② See J. Morris Clark, "Legislative Motivation and Fundamental Rights in Constitutional Law", *San Diego Law Review*, Vol. 15, 1978, p. 991.

③ See Robert Alexy, "Constitutional Rights and Proportionality", *Revus: Journal for Constitutional Theory and Philosophy of Law*, Vol. 22, pp. 52 – 54.

④ 参见李海平《基本权利客观价值秩序理论的反思与重构》，《中外法学》2020 年第 4 期。

⑤ 参见于柏华《比例原则的权利内置论》，《法商研究》2020 年第 4 期。

"用那种迎合另一种不同的社会秩序需求的方法，把人们固定在其指定位置之企图，才是冲突与内耗的来源。"① 宪法权利划定了权力不能触及的范围，是可以压倒集体、社群多数人利益的"王牌"，故而在某种程度上是对立法权限的削减。作此限定不仅有助于避免宪法权利与其他法益发生冲突，而且也能避免宪法权利沦为相对性的利益。② 准许私人言论进入宪法的调整范围，但因其无法承受刚性标准之约束，而将其与公共言论一并进行衡量与限缩，非但没有必要，而且有害于公共言论的宪法地位。在多元审查基准下，宪法权利变成了相对的利益，"全有或全无"式适用的规则变成了可以个案衡量的原则，最终造成公共言论被降级审查，言论概念通胀的同时也大大贬值。

四 调整范围的限定方法

通过上文的讨论，可以得出如下结论：由宪法调整私人言论不仅没有必要，而且存在相当程度的风险。宪法言论自由仅约束国家行为，而不适用于私人关系。在上述立场下，判断是否构成对宪法言论自由的侵害，需要着重观察是否存在具有强大侵害风险且无法逃避的公权因素。如果政府参与、协助、鼓励、授权或委托私人从事言论审查，那么可将私人行为视同国家行为而给予宪法约束。

（一）限定于约束公权力对言论的侵害风险

1. 前提：判断是否形成言论关系

首先，我们应将言论划分成落于"法律之外"的 ABCD 与落于"法律之内"的 CDEF（具体见图1），后者可以区分为公域 JDIF 与私域 CJEI。JDIF 与 CJEI 是并列关系，并非总分或主次关系。形成言论关系的前提是存在言者（表达主体）与潜在的听众（接收主体）。只有在言者有传达特

---

① 〔美〕罗斯科·庞德：《法哲学导论》，于柏华译，商务印书馆，2019，第34页。
② 参见杨登杰《执中行权的宪法比例原则　兼与美国多元审查基准比较》，《中外法学》2015 年第 2 期。

定意图且存在听众理解可能性的情况下，言论才可能由法律调整。

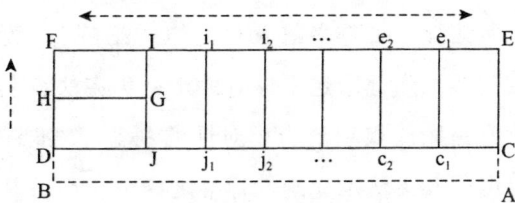

图 1　调整范围的限定方法

其一，形成特定"关系"。权利存在的必要性不仅是为了尊重原子式的个体自由，还在于从共同体的结构中塑造与形成个体间相互承认与尊重的公共品质。① 从关系性的视角理解言论，意味着需从"是否形成关系"（表达过程）与"形成何种关系"（表达效果）两方面考察是否满足言论关系的形成条件。

从言论"思想市场"的隐喻来看，空间是人类获取经验与亲身实践的必要条件，是公开发表言论的前提，"个体自主与实现民主都需要存在特定的空间……空间为言论自由提供了场所"②。正因为存在一个开放性的空间，言论才具有了被听众接收与理解的可能性，从而形成相应的法律关系。不同于思想，言论的存在与形成以存在听众为前提。"他人缺席"的空间，无异于"彻底的私人生活"，即使有言论的外观形态，但其实质上仍然被剥夺了来自被他人听见的现实性，被剥夺了和他人的客观关系。③即便言者并非为了特定听众的利益，而仅在于谋取自身的利益才去表达，但只要存在传达信息的意图，纯粹思想就具有形成言论关系的可能性。此即言论的"外溢性"特征。例如，日记虽然通过文字记录且具有言论外观，但大多数人写日记并无向他人传播的意图，④ 所以即使其中存在批评

---

① 参见黄涛《自由、权利与共同体：德国观念论的法权演绎学说》，商务印书馆，2020，第 337~342 页。
② Thomas P. Crocker, "Displacing Dissent: The Role of Place in First Amendment Jurisprudence", *Fordham Law Review*, Vol. 75, 2007, p. 2624.
③ 参见〔美〕汉娜·阿伦特《人的条件》，竺乾威等译，上海人民出版社，1999，第 45~46 页。
④ See Ashutosh Bhagwat, "When Speech is not Speech", *Ohio State Law Journal*, Vol. 78, 2017, p. 874.

公共政策的内容，也并不必然由宪法调整。

在 Spence v. Washington 案①中，美国联邦最高法院确立了形成言论关系的两个要素。该案中，斯彭斯通过悬挂国旗来抗议越战和政府向肯特州立大学生开枪事件，后被控违反旗帜使用规定。斯彭斯没有以书面或口头方式来表达观点，由此有必要确定是否存在向潜在听众传递信息的意图。

法院指出，旗帜是"原始但有效的思想交流方式"，是一种"从头脑到头脑的捷径"②，斯彭斯在国旗上叠加和平标志，并将其倒挂在住宅窗户上，应认定此种行为旨在传递反对政府卷入越战的信念与态度。如果抛开特定的时代背景，一个人把带有和平标志的旗帜倒挂在地上，极有可能仅被理解为一种奇怪的行为。而本案中，虽然现有证据并不能证明除了执法的三名警察之外的其他人也看到过这面旗帜，但旗帜长3英尺、宽5英尺，上下颠倒，前后贴着占据旗面一半的和平象征，具有被不特定主体识别与理解的可能性。斯彭斯做此举动是具有特定背景的，潜在的听众可以领会他的意图。

其二，形成"言论"而非"行为"，排除"所言即所为"式的言论（施行话语）。日常的合同签订、遗嘱订立无法离开语词，但法律对合同、遗嘱内容的限制并没有引起合宪性争议，这是因为它们与宪法合理的调整范围相距甚远。③ 例如，上市公司信息披露不实、经营者共谋垄断、制造商产品说明书中存在错误，以上情形都有可能被追究不同程度的法律责任。即使立法针对言论的内容进行了限制，法院也没有适用严格审查基准判断立法是否合宪。④

仅就交流目的来看，语用行为（communicative acts）大体上可以分为两类：一类是为了传达思想、意见、信息、主张和事实的记述话语（constative utterance），另一类是为了改变社会关系（双方权利、义务）的施行

---

① See Spence v. Washington, 418 U. S. 405 (1974).

② West Virginia State Board of Education v. Barnette, 319 U. S. 624 (1943).

③ See Frederick Schauer, "Out of Range: On Patently Uncovered Speech", *Harvard Law Review Forum*, Vol. 128, 2014, p. 352.

④ See Frederick Schauer, "The Boundaries of the First Amendment: A Preliminary Exploration of Constitutional Salience", *Harvard Law Review*, Vol. 117, 2004, p. 1770.

话语（performative utterances）。① 其中，施行话语兼具话语与行为的外观，最主要的功能在于"做事"，所以不能像记述话语一样可以作或真或假的判断，只能置于具体的情境判断"是否适当"。② 简单来说，施行话语就是"所言即所为"。对于缔约性言论（诸如合同中的要约与承诺）、挑衅性言论（诸如可煽起暴力的好战话语）等施行话语，是否有必要由宪法调整？

在肯特·格里纳沃尔特（Kent Greenawalt）看来，可以改变情境的言论"是做事的方式（ways of doing things），而不是断言（asserting things），通常受到与大多数非交际行为相同基础的约束"③，所以不宜认定为言论。所谓改变情境，意味着不同于单纯的事实陈述或价值主张，根据既定的标准，施行话语可以直接改变交谈者的地位，甚至可以为别人设定具体的规范性义务。例如，A 去体育馆存包，服务员 B 会告诉 A 用哪三个数字来开锁。但此种交流和 B 直接递给 A 钥匙没有显著差别，服务员 B 说出三位数密码只是为了让 A 能够打开锁，并无意传达个人的某种信念或态度，这与言论所要调整的事实陈述或价值主张没有太大的关联性。④ 在体育竞技比赛中，运动员 C 违规被裁判 D 喊"出局"意味着 C 的参赛资格被取消。在买卖合同订立过程中，E 发出要约，F 作出承诺，双方的目的并非主张意见，而是为了缔约，这不可避免地会对标的物的数量、质量、价款进行磋商，此时便会涉及双方民事权利与义务的变更。

施行话语与记述话语的类型区分，旨在将更偏向于行动的施行话语排除出言论的调整范围。然而，应当意识到此种区分的局限性，现实中可能

---

① See Robert Mark Simpson, "Defining Speech: Subtraction, Addition, and Division", *Canadian Journal of Law and Jurisprudence*, Vol. 29, 2016, p. 471.

② 〔英〕约翰·朗肖·奥斯丁（John Langshaw Austin）在提出施行话语与记述话语的类型区分后，也承认两者的区分标准具有模糊性，所以将言语行为区分为"话语行为"、"话语施事行为"和"话语施效行为"三种类型。参见〔英〕约翰·朗肖·奥斯丁《如何以言行事》，杨玉成、赵京超译，商务印书馆，2017。

③ Kent Greenawalt, *Speech, Crime, and the Uses of Language*, Cary: Oxford University Press, 1992, p. 58.

④ See Kent Greenawalt, *Speech, Crime, and the Uses of Language*, Cary: Oxford University Press, 1992, p. 47.

更多的是那些兼有言与行两方面特征的言论，所以仍需进一步根据言论受侵害的可能性作更进一步的判断。

2. 关键：区分言论受侵害的可能性

类比信源、信道与信宿，可以得出言论的产生、获取、变换、传输、识别与应用的原理。信源指的是产生信息的实体，主要有自然信源、社会信源与知识源三种类型，而信宿则是信息的最终去向。需要注意的是，信息在信道传递过程中存在导致信息失真、干扰信息传递到信宿的噪音，所以产生了编码、译码、反馈等将信息转成信号的保护措施。① 同样地，在不同法律关系中，言论面临不同程度的侵害风险，这就要求我们审慎考察言论的侵害风险源，将受侵害可能性更大、风险无法逃避的言论纳入宪法调整范围。

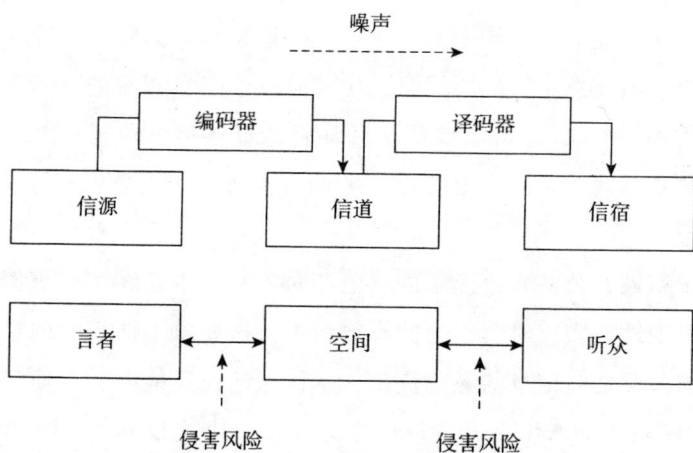

图 2　言论的形成过程与效果

通过第一阶段的审查后，需要根据权利、权力、义务在言论关系中的权重，分解公域与私域中的伦理标准。如何更有效地划定私域中言论的边界，关键在于判断言者还是听众的利益更值得保护，这首先依赖于民事主体的意思自治，宪法并不比私人合意或法律更具优势。如论者所言，我们不必采取司法审查宣告法律违宪的戏剧化形式，尽管在特殊情况下此类行

① 参见石峰、莫忠息主编《信息论基础》（第 3 版），武汉大学出版社，2014，第 1~4 页。

动是必需的。不是唯有宪法才能保障言论自由，远离宪法的聚光灯，同样可以实现言论的调整与保障目标。[①] 将私人言论排除出宪法的调整范围，并不意味着将其置于法外空间。如果言论涉嫌诽谤、侵犯他人隐私，言者可能被限制、剥夺发言的机会，承担侵权责任甚至构成刑事犯罪。在图1中，民事关系中的言者需要遵守宽严不等的言论附随义务 $c_1 c_2 e_1 e_2$、$j_1 j_2 i_1 i_2$，例如保守商业秘密、保持专业性、维护管理秩序等义务，相应部门法中的规则与原则能够提供更加相称的规范指引。我们不能发表专断、蛮横、激烈、苛刻、失实的言论，更应给予其他民事主体最基本的尊重。

例如，在刘彬彬与江苏省如高高压电器有限公司劳动争议案[②]中，劳动者在公司微信平台留言区谩骂同事，言语粗暴，后被公司以严重违反公司规章制度为由解除了劳动合同。劳动者认为评论不具有侮辱性，公司的解雇行为属于违法解除，故诉至法院。法院认为，劳动者违反了《员工手册》中的相关规定，"工作中原告对公司主管或同事的有些做法有不同意见，可以提出不同意见，但所提意见应具有一个正常理智的普通人所能达到的合理与适当"。最终，法院认定劳动者严重违反公司规章制度，公司因此作出解除劳动关系的决定符合《劳动合同法》用人单位解除劳动合同的法定情形。

相对于私域，公共言论追求的价值相对单一，主要在于促进国家与社会治理的民主性，实现对公权力的有效约束。这要求不同权力的广泛协调以及政府与人民之间信息的充分流动，从而保证公民能够有效监督公权活动。[③] 从国家权力的产生来看，在民主政体中，宪法权利作为衡量权力行使是否恰当的标准。人民作为权力的委托人，只向国家委托了某些权力，而正是因为人民权力的授予，才产生了作为代理人的国家机构。人民为确保代理人受委托代理关系的约束，可以对国家设定更高标准的行为准则，

[①] See Danielle Keats Citron, Neil M. Richards, "Four Principles for Digital Expression", *Washington University Law Review*, Vol. 95, 2018, p. 1373.

[②] 参见刘彬彬与江苏省如高高压电器有限公司劳动争议案，江苏省如皋市人民法院（2019）苏 0682 民初 77 号民事判决书。

[③] See Genevieve Lakier, "The Non-First Amendment Law of Freedom of Speech", *Harvard Law Review*, Vol. 134, 2021, p. 2308.

并要求国家对违反受托责任的行为负责。① 为了让持有不同意见的人通过规范化的程序而非暴力来解决认识与见解上的分歧，宪法中的平等原则要求国家不能区别对待言论的内容。② New York Times Co. v. Sullivan 案确立的"实际恶意"（actual malice）标准，以事实错误与诽谤性内容两个要素作为是否给予言论宪法保障的判断依据。如果批评公职人员的言论内容不属实但并非故意捏造，或者故意中伤他人但所言的内容确实属实，这两种言论都将落入宪法的调整范围；而如果公职人员能够证明言者明知信息虚假，还是不计后果地无视事实而任意地披露，那么言者就不能再以宪法言论自由作为名誉侵权的抗辩理由。③

接下来，我们将聚焦学校这个空间，设置个案 1 与个案 2 进行对比分析。两个案例的主体都是教师，但言论内容与对象有所差别。是否有必要由宪法调整言论，需结合言者所处的法律关系作具体分析。在劳动关系中，劳动者负有忠实义务，不能恶意发表破坏用人单位利益的言论。以教师言论为例，教师在教学过程中首先受到学校章程、教师行为规范准则、聘用合同等规范的约束。如个案 1 所示，教师日常教学中的言论是受限的，学校、教育行政部门有权限制不符合管理秩序的言论。而当言论涉及公共利益，则有必要将教师视作享有宪法言论自由的公民。

个案 1（Downs v. Los Angeles Unified Sch. Dist. 案）④。教师唐斯反对洛杉矶联合学区（LAUSD）组织的"同性恋认识月"活动，在学校大厅创建了"重新定义家庭"的公告板，后被校方移除。教师提起诉讼，认为学区移除公告栏上材料的做法，侵害了其宪法言论自由。学区认为，唐斯在公告栏上张贴的材料非但没有促进反而损害了对多元性别文化的包容。法院指出，公告板并不是一个"自由语音区"，而是用于传达学区消息的工具。唐斯在教学过程中实际上是以公职人员的身份在表达，所以就不能随意地发表与既定教学政策相违背的言论。

---

① 参见于飞《基本权利与民事权利的区分及宪法对民法的影响》，《法学研究》2008 年第 5 期。
② See Louis Michael Seidman, "Can Free Speech be Progressive", *Columbia Law Review*, Vol. 118, 2018, p. 2244.
③ See New York Times Co. v. Sullivan, 376 U. S. 254 (1964).
④ See Downs v. Los Angeles Unified Sch. Dist. , 228 F. 3d 1003 (9th Cir. 1998).

个案 2（**Pickering v. Bd. of Educ. 案**）[①]。伊利诺伊州的一名教师对学校增加预算的政策有不同看法，于是在当地报纸上指责学校，后被委员会以发布的内容不利于学校管理为由解雇。本案的争议焦点是公立学校教师是否有权直接向外披露反对意见。在解雇听证会上，学校董事会与审计委员会提供了教师陈述不实的证据，指控教师违反了教师执业纪律，损害了学校声誉。在学校看来，受聘教师有义务忠诚地支持上级，如果必须对外披露反对意见，应准确、如实地发表与学识、经验相称的言论。但法院指出，教师的批评性言论仅反映了其与董事会对教学与科研建设、改革和发展事项的认识分歧，并没有违反上级纪律规定或破坏同事间的和谐关系。提高教育税率的议案理所当然地属于公共问题，学校行政部门所作的判断并不是终局意见，故应将此类问题交由公共机构表决。自由和公开的辩论对民众作出决策而言至关重要，教师作为对教育资金分配与使用问题最有可能有明确意见的一员，必须能够对此类问题自由地发表意见，而不必担心被学校报复性解雇。

（二）识别私人行为中是否存在公权要素

不可否认，私域与公域间的界限日益模糊，仍需追问私人行为中是否潜藏着类似于公权力的"社会强力"[②]。如果私人言论关系中存在政府参与、协助、鼓励、授权、委托等公权要素，那么可将私人行为视作国家行为，仍以宪法约束其中存在的公权力。[③] 互联网时代，各种新型的巨头企业（诸如宽带服务提供商、搜索引擎、社交媒体平台）似乎拥有比预期更大的权力，然而言论的最大侵害风险源是否已由国家变成巨头企业？是否有必要绕过法律，直接跃升由宪法约束巨头企业不断增长的权力？本部分

[①] See Pickering v. Bd. of Educ. , 391 U. S. 563 (1968).

[②] 所谓"社会强力"，主要是指某些私人主体并不是传统意义上的国家机构，但其对公民个体的影响可能并不弱于国家公权力，以至于产生了是否有必要由宪法约束的问题。相关讨论参见徐靖《论法律视域下社会公权力的内涵、构成及价值》，《中国法学》2014年第 1 期；姜峰《宪法私人效力中的事实与规范：一个分析框架》，《法商研究》2020年第 1 期。

[③] See Julian N. Eule, Jonathan D. Varat, "Transporting First Amendment Norms to the Private Sector: With Every Wish There Comes a Curse", *UCLA Law Review*, Vol. 45, 1998, p. 1544.

以社交媒体平台（以下简称"平台"）为例，识别私人行为中是否存在公权要素，进而回应以上问题。

1. 是否行使属于国家的传统职能

不同于 19 世纪、20 世纪，21 世纪的"言论自由形成了三角关系"，言论越来越依赖于社交平台、搜索引擎、互联网服务提供商与域名系统注册商。① 新美国基金会（New America）研究员马文·安莫里（Marvin Ammori）曾预言，"在接下来的十年中，如果联邦最高法院做出具有里程碑意义的言论自由裁决，那么谷歌或推特将替代《纽约时报》，成为案件的一方当事人"②。然而，也有观点认为，言论自由制度的未来更可能受到诸如技术设计、业务模型以及终端用户行为的影响，影响言论权利的重要因素无法在宪法中找到明确依据。③ 由此，对于私人行为中存在的公权因素，满足何种条件才应由宪法介入？

民事主体基于言论内容的歧视并不等同于政府的言论审查，"审查"（censorship）概念专指国家对公民言论自由产生的实质阻碍，例如国家可以拒绝报刊出版、关闭剧院甚至处以刑事责任。作此区分的原因在于公民与国家之间存在难以逃避的权力差距，个体往往无法轻易抗衡政府言论审查。公权力不应随意地审查、限制言论内容，而民事主体基于言论内容的歧视不应被视作对公民宪法言论自由的侵害。对概念的混淆将导致"狼来了"故事中的悲剧："我们削弱了对抗真实事物的能力，当不分皂白地将所有形式的言论监管都视作'审查'，便失去了更准确地解释审查制度究竟反对什么的机会。"④

当前，平台出于多种原因审核信息，不排除平台为了回应公权力的监

---

① 在过去的 19 世纪、20 世纪，国家管理着报纸、广播与电视台，这一阶段我们面临"言论的能力"问题，也就是我们能否接近媒介以及是否有机会在媒体上自由表达。See Jack M. Balkin, "Free Speech is a Triangle", *Columbia Law Review*, Vol. 118, 2018, p. 2011.

② Marvin Ammori, "The New New York Times: Free Speech Lawyering in the Age of Google and Twitter", *Harvard Law Review*, Vol. 127, 2014, p. 2266.

③ See Jack M. Balkin, "The Future of Free Expression in a Digital Age", *Pepperdine Law Review*, Vol. 36, 2009, p. 437.

④ Tara Smith, "The Free Speech Vernacular: Conceptual Confusions in the Way We Speak about Speech", *Texas Review of Law and Politics*, Vol. 22, 2017, pp. 80 – 82.

管压力，在政府的监管要求上细化平台内部的言论规则。为了避免承担监管过失的行政、刑事责任，平台可能会过度审核内容，进而导致所有言论受到严格审查。① 为了避免附带审查带来的言论侵害风险，引入适当的豁免责任是有必要的。然而，如论者所言，在数字生态中，公权力诱惑甚至操纵平台审查言论，平台拥有了前所未有的监视能力，言者无法真正匿名。② 由此，真正需要警惕的是公权力隐匿于民事主体背后的附带审查（collateral censorship）：公权力让平台对用户的言论负责，平台有义务监管用户发表的内容。③ 当公权力介入平台的内容审核，如鼓励、强制平台删除那些批评言论或者平台删帖行为是借助行政力量实现的，④ 那么应肯定宪法介入调整的必要性。

除了附带审查以外，同样存在平台主动规制言论的可能性。数字生态下的平台业务大多全球布局，用户来源的广泛性意味着平台会制定适用于相应地区的言论监管规则，⑤ 同时不同平台对内容审核表达了"某种属于自己的法理"⑥，制定了各自的服务协议，不完全准用相同的约束强度。提供言论媒介并非只有政府才会做的事情，⑦ 不能仅因为民事主体提供言论媒介、编辑或删除言论的事实，就将平台对言论的审核视作国家行为。数据挖掘类产品正是在内容区分与加工的基础上实现了信息的个性化推送，而一旦将此种基于新型技术的信息分类认定成国家行为，将剥夺平台

---

① See Jack M. Balkin，"Virtual Liberty：Freedom to Design and Freedom to Play in Virtual Worlds"，*Virginia Law Review*，Vol. 90，2004，p. 2096.

② See Moran Yemini，"The New Irony of Free Speech"，*Columbia Science and Technology Law Review*，Vol. 20，2018，p. 119.

③ 参见谢尧雯《论美国互联网平台责任规制模式》，《行政法学研究》2018 年第 3 期。

④ 对于政府卷入私人行为的公私关系，主要有共生关系（如双方存在互惠互利关系）、政府控制（在人员任命、管理和活动等方面较大程度地介入）、政府鼓励（政府鼓励的行为成了私人的强制性义务）、共同行为（私行为借助行政与司法程序）等判断标准，参见彭亚楠《谁才有资格违宪——美国宪法的"政府行为"理论》，载赵晓力主编《宪法与公民》，上海人民出版社，2004，第 243～247 页。

⑤ See Marvin Ammori，"The New New York Times：Free Speech Lawyering in the Age of Google and Twitter"，*Harvard Law Review*，Vol. 127，2014，p. 2279.

⑥ Marvin Ammori，"The New New York Times：Free Speech Lawyering in the Age of Google and Twitter"，*Harvard Law Review*，Vol. 127，2014，p. 2273.

⑦ 例如，私人主体可以在自己的食品杂货店张贴社区公告栏，为公众表达政治意见与信息提供论坛。See Manhattan Community Access Corp. v. Halleck，587 U. S.（2019）.

的经营自主权。

2. 是否存在不可逃避的权力差距

"权利是经验与历史——尤其是极端的邪恶——所教会我们的更好选择。"[①] 这是艾伦·德肖维茨（Alan Dershowitz）对权利来源所作的解释：权利来源于不义的经验。考察历史长河中不同国家与地区的不义经验，有助于我们在理解言论侵害风险的基础上配置相应的保障机制。从昆廷·斯金纳（Quentin Skinner）梳理的自由谱系来看，[②] 不同关系中侵害风险存在显著差异。思想家主要从以下角度判断自由程度：一是个体是否有能力去追求特定选项（或替代方案）；二是个体是否免于依附关系、是否存在任何外力（他人、社会、国家与自然）的干涉。随着科学技术的发展，信息环境下的言论侵害风险源是否也正在扩大？

首先，需要重点判断是否存在充分的替代方案，以致无法逃避平台的内容审核。事实上，只要存在足够多相互竞争的平台，就不容易形成无法抗衡的压制力量。不同于公权力的"按我说的做，否则我就制裁你"的言论审查模式，平等主体之间的言论机会仍然是充分的、可选择的："在这些条件下，我愿意交换（一份工作、一份出版物、使用我的设施等）；要不要随你。"[③] 在"平台塑造全球言论自由未来"的时代下，[④] 用户自主选择的可能性并未被剥夺，各式平台提供了多样的交流机会，评论、点赞、转发推文都可以表明态度。此种自主选择以自由市场为前提，充分的选择机会与较低的准入门槛，有助于对冲平台的言论侵害风险。市场自由度越高，竞争越充分，就会涌现更多的平台，以至于平台的不当联合即使并非不可能，也较为困难。

---

① 〔美〕艾伦·德肖维茨：《你的权利从哪里来》，黄煜文译，北京大学出版社，2014，第69页。

② 参见〔英〕昆廷·斯金纳《国家与自由：斯金纳访华讲演录》，第一部分"霍布斯及其批评者：自由与国家"，赵雨淘译，北京大学出版社，2018，第112~140页。

③ See Tara Smith, "The Free Speech Vernacular: Conceptual Confusions in the Way We Speak about Speech", *Texas Review of Law and Politics*, Vol. 22, 2017, p. 78.

④ 数字时代的平台政策相互依存，每个国家制定的平台管制政策不仅可以塑造国内的媒体生态环境，还会影响其他国家与地区的平台政策。See Sanford Levinson, Jack M. Balkin, "Two Letters on Democracy and Dysfunction", *Drake Law Review*, Vol. 68, 2020, p. 388.

其次，只要存在加入与退出的自由，就足以对冲平台的侵害。平台可能设置高标准的言论义务，但这无法证成平台就必然比公权力有更大的侵害能力。在前互联网时代，言论是单向、不对称的，其中存在难以突破的瓶颈，控制传媒（报纸、电视）的主体是言论的"看门人"，他们把关着发布与传播言论的通道。互联网技术的发展让瓶颈效应得以缓解，言者可以绕过传统媒体"看门人"而直接面向来自世界各地的听众，传统言论监管的权限日渐式微。有论者称这是互联网技术下的言论绕道（routing around）功能。① 如果用户认为平台设定的管制措施过于严格，压制了其合理的言论，他们完全可以"用脚投票"，不去注册、终止服务或者选用其他平台。

再者，平台内容审核对用户产生的影响，无法与国家言论审查引发的法律责任相提并论。就制裁措施而言，平台要么是删除、警示、限制发布、暂停更新，要么是删除用户的部分或全部言论，最严重的也仅为永久性地拒绝该用户访问平台或关闭账号，这无法与公权力可以追究行政、刑事责任相提并论。就侵害结果而言，平台的惩戒措施往往局限于平台内部，并不能将措施的辐射范围扩散至用户外的其他主体，无法对平台用户产生广泛、致命的消极影响。就事后救济而言，相较于政府滥权的救济可能性，用户首先可以在平台内部申诉，实在不济还可以寻求公权救济。

最后，言论审查背后的权力关系发生变化，数字时代"无形的握手"（the invisible handshake）正悄然出现：言论的监管主体日渐多元，国家利用社会力量监管言论，平台成为言论传播通道的"守门人"，② 宪法在处理平台的言论的侵害问题上将面临更大的挑战。尽管我们比以往任何时候都接近各式媒介，但能否借助宪法实现言论救济与保障，有待更进一步的探讨。

---

① See Jack M. Balkin, "Digital Speech and Democratic Culture: A Theory of Freedom of Expression for the Information Society", *New York University Law Review*, Vol. 79, 2004, pp. 9 – 10.

② See Michael D. Birnhack, Niva Elkin-Koren, "The Invisible Handshake: The Reemergence of the State in the Digital Environment", *Virginia Journal of Law & Technology*, Vol. 8, 2003, pp. 18 – 20.

结　语

解释宪法言论自由的规范内涵，需要明晰言论概念的外延。从调整范围与保障强度两个维度解构宪法权利，于问题讨论的起点即排除那些应日常立法审议与表决的事项，有助于发挥权利调整范围的"过滤网"功能，更好地划定言论管制的边界，避免在言论限制问题上产生不必要的分歧。分析方法上的差异仅揭示了分歧的表象，对宪法的性质与结构的不同认识才是问题的症结所在。言论概念的外延受制于所处规范的性质，不应逾越宪法的调整范围。从成文宪法的构成要件来看，结构条款实现了对国家权力的控制、限制与约束，权利条款划定了权力不能触及的范围。作此理解的宪法权利就不再是平等主体之间的行为准则，而是国家与公民之间伦理标准的预先实定，是可以压倒集体、社群多数人利益的"王牌"。公权力日后可能出于不良动机压制公共言论，所以将言论自由提前写入宪法，排除出日常立法过程。这是一种不信任、防备公权力的审慎态度。由此，宪法言论自由的核心要义是防备公权力对言论的随意审查与限制。

而私人言论不具有上述特征。私人言论价值多元，立宪时无法在民事利益分配问题上达成共识；由宪法调整将使立法机构丧失修订、改革与创新职能，私人言论的弹性调整机制或将失灵，所以宪法不应剥夺立法者在言论议题上的形成自由。扩大宪法中言论概念的调整范围，在确定保障强度时会遇到不少挑战。将约束公权力的标准用以审查限制私人言论的法律，很有可能得出违宪的判断，以致阻碍了立法权能的释放；而如果松绑用于约束国家的标准，宪法权利亦将变成相对的利益，最终言论概念通胀的同时也大大贬值。

总之，应给宪法中的言论概念做减法而非加法，言论自由条款有必要仅约束国家行为而不适用于私人关系。而这也仅是强调言论调整与保障的均衡性，私人言论面临的侵害风险应由日常立法动态调整。无论是从事实层面还是从规范层面来看，都存在诸如专业言论等言论类型，强制性约束是原则，自由反而是例外。

法理泛在视野下的人类命运
共同体与人权法理[*]

胡　杰　周广莹[**]

摘　要：所谓法理，一般是从"法律之理""法治之理"等角度和视野对法律的概念和关联性事物所进行的最为直观的理解和分析，也就是日常所谓的"法之理"这一简单而又朴素的表述。法理之中蕴含着法律的内在精神、反映着法治的固有品质且契合着世间万物的基本原理，同时也彰显着法律秩序的本原和本质。法理泛在是紧扣当下法学研究进入法理时代这一命题所展开的更为抽象化和更具哲学性的表述。法理泛在的观念和基本人权的法理之间的契合度主要反映在对人的自由、权利和尊严的思索、探寻和保障层面。人类命运共同体及其人权观所蕴含的丰富人权思想和观念内涵，既有助于在权利观念、权利意识、权利行使方式、权利限度等方面为人权的相关理论和实践提供研究视野和分析视角，同时也有助于加深和强化现有的人权知识、概念、价值和行动体系，并形成一种"作为本土建构的、有限却收放自如的人权"。

关键词：法理泛在；想象的共同体；人类命运共同体；人权；法理

一　法理泛在的基本意蕴

所谓法理，一般是从"法律之理""法治之理"等角度和视野对法律

---

　　* 本文系国家社科基金青年项目"司法供给与司法诉求视角下的司法公众认同问题研究"
（项目编号：17CFX055）和江苏省社科基金重大项目"习近平保障民生法律思想研究"
（项目编号：17ZD003）的阶段性成果。
　** 胡杰，河海大学法学院副教授，法学博士；周广莹，河海大学法学院硕士研究生。

的概念和关联性事物所进行的最为直观的理解和分析，也就是日常所谓的"法之理"这一简单而又朴素的表述。从宏观层面而言，法理之中蕴含着法律的内在精神、反映着法治的固有品质且契合着世间万物的基本原理；从微观层面而言，法理意味着法律秩序的本原和本质之所在。从研究意义的层面而言，法理大致具有三重价值。第一，法理是一个本体论的概念范畴。法理所要回答的是法律是什么以及上位的法治是什么等相关的基本概念和核心要素问题。换言之，法理所要探寻的是对围绕法的概念以及发展等一系列基本概念命题所产生的关于法的本源、本体和本真等问题的解答。第二，法理是一个目的论的概念范畴。法理所包含的是一种基于法律原初形态的目的论与价值论的考察，并在此意义上回答关于法律概念及其全周期运行和发展的相关问题。第三，法理是一个方法论范畴。当我们对某一个具体的法律问题或法律命题进行研究时，法律的思维与理念尤为重要，它能够为我们提供一种方法论意义上的参考和借鉴。具体来说，无论是从法律体系的角度还是从法治体系的层面而言，相关的概念和术语自身都蕴含着必要的法理考量。当我们将研究的视域具体到法律部门或者特定的法律规范体系中时，同样也能发现其自身所蕴含的核心的、基本的和具体的法理。正所谓，法理的概念对于法律的静态研究和动态发展都有深刻而持久的嵌入性影响。

以此为背景，国内法理学界以张文显教授为代表的一批学者目前在推行法理研究行动计划，该行动计划的目标和主旨在于，"我们的法理研究行动计划是一个有序的、渐进的过程，也是一个不断加速的过程。我们不着急，但又不能不着急，时不我待，要只争朝夕。因为，法理几乎无处不在、无时不有、无所不能。它们像一个个精灵在法律的灵魂深处跳跃，穿越在法律的时空中，播扬在法律和社会的广阔领域，是它们激活了法律的生命之源，是它们点燃了法治的理性之光，也是它们成就了法学的逻辑之美。它们渗透于法律制度、法律生活、法治实践、法学理论各个方面，可谓法理泛在"①。

---

① 张文显：《拥抱中国法学的"法理时代"》，载 http://www.legaldaily.com.cn/Culture/content/2020-11/03/content_8345246.html，最后访问时间：2021年5月31日。

在我们看来，法理泛在是一种常态化的法律思维和法律模式，法理泛在为我们的法学研究和法律实践提供了理论和思维的必要借鉴和参考，并因此构成了研究和思索法律问题的观念和逻辑原点。与此同时，在全球人类命运息息相关的当下，应该继续开放、扩大开放、深化开放，加强各国间的紧密联系。"文明互鉴"是法理的题中之意，法理是中国的，也是世界的。在人权保障方面，探索其法理的精义对于世界各国人权治理与人类命运共同体下的人权观的发展具有普遍意义。① 在我们看来，法理泛在的概念其实也就是我们的法学研究进入法理时代这一命题更为抽象化和更具哲学性的表述，法理泛在的概念意味着法理的概念和价值存在于法律和法治的全生态场景周期之中，意味着我们思考法律和法治问题应当始终注意到法理思维和法理方法的必要性和重要性，意味着我们已经进入了一个以法理为主要言说话语的新的学术共同体范畴和意识领域。基于这一法理泛在的时代预设，我们试图以法理泛在为基本视野，结合人类命运共同体的思维理念，对人权法理进行相应的分析和解读。

二　人权与人类命运共同体的法理契合

（一）人权观念与法理理念高度契合

目前学界人权与法理之间关系问题的关联性研究并不算多见，法理的概念往往还是在宏观意义上被提及而很少涉及具体的法学研究与法律实践。如果说法理的观念主要在于为法律概念、法律规范、法律体系和法律实践创设一种价值和思维导引的话，人权的观念则致力于挖掘实现个人自由与尊严的可能性与必要性。仅从原理层面来看，人权观念所蕴含的是对人的主体性、目的性和尊严性的确认与强化，而法理理念则意味着对法律这一维护日常人际关系、提升人的尊严和价值的规范体系所进行的深层次的思考和保障，由此不难发现这一对观念之间存在很高的契合度，这种契合度主要反映在对人的自由、权利和尊严的思索、探寻和保障层面。可以

---

① 郭晔：《法理泛在》，《法制与社会发展》2020 年第 5 期。

说，法理的基本原理揭示了人权法中的基本法理，是人权之法理，更是一种最高维度和最具基础性和根本性的法理言说。与此同时，人权观念和实践为法理思维与法理方法提供了必要的研究场域。人权与法理之间的互动理应成为法学研究尤其是法理学研究的热点话题，同时也应当成为法治国家、法治政府、法治社会三位一体建设以及法治文化培育的重要路径。

事实上，人权观念和法理理念在人的尊严层面存在高度默契。在德国联邦宪法视野中，《基本法》第1条第1款规定："人的尊严不可侵犯，尊重及保护此项尊严为所有国家机关之义务。"德国基本法将人的尊严条款放在宪法的首要位置，强调"人的尊严"是整部《基本法》的基础与核心价值所在。① 与此相对，《中华人民共和国宪法》第38条明确规定："中华人民共和国公民的人格尊严不受侵犯，禁止用任何方法对公民进行侮辱、诽谤和诬告陷害。"我们认为，我国宪法所规定的"人格尊严"概念可以作双重解读：首先是狭义的人格权概念，其中包含荣誉权、名誉权、姓名权等；其次是从基础性价值原理来看，可以将"人格尊严"的概念延展至"人的尊严"这一观念，亦即康德"人是目的而非手段"和马克思所言及的"一切自由人得以联合"的基本命题。正如施瓦德勒所言，"生命、自由与财产分别作为人格与自身、人格与其他人格，以及人格与物之间关系的三个基本维度而被把握。对我们人格性的尊重，都带着这一三叠系对现代法治国家来说所具有的基础性的含义，成为这个国家真正的正当性源泉"②。一般认为，人之尊严的内涵具体包括不可让渡性、人格禀赋性、不可侵犯性、主观心理性，等等。所谓不可让渡性意味着人的尊严的专属性，人格禀赋性表明了尊严概念与人格概念之间的吻合度，不可侵犯性解释了人的尊严的神圣性，主观心理性实则强调了人的尊严之个体维度。基于不同学科的研究则选取了不同的尊严分析视角，例如，宗教学中对尊严概念的理解侧重于先验层面的分析，哲学层面侧重于从形而上的范

---

① 楚晨：《人的尊严的宪法含义——从比较法视角解析》，《成都理工大学学报》（社会科学版）2017年第6期。

② 〔德〕瓦尔特·施瓦德勒：《论人的尊严——人格的本源与生命的文化》，贺念译，人民出版社，2017，第148页。

式出发研究人的尊严，社会学层面往往侧重于从个人的社会地位、社会体验、社会关联以及实际的社会感受等角度来理解人的尊严概念，伦理学则从人的自然属性角度来理解人的尊严概念，法学层面对人的尊严概念的理解和解读往往辅之以基本权利、规范和自由的构造。显然，基于不同学科视角的分析为我们准确认知人的尊严概念提供了必要的智识支持。从法学层面来看，"人的尊严是我们最后能够且必须引证的东西，人的尊严也是法定强制之所以取得正当性的根据"①。以此为依据，可以说，在普遍的人际交往、社会建构和国家行动中，人的尊严理念通过一种共识的方式得以进入法律秩序的构建、设定、运行与发展中，并且为法律秩序与法治秩序的形塑提供根本性的价值评判和导引。更进一步，以人的尊严为基础的人权观念与以自由平等博爱为基础的法理理念在观念、价值和实践层面是高度契合且高度吻合的，两者之间的互联互动有助于我们建构一个更加文明、理性与和谐的法律世界与社会状态。

（二）同理心文明的进阶

在中国的历史传统中，至早始于孔子时代便呼吁人们要以仁爱之心营造人际和谐以及人与自然的和谐。在我们看来，孔子的"仁"这一思想究其本质，某种意义上可以视为同理心概念的原初表达。从语义层面来看，同理心其实就是文明的一种具体体现，文明也可以被视为同理心的近义概念，两个概念之间是一种互为联系、相互证成的关系。古往今来，人权的基本法理及其依据即在于具体的人性特质：人既是平等的也是独立的更是自主的，人性的高贵特质就是我们得以享有人权的最为基本和根本的依据，也是法理的核心要义之所在。"结构性地来看，与人的尊严匹配的是人的'本性'概念：本性是那将所有人与其他自然生物区分开来的东西，也是超越于人的个体性区别而以一种超越于自然的、按照法权方式将所有人彼此联结起来的东西。尊严原则的具体化关乎的是我们政治秩序在法权

---

① 〔德〕瓦尔特·施瓦德勒:《论人的尊严——人格的本源与生命的文化》，贺念译，人民出版社，2017，第92页。

上和道德上的决策。譬如：根据区分性概念，人的本性从来不是单独地通过我们对诸生活形式的描述，而是在为了区分'我们是如何的'与'我们应当如何以及我们在必要条件下必须被强制地如何'的奋斗中，尊严才成为人的本性。"① 显然，尊严概念与人的本性概念之间有着特定的逻辑关联，尊严的主体是大写的具体的个人，尊严的价值依系于具体的个人性和人本性，同理心的概念将人的尊严与人的本性这一对概念进行了社会化再组合。可以说，同理心既是时代中人权观念的具体表征，也是新时代人权得以继续发展的进阶基础。

在里夫金看来，"人类是一个具有同理心的物种，人类意识正在从思想意识转变为生物圈意识。在这个严重消耗能源、高度互联互通的世界，全球性的同理心正在形成，人类意识的转变过程有一个清晰的模式。虽然不同社会的演变进度不一，但整体趋势却是毋庸置疑的，同理心也拓展到越来越多的虚构家庭中，使人类能够在更加复杂、相互依存度更高的通信、能源和运输模式下相互依存"②。可以说，随着人类同理心的拓展，传统的血缘关系、宗教关系、意识形态关系和心理关系等开始被逐渐突破和超越，人类和其他物种经由互联互动共同构成了一个牢固的生物圈、生态圈、生存圈。与此同时，与人类社会系统的不断扩大和人类社会交往的日益频繁相匹配，人类命运共同体的观念得以生成且不断发展：人类命运共同体不仅是我们充分回应和有效应对当今世界的生存、发展和风险等诸多命题和挑战的价值理念，更是一种为了超越人类社会自身局限性和界限性，通过寻求扩大和深化与他者、他国的关联性和互动性，进而以形成一种更为广泛、更加有力、更为持续的全球集群。基于此，我们今天所身处的全球化世界正在致力于构建一个全新的国际大都会。具体到地方层面，世界主义的观念可能且往往是一个无意识的自生自发的过程和产物。同理心意识的增强是因为地球资源和其他资源的充分使用使得人类的经济社会

---

① 〔德〕瓦尔特·施瓦德勒：《论人的尊严——人格的本源与生命的文化》，贺念译，人民出版社，2017，第39页。

② 〔美〕杰里米·里夫金：《同理心文明——在危机四伏的世界中建立全球意识》，蒋宗强译，中信出版社，2015，第328～332页。

条件得以大幅度提升，但是经济的发展也带来了一系列的环境、气候、土壤、空气、清洁能源等领域的挑战和危机，伴随着对物质主义的批驳和对人类未来命运的关切，人类的价值观在同理心文明的催生下也经历了由关注生存到物质提升再到生活质量和生命价值以及生态环境的根本性转变。正所谓，"在一个社会中，同理心作用越显著，人类个体越是受到尊重，只有将同理心拓展到他人，我们每个人才能保障自己的权利，只有尊重和重视他人，我们才会受到他人的尊重和重视，这是人之权利的内在精神。将我们的同理心拓展到全人类以及其他所有物种，是建立和谐生物圈的必由之路"①。职是之故，基于同理心文明所形成的这样一种人权心理和人权心态，本质上就是一种"由己及人、相互嵌入、彼此依循、共迎挑战"的人类命运共同体的心态、意识和观念。

（三）人类命运共同体的法理基础

当今世界，国家间关系正在从传统的封闭竞争关系向现代的开放共存关系转变，并在此基础上形成了国家间基于全球背景的一种连带关系模式。我们今天所提及的"人类命运共同体"这一概念所倡导的"共商、共建、共享"② 原则所分享的基本理念即在于将全球主权国家视为平等的议事主体、行为主体和行动主体，在人类交往日益频繁以及全球问题日益严峻的当下，人类命运共同体观念的引介，有助于为全球问题的解决和人类社会的发展提供一种基础性的规则指引。更进一步，蕴含着"共商、共建、共享"原则的法理概念、观点、思维和基础，为我们创设了一种更具现实性的平等观和更具包容性的价值观与世界观，并在无形之中为我们建构一个可能的美丽新世界。

在平等观方面，自然法思想始终倡导人与人之间应实现基本的平等，并要求每个社会成员不仅有权享有其他成员提供的个人生活所需，而且有权享受每个人都想得到而事实上对人的福利有增量的利益和机会。由是，

---

① 〔美〕杰里米·里夫金：《同理心文明——在危机四伏的世界中建立全球意识》，蒋宗强译，中信出版社，2015，中文版序第 8 页。

② 习近平：《论坚持推动构建人类命运共同体》，中央文献出版社，2018。

自然法学者们从"理性平等"的观念出发，推导出人与人之间的"权利平等"，要求每个人都享有被平等对待的权利。① 遵循这一逻辑，自然法概念中的"人人生而平等"被转译为法律规范层面的"形式平等"，由此为法律的形式平等以及法治的形式主义意蕴提供了必要的理论基础。

对于人类命运共同体中所蕴含的平等观，我们将其视为一种无差别的、共命运的、整体性的、均等性的平等观，也就是我们日常所说的"人人生而平等"这种原初且本真的人际关系状态。如果说西方社会所倡导的平等观更多地借助于规范和程序层面的形式标准，那么，中国自古以来对平等的强调和平等观的研究则致力于追求实质意义上的伦理评价，强调"相同情况相同对待"和"不同情况区别对待"，重视通过"良心""天理""人情""道义"等极具中国文化特色和传统伦理意蕴的观念话语来裁判纠纷、平衡利益、达至公平。显然，与西方语境中的平等观相比较，中国社会中的平等观更为注重从包容性和协调性的角度来理解平等问题。此种包容性主要来源于两个方面：一方面，来自"实事求是"的历史传统，我们历来主张从动态和发展的角度去看待和认识这个世界，因此也就需要准确充分全面地认识到国家的发展、文明的演化和制度的沿革；另一方面，是来自大疆域、超大型国家的多元性因素、差异性格局的治理经验和实践要求，② 作为一个民族种类繁多、治理疆域宽广的大国，一直以来我们都面临着多民族、多宗教、多种生活方式之间的协调衔接问题，并由此对国家治理能力和治理体系也提出了严峻的任务和挑战。③ "人类命运共同体"的概念提出建构一种包容差异、互鉴互赏的世界观和价值观，有助于各主权国家以自我为中心、以全球为语境，有效构造立足本土、回应国情、符合全球化时代基本价值要求的新兴世界秩序结构和价值体系。

---

① 周力：《人类命运共同体的法理基础与人权理念》，《中央社会主义学院学报》2019 年第 4 期。

② 周力：《人类命运共同体的法理基础与人权理念》，《中央社会主义学院学报》2019 年第 4 期。

③ 关于超大型国家及其地方治理的问题，可参见郑智航《超大型国家治理中的地方法治经验及其制度约束》，《法学评论》2020 年第 1 期；泮伟江《如何理解中国的超大规模性》，《读书》2019 年第 5 期。

三 人类命运共同体视野下的人权新发展

（一）经由想象的共同体达至人类命运共同体的意识起源

在我们看来，思考和研究人类命运共同体的逻辑前提是国家与民族的存在，并由此形成相互间的合作与联系。而"民族"这种想象的形式正是人类意识在步入现代性进程中的一次深刻的变化。美国学者安德森将民族、民族属性、民族主义视为一种"特殊的文化的人造物"，他为民族的概念提出了创新式的定义："它是一种想象的政治共同体——并且，它是被想象为本质上是有限的（limited），同时也享有主权的共同体。"① 由此，民族被想象为一个共同体，尽管在每个民族内部可能存在形式或实质层面的不平等与剥削等现象，但总体来说民族这个概念往往是在理性层面被设想为一种深刻的、对等的、持久的、超越了单纯个体关系的共同联系和博爱状态，民族凝炼了人们的价值观、聚合了人们的文化观、整合了人们的认同感，这种集体联系和大同观念伴随着历史的进程，逐渐发展为主权、国家、国际、全球等概念、文化和术语。可以说，人类社会的发展演变史就是从单纯的个体到个体和集体并存，以及从部落到民族最终达到全人类命运共同体的这样一种历史过渡、观念转型和制度转换。

在西方，当世界性宗教共同体、时代王朝和神谕式观念的没落这三种旧的世界观被淘汰的时候，人们才有可能建立一种新的共同体，即想象民族是一种世俗的、水平的共同体。与此同时，资本主义、印刷科技与人类语言宿命的多样性这三者的到来，就代表全新的想象共同体，它并不是虚设的共同体，作为社会心理学上的"社会事实"，而是植根于人类深层意识的心理建构。这种共同体本身传播与延伸的范围虽从文化和经济上说是有限的，但并不必然迎合政治疆域的拓宽。② 伴随着历史文化的变迁，人

---

① 〔美〕本尼迪克特·安德森：《想象的共同体——民族主义的起源与散布》，吴叡人译，上海人民出版社，2003，第5页。

② 〔美〕本尼迪克特·安德森：《想象的共同体——民族主义的起源与散布》，吴叡人译，上海人民出版社，2003，第14~36、46~55页。

类对感知、体验和理解世界的思维与方式也发生转变，人类意识开启理性主义。一种新的现代化共同体便随同现代民族的出现应运而生。

简要来说，人们对世界理解方式的转变的认识论和社会结构共同体的转变酝酿了民族共同体的形成，从而最终发展为人类命运共同体。这种将人类深层的意识与世界观的变化结合起来的模式创新性地发展为人类命运共同体下的人权理论，这种理论可以被移植到形形色色的不同社会领域中，可以吸纳同样多形形色色的各种政治和意识形态组合。在此基础上，我们有可能更进一步形成"人权国家"的观念，其核心语义在于，"人权国家所做的较之于传统的民族国家更多，它抛弃了民族国家的民族主义，代之以一种不同的政治团结。所有人不论在国家边界内还是边界外，基于国家的人权原则，在法律上都应当得到平等的对待"①。

（二）人权发展的基本规律探寻

人权是人之为人、人作为人应当享有的自由和权利，也是表征人的目的性、主体性、尊严性和自主性的观念集成。可以说，人权既是一种价值追求，也是一种价值坐标。人权的发展在不同时期和地域都表现出了不同的形态，纵观人类文明史和人权的发展史可以将人权发展的历史脉络归纳为以下几点：第一，从主体层面来说，人权主体经历了从少数到全体、由个体到集体的过程；第二，从内容角度来看，人权的内容实现了由单一到多元、由部分到整体、由零散到体系化的过程；第三，从保障层面来看，人权的保障实现了由国家视野到国际视野和全球视野、由内国人权到全球人权的转变。上述所有这些最终都指向了人类命运共同体的人权观。②

首先，从人权的主体角度来看，人权的观念较早地出现于西方。西方社会人权的发展和演进历程同人文、科技、宗教等要素息息相关。在中世纪时期，随着自然科学的兴起以及教会权威的衰落，神学受到强有力的冲击，与此同时，伴随而来的是古典自然法理论的强势登场，由此带来了对

---

① 〔美〕本杰明·格雷格：《作为社会建构的人权——从乌托邦到人类解放》，李仙飞译，中国人民大学出版社，2020，第 201 页。

② 唐勇、陈思融：《论人类命运共同体的人权观》，《浙江工商大学学报》2020 年第 1 期。

人的权利尤其是自然权利的关注和重视。在制度构建方面开始强调和彰显人民主权，通过对个人在社会与国家权力合法性要素分析和模式证成的设定，凸显了人的权利之重要性与积极价值。随着时代的发展与人权规范体系的日益精细，近些年来，人权主体开始由个体向群体和人类整体聚拢，集体人权的呼声要求也越发提高。妇女、儿童、残疾人、少数民族等特定主体逐渐进入人权观念的综合框架体系内，国际人权规范和体系也更加注重这些群体尤其是社会中弱势群体的人权保障，① 人权正在逐渐成为全人类即以人类命运共同体为范式的集体人权。当然，需要指出的是，随着人权的发展，人权的概念主体也将变得日益多元，这对于人权内容的更新和人权保障的提升无疑是有助益的。

其次，从人权的形式和内容来看，人权的概念和体系也是不断丰富和拓展的，虽然国际社会对人权的内容与分类是存在一定的分歧的，但是对于人权的一些最基本的内容显然存在最低限度的基本共识，如生命权、自由权、尊严权、财产权等一些处于人权规范体系核心范畴的权利已被各国共同接受。同时，发展权的概念也为国际社会所重视，尤其是在森所提出的"发展的本质是人的自由权能之增加"以及"以自由看待发展"等代表性观点的注释和补充下，发展权被赋予了更为丰富的价值和内容，发展和自由之间不再是相互对立的观点而呈现可以融合的趋势，并由此而获得了更多的关注和实践。著名人权专家瓦萨克教授曾提出了三代人权的理论划分，这种人权划分的方法虽然存在质疑的声音，但相对而言基于其观点的清新隽永已为人权法学界大多数学者所接受。大致说来，三代人权的代际划分标准具体表现为以个人自由为基础的公民权利和政治权利，以人际平等为基础的经济、社会和文化权利，以博爱祥和为基础的和平权、发展权、环境权等。如果说，第一代人权主要表现为一种消极自由的话，第二代人权则呈现典型的积极自由的状态，而第三代人权则超越了传统的消极

---

① 人权的概念从特定意义上而言其实就是弱势群体的权利以及国家公权力对弱势群体权益的特殊关注和保护，当然，除了对弱势群体的关注，人权主体发展的一个基本趋势是对社会中处于失败者地位的这样一类不特定群体的关注。与此相关的论述可参见胡玉鸿《"失败者正义"原则与弱者权益保护》，《中国法学》2014 年第 5 期。

自由与积极自由的观点之争和观点对立，呈现了两种自由并存的状态，并经由此形成了一种全新的整体主义的人权观。这种人权观是对传统人权观条块切割的一种观点超越，可以说是一种文明相容的新型人权。正如《发展权利宣言》开宗明义所指出的，"发展权利是一项不可剥夺的人权，由于这种权利，每个人和所有各国人民均有权参与、促进并享受经济、社会、文化和政治发展，在这种发展中，所有人权和基本自由都能获得充分实现"①。

关于人权的体系与分类，徐显明教授认为，"一般来说，现代各国的人权体系，大致把人权分为五大类，即自由权的人权、参政权的人权、生存权的人权、请求权的人权和平等权的人权，其中平等权的人权中包含着在基本权享有上的平等原则。而在生存权——也称社会权——产生之前，人权是以自由权、参政权（也称政治权）和平等权三大类列于古典宪法中的，研究人权法定内容和体系的分类，应把古典人权分类与现代人权分类加以区别"②。总体而言，人权在内容、形式、体系和分类层面已经日益丰富和多样化。除了前文所提及的三代人权观以及徐显明教授所界定的五种类型的人权内容，随着互联网技术的发展、数字社会的兴起和治理技术的变革，我们的社会形态正在由传统模式向人工智能与数字技术转变，源于此，有学者提出了第四代人权亦即数字人权的观点。③ 显然，从总体趋势而言，人权无论是在内容层面还是形式层面都日益丰富并日趋完善，人权的形式经历了从单一到多元的发展和变革，人权的内容则经由传统的政治、经济、文化、社会和生态五大领域向人类生活全领域覆盖，由此形成一个整体性、多维度和共同体视野脉络下的人权体系。

最后，从人权的保障层面来看，应当确认的是，随着人权话语和人权理念在全球范围内的传播，人权保障的范围和视野随之逐渐扩大，人权议

① 李影：《历史节点上的中国人权建设》，《东北师大学报》（哲学社会科学版）2012 年第 5 期。
② 徐显明：《人权的体系与分类》，《中国社会科学》2000 年第 6 期。
③ 围绕数字人权的相关论述主要参见张文显《数字人权引领第四代人权》，http://law. xtu. edu. cn/infoshow－151－7572－0. html，最后访问时间：2021 年 5 月 30 日；马长山《智慧社会背景下的"第四代人权"及其保障》，《中国法学》2019 年第 5 期；刘志强《论"数字人权"不构成第四代人权》，《法学研究》2021 年第 1 期。

题被置于更为重要和突出的位置。尤其是进入新的发展时代以后，伴随着风险社会的挑战、国家治理的难题以及全球危机的应对等诸多议题，人权的观念、理念和思维也在遭遇新的冲击和挑战。例如，主权国家的人权和国际人权之间如何进行平衡、人权的个体性与集体性如何进行协调、人权保障的范围和程度如何有效回应社会发展的最新形态，等等，这些议题都是人权发展和人权保障所要直面的实践问题和痛点。与此同时，国际上尤其是主权国家间的关系在疫情以及随之而来的经济危机等多种负面因素交织影响下，人权保障如何能够更为精准和有效，这些议题都有待于理论研究和实践构造的积极回应。以此为背景，我们认为，人类命运共同体的概念及其可能的广泛实践，有助于应对人权保障过程中出现的全球性、公共性、复杂性的相关议题。简言之，主要是通过对人类命运的积极探索和共同体意识的有效建构，推动人类社会的和谐统一以及人类美好生活的发展愿景。基于此，我们有必要从法理的角度、发展的维度、实践的深度和包容的宽度等层面对人类命运共同体背景下的国际秩序观、人权保障观以及全球价值观进行理性的思索和良性的实践探索。

（三）人类命运共同体中蕴含的基本人权理念

在应对风险社会、全球危机以及全球治理等诸多议题和挑战的过程中，我们需要审慎且合理地借鉴人类命运共同体的观念，由此形成一种全新的国际权力观、共同利益观、可持续发展观以及全球治理观。[①] 尤需指出的是，人类命运共同体中的"持久和平、普遍安全、共同繁荣、开放包容、清洁美丽"的价值理念以及以"人类整体"为标尺的这一思维模式也引领着新时代人权事业的新发展。可以说，"整体系统推进、包容平衡并具、协商共进兼得"构成人类命运共同体人权内涵的鲜明特色。

当今这个全球大都会，人权思想深入人心，人类命运共同体也在努力构建一种基于人权的世界包容大同的理想。[②] 众所周知，人权不仅有其普

---

① 曲星：《人类命运共同体的价值观基础》，《求是》2013 年第 4 期。
② 王立峰：《世界人权的困境与人类命运共同体建构》，《人权》2018 年第 6 期。

遍性，也有其特殊性。首先，作为一项道德权利的人权是普遍的。就普遍性而言，我们知道，新时期的人权保障是以个人发展、社会发展和国家发展三位一体推进为目标和任务的，它并非也不应该成为各国间政治角力的工具或武器。如果国际上的矛盾与斗争是以人权为矛盾点与导火线的话，从本质上而言也是违背了人权的道德根基与价值考量。当然，我们强调人权的普遍性并不意味着人权的一致性，人权的普遍性强调的是人类道德观念的普遍性和人类共享价值的普遍性，但是这种道德标准和共享价值在不同的时空和社会历史范畴可能是存在差异性的。因此，我们必须正视对人权观念与人权保障过程中普遍性内容的合理认知与准确界定。在人类命运共同体视野下，我们既要承认人权的普遍性，也要尊重人权的特殊性，经由普遍性与特殊性的合理融合，人权保障才有可能真正切合各国实际情况，从而全面提高人权保障程度并积极提升人权理念价值。人类命运共同体中"开放包容"的理念不仅存在于经济社会和文化权利中，也体现在人权体系和内容的各个层面。其中，反对国际霸权、重视平等协商、尊重差异性与多样性等都是人类命运共同体在人权普遍性与特殊性问题上所秉持和坚守的人权理念。

人类命运共同体理念的提出其实也为人权的保障提供了新的研究视角与解决方案。自人权概念被提出之日起，对人权最直接的定义就是"人因其为人而应当享有的权利"，关于人权的理论基础，无论是从自然秩序、自然法抑或是人性、人道主义角度出发，其都是对人权的道德证成，因此，我们也将人权视为一种道德权利。人权向来被认为是一种不言而喻的概念，这意味着人权有着超越经验与历史的不证自明性，它伴随着时代的轨迹也在逐步发展，因此，人权一直被作为解析和批判政治问题、经济问题、法律问题、社会问题等不可置疑的道德标准，甚至也可以说经由人权观念可以具有"自我正当化的能力"。[①] 但是，在人权发展史上很少有学者会从实证角度分析人权问题，我们对人权的研究往往侧重于理念层面的呼吁而缺失了基于实证数据层面的分析。

---

① 伍德志：《论人权的自我正当化及其负面后果》，《法律科学（西北政法大学学报）》2016年第 4 期。

在人权理念可能的实现方式上，人类命运共同体的概念为我们提供了一种全新的价值理念和制度设想的诠释。在传统的人权观念中，政府是最主要的义务主体，实践中各国政府在尊重和保障人权的过程中相对独立、相互分离、各自为战，不同的国家可能会有不同的判断标准和质量基准，基于这种分散式的人权保障模式，国际人权合作协商的机制难以有效生成、充分生效。而人类命运共同体理念正在尝试建构一个国际人权共同体，这一共同体以人类的存在和延续为基础、以人类的生存和发展为目标、以人类的自我实现和自我治理为手段，通过加强国际交流与合作来共同发展国际人权事业。易言之，"在追求本国利益时兼顾他国的合理关切，在谋求本国发展中促进各国共同发展"[1]。显然，无论人类社会如何发展、未来如何走向，我们都必须接受这样一个事实：地球是一个联系紧密的集体和人类赖以生存的共同背景，地球上所存在的主权国家之间应当是平等的、对话的、协商的、相互尊重的，在此基础上经过理性商谈形成具有约束力和公信力的国际规则体系，并以此规范和指导全球公共事务，引领国际人权运动的发展。与此同时，人类命运共同体话语下的法理基础和人权理念不仅强调权利，还应强调义务和责任，强调国家主权尊严和个人价值尊严。其中，人类命运共同体中的"共商、共建、共享"的理念深刻体现在国际人权实践中。总而言之，人类命运共同体人权观是一种文明相容的人权观，它强调主体层面的个人、社会、国家、国际社会以及人类命运共同体的诸多层次之整合，强调人权的内容和体系要将生存权、发展权和自由权等予以系统整合。

四　人类命运共同体视野下的人权观之确立

（一）人类命运共同体及其人权观的世界意义

从国家层面来看，主权国家对自身的人权发展道路的选择应当是一种

---

[1]　参见钱彤、熊争艳、刘劼、刘华《中共首提"人类命运共同体"倡导和平发展共同发展》，载 http://news. xinhuanet. com/18cpcnc/2012 - 11/10/c_113657062. html，最后访问时间：2021 年 5 月 31 日。

确定性的权利，这种权利本身也是一种基本人权，也就是我们所说的"民族自决权"这一概念。"人类命运共同体"的概念既回应了主权国家自身的国情与需要，同时也构建了一种强有力的交流沟通协商机制，并由此为人权的发展提供一种新兴的审查视角。可以说，人类命运共同体人权观有着极其丰富的理论意义和实践价值。我们认为，这种意义和价值可以被归纳为如下几点。第一，人类命运共同体人权观区别于以往的各种人权观，着重强调从整体性的角度来理解人权观念和看待人权实践，由此为人权观念的发展提供了全局性视角。第二，人权的观念在价值层面是普适性的，但是在具体的实践过程中难免会受到地域、国情以及政治制度等方面的影响，基于此，我们可以说人权实践可能是存在地方性知识和差异的。与此同步，人类命运共同体人权观强调尊重各国自身发展的阶段性和特殊性，提议基于各国具体情况、结合人权的基本理念建构相应的人权制度并推进具体的人权实践，需要强调的是，任何一个国家的具体人权制度和人权实践都应当也必然包含着对人权普适性价值的追求和确定。第三，人类命运共同体人权观为国际人权活动提供了一种新兴的话语模式，在该模式下，人类之间、国家之间、国际社会的联系更加紧密，共同体的意识为人类社会的大同和全球社会的共通提供了一定的价值遵循，共同体的意识同时也为人权全球化的发展和国际人权交流提供了必要的思想和意识渊源。

应当看到的是，全球化的进程为人类带来福音的同时，也存在一定的负面影响，例如文明间的核心与边缘的划分、文明间的相互认同问题、文明间的充分交流问题以及国家间是否有可能超越意识形态和价值观之别以形成真正意义上的全球合作和有效对话等问题。这些问题的产生和存在在一定程度上为人权观念和人权实践的发展制造了相应的困境和挑战。以此为背景，人类命运共同体人权观给了这些问题以可能的解答方案和解决思路。正如周安平教授从人类命运共同体的法治意义层面所揭示出的，"人类命运共同体的描述性意义决定了其法治意义有：以人为个体，从而恢复了人的主体性地位；作为价值共同体，从而避免了实体共同体的利维坦倾向；着眼于全人类的全球正义，从而削弱了国家主权的绝对性和排他性；因强调'同理'和'同利'，从而化解了冲突与纷争；因以普遍价值为基础，从而容易为各国人民所接受"①。换言之，人类命运共同体人权观通过赋予个人的主体性地位、避免实体共同体的利维坦倾向、强调全球同理和同利等方式，为全球人权发展和演变中出现的难题提供了一种有益的解题思路。

需要强调的是，在面对一些人权困境和人权保障难题时，人类命运共同体视野下的人权观着眼于对生存权和发展权的优先保障，将生存权和发展权视为首要人权，这也是中国政府一直以来所秉持的基本人权观。长期以来，中西方在人权的价值位阶以及首要人权的问题上存在争论，西方社会坚持将自由权作为人权体系的核心要素和首要人权。与之相对，以中国为代表的部分国家坚持将生存权和发展权视为首要的人权。在我们看来，自由权也好，生存权、发展权也罢，这一对人权之间并不存在严格的对立和绝对的排斥。以生存权为例，这个概念所指涉的权利内容和权利要求处于一种流变状态，这种变化与经济社会的发展相适应。譬如说，如果我们在相对落后的状态中谈论生存权的概念，可能其权利内容仅仅指向"居有其屋、食有其物、穿有其衣"，也就是最为简单且朴素的衣食住行和温饱问题的解决。但是回到当下，我们再来看待生存权这个概念的时候，它所指向的权利内容可能已经超越了单纯的"有其屋、有其物、有其衣"的状态，而上升到相对舒适的房屋、相对营养均衡的食物、相对选择多元的服饰等更具选择性和更加契合人的尊严的一系列物质生活条件。更进一步，我们在生存权的基础上，提出了满足"人民对美好生活的向往"这样一种新兴的权利内容和主张。从生存权到美好生活权的转变，反映的是主权国家在促进和保障人权的过程中不断提升人权的标准以及不断提高政府和国家的人权保障义务的判断力、行动力和决策力。以此观之，以生存权和发展权为核心的人类命运共同体人权观与以自由权为核心的西方社会所主导的人权观之间并不存在实质性的差异，两种人权观的本质都在于勉力满足全体国民的权利需求和人权期待。立基于此，我们完全有理由相信，在社会的多元格局和价值观多元的双重背景之下，两种人权观间的包容并兼是

---

① 周安平：《人类命运共同体概念探讨》，《法学评论》2018 年第 4 期。

可能的也是可行的，这种交流互动将为全球人权运动的新发展提供有力的支撑。

有必要指出的是，人类命运共同体人权观虽然建立在中国实践与中国场景模式中，但这种人权观本身又是具有开放性、包容性和兼容性的一种人权观，这种人权观将人类视为一个相互关联、命运攸关的整体，强调要尊重人类的普遍性原理与特殊性差异，并因此能够基于人类间的文化、种族、地域、国情等方面的差异而作出适时的调整，制定合理的人权保障方案和体系，从而更好地契合并更为务实有效地保障所指向的国度和人民的基本自由和人权。此外，人类命运共同体人权观试图通过建立相互尊重、公平正义、合作共赢的新型国际关系，将合作伙伴关系贯彻于国与国的交往过程中，充分理解并切实尊重世界各国的主权、尊严与核心利益，悉心引入有效的对话商谈机制，进而形成尊重和保障人权的基本国际共识，以此达成尊重和保障人权的有效国际合作，合理推动国际人权事业和人权保障的新发展。尤其是在全球治理维度、治理难度和治理框架日益多元的世界，国际社会正在勉力开创"去中心化"的新型治理模式，各国人民追求"人民幸福生活是最大的人权"这一理论极有可能也很有希望成为主权国家之间理论共识的基础，成为判断全球治理方向与成败的必要标准，甚至有可能上升为国际人权领域的"万民法"。[①] 总体而言，人类命运共同体人权观及其所承载的生存、和平、自由、公正、法治和发展等具体价值理念有助于国际人权交往和全球人权事业的良性互动和有序发展。

（二）习近平法治思想中的人权思维探析

2018 年，习近平同志在致纪念《世界人权宣言》发表 70 周年座谈会的贺信中强调指出："中国坚持把人权的普遍性原则和当代实际相结合，走符合中国国情的人权发展道路。"[②] 诚然，无论是作为制度的人权还是作为观念的人权，都是一种普遍性和特殊性相结合的产物，简单而言，人

---

①　唐勇、陈思融：《论人类命运共同体的人权观》，《浙江工商大学学报》2020 年第 1 期。

②　《习近平致信纪念〈世界人权宣言〉发表 70 周年座谈会 强调坚持走符合国情的人权发展道路促进人的全面发展》，《人民日报》2018 年 12 月 11 日，第 1 版。

权在观念意义层面是具有最大公约数共识的，但在制度实践层面又是掺杂着地方性知识考量的并因此呈现特定的地域特色。这也正如西方学者在批判民主制度时所指出的那样，"西方民主制度的症状既繁多又含混，但如果我们罗列出弃票论、选举的不稳定性、政党的人员流失、管理上的无能、政治瘫痪、害怕选举失败、人才招揽的欠缺、强迫性的自我推销、持久的选举热忱、让人筋疲力尽的媒体压力、质疑、淡漠以及其他根深蒂固的恶习，症候的轮廓就能明晰可辩，这就是'民主疲劳综合征'"①。源于此，我们对任何一种观念和制度的考量和分析，科学且严谨的态度应当是合理审慎地关注其所适用的时空场域以及蕴含着普遍性和特殊性之对立统一关系的调试与兼容。因应于此，人类命运共同体的人权观在合理的范围内坚持国情与世情相结合，提倡将人权的普遍性与特殊性相融合。与此同时，在具体的路径选择层面，人类命运共同体人权观始终强调并坚持基于发展的基本原则，以发展的权利和理念生动诠释并逐渐丰富人权的基本内涵。尤其是在当今世界，随着全球经济秩序的确立，世界发展不充分、不均衡、不平衡的问题日趋严峻，在此背景下，人类命运共同体人权观重申和坚持发展权的优先地位和重要价值，有助于在法律理念、法律实践以及政治经济文化等层面消除世界政治经济文化版图的失衡现象，为全球发展和国际人权提供合理且可行的行动方案。总体而言，习近平法治思想中人类命运共同体的思想及其人权观可能是一种"作为本土建构的、有限却收放自如的人权"②。

学界一般认为，作为一种应然和实然相结合、法律与道德相关联、国家权力与公民权利相胶着的复合型权利，人权的观念和价值的实现有自身特定的逻辑框架和路径依赖。在共识性的话语框架之中，法治和人权之间是相辅相成的一对观念话语，法治的目的在于保障人权的充分实现，在此意义上，法治的充分推行可以视为人权实现的一种保障措施，正所谓"言

---

① 〔比利时〕达维德·范雷布鲁克：《反对选举》，甘欢译，社会科学文献出版社，2018，第 16 页。
② 〔美〕本杰明·格雷格：《作为社会建构的人权——从乌托邦到人类解放》，李仙飞译，中国人民大学出版社，2020，第 1～6 页。

法治必有人权，言人权必依法治"。正是基于对法治和人权等基本原理的认知，同时结合中国现阶段的基本国情和全球层面的宏观视角，习近平同志对我国的人权理论和实践作了概括、提炼和阐述，他强调要树立中国特色社会主义人权思想，构建中国特色的人权话语体系，并提高全球人权的治理能力。这些观念、思想和表述集中地体现在习近平法治思想的十一个核心要义之中。"面对全球人权治理的多元化进程，中国积极推进人类命运共同体下的人权发展。我国作为社会主义国家，其政治理论坚持马克思主义，经济发展坚持以人为本。新时代中国特色社会主义人权体系的理论基点是'人民主体论'，即始终以人民为中心，坚持人民主体地位，把人民主体和人民权利作为始点和归宿。这种人民主体并没有将主客体的人、物双重物化，而是坚持人与物在自然状态下的协调发展。"① 可以说，"以人民为中心"的发展理念和"人民主体"地位的确认，是习近平法治思想中关于人权思维和理念最为直观而深刻的表述和阐释。

"以人民为中心"可以说是一个理论宏观、指向鲜明、目标明确的概念话语，它高度契合了当代中国发展以及未来走向的基本民意基础，并以此规范和引领政府的职权行为，并充分回应人民对美好生活的合理需求和权利期待。诚如胡玉鸿教授所言，"以人民为中心在法治上的体现，就是以人民至上为原则，确立人民的主体地位；以人民福祉为宗旨，维护人民的合法权利；以人民关切为导向，回应人民的利益期待"②。由此可见，"以人民为中心"所确立的人民至上、人民福祉、人民关切三原则，与人权观念中"人的自由和尊严之充分实现和有效保障"是高度匹配的，"以人民为中心"实乃是通过更为通俗易懂的中国话语表达了国家和政府对人权的尊重和依系，此即"江山就是人民，人民就是江山"的朴素而又真挚的话语理念。拉兹的相关论述可以视作对这一话语理念的西方式解读和学术化表达，"国家或其他群体，作为与其成员相分离的行政机构，代表它们的成员而行动，并出于对其成员来说是有效的理由来行动。因此，出于

---

① 汪习根：《习近平法治思想的人权价值》，《东方法学》2021 年第 1 期。
② 胡玉鸿：《"以人民为中心"的法理解读》，《东方法学》2021 年第 2 期。

它们的依系关系，也出于它们对这些依系关系的价值的信任，它们为了促进其成员，或者它们自己所依系的东西而行动"①。人类命运共同体人权观所秉持的"以人民为中心"理念，其核心是将人民的生存权、发展权和人对美好生活的追求和向往的权利作为最基本和最核心的人权，并以此作为人权的基本价值导引，推进人的全面、自由、可持续发展。人权发展的基本历史和规律为我们展现了一个螺旋式上升的架构和形态，人权的发展是递进和渐进式的：在生存基础上发展，在发展基础上实现人民对美好生活的权利并以此不断丰富和完善人权的权利内容和权利要求。与此同时，实现人的全面发展过程意味着并必然要求坚持各项基本人权的合理设定、充分尊重和全面保障。由是，以人民为中心、人的自由全面发展、生存权和发展权并重等思路理念共同构筑了人类命运共同体人权观以及习近平法治思想中关于人权的基本要义。

结　语

当今的社会和时代正处于百年未有之大变革时期，与此同时，人类所面临的风险与挑战也与日俱增。面对这一时代挑战，我们有必要从人类命运共同体的角度去看待和理解人权问题、发展议题和挑战难题等。人类命运共同体思想所蕴含的丰富人权思想和观念内涵，既有助于在权利观念、权利意识、权利行使方式、权利限度等方面为人权的相关理论和实践提供新的研究视野和分析视角，同时也有助于加深和强化现有的人权知识体系、人权概念体系、人权价值体系和人权行动体系，进而为处理各项权利与人权之间的相互关系、优先顺位和潜在取舍提供有益的镜鉴。一言以蔽之，我们应当认真研判法理泛在时代背景下人类命运共同体所蕴含的基本思维和观念为新时代国内人权保障和国际人权发展所可能提供的助益，并由此丰富和深化当代人权理论的研究和制度实践的进路。

---

① 〔英〕约瑟夫·拉兹：《价值、尊重和依系》，蔡蓁译，商务印书馆，2016，第34页。

权利发展研究

论人工智能技术应用下的公民权利保障原则及其实现*

方　芳**

摘　要：现代人工智能技术是一种数据驱动的人工智能，作为法律关系客体的人工智能技术的广泛应用，既促进了人类社会的发展，也对公民权利产生严峻的挑战。国家公权力与人工智能技术共谋下产生的国家公权力异化，人工智能技术的公权力化以及社会技术性公权力的异化导致了对公民自由权、信息权等权利的侵犯。因此，保障公民权利要遵循人的尊严不受侵犯原则、有意义的人类控制原则以及算法正义原则。国家通过赋予公民数据权利、对国家公权力应用人工智能技术进行自我约束、对社会技术性组织应用人工智能技术实施国内常态化监管以及建立人工智能国际化监管、提供有效司法救济来对公民权利进行立法、行政以及司法保障；社会技术组织通过遵守相关法律法规以及行业自律的方式避免利用人工智能技术实施对公民权利的侵犯。

关键词：人工智能；公民权利；权利保障

"人工智能是由人类（People）、想法（Idea）、方法（Method）、机器（Machine）和结果（Outcome）组成的。人类有想法，并把想法变成了方法。这些方法可以由算法、启发式、程序或者作为计算骨干的系统来表

＊　本文系 2018 年辽宁省社科规划基金项目"自动驾驶汽车法律问题研究"（项目编号：L18BFX003）、2020 年辽宁省教育厅项目"我国人工智能技术应用下的公民权利保障机制研究"（项目编号：WQN202004）的研究成果。

＊＊　方芳，沈阳师范大学法学院讲师。

示。最后，我们得到了这些机器（程序）的结果。"① 从日常生活中的机器人扫地机、自动驾驶汽车、智能语音识别系统、机器人医生等服务型机器人，到影响国家产业发展的机械手等工业机器人等，人工智能技术已经打造了一个全新的智能社会。人工智能技术应用广泛地影响了人类的生活，也深刻地改变了人类生存、生活方式，影响了公民权利实现状态。人工智能技术的应用促使公民权利内容不断丰富，实现程度不断提高。人工智能技术应用创造了人类历史上最好的时代，但是也给人类社会带来巨大挑战。例如，自动驾驶汽车造成财产、人身损害，利用人工智能技术侵犯隐私权、利用人工智能技术犯罪等影响了人类的具体权利实现。国家对人工智能技术的不当应用可能导致公权力的异化，人工智能技术本身也因为其广泛被社会各个领域应用而形成一种技术性支配力，即社会技术性公权力。同时，这种社会技术性公权力本身也存在异化的可能性，这些情况最终造成了对公民权利的侵犯。

面对这种情况，法律应该如何对待人工智能？法律如何理解并确定人工智能技术在法律上的地位是对人工智能技术应用进行法律规制的前提。法律究竟选择将人工智能产品作为法律主体，构建全新的法律主体法律制度，调整人与人工智能产品两种法律主体之间的关系，还是选择将人工智能产品视为法律关系客体，调适现行法律，规制与人工智能相关的行为，从而调整人工智能技术应用背后人与人、人与政府以及人与社会的关系？法律对人工智能进行规制的路径不同，决定了人与人工智能之间的法律关系不同，也决定了在人工智能技术应用下公民权利享有和实现程度的不同，从而影响人工智能技术应用下的公民权利保障原则及其实现。

一 人工智能的本质及法律地位

（一）人工智能的本质

人工智能技术经历了三个发展阶段，不同发展阶段人工智能核心技术

---

① 参见〔美〕史蒂芬·卢奇、丹尼·科佩克《人工智能》（第2版），林赐译，人民邮电出版社，2018，第1版前言。

的改变都决定了人工智能本质的变化。

1. 像人一样合理地思考和行动的人工智能

"人工智能是一门科学，这门科学让机器做人类需要智能才能完成的事。"① 《人工智能：一种现代的方法》（第 3 版）从两个维度、四个关键词（"像人一样""合理地""思考""行动"），组合了人工智能定义（见图 1）。顶部关注思维过程与推理，底部强调行为，左侧根据与人类表现的逼真程度来进行评价，右侧依靠合理性的表现来进行衡量。②

像人一样思考	合理地思考
"使计算机思考的令人激动的新成就，……按完整的字面意思就是：有头脑的机器"	"使感知、推理和行动成为可能得计算的研究"
像人一样行动	合理地行动
"创造能执行一些功能的机器的技艺，当由人来执行这些功能时需要智能"	"AI……关心人工制品中的智能行为"

图 1　人工智能定义关键词示意

这个组合概念揭示（表达、表征）了人工智能的客观（行为）表现或目的（思考和行为）以及主观衡量或判断标准（像人一样和合理地），也就是说人工智能的目的在于思考或行动，判断思考和行动是否合理的评价标准在于是否像人一样。值得注意的是，这个概念还隐含了两层含义。第一，这里所谓的"合理地"是以人的价值标准作为参照系，"像人一样"认为这样的思考或行为是合理的。第二，人工智能"合理地"思考或行动是为了"像人一样"，即为了实现人预设给人工智能的目的，完成或延续人类的思考或行动。因此，最初的人工智能技术体现为一种像人一样合理地思考和行动的人工智能。

2. 区别并受制于人的智能的人工智能方法

随着人工智能技术进一步发展，学者认为人工智能的思考或行动方式

---

① Raphael B. The Thinking Computer. San Francisco, CA: W. H. Freeman, 1976. 转引自〔美〕史蒂芬·卢奇、丹尼·科佩克《人工智能》（第 2 版），林赐译，人民邮电出版社，2018，第 5 页。

② 参见〔美〕罗素、诺维格《人工智能：一种现代的方法》（第 3 版），殷建平等译，清华大学出版社，2013，第 4 页。

并不完全是"像人一样","机器智能最重要的是能够解决人脑能解决的问题，而不在于是否需要采用和人一样的方法"①。现代人工智能之父约翰·麦卡锡在《什么是人工智能》（*What is Artificial Inelligence*，2007）中提出虽然人工智能有时候是在模仿人类，但人工智能大部分工作是研究世界提出的智力问题，而不是学习人类或动物。由于认知科学还没有准确确定人类能力，人工智能智力机制的组织结构与人的智力机制有很大的区别。计算机程序拥有足够的速度和内存，但是他们的能力与程序设计者充分理解的智能机制相对应。② 因此，人工智能的能力区别于但又受制于其程序设计者的能力。即使现代人工智能技术已经发展到计算机"深度学习"（deep learning）阶段，但是"机器学习"（machine learning）仍然是计算机系统使用算法和统计模型进行的推理。"毕竟，行动由程序产生，而程序才是设计者所能控制的。"③

3. 数据驱动的人工智能方法

"机器智能的概念已经被提出来 60 多年了，但是真正的突破在具有了大数据的今天……在大数据之前，计算机并不擅长解决需要人类智能来解决的问题，但是今天这些问题换个思路就可以解决了，其核心就是变智能问题为数据问题。"④ 至此，人工智能概念虽不断被学者修正，但它至少应当具备"人工神经网络"、"机器学习"和"大数据运算"这些基本要素。当下机器学习的最大优势还是"运算"，AlphaGo 战胜李世石，这是"运算"，不是"思维逻辑"。⑤ 同理，深蓝之所以能够战胜卡斯帕罗夫，"其实是大量的数据，并不复杂的算法和超强计算能力的结合——深蓝从来没有，也不需要像人一样思考"⑥。

因此，就目前人工智能发展程度而言，现代人工智能技术是建立在海

---

① 吴军：《智能时代：大数据与智能革命重新定义未来》，中信出版社，2016，第 47 页。

② McCarthy, J., "What is Artificial Intelligence", 载 http://www-formal. stanford. edu/jmc/whatisai/whatisai. html, 最后访问时间：2019 年 6 月 26 日。

③ 〔美〕罗素、诺维格：《人工智能：一种现代的方法》（第 3 版），殷建平等译，清华大学出版社，2013，第 877 页。

④ 吴军：《智能时代：大数据与智能革命重新定义未来》，中信出版社，2016，第 219 页。

⑤ 参见杨延超《机器人法：构建人类未来新秩序》，法律出版社，2018，第 582 页。

⑥ 吴军：《智能时代：大数据与智能革命重新定义未来》，中信出版社，2016，第 78 页。

量数据的基础之上的，数据驱动的人工智能方法已经与人工智能发展初期模仿人类的人工智能方法相去甚远了。以数据驱动为核心的现代人工智能在解决人类问题的方法上另辟蹊径，巧妙地避开了由于认知科学的局限所自我设下的"像人一样合理地思考和行动"方法的陷阱。

（二）人工智能的法律地位

1. 人工智能法律地位争鸣

由于学者对人工智能本质理解的不同，导致他们对人工智能法律地位观点的分歧。目前，学界关于人工智能法律地位有两种观点。第一种观点是"肯定说"，这种观点肯定人工智能具有独立于人类的法律人格，将人工智能视为独立的或有限的法律主体，人工智能以法律拟制"电子人"或"代理人"的身份实施法律行为，在法律关系中享有权利、履行义务、承担责任。当"电子人"或"代理人"不履行义务，实施侵权行为或犯罪行为时，其承担独立的法律责任。[①] 例如，2017 年 2 月欧盟会议投票通过《机器人民事法律规则》，提出"电子人格"制度，赋予其法律地位。[②] 2017 年 10 月 16 日，爱沙尼亚政府公布《人工智能法案》，考虑赋予人工智能法律地位，使其成为人类的代理人，并确定其在事故中的责任问题。[③] 俄罗斯学者提出的专家建议稿性质的法律草案《在完善机器人领域关系法

---

① 相关观点参见袁曾《人工智能有限法律人格审视》，《东方法学》2017 年第 5 期；司晓、曹建峰《论人工智能的民事责任——以自动驾驶汽车和智能机器人为切入点》，《法律科学》2017 年第 5 期；张玉洁《论人工智能时代的机器人权利及其风险规制》，《东方法学》2017 年第 6 期；郭少飞《"电子人"法律主体论》，《东方法学》2018 年第 3 期；孙占利《智能机器人法律人格问题论析》，《东方法学》2018 年第 3 期；王勇《人工智能时代的法律主体理论构造——以智能机器人为切入点》，《探讨与争鸣》2018 年第 2 期；沈建铭《论人工智能实体的法律主体资格——以权利能力为视角》，华中师范大学硕士学位论文，2017。

② 腾讯研究院：《寻找无人驾驶的缰绳——2018 年全球自动驾驶法律政策研究报告》，载 https://yuedu. baidu. com/ebook/eee96aacb04e852458fb770bf78a6529647d35e2? pn = 1&rf = https% 3A% 2F% 2Fwww. sogou. com% 2Flink% 3Furl% 3DDSOYnZeCC _owkDvmYG0gM1LJs0IIKTG1HY _ ZC3lvnZhvoaHq1WfELZpQulN8XmjkDDb0D4n6scG5c6f8T7 CmeHpHsYsdeEsC，最后访问时间：2019 年 9 月 8 日。

③ http://www. independent. co. uk/news/business/news/estonia-robots-artificial-intelligence-ai-legal-recognition-law-disputes-government-plan-a7992071. html，最后访问时间：2019 年 6 月 24 日。

律调整部分修改俄罗斯联邦民法典联邦法律》将机器人的法律地位界定为
"机器人－代理人"以及类似于动物的财产属性，兼具法律主体与法律客
体双重法律地位，并对"机器人－代理人"参加法律关系的民法适用进行
了规定。① 在这种假设下，法律主体制度要进行重新构建，同时整个法律
制度也要随之调整。以人工智能产品是法律主体为前提构建的法律制度，
将人与人工智能的关系转换为法律关系，对相关具体权利的保障通过对新
型法律关系的调整而展开。

第二种观点是"否定说"，这种观点否定人工智能产品具有独立于人
类的法律人格。② 例如，杨立新认为人工智能机器人的民法地位就是物，
是产品，其民法地位应界定为人工类人格。③ 人与人工智能的法律关系体
现为主体－客体的关系，人与人工智能的关系实质仍然是人与人之间的关
系。法律权利（法律关系）的结构并没有实质的改变，权利主体仍然体现
为传统法律主体，而权利客体以及权利内容伴随人工智能技术的发展而不
断变化和丰富，相关法律制度也应该反映并调适相应新型法律关系，并针
对新型法律问题提出解决方案。例如，人工智能技术的广泛应用给公民个
人信息、隐私和数据保护带来了前所未有的挑战，而传统的人格权保护或
隐私权保护法律制度已经难以应对。虽然我国《民法典》第111条以及第
127条规定了对自然人个人信息以及数据、网络财产的法律保护，但是围
绕公民信息权保护、数据权的享有和行使的具体法律制度有待于进一步的
构建。

2. 人工智能法律地位分析

（1）人工智能不应当获得法律主体地位

肯定论者认为人工智能拥有独立于人类的"意识"，可以获得法律关

---

① 参见张建文《格里申法案的贡献与局限——俄罗斯首部机器人法草案述评》，《华东政法
　大学学报》2018年第2期。

② 相关观点参见杨立新《用现行民法规则解决人工智能法律调整问题的尝试》，《中州学
　刊》2018年第7期；郑戈《人工智能与法律的未来》，《探索与争鸣》2017年第10期；
　方芳《自动驾驶汽车法律地位分析》，《智能城市》2018年第17期；田瑞《人工智能的
　法律地位问题分析》，《现代商贸工业》2018年第26期。

③ 参见杨立新《用现行民法规则解决人工智能法律调整问题的尝试》，《中州学刊》2018
　年第7期。

系主体法律地位。"从当前的法律来看，自主意识是智能机器人取得法律人格的主观条件，能够进行独立的意思表示并进而形成社会关系是客观条件。"① 然而，如前所述，虽然现代人工智能包括"人工神经网络"、"机器学习"和"大数据运算"三个要素，但人工智能产品能否拥有自主意识并无定论，数据驱动的人工智能方法已经与人工智能发展初期模仿人类的人工智能方法相去甚远，与人类的"意识"并无实质联系。"现在'深度学习'人工智能领域的研究内容很简单，就是罗列大量的数字进行计算。这是一种很聪明的大数据集的处理方法，由此可以为数据集分类。但这种方法无须通过颠覆性模式创新来实现，只要提高计算能力即可。"② 也就是说，人工智能所谓的"意识"是一种在数据基础上进行的运算，而运算的指令，即算法则是由程序设计者预先编制或设计出来的，而非一种自主意识，更非一种理性。现代法律强调人的理性因素，"在康德看来，道德要求的本质就是理性本身。人类的绝对价值，即人的'尊严'，就是以人所有的这种能力为基础的"③。在不具备自主意识以及理性的情况下，人工智能并不具备获得法律主体资格的前提条件。因此，人工智能不应当获得法律主体地位。

同时，肯定论者在认为人工智能具有独立于人类法律人格观点的基础上，以法律拟制技术将人工智能视为独立的或有限的法律主体。他们把罗马法中奴隶被法律规定为"物"而非规定为法律主体的做法视为法律将"自然人"拟制为非"法律人"的例证，而将"法人"概念作为法律将非"自然人"拟制成"法律人"的例证，④ 从而推断法律可以将人工智能或人工智能载体拟制为法律主体。历史虽然充分证明"自然人"与"法律人"的分离是"法律主体"概念确立的前提，"法律主体"是基于"人"

---

① 孙占利：《智能机器人法律人格问题论析》，《东方法学》2018 年第 3 期。
② 〔美〕皮埃罗·斯加鲁菲：《智能的本质：人工智能与机器人领域的 64 个大问题》，任莉、张建宇译，人民邮电出版社，2017，第 29 页。
③ 〔德〕卡尔·拉伦茨：《德国民法总论》，王晓晔等译，法律出版社，2013，第 46 页。
④ 参见郭少飞《"电子人"法律主体论》，《东方法学》2018 年第 3 期，第 42～43 页；朱程斌《论人工智能法人人格》，《电子知识产权》2018 年第 9 期，第 17～18 页；袁曾《权利视阈下的人工智能法律主体地位》，《上海政法学院学报》（法治论丛）2019 年第 4 期，第 94 页。

的社会属性而非自然属性进行的抽象和拟制。诚然，法律拟制作为使"法律"和社会相协调的媒介，是法律严格性最有价值的权宜办法，① 然而，"这里所称的'拟制'，并不是将一个非人的动物、实体假定为人，而是指法律主体的成立，根源于法律的抽象构建——法律对现实存在的人赋予其法律人格，使其能够参与实际的法律活动，并享有权利、履行义务和承担责任"②。因而，法律主体本身就是一个法律拟制的概念，是将现实中的人转化为法律上的人的抽象手段，是现实中的人获得法律人格的必经过程，而非将非人的实体视为法律主体的简单便宜手段。因此，法律拟制并不能成为人工智能获得法律主体资格（法律人格）的万能钥匙。

（2）人工智能是新型法律关系客体

以数据驱动为核心的现代人工智能技术的目的并非塑造一个完美的、人类的"替身"，更非塑造一个潜在的、超人类的"敌人"，而是"解决人类的问题"。人类运用人工智能技术主要解决人类两方面的问题。一方面是规避人类弱点，代替人类完成无法进行的、危险的行为。例如，在矿山等危险、恶劣的环境下工作，甚至是在战场上"冲锋陷阵"。另一方面是作为人类的助手，为人类提供生活便利。例如，自动驾驶汽车、机器人医生、机器人保姆，甚至是机器人律师、机器人法官等。因此，人工智能技术的出现打破了人的生理限制，拓展了人的能力，是人类能力的延伸。人工智能技术应用产生新的利益变化的客观事实导致了法律权利客体发生了变化，产生了新型法律权利，同时也丰富了公民权利的内容。人类使用人工智能产品，同使用其他非人工智能产品一样，是为了满足自身利益需求。人工智能技术的应用，人工智能产品的使用，应该是，也只能是为了人类。人工智能不是人，不应当作为法律主体参与具体法律关系，而应当以人工智能产品的形式作为法律关系客体参与到具体法律关系中。

伴随着人工智能产品的广泛应用，公民的权利也广泛而深入地融入数字化生态，呈现新型法权关系，人们在享受人工智能技术带来的生存和生

---

① 参见〔英〕梅因《古代法》，沈景一译，商务印书馆，2009，第17~18页。
② 胡玉鸿：《法律主体概念及其特性》，《法学研究》2008年第3期。

活便利的同时也付出了人工智能技术过分沁入生活，甚至威胁生存的代价。因此，作为公民权利保障手段的法律制度必然也必须深刻理解人工智能，以人工智能思维方式调整新型法权关系，以打造人工智能技术应用的合理边界，保障人工智能技术广泛应用下的公民权利。

二 人工智能技术应用对公民权利的挑战

（一）国家公权力应用人工智能技术对公民权利的影响

国家是公民权利保障的主要义务主体，对公民权利的最大威胁来自国家公权力的滥用。人工智能时代，公民权利与国家公权力的关系呈现新的"对立统一"关系，公民权利在显性扩张的同时，国家公权力也在隐性地扩张。目前，人工智能技术已经成为国家行使公权力的辅助手段，公安部门运用"大数据管理系统""人脸识别系统"识别并抓获逃犯，深圳市出现"刷脸"执法的电子交通警察，[①] 北京市高级人民法院的"睿法官"[②] 等人工智能技术参与国家公权力行使的现象已经出现，这加剧了国家公权力与公民权利之间的对立，国家公权力滥用导致对公民权利的消极影响进一步加深，甚至会对公民权利造成致命性的伤害。

1. 国家公权力侵犯公民自由权

国家公权力利用人工智能技术对公民行为的监管和控制逐渐强化，造成对公民权利的消极影响。一方面，国家公权力利用人工智能技术限制了公民的网络空间自由权。在人工智能时代，表面看起来，公民的网络空间"自由"在急剧扩张，政府对网络空间的治理能力远不如在现实空间的治理有效，公民的网络空间"自由"得到了最大限度的释放。然而，现实是"网络空间的自由绝非来源于国家的缺位。自由，在那儿，跟在别处一样，

---

① 《人工智能让执法更高效精准》，载多智时代，http://www.duozhishidai.com/artical - 13572 - 1.shtml，最后访问时间：2021 年 11 月 11 日。

② 《"智慧法院"公众开放日，各种高科技亮相北京法院："睿法官"辅助审案还远吗》，载人民网，http://legal.people.com.cn/n1/2017/0104/c42510 - 28996431.html，最后访问时间：2019 年 7 月 3 日。

都来源于某种组织形式的国家……在网络空间中，某只看不见的手正在打造一个与网络空间诞生时完全相反的构架。这只看不见的手，由政府和商业机构共同推动，正在打造一个能够实现最佳控制、高效规制的构架"①。也就是说，国家公权力对公民网络空间自由权利行使的限制或控制并不仅仅是一种事后规制，更重要也更隐秘的是一种事前规制。由于国家本身是规则（构架）的制定者，国家公权力可以利用人工智能技术事前划定公民行使网络空间自由权的权利范围、权利行使的方式和程度，对公民行使网络空间自由权进行最严密的监督和管理。

另一方面，国家公权力利用人工智能技术对公民现实公共空间的行为也进行着前所未有的严密监控。我国已经建成世界上最庞大的视频监控系统"中国天网"，它是一项城市监控系统，通过人工智能人脸识别技术和大数据进行治安管理。"中国天网"从 2017 年起就已经使用人脸识别技术进行人脸比对，并进行轨迹追踪。② 在严密"天网"的监控下，我们任何人的公共行为在摄像头的监控下无所遁形。虽然公安部门利用"中国天网"有效地办理了大量治安、刑事案件，维护了社会治安，保障了公民的生命财产安全，但是如果对国家公权力利用人工智能技术监控公民行动的行为不予以限制或约束，则难免存在对公民行动自由侵犯的嫌疑。

2. 国家公权力侵犯公民信息权

国家在社会治理的过程中可能利用人工智能技术不当获取公民信息，侵犯公民的信息权。公民的姓名、性别、出生日期、民族、宗教信仰、健康、生物信息、基因信息等个人信息转化为数据被国家公权力大规模地收集、处理和使用。人们的网页浏览记录、购买记录、乘车记录、通话记录，人们的声音、影像，甚至人们的 DNA 都被用来识别身份和行为。诚然，国家公权力对公民个人信息的收集、处理和利用是出于社会管理，保障社会公共秩序和安全的公共职能以及提高公共管理效率的追求，具有合

---

① 参见〔美〕劳伦斯·莱斯格《代码 2.0：网络空间中的法律》（修订版），李旭、沈伟伟译，清华大学出版社，2018，第 4~5 页。

② 参见李振宇《人工智能：推动警务视频侦查技术发展的高速引擎》，《人民公安报》2017年 4 月 12 日，第 3 版。

法性和正当性。尤其 2020 年新冠疫情突袭而至以来，我国政府充分、合理利用公民信息对疑似以及确诊人员的行动轨迹进行追踪，及时、有效地防止了新冠病毒在我国大规模扩散。然而，在一般社会治理过程中，人工智能技术的应用无疑会扩大和提高国家公权力对公民个人信息收集和利用的范围和程度，增加侵犯公民信息权的可能性，也使得国家公权力对公民信息权的侵犯变得更加隐秘和便利。

（二）社会技术性公权力对公民权利的影响

在人工智能技术的影响下，网络服务提供者、网络交易平台等技术性商业组织依托互联网、人工智能等技术整合、调配了大量的社会资源形成社会技术性公权力。技术性商业组织与用户之间突破了传统商业社会平等的状态，其不当应用技术性公权力对用户的合法权益造成了侵害。

1. 社会技术性公权力侵犯公民信息权

技术性商业组织违反合法、正当、必要的原则违法收集、使用个人信息，侵犯公民的信息权。这是因为公民的个人信息既是人工智能技术发展与应用的基础，又是人工智能技术处理的对象。人工智能技术的发展和应用需要互联网提供海量数据作为支撑，因此，技术性商业组织通过不断收集公民个人信息的方式掌握大量信息。技术性商业组织收集公民信息的手段也区别于传统的通过市场调研等影响力有限的手段而收集、应用公民信息，而是通过应用人工智能技术广泛地收集公民在互联网上进行交互行为时提供以及产生的所有痕迹信息，公民的个人信息时刻处于被披露、利用的状态。

虽然，公民享受人工智能技术带来的福祉的同时也必须付出个人信息权自我抑制的代价，将个人信息使用权在一定程度上让渡给技术性商业组织。但是，当技术性商业组织违法或在未征得同意的前提下，不合理或过度地未经个人同意而使用他人个人信息，则属于侵犯公民的信息权。

2. 技术性商业组织运用人工智能算法侵犯消费者合法权益

一方面，技术性商业组织运用算法歧视侵犯消费者的合法权益。技术性商业组织通过对收集到的消费者信息进行数据分析，对消费者精准地投放商业广告，个性化推荐商品，通过算法向消费者发布竞价排名广告，甚至发布虚假广告信息误导消费者，违反了《电子商务法》规定的消费者自主选择权、公平交易权以及消费者合法权益受尊重和平等保护等权利。

另一方面，技术性商业组织在算法操作下形成市场垄断侵犯消费者的合法权益。人工智能时代的经济是算法驱动的经济，在数据驱动的市场环境下，消费者借助算法进行购买决策，商业组织通过定价算法快速作出有竞争性的价格调整，例如神州专车、首汽约车等国内网约车平台，在出行的高峰时段，按照比例动态提高车费，利用价格刺激引导，保证足够的车辆供给。但是，这种利用变量因素和定价算法规则对不同的交易者进行价格歧视，利用信息不对称的优势，获取了不当利益。同时，商业组织也可能通过算法进行共谋，竞争主体可能利用共同的定价算法，达成隐蔽的价格共谋，形成隐蔽的市场垄断，侵犯消费者的合法权益。

3. 技术性商业组织侵犯公民知情权和言论自由权

网络服务提供者利用人工智能技术，通过发帖、删帖、屏蔽、禁言等行为侵犯人们的知情权和言论自由权。"网络水军"通过有偿发帖、恶意删帖等行为发布负面信息或进行恶意炒作，以实现不正当竞争或达到引导、操控社会舆情的目的。这些编造、传播虚假信息的行为不仅涉嫌非法经营罪、诽谤罪等相关犯罪，也侵犯了公民的知情权和言论自由权。商业网站即使是按照国家网络安全管理相关法律法规进行常规网络安全监管，对网民在网络上发表的言论进行审查和管理，也存在有倾向性地删除网民发表的合法言论，甚至禁止网民发表言论的侵犯公民言论自由的行为。

商业性技术组织对公民权利的侵犯表现出复合性的样态，一种侵权行为可能侵犯公民若干合法权益，例如，2018 年支付宝账单侵犯隐私权的事件①，虽然支付宝及时调整相关行为，才未造成用户消费信息大规模泄露，

---

① 2018 年 1 月支付宝向用户提供生成 2017 年支付宝账单服务，在选择生成账单的页面以一行特别小的字提示用户接受"我同意《芝麻服务协议》"格式条款。然而，这个格式条款是以默认同意的方式提供，而无须用户特别勾选，而且根据协议内容，同意《芝麻服务协议》的用户已经授权芝麻信用管理有限公司采集信息，同时默认同意第三方查询非贷款类及其他非涉及商业秘密信息时，芝麻信用管理有限公司可以直接向第三方提供相关信息。

但是支付宝的这一行为违反了《消费者权益保护法》关于消费者消费自主选择权的规定,《网络交易管理办法》关于格式条款的规定以及《网络安全法》关于网络商品经营者、服务经营者收集、使用消费者信息的规定。同时,由于商业性技术组织实施的侵权行为涉及范围广、影响力大、后果严重,就不仅仅是对个人具体权利的侵犯,而可能上升为对人的生存状态的改变,对公民权利的技术性剥夺。虽然支付宝实施的行为表现为民事侵权行为,但是由于支付宝的侵权行为表现出数量多、影响大而且侵犯多种民事权益的特点,其就不仅仅是一种民事侵权,而可能上升为对人权的侵犯。

三 人工智能技术应用影响公民权利的原因

(一) 人工智能技术异化国家公权力

国家公权力与人工智能技术的结合是社会治理的必然要求。在人工智能时代,社会问题的复杂化、社会风险的多重化以及社会参与主体的多元化向社会治理实践提出巨大的挑战。国家公权力的智能化成为社会治理的必然要求,国家通过对数据的搜集和分析了解、掌握民意民情成为加强社会治理的必要手段。数字中国、智慧社会既是社会发展和社会治理的目标也是必要手段,人工智能必然成为国家公权力的强大驱动力。

然而,国家公权力在社会治理中可能借助人工智能技术进行扩张和滥用。国家公权力存在易腐性、扩张性以及对权利的侵犯性,因此要通过立法对国家公权力进行授予及限制,通过法定程序规范国家公权力的行使,通过司法救济校正国家公权力的滥用。然而,国家公权力应用人工智能技术治理社会,在与社会技术性公权力的"技术统治"优势的共谋下,犹如打开了潘多拉魔盒,国家公权力的易腐性、扩张性以及对权利的侵犯性不断滋生。

与此同时,由于人工智能算法技术的不透明性以及自主性,极易形成算法黑箱,造成人工智能技术摆脱人类控制的局面。在人工智能技术应用及产品使用的法律规制方面,人工智能技术及产品的法律属性、人工智能技术应用造成侵权的法律责任，以及公民数据权利等与人工智能技术相关的重要法律问题尚未在法律制度中体现；在对人工智能技术应用侵害的法律救济方面，传统法律程序难以有效约束国家公权力对人工智能技术的不当应用，司法程序难以对新型人工智能侵权行为提供有效的司法救济。这些因素都导致了在目前的法治体系下，公民尚无抵御国家公权力不当应用人工智能技术侵犯公民权利的有力武器及有效救济手段。当国家公权力与人工智能技术的合谋难以得到有效的控制和约束，国家公权力和公民权利之间的平衡被打破，国家公权力的行使便造成了对公民权利的侵犯。

（二）人工智能技术的权力化

现代人工智能技术是一种由大数据驱动的人工智能方法，"人工智能技术代表的深度学习技术的应用在原则上需要大量数据的喂入，其对民众隐私权的侵犯就成为一种难以被遏制的常态，因此，此类技术的发展在原则上就会加强一部分技术权贵对于大多数民众的统治地位"[①]。算法技术是人工智能技术的核心要素之一，算法根据大数据自主学习生成决策规则，算法的不透明性和自主性导致人类无法完全获知和控制算法决策的过程，从而使算法成为调配社会资源的新兴力量，形成算法权力。算法权力争夺人类决策权力，改变人的认知和行为模式，在社会中嵌入并扩张其影响，改变社会运行方式。[②] 国家、技术性商业组织对人工智能技术的应用已经改变了人工智能单纯"技术"的属性，人工智能从技术变成技术性支配权力。这种技术性支配权力被国家、技术性商业组织深度应用，在社会治理的过程中绕过或替代国家公权力，从而具有社会公权力的属性，逐渐形成了"社会技术性公权力"，它通过算法歧视、算法垄断等手段实施新型侵权行为，最终可能导致对公民权利的侵犯。

社会技术性公权力之所以能够造成对公民权利的侵犯，主要是基于社会技术性公权力侵权行为体现的群体性、隐秘性、广泛性、非对称性以及

---

① 徐英瑾：《如何设计具有自主意图的人工智能体———项基于安斯康"意图"哲学的跨学科探索》，《武汉大学学报》（哲学社会科学版）2018 年第 6 期，第 79 页。
② 参见张凌寒《算法权力的兴起、异化及法律规制》，《法商研究》2019 年第 4 期，第 66 页。

法律制度的滞后性。技术性商业组织形成的技术优势及其所掌控的信息资源，形成了一种潜在的侵权危险，技术性商业组织为了实现自身的利益，可能随时实施侵权行为。这种潜在的侵权危险一旦转化为现实的侵权行为，被侵权的民事权益数量、频率和范围则难以估算，将形成一种大规模、普遍侵权态势，而侵权的隐秘性导致被侵权人甚至对此毫无察觉。同时，法律制度对利用人工智能技术或产品实施的新型侵权行为尚未形成有效的规制手段以及责任承担规则，事实上导致了即使被侵权人明知被侵权，但由于法律供给不足，其合法权益无法得到实质、有效的法律救济。

同时，社会技术性公权力在社会中产生支配力的过程中也存在异化的风险。一方面表现为社会技术性公权力在国家公权力的要求或授权下对社会进行治理时会被滥用。例如前述商业网站按照国家网络安全管理相关法律法规进行常规网络安全监管，对公民在网络上发表的言论进行审查和管理，有时会超出职责权限有倾向性地删除甚至禁止网民的合法言论。另一方面，社会技术性公权力比传统社会公权力对公民生活的影响更深、更广、更隐蔽，潜藏在我们身边的"大数据杀熟""价格歧视""百度排名"等现象均是人工智能技术不当应用的后果，是异化了的社会技术性公权力对公民权益的不当侵犯。

综上所述，人工智能技术应用下，国家公权力与社会技术性公权力的共谋打破了国家公权力与公民权利之间的平衡；社会技术性公权力凭借人工智能技术优势，形成事实上的"权力统治"，国家公权力以及技术性公权力在立法、行政以及司法供给不足的情况下，侵蚀公民的权益，产生区别于传统样态的新型侵权行为。据此，公民权利的保障要在原有思路的前提下，遵循技术时代的规则，更新公民权利保障原则，提出新的权利保障基本要求。

四　人工智能技术应用下的公民权利保障原则

2017 年 1 月，未来生命研究院（Future of Life Institute）召开主题为"有益的人工智能"（Beneficial AI）的阿西洛马会议。在此次会议上，来自法律、伦理、哲学、经济、机器人、人工智能等众多学科和领域的专家，达成了"阿西洛马人工智能原则"（Asilomar AI Principles）。与会专家围绕人工智能研究问题、道德标准和价值观念、长期问题提出了安全性、审判透明、价值观一致、人类价值观、个人隐私、自由与隐私、人类控制、非颠覆等23条具体原则。① 根据这些原则以及传统的权利保障通行原则，人工智能时代的公民权利保障，要以人的目的、尊严为首要原则，通过对数据（信息）收集、利用与算法编制的控制，将人工智能技术的应用以及人工智能产品的使用控制在人类手中，减少人工智能技术应用对公民权利的侵害。

（一）人的尊严不受侵犯原则

人工智能对公民权利最大的挑战就是对人的尊严的挑战。《世界人权宣言》第1条规定："人人生而自由，在尊严和权利上一律平等。"《公民权利和政治权利国际公约》序言中写道："考虑到，按照联合国宪章所宣布的原则，对人类家庭所有成员的固有尊严及其平等的和不移的权利的承认，乃是世界自由、正义与和平的基础，确认这些权利是源于人身的固有尊严。"人格尊严权是人的尊严在法律上的表达，是人之为人最重要、最基础的宪法权利。在人工智能技术的广泛应用下，对公民权利最大的保障就是对人格尊严权的保障，保障人的尊严不受侵犯。

将人工智能技术本身或人工智能技术载体作为法律主体的认知有损于人格尊严。人的尊严与法律主体地位相关，法律主体意味着人在法律上的尊严。法律可以将"人"拟制成非"法律人"，也可以将非"人"拟制成"法律人"，然而，其中必不可少的因素就是人的利益和尊严。罗马法将奴隶视为非"法律人"体现的不平等观念已被现代法律制度确立的法律面前人人平等的价值观念所取代，而现代法人制度的建立是为了实现"以法人为中心的法人出资者群体与法人债权人群体的两极利益的平衡"②，而这

---

① 参见《阿西洛马人工智能原则——马斯克、戴米斯·哈萨比斯等确认的23个原则，将使AI更安全和道德》，《智能机器人》2017年第1期，第20~21页。

② 南振兴、郭登科：《论法人人格否认制度》，《法学研究》1997年第2期，第84页。

恰恰体现了和尊重了出资人的人格尊严。因此，法律拟制的"法律主体"要体现人格尊严，有利于人的利益的实现。法律若将人工智能技术本身或人工智能技术载体作为法律主体，赋予其权利，则有损于人格尊严，不利于人的利益的实现，造成对人类尊严的侵犯。

同时，数据化生存方式影响了人格尊严权的实现。现代人工智能技术发展离不开大数据的支撑，人工智能学习能力的飞速增长是依靠海量数据完成的，而海量的数据正是由我们人类自身产生。人类的数据时时刻刻被搜集，信息、隐私被窥视，行为被分析。数据化的生存方式让我们在人工智能面前"裸奔"。在私人领域，个人信息作为商机被商业机构大量不当使用，"A.I. 的头号应用现在是以及将来仍然是……让你买下你不需要的东西。所有主流网站通过应用简单的人工智能程序，跟踪你、研究你、了解你，然后再向你卖东西。你的私人生活对他们来说暗藏商机"[1]。而在公共领域，个人信息受公共权力限制或控制的程度也不断加深。对代码的控制就是权力，代码正在成为政治角逐的一个至关重要的焦点。[2] 人格尊严权受到了一种隐性的侵犯，人的主体地位发生错位，人从"目的"变成了"手段"，人的尊严受到侵犯。

因此，人工智能技术应用下保障人的尊严，要将国家治理的智能化与法治化相结合，国家发展人工智能技术必须秉持人类中心主义立场，凸显人的尊严，防止以发展人工智能技术、产业发展为目的侵犯人的尊严。国家人工智能相关立法中既要突出人的法律主体地位，以彰显人的尊严的重要意义，科学界定人工智能的法律地位，将人工智能技术产品界定为法律关系客体，防止人工智能对人的法律地位产生威胁，从而侵犯人的尊严，又要尽快出台相关立法，赋予公民与人工智能技术相关的新型权利，还要在立法中进一步对国家公权力利用人工智能技术进行社会治理以及技术性商业组织利用人工智能技术进行的商业行为进行规制；国家在行使公权力

---

① 〔美〕皮埃罗·斯加鲁菲：《智能的本质：人工智能与机器人领域的 64 个大问题》，任莉、张建宇译，人民邮电出版社，2017，第 89 页。
② 〔美〕劳伦斯·莱斯格：《代码 2.0：网络空间中的法律》（修订版），李旭、沈伟伟译，清华大学出版社，2018，第 87 页。

过程中要以尊重和保障人格尊严权为首要原则和目标，在权力范围内，以法律程序规范公权力的行使。

（二）有意义的人类控制原则

为了防止人工智能技术的应用对公民权利、人的尊严的侵犯，必须将人工智能技术的应用和人工智能产品的使用控制在人类的手中。人工智能引发的担忧和恐慌主要是人工智能高度自动化和自主化系统下的"行为"及其结果的不确定性。以自动驾驶汽车为例，自动驾驶汽车交通事故的原因可能是自动驾驶汽车使用人的操作失误，也可能是自动驾驶系统失灵或判断失误，但情况最复杂的莫过于算法黑箱导致的不明原因。后两个原因就属于人工智能失控的情况。因此，各国在自动驾驶汽车测试法律规范中规定了"人类接管原则"，要求在一定情况下自动驾驶汽车使用人必须将驾驶权接管过来，变自动驾驶为人工驾驶，控制驾驶行为。[①] 但是，算法黑箱导致的难以查明造成交通事故原因的情况，是人工智能完全失控的状况，则需要技术研发人员通过技术控制人工智能。有意义的"人类控制"原则意味着人工智能自动化和自主化系统的影响和潜在的后果必须是可靠的和可预测的，以至于人类可以对其施加控制。同时，"有意义的"人类控制原则还意味着人工智能行动的"决策"最终控制在人类手中，同时也意味着"决策"者需要对人工智能的"行为"承担责任。[②]

（三）算法正义原则

算法技术是人工智能技术形成社会技术性公权力的重要原因，当"技术中立原则"以及"避风港原则"成为商业机构合理回避法律责任的主

---

① 腾讯研究院：《寻找无人驾驶的缰绳——2018 年全球自动驾驶法律政策研究报告》，https://yuedu. baidu. com/ebook/eee96aacb04e852458fb770bf78a6529647d35e2？pn = 1&rf = https%3A%2F%2Fwww. sogou. com%2Flink%3Furl%3DDSOYnZeCC_owkDvmYG0gM1LJsOIlKTG1HY_ZC3lvnZhvoaHq1WfELZpQulN8XmjkDDb0D4n6scG5c6f8T7CmeHpHsYsdeEsC，最后访问时间：2019 年 9 月 8 日。

② 参见彭诚信主编，〔英〕瑞恩·卡洛·弗鲁姆金、〔加〕伊恩·克尔编《人工智能与法律的对话》，陈吉栋、董惠敏、杭颖颖译，上海人民出版社，2018，第 376 ~ 384 页。

要理由，算法却面临不可推卸的责任。算法是一种技术，是用系统的方法描述解决具体问题的策略机制。但是算法并不是中立的，在算法形成的过程中，技术人员的价值观通过代码嫁接到算法当中，算法体现了技术人员的价值取向。算法不公正、算法歧视、算法垄断经常出现在 AI 应用中，例如，美国算法设计者对犯罪威胁或风险预测、监控等相关性赋值显示与面部识别技术相关的算法对男性的识别率高于女性，对非白人的识别率高于白人。① 这种算法上的歧视和偏见会导致对人权的侵犯，侵蚀社会公平正义。因而，为了保障算法人权、权利，科技人员应该将社会规范以及正义价值观念体现在算法之中，将社会正义转化成算法正义。

为了防止社会技术性权力利用算法黑箱对社会正义的侵蚀，以安全、公平、正义等人类传统法律原则为基础，确定算法正义原则。社会正义价值的多样性容易导致算法正义的不确定性，现实世界的道德选择难题仍然会投射到人工智能领域，如何进行价值选择仍然会困扰科技人员。为了避免对每一种算法、技术进行单独的、重复的立法或价值选择，以人类传统的自由、平等、公平、正义、人权等原则为基本原则，判断具体实施或使用某种新算法或新技术是否与算法正义原则相冲突，如果使用这种技术实现的结果与算法正义原则相冲突，那么这种技术的使用应该受到限制。② 在程序正义方面，防止算法不透明导致歧视，要打开算法黑箱有效提高算法透明度。2017 年，美国公共政策委员会计算机协会（USACM）提出了算法透明的七大原则：意识原则、准入和补救原则、问责原则、透明原则、数据来源原则、可审计性原则、验证和测试原则。③ 为了实现算法正义原则需要通过职业伦理规范约束科技人员的行为。2016 年 12 月，国际电气和电子工程师协会（IEEE）发布《合理伦理设计：利用人工智能和自主系统（AI/AS）最大化人类福祉的愿景》，提出将人类规范和道德价值嵌入 AI 系统的三个步骤：第一，识别特定社会或团体的规范和价值；

---

① 参见马长山《智能互联网时代的法律变革》，《法学研究》2018 年第 4 期，第 8 页。
② 参见彭诚信主编、〔英〕瑞恩·卡洛·弗鲁姆金、〔加〕伊恩·克尔编《人工智能与法律的对话》，陈吉栋、董惠敏、杭颖颖译，上海人民出版社，2018，第 334～335 页。
③ 杨延超：《机器人法：构建人类未来新秩序》，法律出版社，2018，第 453 页。

第二，将这些规范和价值编写进 AI 系统；第三，评估被写进 AI 系统的规范和价值的有效性，即评价其是否和现实的规范和价值相一致、相兼容。[①]

五 人工智能技术应用下公民权利保障原则的实现

以权利保障为核心的法律制度需要根据人工智能时代权利保障原则进行自我调适和创新，通过赋予公民与人工智能技术应用相关的新型权利，通过对人工智能技术应用进行法律规制和监管，使公民能够在享有人工智能技术应用带来的美好科技生活的同时，抵御人工智能技术应用产生的不当侵犯。重塑国家权力与公民权利的平衡状态，恢复技术性商业组织与公民个人的平等地位，才能在实质意义上实现人工智能时代的权利保障。

（一）国家全面而充分的权利确认、保障、救济义务

1. 立法保障

国家通过确认并赋予公民数据权利，不断完善、丰富公民权利类型。张文显教授提出"数字人权"的概念，他认为这一概念是人民对数字科技生活需要最广泛的体现，人工智能技术等高新技术的发展及产业化应用的深化需要以人权的力量和权威强化对数字科技开发及其运用的伦理约束和法律规制，这一概念的提出也是引领新一代人权战略，提升中国法学界在国际社会话语权的必要所在。[②] 数字人权"既包括前三代人权在智慧发展条件下的数字化呈现及其相应保护，也包括日渐涌现的各种新兴（新型）数据信息权利及其相应保护，其本质是在数字时代和智慧发展中作为人而应该享有的权利"[③]。数字人权中最重要的权利就是公民作为数据主体的权利，国家可以通过借鉴欧盟《一般数据保护条例》等国际条约和其他国家先进的公民数据权立法经验，确认和赋予公民数据访问权、纠正权、被

[①] 腾讯研究院、中国信息通信研究院互联网法律研究中心：《人工智能：国家人工智能行动抓手》，中国人民大学出版社，2017，第 384 页。

[②] 参见张文显《新时代的人权法理》，《人权》2019 年第 3 期，第 20~22 页。

[③] 马长山：《智慧社会背景下的"第四代人权"及其保障》，《中国法学》2019 年第 5 期，第 16 页。

遗忘权、限制处理权、拒绝权、自主决定权等一系列数据权利，确保公民在个人信息利用上的主导地位。我国《民法典》第 111 条以及第 127 条规定了对自然人个人信息以及数据、网络财产的法律保护，但是围绕公民信息权保护、数据权的享有和行使的具体法律制度有待于进一步的构建，以防止国家公权力、社会技术性公权力以及其他主体对公民数据权及其他合法权益的侵害。

同时，国家要调整人工智能技术应用侵权法律责任规则及原则，合理分配人工智能技术应用或产品使用有关平等民事主体之间的利益以及由于人工智能技术应用或产品使用造成侵权损害的责任负担。尤其是由于算法黑箱导致无法查清事故原因，即侵权行为与损害结果之间的因果关系不明，在社会技术性商业组织与用户之间，人工智能设计、生产、销售企业与人工智能使用人之间合理分配侵权法律责任，在侵权责任主体与被侵权人之间进行利益衡量，充分发挥保险制度的风险分担机制，防止人工智能相关企业主体因负担不合理法律责任而影响、限制人工智能产业的发展，防止以牺牲人工智能使用人或被侵权人的权利而谋求人工智能产业发展的舍本逐末的做法。

2. 执法保障

一方面，国家公权力依法合理应用人工智能技术进行社会治理，防止对公民行为的过度监控。当公民权利与国家公权力发生冲突时，要体现公民权利的优先地位，重新实现两者之间的平衡状态。国家通过立法控制国家公权力应用人工智能技术进行社会治理的权限及程序。以警方使用无人机进行侦查为例，美国佛罗里达州通过立法禁止政府执法人员使用无人机进行证据搜查。马萨诸塞州通过了"无人机隐私法案"，禁止政府使用携带武器的无人机。同时，该法案还禁止在无人机上安装脸部识别软件或使用其他生物识别技术。[①]

另一方面，国家要加强人工智能技术应用监管。国家监管部门对社会

---

① 参见高荣林《美国警方使用无人机侦查的法律规制问题》，《北华大学学报》（社会科学版）2019 年第 4 期，第 64 页。

技术性商业组织利用人工智能技术实施长效监管，防止社会技术性商业组织不当应用人工智能技术实施侵犯公民合法权益的行为。同时，监管部门加强人工智能监管的国际合作，形成人工智能监管国际合作机制，形成共同的监管理念、监管利益，寻求监管解决方案，积极应对人工智能技术引发的国内、国际风险。

3. 司法保障

国家为公民权利受到人工智能技术应用或产品使用侵害提供法律救济。人民法院充分发挥人工智能技术的特点和优势，探索审理人工智能技术相关案件的证据规则、审判模式等审判方法，通过审理与人工智能技术相关的司法案例，累积审判经验，形成审判规范及指导性案例，为公民权利受到人工智能技术应用或产品使用侵害提供有效的司法救济，实现人工智能时代对公民权利的司法保障。

（二）社会技术组织的谨慎而自觉地依法开发、应用人工智能技术的义务

社会技术性公权力利用技术优势形成的"技术统治"对公民权利造成技术性侵犯或剥夺意味着人工智能技术开发、应用社会组织也必须承担社会义务以保障公民权利。一方面，人工智能技术开发社会组织要履行积极义务，在人工智能技术领域产业、行业内形成行业规范以及形成技术性研发人员职业伦理规范。技术性研发人员要自觉遵守职业伦理规范，做到行业自律。另一方面，社会技术性商业组织严格依法合理应用人工智能技术从事商业行为，禁止利用"技术中立原则"以及"避风港原则"规避法律责任，利用算法技术实施算法垄断、算法歧视等侵犯公民权利的行为，避免利用技术性优势地位造成对公民数据权、财产权、消费者权利等权利的侵犯。社会技术性商业组织自觉形成、履行行业规范，承担企业社会责任。

结　语

人工智能技术的应用改变了人的生活方式与生存方式，其范围之广

泛、影响之深刻、速度之迅猛，引起了世界各国的广泛关注和高度重视，人工智能技术的发展和应用已然成为一种技术革命。然而，人工智能技术在促进人类社会发展的同时也侵蚀了人的权利。人工智能技术应用带来的社会问题引起了经济学家、政治学家、哲学家以及法学家的热议。"如果法律不能充分解决由社会和经济的迅速变化所带来的新型争端，人们就不会再把法律当作社会组织的一个工具而加以依赖。"① 法学家们针对人工智能技术对法律的挑战进行了具体而富有成效的讨论，这些讨论既有法学理论上的探讨，也有法律实践上的应对；既有法学本体论上的探索，也有法学研究范式上的更新；既有信息权、数据权、知识产权等具体法律制度上的创新，也不乏诸如"第四代人权""数字人权"宏观的重大理论变革与突破。

　　本文就是在这样一个时代背景及法学理论研究基础之上，分析了人工智能的本质和法律地位；归纳和总结了人工智能技术应用给公民权利的享有和行使带来的巨大挑战；剖析了人工智能技术异化国家公权力，并形成社会技术性公权力的根本原因；提出人工智能时代的公民权利保障应如何在保留传统法律价值的基础上自我调适的基本原则；描绘了人工智能技术应用下权利保障原则实现的图景。

---

① 〔美〕罗纳德·德沃金：《认真对待权利》，信春鹰、吴玉章译，上海三联书店，2008，中文版序言第 2 页。

中国儿童权利研究的逻辑紊乱及其调适[*]

——基于学术史的考察

刘　涛　石华琛[**]

摘　要：中国儿童权利研究受到中国权利理论、西方儿童权利理论和中国儿童权利保护实践三重背景因素的影响。三者分别发挥着思想基石、理论源泉和现实动力的作用。中国儿童权利理论发展缓慢，已明显滞后于当下儿童权利保护的现实需要。通过学术史的考察，可以发现中国儿童权利研究的逻辑紊乱：理论基调模糊、理论语境杂糅和理论功能虚置。鉴于中国儿童权利理论的发展需要和中国儿童权利保护的实践要求，中国儿童权利研究的进路调适应从强化儿童权利基础理论研究、突出儿童权利理论的现实回应能力以及勾连儿童权利与本土文化这三个方面着重展开。

关键词：儿童权利；未成年人保护；学前教育；家庭教育

一　问题的提出

中国对儿童权利的专门研究肇始于20世纪80年代末、90年代初，研究的主要阵地为法学、教育学和社会学。[①] 其中，社会学和教育学分别从

---

* 本文系2018年度教育部人文社会科学研究一般项目（项目编号：18YJA20009）的阶段性成果。

** 刘涛，曲阜师范大学法学院副教授，法学博士；石华琛，上海社会科学院法学研究所2020级法学理论专业硕士研究生。

① 截至2021年3月，以中国知网为检索工具，将检索条件的主题设置为"儿童权利"，找到相关中文文献2763篇，其中法学文献1226篇，教育学文献654篇，社会学文献201篇。

儿童群体和教育价值入手来分析和促进儿童的生存与发展，法学界的研究则以其特有的权利思维作为基底，从而有助于儿童权利体系的建构。本文主要立足于法学研究，以中国儿童权利研究的成果为研究对象，来梳理和考察中国儿童权利研究的现状。

截至 2021 年 3 月 1 日，以中国知网数据库为检索工具，在文献分类目录下"社会科学 I 辑"中勾选法学类文献，分别进行如下检索工作。第一，在期刊数据库中以"儿童权利"为主题进行检索，找到 682 条结果，[①] 其中 CSSCI 期刊文章 158 篇。第二，以"未成年人保护"[②] 为主题，检索到 5895 条结果，其中 CSSCI 期刊文章有 886 篇。首先，根据 5895 篇论文中近三十年的研究成果绘制发表年度趋势分布图，如图 1 所示，可以反映儿童权利研究在我国逐渐受重视的整体趋势。其次，对以上 886 篇论文的研究主题进行可视化分析，如图 2 所示，发现研究旨趣主要集中于刑事司法和民事权利保护两大领域。再者，以"儿童权利"为篇名、关键词、摘要进行检索，共找到 1597 条结果，研究主题主要集中在儿童权利

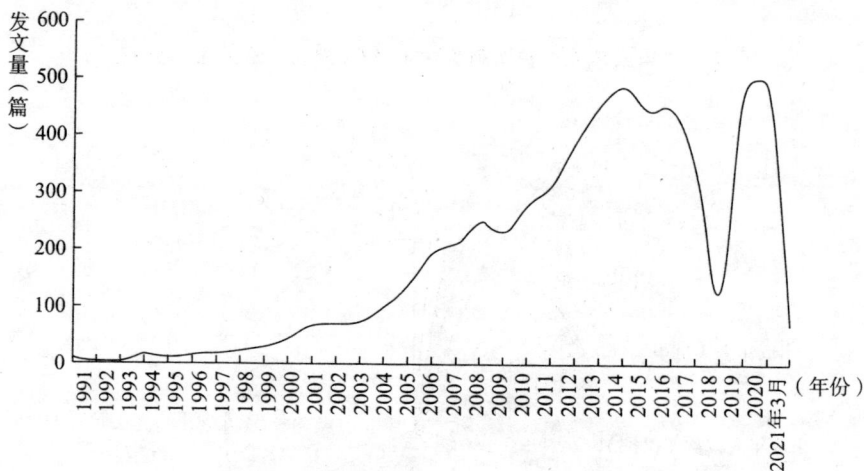

图 1　"未成年人保护"研究的年度发文量分布

---

① 将检索结果按照时间排序，显示最早的一篇期刊是一则会议综述，参见诸葛《全国青少年立法研讨会综述》，《中国法学》1991 年第 1 期，第 123 页。

② 我国一般使用"未成年人"概念，内涵基本等同于《儿童权利公约》中的"儿童"概念；立法语言中亦使用"未成年人"这一概念，例如《未成年人保护法》《预防未成年人犯罪法》等。

公约、儿童最大利益原则、儿童受教育权、儿童福利、监护探望、留守儿童、亲子关系等。最后，在会议库中将检索条件中的"全文"设置为"儿童权利"，对229条检索结果的研究主题进行了可视化分析，如图3所示。

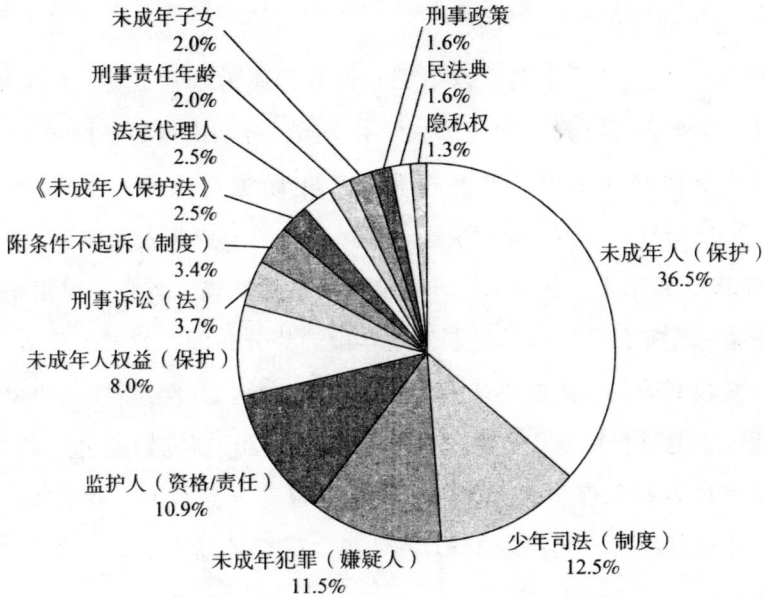

图2 "未成年人保护"研究中CSSCI期刊文章的主题分布

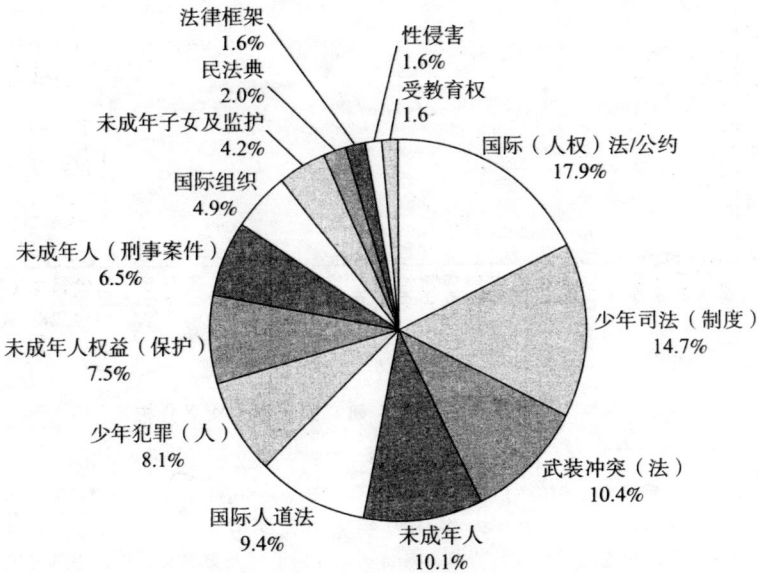

图3 儿童权利研究相关会议的主题分布

在博士论文库中以"儿童权利"为主题，共检索到 61 条结果，其中属于法学学科的有 36 篇，对后者进行主题分析，发现存在研究主题分散的现象。具体而言，"儿童权利"、"儿童权利保护"和"未成年人"这三个主题的研究论文数量均为 8 篇，"受教育权"的研究论文有 4 篇，"少年司法"、"少年犯罪"以及"儿童最大利益原则"的研究论文各 3 篇，其他更为广泛的主题研究论文只有 1 篇或 2 篇，这些主题包括"儿童虐待""国家亲权""儿童观""儿童本位""国家责任""亲子关系""人权保护""诉讼离婚""宪法化"等。

在专著方面，代表性的主要包括李双元和李娟的《儿童权利的国际法律保护》①，该书立足国际法视角，对儿童权利保护的法律、国际组织和工作机构进行了概述；张杨的《西方儿童权利理论及其当代价值研究》②，则是我国法理学界比较系统地研究西方儿童权利理论的著作。还有三部专著是由博士论文转化而来：王勇民的《儿童权利保护的国际法研究》③ 在考察儿童权利保护的国际法律制度、原则与实践的基础上，对中国儿童权利保护制度与实践进行了反思；侧重于义务教育研究的管华则著有《儿童权利研究——义务教育阶段的权利与义务保障》④；叶强的《论国家对家庭教育的介入》⑤ 是我国宪法学关于家庭教育权研究的第一部专著。此外，教育学者王雪梅在其专著《儿童权利论——一个初步的比较研究》⑥ 中，对儿童的地位、权利、基本内容与实施机制，儿童权利保护的基本原则以及特殊状态下的儿童权利进行了考察。总之，目前儿童权利研究方面的专著或者执着于儿童权利的国际保护，或者偏重于西方儿童权利理论脉络的梳理，或者限定于部门法角度的国家权力边界探讨，或者从某一教育环节切入对儿童权利的保护予以分析，切中当下中国儿童权利保护实践的系统性理论著作尚告阙如。

---

① 参见李双元、李娟《儿童权利的国际法律保护》，武汉大学出版社，2004。
② 参见张杨《西方儿童权利理论及其当代价值研究》，中国社会科学出版社，2016。
③ 参见王勇民《儿童权利保护的国际法研究》，法律出版社，2010。
④ 参见管华《儿童权利研究——义务教育阶段的权利与义务保障》，法律出版社，2011。
⑤ 参见叶强《论国家对家庭教育的介入》，北京大学出版社，2018。
⑥ 参见王雪梅《儿童权利论——一个初步的比较研究》，社会科学文献出版社，2005。

通过上述实证考察，我们看到儿童权利研究在中国逐渐得到重视的趋势，但是，也可以看到这些成果的研究主题杂多分散且不成体系，缺乏对儿童权利理论的系统性研究。此外，目前我国儿童权利遭受侵害的事件仍旧频繁，出现了儿童权利理论与儿童权利保护现实需要严重不匹配的现象。那么，造成这种问题的原因何在？基于对这种原因的探求，我们需要对目前儿童权利进行理论逻辑的研究。如果不能找到中国儿童权利研究自身存在的偏差，就难以推进中国儿童权利理论的发展与完善，进而也无法为我国儿童权利保护实践提供有效的理论支持。虽然目前也有学者对中国儿童权利研究的成果进行了较为全面和直观的梳理①，但遗憾的是，仅停留在量化分析的层面，而没有对中国儿童权利研究的内部逻辑进行剖析。为了克服这一缺陷，我们将基于学术史的视角，选择中国儿童权利研究的逻辑进路为研究主题，旨在在此脉络中挖掘出其中存在的问题，揭示出其中亟须转型与升级的方面，并进而尝试对中国儿童权利研究的进路进行必要调适。

二　中国儿童权利研究的背景因素

任何观念和理论的产生与发展都有其不可分割的背景因素。为了更好地把握中国儿童权利研究内在的推进脉络，就要对其所处的背景场域进行考察：一方面是理论背景，即中国儿童权利研究所受的外在学术因素影响，具体包括中国权利理论的发展与西方儿童权利理论的引入；另一方面则是实践背景，主要是指中国儿童权利保护实践之需要。

（一）中国权利理论的成熟和发展

20 世纪 90 年代是中国权利理论的迅速发展时期，以权利与义务关系之论战为动力源②，中国法完成了从"义务本位法"到"权利本位法"的

---

① 参见赵芳、朱宁《近三十年儿童保护研究进展与趋势——基于 CiteSpace 和 HistCite 的图谱量化分析》，《社会工作》2019 年第 4 期，第 95 ~ 107 页。

② 可以归纳为"权利本位"、"义务本位"和"权利义务无本位"三方之间的论战。其中，权利本位论者和义务本位论者更是成为针锋相对的双方。以期刊《中国法学》为战场，1990 年第 4 期开始，中国法学界围绕"权利义务——法的本位问题"展开了激烈的讨论。

更新，中国法哲学的研究历经了从"阶级斗争范式"到"权利本位范式"的变革。① 从中国权利理论的发展来看，其对中国儿童权利研究的影响主要体现在以下三个方面。

首先，人权研究的持续深入及其对儿童权利研究的推进。2004 年"人权入宪"和 2012 年刑诉法增加人权保障条款对于中国人权实践具有非凡意义。如图 4 所示，在这两个时间点前后理论界对人权的研究呈现持续增长或者小峰值状态。② 我国对儿童权利的集中研究则相对滞后于人权研究（见图 4），这在一定程度上彰显了人权研究对儿童权利研究的推动和促进作用。就发文量而言，2003~2005 年是我国人权研究的迅速发展时期并且在 2010 年之前均维持很高的研究热情；在人权理论不断完善的基础之上，自 2010 年开始儿童权利研究产生较多理论成果。实际上，在西方儿童权利理论中关于儿童权利证成最经典的范式也是人权范式。③

其次，权利体系的扩张和新兴权利研究的热炽。在"基本权利——般权利—新兴权利"的基本脉络中，权利体系在扩张中不断完善，有些以往并不在权利体系中的权益或者不被重视的权利，现在可能需要被纳入权利体系或者要被更好地加以对待，这里自然也包括儿童权利。此外，从"三代人权"的进化发展到以"数字人权"为关键的"第四代人权"的提出④，无不体现了权利体系自我繁衍扩张的能力。加之，近年来新兴权利研究成为

---

① 参见张文显、于宁《当代中国法哲学研究范式的转换——从阶级斗争范式到权利本位范式》，《中国法学》2001 年第 1 期，第 62~78 页。

② 人权来源、人权主体、人权内容、人权分类、人权体系、人权保障和救济等主题是人权基础理论研究的旨趣所在。代表文献可参见徐显明《对人权的普遍性与人权文化之解析》，《法学评论》1999 年第 6 期，第 3~5 页；徐显明《人权的体系与分类》，《中国社会科学》2000 年第 6 期，第 95~104 页；莫纪宏《论人权的司法救济》，《法商研究》2000 年第 5 期，第 84~89 页；徐显明、曲相霏《人权主体界说》，《中国法学》2001 年第 2 期，第 53~62 页；等等。

③ 参见张杨《儿童权利在人权维度上的证成与批判》，《社会》2020 年第 11 期，第 172~173 页。

④ 代表文献可参见张文显《新时代的人权法理》，《人权》2019 年第 3 期，第 12~27 页；马长山《智慧社会背景下的"第四代人权"及其保障》，《中国法学》2019 年第 5 期，第 5~24 页；张文显《无数字，不人权》，《北京日报》2019 年 9 月 2 日，第 15 版。

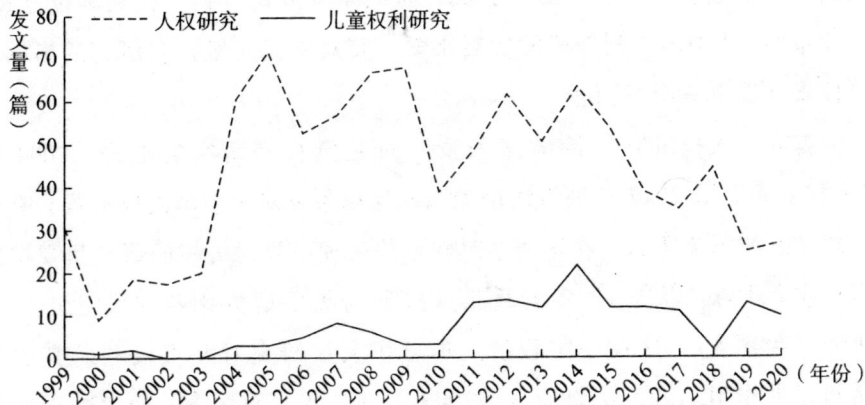

图4 1999～2020年人权与儿童权利研究成果年度发文量分布

说明：以中国知网为检索工具，勾选"社会科学Ⅰ辑"中的法学类文献，并将"来源类别"勾选为CSSCI，分别将"篇名"设置为"人权"输出检索结果、将"主题"设定为"儿童权利"输出检索结果。对两个检索结果进行可视化分析，分别得到图中的"人权"和"儿童权利"折线图。

法学界的理论热点，虽然目前我国关于新兴权利的研究仍存在许多问题，[①] 但新兴权利研究对法律权利制度的意义重大，一方面引领着旧有权利体系的发展，另一方面还指引着权利实践的进步。[②]

最后，权利的运作方式及其实现程度得到进一步关注。根据经典的"三代人权"理论，不同代际权利的保障主体和实现方式不尽相同。其中，儿童权利作为第二代人权，则要依赖于国家权力的积极作为加以落实。但在人权保障和权利实现方式上，传统的"国家权力－公民权利"模式并不利于权利的实现，因而学者开始转向对国家义务的研究，主张现代社会应当遵循"国家义务－公民权利"的权利实现方式。[③] 最近，

[①] 总体来说，目前我国新兴权利研究存在理论水平和层次不高、理论研究和司法实践脱节、研究方法有待改进、缺少比较研究和交叉研究、基础研究的辐射力度不够等突出问题。参见侯学宾、郑智航《新兴权利研究的理论提升与未来关注》，《求是学刊》2018年第3期，第89～99页。

[②] 参见姚建宗《新兴权利论纲》，《法制与社会发展》2010年第2期，第3～15页。

[③] 参见龚向和《国家义务是公民权利的根本保障——国家与公民权利新视角》，《法律科学（西北政法大学学报）》2010年第4期，第3～7页；魏文松《论新兴权利的国家保护义务》，《学术交流》2020年第9期，第73～82页。

关于经济与社会权利保障的研究成为一个理论热点，^① 这对儿童权利的实现将大有裨益。

权利理论确立之后，儿童权利的产生和发展才成为可能。中国权利理论的成熟和发展为中国儿童权利研究提供了一个基本的理论参照系。同时，中国权利理论框架中的不恰当之处亦可能造成我国儿童权利研究的误区。

（二）西方儿童权利理论的引入

"儿童权利"概念率先在西方确立。事实上，从儿童权利观念到"儿童权利"概念经历了漫长的过程，^② 并且"儿童权利"概念本身的内涵也在不断发展变化。最初的儿童权利内涵比较单一，主要强调一种照顾和保护，即"child rights = care + protection"；后来，尤其是在《儿童权利公约》（以下简称《公约》）生效以来，"儿童权利"概念变得更为丰富，突出一种个人权利的理念，即"child rights = care and protection + individual personality rights"^③。

西方儿童权利理论是何以能够进行对外输出的呢？首先，西方从 20世纪初期开始意识到儿童处境的不公平，到 1924 年的《儿童权利宣言》再到 60 年代大规模的儿童权利运动，儿童权利观念已经深入人心，^④ 儿童权利所蕴含的自由解放的人权思想是其能够向外传播的理论根基。^⑤ 其次，

---

① 代表文献可参见翟国强《经济权利保障的宪法逻辑》，《中国社会科学》2019 年第 12 期，第 100～120 页；杜建明、郑智航《论我国经济与社会权利发展的"中国特色"》，《河南大学学报》（社会科学版）2020 年第 1 期，第 19～29 页。

② 文艺复兴以前，儿童作为成人的附属品，尚未出现儿童权利观念。进入近代，儿童作为权利主体的观念在洛克、卢梭、康德等人的论述中初步形成。20 世纪成为"儿童的世纪"，特别是 60 年代以来，伴随着儿童权利运动的兴起，相关学者围绕儿童主体地位的证成问题进行了激烈的学术论辩。直到 1989 年《儿童权利公约》直接确认儿童是有权利的主体。

③ See Cynthia Price Cohen, "The Developing Jurisprudence of the Rights of the Child", *ST. Thomas Law Review*, Vol. 6: 1, pp. 1 – 96 (1993).

④ See Steven Mintz, "Placing Children's Rights in Historical Perspective", *Criminal Law Bulletin*, Vol. 44: 313, pp. 313 – 329 (2008).

⑤ See Bruce C. Hafen, "Children's Liberation and the New Egalitarianism: Some Reservations about Abandoning Youth to Their 'Rights'", *Family Law Symposium*, Vol. 1: 605, pp. 605 – 658 (1976); Bruce C. Hafen, Jonathan O. Hafen, "Abandoning Children to Their Autonomy: The United Nations Convention on the Rights of the Child", *Harvard International Law Journal*, Vol. 37: 449, pp. 449 – 491 (1996).

《公约》的生效是西方儿童权利理论繁荣的直接原因。① 截至 2015 年 10 月，《公约》的缔约国已达 196 个，是迄今获得最广泛批准的人权条约。最后，儿童作为权利主体的定位意味着人类对待自身的态度开始发生转变，反映了人类对自身未来的关照。②

西方儿童权利理论的发展有其自身的关注和特殊的背景，那么，它的兴趣点又是何以能够以及在何种程度上影响中国儿童权利研究的呢？一方面，我国于 1991 年加入《公约》，以此为契机，西方儿童权利理论迅速输入中国。从图 1 也可以看出我国学者对儿童权利理论的集中研究也由此起步。对我国儿童权利研究的成果进行分析，发现其研究进路主要有三条：一是直接对儿童权利的基础理论进行阐释和探讨③，二是对

---

① 以《儿童权利公约》为研究对象或者切入点，来对儿童权利进行阐释也是西方儿童权利理论研究的主要进路之一，在此仅对被引量高的代表性文献和最新文献进行梳理。See Lainie Rutkow，Joshua T. Lozman，"Suffer the Children？：A Call for United States Ratification of the United Nations Convention on the Rights of the Child"，*Harvard Human Rights Journal*，Vol. 19：161，pp. 161 – 190（2006）；Laura Lundya，Ursula Kilkellyb and Bronagh Byrne，"Incorporation of the United Nations Convention on the Rights of theChild in Law：A Comparative Review"，*International Journal of Children's Rights*，Vol. 21：442，pp. 442 – 463（2013）；Francesco Seatzu，"The Interpretation of the American Convention on Human Rights through the Prism of the United Nations Convention on the Rights of the Child"，*International Human Rights Law Review*，Vol. 9：1，pp. 1 – 26（2020）.

② See John Eekelaar，"The Importance of Thinking That Children Have Rights"，*International Journal of Law and the Family*，Vol. 6：221，pp. 221 – 235（1992）；Maria Grahn-Farley，*A Theory of Child Rights*，University of Miami Law Review，Vol. 57：867，pp. 867 – 938（2003）；Natalia Linnik，"Human Rights Begin with the Rights of the Child"，*Law Review of Kyiv University of Law*，Vol. 1：356，pp. 356 – 360（2020）.

③ 关于儿童权利价值的阐释，可参见王本余《儿童权利的基本价值：一种教育哲学的视角》，《南京社会科学》2008 年第 12 期，第 125 ~ 131 页。关于儿童权利观念沿革的研究，可参见王本余《儿童权利的观念：洛克、卢梭与康德》，《南京社会科学》2010 年第 8 期，第 130 ~ 136 页；段立章《儿童权利观念：沿革、障碍与培育》，《甘肃社会科学》2014 年第 6 期，第 124 ~ 127 页。关于儿童权利保护原则的研究，主要集中在"最大利益原则"上，代表文献可参见王雪梅《儿童权利保护的"最大利益原则"研究》（上），《环球法律评论》2002 年冬季号，第 493 ~ 497 页；王雪梅《儿童权利保护的"最大利益原则"研究》（下），《环球法律评论》2003 年春季号，第 108 ~ 119 页。但总体上，目前中国儿童权利基础理论的内容比较狭窄，研究主题相对滞后，并且主要停留在重述西方儿童权利的层面，欠缺理论转化能力，理论深度相对比较浅显，且没有形成完整的理论体系。

儿童权利保护的国际法律和国际实践进行研究①，三是以西方儿童权利理论或者《公约》等国际文件为参照标准来揭示中国儿童权利保护中存在的问题②。另一方面，中国儿童权利研究的问题域也深受西方儿童权利研究的影响。图 2、图 3 展示的研究主题是西方儿童权利研究旨趣的一部分，西方儿童权利研究的主题范围广泛，其中还有很多成熟的研究内容我国刚开始关注甚至还未关注到。③

综上，西方儿童权利理论的引入是中国儿童权利研究的背景因素之一，西方儿童权利理论构成中国儿童权利的直接理论渊源，其问题旨趣也极大地影响了中国儿童权利的研究主题。

（三）中国儿童权利保护的实践

一方面，在《公约》以及国际压力的推动下，中国加快了儿童权利保护的步伐。儿童权利在中国的发展是晚近的和被动的，加入《公约》之后，为了弥补相关法律制度的空白，我国将儿童权利保护的实践主要集中在相关法律规范的制定和某些重点问题的政策性回应上。首先，制定的综合性法律主要有 1992 年生效的《未成年人保护法》和《预防未成年人犯

---

① 代表性博士论文可参见王勇民《儿童权利保护的国际法研究》，华东政法大学 2009 年博士学位论文。代表性专著可参见李双元、李娟《儿童权利的国际法律保护》，武汉大学出版社，2016。代表性期刊论文可参见杨成铭《国际人权法中受教育权的性质：权利或义务？》，《法学评论》2004 年第 6 期，第 67~72 页；谢琼《儿童权利的实现与福利制度的完善——基于国际视角的考察》，《湖南社会科学》2013 年第 1 期，第 97~100 页；王世洲《关于保护儿童的欧洲标准》，《法律科学（西北政法大学学报）》2013 年第 3 期，第 163~171 页；化国宇《〈世界人权宣言〉中儿童权利条款的来源与形成——关于起草史的回顾》，《人权研究》2021 年第 1 期，第 62~75 页。
② 代表文献可参见王雪梅《从〈儿童权利公约〉的视角看中国儿童保护立法》，《当代青年研究》2007 年第 10 期，第 6~13 页；宫秀丽《初中儿童权利意识的基本状况——基于儿童权利公约框架的考察》，《青少年犯罪问题》2011 年第 4 期，第 23~28 页；刘文静《刍议残障儿童的平等受教育权——以〈儿童权利公约〉和〈残疾人权利公约〉为视角》，《河北法学》2016 年第 2 期，第 105~115 页；罗国芬《儿童权利视角：农村留守儿童"在问题化"》，《探索与争鸣》2018 年第 1 期，第 79~83 页。
③ 例如，法国儿科医生弗朗索瓦兹·多尔多将精神分析学运用到童年的剖析当中，即"将一整套历史学、社会学、种族学、文学和科学数据提供给精神分析学审视"。具体分析可参见〔法〕弗朗索瓦兹·多尔多《儿童的利益——学会如何尊重孩子》，王文新译，上海社会科学院出版社，2009。

罪法》，前者于 2006 年和 2020 年进行两次修订、2012 年进行一次修正，后者分别于 2012 年、2020 年进行一次修正和修订。其次，我国还制定了一些与儿童权利有关的专门性法律，主要有《收养法》和《义务教育法》。最后，还有一些地方性立法，比如省政府制定的学前教育管理条例。但正如有学者指出的，这些法律普遍存在口号化严重、重述其他法律、可操作性不强以及系统性差的缺陷。① 针对我国儿童权利保护法律规范的空白和无力现象，② 我国在重点的问题领域制定了一系列政策或者开展了专项行动，如《国家人权行动计划》《中国儿童发展纲要》《国务院关于当前发展学前教育的若干意见》《学前教育三年行动计划》等。不能否认它们发挥的作用，③ 但无论是作为公共政策还是作为专项行动的行政改革都缺乏一般制度能力，④ 由于其稳定性、普遍性和时效性较差，在落实的过程无可避免地表现出一种"运动式治理"的样态。

另一方面，中国权利事业的发展推动了我国儿童权利的保护实践。首先，国家在法治建设的整体背景下展现出对权利和人权的重视。例如，2004 年"国家尊重和保护人权"被写入我国宪法，2012 年新刑事诉讼法增加了人权保障条款，分别从根本法和基本法层面明确了国家对人权的保障义务。其次，对儿童权利进行特殊保护是一国权利事业发展的内在要求，也是权利时代的呼唤。我国正处于社会转型时期，再加上风险社会的

---

① 参见李双元、李娟《儿童权利的国际法律保护》，武汉大学出版社，2016，第 247 ~ 251 页。

② 我国现有的儿童保护法律规范没有充分发挥其应有的作用，并且我国儿童权利保护的法律制度还很不完善，例如学前教育专门立法缺失、受虐儿童保护制度欠缺等等，故现实生活中儿童权利遭受侵害的事件仍屡见不鲜。代表文献可参见吴鹏飞《我国儿童法律体系的现状、问题及其完善建议——以域外相关法律体系为借鉴》，《政治与法律》2012 年第 7 期，第 135 ~ 144 页；付玉明、宋磊《论我国儿童权利的法律保护——以近几期典型案件为例》，《法学杂志》2013 年第 9 期，第 101 ~ 109 页。

③ 对中国儿童政策内容的详细梳理可参见陆士桢、魏兆鹏、胡伟编《中国儿童政策概论》，社会科学文献出版社，2005。该书对 19 世纪末至 20 世纪 70 年代末的中国儿童政策史进行了较为全面的梳理和评价。其他研究可参见尹力《致力于更加公平的教育：义务教育政策三十年——基于改革开放 30 年义务教育政策与法制建设的思考》，《清华大学教育研究》2008 年第 6 期，第 43 ~ 49 页；孙艳艳《未成年人权利保护政策的新发展与未来取向——〈国家人权行动计划〉中儿童权利部分的文本解析》，《中国青年研究》2013 年第 4 期，第 15 ~ 19 页。

④ 参见〔美〕詹姆斯·G. 马奇、〔挪〕约翰·P. 奥尔森《重新发现制度：政治的组织基础》，张伟译，生活·读书·新知三联书店，2011，第 67 ~ 142 页。

不确定性因素，儿童作为一个易受侵害的弱势群体需要受到特殊保护。例如，本次新冠肺炎疫情期间，医学隔离等使一些儿童客观上无法得到监护人的照顾和保护，甚至有些儿童直接丧失监护人，我国对此进行提炼和总结，在民法典中增加了突发事件等紧急状况下，对无人照料的被监护人进行公职监护的临时监护制度。最后，改革开放以来，特别是从中共十五大提出"法治方略"以来，执政党关于儿童权利保护的意识形态极大地推动了儿童权利保护实践。如在十九大报告中明确提出保障儿童教育权利——"推动城乡义务教育一体化发展，高度重视农村义务教育"、"办好学前教育"、"普及高中阶段教育"，"努力让每个孩子都能享有公平而有质量的教育"；强调加强儿童权利社会保障体系建设——"坚持男女平等基本国策，保障妇女儿童合法权益"，"健全农村留守儿童……关爱服务体系"。此外，我国在《国家人权行动计划》中设有"儿童权利"专节。①

综上，中国权利理论、西方儿童权利理论和中国儿童权利保护的实践分别构成了中国儿童权利研究的思想基石、理论源泉和现实动力。但目前我国儿童权利保护的制度体系还不够健全，儿童权利保护的现实状况也亟待改善。面对这样的时代呼唤和社会呼唤，国家通过政策、专项行动等手段予以积极回应，但是儿童权利保护的实际效果依旧欠佳。其中非常重要的一个原因在于中国儿童权利理论研究的滞后与脱节，亦即中国儿童权利理论研究对中国儿童权利保护实践的支撑不足。故而，中国儿童权利保护的现实状况呼唤着中国儿童权利理论研究的转型和优化。然而在转变研究思路和方法之前，我们首先需要把握当下的研究样态是怎样的，在哪些方面是值得肯定和继续发扬的；更为重要的是，在哪些地方是存在问题的。文章的第三部分将对这些问题作出回应。

---

① 有学者对我国《国家人权行动计划》所设置的人权体系进行过较为深入的分析，具体可参见肖金明《中国特色的人权框架与权利保障体系——阅读〈国家人权行动计划（2009—2010）〉》，《当代法学》2009 年第 5 期，第 22～31 页。

三 中国儿童权利研究的逻辑紊乱

上文对影响中国儿童权利研究的背景因素进行梳理，一方面是为了在整体上把握中国儿童权利研究现状的诱因，另一方面则是希望能为我们理解中国儿童权利研究逻辑提供一种前提性的支撑。下面我们将对中国儿童权利的研究成果进行更为细致的剖析，旨在理清其内在的脉络和逻辑，揭示其中存在的问题。

（一）中国儿童权利研究的理论基调模糊

面对儿童和成人在权利分配和权利实现上的现实差异性和不平等性，当代西方儿童权利理论中主要存在"保护论"和"解放论"两派观点。[①] 要言之，保护论以家长主义为基础，强调儿童是脆弱的和非理性的，进而主张儿童权利的保障和实现必须依赖于成人的干预和保护；而解放论则认为儿童的本质并非脆弱的和非理性的，况且成人也不总是或者总能为了儿童的利益着想和行事，例如，现实中成人侵害儿童权利的事件是数见不鲜的，故而主张儿童并非依附于成人的客体，而应该是权利的主体。[②] 两派之间存在激烈的论辩，也正是在双方的论争中"保护"和"解放"构成了西方儿童权利理论的基调。

从本质上说，解放论和保护论之间的理论张力主要根源于"儿童权利"概念本身的复杂性。儿童"权利"作为一种权利，它首先体现出一种儿童作为权利主体所具有的自治属性；但又因为是"儿童"权利，基于儿童的脆弱性、依赖性、易受侵害性以及儿童在权利享有和权利实现上的

[①] 西方也有学者认为是"保护"还是"解放"应当根据儿童权利的不同类型而采取不同的观点，但这种融合的观点还不足以形成一派主流的观点，并且实质上仍然是以保护论和解放论为基础的。See Michael S. Wald, "*Children's Rights: A Framework for Analysis*", *U. C. D. Law Review*, Vol. 12: 255, pp. 255 – 282（1979）.

[②] 目前我国已有学者对西方儿童权利理论中"保护论"和"解放论"这两派的代表人物、核心争点以及基本观点内容等问题进行了较为全面和细致的梳理，不再赘述，具体可参见张杨《西方儿童权利理论及其当代价值研究》，中国社会科学出版社，2016，第 75 ~ 102 页。

特殊性等事实，它又必然要蕴含一种保护指向。

在我国，"儿童权利研究"一般被表述为"未成年人保护研究"①。从语义分析的角度来看，中国儿童权利研究的理论基调似乎是一种保护论②，然而，这里的"保护"与西方保护论者"保护"之内涵并不相同，就二者的具体关系而言，前者包含后者。由于基本概念使用不精确，不可避免有些学者在儿童权利"保护"的题域内讨论的实质上却是儿童"解放"的内容，反之亦是如此，③进而造成一种理论基调上的错乱感。由于基本概念的粗略处理，很多研究者甚至没有注意到"解放"和"保护"两种理论基调的不同，只是立基于儿童权利保护的立法对策和规范完善层面研究儿童权利④。

---

① 直接以"儿童解放"为主题的研究还比较少，并且主要是教育学者的相关研究，可参见涂艳国《现代教育与儿童解放》，《华东师范大学学报》（教育科学版）1998 年第 3 期，第 23～30 页；涂艳国《教育变革与儿童解放》，《教育研究与实验》2009 年第 1 期，第 1～5 页；刘庆昌《儿童的命运与成人的觉醒》，《陕西师范大学学报》（哲学社会科学版）2015 年第 6 期，第 155～165 页；张聪《为了儿童的解放和自由——麦克莱伦（Peter Mclaren）〈反抗教育学〉（Pedagogy of Insurrection）的价值意蕴》，《外国教育研究》2017 年第 2 期，第 36～46 页。。

② 就我国目前的研究成果来看，有一些学者的保护论倾向比较明显，并且其中关于国家义务的研究成为一个理论热点。代表学者及其相关文献可参见侯猛《从校车安全事件看国家的给付义务》，《法商研究》2012 年第 2 期，第 30～36 页；浙江省宁波市北仑区人民检察院课题组《论检察机关参与社会管理创新——以未成年人保护为视角》，《法学杂志》2012 年第 10 期，第 139～143 页；吴鹏飞《儿童福利权国家义务论》，《法学论坛》2015 年第 9 期，第 32～41 页；聂帅钧《我国学前儿童受教育权法律保障机制的完善——基于国家义务的视角》，《河北法学》2018 年第 8 期，第 145～160 页；刘仁琦《少年司法国家责任论纲》，《浙江工商大学学报》2020 年第 5 期，第 86～95 页。但这些学者的立足点都比较特殊，他们都是在学前教育、义务教育、少年刑事司法等具体的领域，即仅仅在国家色彩比较浓重的领域来讨论国家的保护义务，而缺少在儿童权利基础理论上展开的关于"保护"的论证与探讨，或者说目前中国儿童权利研究中关于保护论的成果更多的只是一些间接性理论成果。

③ 例如有学者在儿童利益保护之下讨论的是表达意见的权利和参与的权利，是一种对儿童自决权的维护，更偏向于解放的观点，具体可参见陈爱武《家事诉讼与儿童利益保护》，《北方法学》2016 年第 6 期，第 126～139 页。再如有学者意欲对儿童的受教育自由权进行阐释，但最终走向了国家、社会和家长对受教育者的干预，即迈向了保护论，具体可参见管华《儿童权利研究——义务教育阶段儿童的权利与保障》，法律出版社，2011，第 96～125 页。

④ 这类文献数量庞大，在此仅选取代表性文献以供参考，如陈苇、谢京杰《论"儿童最大利益优先原则"在我国的确立——兼论〈婚姻法〉等相关法律的不足及其完善》，《法商研究》2005 年第 5 期，第 37～43 页；吴鹏飞《我国儿童法律体系的现状、问题及其完善建议——以域外相关法律为借鉴》，《政治与法律》2012 年第 7 期，第 135～144 页；姚建龙《未成年人法的困境与出路——论〈未成年人保护法〉与〈预防未成年人犯罪法〉的修改》，《青年研究》2019 年第 1 期，第 1～15 页。

除了概念处理模糊导致理论基调不明晰，目前我国儿童权利研究还出现了第三条道路，这又主要有两种情形。一是在对儿童性质和地位进行考察时坚持解放论的观点——儿童权利是对儿童的赋权，而赋权是与参与紧密相连的——且更侧重于儿童权利的自决权和参与权面向；但讨论到儿童的具体权利部分则转向保护论，仅强调国家、社会和家庭的保护义务，而忽视儿童在儿童权利实现过程中主体性的发挥。① 二是有一部分理论成果虽然注意到"解放"和"保护"两种理论基调的差异性，但面对二者的价值吸引力，试图调和彼此之间的矛盾和冲突，但遗憾的是，目前这种折中理论不仅没有得到充分有效的论证，② 甚至还使我国儿童权利理论基调不清的程度进一步加深。总之，目前"折中说"在处理中国儿童权利研究理论基调模糊的问题上仍然是无力的。

以上，我们可以看到我国对西方儿童权利基础理论研究的严重不足。我国儿童权利研究成果中关于未成年人刑事司法保护的占据绝大部分比例（见图2），体现了中国儿童权利保护及研究还主要局限于底线保护的范围内，对于儿童福利的相关研究则比较薄弱。此外，我国关于儿童本体理论研究还远远不够③。在基础理论研究不足，"保护"研究不到位的情况下，寻求儿童"解放"必然会相当困难。

---

① 参见吴鹏飞《嗷嗷待哺：儿童权利的一般理论与中国实践》，苏州大学2013年博士学位论文，第37~38、196~213页。

② 参见张杨《西方儿童权利理论及其当代价值研究》，中国社会科学出版社，2016，第102~109页；郑智航、张杨《作为人权的未成年人适当照顾权及其结构》，《北京理工大学学报》（社会科学版）2013年第2期，第123~131页。

③ 主要表现为目前对儿童本质的研究范围比较狭隘、研究内容不成体系、研究理论层次较低等突出问题。相关文献可参见刘晓东《论儿童教育的本质》，《学前教育研究》1998年第4期，第23~25页；丁海东《论儿童游戏的生活本质》，《山东师范大学学报》（人文社会科学版）2003年第3期，第107~111页；杨宁《儿童是人类之父——从进化心理学看人类个体童年期的本质》，《华南师范大学学报》（社会科学版）2003年第5期，第107~113页；丛晓波、高玉涛《走向哲学视野的儿童研究：儿童世界的本质与教育的使命》，《东北师大学报》（哲学社会科学版）2005年第4期，第140~143页；杨晓萍、李传英《儿童游戏的本质——基于文化哲学的视角》，《学前教育研究》2009年第10期，第17~22页；孙艳艳《儿童与权利：理论建构与反思》，山东大学2014年博士学位论文，第33~50页；胡华《回归儿童生活：幼儿园课程建构的本质》，《甘肃社会科学》2019年第5期，第230~236页。

（二） 中国儿童权利研究的理论语境杂糅

所谓中国儿童权利研究的理论语境杂糅是指中国儿童权利理论工作者在研究儿童权利时所采取的一种过度化约的处理方式，即面对儿童权利中义务主体的多元化以及国内（法）/国际（法）话语的差异性，试图以一种统一的、不区分理论展开之关系语境而进行儿童权利研究的现象。

在考察中国儿童权利研究的理论语境之前，有必要对儿童权利中涉及的主体以及主体之间的相互关系进行梳理。儿童权利作为一种制度，涉及的主体主要有四个：国家、社会、家庭与儿童自身。其中，儿童应当处于最中心的位置，其他三者之存在或干预的最终目的均需是儿童的最大利益；与此同时，国家、社会和家庭也均可能对儿童造成侵害。需要注意的是，在"国家 – 儿童"、"社会 – 儿童"和"家庭 – 儿童"这三组关系中，与儿童相对的既有公法主体又有私法主体，因此这三对关系的色彩和性质是不同的，在此之下的儿童的角色和地位也是各异的，国家、社会和家庭在儿童权利实现中的职能亦是不尽相同的。国家、社会和家庭都具有介入其他两组关系中的可能性，进而造成一种公、私关系的交叉格局。而现实中这种公私交叉关系是更为普遍的，这也就进一步造成了儿童权利制度中主体方面的复杂性。此外，在学者的研究中还有一个重要的义务主体会被单独分析，即学校，因为儿童的受教育权（发展权）主要通过学校来实现和保障。但从学校的性质入手，基于公立学校背后的"国家性"以及私立学校具有的"社会性"，我们可以作将前者归入国家、后者纳入社会的处理。图 5 将上述复杂关系作了更为具体和形象的展示。

一方面，中国儿童权利研究对儿童权利主体方面的理解比较狭隘，基础理论部分对主体的研究局限在儿童身上，而缺少对义务主体基础理论的阐释。我国研究儿童权利的专著一般采用总论（上篇）—分论（下篇）式的思路，第一部分探讨有关儿童权利的一般性问题，基本上是对西方儿童权利理论的重述，第二部分则是探讨特殊领域的儿童权利保护或者是特

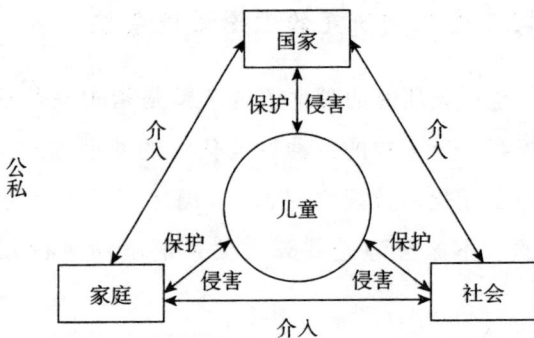

图 5 儿童权利涉及的主体间的相互关系

殊儿童的权利保护问题。① 这种看似逻辑严密的总分式写法，在面对儿童权利中权利主体与义务主体以及不同义务主体之间相互交织的、不停变动的复杂关系时难免产生处理能力不足的问题，而这种能力欠缺又将直接导致基本理论语境的模糊化。当然也有学者会首先交代其所要讨论的就只是国家介入父母子女关系的这一组关系，并且认为在此种语境之下干预主义的国家介入实质上是一种政治问题，此时儿童权利所要达到的目标是分配正义。② 还有学者从宪法学的视角，在国家介入家庭教育的语境下探讨了国家、家庭和儿童三者利益如何平衡的问题。③ 但遗憾的是，目前仍然缺少将儿童权利置于图 5 的复杂关系网结中进行全面分析与论证的成果。另外，在硕博论文中关于儿童权利研究的成果相对丰富④，但也只有一小部分注意到了界定儿童权利中义务主体的问题。以其中的法学博士论文为例，主要存在两

---

① 例如王雪梅的《儿童权利论——一个初步的比较研究》一书，总论分为四章，分别是"儿童的地位及其权利"、"儿童权利保护原则"、"儿童权利的基本内容"和"儿童权利实施机制"，分论部分也有四章："特殊状态下儿童权利概论"（介绍了收养中的儿童、难民儿童、残疾儿童以及武装冲突中的儿童）、"被控少年的实体法保护及其刑事责任"、"少年刑事司法中的权利与责任"和"我国未成年刑事责任制度及其司法保护"。

② 参见张杨《西方儿童权利理论及其当代价值研究》，中国社会科学出版社，2016，第166~182页。

③ 参见叶强《论国家对家庭教育的介入》，北京大学出版社，2018。

④ 截至2021年3月1日，通过中国知网的博硕士学位论文数据库，将检索条件的"主题"设置为"儿童权利"，找到580条结果（硕士论文519篇，博士论文61篇），其中法学博士论文36篇，通过筛选去除仅某章节涉及儿童权利的法学博士论文11篇，接下来的分析主要围绕剩余的25篇法学博士论文展开。

个突出问题：第一，绝大部分文章只对儿童和不同义务主体之间的关系进行单独分析，而缺少对其他主体介入之下的关系分析；① 第二，其中对介入情形有所探讨的文章仍未能全面阐释图5展示的关系网络②。

　　另一方面，当下中国儿童权利研究中还存在国际语境和国内语境杂糅的问题。在国际法层面，儿童权利之实现强调的是主权国家这个义务主体，例如《公约》明确规定"缔约国应尊重本《公约》所载列的权利""缔约国应采取一切适当措施确保儿童得到保护"。而在国内法层面，儿童权利保护是国家、家庭、社会与儿童之间的互动关系网络（见图5）。既有中国儿童权利的理论研究以及专门立法主要是在国际法律和国际实践的推动下被动展开的，由于此前并没有直接的理论准备，我国很多学者将西方儿童权利理论作为中国儿童权利发展的唯一理论渊源，并将《公约》等国际文件作为衡量中国儿童权利发展状况的唯一标准，而忽略了儿童权利的国际法面向和国内法面向的区分。③ 西方儿童权利理论虽是中国儿童权利发展的背景因素之一，但我们反对"为了公约而公约"的做法，因为《公约》仅是一个框架性规定，若只是一味地套用之，那么会将国内儿童权利保护方面的很多问题忽略掉。这种缺乏反思性的理论移植实质上源于一种过度化约思维，缺乏对中国传统观念、制度基础和技术手段的考量。④ 因此，我们应该逐步走向"设计法律移植阶段"和"否思法律移植阶段"⑤。也就是说，我们在对西方儿童权利进行引入的时候应当注意进行资源协

---

① 其中明显对介入情况进行研究的文章有王慧《儿童虐待国家干预制度比较研究》，武汉大学2015年博士学位论文；段立章《儿童宪法权利研究》，山东大学2016年博士学位论文。

② 王文认为儿童虐待发生的主要场域是家庭，因此考察的是国家作为义务主体介入家庭－儿童这组关系的情况。段文在肯定儿童在现代宪法中具有权利主体地位的基础上，对儿童权利的效力对象，即义务主体进行家庭、社会和国家的划分，认为家庭对儿童权利的实现负有首要责任，其他义务主体仅具有辅助责任。但遗憾的是，段也只是在宪法层面的一般意义上对儿童权利的义务主体进行了"浮光掠影"式的分析，并未涉足儿童权利中各义务主体之间彼此交错的更为复杂的关系论证。

③ 参见齐延平《国家的人权保障责任与国家人权机构的建立》，《法制与社会发展》2005年第3期，第3~9页。

④ 参见周尚君《儿童人权的中国语境》，《青少年犯罪问题》2012年第5期，第4~8页。

⑤ 参见姚建宗、栾兆星《当代中国法律移植认识的基调演变——基于学术史的考察与展望》，《新疆师范大学学报》（哲学社会科学版）2015年第1期，第75~86页。

调、理论协调与文化协调。

综上，目前我国对儿童权利义务主体方面的阐释欠佳，今后在进行儿童权利基础理论阐释时应当首先澄清所要阐释的理论是在哪一关系语境下展开的，并尝试对儿童权利主体方面的复杂关系进行全面研究。此外，需要对公约框架进一步地挖掘和分析，避免在国际问题与国内问题、国际话语与中国话语上产生混淆和杂糅。实际上，中国儿童权利研究的语境杂糅与前面所提及的中国儿童权利研究中理论基调的模糊也是不无关系的。

（三）中国儿童权利研究的理论功能虚置

"人们对法律所做的无论是'理论性'思考还是'实践性'思考，始终都是基于法律实践并为法律实践而展开的，法律实践构成全部法律思考的起点与归宿……"[①] 不止法律理论和法律实践如此，任何理论的形成和发展都要立基于一定的社会背景和社会条件，其论证的素材要尽可能涵盖当下；我们关注西方、学习西方理论，终要回到中国情境并解决中国问题。在此种意义上，我们认为理论应当且实际上是回应实践的，无论是直接的还是间接的。那么，儿童权利作为一套理论，也应具有回应儿童权利保护实践需求的基本功能。

中国儿童权利研究者具有强烈的现实关怀，但由于种种原因，目前的研究存在明显的理论功能虚置问题，可以概括为"应当回应而没有回应"和"有所努力但未能实现"两个方面，具体分析如下。

一方面，中国儿童权利理论与儿童权利保护实践需要之间出现了断层。近年来，我国儿童权利保护领域暴露了很多亟待解决的现实问题[②]，

---

① 姚建宗：《中国语境中的法律实践概念》，《中国社会科学》2014 年第 6 期，第 141 页。
② 近两年引起社会关注和热议的话题主要有：性侵儿童案件（2020 年第一季度，全国检察机关对性侵未成年人犯罪决定起诉 4151 人，同比上升 2.2%）、校园欺凌事件等侵害未成年人的恶性事件（2020 年 1～9 月，全国检察机关共起诉侵害未成年人犯罪嫌疑人 39894 人）以及未成年人犯罪低龄化问题（2020 年 1～9 月，全国检察机关对未成年犯罪嫌疑人决定起诉 23070 人，共批准逮捕未成年犯罪嫌疑人 16990 人）。相关数据来源：最高人民检察院《2020 年 1 至 3 月全国检察机关主要办案数据》《2020 年 1 月至 9 月全国检察机关主要办案数据 多个反映办案质量数据呈现积极变化》，https://www.spp. gov. cn/，最后访问时间：2020 年 11 月 14 日。

但囿于缺乏有效的应对策略和解决方案，或者说，由于制度建设层面的缺漏和滞后，我国儿童权利保护的现实状况不甚乐观。究其本质，是因为中国儿童权利理论研究未能与儿童权利保护的迫切需要相匹配。例如，13岁大连男孩杀害10岁女孩的事件，直接引发了刑法修正案降低刑事责任年龄。在这里，当作为"二次法"的刑法越来越成为解决社会问题的首选，所反映的恰恰是现行儿童权利保护专门制度建设的不足，而其背后的原因之一则是中国儿童权利理论研究不力，未能担负起回应现实的责任。另外，理论工作者也要在现有制度框架之下挖掘更加恰适的理论，通过解释的方法来应对和解决新型问题，避免一种非立法不可的思维。①

另一方面，有一些学者对自己开展的儿童权利研究进行了较为精准的理论功能置放，但最终没有完成预设的理论功能目标。第一种情形是，在论证的过程中偏离了最初的理论预设。例如，张杨在《西方儿童权利理论及其当代价值研究》一书中预设的理论功能是在源出脉络中批判性地考察西方儿童权利以促进中国儿童权利的发展，但论证到最后割裂了儿童权利与中国文化传统，暗含一种以西方为标准来改造中国文化传统的观点。② 第二种情形是，由于当下的客观原因而无法达到预设的理论目标。以儿童福利理论的研究为例，目前的研究主要体现了两种思路：一是对国外儿童福利立法开展横向考察；③ 二是对中国儿童福利观念、政策的纵向研究，④ 来寻找适

---

① 例如，为了使《刑法》第236条第2款取得更佳的现实效果，有学者提供了一种将"性剥削"理论引入的思路，具体可参见杜治晗《两小无猜非儿戏——一条司法解释的法教义学解释》，《清华法学》2020年第4期，第53～71页。

② 参见张杨《西方儿童权利理论及其当代价值研究》，中国社会科学出版社，2016。

③ 相关的代表性文献可参见刘继同《儿童福利的四种典范与中国儿童福利政策模式的选择》，《青年研究》2002年第6期，第38～43页；江夏《儿童福利视角下瑞典学前教育公共支出政策内容、特征及启示》，《学前教育研究》2018年第3期，第3～12页；胡福贞、游显云《发达国家儿童福利制度的变迁：阶段、动力机制及启示》，《当代青年研究》2018年第3期，第103～108页；吴玉玲、邓锁、王思斌《人口转变与国家—家庭关系重构：英美儿童福利政策的转型及其启示》，《江苏社会科学》2020年第5期，第53～63页。

④ 相关的代表性文献可参见柴鹤湉《中国古代儿童福利的理念与实践研究》，《暨南学报》（哲学社会科学版）2017年第11期，第121～128页；朱浩《新中国70年儿童福利的理念、政策与发展趋向》，《中州学刊》2020年第2期，第84～90页。也有综合以上两种视角进行的研究，参见姚建龙、刘悦《解析儿童福利司：比较、历史与未来》，《中国青年社会科学》2020年第3期，第115～125页。

合中国的儿童福利模式。就整体而言，综合模式已经成为我国儿童福利立法模式的基本共识，但在究竟谁是主导方面的问题上存在分歧。这里主要有两派观点：其一，以陆士桢为代表，主张中国应当以家庭为中心，建立全面普惠型的儿童福利制度；① 其二，以吴鹏飞和童小军为代表的国家本位观点，他们分别从国家义务论和国家亲权视角论证了以国家为主导的儿童福利制度建设模式。② 需要指出的是，中国儿童福利财政保障的现实问题——"资金来源单一""预算不足""预算与决算脱节"等，限制了我国儿童福利政策的有效实现。③ 因此，我们的当务之急不是比较、选择、构建一种最理想的儿童福利模式（高标准的理论置放），而是在中国当下的现实状况之内，立足于我国所处的阶段、经济状况、制度现状以及政策考量等多方面的因素，寻找和发展与中国实际最相适应的儿童福利理论和制度。④

综上，中国儿童权利研究出现了理论与实践的脱节问题，预设的理论功能目标并未能实际发挥出原本的功效。我们认为主要原因有三：一是中国儿童权利研究整体上的滞后，使其未能回应现实的理论预设；二是中国儿童权利研究受西方儿童权利范式影响太大，由于过度的理论依赖而减弱了对中国儿童权利理论和中国儿童保护实践的回应性；三是中国权利本身的研究还需要进一步细化，并通过自身的发展为儿童权利研究提供思想支撑，促进中国儿童权利理论的发展。

四　中国儿童权利研究的进路调适

诚如上述所呈现的，目前中国儿童权利研究存在逻辑紊乱的问题，因

---

① 参见陆士桢《建构中国特色的儿童福利体系》，《社会保障评论》2017 年第 3 期，第70～78 页。

② 参见吴鹏飞《儿童福利权国家义务论》，《法学论坛》2015 年第 5 期，第 32～41 页；童小军《国家亲权视角下的儿童福利制度建设》，《中国青年社会科学》2018 年第 2 期，第102～110 页。

③ 参见吴鹏飞《中国儿童福利财政保障的路径分析》，《湖湘论坛》2018 年第 6 期，第113～122 页。

④ 参见吴鹏飞《中国儿童福利立法：时机、模式与难点》，《政治与法律》2018 年第 12 期，第 150～160 页；姚建龙《新时代儿童福利研究》，中国政法大学出版社，2020。

此，我们必须在研究进路上进行及时转换与必要调适。为了能更好地理顺和澄清中国语境下的儿童权利理论，当下中国儿童权利研究可以着重从三个方面入手：强化基础理论、突出现实回应能力与勾连本土文化。其中，强化儿童权利基础理论的研究是基础，突出儿童权利理论对现实的回应能力是关键，勾连本土文化则是发展儿童权利理论的内在要求。

（一）强化中国儿童权利基础理论研究

儿童权利理论滥觞于西方，有其自身发展的特定历史、文化、社会等环境因素。西方儿童权利引入并非简单的理论重述，而是在把握影响中国儿童权利发展背景因素的基础上提高理论转化能力，并对西方儿童权利理论进行必要调适，使之适应中国特殊的"生态环境"，以理顺当前中国儿童权利研究逻辑，构建中国儿童权利理论体系。

第一，儿童权利理论和权利理论体系的兼容问题需要更深入的分析与论证。权利的发展是儿童权利发展的背景因素之一，并且儿童权利作为权利家族的一员，或者说儿童权利是一种特殊权利。基于二者之间的这种关系，权利理论研究应当是能够有效推动儿童权利研究的，同样地，儿童权利理论的研究也应能推动权利理论的发展。但实际上，我国权利理论的研究成果并没有被有效地运用和指导儿童权利的研究，发展滞后的中国儿童权利研究也未能为权利理论带来应有的活力。因此，我们亟须加强对儿童权利与权利体系兼容问题的理论研究，以使双方的研究成果能为彼此发展提供兴趣点。这要求我们更加精准地定位儿童权利在权利体系中的位置，探寻儿童权利在哪些方面具有特殊性。例如，前文所讲的儿童权利中义务主体的多元化以及儿童权利中权利主体的成长性，即随着儿童的成长，其权利内容也在不断发展变化。此外，由于中国权利理论最初的发展也受到西方权利理论的影响，所以还应时刻关注西方权利研究的理论动态。①

① 参见朱振、刘小平、瞿郑龙等编译《权利理论》，上海三联书店，2020。正如编译者在后记中所指出的，该论文集翻译出版的重要原因之一就是为了回应近年来我国对国外权利理论研究发展关注不够的问题。

第二，中国儿童权利理论体系需要进一步完善。儿童权利由于其特殊性，不能完全直接套用权利理论体系。但是目前中国儿童权利研究太过分散，缺乏理论自觉性，很难形成整体性的理论突破。此外，我国儿童权利研究的基本进路——无论是国际法进路，还是国内法进路——主要是以1989年《公约》的理论框架为标准，并且对其尚且存在片面性研究的问题。故要构建和完善中国儿童权利理论体系，可以从以下三个方面着眼。首先，拓展儿童权利基本原则研究的面向。《公约》确立了儿童权利保护的四项基本原则——无歧视原则、儿童利益最大化原则、最大限度地确保儿童的生存和发展原则以及尊重儿童意见原则。目前我国的研究主要集中在"儿童利益最大化原则"上，而对其他基本原则的专门研究甚少。其次，加深儿童权利保护原则研究的深度。以"儿童利益最大化原则"为例，我国对该原则的研究并不成熟。一方面是具有描述性和重述性特征，或仅停留在表面的初步探析上。但该原则一直在不断进化，① 并且在不同情形下其内涵也是有所差异的；② 另一方面则是主要局限在私法领域，多集中于婚姻家庭中子女最佳利益的探讨。③ 对儿童利益最大化原则理论研究的不深入也导致了司法裁判中不平衡适用与过激

---

① Leann Larson Lafave, "Origins and Evolution of the 'Best Interests of the Child' Standard", *South Dakota Law Review*, Vol. 34: 460, pp. 460 – 533 (1989).

② Torunn E. Kvisberg, "Child Abduction Cases in the European Court of Human Rights-Changing Views on the Child's Best Interests", *Oslo Law Review*, Vol. 6: 90, pp. 90 – 1066 (2019).

③ 该主题下的代表性文献可以参见王洪《论子女最佳利益原则》，《现代法学》2003年第6期，第31~35页；陈苇、谢京杰《论"儿童最大利益优先原则"在我国的确立——兼论〈婚姻法〉等相关法律的不足及其完善》，《法商研究》2005年第5期，第37~43页；冉启玉《英美法"儿童最大利益原则"及其启示——以离婚后子女监护为视角》，《河北法学》2009年第9期，第173~178页；冯源《论儿童最大利益原则的尺度——新时代背景下亲权的回归》，《河北法学》2014年第6期，第157~165页；陈爱武《家事诉讼与儿童利益保护》，《北方法学》2016年第6期，第126~139页；王梦奇《儿童最大利益原则对离婚自由的限制——理论证成与制度设计》，《兰州大学学报》（社会科学版）2020年第4期，第150~156页；陈奇伟、邱子芮、来文彬《论"儿童利益最大化"在家事立法与司法中之贯彻与完善》，《南昌大学学报》（人文社会科学版）2020年第5期，第83~92页。随着《民法典》的颁布，又新出现了对第1048条第3款"最有利于未成年子女的原则"的讨论，可参见郭开元《论〈民法典〉与最有利于未成年人原则》，《中国青年社会科学》2021年第1期，第118~125页；戴激涛《儿童最大利益原则的司法适用难题及其破解——从查理·加德案和阿尔菲·埃文斯案说起》，《人权研究》2021年第1期，第76~89页。

适用该原则的现象。① 最后，扩大对儿童权利内容的研究。目前我国对儿童权利内容的研究主要集中在刑事司法、婚姻家庭和教育领域，实际上很难形成完整的儿童权利体系。此外，目前对儿童权利的研究还多停留在底线保护的范围内，虽然也有学者对儿童福利权进行了一定研究，② 但只是一种初步的和底线式的探索。③

第三，增进法学二级学科以及法学与其他学科之间的交流与合作。首先，在未来的儿童权利研究中需注重法学与其他相关学科的合作。鉴于儿童的特殊性，对儿童权利的研究很难凭法学的一己之力完成，例如关于儿童本质的问题就可能涉及法学、心理学、社会学、教育学等多门学科的知识。④ 另外，目前法学外部学科关于儿童的相关研究已经十分丰富，足以为法学研究提供一些借鉴和启发。实际上，这种多学科的合作研究能增强儿童权利研究的全面性，完善儿童权利理论体系，甚至能提高儿童权利的

① 参见黄振威《论儿童利益最大化原则在司法裁判中的适用——基于 199 份裁判文书的实证分析》，《法律适用》2019 年第 24 期，第 58～69 页。
② 由于我国缺乏儿童福利方面的专门立法，目前更多的研究成果只是在儿童福利政策层面进行简单探讨，也未能形成一套完整的儿童福利理论体系，主要是对国外发达国家儿童福利模式的分析，揭示了中国儿童福利政策中存在的问题，探寻了可能的制度选择。相关的代表性文献可参见刘继同《儿童福利的四种典范与中国儿童福利政策模式的选择》，《青年研究》2002 年第 6 期，第 38～43 页；何玲《瑞典儿童福利模式及发展趋势议》，《中国青年研究》2009 年第 2 期，第 5～9 页；王晓燕《日本儿童福利政策的特色与发展变革》，《中国青年研究》2009 年第 2 期，第 10～15 页；吴海航《儿童权利保障与儿童福利立法研究》，《中国青年研究》2014 年第 1 期，第 36～40 页；吴玉玲、邓锁、王思斌《人口转变与国家—家庭关系重构：英美儿童福利政策的转型及其启示》，《江苏社会科学》2020 年第 5 期，第 53～63 页。还有学者对中国儿童福利的历史发展以及现实状况进行了考察与分析，可参见仇雨临、郝佳《中国儿童福利的现状分析与对策思考》，《中国青年研究》2009 年第 2 期，第 26～30 页；姚建龙、刘悦《解析儿童福利司：比较、历史与未来》，《中国青年社会科学》2020 年第 3 期，第 115～125 页。还有学者从国家义务论的视阈对儿童福利问题进行了探讨，可参见吴鹏飞《儿童福利权国家义务论》，《法学论坛》2015 年第 5 期，第 32～41 页；童小军《国家亲权视角下的儿童福利制度建设》，《中国青年社会科学》2018 年第 2 期，第 102～110 页。
③ 参见吴鹏飞《儿童福利权体系构成及其内容初探——以宪法人权理论为视角》，《政治与法律》2015 年第 2 期，第 62～71 页。
④ 目前我国已有学者注意从多视阈来对儿童权利相关问题进行思考，但仍是鲜见的。例如，有从哲学、心理学和社会学视角对儿童权利观的研究，具体可参见张宪冰、刘仲丽、张萌《儿童权利观的合理意蕴及启示》，《东北师大学报》（哲学社会科学版）2014 年第 2 期，第 157～161 页。

社会关注度和社会地位。其次，加强理论法学和部门法学之间的合作。从前文的分析可知，目前我国法理学界对儿童权利的研究不够深入，部门法关于儿童权利的研究则比较狭隘，可以尝试通过二者的合作交流来探求促进中国儿童权利研究快速发展的路径。例如，对于"虐童"问题可以更多地由部门法学作更恰当的阐释。① 最后，儿童权利实现过程中的学科合作需要进一步加强。这主要是指与权利的实现、保障、运行等问题保持一种理论的沟通，剖析权利实现背后的问题本质，② 探寻儿童权利真正实现的路径。

（二）突出中国儿童权利研究的现实回应能力

目前我国儿童权利保护虽然已经形成了以《未成年人保护法》和《预防未成年人犯罪法》为主体，以《教育法》《义务教育法》《收养法》等特殊领域立法为重点以及以其他部门法相关条款为补充的基本法律框架，但尚存在重点领域基本立法缺失问题，如学前教育法、家庭教育法等。此外，现有相关法律制度的运行也不顺畅。③ 理论对现实应当是具有解释力和诠释力的，未来的中国儿童权利研究应着重从儿童权利保护的制度创制与制度运行两方面入手。④

关于儿童权利保护法律制度的创制，仍有很多问题需要学理上的进一步探讨。在此将以我国儿童权利保护领域的最新立法动态为例证进行分析与论证。首先，教育部就《学前教育法（草案）》公开征求了意见。就目前草案内容来看，仍有许多问题不够明晰：学前教育的性质和地位是怎样的？对幼儿园类型的划分是否合理？政府在学前教育中的定位是怎样的？在不同种

---

① 参见魏昌东、刘志伟《"虐童"入刑的正当根据与路径选择》，《青少年犯罪问题》2013年第2期，第4~13页。
② 例如有学者认为权利实现呈现一种差序格局，而其根源在于经济发展不平衡以及由此带来的财富多寡不同，具体可参见郝铁川《权利实现的差序格局》，《中国社会科学》2002年第5期，第112~124页。
③ 参见付玉明、宋磊《论我国儿童权利的法律保护——以近期几起典型案例为例》，《法学杂志》2013年第9期，第101~109页。
④ 对我国现行的儿童权利保护法律（体系）的整体描述和评价，目前已经有专著、论文等不少研究成果，并且他们的分析已经比较全面和透彻。因此，在这里本文将采用一种相对微观的视角——以当下中国儿童权利保护领域的热点问题为切入点，来呈现未来的中国儿童权利研究如何从制度创制和制度运行两方面回应现实中的问题。

类幼儿园中政府责任内容分别有哪些？如何协调政府、家庭、社会与幼儿园在学前教育领域中的关系？如何建立幼小衔接制度？其次，全国人大组织开展了家庭教育立法的调研工作。① 关于家庭教育立法还有很多基础性问题需要予以论证：当下中国家庭教育立法的可行性和必要性在哪里？家庭教育法的性质是什么？在家庭教育领域应该如何协调政府、学校、社会和家庭之间的关系？它们各自的职责内容又如何界定？留守儿童的家庭教育工作机制如何建立？家庭教育法与其他儿童权利保护立法之间如何进行有效衔接？最后，《未成年人保护法》和《预防未成年人犯罪法》均于 2020 年 10 月进行了二次修订。前者最大的改变是增加"网络保护"和"政府保护"专章，从而形成了家庭、学校、社会、网络、政府和司法保护的似乎全面的保护格局。虽然有学者肯定了本次修订，② 但是其对未成年人的罪错行为仍然坚持"不良行为"、"严重不良行为"和"犯罪"三分法划分是否科学？③

另外，还需要补充的一点是，教育法学这个交叉学科的兴起或许能够为解决上述的一系列问题提供些许思路，促进我国教育立法的科学化。④ 目前关于教育法体系化和教育法法典化主要存在两种针锋相对的观点：一是认为教育法体系化是教育法法典化的前提⑤，二是主张只有先实现教育

---

① 全国人大常委会副委员长沈跃跃率领调研组在广东开展了家庭教育法立法调研工作。参见《坚持目标导向问题导向，推进家庭教育立法》，载中国政府网，http://www. npc. gov. cn/npc/c30834/202009/05aadca6d6d240fdabc8a1532d42b731. shtml，最后访问时间：2020 年 9 月 28 日。

② 具体可参见宋英辉、刘铃悦《〈未成年人保护法〉修订的基本思路和重点内容》，《中国青年社会科学》2020 年第 6 期，第 109~119 页。

③ 参见俞亮、吕点点《法国罪错未成年人分级处遇制度及其借鉴》，《国家检察官学院学报》2020 年第 2 期，第 155~176 页。

④ 目前关于教育法学还存在许多问题有待继续探讨和明晰，如学科性质和地位、学科体系等基本问题，相关文献可参见周光礼《反思与重构：教育法学的学科建构》，《高等工程教育研究》2007 年第 6 期，第 50~55 页；黄欣《我国教育法学的研究现状和未来展望》，《教育发展研究》2012 年第 19 期，第 70~75 页；湛中乐《教育法学研究的问题、范围与方法》，《中国高等教育》2014 年第 17 期，第 20~22 页；湛中乐、苏宇《教育法学的理论体系与学科建设初论》，《北京师范大学学报》（社会科学版）2016 年第 2 期，第 13~24 页；彭宇文《教育法地位再探——兼论教育法学学科建设》，《教育研究》2020 年第 4 期，第 125~138 页。

⑤ 参见任海涛《论教育法体系化是法典化的前提基础》，《湖南师范大学教育科学学报》2020 年第 6 期，第 15~24 页。

法法典化才能够有助于完善教育法体系①。从规范体系来看，从学前教育到义务教育至少可能体现出一种规范的整合或体系的重构。教育法学要做的就是探寻如何以儿童权利保护为主线去实现这种整合。总之，儿童权利理论工作者需要以这些问题为导向，开展深入的理论研究，以推进儿童权利保护制度的理性构建。

然而，制度建构只是起点，更为关键的是如何保障法律制度能有效运行，亦即儿童权利保护制度的法律实效问题。《民法典》的颁布被视为"人权事业发展的丰碑"②，而儿童权利作为人权体系的重要组成部分，如何确保《民法典》中的儿童权益保护制度真正有效落实理应成为儿童权利理论工作者的重点研究内容。例如，胎儿利益的保护问题，父母对未成年子女教育、保护的权利和义务问题，"最有利于被收养人原则"的落实问题，收养评估制度的实施问题，性骚扰未成年人的预防问题，离婚制度中"最有利于未成年子女"原则的把握问题，未成年人的临时监护制度的落实问题……。目前我国的未成年人法总体上处于备而不用的状态，例如《预防未成年人犯罪法》实际上并没有司法适用性，对于未成年人的罪错行为，我们援引的是《治安管理处罚法》《刑法》等成年人法，亦即我国少年刑法或少年司法的缺失导致了对待少年罪错行为的制度实施的怪象和困境。③

总之，中国儿童权利保护法律制度的构建、运行及其预设理论目标的实现均需儿童权利理论的支撑，而突出理论的现实回应力是理论工作者的本分。

（三）中国儿童权利研究的本土文化勾连

弗里德曼在以"观念－文化"为视角对人权进行剖析的过程中，向我

---

① 参见马雷军《论我国教育法的法典化》，《教育研究》2020 年第 6 期，第 145～152 页。
② 张文显：《人权事业发展的丰碑》，《法制与社会发展》2020 年第 4 期，第 2 页。
③ 参见姚建龙《论少年刑法》，《政治与法律》2006 年第 3 期，第 103～107 页；张鸿巍《儿童福利视野下的少年司法路径选择》，《河北法学》2011 年第 12 期，第 45～55 页；姚建龙《中国少年司法的历史、现状与将来》，《法律适用》2017 年第 19 期，第 2～11 页；姚建龙《未成年人法的困境与出路——论〈未成年人保护法〉与〈预防未成年人犯罪法〉的修改》，《青年研究》2019 年第 1 期，第 1～15 页；尹泠然《欧洲涉罪未成年人参与诉讼考察及其启示》，《中国刑事法杂志》2020 年第 5 期，第 158～176 页。

们展示了整个世界相互作用的文化和社会作用图景。① 无独有偶，我国亦有论者认为对儿童的全方位保护使得少年司法制度变得像是一个全人类的文化生态体系。② 实际上，"儿童权利"概念被移植到中国后其影响从来不是单向的，而是会与中国的本土文化发生双向作用。因此，这也在客观上要求我们在进行儿童权利研究的过程中应当勾连起中国的本土文化。

我国学者将儿童权利与中国本土文化进行融合研究的理论成果还比较有限，反而是将其"割裂"的倾向更加明显。割裂的路径主要有两条：第一种认为儿童权利源自西方，中国的传统文化的落后保守观念阻碍了儿童权利的发展，③ 甚至认为中国传统文化自始未能孕育出儿童权利观念并指出需要对相关本土文化进行改造以为儿童权利的发展寻得出路④；第二种观点认为儿童权利保护中存在文化选择的问题，而中国儿童权利保护的文化选择必须以《公约》为规范依据才能防止最终走向文化误区⑤。那么，割裂儿童权利与中国本土文化的问题根源在哪里？我们认为，这主要是因为我国许多从事儿童权利研究的学者受制于对传统的错误认识。

根据希尔斯的论述，传统就是被代代相传的事物，是人类行为、思想和想象的产物；在代代相传的过程中不会完全保持同一性，那些继承了传统的人赋予其新的内涵，以使其更为完善。⑥ 除了什么是传统，在这里我们面临一个更重要的问题，那就是今天的中国传统到底处于一个怎样的状态。甘阳认为中国传统呈现一个"通三统"的样态，即分别以儒家文化、平等正义和市场为核心的孔夫子的传统、毛泽东的传统和邓小平的传统共

---

① 参见〔美〕劳伦斯·M. 弗里德曼《人权文化——一种历史和语境的研究》，郭晓明译，中国政法大学出版社，2018。
② 皮艺军：《儿童权利的文化解释》，《山东社会科学》2005年第8期，第30~36页。
③ 参见段立章《观念的阻隔与超越：当代中国儿童权利文化的构建》，《山东大学学报》（哲学社会科学版）2014年第2期，第88~94页；段立章《儿童权利观念：沿革、障碍与培育》，《甘肃社会科学》2014年第6期，第124~127页。
④ 参见张杨《我国孝道文化传统下儿童权利观念发展的障碍与出路》，《宁夏社会科学》2017年第4期，第136~140页；张杨《西方儿童权利理论及其当代价值研究》，中国社会科学出版社，2016，第六章。
⑤ 参见邓多文《虐待儿童刑法规制的文化选择模式转换》，《重庆大学学报》（社会科学版）2014年第2期，第157~164页。
⑥ 参见〔美〕E. 希尔斯《论传统》，傅铿、吕乐译，上海人民出版社，1991，第15~21页。

同构成了一个中国历史文明的连续统。① 俞可平则以现代化和全球化双重变奏的时代背景为基点，主张中国文化是中国传统文化、西方近代文明和马克思主义传统三种要素的融合。② 具体到法律领域，姚建宗在一般法理学意义上对"法律（文化）传统"进行了剖析；③ 与甘阳"通三统"理论相类似，侯猛主张中国现代司法文化应该是一种儒法传统、政法传统与现代法治传统的"三通"格局。④ 总之，在当下中国我们必须面对一个多元传统并存的基本格局。⑤

那么，中国儿童权利保护的传统基因从何而来呢？

首先，从中国古代传统中，可以提炼儿童权利的文化基因。目前的研究成果主要通过铸造一把儿童权利与中国传统"孝道"根本对立的利剑来割裂儿童权利观念与中国传统文化之间的关系。虽然儒家文化讲究"百善孝为先"，强调"君君、臣臣、父父、子子"⑥，但这并不仅仅是一种子对父的单向义务，孝文化本质上是一种双向关系，在"生养－孝顺"的逻辑中，"生"和"养"是"孝"和"顺"的必要条件，亦即"父父"方能"子子"。在此意义上，我们认为儿童权利观念与中国传统孝道并非对立关系，二者甚至还具有某种共通的精神内核。"儿童权利"虽是舶来品，但不能否认在中国传统中早有儿童权利的观念存在，"老吾老以及人之老，幼吾幼以及人之幼"⑦ 的体弱恤幼就是典型例证。此外，孟母三迁、杀彘教子的典故说明了家庭对子女教育的重视以及良好的家风家教对于儿童成长的裨益；孔融让梨、芦衣顺母的故事则体现了通过典范示例来培养儿童修养；"宣父犹能畏后生，丈夫未可轻年少"的诗句传递出贤达之士对少年人的鼓励和期许；"养不教父之过，教不严师之惰"、"贤母使子贤"、"慈母有败子"、"庸师误子弟，子弟可复胚乎？"这样一些训言则强调了

---

① 参见甘阳《通三统》，生活·读书·新知三联书店，2014。
② 参见俞可平《当代中国文化的转型》，《中国法治评论》2019 年第 1 期，第 3～10 页。
③ 参见姚建宗《法律传统论纲》，《吉林大学社会科学学报》2008 年第 5 期，第 74～82 页。
④ 参见侯猛《中国的司法模式：传统与改革》，《法商研究》2009 年第 6 期，第 58～64 页。
⑤ 关于当代中国多元传统并存的问题，已有文章对此进行了更为详尽的梳理，可参见刘涛《中国法律信仰的传统根基与建构路径》，《法商研究》2016 年第 1 期，第 110 页。
⑥ 《论语·颜渊》。
⑦ 《孟子·梁惠王上》。

为人父母和师长者对儿童成长所担负的责任。中国古代传统的底色可以说是一种"家天下"的思想观念所铺就的，在那个"家国同构""家国一体"的社会里表面看来似乎更多地在强调个人对国家的义务和担当，实则不然。因为这里所讲的个人对国家的担当更多是结果意义上的，抑或说是国家对个人的一种理想期望，而有所担当的前提是通过教育使儿童的人格有所养成。这又可以从国家对儿童和学生的教育思想中得到印证——"仕而优则学，学而优则仕"①。或许在这里曾子的"君子"思想会更具阐释力度，在他看来，所谓君子"可以托六尺之孤，可以寄百里之命，临大节不可夺也"②。可见，中国古代对儿童的教育是以整个国家为背景的。虽然这种儿童观具有功能性或工具性色彩，但我们不能否认其对儿童个人品格养成的价值。

其次，从新民主主义革命以来的革命传统中，亦能挖掘出儿童权利保护的传统基因。中国共产党作为马克思主义政党，以人的解放与人的全面发展为终极追求，以"全心全意为人民服务"为宗旨。基于自身的使命，中国共产党高度重视并厚望于青少年的成长，始终认为青年是祖国的未来，赢得了青年就是赢得了一切。中国共产党在其成立的第二年就组建了中国共产主义青年团（原称"中国社会主义青年团"），以领导全国的青少年工作。在中国共产党的领导下，中国少年儿童团（第一次国内革命战争时期称"劳动童子团"，抗日战争时期称"抗日儿童团"）在组织、领导、教育少年儿童方面发挥了重要作用。这一革命儿童组织为中国新民主主义革命以及后来的社会主义建设培养了大量的后备力量，其中包括刘胡兰、王二小等为中国革命事业作出杰出贡献的革命先烈。抗日战争时期，毛泽东在革命根据地曾三次为"儿童节"题词，分别为"天天向上"、"好生保育儿童"和"儿童们团结起来，学习做新中国的新主人"③。新中国成立后，中国少年儿童团演变为中国少年先锋队，成为贯彻中国共产党

---

① 《论语·子张》。
② 《论语·泰伯》。
③ 新中国成立前，中国共产党在革命根据地以4月4日为"儿童节"，新中国成立后调整为6月1日，和国际儿童节一致。

儿童教育政策，组织、教育、保护和关心少年儿童成长的群团组织。中国少年先锋队的队徽、队旗、队歌和队员的"红领巾"标志均体现了革命传统的传承。

中国共产党重视青少年成长的思想可以追溯到新文化运动时期，例如1915年《青年杂志》(《新青年》)的发刊词即陈独秀撰写的《敬告青年》，之后李大钊则在该刊发表了脍炙人口的篇章《青春》。这种对青年一代寄予厚望的观念恰恰体现了儿童权利的一个面向，即将儿童作为主体来对待。不过，由于五四运动对中国封建礼教的猛烈抨击，中国共产党寄希望青少年改造世界的理想可能会被误解为和中国传统文化的决裂。[①] 其实，革命传统并非和中国古代传统不能衔接，作为五四运动领导者的中国共产党主要创建人的批评对象是和封建统治融合在一起的"君道臣节""纲常名教"，而并非全部中国古代传统。例如李大钊曾明确说明："余之掊击孔子，非掊击孔子之本身，乃掊击孔子为历代君主所雕塑之偶像的权威也；非掊击孔子，乃掊击专制政治之灵魂也。"[②] 陈独秀在《我之爱国主义》一文中，认为勤、俭、廉、洁、诚、信等几种传统道德，"固老生之常谈，实救国之要道"[③]。即便在批评封建的"孝道"时，陈独秀也没有否定父母与子女之间天然的伦理关系，他在扬弃这些道德的封建性所带来的片面和不平等时，继承了儒家传统的孝悌道德、家庭关系，保存了由血缘关系而产生的天然伦理的爱和义务，并设想要把家庭的爱扩展到社会上去。[④]

最后，在改革开放以来的社会主义现代化建设时期，也蕴含着儿童权利保护的文化基因。其中，邓小平"教育要面向现代化，面向世界，面向未来"的题词，成为该时期儿童受教育权保障的精神内核。此外，该时代还出现了"再苦也不能苦孩子，再穷也不能穷教育"的经典口号。再比如，自20世纪80年代末、90年代初，由中国共青团中央和中国青少年发

---

① 参见林毓生《中国意识的危机》，贵州人民出版社，1988，第5、94页。
② 李大钊：《自然的伦理观与孔子》，载《李大钊文集》(上)，人民出版社，1984，第263~264页。
③ 参见《新青年》2卷2号。
④ 参见宋仲福《陈独秀全盘性反传统文化辨析》，《西北师大学报》(社会科学版)1990年第6期，第88页。

展基金会发起的希望工程，至今已经取得了较为丰硕的成果。1990 年 2
月，经中共中央批准，以热心关心下一代工作的离退休老同志为主体，以
关心、教育、培养青少年健康成长为目的的群众性工作组织中国关心下一
代工作委员会（简称"中国关工委"）成立。中国关工委组织和动员老干
部、老战士、老专家、老教师、老模范（简称"五老"）等老同志，积极
配合党政有关部门和群团组织开展工作，引导青少年树立和践行社会主义
核心价值观，支持和帮助青少年成长成才，也体现了革命传统在当代青少
年教育中的创造性发展。

实际上，这种儿童权利保护基因的"连续统"直至今天仍然是一以贯
之的。例如，表 1 对近三年政府工作报告中儿童权利保护的内容进行了汇
总。再如，2021 年是"十四五"规划的起始年，"十四五"时期儿童被放
到更高的位置，即以"一老一小"为重点完善人口服务体系，同时坚持儿
童优先发展，并着力解决儿童托育问题和儿童安全问题。

表 1　2019 年至 2021 年中国政府工作报告中的儿童权利保护内容

年份	工作回顾	发展目标
2019	"大力推动义务教育教师工资待遇政策落实，加强乡村小规模学校和乡镇寄宿制学校建设"	"发展更加公平更有质量的教育"、"多渠道扩大学前教育供给，无论是公办还是民办幼儿园，只要符合安全标准、收费合理、家长放心，政府都要支持"、"推进高中阶段教育普及"
2020	"义务教育阶段学生生活补助人数增加近 40%"	"推动教育公平发展和质量提升"、"完善随迁子女义务教育入学政策"、"发展普惠性学前教育，帮助民办幼儿园纾困"、"保障妇女、儿童、老人、残疾人合法权益"
2021	"全面深化教育领域综合改革"、"教育公平和质量较大提升，医疗卫生事业加快发展，文化事业和文化产业繁荣发展"	"发展更加公平更高质量的教育"、"进一步提高学前教育入园率，完善普惠性学前教育保障机制，支持社会力量办园"、"鼓励高中阶段学校多样化发展，加强县城高中建设"、"保障妇女、儿童……合法权益"

由上述分析可知，中国传统文化中具有儿童权利保护的观念。实际
上，中国本土文化是儿童权利理论能够在中国生长的根基。为了改变中国
儿童权利研究的理论转化能力不足而导致的儿童权利理论在中国水土不服
以及发展受限的状况，需要在中国儿童权利制度构建中加强中国传统的创
造性转化，促进儿童权利保护传统观念与儿童权利保护制度的融合。总

之，中国儿童权利研究需要加强本土文化的勾连，一方面，要着力加强对我国本土文化的研究，深入挖掘与儿童权利保护相关的本土文化的丰富内涵；另一方面，则要强化西方儿童权利理论研究的广度与深度，而其关键就在于提高理论转化能力。

结　语

如联合国儿童基金会全球官网的《儿童权利公约》引导语所言："但并非每个孩子都能拥有美好的童年。还有太多孩子无法享受到完整的童年时光。我们这一代人应当担起责任，并呼吁各国政府、企业和社区的领导者履行承诺，为现在及将来所有儿童的权利而行动起来。他们必须致力于实现每个孩子的每项权利。"[①]儿童权利保护事业寄托着人类高贵的情感，在全球范围内的权利保护实践和权利理论研究中更容易引发共鸣、达成共识，蕴含着穿越时空、跨越国界、伴随人类共同发展的巨大能量。同时，儿童权利作为历史的产物，其保护实践又和特定国家的制度体系、文化传统具有密切的联系。在全球共识的底线框架上，儿童权利的保护进程依赖每一个特定国家的实际行动。具体的儿童权利制度建构及其运行又依赖法学理论研究的创新和突破。基于儿童权利关涉国际国内、国家社会家庭个人多个权利义务主体且贯通历史、现在和未来的特殊性质，可以预见儿童权利研究的深入发展将会推进整个权利理论体系的升级进化，并牵引多个法律部门和若干规范性法律文件的优化整合。以人民为中心的发展思想，呼唤对儿童权利更充分、更有效、更优质的保护。中国儿童权利保护事业在新的历史方位上加速发展，必将为中国儿童权利的理论研究带来更充沛的研究素材和机遇。

---

① 联合国儿童基金会：《儿童权利公约——保护每个儿童的每项权利》，https://www.unicef. org/zh/儿童权利公约，最后访问时间：2021 年 5 月 12 日。

儿童游戏权探析[*]

——以《儿童权利公约》第 31 条为视角

王 浩^{**}

摘 要：《儿童权利公约》第 31 条确定了儿童游戏权，游戏权与《儿童权利公约》所载其他权利之间具有多维关系。然而，作为一项"被遗忘的权利"，儿童游戏权在家庭、教育和公共情境中均面临诸多现实困境。应从超越工具主义和内在主义的权利视角重新认识儿童游戏，通过转变对儿童游戏的传统观念、改善儿童的游戏时间和空间、保障儿童的参与表达权等路径，尊重、支持和促进儿童游戏权。

关键词：儿童游戏；儿童权利；游戏权

引 言

游戏是童年的本质特征。① 联合国《儿童权利公约》（以下简称《公约》）第 31 条规定："缔约国应当承认儿童有权休息和休闲，参加适合其年龄的游戏和娱乐活动，并自由参加文化生活和艺术活动。"作为儿童游戏权的国际人权法依据，该条于各国的制度实践和保护却受到冷落。鲍威尔（Powell）在其就英国国家政策对儿童游戏机会影响的研究中就发现，

---

* 本文系国家社科基金 2019 年度青年项目"新兴权利保障的地方立法创新研究"（项目编号：19CFX026）的成果。

** 王浩，山东大学政治学与公共管理学院博士研究生。

① See Geary, D. C., Bjorklund, D. F., "Evolutionary Developmental Psychology", *Child Development*, Vol. 71, 2000, pp. 57 – 65. 若无特别说明，本文所称之游戏或游戏权，即儿童游戏或儿童游戏权。

在 28 份与执行《公约》第 31 条有关的主要文件中，仅一份文件提到游戏权。① 诚然，第 31 条在规范文义上的宽泛处理使儿童游戏权的构成要件不够明确，进而影响到其作为独立权利的品格确立，但究其根本，仍在于有待厘清对儿童游戏本质的认识。

鉴此，本文拟先就儿童游戏之本质加以澄清，通过对既有学说的检视，明确儿童游戏具有双重价值本质。同时，在梳理儿童游戏权立法演进史的基础上，结合其权利实践的现实困境，指出儿童游戏权保护在应然与实然面向上的割裂，进而在规范文本与权利证成的双重视阈下，澄清儿童游戏权的权利本质与权利功能，并就其权利保护之路径提出完善建议。

一 儿童游戏的双重价值本质

在联合国儿童权利委员会《关于儿童享有休息和闲暇、从事游戏和娱乐活动、参加文化生活和艺术活动的权利（第 31 条）的第 17 号一般性意见》（以下简称"第 17 号一般性意见"）中，游戏的定义如下：由儿童主导、掌控和组织的行为、活动或过程，无论何时何地只要有机会就会发生。② 照顾者可能有助于创造游戏发生的环境，但是游戏本身是非强制性的，由内在动机驱动，为了本身目的而进行，而非达到目的的手段。它涉及自主性、身体、精神或者情感活动的行使，并有可能以无穷的形式出现。游戏的主要特点是乐趣、不确定性、挑战性、灵活性和非生产性。③ 这些因素共同促成了游戏所带来的乐趣，以及由此产生的继续游戏的动力。

---

① See Powell, S., "The Value of Play: Constructions of Play in Government Policy in England", *Children and Society*, Vol. 25, 2009, pp. 29 – 42.

② See UN Committee on the Rights of the Child (CRC). General Comment No. 17 (2013) on the Right of the Child to Rest, Leisure, Play, Recreational Activities, Cultural Life and the Arts (art. 31), 17 April 2013.

③ See UN Committee on the Rights of the Child (CRC). General Comment No. 17 (2013) on the Right of the Child to Rest, Leisure, Play, Recreational Activities, Cultural Life and the Arts (art. 31), 17 April 2013.

（一）工具主义与内在主义之争

儿童游戏的重要性是一个相对现代化的概念，出现在 19 世纪末进步时代（1890～1920 年）。技术和劳动力的变化导致对工人阶级儿童劳动力的需求降低，在此期间，童工改革也在顺利进行。义务教育的急剧增长意味着儿童的时间被分为上学时间和空闲时间，放学后儿童进行广泛的自由游戏。[①] 在这一时期，社会对游戏的观念充满矛盾。一方面，游戏被认为对身体健康、智力发展以及社会发展至关重要；另一方面，儿童自由游戏被认为是浪费时间，在无监督环境下自由游戏被视为叛逆。在 20 世纪早期，社会倡导的是在成人指导下的有组织的游戏，承诺有效利用这种活动培养合格工人。游戏也并非漫无目的的活动，而是为了练习日后所需技能。这种将游戏视为发展进步的论调在当今社会依然存在，它强调游戏的工具性价值而忽视游戏的内在性价值。但是否需要通过强调游戏产生良好结果来"推销"游戏的重要性？有学者质疑道，把游戏视为成人生活的预演可以理解，但几乎没有证据证明这一点。[②] 事实上，因关注视角的不同，就儿童游戏之本质，学理上亦存在工具主义与内在主义之理论分野。[③]

工具主义的代表性学者是皮亚杰（Piaget）和维果茨基（Lev Vygotsky）。其中，前者提出的"游戏连续等级交替阶段理论"一度具有广泛影响，该理论认为游戏是从一个阶段发展到另一个阶段，后来的阶段建立在先前的水平之上，因此更复杂、更难以合理控制；游戏的发展被视为观察儿童发展的有益指标，游戏在某些情况下也作为确定与成长有关问题的诊断工具。[④] 但事实上，不同阶段间的连结及过渡并非彻底割裂。进而，维

---

① See Lucie K. Ozanne, Julie L. Ozanne, "A Child's Right to Play: The Social Construction of Civic Virtues in Toy Libraries", *Journal of Public Policy & Marketing*, Vol. 30, 2011, pp. 264 – 278.

② See Sharpe, L., "Play Fighting Does Not Affect Subsequent Success in Wild Meerkats", *Animal Behaviour*, Vol. 69, 2005, pp. 1023 – 1028.

③ See Lester S., Russell W., "Play for a Change. Play Policy & Practice: A Review of Contemporary Perspectives", *Play England/ National Children's Bureau*, 2008, pp. 12 – 16.

④ See Besio, S., "The Need for Play for the Sake of Play", in S. Besio, D. Bulgarelli, and V. Stancheva-Popkostadinova (eds.), *Play Development in Children with Disabilities*. Berlin (D): De Gruyter Open, 2017, pp. 9 – 52.

果茨基提出，游戏并非过去经验的反映，而是作为"发展成为未来成年人"所必需之活动。① 与之相反，内在主义强调儿童游戏的内在价值或者固有价值，即儿童游戏本质纯粹是为了乐趣和享受等内在价值。② 诚然，内在主义将游戏的本质回归至人对自身价值之追求，进而获得多数学者的支持，但在权利实证主义的背景下，单纯对乐趣或享受的价值肯定并不足以证成其应受法律保护之正当性。

鉴于此，希拉·戴维（Ciara Davey）认为，游戏是儿童的权利，其兼具内在价值和工具价值，将游戏作为人权可以使国家对其在国际义务方面的行动负责；儿童游戏权的范围包括获得适龄游戏设施的权利、获得安全和保护免受虐待的权利、不受歧视的权利以及观点得到适当重视的权利。③ 丽塔·沙克尔（Rita Shackel）在讨论游戏权时，强调了游戏的内在价值，也指出了游戏的附带利益。④ 莱斯特（Lester）等学者指出，儿童游戏的重要性是将游戏提升为儿童权利的基础，并认为将游戏提升为一种儿童权利是必要的，因为游戏在成年人的理解中仅仅是"奢侈而非必需"的。⑤ 安德烈斯·帕亚·里科（Andrés Payà Rico）强调要促进对儿童游戏权的承认，并尝试建立儿童游戏权评价指标体系，指出儿童游戏权评价指标包括游戏时间、游戏空间、游戏材料和游戏同伴。⑥ 可见，以权利为基础的研究进路超越了工具主义和内在主义两分法，对于儿童游戏本质的澄清具有重要意义。

---

① See Bodrova, E., Leong, D. J., "Standing 'A Head Taller than Himself': Vygotskian and Post-Vygotskian Views on Children's Play", in J. E. Johnson, S. G. Eberle, T. S. Henricks, and D. Kuschne (Eds.), the *Handbook of the Study of Play*. Lanham, MD: Rowman & Littlefield Publishing Group, 2015, pp. 203 – 214.

② See Whitebread, D., Basilio, et al., *The Importance of Play*, Brussels: Toy Industries of Europe, 2012, pp. 8 – 48.

③ See Ciara Davey, "Towards Greater Recognition of the Right to Play: An Analysis of Article 31 of the UNCRC", *Children and Society*, Vol. 25, 2011, pp. 3 – 14.

④ See Shackel, Rita, "The Child's Right to Play-laying the Building Blocks for Optimal Health and Well-being", in Smith, A. B. (eds.), *Enhancing Children's Rights*, Palgrave Macmillan UK, 2015, pp. 48 – 65.

⑤ See Lester, S., Russell, W., *Play for a Change. Play Policy & Practice: A Review of Contemporary Perspectives*, Play England/ National Children's Bureau, 2008, pp. 12 – 16.

⑥ See P. R. Andrés, B. J. Jaume., "Building a System of Indicators to Evaluate the Right of a Child to Play", *Children & Society*, Vol. 69, 2018, pp. 13 – 23.

（二）价值统一说：儿童游戏的双重价值本质

游戏在文化和社会范畴内不断变化，每个理论对游戏的定义都不相同，形成统一固定的游戏定义并非易事。由于游戏存在多种形式，具有不同功能和特点，而且游戏参与者和参与环境不同，导致提供一个全面的游戏定义一直是一个理论挑战。诚如萨顿·史密斯（Sutton Smith）所言：游戏是模棱两可的，这种模棱两可的证据存在于这些完全不同的学术观中，因此没有一个单一的定义可以包含游戏。[①] 在古希腊，游戏被认为是人类在任何年龄阶段都进行的一种特殊活动。如亚里士多德认为，游戏应与工作区分开来，因为游戏缺乏必要性，游戏与美德和幸福一样，它的特点是自由和自给自足。康德则将游戏与美学条件联系起来，认为游戏能够使想象和智力一起发挥作用。但从游戏开始被研究，游戏似乎逃过了任何试图固定、编码它的定义。[②]

即使如此，研究者通常通过区分游戏与非游戏来理解游戏，区分的常用标准包括内在动机、令人愉悦、个人自愿控制等。代表性人物包括韦斯特（Wuest）、科德斯（Cordes）等儿童游戏研究专家。韦斯特认为游戏是为了乐趣而自由从事、自发的活动，本身是有益的。科德斯将游戏定义为个人自由参与并从中获得个人满足的活动。佛罗贝尔（Froebel）认为，游戏是儿童洞察个人世界的方式，是一种创造性的自我表达方式。怀特（White）认为，游戏是儿童了解周围世界、学会交谈、分享和了解自己的方式，是促进认知和社会发展的方式。[③] 此外，部分学者将游戏描述为无目的的乐观力量的消耗，为儿童主要需求满足时剩余能量的产物。罗布·惠威通过对游戏研究者观点的整合分析，认为游戏标准包括自由选择、个

---

① See Besio, S., "The Need for Play for the Sake of Play", in S. Besio, D. Bulgarelli, and V. Stancheva-Popkostadinova (eds.), *Play Development in Children with Disabilities*. Berlin (D)：De Gruyter Open, 2017, pp. 9 – 52.

② See Besio, S., "The Need for Play for the Sake of Play", in S. Besio, D. Bulgarelli, and V. Stancheva-Popkostadinova (eds.), *Play Development in Children with Disabilities*. Berlin (D)：De Gruyter Open, 2017, pp. 9 – 52.

③ See Whitebread, D., Basilio, et al., *The Importance of Play*, Brussels: Toy Industries of Europe, 2012, pp. 8 – 48.

人指导和内在激励。① 首先，自由选择意味着儿童可以选择何时进行什么游戏，即游戏不是课程或计划的一部分，没有需要完成的步骤。其次，个人指导意味着儿童自己同意活动的角色或规则以及结果。最后，要让游戏有内在动机，它必须纯粹考虑本身，而不是为了外部奖励。游戏是为了趣味，而不是为了评估、干预或治疗。尽管游戏的定义各不相同，但多数定义具有共同元素，即自发、没有规则、主动参与、内在动机、手段而不是目的、没有时间和地点维度等。综上，儿童游戏的本质，应是包括一系列由儿童为自己兴趣、享受和满足而进行的自选活动的价值统一。

持价值统一说的学者认为，儿童游戏的研究有一个明显的局限性，即缺乏对儿童如何实际体验游戏的深入的定性和理解。② 多数关于儿童对游戏的感知和经历的研究都是来自对成年人的访谈，是为了了解如何利用儿童时间。游戏主要是一种成年人的建构，即成年人关于游戏的观点占主导地位。事实上，如果重视游戏内在价值，那么理解儿童为何游戏以及参与游戏的感受如何应成为理解游戏的焦点。通过关注儿童如何体验游戏，价值将归因于游戏本身，而不仅是游戏的衍生。部分学者认识到观察性研究以及成人游戏观点的局限性，进行了一场旨在激发儿童观点和声音的参与性研究方法运动。比如，朱莉娅·穆德（Julia Mulder）等学者通过摄影传声和访谈的方法进行分析，认为游戏没有一个单一的定义，而成年人应与儿童合作，帮助儿童为每一个情境、儿童、环境重新定义游戏。③

通过对游戏研究演进历程的梳理而重新理解游戏，发现游戏对儿童具有独特的重要性，不仅是因为其具有促进非游戏性技能的工具性价值，更重要的是游戏具有纯粹享受和乐趣的内在价值或者固有价值。

---

① See Whitebread, D., Basilio, et al. *The Importance of Play*, Brussels: Toy Industries of Europe, 2012, pp. 8 – 48.

② See Shackel, Rita, "The Child's Right to Play-laying the Building Blocks for Optimal Health and Well-being", in A. B. Smith (eds.), *Enhancing Children's Rights*. Palgrave Macmillan UK, 2015, pp. 48 – 65.

③ See Julia Mulder, Mikaela Graf, and Samantha Carter, "Right to Play for Children with Disabilities", *Canadian Journal of Children's Rights*, Vol. 6, 2019, pp. 197 – 212.

二 儿童游戏权的立法演进与实践困境

(一) 儿童游戏权的立法演进：从教育附属到独立人权

1989 年 11 月，联合国大会通过了被称为"儿童权利大宪章"的《儿童权利公约》。《公约》规定了 54 条关于儿童基本权利的条款，并承诺全面设立保护儿童权利的最低标准。《公约》是首份专门规定儿童权利且具有法律约束力的国际人权文件，它要求已批准该公约的国家必须保障立法与公约协调一致。作为被广泛接受的人权条约，截至目前，除美国以外的所有联合国会员国都已签署和批准《公约》。《公约》阐述的各项权利均是每个儿童基于其人格尊严所应享有，也是实现其发展所必须享有之人权。作为《公约》最具创新性的条款之一，第 31 条确定了儿童游戏权。

虽然《公约》第 31 条是儿童游戏权最主要的国际法依据，但早在 1959 年联合国大会通过的《儿童权利宣言》第七项原则就已对此明确规定，即儿童应享有游戏和娱乐的充分机会，应使游戏和娱乐达到与教育相同之目的，社会和公众事务当局亦应尽力设法使儿童得享此种权利。[①] 与《公约》不同，《儿童权利宣言》认为只要游戏服务于教育这一首要目标，它就对儿童和社会有益，换言之，游戏的目的是使儿童在平等机会的基础上发展个人能力、道德和社会责任感，即"成为一个有用的社会成员"。《儿童权利宣言》仅将游戏视为一种学习教育的方式，这符合 20 世纪人们所普遍接受的"儿童游戏是一种发展进步形式"的观点。因此，为了有趣、娱乐或者消遣的游戏并不是 1959 年《儿童权利宣言》所保障的一项具体权利，其保障的是作为扩展教育方式从而附属于造就有用公民的游戏权。[②]

---

① See Declaration of the Rights of the Child (20 November 1959).

② See A. González. "Two Children's Writers from Latin America: The Right to Play", *The Lion and the Unicorn*, Vol. 40, 2016, pp. 163 – 178.

1988 年，欧洲住院儿童协会（European Association for Children in Hospital）①制定了《欧洲住院儿童协会宪章》，该宪章强调了儿童游戏权的价值，即住院儿童应有机会根据其年龄和医疗状况以适当方式进行游戏，并生活在为满足其需要而设计的环境中。2007 年，世界卫生组织为了提供统一、标准的语言和框架以描述儿童的健康状况，颁布了《国际功能、残疾和健康分类》（儿童和青少年版）（International Classification of Function, Disability and Health for Children and Youth，ICF-CY），进一步表达对游戏的关注，并将游戏视为儿童期的基本活动以及儿童幸福、发展和健康的重要组成部分。②

除《公约》第 31 条外，联合国儿童权利委员会还于 2013 年通过了第 17 号一般性意见。该意见旨在提高第 31 条所载权利之地位，促进《公约》缔约国认识和理解这些权利在儿童生活和发展过程中发挥的核心作用，并促请缔约国制定措施，确保落实这些权利。该意见为决策者、教育工作者、监护人等提供了具体、明确的操作性意见，对实现儿童游戏权非常重要。通过第 17 号一般性意见，《公约》的整体性得到了肯定，即儿童每一项权利都与其他权利相联系，每项权利都同等重要。该意见强调，与其他权利相比，游戏权一直以来被认为是附属的，在诸多权利中并非优先事项，但对儿童而言，它具有至高无上的重要性。③ 联合国儿童权利委员会关切地注意到儿童游戏权实现之困难：儿童游戏权并没有得到充分承认，即缔约国没有为儿童游戏权行使提供适当设施；保护性法律薄弱或根本不存在；国家和地方规划未考虑儿童等。第 17 号一般性意见对儿童游

---

① 欧洲住院儿童协会是一个国际性组织，对欧洲参与住院儿童福利和其他医疗保健服务的非政府、非营利协会开放。该组织制定了一份章程，在 10 个条款中规定了患病儿童及其家人在住院前、住院期间和住院后以及在其他医疗服务中的权利。更多信息请访问网站 www. each-for-sick-children. org。

② See World Health Organization, *International Classification of Function, Disability, and Health, Children and Youth Version ICF-CY*, World Health Organization Switzerland, Geneva: WHO Publishing, 2007.

③ See UN Committee on the Rights of the Child（CRC）. General Comment No. 17（2013）on the Right of the Child to Rest, Leisure, Play, Recreational Activities, Cultural Life and the Arts（art. 31），17 April 2013.

戏权的重大贡献是它澄清了游戏和休息、娱乐的概念，谴责对儿童游戏的误解和低估，并强调儿童游戏权适用于所有社会，尊重所有文化传统和形式的价值观，即每个儿童不论生活在何处、文化背景如何、其父母地位如何，都应享有游戏权。

然而，尽管《公约》得到了广泛承认，儿童游戏权在各国的制度实践却面临诸多困境，并致使《公约》第 31 条被称为"被遗忘的条款"，儿童游戏权亦沦为"被遗忘的权利"。[①]

（二）儿童游戏权的实践困境

波兹曼在其著作《童年的消逝》中指出，儿童游戏已经成为濒于灭绝的事物。[②] 迄今为止，各国关于儿童的社会政策集中于儿童的生存和受保护权，相较而言对实现游戏权的政策鲜有问津。诚如国际游戏协会（International Play Association：Promotion the Children's Play to Play，IPA）[③] 所指出的，儿童游戏权是最不为人所知、最不为人所理解和最不为人所承认的儿童权利之一，因此，它是目前世界上最常被忽视、被低估和被侵犯的权利之一。[④] 安德烈斯·帕亚·里科等学者对《公约》规定的儿童游戏权被忽视这一现象进行了批判，强调与儿童生存有关的权利或许具有更紧迫的性质，但这并不能证明游戏权有被遗忘的正当性。[⑤] 长期严重的游戏剥夺对儿童个人能力和福祉产生严重的消极后果，甚或与重罪犯对暴力反社会犯罪活动的偏好存在因果关系。[⑥] 儿童游戏剥夺主要涉及儿童本身、环境以及成年人等其他因素。儿童限制自己游戏似乎难以理解，但是缺乏行

---

① See IPA, *Promoting the Child's Right to Play: IPA Global Consultations on Children's Right to Play Report*, Faringdon: IPA, 2010.

② 参见〔美〕尼尔·波兹曼《童年的消逝》，吴燕莛译，中信出版社，2015，第 9 页。

③ 国际游戏协会是成立于 1961 年的国际非政府组织，其宗旨是保护、维持和促进作为一项基本人权的儿童游戏。相关介绍参见国际游戏协会网站 ipaworld. org。

④ See Andrés Payà Rico, et al. "Building a System of Indicators to Evaluate the Right of a Child to Play", *Children and Society*, Vol. 33, 2019, pp. 13 – 23.

⑤ See Andrés Payà Rico, et al. "Building a System of Indicators to Evaluate the Right of a Child to Play", *Children and Society*, Vol. 33, 2019, pp. 13 – 23.

⑥ See Brown, S., "Consequences of Play Deprivation", *Scholarpedia*, Vol. 9, 2014, p. 30449.

动能力、交流受限、感官反应受损等都可能影响儿童游戏权。此外,除了明显的生理和感官限制之外,儿童体内可能存在其他限制游戏的因素,诸如有限的内在动机和注意力下降以及由于缺乏技能或因挫折而退缩均被认为是儿童本身的问题。例如,处于压力下的儿童会在游戏前优先确保生存,如若压力因素持续时间长,儿童会经历严重的游戏剥夺。虽然关于儿童游戏权的实现障碍不能忽视儿童自身的因素,但必须认识到,任何对自我的干预均不能忽视环境因素,只有解决儿童个体之外的障碍,儿童方能脱离游戏权实现之困境。

1. 家庭情境中的障碍

家庭情境包括私人家庭以及医院或孤儿院等其他照料环境。家庭情境中的障碍主要包括三个方面。

第一,在观念层面,照料者通常认识不到游戏的内在价值,认为游戏是儿童用于无意义或者无产出活动的"亏损"时间。儿童的生活基本由成年人精心组织和安排,成年人期望儿童参与特定的运动或者课程后能在其成年后更成功。因此,当照料者发现儿童大部分时间在游戏,他们会感到焦虑。

第二,过度控制也是影响儿童游戏权实现的重要因素。近几十年来,家长对儿童过度监督和过度安排的问题一直存在。一项针对16个国家父母态度的调查显示,绝大多数照料者担心儿童在户外游戏,这与交通、犯罪、骚扰、暴力、细菌以及其他类似问题的增加有关。[①] 照料者常常缺乏支持儿童游戏并且以游戏方式与儿童进行交流的信心、技能和知识。许多儿童必须得到父母许可方能在户外游戏,因而游戏权的实现受到父母对风险承受程度的影响。[②] 有的父母出于对"风险"的警惕,通常不鼓励或支持儿童邀请朋友到家中游戏。一些极端的照料者甚至把儿童特别是残疾儿童与游戏空间隔绝,导致儿童对自由的反应是寻求生存的基本需要而非游戏。

---

① See Whitebread, D., Basilio, et al. *The Importance of Play*, Brussels: Toy Industries of Europe, 2012, pp. 8 – 48.

② See Beetham, K. S., Sterman, J., and Bundy, A. C., et al., "Lower Parent Tolerance of Risk in Play for Children with Disability than Typically Developing Children", *International Journal of Play*, Vol. 8, 2019, pp. 174 – 185.

第三，家庭结构和父母就业模式的变迁影响儿童游戏权的实现。目前传统大家庭结构的功能在许多文化中被削弱，家庭和社会网络在地理上比前几代更分散。婚姻破裂的增加以及家庭更加分裂，导致更多单亲家庭。[①]此外，目前许多家庭父母均工作，而且工作时间较长，尤其是越来越多有可能从事有偿工作的母亲减少了对邻里空间的非正式监督，也是导致父母不愿让儿童进行户外游戏的一个因素。过去儿童可以进入户外自由游戏，但往往需要母亲进行监督。因此，游戏不仅是儿童权利问题，还涉及女性权利问题，实现儿童游戏权与保障妇女劳动权益之间的平衡至关重要。

2. 教育情境中的障碍

教育情境包括幼儿园、中小学教室等正式场所，还包括课后俱乐部等非正式场所。教育情境应当为儿童发展提供一个安全的场景，促进儿童积极学习并鼓励积极同伴关系。然而，目前的教育环境中存在诸多儿童游戏权的实现障碍。

首先，教育专业人士阻碍游戏。教育环境的主要特征是教育专业人士在场，但他们有时会制造障碍，不支持儿童参与多元游戏，或限制儿童作出选择、冒险、迎接挑战的机会。没有适当知识水平和敏感度的教育专业人士可能会通过他们所提供的教育政策而剥夺儿童游戏权。此外，尽管部分教育人士可能意识到游戏存在内在价值，但迫于来自父母的压力，他们很难让儿童自由游戏。

其次，在校游戏时间严重缩短。许多国家出现的趋势是缩减儿童在校的游戏时间，增加正规的教学和测试。即使在幼儿园和托儿所，日常活动的重点也逐渐成为实现教育目标而非促进儿童游戏。这种儿童学习方法延伸到校外时间和课后活动，导致儿童课后时间被非游戏活动挤占。有些校外活动可能包括娱乐活动，但并非真正的游戏，而且也不符合儿童休息的需要。不幸的是，许多教师、照料者以及决策者认识不到游戏与非游戏的根本区别，未认识到尽管游戏可能需要成年人参与和指导，但游戏本质是

---

① See Shackel, Rita, "The Child's Right to Play-laying the Building Blocks for Optimal Health and Well-being", in Smith, A. B. (eds.), *Enhancing Children's Rights*, Palgrave Macmillan UK, 2015, pp. 48 – 65.

无组织的、不受成人控制的。近年来，高质量儿童教育的重要性越来越得到研究界、政府决策者的承认。然而，"高质量"的本质受到质疑。虽然在一些欧洲国家，教育环境仍将重点放在为儿童提供有益于增进健康的丰富体验，但是许多国家采取了"越早越好"的教育方法，将重点放在儿童的识字和计算等正式技能上。这并不利于为儿童提供游戏机会。

最后，在儿童所处的教育环境中，"为了游戏而游戏"的概念似乎通常被程序化的"类似游戏的活动"所取代。当言者谈论儿童游戏时，通常使用"教育"或"教育学"一词，之所以使用这些术语，唯一合理的解释是希望通过游戏促进学习。虽然游戏具有非凡的教育价值，但是游戏不是学习。毫无疑问，为了促进学习而进行的"类游戏"活动，失去了游戏的自由、主动和自我表现等特征。虽然这些活动由崇高的目标所驱动，但为了上述目标而选择，意味着儿童可能失去"欢乐时刻"的游戏体验，是对游戏本质价值的忽视。

3. 公共情境中的障碍

对于游戏的儿童而言，公共空间主要包括游乐场、公园和社区游戏空间等。公共环境造成游戏剥夺的现象非常明显。儿童在户外游戏与接触自然的文化正在逐渐消失，儿童日常生活正在向日益机构化、以家庭为中心转移。丽塔·沙克尔研究发现，城市化带来的竞争性的社会等级制度、快节奏的生活方式、一定程度上的社会鼓励等都是阻碍儿童游戏权实现的重要因素。[①]一方面，公共场所可能缺乏游戏资源和资料，或者存在其他可能在游戏空间造成障碍的问题，比如噪音、过度拥挤、不合适的照明等。另一方面，公共空间的日趋商业化阻碍了儿童使用公共空间进行游戏。公共空间被视为货币价值的承载而非公众对社区资源的享有。此外，多数正常的游戏体验都集中在与同龄人的互动上，但部分儿童由于身体限制、同龄人排斥以及社区环境缺乏包容等因素，在与社区中的同龄人互动方面受到限制。部分儿童甚至不知如何开始与其他儿童游戏，或者不知如何加入社区中游戏的同伴。

---

① See Shackel, Rita, "The Impact of Urbanization on the Child's Right to Play" (December 15, 2011). *My Name is Today*, *Special Issue: Children's Right to Play*, *Butterflies Advocacy & Research Centre*, 2011, Sydney Law School Research Paper No. 11/103.

三 儿童游戏权的权利本质与体系功能

《公约》第 31 条包含了除游戏之外诸如休息、休闲、娱乐以及文化生活和艺术等一系列不同含义的概念，意味着《公约》将游戏权作为与休息、休闲、娱乐等权利并列的一种权利。娱乐、休闲、休息等被视为与日常生活所必需的工作相区别，同时与游戏也存在区别。游戏通常被标记为可以在工作和休闲时发生的一种内在动机行为，缺乏严格组织，即非结构化的。休闲被定义为独立于工作和自我照顾时间，包括比如沉思、放松或精神体验以及有组织的活动。娱乐一般被视为发生在休闲时间的自愿活动，比如踢足球等。① 因此，对儿童实现游戏权的认识应与实现休息权、娱乐权等权利相区分。

（一）儿童游戏权的权利本质：为游戏而游戏

传统儿童游戏研究者未将儿童当作存有的人（human being）看待，儿童仅被视为未成熟的有待发展的形成中的人（human becoming）。传统发展心理学认为游戏对儿童发展具有特殊功能，被视为儿童发展技能和准备成为成年人的工具。例如，邦迪（Bundy）开发了"游戏性测试"，认为"喜欢游戏"的儿童比"不太喜欢游戏"的儿童控制力强，能自我激励，与他人互动更多。② 帕帕西奥多鲁（Papatheodoru）描述了游戏在评估那些在学习、发展和行为方面遇到"困难"和"风险"的儿童方面的价值，认为游戏是支持儿童克服"困难"的机制。③ 然而，把游戏作为实现发展目标的手段，将实际削弱游戏的自发性和内在价值，因为指导游戏

---

① See Graham, N., *The Experience of Play for Children with High Levels of Physical Disability*, A thesis submitted in partial fulfilment of the requirements of the University of Brighton for the degree of Doctor of Philosophy, January 2018, pp. 126.

② See Dan Goodley, Katherine Runswick-Cole, "Emancipating Play: Dis/abled Children, Development and Deconstruction", *Disability & Society*, Vol. 25, 2010, pp. 499 – 512.

③ See Dan Goodley, Katherine Runswick-Cole, "Emancipating Play: Dis/abled Children, Development and Deconstruction", *Disability & Society*, Vol. 25, 2010, pp. 499 – 512.

"目标"和评估游戏"质量"等均由成年人所控制。当父母和儿童努力满足外部设定的"富有效益"的游戏标准以确保儿童发展时，游戏成为标准化工作的一部分，儿童被剥夺了主动、无忧无虑的游戏乐趣。古德利（Dan Goodley）等儿童游戏学者指出，当前儿童游戏的内在价值已被儿童及其家庭对游戏工具价值的过分关注所掩盖，被试图以牺牲其内在价值为代价来支持儿童学习和发展的成年人所控制。[①] 以妮可·玛丽·格伦（Nicole Marie Glenn）为代表的部分学者已认识到这一问题，认为只有生产性的"工作"才有价值这一观点，反映了一种成人视角和当代新自由主义意识形态，并开始对游戏"生产价值"这一概念进行批判。[②]

然而，多数人仍倾向于认为游戏是一种手段比目的更重要的活动。传统发展心理学创造的关于游戏的诸多观念，包括"作为教育的游戏""作为可测量的游戏""作为智力标志的游戏""作为监控的游戏"等，在当代生活中仍被视为具有正当性。实际上，传统发展心理学一直受到多方质疑，如沃克丁（Walkerdine）揭露了儿童发展心理学所坚持的"正常"神话的本质：这种"正常"构建了一种世界，在该世界发展异常的儿童被认为"有缺陷"或"有问题"，因此必须通过游戏对儿童进行评估，以确保"正常"发育。当观察到儿童"异常"或病理性发育时，必须对其进行分类和纠正。[③] 莫尔斯（Morss）认为对发展心理学的解构可以改变对游戏的观念。通过将游戏重新定位在发展心理学的宏大叙事之外，游戏将不仅仅是儿童诊断、干预和矫正的工具，父母也不再仅将游戏作为支持儿童发展的手段。这种解构对残疾儿童尤其重要，因为残疾儿童的游戏更容易被视为工具性的，残疾儿童的自发的游戏常常被视为"异常"的。[④] 实际上，正如第 17 号一般性意见所述，虽然一些治疗和康复方案的确具有部分游

---

① See Dan Goodley, Katherine Runswick-Cole, "Emancipating Play: Dis/abled Children, Development and Deconstruction", *Disability & Society*, Vol. 25, 2010, pp. 499–512.

② See Glenn N. M., Knight C. J., and Holt N. L., et al., "Meanings of Play among Children", *Childhood*, Vol. 20, 2013, pp. 185–199.

③ See Walkerdine, V., "Beyond Developmentalism", *Theory & Psychology*, Vol. 3, 1993, p. 65.

④ See Morss, J., "Making Waves: Deconstruction and Developmental Psychology", *Theory & Psychology*, Vol. 20, 1992, pp. 65–445.

戏的特征，但绝不能作为游戏的替代品。

对儿童游戏认识转变影响最大的理论是兴起于 20 世纪 80 年代的新童年社会学。新童年社会学在对传统儿童研究框架特别是发展心理学批判的基础上，实现了从研究儿童到与儿童一起研究或为儿童研究的范式转变，倡导儿童应当被视为建构和决定他们自己社会生活的主体，而不仅仅是被动的客体，因此应对儿童权利予以研究。[①] 以英国学者艾莉森·詹姆斯（Allison James）和艾伦·普劳特（Alan Prout）为代表的新童年社会学家主张重新评价儿童时期，挑战儿童"被动"的形象，重新认识儿童在其社会世界中的主动作用。[②] 新童年社会学认为童年和儿童的社会关系和文化本身就应得到重视，具有独立存在的价值。他们重视儿童本身的价值，而不是仅仅将童年视为成年人的准备而只重视儿童可获得的延期性利益。新童年社会学的上述观点支持了游戏对儿童具有内在价值而不仅仅是工具价值的论点，即儿童有权"为了游戏而游戏"。

对游戏的误解在关于游戏研究的历史文献中造成了"为了游戏本身目的而游戏"和"类似游戏活动"两个概念之间的重叠，从而导致对儿童游戏权本质出现认识偏差。为了游戏本身目的而游戏将游戏与"类游戏"区别开来。游戏是由游戏者发起和执行，仅出于游戏本身的目的，包括乐趣与欢乐、兴趣与挑战、对比赛与竞争的热爱、兴奋与眩晕等。它们会对成长和发展产生影响，但这些影响并非有意追求。"类游戏"是由成年人在教育、临床和社会情境中发起和执行，它们可能有趣、令人愉快，但其主要目的包括诸如认知学习、社会学习、功能康复、儿童观察和评估、心理支持、心理治疗等。比如，传统教育学关注的是游戏在教育中的价值和作用，并将其视为一种学习中介。特别是从 20 世纪开始，游戏成为幼儿学校课程中的重要组成部分。教育情境中许多活动可能具有游戏的形式，亦具有趣味性，但由于它们不以活动本身为目的，而是以教育或治疗为目的，这些活动应属于"类游戏"的范畴。儿童是游戏的"老师"，和儿童

---

① See Dan Goodley, Katherine Runswick-Cole, "Emancipating Play: Dis/abled Children, Development and Deconstruction", *Disability & Society*, Vol. 25, 2010, pp. 499 – 512.

② 参见郑素华《新童年社会学：英国的发展及启示》，《比较教育研究》2012 年第 10 期。

一起游戏的成年人除了游戏本身，不应有"监控"和"训练"等其他意图。诚如霍奇金（Hodgkin）等学者在对《公约》第 31 条分析时强调的，游戏应是童年最有趣的活动，因为它包含了不受成年人控制的活动。① 总之，儿童游戏不应仅是"治疗性的"或"教育性的"，更应是"游戏性的"，即快乐分享既是儿童游戏的意义，也是它的本身目的。综上所述，从权利视角出发，游戏权不应仅是儿童其他权利实现的手段，其本质更应是儿童享有选择为了游戏而游戏的权利。

（二）《公约》中儿童游戏权的体系地位与功能

《公约》承认每个儿童享有所载全部权利，即所有权利对儿童充分发挥潜力的机会都至关重要。换言之，如果儿童某些权利得到保障，而其他权利无法得到保障，那么这些权利的效用有限。因此，在全面理解《公约》中儿童游戏权体系功能的同时，也应关注儿童游戏权重要的权利地位，其并非其他权利实现之后才予以考虑的次要权利。

1. 《公约》中儿童游戏权的重要地位

人权的一个普遍原则是各项人权之间相互依存、关联和不可分割，游戏权亦与《公约》中的所有条款都相互关联。②

首先，游戏权是支撑《公约》四项一般原则必不可少的组成部分。联合国儿童权利委员会参照《公约》的四条规定，确立了《公约》的四项一般原则，即平等和不受歧视原则（《公约》第 2 条），儿童利益最大化原则（《公约》第 3 条），保障儿童生命、存活与发展原则（《公约》第 6 条），尊重儿童意见原则（《公约》第 12 条）。游戏有益于融合和包容，体现了平等和不受歧视原则；游戏有利于儿童发展技能和能力促进其成长，体现了保障儿童生命、存活和发展原则；游戏满足儿童天然的游戏需求，体现了儿童利益最大化原则；游戏有利于自由表达，体现了尊重儿童

---

① See Hodgkin, R. , Newell, P. , *Implementation Handbook for the Convention on the Rights of the Child*, 3rd edition. Geneva: UNICEF.

② See Ciara Davey, "Towards Greater Recognition of the Right to Play: An Analysis of Article 31 of the UNCRC", *Children and Society*, Vol. 25, 2011, pp. 3 – 14.

意见原则。

其次，在《公约》的框架下，可以根据四项基本人权对儿童游戏权予以分析。《公约》规定的权利通常被分为生存权、发展权、受保护权和参与权四项基本人权。[①] 生存和发展权是儿童获得生存和充分发展所必需的资源、技能和救助的权利，包括生命权、适足生活水准权、住房权、清洁饮水权、受教育权、初级保健权、休闲娱乐权、文化活动权、言论自由权以及有关权利的信息权。儿童通过游戏来发展那些使其充分生存和发展的机制。儿童的生存和发展权受到侵犯时，也会对游戏能力产生影响，正如儿童的游戏能力会对他们的健康、福祉和发展产生影响一样。[②] 受保护权指儿童有权受到来自国家、社会、家庭的保护，包括确保儿童免受一切形式的虐待、忽视、剥削，禁止童工、远离毒品、酒精、烟草以及对难民的保护等。在受保护权框架下的游戏的重要性亦存在证据证明，即游戏通过快乐和享受、情绪调节、压力反应系统、依恋、学习和创造力等适应系统发挥作用，有利于增强适应力，从而成为一种自我保护形式。游戏可以帮助儿童应对其他权利被侵害，比如应对虐待、冲突和贫困等。参与权主要指儿童有权在影响其社会、经济、宗教、文化和政治生活的问题上自由表达意见和发言。艾玛·科鲁奇（Emma Colucci）和劳拉·赖特（Laura Wright）通过权利本位和社会生态的研究方法研究发现，儿童可以通过行使《公约》第31条规定的游戏权促进参与权的实现。[③] 游戏作为儿童一种主要的参与形式与日常生活交织在一起，儿童通过游戏学习社会规范，并认识到与成年人的联系。

2.《公约》中儿童游戏权的体系功能

在《公约》的制度背景下，儿童游戏权涉及《公约》所载关于儿童自由与权利的所有方面。一方面，儿童游戏的过程是参与和实现自由的过

---

① 参见隋燕飞《〈儿童权利公约〉：保护儿童权利、增进儿童福利的专门人权法律文件》，《人权》2015 年第 4 期。

② See Korneliga Mrnjaus, "The Child's Right to Play?!", *Croatian Journal of Education*, Vol. 16, 2014, pp. 217 – 233.

③ See Colucci, E., Wright, L., "Moving Children's Participation Forward Through Article 31 – The Right to Play", *Canadian Journal of Children's Rights*, Vol. 2, 2015, pp. 95 – 110.

程，儿童游戏权与自由直接相关。通过游戏，儿童不仅参与到社会环境和社会生活中，还实现着支配时间、利用空间以及接触他人的自由。因此，第 31 条就与《公约》中有关参与和自由相关的条款产生了直接联系。[①]另一方面，儿童游戏权亦与《公约》中信息权、受保护权、健康权、医疗权、适足生活水准权、受教育权等存在体系上的关联。信息权鼓励大众媒体传播对儿童有社会和文化利益的信息，关于如何游戏的信息对儿童有很大的社会和文化利益，因此，大众媒体应当传播这些信息。受保护权要求缔约国应采取一切适当的立法、行政、社会和教育措施，保护儿童免受一切形式的身心暴力，其权利内涵也包涉交通安全、玩具和游戏设备的安全以及社会安全等。健康权、医疗权主张缔约国应当采取适当措施发展预防保健、卫生保健，包括以预防为主的心理保健，而游戏是对心理健康非常有利的预防活动。适足生活水准权承认所有儿童有权享有足以促进其身心、精神、道德和社会发展的生活水平。当孩子们游戏时，他们的身体、心理、精神、道德和社交都在发展。因此，应该为儿童提供足够的生活水平以及游戏的空间和时间。受教育权要求对儿童的教育应着眼于使儿童的个性、才能和身心能力得到最大限度的发展。这意味着应创造和安排更多空间和时间供儿童进行自我主导的游戏。

四 儿童游戏权的制度实践与完善

《公约》第 31 条和第 17 号一般性意见，为进一步提高政府、照料者和公众对儿童游戏权的认识以及帮助儿童脱离游戏权的实现困境提供了理想路径。越来越多的国家逐渐认识到儿童游戏的价值，在《公约》第 31 条的基础上制定了一系列保障儿童游戏权的政策。例如，欧盟委员会于 2011 年提出了"欧盟儿童权利议程"（An EU Agenda for the Rights of the Child），主要包括对儿童友好司法和保护脆弱儿童等内容，并充分认识到

---

① See Korneliga Mrnjaus, "The Child's Right to Play?!", *Croatian Journal of Education*, Vol. 16, 2014, pp. 217 – 233.

游戏的重要性。文件的结论如下:"所有行动者都必须重新做出承诺,实现一个世界的愿景,在这个世界上,儿童应当是儿童,可以安全地生活、游戏、学习、发挥其全部潜力,并充分利用现有的一切机会。"① 毫无疑问,游戏的内在价值以及与儿童健康、幸福和发展的联系使得儿童的游戏是基本且必需的。因此,各缔约国有义务保障儿童游戏权,为实现《公约》第 31 条创造条件。参照第 17 号一般性意见,应从以下方面尊重、支持和促进儿童游戏权,克服儿童游戏权在制度实践中的困境。

(一) 转变对儿童游戏的传统观念

认识到游戏在儿童生活中的重要性是尊重、支持和促进游戏作为一项权利的基石。对游戏的一般文化认知或观点大致分为三种,即"文化上限制游戏""文化上接受游戏""文化上培养游戏"。"文化上限制游戏"认为游戏是被容忍的,但其价值有限,某些类型的游戏在文化上是不受欢迎的。"文化上接受游戏",即父母希望儿童游戏,直到他们长大到可以使用为止,但不鼓励游戏,父母也不会普遍参与。"文化上培养游戏",即游戏受到鼓励,成年人认为与儿童一起游戏非常重要。当审视 21 世纪欧洲的当代形势时,可以清楚地发现,"文化上培养游戏"的总体观点盛行。② 传统上把儿童游戏贬为不必要的,或者至少是一种很有选择性的奢侈品,这种文化误解不再可行。正如上文所述,缺乏对儿童游戏的理解成为实现儿童游戏权的主要障碍,因此应当采取措施解决儿童游戏价值特别是内在价值常常被低估这一问题。

首先,国家层面应在儿童教育和卫生等领域制定并执行游戏战略和决策,承认游戏是一项基本人权。国际游戏协会的声明值得提倡:游戏是人类体验的基本和重要部分。游戏之所以对儿童至关重要不仅是因为它有利于儿童的身心健康成长,能够在儿童的文化和社会生活中发挥作用,还因

---

① See Whitebread, D. , Basilio, et al. , *The Importance of Play*, Brussels: Toy Industries of Europe, 2012, pp. 8 – 48.

② See Whitebread, D. , Basilio, et al. , *The Importance of Play*, Brussels: Toy Industries of Europe, 2012, pp. 8 – 48.

为它能给予儿童作为儿童的乐趣。其次，教育工作者、照料者等儿童密切接触者应允许儿童游戏，并在游戏陷入僵局时谨慎干预，尊重、支持和促进儿童的意向性。应认识到儿童有权以他们选择的方式自由游戏，有权不受过度保护。为做到该点，儿童密切接触者应喜欢游戏、观看游戏以及教儿童游戏。最后，社会公众应对儿童游戏予以包容。政策制定者应将游戏明确定位为建立和衡量儿童生活质量（quality of life）的领域之一，因为生活质量与自主和包容地参与社会环境的可能性有关，而游戏对儿童积极体验自主性和包容性至关重要。儿童可以在游戏中自主决定和组织活动，与其他游戏伙伴或成年人互动的同时体验生活的社会性。

此外，改变对儿童游戏态度的关键在于实现儿童自主权与受保护权二者平衡。《公约》中的内部紧张关系表现在两个相反的趋势上：一方面，儿童有权作出自己的选择并表达观点；另一方面，成年人必须为儿童的利益采取行动，并对儿童福利负责。然而，这些立场可能互相矛盾。如果儿童的选择不符合自身利益，那么谁将作出最终决定？关于儿童游戏权的争论集中在这一关键问题上。[1] 实际上，联合国儿童权利委员会于 2013 年颁布的《儿童将他或她的最大利益列为一种首要考虑的权利》的第 14 号一般性意见已明确指出，倘若其他人员的权利与儿童最大利益形成冲突，应审慎实现所有当事人之间的利益平衡，达成适当折中。如果无法达成协调，主管当局和决策者应当铭记，将儿童最大利益列为优先考虑的权利意味着儿童权利拥有高度优先权。[2] 成年人对儿童最大利益的判断不得推翻履行《公约》所列所有儿童权利对应的义务，不得以对儿童最大利益的负面解释贬损任何权利。成年人作为游戏的促进者和调解者的角色应得到广泛认可。成年人可以支持游戏过程，帮助理解规则，保持对游戏活动的关注，通过给予儿童鼓励，消除儿童身体障碍，或在儿童遇到运动障碍时，通过身体支持儿童的动作，使游戏变得更容易。成年人的行为可以在儿童

---

[1] 参见周桂勋《儿童游戏的权利——世界范围内游戏在儿童生活中的重要性考察》，《陕西学前师范学院学报》2018 年第 1 期。

[2] See UN Committee on the Rights of the Child（CRC）. Generalcomment NO. 14（2013）on the right of the child to have his or her best interests taken as a primary consideration, 29 May 2013.

之间创造一种游戏互动，促进儿童参与，帮助解决冲突，消除互动障碍，使其在社交方面更容易游戏，推动同龄儿童共同游戏。但是，成年人不应当控制游戏，而应与儿童合作，支持和扩展游戏，同时保留儿童的自主权，使他们能自由发展游戏。

（二）改善儿童游戏时间和空间

首先，在所有的教育环境中都应重视通过游戏提供主动、交流和创造的机会，发展支持游戏的方法，并将其纳入专业人员、社会工作者及其他所有从事儿童工作的专业人员的培训之中。通过将游戏方案纳入教育机构的生活，缩小教学与游戏之间的差距，保证儿童在教育环境中有足够时间和空间进行游戏。

其次，在家庭环境中，游戏应当作为社会环境的组成部分和成人照料儿童的一种形式纳入家庭生活。国家应充分支持有利于儿童与父母之间积极关系的倡议。对父母而言，不仅应努力让儿童游戏，而且要承担创造安全游戏环境的责任。父母应保证足够时间与儿童一起游戏，从而在儿童与父母之间建立纽带。虽然大多数游戏应当由儿童发起，但是所有照料者均应鼓励和欣赏儿童游戏，适时参与和指导游戏。照料者应认识到，通过为儿童提供游戏机会，同样可以促进儿童发展、学习和未来的成功。

最后，游戏需要在关爱的公共环境中合理利用本地资源。儿童游戏设施应作为所有社会机构的整体组成部分。国家机关、私营机构等应在公共环境中提供专门游戏空间、时间和材料，为教育工作者、父母和其他愿意参与游戏的成年人提供游戏支持方案，使儿童充分行使游戏权。私营机构应减少对儿童游戏的商业利用，为儿童提供多元化游戏设施、玩具、游戏材料等。

概言之，游戏在家庭、教育和公共环境中均应占适当位置。一是国家层面要制定全面战略，以确保资源可用，并确保照顾者和游戏引导者有能力成为儿童游戏权的主要建设者。国家应完善儿童游戏权评价指标体系，[1]

---

[1] See Andrés, P. R., Jaume, B. J., "Building a System of Indicators to Evaluate the Right of a Child to Play", *Children & Society*, Vol. 69, 2018, pp. 13 – 23.

为儿童提供免费、无障碍和便利的游戏设施,增强和改善游戏空间的可及性,为包容性社区打下基础,使儿童平等共享游戏资源。二是政府应通过立法保护儿童进入公共空间游戏的权利。全社会均不应过度管制儿童使用公共空间,确保儿童在进入公共空间时不受歧视和持续监视。满足儿童对安全、无障碍、包容和儿童友好游戏空间的需求,并确保这些空间具有促进儿童优质游戏所必需的设施。三是社区层面要规划儿童游戏区域,保留和维护为游戏预留的空间。在规划居民生活空间时优先考虑儿童需要,特别是在规划新设施和重建现有设施时,考虑不同年龄儿童身心特征和游戏能力。四是企业应对儿童的社会、情感、身体和教育需求以及兴趣具有敏感性,为儿童提供适合的游戏资源。适合多数儿童的玩具可能会因为个别儿童性格、动机以及生活经历的不同而与其极不适合。因此,为了使游戏体验最优化,必须考虑儿童发展水平和多元差异。诚如南希·波洛克(Nancy Pollock)等学者所强调的,中等新奇感的玩具通常是最理想的,即玩具应对儿童有熟悉元素,同时足够新颖以便儿童进行探索。[①]

(三) 保障儿童的参与表达权

如前所述,过度监督和安排是阻碍儿童游戏权实现的重要原因,这种过度监督和安排不仅体现在家庭层面,在教育等其他环境中也常常存在。因此,必须认真倾听儿童的声音,保证儿童在游戏过程中的发言权。《公约》第12条规定,所有儿童都有权发表意见,并有权根据其年龄和成熟程度,在影响儿童的任何事项或程序中考虑到这一意见。联合国儿童权利委员会在其第12号一般性意见"儿童发言权"中明确表示,敦促缔约国创造环境,使儿童能够就影响其生活的各种问题发表意见,认真听取儿童所表达的各种观点,以便儿童在真正决策过程中成为积极和持续的行动者,并在为实现这些目标所做的努力中打断表面文章。[②]如果支持儿童的

---

① See Cheryl Missiuna, Nancy Pollock, "Play Deprivation in Children with Physical Disabilities: The Role of the Occupational Therapist in Preventing Secondary Disability", *The American journal of Occupational Therapy*, Vol. 45, 1991, pp. 882 – 888.

② See UN Committee on the Rights of the Child (CRC). General Comment NO. 12 (2009) the right of the child to be heard, 20 July 2009.

人权，就必须努力实现如下目标：使儿童成为积极和公平的行动者，有更多的机会影响关于游戏的讨论和话语。

首先，认真对待儿童意见。儿童作为单独的个体，有权对影响他们的一切事项发表意见，儿童的话语权应在游戏中得到更加突出的体现。然而，现状是父母和专业人士对儿童高谈阔论，却不咨询儿童意见。根据芬兰监察员每年对儿童对《儿童权利公约》执行情况态度进行的调查报告，儿童认为游戏权是一项非常重要的权利，但是没有足够的自由时间进行游戏。如果游戏权被认真对待，儿童生活将更加幸福和健康。①以残疾儿童为例，内奥米·格雷厄姆（Naomi Graham）研究发现，残疾儿童认为观察他人游戏亦是他们自身游戏体验的一部分。残疾儿童还会将成人辅助其残疾身体而进行的游戏视为他们独立进行的游戏，辅助者成为他们自身的一部分（an embodied part of self），导致残疾儿童感知到自由、选择和控制，让他们认为这就是游戏。通过倾听残疾儿童的意见，大量由于需要辅助而未被视为游戏的活动，应被视为残疾儿童的游戏。② 因此，成年人必须特别注意倾听儿童的暗示，从而使游戏的主导者是儿童而非成年人。

其次，平衡成年人指导和儿童自由游戏。关注、倾听并与儿童交流的成年人在促进儿童游戏权方面比仅仅安排和指导儿童游戏的成年人更有益。规划、成人控制、追求教学目标等可能会损害儿童游戏权。成年人应当支持游戏，并为游戏创造环境，但不应控制游戏，不应低估游戏的固有价值，也不能由于可能的风险而限制儿童的独立性或将游戏仅用于达到工具目的。规避风险与自由游戏之间应建立一种平衡，需要成年人更多的"良性忽视"（benign neglect）。③ 在儿童游戏的语境中使用诸如"指导"等概念，重塑了父母在儿童充分享受游戏权中的角色，即父母是"儿童生

---

① See Whitebread, D., Basilio, et al., *The Importance of Play*, Brussels: Toy Industries of Europe. 2012, pp. 8 – 48.

② See Graham, N., *The Experience of Play for Children with High Levels of Physical Disability*, A thesis submitted in partial fulfilment of the requirements of the University of Brighton for the degree of Doctor of Philosophy, January 2018, p. 126.

③ See Whitebread, D., Basilio, et al. *The Importance of Play*, Brussels: Toy Industries of Europe, 2012, pp. 8 – 48.

命的关键参与者，而不是决定者"。因此，父母促进游戏权的方式是承认儿童是游戏权的持有者和行使者，在"指导"的关系过程中扮演动态参与者的角色。事实上，"成人主导型和儿童主导型""结构化和非结构化"等二元划分在实践中对儿童游戏并无特殊帮助，关键是儿童是否认为游戏有趣。因此，成年人要与儿童合作，支持和扩展儿童游戏，并同时保留儿童自由和自主权，让儿童充分行使为了游戏而游戏的权利。

最后，关注特殊困境儿童游戏权。正如关于《公约》第 31 条的第 17 号一般性意见所专门强调的，需要特别关注女童、贫困儿童、残疾儿童、收容机构的儿童、少数民族儿童以及在自然灾害处境中的儿童等脆弱性儿童，保证所有儿童都享有不受压力束缚，免受社会排斥、偏见或歧视的自由，为困境儿童游戏权的实现创造条件。①

结　语

正如旨在促进儿童游戏权的国际游戏协会（IPA）在《儿童游戏权利宣言》（*IPA Declaration of the Child's Right to Play*，1989）和《游戏重要性宣言》（*Declaration on the Importance of Play*，2014）中所强调的：游戏是一种重要、普遍的行为，能给儿童带来乐趣，所以对儿童作为儿童（children to be children）以及在现代世界成长至关重要。游戏是一种本能、自发以及自愿的活动。儿童游戏的满足感应由儿童定义，不应仅仅关注游戏的工具价值。游戏亦存在内在价值，即为了游戏而游戏。② 总之，儿童游戏权与《儿童权利公约》所载权利均息息相关，它不应是其他权利实现后的额外奢侈品。政府、父母、照料者和所有从事儿童工作的专业人员，以及私营机构和民间社会都应承担为儿童游戏权创造最佳条件的义务，支持儿童作为儿童所享有的游戏权。

---

① See UN Committee on the Rights of the Child（CRC）. General Comment No. 17（2013）on the Right of the Child to Rest, Leisure, Play, Recreational Activities, Cultural Life and the Arts（art. 31）, 17 April 2013.

② 相关介绍参见国际游戏协会网站 ipaworld. org。

美国隔代照顾福利政策分析[*]

——基于困境隔代照顾群体社会保障权
维护的视角

郝素玉　刘　琰[**]

摘　要： 隔代照顾群体的生存困境与社会保障权受侵害问题逐渐引发社会关注，国家有承担相应权益保障的责任。从困境隔代照顾群体社会保障权维护角度分析发现，美国隔代照顾福利政策以收入维持、社会服务、住房救助、教育与医疗福利等实体性手段和相应的程序性手段为困境隔代照顾群体提供权利保护，其特点体现为"家庭主义"与"去家庭化"理念模式融合发展、延续自由主义福利体制传统、政策去商品化程度较低、社会保障权利的实有程度有所欠缺等。美国隔代照顾福利政策可以为中国相关政策讨论提供一个域外参考，可以在相关政策设计中引入隔代照顾视角，注意平衡家庭、国家与市场之间的关系。

关键词： 隔代照顾；社会政策；社会保障权；困境儿童；美国

一　问题的提出

在人口老龄化不断加剧、生育政策逐渐放松、经济社会转型发展的综

* 本文系国家社科基金青年项目"特大城市基层社区协商共治的多主体参与机制研究"（项目编号：17CSH055）的阶段性成果，亦得到国家留学基金资助。
** 郝素玉，山东大学哲学与社会发展学院 2015 级博士研究生，不列颠哥伦比亚大学联合培养博士生；刘琰，青岛科技大学法学院讲师。

合背景下，隔代照顾①以更加普遍的方式快速发展起来。中国健康与养老追踪调查 2018 年数据显示，中国有 49% 的祖父母选择照顾孙子女。② 随着隔代照顾模式的普遍发展，隔代照顾者和被照顾儿童的生存状况与权利保障问题引发社会关注，"老漂族"、农村留守隔代照顾者的照顾压力与家庭矛盾事件、被照顾儿童身心健康受侵害事件被频繁曝光，与困境隔代照顾群体相关的社会保障权维护问题受到不同程度的关注和讨论。

本研究将困境隔代照顾群体限定为向孙子女提供照顾服务的中老年人以及被照顾的未成年人，他们一般由于社会、家庭和个人的原因，基本权利难以得到切实维护，生存与发展遭遇障碍，需要外在力量的支持与帮助。具体而言，一方面，被照顾的未成年人往往深受父母异地工作、贫困、离婚、家庭暴力、严重疾病、死亡、监禁服刑、吸毒等风险性因素的影响，其身心成长、社会功能发展、物质生活、受教育权利被严重限制。另一方面，向孙子女提供照顾服务的中老年人可能因照料孙子女而引发或加剧福祉困境，表现为隔代照顾难度大、身心负担重、经济困难、代际矛盾增加等。其中，农村留守、随迁或全职性的隔代照顾群体更容易陷入福祉困境，其社会保障权利往往受到更严重的威胁。从道德要求、法律规制和现实角度来看，国家有承担人权保障的责任与义务，通过法律与政策手段切实维护困境隔代照顾群体的社会保障权利。然而，中国政府并未将困境隔代照顾群体的社会保障问题作为专门议题纳入法律和政策介入框架，困境隔代照顾群体只能通过留守儿童、困境儿童、留守老人、贫困人口的社会保障项目得到部分间接支持，但政策针对性不强，未切实考虑到困境群体在隔代照顾关系中的影响机制和现实需求，很难起到标本兼治的作用，其权益主要依靠当事人与其家庭等非正式社会支持系统。

---

①　从广义上说，隔代照顾包括祖辈对孙辈的照顾、孙辈对祖辈的照顾的双重含义，但从一般理解和学术应用角度来看，多指向祖辈对孙辈的照顾活动，包括身心料理、教育引导、经济支持等。本文将隔代照顾界定为祖父母对孙子女的养育、照护行为，涵盖了不同类型、程度、内容的服务活动。为行文方便，统一将祖父母或外祖父母、孙子女或外孙子女简写为祖父母、孙子女。

②　以上数据由笔者根据中国健康与养老追踪调查（CHARLS）项目组对外公开发布的 CHARLS2018 年全国调查数据做描述统计分析得出，该数据来源为：http://charls. pku. edu. cn/articles/news/608/zh-cn. html。

社会保障权是现代社会的一项普遍人权和公民的基本权利，是实质法治的重要组成部分，蕴含着人权保护、社会正义、良法之治等基本法价值取向。[①] 虽然学术界关于"社会保障权"的概念界定并未达成一致，但基本都指向"社会成员在面临威胁自身生存的社会风险时有从国家和社会获得物质保障和社会服务，使之维持生存并达到相当生活水准的权利"[②]。其主要特点有法律规定性、以国家和社会为义务主体、以全体社会成员为权利主体、具备民众的基本生存受到威胁等法律事实后才能产生相应法律关系、以物质和服务保障为客体等。[③] 社会保障权的实现程度依靠一国的法律规定和政策干预。隔代照顾者主体作为社会成员的一部分，享有与其他民众相同的社会保障权利，当其生存受到威胁时，国家有责任完善相关法律规制予以保护。

西方国家自 20 世纪初开始对困境隔代照顾群体提供法律与政策支持，美国、英国、德国、澳大利亚等相继建立相关规则体系。其中，英国的政策强调对隔代照顾者的基本养老保险补偿；德国的政策主要体现在照顾者法定假期制度上；澳大利亚和新西兰突出对隔代照顾尤其是隔代法定监护的经济补贴等。[④] 而美国的隔代照顾立法与政策实践较为完善，在隔代照顾群体权益保障和照顾能力提升方面扮演着重要但又充满争议的角色，对中国相关政策的学术讨论和建构更具讨论价值。基于此，本文将从保护困境隔代照顾群体社会保障权的角度，阐述和分析美国隔代照顾福利政策的背景、内容和特征，以期为我国隔代照顾相关政策讨论和建构提供域外参考。

二 美国隔代照顾福利政策发展背景

（一）美国隔代照顾福利政策的社会背景

1. 隔代照顾模式普遍发展并发挥着一定的福利功能

随着社会人口变迁、女性普遍就业、公共性儿童照顾服务短缺、市场

---

① 李乐平：《论社会保障权》，《实事求是》2004 年第 3 期。
② 郭曰君、吕铁贞：《论社会保障权》，《青海社会科学》2007 年第 1 期。
③ 郭曰君、吕铁贞：《论社会保障权》，《青海社会科学》2007 年第 1 期；李乐平：《论社会保障权》，《实事求是》2004 年第 3 期。
④ 郝素玉：《支持隔代照顾者：西方国家政策经验与启示》，《山东社会科学》2020 年第 9 期。

性儿童照顾服务超出普通家庭支付能力、社会风险因素增加等因子变化，隔代照顾逐渐走向普遍。在父母育儿能力或育儿意愿不足的情况下，隔代照顾这种安全可靠无偿的照顾方式能补足其他福利供给主体的缺位，成为工具性价值与情感性价值并重的重要照顾安排。从 20 世纪 70 年代至 20 世纪末，美国生活在祖父母家庭中的儿童数量增加一倍多，① 进入 21 世纪后，这一数据继续稳步攀升，全美有近 10% 的儿童与祖父母共同居住，其中约 40% 的儿童由祖父母而非父母提供主要照顾。② 2017 年，约有 565.4 万儿童居住在祖父母家中，近 268.5 万祖父母对共同居住的孙子女承担部分或全部的抚养任务，约 1/3 的祖父母在父母缺位情况下照顾孙子女。③

　　隔代照顾模式具有一定的福利效应。研究发现，隔代照顾儿童相比于孤儿、福利机构照顾儿童、非亲属家庭寄养儿童等，前者能在熟悉的家庭环境中生活，保持与原生家庭、亲属网络的联结，可以获得更多的家庭关怀，也减少了其他照顾安置带来的社会适应挑战，其问题行为相对更少。④ 此外，隔代照顾通过儿童照料和家务劳动的代际时间转移，减轻了年轻一代的经济负担与育儿压力，在提高女性就业水平和生育意愿上发挥着正向功能。⑤ 普遍发展的隔代照顾模式在促进困境儿童成长、减轻成年子女负担、节省政府用于儿童福利的公共开支等方面的显著效应，使美国政府愈加关注和支持隔代照顾模式发展，也为相应的法律和政策支持提供基本前提。

---

① Catherine Goodman, Merril Silverstein, "Grandmothers Raising Grandchildren: Family Structure and Well-being in Culturally Diverse Families", *Gerontologist*, Vol. 42, 2002, pp. 676 - 689. U. S. Census Bureau, "Grandparents Living with Grandchildren: 2000", http://www.census. gov/prod/2003pubs/c2kbr - 31. pdf, 最后访问时间：2021 年 5 月 18 日。

② Pew Research Center, "At Grandmother's House We Stay: One-in-Ten Children Are Living with a grandparent", https://www.pewsocialtrends.org/2013/09/04/at-grandmothers-house-we-stay/, 最后访问时间：2021 年 5 月 18 日。

③ Grandfamlies, "GrandFacts: State Fact Sheets for Grandparents and Other Relatives Raising Children", http://www.grandfamilies.org/State-Fact-Sheets, 最后访问时间：2021 年 5 月 18 日。

④ Generations United, "Children Thrive with Relatives", https://www.grandfamilies.org/Portals/0/16-Children-Thrive-in-Grandfamilies.pdf, 最后访问时间：2021 年 5 月 18 日。

⑤ Bert Hayslip Jr, Christine A. Fruhauf, and Megan L. Dolbin-MacNab, "Grandparents Raising Grandchildren: What have We Learned over the Past Decade?", *The Gerontologist*, Vol. 59, Iss3, 2019, pp. e152 - e163.

2. 隔代照顾的困境儿童面临生存威胁

隔代照顾的困境儿童主要有以下特点：0～6 岁居多、父母没有时间或能力提供照顾、家庭社会经济地位较低且有相当一部分处于困境中，父母的家庭暴力、吸毒、监禁、青少年未婚生育等问题给儿童带来身心创伤与生活压力。虽然隔代照顾对儿童成长有所助益，但仅凭中老年祖父母与其家庭的力量无法扭转孙子女的生存困境，儿童成长所需的经济资源、医疗资源、教育资源、来自父母的关爱和教育引导比较匮乏，与祖父母的沟通互动也面临挑战，儿童的生存权、受保护权、教育权等基本人权受到不同程度的威胁，获取相应的社会保障资源成为现实诉求。①

保护隔代照顾困境儿童的生存权益是美国隔代照顾福利政策产生与发展完善的首要动力。联邦政府以困境儿童公共救助为政策开端，1935 年出台的《社会保障法》确定对父母有身心障碍而与祖父母共同居住的 16 岁以下儿童等失依儿童②发放救助金，即失依儿童补贴（Aid to Dependent Children，ADC），这成为隔代照顾福利政策后续发展完善的起点。

3. 困境隔代照顾者承受较重的照顾负担

困境隔代照顾者以高强度、全职性的照顾者居多，而且多为女性、个人收入和受教育水平偏低、照顾活动一般持续多年，这种人口学上的分异性伴生的有限资源和经济社会地位低下问题使原本弱势的隔代照顾者更容易陷入生存困境。而隔代照顾活动需要大量的人财物力投入，往往超出中老年人的承受能力，造成身体、心理、社会交往、经济与社会资源上的负担（见表1），催生了广泛的社会保障需求。③ 另外，对坚持个人主义文化、家庭关系薄弱、社

① Bert Hayslip Jr, Christine A. Fruhauf, and Megan L. Dolbin-MacNab, "Grandparents Raising Grandchildren: What have We Learned over the Past Decade?", *The Gerontologist*, Vol. 59, 2017, pp. 1 - 12.

② 根据《社会保障法》第 406 款，失依儿童（dependent children）被界定为 16 岁以下被父母遗弃或抚养人死亡而无人照顾，或父母有身体或精神残障，目前与（继）父、（继）母、祖父、祖母、（继）兄弟、（继）姐妹、父亲或母亲的兄弟或姐妹等其中的一位或多位一起生活的儿童。

③ Bert Hayslip Jr, Patricia L. Kaminski, "Grandparents Raising Their Grandchildren A Review of the Literature and Suggestions for Practice", *The Gerontologist*, Vol. 45, 2005, pp. 262 - 269. Bert Hayslip Jr, Christine A. Fruhauf, and Megan L. Dolbin-MacNab, "Grandparents Raising Grandchildren: What have We Learned over the Past Decade?", *The Gerontologist*, Vol. 59, 2017, pp. 1 - 12.

会经济地位较高的老年人来说，照料孙子女会打乱其原有的人生规划和生命历程，老年人的权利和诉求可能被隔代照顾活动所压制。[1] 随着照顾者权利、社会正义、支持家庭的社会政策发展，美国逐渐对隔代照顾者提供经济与服务补偿，缓解老年人的照顾压力，保障其生活质量。

表 1　美国全职性高强度隔代照顾者面对的主要问题与挑战

问题类型	心理健康（含行为与情绪）	身体健康	社会交往与资源
问题与挑战	缺少自由	身体负担沉重	经济困难
	违背正常的生命历程	疲劳	住房拥挤
	羞耻于子代无法育儿	少有时间和精力关注自身健康状况	难以获得孙子女成长所需的医疗、教育等公共资源
	焦虑	患病概率增加	支持性服务与资源不足
	抑郁	疾病易复发或加重	社会交往狭窄
	担忧孙子女的成长与福祉	吸烟、酗酒行为增多	婚姻与家庭关系紧张
	担心孩子父母的处境	健康状况下降	抚养孙子女与工作之间的冲突
	育儿角色混乱	缺少适当的卫生保健知识与医疗保障	难以获得隔代抚养关系的法律认定
	担心被污名化		生活质量降低

注：本表根据全职性高强度隔代照顾者生活质量、照顾对照顾者的影响等方面的学术研究文献整理而成。

（二）美国隔代照顾福利政策的制度背景

1. 学术研究与社会组织倡导

20 世纪八九十年代后，美国隔代照顾的快速发展使隔代照顾模式成为热门的学术研究议题，研究主题聚焦于隔代照顾者和被照顾儿童的生存状况、照顾活动对二者的影响、隔代照顾功能等方面。同时，隔代照顾动态调查被纳入全国大型数据调查、相关部门工作动态调查中，隔代照顾群体的生存状态得到更多关注，其生存困境与发展障碍也被揭开。学术界积极建议政府部门对困境隔代照顾群体提供正式社会支持，维护其社会保障

---

[1] Frieda R. Butler, Nazik Zakari, "Grandparents Parenting Grandchildren: Assessing Health Status, Parental Stress and Social Supports", *Journal of Gerontological Nursing*, Vol. 31, 2005, pp. 43 – 54.

权和相当生活水准权。

此时，一些颇具影响力的社会组织关注到隔代照顾议题，如美国退休人员协会（America Association of Retired Persons）、安妮 E. 凯西基金会（Annie E. Casey Foundation）等，并新成立了以隔代照顾群体为工作对象的大家庭社会组织（Grandfamilies Organization）、世代联合组织（Generation United Organization）等，这些组织积极向行政部门、司法部门提出完善隔代照顾群体社会保障的立法建议与政策倡导，并鼓励积极的隔代照顾者参与到政策倡导工作中，帮助其向有关部门申请社会保障权益。美国的隔代照顾福利政策即以回应隔代照顾群体社会保障权益的请求与倡导建议为特征而逐渐完善起来。

2. 法律案件判决推动

美国在 1978 年、1980 年先后出台的《印第安儿童福利法》（*Indian Child Welfare Act*）、《收养救助与儿童福利法》（*Adoption Assistance and Child Welfare Act*）规定不适合或无法与父母共同生活的儿童可以优先选择由祖父母等亲属进行家庭寄养照顾。不过，部分州、地方政府为隔代寄养家庭提供的福利待遇显著低于非亲属寄养的福利水平。此时出现的典型法律案件判决结果进一步推动隔代照顾群体的福利保障进程。其代表是联邦最高法院处理的 Youakim vs. Miller 案件，该案缘起于伊利诺伊州的 4 名儿童所在的寄养家庭能否领取寄养经济补贴问题，起初，4 名儿童全部由非亲属家庭提供寄养照顾，之后有 2 个孩子转移到符合要求的亲属家庭中，但州政府因为寄养家庭与儿童的亲属关系并未为其提供寄养补贴与服务支持，代表寄养儿童及其亲属照顾者利益的法律诉讼由此开始。最终，法庭判定如果亲属寄养家庭达到了相应的寄养许可标准，州政府应向其支付与非亲属寄养家庭相同的经济补贴，并有权获得相应的社会支持。Youakim vs. Miller 案件之后，美国才真正着手解决包括隔代照顾者在内的亲属照顾群体的福利保障问题。

美国隔代照顾福利政策的产生与发展演变是在隔代照顾模式在全国范围内普遍发展、隔代照顾模式的福利效应被政府和社会广泛认可的社会背景下，政府公权力和民众对隔代照顾群体的生存困境和权益保障需求不断认识、充分理解并与各种相关利益博弈选择的过程，也受到学术精英与社会力量参与推动、法律案件判决直接推动等制度性因素的动态影响，是多重因素共同形塑的结果。

三　美国隔代照顾福利政策的主要形式

虽然美国政府还未有意识地建立一套健全完整的隔代照顾福利政策体系，但从政府和相关学者建构的对隔代照顾群体形成显性或隐性影响的社会政策角度来看，美国已基本建立了影响、支持隔代照顾群体的松散且复杂的政策系统。本节从政策对象、实体性福利措施、程序性福利措施角度梳理和分析美国隔代照顾福利政策的主要形式。

（一）隔代照顾福利政策的主要对象

美国隔代照顾福利政策的政策对象主要以隔代照顾模式的具体类型为划分依据，主要面向政府行政部门、司法部门介入或安排的针对困境儿童的正式隔代照顾群体，如隔代寄养尤其是持有寄养许可资格的隔代寄养家庭、隔代法定监护家庭等。

隔代寄养一般是由行政部门或司法部门认定儿童不适合或无法在原家庭中生活，而将儿童法定监护权从父母或原监护人处转移到州政府，州政府按规定将儿童安置在符合寄养条件的祖父母家中，由祖父母提供生活照顾、住宿等服务的临时性照顾方式。这是美国 20 世纪中后期发展起来的儿童原生家庭外安置的重要形式，也是美国隔代照顾的主要类型之一。[①]另外，为了提高隔代家庭寄养的规范性和寄养服务质量，美国对隔代寄养家庭实行寄养许可管理制度，[②] 需要寄养家庭向政府儿童福利部门提出申

---

① U. S. Department of Health and Human Services, Administration for Children and Families, Administration for Children, Youth and Families, Children's Bureau, "Kinship Caregivers and the Child Welfare System", https://www. childwelfare. gov/pubs/f-kinshi/，最后访问时间：2021 年 5 月 18 日。

② Ana Beltran, Heidi Redlich Epstein, "Improving Foster Care Licensing Standards around the United States: Using Research Findings to Effect Change", http://grandfamilies. org/Portals/0/Improving%20Foster%20Care%20Licensing%20Standards. pdf，最后访问时间：2021 年 5 月 18 日。

请，儿童福利部门对寄养照顾者的年龄、身体状况、受教育程度、职业、家庭收入、家庭关系、居住环境、安全性等因素进行综合评估以决定家庭能否获得寄养许可资格，现实中仍有相当一部分的隔代寄养家庭因条件不符未得到寄养许可资格。虽然美国隔代照顾福利政策的多数项目都面向隔代寄养群体，但是否持有寄养许可也是美国隔代照顾福利资源分配的具体标准之一。相比之下，持有寄养许可资格的家庭比未持有许可资格的更容易得到更多的政府经济补贴与福利服务。

美国几乎所有的隔代照顾福利项目都会惠及困境隔代法定监护群体。隔代法定监护模式的设定与美国儿童监护法律和判例有关，如果孙子女的父母或原监护人无法或不适合承担孩子的法定监护责任，尤其当寄养儿童被寄养一段时间后，既无法回归家庭与父母共同生活，也很难被收养时，美国政府提倡祖父母等亲属担任此类儿童的法定监护人进行长期照顾，有监护意愿的祖父母一般向司法部门提交法定监护申请，司法部门在综合考虑儿童利益、法定监护的适当性和永久性等因素的基础上将儿童监护权依法永久或临时授予孩子的祖父母，由祖父母履行儿童监护人的权利和义务进行全职照顾。[1]祖父母如果是孙子女的法定监护人，便可以代表孙子女做几乎所有的日常决定，包括身心健康、医疗、教育、社会交往等方面的决定，州政府很少或完全不再进行监督管理。为鼓励隔代监护模式发展，美国政府为隔代法定监护儿童、照顾者与其家庭提供了相对全面的福利支持。

当然，并非所有的隔代寄养家庭、隔代法定监护群体都能获得政府经济补贴、社会服务、教育、医疗、住房援助机会等，儿童福利部门一般还需依据美国《社会保障法》第 IV 编 E 类的给付资格要求确定具体救助对象，如要求申请家庭的收入或资产在所在地政府设置的家庭收入或家庭资产的限制标准以下等，这些福利支持仍旧主要针对生活陷入困境的贫困的

---

[1] U. S. Department of Health and Human Services, Administration for Children and Families, Administration for Children, Youth and Families, Children's Bureau, "Kinship Caregivers and the Child Welfare System", https://www.childwelfare.gov/pubs/f-kinshi/，最后访问时间：2021年5月18日。

隔代照顾群体等。

虽然美国的多数隔代照顾福利政策均针对正式的隔代照顾模式，但是也有部分政策项目面向非正式的私人性的困境隔代照顾群体，这些政策项目主要来自州政府、地方政府、社会组织、慈善机构等。非正式的隔代照顾主要指政府行政部门和司法部门未介入的仅由孩子父母与祖父母私下达成儿童照顾关系的隔代照顾行为，即父母或其他监护人虽然拥有儿童的法定监护权却无法充分抚养孩子，而私下决定由祖父母提供事实性的抚养的情况，多被认为是家庭内部的互助行为。州政府、地方政府、民间组织等的关于非正式的私人性隔代照顾群体的政策享有资格标准主要由福利供给方决定，地区或部门间的标准差异较大，但基本都指向贫困的、有其他实际困难的、高强度的隔代照顾者与被照顾儿童等。不过，由于稳定的持续的资金支持，目前仅有少部分非正式的困境隔代照顾群体获得了相应的福利支持。

（二）隔代照顾福利政策的实体性措施

传统的国家福利政策主要包括社会保障（社会保险和社会救助等经济支持）、住房、医疗、教育、社会服务等内容。[①] 本研究结合美国隔代照顾福利政策当前的主要政策内容，将政策的实体性措施分为收入维持、社会服务、住房保障、医疗与教育福利等方面。

1. 为困境隔代照顾群体提供收入维持项目

收入维持主要指政府为了保障个人一定的收入水平而向有需要的人群提供经济援助的政府项目，大致涵盖福利津贴、经济救助、税式福利、社会保险等直接或间接的经济转移支付方式。美国针对困境隔代照顾群体主要提供了寄养经济补贴、法定监护补贴、基本公共救助、减免税等。

首先，对困境隔代寄养家庭、隔代法定监护家庭发放经济补贴。美国政府为保障贫困的隔代寄养家庭的基本生活水平，在《收养和家庭安全法》（*Adoption and Safe Families Act*）、《社会保障法》中决定由政府对寄养

---

① 黄晨曦：《社会政策》，华东理工大学出版社，2008，第16页。

家庭发放用于寄养儿童生活、照料的经济补贴。这一经济补贴可以分为三种类型。第一种为联邦资金支持的寄养补贴，要求寄养儿童应符合《社会保障法》第 IV 编 E 类的给付资格，即父母监护权被剥夺、儿童被寄养前 6 个月内的原家庭收入满足州设定的家庭收入限制条件、寄养家庭持有寄养资格等。第二种是由州和地方资金支持的寄养补贴，一般按照州和地方政府确定的标准执行，多要求寄养家庭持有寄养许可、家庭经济贫困等，也有少数州不需要此许可。第三种是亲属寄养抚养费（relative foster care maintenance payments），是联邦与州对寄养儿童不符合《社会保障法》第 IV 编 E 类的资格要求的其他困境亲属寄养家庭提供的现金补贴。[①] 家庭寄养经济补贴的给付水平一般高于基本的公共救助标准，而且金额会随寄养儿童数量的增加而增加。除隔代寄养经济补贴项目外，为鼓励隔代法定监护模式发展、提高祖父母的监护能力和监护质量，美国部分州和地方政府从 20 世纪末开始使用本地政府资金对贫困的隔代法定监护家庭提供经济补贴，并取得积极成效。2008 年，美国颁布《促进成功和增加收养法》（*Fostering Connections to Success and Increasing Adoptions Act*），决定从全国层面推广隔代法定监护模式，确定由联邦资金资助建立法定监护援助项目（Guardianship Assistance Programs，GAP），改变过去仅由州和地方政府出资的局面，困境隔代监护家庭的生活境况有所改善。这一项目要求受助者具备法定监护资格并通过政府的家计调查和需求评估。该补贴金额一般低于或等于家庭寄养经济补贴水平，但高于基本公共救助金，而且近些年的政府资金支持力度逐渐增强。[②]

其次，向贫困隔代照顾群体提供有限的公共救助。1996 年《个人责任与工作机会协调法》（*Personal Responsibility and Work Opportunity Recon-*

---

① Cornell Law School, Legal Information Institute, "42 U.S.C. § 672. Foster care maintenance payments program", https://www.law.cornell.edu/uscode/text/42/672，最后访问时间：2021 年 5 月 18 日。

② Congressional Research Service, "Child Welfare: A Detailed Overview of Program Eligibility and Funding for Foster Care, Adoption Assistance and Kinship Guardianship Assistance under Title IV-E of the Social Security Act", https://www.courts.ca.gov/documents/BTB_23_3C_8.pdf，最后访问时间：2021 年 5 月 18 日。

ciliation Act）规定实施困难家庭临时救助（Temporary Assistance for Needy Families, TANF）项目，这是美国贫困人口社会救助的主要项目。在该项目中，困境隔代照顾者、被照顾儿童可以受益的救助主要有家庭补助款（Family grants）、儿童补助款（Child-only grants）两项。[1] 家庭补助款的目的是通过救助困难家庭，让儿童尽可能在父母或祖父母等亲属家庭中生活，尽可能不要采用政府监护、机构救助模式，同时防止被救助家庭的福利依赖行为，鼓励其增加就业，倡导职业福利。[2] 按照《个人责任与工作机会协调法》，隔代照顾家庭需要满足州政府设定的贫困家庭经济状况审查条件、工作要求、累积受益时间与单次连续受益时间等要求才能获得经济救助。儿童补助款项目主要是面向家庭不符合家庭补助款项目要求而专门针对困境儿童设立的救助项目，该救助主要评估儿童的需求与收入，由于儿童几乎没有收入，这项救助的覆盖率较高，但救助水平很低。这两项补助款的救助标准都比较低，一般低于其他经济补贴的给付标准。TANF实行地方分权制管理，各州有较大的管理自主权，因此，TANF的给付资格和给付标准在各州、地区之间存在较大差异，同样条件的隔代照顾家庭与儿童在不同州能否获得救助、获得的救助金水平差异较大。[3]

再次，为中等收入以下的隔代照顾家庭提供减免税和退税式福利。根据《美国国内税收法》（*Internal Revenue Code*）和 2017 年 12 月颁布的《减税和就业法》（*Tax Cuts and Job Act*），隔代照顾者与其家庭当前可能受益的税式福利主要有以下四种。①儿童与被抚养人照顾税收抵免（Child and Dependent Care Credit），即祖父母工作或寻找工作，为共同居住半年以上

---

① TANF 实行整笔拨款形式，联邦设定资金使用的基本要求，各州在遵循联邦基本要求的基础上，自行确定本州的资金使用、项目设计、救助标准、资格要求、救助方式等，其中部分经费应该用于困境儿童与家庭的经济救助、亲属寄养补贴、亲属监护补贴、税额减免等。Cornell Law School, Legal Information Institute, "42 U. S. Code Part A—Block Grants to States for Temporary Assistance for Needy Families § 603 – Grants to States", https://www. law. cornell. edu/uscode/text/42/603, 最后访问时间：2021 年 5 月 18 日。

② Cornell Law School, Legal Information Institute, "42 U. S. Code Part A—Block Grants to States for Temporary Assistance for Needy Families § 601 Purpose", https://www. law. cornell. edu/uscode/text/42/601, 最后访问时间：2021 年 5 月 18 日。

③ Julie Murray, Jennifer Ehrle Macomber, and Rob Geen, *Estimating Financial Support for Kinship Caregivers*, Urban Institute, 2004.

的需要依靠祖父母生活的 13 岁以下的孙子女或有身心障碍的孙子女支付其接受正规儿童照顾服务的费用，一个孙子女的照顾花费低于 3000 美元、两个及以上孙子女花费低于 6000 美元的部分能得到最高 35% 的非退还性的税收抵免。②儿童税收抵免（Child Tax Credit），如果孙子女满足孙子女抚养免税条件且低于 17 岁，可获得抵税资格，每个孩子的最大抵免额度为 2000 美元。这项福利是非退还性的，只能抵扣祖父母需缴纳的联邦个人所得税。③劳动所得退税（Earned Income Tax Credit），对于有工作的低收入的祖父母，被抚养的孙子女与其共同居住半年以上，孙子女年龄在 19 岁以下或是 24 岁以下全日制学生，申请者达到退税要求后，政府根据申请人与其家庭的收入水平和被抚养儿童的数量，向其返还全部或部分的联邦个人所得税。④祖父母支付的孙子女的医疗、教育和日常生活花费也可以申请退税，现有的退税项目有高等教育退税、医疗与牙齿治疗支出的税收福利等。

2. 为隔代照顾者与其家庭提供社会福利服务

美国隔代照顾者支持服务中最主要、最成功的项目是 2000 年《美国老年法》（*Older Americans Act*）修订授权建立的全国家庭照顾者支持计划（National Family Caregiver Support Program，NFCSP）。对隔代照顾群体而言，NFCSP 针对的是担任孙子女主要照顾者的 55 以上的祖父母，项目要求祖父母与孙子女共同居住；与孙子女有法定监护关系，或提供事实性的非正式隔代照顾。① 项目主要提供五类服务：①提供服务信息；②帮助照顾者获得服务；③提供个人咨询、支持小组，以及营养健康、财务管理、解决照顾问题等方面的培训；④喘息服务；⑤其他补充服务等。② NFCSP 不仅面向

---

① Cornell Law School, Legal Information Institute, "42 U. S. Code Part E—National Family Caregiver Support Program - § 3030s - Definitions", https://www. law. cornell. edu/uscode/text/42/3030s，最后访问时间：2021 年 5 月 18 日。

② Cornell Law School, Legal Information Institute, "42 U. S. Code Part E—National Family Caregiver Support Program - § 3030s - 1 - Program authorized", https://www. law. cornell. edu/uscode/text/42/3030s - 1，最后访问时间：2021 年 5 月 18 日。Grandfamilies Organization, "National Family Caregiver Support Program-Summary & Analysis", http://www. grandfamilies. org/Topics/National-Family-Caregiver-Support-Program/National-Family-Caregiver-Support-Program-Summary-Analysis，最后访问时间：2021 年 5 月 18 日。

隔代法定监护，也惠及了私人性的隔代照顾者群体，一定程度上弥补了多数联邦政策面向政府安置的正式隔代照顾、忽视私人性的非正式隔代照顾的不足，对改善困境隔代照顾者的福祉、维护其社会保障权益颇有助益。

为便于隔代照顾家庭与亲属照顾家庭获取所需的经济津贴和社会服务等福利资源，2008 年《促进成功和增加收养法》授权建立亲属关系导航员项目（Kinship Navigator Programs，KNP），该项目主要用于为隔代照顾与其他亲属照顾家庭提供福利信息、服务转介、跟踪服务等，具体服务内容包括建立福利信息和服务转介系统，帮助祖父母等亲属照顾者与亲属照顾者支持小组、社会服务提供者建立关系联结，协助当事人提供隔代照顾服务，帮助获取相应的法律援助服务，并为其提供获取服务和福利津贴的相关培训，告知照顾者相应的联邦、州、地方相关经济津贴的申请资格和申请方式等；同时也帮助相关福利服务部门、福利服务提供者了解隔代照顾家庭的需求、为工作人员和社区提供系统培训；协调公共服务部门和私人性服务部门之间的关系以更好地服务隔代照顾者等群体。亲属关系导航员项目扮演着福利资源协调者、联结者、服务提供者、危机家庭安置协助者等多重角色。[①] 近些年政府逐渐加大对亲属关系导航员项目的经济支持力度，2014 年《防止非法性交易与巩固家庭法》（*Preventing Sex Trafficking and Strengthening Families Act*）、2018 年《家庭优先预防服务法》（*Family First Prevention Services Act*）相继提高拨款数额，设立大批专项支持资金用于扩大项目的服务规模。[②] 2018 财年，全美有 48 个州、8 个部落、2 个领地的亲属关系导航员项目获得联邦资金支持。[③] 多项评估发现，KNP 对增强隔代照顾的安全性和稳定性、改善照顾者家庭与被照顾儿童福祉有显著

---

① "Kinship Navigator Programs-Child Welfare"，https：//www. childwelfare. gov/pubPDFs/kinship-navigator. pdf，最后访问时间：2021 年 5 月 20 日。Cornell Law School, Legal Information Institute, "42 U. S. Code § 627. Family connection grants"，https：//www. law. cornell. edu/us-code/text/42/627，最后访问时间：2021 年 5 月 18 日。

② Emilie Stoltzfus, "CRS Insight：Family First Prevention Services Act"，https：//fas. org/sgp/crs/misc/IN10858. pdf，最后访问时间：2021 年 5 月 18 日。

③ Grandfamilies Organization, "Kinship Navigator Programs-Summary & Analysis"，http：//www. grandfamilies. org/Topics/Kinship-Navigator-Programs/Kinship-Navigator-Programs-Summary-Analysis，最后访问时间：2021 年 5 月 18 日。

的福利成效。[①]

除 NFCSP、KNP 外，地方政府、民间组织、教育机构、医疗单位、社区中心等也为隔代照顾者与其家庭、子代家庭等提供单一对象群体或多对象群体的服务，通过个案管理、支持小组、社区工作、家庭治疗、教育培训、社会倡导等方式缓解服务对象的身心压力，培养其社会交往和问题处理能力，帮助应对隔代照顾的复杂处境。州、地方政府也为隔代照顾儿童提供社会服务，服务内容包括儿童的身心成长支持、学习态度与能力培养、代际沟通、家庭关系互动引导等方面。联邦资金支持的社会服务主要针对由政府部门认定或法庭判令确定的隔代法定监护、隔代寄养等，州和地方资金支持的社会服务在此基础上兼顾了无法定或官方认证的私人性隔代照顾家庭。

3. 为困境隔代照顾家庭提供住房援助

为缓解困境隔代照顾家庭的住房紧张和房屋租赁问题，美国先后为困境隔代照顾家庭提供特殊住房援助政策。多切斯特、底特律等 16 个地区率先探索建立了大家庭住房项目（GrandFamilies House），政府资助有住房需求的困境隔代照顾家庭建立专门的住房，并依托住房条件，为当事人提供相关的社会福利服务。此后，全国性的住房援助项目在 2003 年《居住公平：帮助儿童和青年的祖父母法》（*Living Equitably: Grandparents Aiding Children and Youth Act*）中首先确立下来，联邦政府拨款支持非营利组织为困境隔代照顾家庭、其他亲属照顾家庭发展住房示范项目，并配套相应的社会支持服务，对项目人员开展如何为隔代家庭、跨代家庭提供服务的相关培训等。美国《住宅法》（*Housing Act*）第 202 节确定建立老年安居支持项目（Supportive Housing for the Elderly program），通过政府免息贷款的方式，支持非营利性的开发商为低收入老人建设保障性租赁住宅，以匹配老年人的住房需要，但房屋供应量有限，等待时间很长。

---

① James Bell & Associates, "Family Connection Discretionary Grants 2009: Funded Grantees Cross-Site Evaluation Report-Final Report", *James Bell & Associates*, 2013. Kerry Littlewood, "Kinship Services Network Program: Five-year Evaluation of Family Support and Case Management for Informal Kinship Families", *Children and Youth Services Review*, Vol. 52, 2015, pp. 184 – 191.

美国政府除了为隔代照顾家庭、相应的老年人建立特别住宅项目外，还在《住宅法》授权下，利用经济补贴手段帮助贫困隔代照顾家庭支付房屋租金等。《住宅法》第 8 节的以租户为基础的代金券计划（Tenant-based Voucher program）为私人租赁市场中的贫困租户提供租房代金券；以项目为基础的代金券计划（Project-based Voucher program）为特定项目中的房屋租赁经济援助，政府以代金券的形式帮助贫困租户支付家庭收入的 30%①和市场租金之间的差额，以缓解贫困家庭的房屋租赁压力。虽然两项政策并非专门为隔代照顾家庭建立，但是符合低收入条件的隔代照顾者家庭也可以得到相应的福利支持，对保障困境隔代照顾者的住宅权有一定作用。

整体来说，虽然困境隔代照顾家庭有资格获得几种类型的住房援助，但也面临可负担性与安全性高的、有足够居住空间的房屋严重短缺的问题，住房设计亦未充分考虑中老年隔代照顾者、年幼的隔代照顾儿童的特点和实际需求，而且依托住房配套的社会福利服务往往难以到位，住房援助政策还需进一步改善。②

4. 改善隔代照顾儿童的医疗与教育福利供给

美国儿童的教育与医疗资源获取主要依托于儿童的父母和监护人的选择。对隔代照顾儿童而言，监护关系的归属给儿童的教育和医疗资源使用带来挑战。如果隔代照顾者持有被照顾孙子女的法定监护权利，或州政府持有儿童监护权而将儿童正式寄养在祖父母家中，祖父母或州政府有权帮助被照顾儿童匹配相应的医疗和教育资源，如隔代法定监护人可以为儿童申请学校入学资格，帮助其获取医疗保险、医疗救助与健康服务项目等。如果隔代照顾者未持有孙子女的法定监护权利，祖父母则无权在未成年孙子女的登记入学、医疗保险或救助资源获取、部分医疗服务使用等方面直接作出有效决定，孙子女的医疗与受教育机会仍旧依赖其父母或其他监护人才能获得，这威胁到困境隔代照顾儿童的医疗与教育权利实现。

---

① 住房支出占家庭收入的30%，是美国衡量住房可支付性的临界值。
② Kaufman, S., Goldberg-Glen, R., "A Comparison of Low-income Caregivers in Public Housing: Differences in Grandparents and Non-grandparent Needs and Problems", in Bert Hayslip, Goldberg-Glen, R. (Eds.), *Grandparents Raising Grandchildren: Theoretical, Empirical and Clinical Perspectives*, NY: Springer Publishing Co. 2000, pp. 369 - 382.

各州为此在 20 世纪 90 年代中期以后陆续出台应对措施，放宽困境隔代照顾儿童的医疗救助项目、儿童健康保险项目等的准入条件，帮助那些不具备隔代法定监护资格的被照顾儿童得到免费的或低缴费的医疗资源。此后，部分州、地方开始实行医疗同意法（Medical consent laws）、教育同意法（Educational consent laws）、授权委托法（Power of attorney laws），允许祖父母即便没有孙子女的监护权，也可以由父母或其他监护人以授权委托的形式让祖父母基于儿童的利益和需求申请某些医疗服务、公立学校入学资格等。按照医疗同意法、教育同意法的要求，隔代照顾者一般需要撰写一份宣誓书，证明他/她是孙子女的事实上的主要照顾者或唯一照顾者，并且已经获得孩子父母的同意，可以为孙子女的医疗、教育作出符合孙子女利益的决定。授权委托法要求孩子父母出具一份授权委托文件，说明他们暂时赋予隔代照顾者的权利内容、方式等，授权委托书的有效期一般为半年至一年。截至目前，美国约有 26 个州实行医疗同意法、17 个州实行教育同意法、28 个州颁布了授权委托法。为完善隔代照顾儿童的教育福利供给政策，有的州逐渐推行儿童合法居住权、开放招生法，准许儿童无须依赖其父母或其他监护人而能按照自己的实际居住地、隔代照顾者的居住地获得相应的学校教育机会。

（三）隔代照顾福利政策的程序性措施

除以上实体性福利政策措施外，美国逐渐完善隔代照顾福利政策的程序性措施以间接支持隔代照顾群体与其家庭，通过建立良好的管理服务体制，鼓励、监督、引导各部门以更高效的方式为隔代照顾群体提供物质保障与社会服务，利用计划与整合的方式来影响社会保障资源的分配。

美国隔代照顾福利政策中的多数项目主要由联邦卫生与公众服务部（Department of Health and Human Services）下属的儿童与家庭管理局（Administration for Children and Family）管理，部分政策也涉及司法部、教育部、住房和城市发展部等部门。为提高资源整合程度，防止管理服务碎片化问题，2018 年 7 月美国颁布《隔代抚养支持法》（*Supporting Grandparents Raising Grandchildren Act*），组建联邦隔代抚养咨询委员会，委员会由联邦卫生与公众服务部统筹，联合教育、社区管理、精神健康与药物滥用、儿童与家庭管理局等相关部门组成。该委员会坚持循证导向，整合隔代抚养与亲属照顾福利支持的最佳做法、资源与服务经验，统筹与隔代照顾福利相关的政府部门、非营利组织、私人性营利组织、互助团体、宗教组织和个人等，指导改善服务质量。咨询委员会的建立打破了过去不同政府部门各自管理、分散服务的格局，以统筹协调隔代照顾福利资源的间接方式优化服务质量、服务可及性和系统性。[①]

另外，进一步完善隔代照顾福利政策管理方式，将权力下放、问责、审计、鼓励竞争、循证主义、信息技术运用等融入管理之中，渗透着新公共管理主义的色彩。[②] 一方面，联邦政府将大部分权利下放到州，联邦主要负责拨付资金、设定政策基本要求、监督、评估与问责工作，而州、地方政府负责资金分配使用、制定项目计划、确定福利传递形式、对实施过程与结果进行实时监测。另一方面，引入竞争机制，像 KNP 等项目多实行申请－审核方式，由州、地方政府、社会组织、高校等向联邦提交项目申请计划，联邦政府进行审核，通过审核批准后的项目才能获得联邦经费支持，以此优胜劣汰的竞争方式提高项目质量。在福利递送过程中，实行部门协同合作，以政府购买服务等社会化形式增强服务的灵活性和多样性，使服务能更加匹配隔代照顾群体的不同需求。另外，利用信息化手段，发展将隔代照顾者、被照顾儿童、福利提供方联系起来的网络系统，便于隔代照顾信息登记、了解并获取福利资源等。

四 美国隔代照顾福利政策的特点

(一) "家庭主义" 与 "去家庭化" 理念模式融合发展

隔代照顾福利政策是国家介入家庭代际成员互助关系、提升人们福祉

---

① Congress. Gov, "S. 1091. – Supporting Grandparents Raising Grandchildren Act", https://www. congress. gov/bill/115th-congress/senate-bill/1091/text, 最后访问时间：2021 年 5 月 18 日。

② 〔英〕哈特利·迪安：《社会政策学十讲》，岳经纶、庄文嘉、温卓毅译，格致出版社，2015，第 143 页。

的社会性行动，涉及隔代照顾在福利责任中的分配问题，讨论的是福利供给中的国家与家庭责任分配的相关内容。这一问题与家庭政策意识形态中的"家庭主义"（familialism）和"去家庭化"（de-familialism）分野有关。"家庭主义"主要指在福利供给过程中将家庭作为主要责任者为其成员提供福利的一套价值观与原则，[1] 家庭主义取向的社会政策旨在通过对家庭的某种干预来强化家庭的照顾功能，多见于儿童、老年人和身心残障者等人群的照顾政策领域。[2] 而"去家庭化"取向的照顾政策一般由市场、社会组织或政府部门而非家庭提供相关服务，[3] 试图减轻家庭负担，减少个体对家庭和亲属的依赖，获得个体独立。[4] 政策的去家庭化程度越高，家庭所承担的福利责任就越低，对家庭照顾者的减负效果也越明显。

以家庭主义和去家庭化的理论视角来分析美国隔代照顾模式发展与相关福利政策，美国政府首先在不适合与父母共同生活的困境儿童安置方面，严格控制机构照顾、非亲属寄养等去家庭化模式的规模，提倡优先选择让合适的祖父母等亲属提供照顾，并通过立法、福利支持的方式鼓励发展隔代家庭寄养、临时性或永久性的隔代法定监护、非正式的私人性隔代照顾等，[5] 尽可能防止国家在困境儿童照顾上的过度责任化、去家庭化问

---

[1] Knijn, T., "Challenges and Risks of Individualisation in the Netherlands", *Social Policy & Society*, Vol. 3, 2004, pp. 57 – 65.

[2] Leitner, S., "Conservative Familialism Reconsidered: The Case of Belgium", *Acta Politica*, Vol. 40, 2005, pp. 419 – 439.

[3] Leitner, S., "Conservative Familialism Reconsidered: The Case of Belgium", *Acta Politica*, Vol. 40, 2005, pp. 419 – 439.

[4] Gosta Esping-Andersen, *Social Foundations of Postindustrial Economies*, New York: Oxford University Press, 1999, p. 51.

[5] 例如：《个人责任与工作机会协调法》规定，如果儿童的祖父母等亲属满足本州的儿童保护标准，各州应该优先考虑由祖父母等提供儿童照顾服务。《促进成功和增加收养法》规定，祖父母等亲属必须要参与到儿童家外安置中，再向亲属们逐一确认能否照顾儿童，祖父母等亲属提供儿童照顾是优先选择，只有当祖父母等亲属确实不能提供照顾时，才能选择采用其他照顾方式。Public Law, "Personal Responsibility and Work Opportunity Reconciliation Act. Section 505 Kinship care, 104 – 193", https://www.congress.gov/104/plaws/publ193/PLAW – 104publ193. pdf, 最后访问时间：2021 年 5 月 18 日。Cornell Law School, Legal Information Institute, "42 U. S. Code § 671 – State plan for foster care and adoption assistance (a) (29)", https://www.law.cornell.edu/uscode/text/42/671, 最后访问时间：2021 年 5 月 18 日。

题。当儿童生存与发展陷入困境后，祖父母不管基于生物亲缘关系、代际互助交换或家庭责任的动机，多倾向于帮助孙子女、子女家庭共同承担危机，作为孙子女的重要保护性资源为其提供照顾服务。这种照顾能让儿童在相对安全熟悉的环境中生活，符合儿童的心理需求和成长规律，更利于保护其福祉和基本权益，而且能够节省政府用于机构照顾的公共开支，这是隔代照顾相较于机构照顾、非亲属照顾等方式的重要优势。美国政府恰恰利用了祖父母对孙子女的保护性功能以及家庭代际互助的福利效应，调整困境儿童安置和救助政策设计，转而鼓励和支持发展隔代照顾模式。

当然，美国在强调隔代照顾的福利功能的同时，并未将困境儿童照顾的责任完全交由隔代照顾者与其家庭，而是在家庭主义取向的政策范式基础上，为困境隔代照顾群体的社会保障权益保护提供福利支持，以修复和巩固隔代照顾的福利效应。隔代照顾模式虽然可以满足困境儿童的照顾需求、帮助暂时缓解危机，但仍有部分祖父母与其家庭无法完全应对被照顾孙子女的复杂境况，无法消化隔代照顾带来的压力和消极影响，导致部分隔代照顾群体陷入困境。就美国隔代照顾福利政策而言，政府作为隔代照顾福利政策的中心行动者，主要对困境隔代照顾群体提供两种强化隔代照顾功能的家庭政策：第一种是直接或间接的经济转移支付，通过事实隔代法定监护补贴、寄养经济补贴、税收优惠政策、对极度困难家庭给予救助等手段，实现对隔代照顾家庭的收入保护，以此增强隔代照顾家庭对其成员进行社会保护的能力；第二种是隔代照顾附加的社会权利，如围绕隔代照顾模式的社会服务、获取教育与医疗福利的机会、住房保障等策略，派生给照顾者和被照顾儿童更多的福利权利。此外，社会组织、高校、社区等也提供类似帮助和支持隔代照顾的补充福利，强化隔代照顾模式的照护功能。这与西格丽德·莱特纳（Sigrid Leitner）在家庭福利体制划分中使用的主要政策工具相吻合，凸显福利政策中的回归家庭、支持家庭的特征。① 政府并未将困境隔代照顾问题完全推给家庭，而是通过公共资源的

---

① Leitner, S., "Conservative Familialism Reconsidered: The Case of Belgium", *Acta Politica*, Vol. 40, 2005, pp. 419 – 439.

再分配回应其问题与诉求，突出家庭作为儿童福利供给主体的责任和功能，保护困境隔代照顾群体的社会保障权利，同时强化国家对隔代照顾模式尤其是困境隔代照顾群体的政策保护，巩固隔代照顾的福利功能，让儿童尽可能地在家人、亲友环境中生活。美国隔代照顾福利政策始终在家庭主义、去家庭化的分野与整合中探索二者融合发展的政策路径，这一融合发展的家庭政策实践表现出来的是一种"再家庭化"的价值意蕴，[①] 灵活整合隔代照顾福利供给中的国家责任与家庭责任的关系。

（二）去商品化能力较低

美国政府并非针对所有困境隔代照顾群体提供能满足其需求的福利支持，而是选择性地对部分隔代照顾群体提供一定水平的福利支持，这就涉及"去商品化"能力在形塑隔代照顾福利政策特征方面的议题。丹麦学者考斯塔·埃斯平－安德森（Gosta Esping-Andersen）提出了社会政策中的"去商品化"概念，认为现代社会政策的原动力源于人类需求和劳动力的商品化过程，由此，福利渐渐取决于他们与市场的关系。从这个角度来说，社会政策平衡的是福利供给过程中国家责任和市场责任的关系。去商品化指个人和家庭脱离市场劳动后（更多情况下是被市场排斥后）仍然维持一种被社会所接受的生活水平，去商品化程度用以揭示政府部门旨在减少公民依赖自身劳动或市场获得福利保障的公共行为和努力，显示公民生活免受自由市场逻辑支配的程度。埃斯平－安德森认为去商品化程度可以从如下三个维度进行考量：一是获得福利机会的规则，即享受的资格标准与资格限制，如果不论过往工作表现、就业记录、需求审定等情况，均有权享受充分的生活水平，那么这个政策就具有较大的去商品化潜能；二是与收入替代率有关，如果获得的福利给付水平明显低于社会接受的适当生活水平，那么可能的结果是促使人们尽快回到工作岗位；三是资格授权的范围，这与第一个维度有一定的相关性，主要分为三种常见类型，即获得

---

① 韩央迪：《家庭主义、去家庭化和再家庭化：福利国家家庭政策的发展脉络与政策意涵》，《南京师大学报》（社会科学版）2014 年第 6 期。

福利的机会是基于贫困，还是基于工作业绩，抑或基于普遍的公民权利而无论其需求或工作表现等。[①]

从福利享有的资格标准、资格限制以及资格授权的范围来说，美国隔代照顾福利政策并不容易获得，隔代照顾群体获得能保持适当生活水准的权利保障与政府的需求审定、照顾者身份资格密切挂钩。隔代照顾福利政策分配所依据的主要权益基础并不是工作成就、职业类型、个人缴费或者公民身份等指标，而是经过家计调查评估证明了的确实存在的需要，这与美国社会福利体制中一直坚持的社会救助传统即对资产或收入进行严格程度不等的审查有关。美国几乎所有的隔代照顾福利政策项目都需要对申请者与其家庭进行资产调查、资格审查和需求评估，以此证明申请者或其家庭确实存在通过自身努力难以满足的现实需要，政府才会提供援助。就身份资格而言，祖孙之间是否拥正式的照顾或监护关系，即是否拥有法定监护关系、正式寄养关系、拥有寄养家庭许可资格等，是影响隔代照顾群体是否能获得福利资源的决定性因素。多数隔代照顾福利政策尤其是联邦层面的政策主要面向具有政府部门、司法部门认定的有合法照顾关系的隔代照顾群体，虽然州政府、地方政府、民间组织也面向非正式的、私人性的隔代照顾群体发展了现金补贴、社会服务等支持项目，但项目变动性较大，缺乏系统性与连续性。美国家庭调查发现，有68%的正式亲属照顾儿童得到了政府经济救助与补贴，而私人性的非正式亲属照顾儿童获得这些经济支持的比例仅为22%。[②] 这种依靠家计调查、身份资格等判定隔代照顾福利政策受益资格的方式形塑着政策的补缺性特征，那些未获得政府部门或司法部门认定的、未达到极端贫困水平的隔代照顾群体，即便其生活再困难，仍很难获得所需的社会保障资源。

从福利给付水平来看，美国政府并未为困境隔代照顾群体提供能满足其生活需要的福利援助，而是选择性地对部分困境隔代照顾群体提供维持

---

① 〔丹〕考斯塔·埃斯平-安德森：《福利资本主义的三个世界》，郑秉文译，法律出版社，2003，第52~55页。

② Julie Murray, Jennifer Ehrle Macomber, and Rob Geen, *Estimating Financial Support for Kinship Caregivers*, Urban Institute, 2004.

低生活标准的社会救助式的福利支持。按照美国的平均消费标准来看，抚养一个儿童的月平均花费约为 990 美元，而寄养补贴平均每月为 511 美元，占儿童抚养成本的 52%；TANF 基本救助金平均每月为 249 美元，仅占儿童抚养成本的 25%，经济补贴与救助水平较低。[1] 由于领取寄养补贴、TANF 救助金的隔代照顾者与其家庭一般都处于贫困线以下，而且大多面临着年龄较大、身体健康较差、隔代照顾时间冲突、不宜进入劳动力市场等难以逾越的现实困境，政府提供的仅满足最低生活标准的有限救助明显低于社会接受的适当生活水平，迫使隔代照顾家庭不得不依靠家庭互助、工作、社区网络、慈善等其他获取生活资源的方式，政策的去商品化水平较低。

（三）延续自由主义福利体制传统

福利体制指的是福利产品在国家、市场和家庭之间的分配模式，也就是说国家、市场和家庭在福利供给上的制度性分工。虽然福利体制多用于分析一个国家的福利资源分配模式，但同样可以用于分析单一、特定的福利政策与方案。[2] 埃斯平－安德森根据福利的去商品化程度、福利的阶层化和市场与政府之间的关系，对欧美国家的社会福利模式进行跨国比较研究，归纳出自由主义、保守主义、社会民主主义三种福利体制。其中美国属于自由主义福利体制国家，其特征主要为：强调市场机制在福利资源分配中的主导作用和政府干预的最小化，国家只作为最后的安全网对切实需要帮助的家庭提供低水平的福利资源，以家计调查式的社会救助为主等。

就美国隔代照顾福利政策而言，其多数政策项目都是实行基于正式照顾关系的身份资格、较为严格的需求审查而建立的资格标准，项目主要针对困境家庭等切实需要帮助的家庭，即只有当隔代照顾儿童、照顾者无法通过工作等自身努力获得满足生活所需的福利资源时，国家作为困境家庭

---

[1] Ana Beltran, "Policy Brief: Improving Grandfamilies' Access to Temporary Assistance for Needy Families", http://grandfamilies. org/Portals/0/Documents/2017/GU% 20Policy% 20Brief% 20 - % 20TANF% 20Assistance% 20Final% 202. pdf，最后访问时间：2021 年 5 月 18 日。

[2] 唐灿、张建：《家庭问题与政府责任——促进家庭发展的国内外比较研究》，社会科学文献出版社，2013，第 20 页。

的底层安全网为其补充福利资源保障其基本生活。福利资源的保障水平和替代率整体较低，政策的去商品化程度低。美国隔代照顾福利政策延续和体现了其自由主义福利体制的传统。

从隔代照顾福利政策的整体情况来看，美国政府也提倡隔代照顾家庭能保持独立性，鼓励发展工作福利，避免依赖公共福利。从 20 世纪 30 年代开始，隔代照顾福利政策一直在儿童照顾责任归属、家庭自给自足、社会保障支持程度等参数之间摇摆，但最终定位是政府仅对部分困难的隔代照顾家庭的生活系统进行修修补补，未进行大刀阔斧的实质性干预，仍然寄希望于家庭的自给自足，倾向于实行抗拒介入的不情愿模式（reluctant model）。[①] 这种模式无法在较大程度上保护困境隔代照顾群体的福祉，也决定了其社会保障权利的实有程度仍有所偏低。

五 总 结

隔代照顾是家庭代际成员互助共济、风险共担的过程。面对困境隔代照顾者与被照顾儿童社会保障权受侵害的问题，美国政府逐渐承担人权保障的责任，自 20 世纪 30 年代以来不断发展隔代照顾福利政策形式，采用收入维持、社会服务、住房救助、教育与医疗福利等实体性政策手段，完善程序性政策措施，保护隔代寄养、隔代法定监护等正式照顾关系和私人性的非正式隔代照顾关系中的参与主体的社会保障权利，实现了一定的福利保障效果。美国隔代照顾福利政策进一步整合了家庭主义、去家庭化政策范式的关系，在家庭政策实践中表现出来的是一种"再家庭化"价值意蕴，既充分利用以隔代照顾为核心的家庭作为儿童福利供给主体的责任和功能，同时又强化国家对隔代照顾模式尤其是困境隔代照顾群体的政策保护。但是，美国隔代照顾福利政策也体现和延续了其自由主义福利体制的传统，基于隔代照顾家庭的身份资格与需求审查、家计调查建立福利资源

---

① Kamerman Sheila B. , Kahn Alfred J. , *Family Policy: Government and Families in 14 Countries*, New York: Columbia University Press, 1978, p. 20.

的准入标准、为困境隔代照顾群体提供低生活标准的救助式社会福利，使得隔代照顾福利政策的去商品化程度较低，困境隔代照顾群体的社会保障权实有程度有所偏低。这些政策特征与不足或许可以为中国困境隔代照顾群体的权益保障提供政策借鉴与反思。

当前中国家庭变迁过程中所展现出来的隔代照顾问题尤其是困境隔代照顾群体权益保障问题与美国的情况略有相似之处，然而，中国相关社会政策的改革与发展还具有滞后性，政府和民众多将隔代照顾模式和困境隔代照顾群体视为家庭私领域的事务，隔代照顾模式的福利价值被普遍忽视，政府未对困境隔代照顾群体的问题和诉求作出直接的政策回应。如何维护困境隔代照顾群体的社会保障权利，并修复和增强以隔代照顾为缩影的家庭的福利功能，需要更多的现实平衡。可以尝试考虑在相关政策设计中引入隔代照顾视角，增加对隔代照顾家庭尤其是困境隔代照顾家庭的价值关怀和政策关怀，综合考虑其现实需求和复杂境况，以更积极的态度回应照顾过程中的矛盾、冲突与问题，有针对性地保障隔代照顾群体的社会保障权利，例如在现有的留守儿童、留守老人、困境儿童福利政策中新增对农村隔代照顾群体的保障对策，在社会救助政策中兼顾困境隔代照顾群体的现实需要等。同时调动隔代照顾模式的活力，提高家庭履行福利保护责任的能力。结合中国的政策背景，审慎地思考相关政策规划，包括资格标准、给付水平、权利范围等，平衡好国家与家庭、市场之间的关系。

当然，中国隔代照顾相关政策建构需要经过严格的论证，需要结合中国场域做综合分析，寻求适合本国社会环境的困境隔代照顾群体权利保障措施。美国政府在困境隔代照顾群体的现实关怀、社会保障责任承担、法律规制性、手段综合性、再家庭化价值意蕴等方面的做法具有一定的借鉴价值，也提醒我们在社会保障权保护的实有性、平等性、保障性、因地制宜等方面多做努力。

少数民族权利保护的中国经验探析

倪文艳*

摘　要：我国少数民族权利保护体系的形成和发展是在国家建构的推进下展开的，中国共产党展开了奠基历程，在新中国成立时特定的环境和政治生态下，国家能力建设形塑了少数民族权利保护体系的基本形式与样貌。改革开放以后，少数民族权利保护体系逐渐规范化。新时代，国家能力不断提升，逐渐形成了促进少数民族权利全面发展的中国经验。在"两个大局"的时代背景下，国家还需要进一步提升整合能力、制度执行能力和财政能力，为少数民族权利的享有和实现提供更加有力的保障。

关键词：少数民族权利；民族区域自治制度；国家能力

引　言

新中国成立后，中国共产党将中国传统"大一统"政治格局与马克思主义意识形态结合起来，成功地解决了国家统一和少数民族权利保护的问题。国家通过民族区域自治和民族发展策略形塑了我国少数民族权利保护的基本轮廓。这一少数民族权利保护的体系在当时的历史和社会语境下，对少数民族的诉求进行了有效回应，并通过制度和法律得到有效实施。改革开放后，少数民族地区发生了巨大变化，但各种因素导致少数民族地区经济发展水平与东部地区差距拉大，区域发展不平衡问题凸显，少数民族

---

*　倪文艳，山东大学法学院博士研究生。

地区成为脱贫攻坚的重点地区。① 少数民族生存权、发展权等受到不同程度的影响。新中国成立时期少数民族权利保护形成的优势条件（意识形态、民族干部和国际语境）在改革开放后也发生了变化，国家需要面对的民族问题也发生了转向。② 受国外分裂势力、宗教极端主义的影响，我国和谐民族关系的构建受到干扰。为应对这些困难，国家坚持对少数民族权利进行主动保护，将少数民族权利保护视为国家责任，少数民族权利保护朝规范化方向发展。新时代，形成了少数民族权利全面保护的中国经验。当代中国少数民族权利保护体系的形成与发展离不开国家。2021 年中央民族工作会议指出"必须坚持各民族一律平等，保证各民族共同当家作主、参与国家事务管理，保障各族群众合法权益"。这进一步表明国家在少数民族权利保护方面具有主动性。我国宪法和法律也规定了国家在少数民族权利保护方面的责任和义务。国家义务的履行和责任的承担是建立在国家具备各种能力基础上的，国家能力是国家制定和实施政策、计划并能够有效执行法律的能力。③ 财政能力是国家对少数民族权利进行保护的基础，制度执行能力决定了权利保护的实效，整合能力是权利保护的必备条件。因此，国家能力建设是权利形成、发展以及保护的前提和现实基础，国家能力的大小决定了权利保护的程度，国家能力提升能够为权利保护拓展有效路径。本文以历史的眼光，从国家能力的视角总结少数民族权利保护的基本经验，并提出少数民族权利保护国家能力提升的路径。

一　中国少数民族权利保护体系的初步形成

新中国成立以前，中国共产党就积极开展少数民族权利保护的理论探索与实践。在革命时期，中国共产党积极加强与少数民族的联系，在革命根据地实行民族区域自治。这使少数民族在根据地获得了政治上的平等，

---

① 彭永庆：《建国以来党的民族发展理论与实践的历史思考》，《满族研究》2013 年第 2 期。
② 关凯：《中国民族政策：历史、理论与现实的挑战》，《中央社会主义学院学报》2017 年第 2 期。
③ 〔美〕弗朗西斯·福山：《国家构建》，郭华译，学林出版社，2017，第 18～20 页。

实现少数民族民众当家作主。一方面，中国共产党积极践行民族平等的理念。平等权是一项基本权利，中国共产党始终追求马克思民族平等的价值理想。毛泽东在 1945 年《论联合政府》中提出"实现中华民族的解放，以及国内各民族的平等"①，并多次指出"对内要求国内各民族之间的平等"②。中国共产党积极践行民族平等理念。面对少数民族地区长期存在封建领主经济、地主经济、封建农奴制经济等诸多经济制度形式的客观现实，中国共产党通过土地革命和民主改革，增强少数民族地区的平等意识。另一方面，中国共产党积极加强与少数民族民众的联系，让少数民族民众了解中国共产党的革命方针和革命路线，从而领导各族人民进行反帝反封建的伟大斗争。通过努力，少数民族追求解放和平等的意识得到了提升。

新中国成立以后，中国共产党积极维护少数民族权利，并通过法律与制度的供给与实施，确立了少数民族"平等保护＋特殊保护"的保护方式。平等保护强调少数民族享有与主体民族同等范围的权利，特殊保护则是通过权利补偿恢复少数民族自我发展能力。③ 形成了以下三个方面的经验。

第一，通过法律确认少数民族享有平等权利。各民族平等首先在《共同纲领》中得以确立。1954 年《宪法》中规定了各民族平等，国家保障少数民族的合法权益，维护各民族的平等关系，禁止民族歧视和压迫以及民族分裂。并且，将民族区域自治制度作为解决民族问题的宪制安排写入宪法，在随后颁布的《选举法》《民族区域自治实施纲要》等法律文件中加以重申，以法律形式明确了少数民族公民享有自治权、政治参与权、经济社会文化权益等。为权利的实现提供了立法保护。首先，少数民族民众获得了平等的政治权利。民族自治的政策在新中国成立前已经付诸一定实践，抗战期间，中国共产党已经开始制定民族自治相关的政策，边区政府在陕甘宁边区建立了一些少数民族自治政权，赋予少数民族民众选举权，

---

① 《毛泽东选集》第 3 卷，人民出版社，1991，第 1084 页。
② 《毛泽东选集》第 2 卷，人民出版社，1991，第 752 页。
③ 王理万：《少数民族人权保障的基本概念辨析》，《人权》2017 年第 4 期。

由少数民族民众选举区、乡长，管理自治区内的政治经济各项事业。这使少数民族民众获得了政治参与的权利。新中国成立后通过法律形式将这一权利固定下来，为少数民族参与国家事务管理提供了法律依据与保障。1954年颁布的《中华人民共和国地方各级人民代表大会和地方各级人民委员会组织法》进一步加以明确，确保了少数民族民主权利的享有和实现。其次，平等的文化权利，新中国明确中国是多民族国家的现实状况，民族区域自治制度保护少数民族使用和发展自己语言文字的自由，保持或改革自己风俗习惯的自由。各民族都有宗教信仰自由。这体现了国家对少数民族文化权利和民族尊严的保护。最后，平等的经济权利，1954年《宪法》序言中提出"国家在经济建设和文化建设过程中将照顾各民族的需要，而在社会主义改造的问题上将充分注意各民族发展的特点"。在宪法正文中规定，自治机关可以在国家计划指导下，自主管理地方性的经济建设事业。这不仅给予民族自治地方自主发展经济的权利，还明确了国家对民族自治地方的优惠照顾。民族区域自治法文本中规定了大量"优惠照顾"条款，涵盖众多领域，包括在民族自治地方自治机关工作人员的录用上对少数民族人员的照顾，民族自治地方享有获得上级财政援助的权利等。

第二，通过政治与法律双重保障少数民族权利实现。立法保护是权利实现的前提，权利的真正实现还需要国家具有强大的制度实施能力。为使法律上的权利能够得到实现，国家在民族区域自治制度实施过程中，将政治和行政资源向少数民族倾斜，通过政治与法律双重保障少数民族权利得到真正的实现。首先，少数民族平等参与制定民族区域自治制度。在民族平等思想的指导下，少数民族基层民众能够真正地参与到公共事务治理中，这使少数民族民众获得了政治参与权。其次，国家有效协调了民族关系。对少数民族权益的保障，一个重要方面是协调处理各民族之间的关系。中国的各民族群体在历史发展过程中逐渐形成了你中有我、我中有你的多元一体格局。新中国成立以后，国家在稳定民族地区安定与团结方面作出了重大努力。民族区域自治制度在实施过程中坚持"各少数民族聚居的地区，依据当地民族关系，经济发展条件，参酌历史情况建立各种自治区"。

第三，形成生存权与发展权优先发展的权利保护路径。帮扶少数民族地区发展社会经济，改善少数民族民众生活水平是保障少数民族权利的重要方式。新中国成立以后，国家通过再分配为民族地区的发展提供了物质保障，积极改善少数民族民众的生活环境，少数民族民众生活水平得到提高，生存权和发展权得到了有效保障。首先，国家对少数民族地区实行税收优惠政策。新中国成立初期由于大多数少数民族地区经济发展落后，且政治、经济、自然和战略位置较为特殊，中央一直赋予少数民族地区特殊的税收管辖权。对民族地区的农业牧业实行轻税政策，对工商税等实行减免政策。其次，加大对少数民族地区的财政补贴。由于少数民族主要聚居在中国边疆地区，自然条件恶劣，国家主要通过行使再分配的权力，运用资源改善少数民族民众的生活水平，确保少数民族民众基本权利的实现。最后，国家通过政策扶持促进民族地区发展。1952 年《中华人民共和国民族区域自治实施纲要》第 33 条中规定了上级国家机关应帮助各民族自治区发展经济事业，并将这一条款写入 1954 年《宪法》，这成为国家帮助少数民族地区发展的最高法律依据，同时宪法中规定的民族区域自治制度为国家发展少数民族地区经济提供了制度保障。宪法和法律的这些规定为民族地区发展奠定了制度基础。

二　中国少数民族权利保护体系的制度化发展

改革开放以后，国家积极推进少数民族权利保护的制度建设，主要表现为：积极开展共同体意识培育工作，少数民族权利保护的法制建设不断推进，财政保障机制逐渐规范化。

首先，积极开展共同体意识培育工作。党的十一届三中全会决定把党和国家的工作重点转移到社会主义现代化建设上来。各民族之间友爱互助、相互依存的民族关系与各民族参与社会主义建设是互构的。因此，国家积极开展"中华民族"的理论研究和共同体培育工作。为进一步加强各民族之间的团结友爱，国家通过民族团结进步教育、民族团结进步表彰大会制度化，推广国家通用语言文字，构筑中华民族共有精神家园，反对各类分裂势力等方式推进中华民族共同体意识培育。①

其次，权利保护体系法制化。改革开放以后，国家对少数民族权利的保护首先通过宪法和法律予以重申并更加系统化。1982 年《宪法》对民族区域自治制度的规定进一步完善，从价值理念、权利保护原则和运行机制方面为少数民族权利保护提供了依据。第一，人民代表大会制以及选举制度为少数民族政治权利的实现提供全面保障。第二，国家对少数民族经济与社会权利保护职责的规定更加具体明确。如 1982 年《宪法》中明确规定了"国家从财政、物资、技术等方面帮助各少数民族加速发展经济建设和文化建设事业"。1984 年 10 月 1 日起实施的《民族区域自治法》中系统规定了国家对少数民族在经济、社会发展方面的帮助职责。第三，少数民族文化权利保护的内容更加广泛。此外，《民族区域自治法》及配套法律法规相继推出，使民族区域自治制度得到进一步巩固与发展，这也使少数民族权利保护制度进一步具体化、规范化、层次化。②

最后，国家为少数民族权利保护提供坚实的物质基础。改革开放后，国家先后进行了"财政包干"和分税制改革，财政能力显著提升，为少数民族权利的实现提供了物质保障。一方面，实践中，少数民族权利的保护方式主要有立法保护、司法保护、政治保护与社会保护，国家作为提供权利保护的义务主体应当具有足够的财政资源来维持自身系统的运行。另一方面，国家需要建立有效的财政制度以保障法定权利的实现。由于民族地区公共服务存量低、供给成本过高、特殊支出占比高，加上民族自治地方政府财政能力不足，民族地区基本公共服务支出需求缺口大，少数民族民众难以获得与一般地方大致均衡的公共服务。中央依据宪法和法律规定，建立少数民族权利保护的财政制度，通过税收优惠、转移支付等方式提升少数民族地区基本公共服务水平，促进地区间基本公共服务均等化。长期以来，民族地区基本公共服务水平的提高主要依靠转移支付。③ 通过对民

---

① 张淑娟：《中国共产党培育中华民族共同体意识的百年历程：话语、成就与经验》，《民族学刊》2021 年第 73 期。
② 常安：《民族区域自治与新中国对少数民族权利保护 70 年》，《法律科学》2019 年第 5 期。
③ 赵楠、成艾华《财政转移支付在民族地区公共服务均等化中的效应及改进措施研究》，《西南民族大学学报》（人文社会科学版）2010 年第 10 期。

族地区的义务教育、公共卫生、基础科学研究、公益性文化事业和社会救济等基本公共服务[①]进行财政投入，使少数民族的生活条件整体得到明显改善，使少数民族健康权、住房权等生存权得到有效保障。

三　少数民族权利保护体系的完善

进入新时代，少数民族权利保护进入新阶段。中国把少数民族的生存权和发展权放在首位，通过精准扶贫等政策使国家发展成果惠及各族人民，促进少数民族经济、社会和文化权利，公民权利和社会权利的全面协调发展。[②] 从国家能力角度来看主要有以下经验。

第一，国家主动进行少数民族权利保护体系的制度创新。2014 年中央民族工作会议上强调，"要把宪法和民族区域自治法的规定落实好，关键是帮助自治地方发展经济、改善民生"[③]。为加快实现全面建设小康社会的目标，推进少数民族地区跨越式发展。国家以保障各少数民族共享发展成果为价值追求，通过技术治理水平的提升推动了制度创新。习近平强调坚持和完善民族区域自治制度"要在确保国家法律和政令实施的基础上，依法保障自治地方行使自治权，给予自治地方特殊支持，解决好自治地方特殊问题"[④]。具体路径是，一方面，中央通过优化转移支付，加大转移支付力度，对边疆地区、贫困地区和生态保护区实行差别化的区域政策。以精准扶贫为例，精准扶贫政策改变了传统对民族自治地方直接进行财政"输血"的方式。西部大开发战略实施以来，中央对少数民族地区公共财政投入大幅增加，少数民族地区基础设施建设和公共服务水平明显改善。但财政支出效率呈下降趋势。[⑤] 中央政府认识到技术效率对公共财政

[①] 参见安体富、任强《公共服务均等化：理论、问题与对策》，《财贸经济》2007 年第 8 期。

[②] 王理万：《中国减贫推动少数民族人权进步》，《光明日报》2016 年 10 月 20 日，第 9 版。

[③] 参见 http://cpc. people. com. cn/n/2014/0929/c64094 - 25762843. html，最后访问时间：2021 年 11 月 17 日。

[④] 参见中共中央文献研究室《习近平关于社会主义政治建设论述摘编》，中央文献出版社，2017，第 151~152 页。

[⑤] 杨丽琴、刘海兵：《少数民族地区地方政府财政支出效率评价》，《生产力研究》2015 年第 5 期。

效率的作用已达到极限，单靠增加支出、扩大规模提升公共服务水平的发展模式难以满足民族地区公共财政进一步发展的需求。于是，中央制定更科学且有针对性的扶持政策，强调重点解决民族地区民生问题，将民族地区建设和少数民族进步置于发展不平衡不充分的全局性问题中，将少数民族地区的特殊性与全面建成小康社会的目标结合起来。[①] 中央财政加大对深度贫困地区的专项扶持资金、教育医疗保障等转移支付，加大重点生态功能区转移支付、农村危房改造补助金、中央预算内投资、车购税收入补助地方资金、县级基本财力保障机制奖补资金等对深度贫困地区的倾斜力度。[②] 另一方面，充分发挥民族地区积极性，释放民族地区发展潜力，提高民族地区自我发展能力。民族地区经济社会发展离不开中央的支持，中央通过在土地使用、金融服务、资本市场建设等方面给予民族地区差别化支持，极大地推动了民族地区从封闭走向开放，走向与全国各地的互联互通。民族地区自身发展能力的提高，对于更好地保障少数民族权利具有显著作用。

第二，国家组织发达地区共同推进少数民族权利保护。中国的少数民族权利保护模式具有操作性和实施性强的特点，除了中央对民族地区自上而下的扶持，还以"民族互助"形式存在。[③] 国家通过组织协调发达地区对民族地区的对口支援，提升少数民族权利保护的水平，使各民族人民平等共享发展资源和发展机会。对口支援具有横向转移支付的特点，中央政府统一领导和组织是这一制度的关键因素。[④] 对口支援对民族自治地方政府财政行为和效果产生重要影响。自1979年开始，中央政府就确立了内地发达省、市对口支援边境地区和少数民族地区的地区间的对口支援体制。此后，又组织实施"对口援藏""对口援疆"。此外还有各部委和各省市开展实施的医疗援助和教育援助等，以及西部扶贫协作和精准脱贫，

---

① 李坤、苏海舟：《中国共产党民族政策的演进逻辑：以1949—2020年的民生政策为中心》，《西北民族研究》2021年第2期。

② 《中共中央国务院关于打赢脱贫攻坚战三年行动的指导意见》，http://www.gov.cn/zhengce/2018-08/19/content_5314959.htm，最后访问时间：2021年10月14日。

③ 刘吉昌、杜社会：《"中国模式"民族优惠政策的人权优势及法制完善》，《贵州民族研究》2018年第2期。

④ 王玮：《地方财政学》（第三版），北京大学出版社，2019，第199页。

等等。对口支援已成为对少数民族地区覆盖面越来越广、力度越来越大的政府行为。① 新时期，对口支援规模不断扩大，体制也逐步规范化。这有力地促进了少数民族地区民生发展、少数民族就业环境改善，民族地区教育、医疗水平得到明显提升。

第三，国家动员社会力量加强对少数民族权利的保护。城镇化带来的人口流动，使少数民族跨区域流动成为常态。如果在这个过程中少数民族成员的就业机会少于其他人或者被承诺予以平等对待却被歧视，则意味着权利被侵犯和没有被平等对待。② 2014 年中央民族工作会议上，习近平强调"要尊重差异、包容多样，通过扩大交往交流交融，创造各族群众共居、共学、共事、共乐的社会条件，让各民族在中华民族大家庭中手足相亲、守望相助"③。国家十分重视对城市中少数民族权利的保护工作，避免少数民族在城镇化过程中权利受到减损。促进各民族交往交流交融成为保障少数民族权利的重要方式。为此，政府和社会多方力量共同推进铸牢共同体意识工作，对流动少数民族人口进行国家通用语言文字培训、生产技能培训，帮助少数民族流动人口实现就业，保障少数民族子女正常入学。④ 这使城市中少数民族的权利得到有效保障。

四　中国少数民族权利保护国家能力提升路径

"两个大局"背景下，国家需要进一步提升以下三种能力以应对当前民族工作出现的新问题，以更好地保障少数民族权利的享有和实现。

（一）整合能力的提升

社会主义旨在建立一个平等团结、互助和谐、友爱合作、亲密凝聚的

① 参见石绍宾、樊丽明《对口支援：一种中国式横向转移支付》，《财政研究》2020 年第 1 期。

② 王立峰：《中国共产党百年少数民族权利保障的思想探索》，《人权》2021 年第 2 期。

③ 参见 http://www.mzb.com.cn/html/report/200931619 – 1.htm，最后访问时间：2021 年 11 月 18 日。

④ 段超、车越川：《都市铸牢中华民族共同体意识的实践与探索》，《中南民族大学学报》（人文社会科学版）2021 年第 11 期。

民族大家庭。这有助于克服公民个体主义式权利保护导致的权利竞争、权利能力不均衡的弊端。① 2014 年中央民族工作会议指出，我国是统一多民族国家是我国基本国情，要把维护民族团结作为各民族最高利益。加强民族团结建设的关键主体是国家，国家积极发挥整合能力，才能够巩固民族大家庭。通过有效的国家整合维持国家的统一、完整与稳定，保护作为共同体成员的各民族合法权益，为各民族提供共同的"政治屋顶"。国家整合的社会心理层面建设具有根本性，培育共同的社会心理基础能够使国家整合更具持续性和稳定性。② 新时代，提升中国国家整合能力的根本方式是铸牢中华民族共同体意识。铸牢中华民族共同体意识至少应当从以下方面开展工作。

首先，铸牢中华民族共同体意识需要各族人民形成共同文化价值和共同文化符号。加强教育和民族事务工作有利于铸牢中华民族共同体意识。教育方面的重点内容是推广通用语言文字。通用语言文字的推广是国家基础能力提升的重要内容。③ 推广通用语言文字是国家意志、国家形象、国家符号和国家法律制度政策有效传递到基层社会的条件④，有助于加强各民族交往交流交融，构筑各民族共有精神家园。民族事务工作方面的重点是加强民族团结建设、消除民族隔阂。

其次，推进民族互嵌式社会的公共性培育。随着城镇化和人口流动规模的扩大，推动建立相互嵌入的社会结构和社区环境成为推动各民族交往交流交融、铸牢中华民族共同体意识的重要途径。这种民族互嵌式社会的公共性培育，最直接的意义是通过社会建设促进民族性与国家性的有效统一。⑤ 当前我国各地开展民族互嵌式社区的试验，形成了多种类型的民族互嵌式社区，如侧重社会嵌入与心理嵌入双轮驱动的类型，注重精神培育

---

① 常安：《民族区域自治与新中国少数民族权利保护 70 年》，《法律科学》2019 年第 5 期。

② 周平：《多民族国家国家整合的逻辑》，《中央民族大学学报》（哲学社会科学版）2021 年第 4 期。

③ 尤陈俊：《国家能力视角下的当代中国语言规划与语言立法》，《思想战线》2021 年第 1 期。

④ 沈桂萍、宋素培：《以筑牢中华民族共同体意识统领民族工作》，《中央社会主义学院学报》2021 年第 2 期。

⑤ 龙金菊、高鹏怀：《共同体视域下民族互嵌式社会结构建设：理论、语境与路径分析》，《北方民族大学学报》2021 年第 3 期。

增强文化互嵌的类型，等等。这些实践有效增进了各民族民众的"共同性"。但民族互嵌式社区实践也遭遇空间居住隔离困境、文化交融程度不够、经济互嵌水平较低等问题。① 这些问题的解决需要运用整体性治理思维。加强多元治理主体之间的协调与整合，实现公私部门跨界合作的共治，扩展各民族参与社区事务治理的渠道并提供法律保障以及提升民族互嵌式社区治理的技术水平。②

最后，通过实施差别化政策促进民生改善。民生问题既是经济问题和社会问题，更是政治问题。民生问题不能有效解决会削弱治理成效，平等团结和谐的民族关系也会遭到破坏。因此需要通过基本公共服务均等化改善民生，促进经济社会各项事业发展，推动民族地区加快现代化建设步伐，使各族民众共享改革发展成果以增强各族民众的国家认同。③ 当前民族地区改革发展面临的民生改善问题基本上属于区域性共性问题，对于这些问题应当坚持民族因素与区域因素相结合，实施差别化的区域性政策，对少数民族和民族地区特殊问题应保留专项扶持政策。

（二）制度执行能力的提升

党的十九届四中全会指出"我国国家治理体系和治理能力是中国特色社会主义制度及其执行能力的集中体现"。制度为国家治理提供指引。"制度的生命力在于执行。"提升制度执行能力能够促进中国特色社会主义制度体系及其效能优势的发挥。

首先，加强党对民族工作的全面领导。中国共产党的全面领导既是牢固政治认同根基的根本前提，也是中国特色社会主义制度的最大优势。党的全面领导是化解现代化进程一切风险和挑战的根本保证。④ 坚持全面加

---

① 秦玉莹：《民族互嵌式社区铸牢中华民族共同体意识的经验、困境与优化》，《统一战线学研究》2021年第6期。

② 张鹏、张为波：《民族互嵌式社区治理：模式比较、现实困境与未来走向》，《广西民族研究》2018年第1期。

③ 王永明：《基本公共服务均等化：西部边疆民族地区铸牢中华民族共同体意识的路径选择》，《民族论坛》2021年第2期。

④ 吕朝辉：《同频共振：铸牢中华民族共同体意识与国家治理现代化的互构理路》，《湖南社会科学》2021年第5期。

强党对民族工作的领导是凝聚各族干部智慧力量、共同创造幸福和谐美好生活的根本保证。① 在中国共产党的全面领导下，形成了中国特色的少数民族权利保护体系。加强和完善党对新时代民族工作的全面领导，必须进一步强化党委主体责任，推动形成新时代党的民族工作格局，加强干部人才队伍建设，夯实基层基础。② 提升党的领导法治化水平。进一步提高反渗透反颠覆反分裂的能力。③

其次，加强制度认同。认同是一个动态发展过程，随着时空情境的变化而发生变化。新时代，我国的国际政治与地缘政治环境与生态发生了变化，各族民众需要不断增强对中国特色社会主义制度的认同。习近平总书记指出"民族区域自治制度是我国一项基本政治制度，是中国特色解决民族问题的正确道路的重要内容和制度保障"。④ 民族区域自治制度是维护民族平等和各民族共同繁荣的重要制度，有力确保了少数民族人民当家作主、管理本民族事务的权利。因此，必须坚持和完善民族区域自治制度，"坚持"意味着不动摇，"完善"才能跟得上时代步伐，实现更巩固的坚守和更牢固的各民族"合"在一起。⑤ 为强化各族民众对民族区域自治制度的认同，需要拓宽宣传渠道，优化宣传方式，促进各族民众对民族区域自治制度的全面了解，形成制度共识。同时，需要推进民族区域自治制度的研究和解释工作，使各族民众认识到民族区域自治制度的治理有效性。

最后，完善制度执行监督和问责机制。一方面，实现制度执行的法治化，以法治思维和法治方法公平公正地处理民族问题和民族事务，保障各

---

① 本报评论员：《切实加强党对民族工作的全面领导》，《内蒙古日报》2021 年 9 月 26 日，第 1 版。

② 本报评论员：《加强和完善党对民族工作的全面领导》，《中国民族报》2021 年 10 月 19 日，第 1 版。

③ 朱文伟：《坚持党对民族地区全面领导的基本经验》，《青海日报》2021 年 8 月 16 日，第 7 版。

④ 中共中央文献研究室：《习近平关于社会主义政治建设论述摘编》，中央文献出版社，2017，第 150 页。

⑤ 郝时远：《新时代坚持和完善民族区域自治制度》，《中南民族大学学报》（人文社会科学版）2021 年第 11 期。

族人民群众合法权益。同时，进一步探索民族地区多元法治型治理模式，实现道德与法治双重治理。① 防范化解民族领域风险隐患。另一方面，加强制度执行的监督和问责，建立同体监督与异体监督相结合的监督机制和严格的问责机制②

（三）财政能力的提升

财政是国家治理的基础和重要支柱，财政嵌入国家治理的方方面面，是少数民族权利保护的重要手段。从国家能力建设的角度来看，财政能力是政府实现基本职能的基础性能力。③ 财政能力是指国家在财政资源方面的运筹能力，包括财政资源的筹集、配置和使用以及整个过程中的组织与协调，是财政资源与财政制度综合作用的结果。财政能力的提升需要实现财政"资源"和"制度"两方面能力的提升以及二者耦合关系的改进。

首先，财政资源筹集能力的提升。拥有一定财政资源是具备财政能力的必要条件。国家财政资源筹集能力提升的必要性体现在两方面，一方面，国家战略和民族政策的实现需要国家具有充足的财力。习近平总书记强调"要推动各民族共同走向社会主义现代化。加大对民族地区基础设施建设、产业机构调整支持力度，优化经济社会发展和生态文明建设整体布局"。另一方面，少数民族各项权利的保障需要国家积极履行帮助职责。④民族地区是我国农村贫困人口相对集中、贫困程度较深、反贫困难度较大、返贫困率较高的地区。与少数民族群众生活相关的公共基础设施建设还不完善，教育、医疗、就业等方面都还存在诸多问题。提升财政资源筹集能力的意义在于，第一，"一带一路"共建为民族地区带来重大发展契机，民族地区拥有明显的地缘优势和区位优势，但没有得到有效发挥，主

---

① 李娜：《铸牢中华民族共同体意识的价值逻辑与践行路径》，《重庆理工大学学报》（社会科学）2021 年第 11 期。

② 杜楠、刘俊杰：《化制度优势为治理效能：探究"中国之治"的有效路径》，《广西社会科学》2021 年第 4 期。

③ 李江涛：《论政府能力》，《开放时代》2002 年第 3 期。

④ 周伟、曹舒：《国家帮助民族地区实现发展权探析》，《人权》2017 年第 2 期。

要是由于民族地区经济基础薄弱、产业链条不完整。① 因此，国家需要运用财税手段支持民族地区经济发展，激发地方积极性，促进民族地区对外开放。第二，国家通过拓展新的财源，筹措资金，进一步加大对民族地区基础设施投资力度，改善民族地区经济环境，帮助民族地区实现跨越式发展。

其次，财政制度的完善。财政资源配置能力的提升主要通过制度改进来实现。《中共中央关于全面深化改革若干重大问题的决定》提出"科学的财税体制是优化资源配置、维护市场统一、促进社会公平、实现国家长治久安的制度保障"。在建立现代财政制度的过程中，中央政府的财政制度设计既要为民族自治地方政府留出一定自主权利和弹性空间，调动地方活力，更要注重加强中央顶层设计和整体驾驭能力。② 在坚持这一原则的基础上，进一步提升中央对民族自治地方财政制度安排的法治化水平。实现民族地区跨越式发展和高质量发展，必然要求加大中央的财力支持，进一步加强转移支付法治化。一方面，中央对民族自治地方转移支付的制度化应当以设立共同财政事权转移支付为契机，优化转移支付结构；完善一般性转移支付的分配办法；加大专项转移支付的清理整合，完善统筹机制；建立转移支付的定期评估、修正和退出机制；强化透明度，加强转移支付的监督。③ 另一方面，政府主导下的对口支援规模逐渐扩大，援助效率提高，增加对少数民族权利保障的各方面支持。进一步提升这一特色制度的优越性，需要实现支援的制度化，将对口支援纳入转移支付制度范畴，明确对口支援的法律地位并完善相关法律法规，建立对口支援资金的筹集与使用的规范机制。④

---

① 吕晓军：《西部民族地区对外贸易现状及对策》，《企业经济》2012 年第 1 期。
② 参见吕炜、任之光、周佳音、王伟同《中国政府间财政关系与经济发展模式》，《中国科学基金》2021 年第 3 期。
③ 中国财政科学研究院 2018 年地方财政经济运行调研课题组：《从转移支付透视区域分化》，《财政科学》2019 年第 5 期。
④ 参见石绍宾、樊丽明《对口支援：一种中国式横向转移支付》，《财政研究》2020 年第 1 期。

代孕儿童权利保护

——以人类辅助生殖技术为切入点

杨成铭　孙超辉[*]

摘　要： 采用人类辅助生殖技术代孕生子正演变为继收养之后的一个全球性法律现象，它突破了传统的法律规制并引发了一系列儿童权利保护的难题。它导致跛足的亲子关系，可能直接或间接导致买卖儿童；此外，由于监管的缺位，还易导致遗弃、虐待儿童以及使儿童处于无国籍状态等问题。这些问题在中国具体表现为三个方面：一是代孕亲子关系的认定缺乏统一标准；二是缺乏防止代孕儿童买卖、遗弃以及虐待的法律机制；三是代孕增加了儿童无国籍的法律风险。针对这些问题，我国有必要对通过辅助生殖技术的正当代孕行为在立法上给予肯定性评价，对通过辅助生殖技术的代孕行为进行法律规制，从立法上明确"孕者为母"的法律定位，完善代孕儿童人身权保护的法律机制，构建适用于代孕儿童的特殊收养制度以及完善跨境代孕的相关法律规定。

关键词： 人类辅助生殖技术；代孕；儿童权利保护；法律困境

一　引　言

生命科学的快速发展促成了人类辅助生殖技术的兴起和成熟，[①] 这一

---

[*] 杨成铭，北京理工大学法学院国际法研究所教授、博士生导师、所长；孙超辉，北京理工大学法学院国际法研究所博士研究生。

[①] 辅助生殖技术（Assisted Reproductive Technology, ART）系采用医疗辅助手段使不育妇女妊娠的技术，它包括人工授精（Artificial Insemination, AI）和体外受精－胚胎移植（In Vitro Fertilization and Empryo Transfer, IVF－ET）及其衍生技术。试管婴儿就是使用 IVF－ET 方法生育的婴儿。世界首例试管婴儿的诞生被誉为继心脏移植成功后 20 世纪医学界的又一奇迹，它激发了许多国家研究这一高新技术的热潮。

技术的运用在对人类生育权予以保障的同时，也对伦理和法律造成了冲击。代孕作为辅助生殖技术的产物，其引起的儿童权利保护与公共秩序之间的矛盾俨然成为一个全球性的难题。对于代孕，各国国内法有不同的认识和态度，尽管国际社会已就制定代孕的统一实体法规则和国际私法规则等进行了探讨，但至今尚未形成国际法规范。大多数国家试图通过对代孕进行否定性或禁止性法律评价来避免其产生不利的伦理和法律后果，但这并未达到减少代孕的效果，事实上，通过代孕生子的数量正在不断攀升。在中国，不孕不育夫妻、失独家庭对代孕有现实需求，[①] 收入的增长为意向父母负担商业代孕提供了经济上的可能。2015 年 10 月全面放开"二孩"政策后，想要"二孩"的高龄妇女和超龄妇女出现并不断增加。从供给端来看，2009 年全国办理收养登记 44260 例，2018 年全国办理收养登记 15143 例，仅占 2009 年办理收养登记量的 34%，[②] 收养子女变得越来越困难，而信息渠道的发达使得代孕信息很容易被意向父母以及中介机构获取。虽然中国国内法禁止医疗机构和医务人员从事代孕活动，但民间机构或个人为意向父母开展代孕服务日益兴盛。[③] 此外，在某些国家或地区，如乌克兰、东南亚的一些国家、美国的一些州，代孕协议的有效性是为法律所认可的，中国的意向父母仍可以跨越国边境进行代孕。据统计，中国的意向父母多选择在美国和东南亚进行代孕。[④]

　　而在我国，由于禁止医疗机构和医务人员利用人类辅助生殖技术开展代孕，"地下"采用人类辅助生殖技术代孕屡禁不止，代孕儿童的生命安全和健康受到侵害，采用人类辅助生殖技术的代孕行为亟待法律规制，代

---

① 在 20 世纪 90 年代，中国育龄人群中的不孕不育率仅为 3% ~5%，低于发达国家的 5% ~8%。然而，到 2009 年，中国妇女儿童事业发展中心、中国人口协会共同发布的《中国不孕不育现状调研报告》显示，中国育龄人群的不孕不育率已经攀升到 12.5% ~15%，接近发达国家的比例。不孕不育者以 25 岁至 30 岁人数最多，呈年轻化趋势。全国老龄办发布的《中国老龄事业发展报告（2013）》显示，在 2012 年，中国失独家庭已超百万个，每年新增 7.6 万个失独家庭。当年，人口学家预计，中国失独家庭未来将达 1000 万个。

② 《中国儿童收养政策不断完善》，http://www.gov.cn/xinwen/2019 - 02/13/content_5365 216.htm，最后访问时间：2019 年 10 月 20 日。

③ 王阳：《我国代孕中介超 400 家且多为地下交易——代孕黑色产业链调查》，《法治日报》2019 年 7 月 16 日，第 4 版。

④ 联合国人权理事会文件 A/HRC/37/60，第 14 段。

孕儿童的权利亟待法律保护。2021 年 6 月 22 日，中共中央、国务院作出的《关于优化生育政策促进人口长期均衡发展的决定》中指出，要"规范人类辅助生殖技术的应用，强化规划引领，严格技术审批，建设供需平衡、布局合理的人类辅助生殖技术服务体系。加强人类辅助生殖技术服务监管，严格规范相关技术应用"。在这一背景下，对人类生殖辅助系统应用于代孕进行规制，对代孕儿童的权利保护进一步完善恰逢其时。鉴此，本文拟从生命科学和儿童权利保护的角度来解析采用人类辅助生殖技术代孕所引发的法律困境，并提出走出法律困境的建议。

二 采用人类辅助生殖技术代孕引发的儿童权利保护的法律困境

"代孕"是指一种"第三方"生殖行为，即意向父母与代孕母亲商定，由代孕母亲为其进行受孕、妊娠和分娩。① 根据精子和卵子的来源不同，代孕可以细分为以下几种类型：完全型代孕、卵子或精子捐献型代孕、胚胎捐献型代孕、传统型代孕、精子捐献型传统代孕。② 这些不同类型的代孕往往是通过"代孕安排"（surrogacy arrangement）进行的，它通常包含这样一种期望或目的：代孕母亲在法律上和实际上将孩子转给意向

① 联合国人权理事会文件 A/HRC/37/60，第 10 段。
② 完全型代孕，是指代孕母亲使用意向父母体外受精孕育的胚胎进行代孕，代孕所生子女跟意向父母的基因相关，跟代孕母亲无关；卵子或精子捐献型代孕，是指代孕母亲使用意向父母的卵子或者精子体外受精孕育的胚胎进行的代孕，代孕所生子女在基因上与代孕母亲无关而只与代孕父母一方相关；胚胎捐献型代孕，是指代孕母亲使用非代孕母亲和非意向父母的卵子或者精子进行的代孕，代孕所生子女在基因上与代孕母亲和意向父母都不相关；传统型代孕，是指代孕母亲通过人工或者自然受孕意向父亲精子的方式进行的代孕，代孕所生子女在基因上与代孕母亲和意向父亲相关；精子捐献型传统代孕，是指代孕母亲使用非意向父亲的精子通过自然或者人工方式受孕，代孕所生子女在基因上与代孕母亲相关，而与意向父母在基因上都不相关。See Presented by Chief Judge John Pascoe AO CVO to the 3rd Annual Legalwise International Family Law Conference in Shanghai China 17 – 20 September 2014 [EB/OL]. Federal Circle Court of Australia, [2014 – 09 – 17] [2019 – 08 – 10]. http://www. federalcircuitcourt. gov. au/wps/wcm/connect/fccweb/reports-and-publications/speeches-conference-papers/2014/paper-pascoe-international-commercial-surrogacy.

父母，而不保留亲权或父母责任。① 受制于不同国家的法律规范和伦理传统差异，这种安排极有可能对儿童的人身和权利保护产生负面影响，其主要表现在以下几个方面。

（一）产生跛足的亲子关系

传统的家庭法律关系是建立在血缘或者拟制血缘的基础之上的，代孕方式下的血缘关系很难适用传统意义上的定义，而拟制血缘关系的建立依赖于法律的建构，但并非所有国家的法律都为代孕提供了此种途径，这就导致亲子法律关系先天性畸形，产生"跛足的亲子关系"（limping parentage）。从现有代孕亲子关系认定的主要学说来看，无论采取何种理论，均无法解决所有类型的亲子关系的认定。契约说、基因说将子宫工具化，将代孕母亲视为"代孕载体"，显然与人作为主体的地位是不相符的。② 分娩说无法解决当代孕母亲与意向父母之间存在血缘关系时的伦理冲突，③子女利益最大说与传统的亲子关系存在较大的冲突，而且在适用上存在很大的不确定性。④

这种畸形的亲子关系的存在，影响了《儿童权利公约》规定的出生即获得登记的权利，并继而可能导致与身份相关的抚养、监护、赡养、继承等法律关系的混乱。儿童身份无法准确登记还影响社会保障登记，可能使儿童的社会保障权、健康权无法实现。还可能导致儿童无法完成入学登记从而影响其受教育权。另外，它还影响国际法上其他儿童权利的实现。例如，《儿童权利公约》第 7 条规定了儿童有知悉其父母的权利以及受其父

---

① HCCH: A Preliminary Report on the Issues Arising from International Surrogacy Arrangement (March 2012).

② 参见胡林英《代孕母亲：伦理不能承受之重》，《中国生育健康杂志》2009 年第 2 期，第 129 页。

③ 参见杨佳《美国 61 岁妇人为同性恋儿子代孕 成功生下女儿兼孙女》，http://photo.china. com.cn/2019 - 04/08/content_74655837.htm，最后访问时间：2019 年 10 月 28 日；《英国一母亲为同性恋儿子代孕 属英首例引关注》，http://www.china.com.cn/legal/2015 - 03/ 10/content_35008553.htm，最后访问时间：2019 年 10 月 28 日。

④ 参见李志强《代孕生育亲子关系认定问题探析》，《北方民族大学学报》（哲学社会科学版）2011 年第 4 期，第 124 页。

母照顾的权利，而代孕儿童的父母可能不仅有现实中的父母，在极端情况下，如胚胎捐赠型代孕，存在意向父母、基因父母、代孕父母（某些国家或地区认为代孕母亲的配偶为代孕子女的法律上的父亲）三种类型，成员国是否有义务让代孕儿童知悉所有类型的父母，而这些父母是否全都有义务照顾代孕儿童，都是存在疑问的。

（二）代孕可能导致儿童人身权利受到侵害

无论国际法还是国内法，均承认生育权是一项重要的人权，然而生育权不等同于"拥有孩子的权利"，个人不享有"拥有孩子的权利"已经成为一项国际共识，因为承认"拥有孩子的权利"容易为"买卖儿童"提供理论支撑。根据《儿童权利公约关于买卖儿童、儿童卖淫和儿童色情制品问题的任择议定书》第2条（a）项对买卖儿童的定义[1]，买卖儿童包含三个要素，即报酬或其他补偿、转移儿童和交换三个要素，按照这种理解，任何商业代孕安排均有可能构成买卖儿童。儿童权利委员会也认为，代孕可能导致或者相当于买卖儿童[2]，并提出，成员国应当对跨国代孕建立甄别程序以防止买卖儿童和可能的性虐待[3]。

代孕"交易"的一方是代孕母亲，另一方是意向父母，这种交易是否构成儿童买卖，在理论上可以从以下几种情形进行探讨。第一，若意向父母中的一方或者双方被认定为法律上的父母，则意向父母向代孕母亲支付"报酬"的行为不能被认定为构成买卖儿童的因素，因为购买自己的孩子在逻辑上是不成立的。第二，若意向父母双方均不被认定为法律上的父母，则双方之间的行为可被视为买卖儿童。第三，如果基因联系可以作为不构成买卖儿童的特殊抗辩理由，那么胚胎捐献型和精子捐献型传统商业代孕则完全符合"买卖"的定义，与一般的买卖儿童仅有的不同是，代孕安排的时间要早于妊娠，而买卖儿童的时间往往发生在胎儿出生以后。然

---

[1] （a）买卖儿童系指任何人或群体将儿童转予另一人或群体以换取报酬或其他补偿的行为或交易。

[2] 参见联合国人权理事会文件 A/HRC/37/60，第8段。

[3] 参见儿童权利委员会文件 CRC/C/OPSC/ISR/CO/1，第28段。

而，由于代孕安排或者代孕协议的合法性并不被大多数国家承认，时间差别很难作为区分构成买卖与否的依据，这种基于合同的时间差别在没有严格事前监管的情况下极容易被伪造，而且这种理论容易被"婴儿工厂"合法化利用。①

目前，国际法和多数国家的国内法并未提供法律程序来对全部类型的代孕是否构成买卖儿童进行甄别。尽管代孕是否构成买卖儿童尚存疑问，但是因代孕技术的滥用导致的买卖儿童行为并不鲜见，在印度，一些医生为了提高代孕成功率往往将多于一个的胚胎植入代孕母亲的子宫，成功孕育的胎儿有时超过委托方的要求，而委托方对此是不知情的②，这些"剩余"的婴儿可能成为"商品"流向"市场"。

除了可能构成买卖儿童，代孕还增加了遗弃儿童的风险。在整个代孕过程中，意向父母更容易"违约"，在妊娠期或者代孕儿童出生后改变委托意向或终止代孕安排，而委托父母除了金钱损失外，几乎没有其他损失。代孕母亲在多数情形下并没有抚养代孕儿童的意向，极易造成代孕儿童被遗弃或者买卖。另外，妊娠本身具有风险性，目前的科技水平无法保证出生的胎儿都是健康的和符合意向父母要求的，代孕儿童在一定程度上容易被意向父母视为"产品"，一旦代孕儿童没有达到委托父母的要求甚至出现残疾，很容易遭到遗弃。③

另外，虽然意向父母往往更有能力养育子女，但是一些涉及代孕儿童的独立事件从另一个角度说明对意向父母进行持续的监管并非没有必要，④与收养不同的是，代孕目前没有像《跨国收养方面保护儿童及合作公约》

---

① 参见联合国人权理事会文件 A/HRC/37/60，第 53 段。
② See Alex Ronan. Inside the Dark Realities of the International Surrogacy Industry ［EB/OL］. THE CUT，［2015 - 3 - 30］［2019 - 07 - 20］，http://nymag. com/thecut/2015/03/dark-side- of-international-surrogacy. html，visiting date：4 November 2019.
③ 例如，一对澳大利亚夫妇在泰国请人代孕，结果代孕母亲生下的一对龙凤胎中的男婴患唐氏综合症，于是这对澳大利亚夫妇带走了健康的女婴，而遗弃了患病的男婴。参见刘融、郑青亭《澳洲生父母遗弃患病男婴 泰国代孕母收养获支持》，http://world. people. com. cn/n/2014/0804/c1002 -25394719. html，访问时间：2019 年 11 月 20 日。
④ 例如，在美国，代孕儿童在被转移给意向父亲六个星期后死亡，死因是遭受反复的虐待。See Private International Law Issues Surrounding the Status of Children，including Issues Arising from International Surrogacy Arrangements，Preliminary Document No 11（March 2011）.

和《海牙收养管辖权、法律适用和判决承认公约》这样的国际实体法和冲突法规范，多数国家也缺乏对意向父母的资格进行持续审查和监管的法律规定，这给代孕儿童人身权利的保护带来一定风险。

（三）代孕易造成儿童的无国籍状态

各国对代孕的不同态度或者某些国家在商业代孕上的成本优势使得代孕跨越国边界，形成跨国代孕。意向父母要携带子女回到接收国，必然要涉及代孕子女的国籍问题。

各国对国籍的认定采用出生地主义、血统主义和混合主义三种方式。在代孕儿童国籍的认定方面，采用出生地主义似乎是最明确的，然而事实上，即使在采用出生地主义的国家，代孕儿童也并非当然地获得该国国籍，在一些国家，代孕儿童还需满足该国的特殊要求①，除非出生国与接收国均采用出生地主义，否则有可能导致儿童的无国籍状态。假设其中有一方以血统主义作为国籍认定的依据，那么首先要明确的是儿童的血统，这就形成了逻辑上的悖论，与身份相关的法律关系往往适用属人法，连接点往往是父母的国籍、居所地和住所地，而确定这些连接点首先必须要确定父母身份，② 而代孕形成的跛足的亲子关系使得代孕儿童的血统变得更加复杂，这造成了国籍认定上的困难。若出生国和接收国均采用血统主义且不认可代孕儿童具有本国血统，代孕儿童便会处于无国籍状态。另外，跨国代孕关于亲子关系的认定往往需要接收国的承认，这可能与接收国的公共秩序发生冲突，日本、法国、德国、意大利、瑞士等国均曾在司法实践中以公共秩序为由拒绝承认出生地国认定的亲子关系。③如果此时出生地国采取血统主义，那么代孕儿童就有可能处于无国籍状态。

---

① See Hannah Baker, A Study of Legal Parentage and the Issues Arising from International Surrogacy Arrangements, Prel. Doc. No 3 C of HCCH, 2014, pp. 24 – 27.

② 参见严红《跨国代孕亲子关系认定的实践与发展》，《时代法学》2017 年第 6 期，第 103 ~ 104 页。

③ 王洪根、闫星宇：《跨国代孕法定亲子关系承认问题研究》，《河南财经政法大学学报》2019 年第 1 期，第 161 页。

《世界人权宣言》第 15 条规定，人人有权享有国籍。《儿童权利公约》第 7 条规定，儿童有获得国籍的权利。国籍在国际私法上是一个重要的连接点，无国籍则有可能无法确定儿童权利保护可适用的准据法，并将导致儿童权利无法得到保障。从人权角度，国籍为个人生存提供了前提，为个人自由的实现提供了保障，并明确了平等权的具体内涵[①]，而无国籍状态将直接影响儿童的经济、社会、文化权利以及政治权利和公民权利的实现。

三 中国采用人类辅助生殖技术代孕儿童权利保护存在的问题

（一） 正常采用人类辅助生殖技术代孕法律规制缺失

人类辅助生殖技术是高精尖的医疗技术，需要配备全套医疗设备，包括试管婴儿操作台、显微镜、胚胎培养箱、胚胎储存室、操作床等。由于这些设备价格昂贵和财力有限，从事"地下"代孕的中介机构大都使用公立医院淘汰下来的设备，这些设备的性能难以保障。采用辅助生殖技术代孕的操作过程需要在无菌和常温实验室进行，这要求医院必须装配有百级层流操作系统，但有"地下"代孕机构用普通空气净化器过滤空气后就进行上述操作。另外，"地下"代孕机构为代孕者提供的居住、饮食、护理和诊断及医疗条件大都令人担忧。由于我国禁止医疗机构和医务人员采用人类辅助生殖技术开展代孕业务，代孕活动大多在"地下"进行，这种失范的状况危害代孕儿童的生命和健康。鉴此，我国应通过立法对正常采用人类辅助生殖技术代孕行为加以规制。

（二） 代孕亲子法律关系不清晰

在立法层面，中国关于代孕亲子关系的规定处于空白状态。亲子关系

---

① 参见张庆元《国际私法中的国籍问题研究》，武汉大学出版社，2009，第 46 ~ 47 页。

认定属于民事基本法律的范畴，只能由法律规定，而 2021 年开始实施的《民法典》也未对代孕作出规定。卫生部 2001 年颁布的《人类辅助生殖技术管理办法》和 2003 年颁布的《人类辅助生殖技术和人类精子库伦理原则》禁止医疗机构和医务人员实施代孕，二者对代孕协议合法性均未作出规定，但其对代孕的否定性评价是显而易见的，法院裁判时往往引用其作为否定代孕协议有效性的依据。① 从这一点可以看出，我国并不赞同将契约说作为代孕亲子关系认定的标准。

在我国司法实践中，卵子捐献型代孕最为常见，法院往往认定基因父亲为亲生父亲，而认定分娩母亲为其亲生母亲，代孕子女被视为基因父亲的非婚生子女，代孕儿童的权利和义务则适用有关非婚生子女的法律规定，② 但是也有个案法院根据代孕协议的约定排除了代孕母亲与代孕儿童之间存在亲子关系③。而代孕儿童与意向母亲之间的亲子关系则处于不稳定的状态，在某些案件中，法院认为代孕儿童与意向母亲之间构成继母与继子女关系，而在另外的案件中，法院直接以血缘说排除了意向母亲与无基因联系的代孕儿童之间存在亲子关系。④ 而对于完全型代孕有的法院则以基因说确定法律上的亲子关系，而在采基因说的同时也考虑精子或卵子提供方是否同意。⑤

---

① 参见刘某某与深圳市詹妮诗生物科技有限公司劳动争议纠纷民事二审判决书，广东省深圳市中级人民法院民事判决书，（2018）粤 03 民终 22336 号。

② 参见重庆市渝北区人民法院，曾某某与张某某继承纠纷一审民事判决书，（2018）渝 0112 民初 8125 号；上海市第二中级人民法院，赵 1 与赵 2 抚养关系，（2017）沪 02 民终 7243 号。

③ 例如，2008 年澳大利亚籍华人胡某夫妇在国内与柳某签订了代孕协议，约定由柳某进行代孕，孩子出生后交由胡某夫妇抚养，柳某放弃抚养权。之后，按照约定将胡某的精子与捐献者的卵子成功受精并培育成的胚胎移植入柳某的子宫内。但在孩子出生后，柳某不愿放弃孩子的抚养权，双方协商无果后，胡某夫妇遂诉至法院。法院认定本案适用《合同法》的规定，且经鉴定认定胡某是孩子的生物学父亲，柳某并非孩子的生物学母亲，支持了胡某确认其与代孕所生子之间的亲子关系以及监护权归胡某夫妇的请求。参见单国钧、睢素利《代孕协议的效力问题和规制建议——从一则代孕协议被认定有效的案例谈起》，《中国卫生法制》2019 年第 2 期，第 1 页。

④ 参见上海市第一中级人民法院，陈某与罗某甲、谢某某监护权纠纷上诉案，（2015）沪一中少民终字第 56 号；浙江省杭州市拱墅区人民法院，孙某与来某甲婚姻家庭纠纷一审民事判决书，（2015）杭拱民初字第 666 号。

⑤ 参见王某某诉张某某生育选择权纠纷案——2014 年最高人民法院通报九十八起未成年人审判工作典型案例之案例二十七。

在我国，户籍登记是确认亲子关系的重要依据。根据公安部下发的《户口管理规范》，新生儿只能随父或者随母一方或者双方落户，而且需要提供新生儿的《出生医学证明》①，而医院出具的《出生医学证明》登记的母亲一般来说是代孕母亲，因代孕母亲与意向父亲之间缺乏合法的婚姻关系，国内出生的代孕儿童无法直接随意向父母登记落户。但根据《国务院办公厅关于解决无户口人员登记户口问题的意见》（以下简称《意见》）的第2条第1款和第2款，卵子捐献型和完全型代孕的意向父母可以退而求其次，通过亲子鉴定的方式来实现随父落户登记。从这些规定可以看出，行政机关在进行亲子关系登记时，认定《出生医学证明》上登记的母亲（一般为代孕母亲）为法律上的母亲，而法律上的父亲则采用基因说。

综上，我国关于代孕亲子关系的认定在立法上处于空白状态，尽管部门规章对代孕持否定性评价，但其仅有助于否定代孕协议的合法性，而对通过代孕生子的亲子关系的认定并没有相应规范。尽管已经进行了广泛讨论，但《民法典》对代孕还是持谨慎态度，没有对代孕亲子关系的认定作出规定。司法实践对代孕亲子关系的认定缺乏统一的标准，对卵子捐献型代孕通常采用分娩说认定法律上的母亲，采用基因说认定法律上的父亲，但在个案中也有法院采用契约说；对于完全型代孕采用基因说，但前提是精子或卵子提供方同意代孕。户籍登记行政机关对母亲的认定以登记为标准，而对父亲的认定则采用基因说。总体来说，在代孕亲子关系认定方面，我国立法、司法以及行政缺乏系统、一致的认识。

（三）代孕儿童人身权利法律保护不完善

我国现行法律法规未就代孕是否构成拐卖儿童作出规定。从现行规定来看，《关于依法惩治拐卖妇女儿童犯罪的意见》第16条、第17条规定

---

① 《户口管理规范》第9条："婴儿出生登记实行随父随母自愿原则，特殊规定除外。"
第10条："婴儿出生后一个月以内，应当由其父亲、母亲或者其他监护人凭《出生医学证明》、父母一方的居民户口簿、结婚证，在婴儿父亲或母亲户口所在地申报出生登记。

了出卖亲生子女构成拐卖妇女儿童罪的情形①。据此可知，现行规定界定父母出卖亲生子女是否构成拐卖儿童罪的关键在于区分行为人是否有非法获利的目的，故而，是否构成拐卖儿童罪的关键仍依赖于亲子关系的认定。如果按照国内主流观点，认定代孕母亲属于法律上的母亲，那么多数的商业代孕中代孕母亲均涉嫌拐卖儿童，然而与一般的拐卖儿童不同的是，买方可能是代孕儿童基因上的父母，这种情况下是否侵犯儿童的人身自由与人格尊严是存疑的。司法实践中鲜有代孕父母和意向父母因拐卖儿童而受到追究，但有代孕中介机构因促成了胚胎捐献型代孕而以拐卖儿童罪受到追诉。②

　　遗弃是指负有扶养义务而拒绝扶养的行为。传统的扶养义务限于婚姻家庭法律关系，然而由于亲子关系的不确定，当事各方是否存在扶养与被扶养关系是不确定的。另外，传统婚姻家庭关系的主体是各家庭成员，而代孕下的家庭成员认定就存在不确定性，而且中介机构、医疗机构往往在商业代孕中充当重要角色，但其应当承担何种责任是不明确的，在我国就曾经发生过因中介机构导致代孕儿童与意向父母在血缘上没有任何关系，并继而导致意向父母和代孕母亲双双遗弃代孕儿童的事件。③ 另外，受传统重男轻女思想影响的意向父母可能选择性地遗弃女婴。④

---

① 《关于依法惩治拐卖妇女儿童犯罪的意见》（法发〔2010〕7号）：

16. 以非法获利为目的，出卖亲生子女的，应当以拐卖妇女、儿童罪论处。

17. 要严格区分借送养之名出卖亲生子女与民间送养行为的界限。区分的关键在于行为人是否具有非法获利的目的。应当通过审查将子女"送"人的背景和原因、有无收取钱财及收取钱财的多少、对方是否具有抚养目的及有无抚养能力等事实，综合判断行为人是否具有非法获利的目的。

具有下列情形之一的，可以认定属于出卖亲生子女，应当以拐卖妇女、儿童罪论处：

（1）将生育作为非法获利手段，生育后即出卖子女的；

（2）明知对方不具有抚养目的，或者根本不考虑对方是否具有抚养目的，为收取钱财将子女"送"给他人的；

（3）为收取明显不属于"营养费"、"感谢费"的巨额钱财将子女"送"给他人的；

（4）其他足以反映行为人具有非法获利目的的"送养"行为的。

② 参见《组织代孕变拐卖儿童罪？》，http://www.sohu.com/a/335782428_505099，最后访问时间：2020年1月4日。

③ 参见黄宽伟《夫妻代孕生下双胞胎发现并非亲生拒绝抚养》，http://news.sohu.com/20151019/n423565458.shtml，最后访问时间：2020年1月5日。

④ 《代孕妈妈因怀女婴被抛弃流落街头》，http://news.sina.com.cn/o/2013-04-02/131926713309.shtml，最后访问时间：2020年1月19日。

我国现行法律中也不存在对代孕父母资格审查的规定。在传统家庭法律关系中，继父母与继子女之间关系的形成依赖于继父母与亲生父母之间婚姻关系的成立，而无须另外的法律程序进行确认和审查继父母资格，相关法律无法满足对意向父母适合性的审查要求。在现行的法律中关于父母资格审查的规定主要见于《民法典》，其第1098条对收养人的资格进行了规定，另外《民法典》实施前，各地也纷纷出台了关于收养的评估办法，然而关于养父母资格审查的规定并不能直接适用于代孕。

（四）代孕增加儿童无国籍的可能性

我国《国籍法》在国籍取得方面以血统主义为主，兼采出生地主义。目前在跨国代孕中，我国主要扮演跨国代孕儿童的接收国的角色，跨国代孕儿童获得我国国籍的关键在于意向父母中的一方或者双方依我国法律被认定为该儿童的父母。虽然我国在司法实践中多根据基因联系确定生父的身份，但并没有法律对此予以确认，这使得代孕儿童仍有无法取得国籍的可能性。

我国《涉外民事法律关系适用法》第25条规定："父母子女人身、财产关系，适用共同经常居所地法律；没有共同经常居所地的，适用一方当事人经常居所地法律或者国籍国法律中有利于保护弱者权益的法律。"从我国司法实践来看，在代孕儿童与意向父母存在基因联系时，可根据意向父母中有基因联系的一方的经常居所地（中国）法认定该儿童与基因父母之间的亲子关系，继而确定国籍。然而，并非所有的代孕儿童都与意向父母存在基因联系，在胚胎捐赠型和精子捐赠型代孕情形下，代孕儿童与意向父母中的任意一方都无法建立基因联系，尽管可能根据代孕儿童的出生地国法律，意向父母是其法律上的父母，但我国行政主管机关或者法院不予认可出生地的登记文件或者法院判决的可能性较大。当出生地国采取血统主义作为国籍认定标准时，代孕儿童可能成为无国籍者。

四 完善我国通过辅助生殖技术代孕儿童的法律建构

（一）立法上容忍辅助生殖技术正当代孕行为并对其进行法律规制

在原卫生部 2001 年颁布《人类辅助生殖技术管理办法》和 2003 年颁布《人类辅助生殖技术和人类精子库伦理原则》后，医院和医务人员开展代孕活动被禁止，但非医疗机构和非医务人员仍在开展代孕活动，且这类"地下"代孕越来越盛行。2015 年 4 月国家卫生计生委联合公安部等 12 个部门在全国范围内开展为期 8 个月的打击代孕专项行动。但 2015 年 12 月 27 日，全国人大常委会表决通过了人口与计划生育法修正案，该修正案草案中"禁止以任何形式代孕"① 等规定被删除。鉴此，立法上可进一步放宽，删除原卫生部 2001 年颁布的《人类辅助生殖技术管理办法》和 2003 年颁布的《人类辅助生殖技术和人类精子库伦理原则》中禁止医疗机构和医务人员实施代孕的规定。

在制定有关采用人类辅助生殖技术正当代孕的法律、法规或规章时，首先，应将采用人类辅助生殖技术正当代孕纳入现有医疗机构和医务人员的业务领域和执业范围，将"地下"代孕转变为公开和正常开展的医疗事务。其次，应制定医疗机构和医务人员从事通过人类辅助生殖技术代孕活动所需的技术、安全、设备、环境和业务标准。再次，应制定和实施有关允许采用人类辅助生殖技术代孕的类型、代孕申请者以及代孕母亲的标准和资格。就代孕类型而言，目前学界对开放代孕技术也持谨慎态度，普遍

---

① 2015 年《中华人民共和国人口与计划生育法修正案（草案）》第 35 条规定："禁止买卖精子、卵子、受精卵和胚胎，禁止以任何形式实施代孕。"原国家卫计委希望通过此举将代孕上升到法律层面，也被外界视为国家层面将对代孕实行全面管理的标志。但在对草案的分组审议中，草案第 35 条引起与会代表激辩。支持者称，委托方和代孕方都处在高风险、无保障的环境中，为防范潜在纠纷禁止代孕，有其道理；反对者则认为，不应剥夺不孕夫妇通过代孕技术获得子女的权利，禁止代孕还会让"失独者"再受打击。最终，修改的人口与计划生育法删除了"禁止代孕"的相关条款。2015 年 12 月 27 日，第十二届全国人大常委会第十八次会议表决通过了关于修改人口与计划生育法的决定。

的观点是将代孕开放的范围限定于非商业代孕。而从基因联系角度，合法的代孕安排应当排除胚胎捐赠型代孕和精子捐赠型代孕，因其可能导致"婴儿工厂"和儿童买卖。就申请者资格而言，申请者应限定在失独且无法生育的夫妇、不孕不育夫妇，代孕应当由夫妻双方共同申请，要充分保证无基因联系一方的知情权，这有利于维护收养后儿童的家庭完整，故而，在目前阶段，还不适宜向未婚者开放代孕申请。同时对于接受委托的一方也应当作出资格限制，应当由医生对代孕母亲的身体状况进行检查，降低影响代孕母亲、胎儿健康的风险，并充分告知其代孕可能带来的生命健康风险与法律伦理风险，从生理上保护代孕儿童的健康，从法律上构建可期待的、稳定的法律关系。再次，应对采用人类辅助生殖技术代孕实行优生优育，应建立满足正常采用人类辅助生殖技术代孕所需的精子库和卵子库，鼓励社会捐赠精子和卵子。复次，应规范采用人类辅助生殖技术代孕的收费标准，严格禁止乱收费和高收费。最后，应将采用人类辅助生殖技术代孕活动纳入计划生育，严格禁止通过人类辅助生殖技术代孕超生，避免技术滥用。

（二）立法上应确立以"孕者为母"为主、儿童权利最大化为辅的亲子认定规则

我国现行法律对代孕行为具有明显的否定倾向，以分娩说来确定代孕儿童的法定母亲是符合这一立法导向的。从我国的司法实践来看，多数司法判决都是采用孕者为母的这一原则。从全球范围来看，虽然关于亲子关系认定的理论有很多，但从各国的立法、司法实践来看，"孕者为母"为大多数国家所采用，即使在代孕合法化的国家也并不否定"孕者为母"。[1] 从法律上明确"孕者为母"，既是出于否定女性子宫工具性的需要，也是对代孕行为的间接否定，它将母亲的权利和义务加于分娩母亲，增加了代孕母亲与意向父母的法律风险。而且，在我国，买卖血液，买卖配子、合子、胚

---

[1] 参见刘春园《相关部门法缺位状态下的刑事司法判断——以一起基因代孕案件为视角》，《中国刑事法杂志》2011 年第 5 期，第 47 页。

胎，买卖器官以及卖淫嫖娼等涉及组织、器官、人身的交易都是法律所禁止的，明确"孕者为母"也是在此领域实现法制统一性的要求。

当然，实践表明，孕者为母并不能解决所有的代孕亲子关系问题，这一理论有天然的缺陷，即一旦代孕发生在亲属之间，这种亲子关系的认定就存在伦理上的风险，这是法律和伦理都无法接受的。因而，在适用这一理论将影响儿童的利益时，应当以儿童权利最大化原则加以斧正。

鉴此，笔者建议在《民法典》第三章"家庭关系"的第二节增加关于亲生母子女关系及代孕产生的亲子关系的认定的内容，具体可规定如下："分娩孩子的妇女是孩子的亲生母亲，但代孕产生的母子关系的认定若与未成年人利益最大化的原则相违背，则应当根据具体情况按照最有利于未成年人利益的原则判定。"

（三）建立适合代孕儿童的特殊收养制度

根据我国司法实践，部分代孕类型下的代孕儿童可以视为意向父母的非婚生子女，但这并不能使其摆脱跛足的亲子关系，只有为代孕儿童提供一条能够稳定地认定亲子关系的路径才能真正维护代孕儿童的最大利益。《德国民法典》第 1741 条第 2 款规定："以收养为目的，以违反法律或善良风俗的方式参与子女的媒介或者携带，或以此委托第三人，或以此向第三人支付报酬的人，仅在收养为子女的最大利益所必要时，才应该收养。"[①] 在我国现有条件下，借鉴德国立法，允许委托父母与代孕儿童通过收养程序实现亲子关系的转移更加符合我国法律对代孕的否定性态度，进而能够理顺代孕状态下复杂的亲子关系的认定。在我国法律允许医疗机构和医务人员正常开展代孕业务后，同样需要通过收养程序实现亲子关系的转移，这能够最大限度地化解公共秩序与儿童权利保护之间的冲突。

同时，为了最大限度地保护被收养儿童的权利，还可以参考国际法上

---

① 转引自朱晓峰《论德国未成年人收养最大利益原则及界定标准》，《预防青少年犯罪研究》2014 年第 2 期，第 73 页。

的规定和借鉴国外成熟的经验，建立试养期制度。例如，1986 年联合国《关于儿童保护和儿童福利特别是国内和国际寄养与收养办法的社会和法律原则宣言》第 16 条规定："收养前，应由儿童福利机构或单位观察待收养儿童与将来的收养父母之间的关系。立法应确保在法律上承认该儿童为收养家庭的一个成员并享有成员的一切应享权利。"《瑞士民法典》第 264 条规定："预期的收养人对养子女至少已照顾、教育满一年，并且有理由认为亲子关系的建立有利于养子女，又不致损害养父母其他子女的利益，才可以收养。"《法国民法典》第 345 条第 1 款规定："只有年龄不满 15 周岁，在收养人或者两收养人家庭中接纳至少已经 6 个月的儿童，始允许收养之。"①

鉴此，笔者建议将代孕儿童亲子关系的确立纳入《民法典》调整的范畴，将其作为一种特殊的收养方式，在《民法典》婚姻家庭编第五章"收养"中增加特殊收养的内容，具体规定如下："在利用辅助生殖技术委托他人进行妊娠的情况下，仅在为子女最大利益所必要时，经亲生母亲同意，与未成年人存在生物学上父母子女关系者及其配偶可以收养该未成年人，并可以不受被收养人资格、送养人资格、收养人与被收养人年龄差、收养子女数量的限制。"而是否允许建立特殊收养关系，代孕儿童的最大利益应当是决定性因素，对因特殊收养而导致事实上违反计划生育政策的问题可以依据计划生育相关法律进行规制。同时，建议在第 1093 条有关被收养未成年人的内容中增加一款，即通过代孕方式出生的儿童；在第 1097 条单方送养的情形中增加"代孕母亲"。另外，在《民法典》中增加试养期的内容，可规定为："预期收养人对预期被收养人已照顾、教育满六个月的，主管部门认为收养有利于预期被收养人利益的，方得收养"，并且明确规定"由代孕引起的特殊收养适用试养期的规定"。

此外，特殊收养并不因基因联系便可省略对意向父母的资格审核环节。现行收养的评估与回访制度应同样适用于代孕儿童特殊收养。在进行

---

① 转引自周友军《我国民法典中收养制度的完善》，《广东社会科学》2019 年第 4 期，第 249 页。

评估时应当遵循儿童利益最大化原则和非歧视性的原则。

（四） 完善防止拐卖代孕儿童的相关法律

《民法典》第 1044 条第 2 款规定了禁止以收养名义买卖儿童。在是否适用特殊收养的问题上，应当明确将基因联系作为特殊收养的必要条件，不存在基因联系的胚胎捐献型和精子捐献型传统代孕则不适用特殊收养的规定，此类代孕儿童应当通过一般的收养程序进行收养，否则将会为"婴儿工厂"提供合法通道。代孕母亲与意向父母之间的代孕行为是否构成拐卖儿童和应受到的处罚应适用《中华人民共和国刑法》第 240、241、242 条的规定加以认定和处罚。

为了避免特殊收养中意向父母向代孕母亲支付费用的行为构成"买卖"，特殊收养应采用与一般收养相同的标准。故而，主管机关应对整个代孕过程的财务状况进行审查，保证意向父母支付的费用处在"适当"范围内，法律仅保护代孕母亲合理的经济补偿，经济补偿可以包含医疗费、检查费、合理的营养费、适度的误工费等，相关的费用以实际发生和一般的社会认识为标准。法律不保护代孕母亲的"佣金"，对超出部分行政与司法部门不予保护，防止其蜕变为"买卖儿童"的工具。2017 年 1 月 1 日起施行的《最高人民法院关于审理拐卖妇女儿童犯罪案件具体应用法律若干问题的解释》对"偷盗婴幼儿"罪和医疗机构、社会福利机构等单位的工作人员拐卖儿童罪作出了规定，[①] 但没有涉及通过辅助生殖技术出生的代孕儿童的拐卖问题。为了防止和惩处拐卖通过辅助生殖技术出生的代孕儿童，司法机关应通过司法解释和判例的形式对相关标准加以明确。另外，公安、卫生、市场监管部门要加强对违法从事代孕活动的中介机构、医疗机构的监管，防止出现超量移植胚胎造成的潜在的遗弃或者买卖儿童的风险。

---

① 该解释将对婴幼儿采取欺骗、利诱等手段使其脱离监护人或者看护人的，视为刑法规定的"偷盗婴幼儿"，并将医疗机构、社会福利机构等单位的工作人员以非法获利为目的，将诊疗、护理、抚养的儿童出卖给他人的，以拐卖儿童罪论处。

（五）刑法上明确遗弃代孕儿童的各方主体

我国《刑法》第五章第 261 条对遗弃罪及其刑罚作出如下规定："对于年老、年幼、患病或者其他没有独立生活能力的人，负有扶养义务而拒绝扶养，情节恶劣的，处五年以下有期徒刑、拘役或者管制。"在采用辅助生殖技术出生的代孕儿童遭受遗弃时，怎样认定对其负有扶养义务的人和遗弃儿童的犯罪主体值得深入讨论。在通过收养实现亲子关系的合法转移之前，作为法律上母亲的代孕母亲无疑是负有扶养义务的，而意向父母则是代孕儿童的"创造者"，其中一方或者双方与代孕儿童之间存在基因联系，且根据预期能够与代孕儿童建立收养亲子关系，也正是因为意向父母与代孕母亲之间的签订代孕合同（虽然代孕合同依现行法律被认定为无效）的先行行为，代孕儿童的亲子关系在法律上处于一种危险的境地，这种风险也是在其发起代孕行为时便应当预见的，而且这种风险往往是由意向父母合意造成的，而非仅仅是存在基因联系的一方的单方意志，所以，意向父母双方都可作为遗弃罪的犯罪主体。此外，中介机构或者医疗机构除了参与造成亲子关系不确定的风险，在某些情况下其处于支配和控制代孕儿童的地位，应当将这三者都纳入遗弃罪的犯罪主体范围内，这有助于防止代孕儿童在任一环节被遗弃。为此，可以通过司法解释对所涉主体做扩大解释，即委托他人进行代孕的行为人以及从事代孕的医疗机构、中介机构均可作为遗弃罪的犯罪主体。司法机关也可以以具体案件为契机，将其上升为指导性案例，对遗弃代孕儿童的案件进行审判指导。

据我国《刑法》第 87 条第 2 款的规定，遗弃儿童罪的追诉期限为 10 年，即经过 10 年，法律就不再追究行为人的刑事责任。但是，遗弃儿童罪是一种典型的继续犯，即犯罪行为一经实施，就持续地对被害人的权利造成侵害，直至侵害行为停止。我国《刑法》第 89 条第 1 款规定："追诉期限从犯罪之日起计算；犯罪行为有连续或者持续状态的，从犯罪行为终了之日起计算。"因此，对上述遗弃采用辅助生殖技术出生的代孕儿童的追诉期不是从上述行为人的遗弃行为发生之日起计算，而是应从遗弃行为的终了之日起开始计算。

（六）完善涉及跨境代孕的相关法律

首先，为了防止代孕儿童无国籍情况的出现，我国应确保每一个代孕儿童能够得到准确的出生登记。因为"出生登记记录儿童的父母情况和出生的地点、时间，从而也具有帮助儿童维护其国籍权的重要功能。在某些情况下，无法获得出生登记直接妨碍国家把儿童认定为其国民"①。现阶段，在我国采用辅助生殖技术出生的代孕儿童获得完整记载意向父母姓名的《出生医学证明》主要通过两种途径，一是通过伪造结婚证、生育服务单等证明文件或者直接伪造《出生医学证明》；二是利用医疗机构审核不严、登记不规范获得《出生医学证明》。②故此，除了由司法机关继续依法打击伪造国家机关公文的行为外，医疗机构应该规范出生医学证明登记行为，登记的母亲应严格限定为分娩母亲，对于不能提供合法证明文件的，不应在出生医学证明上登记为父亲。这既是防止代孕儿童陷于无国籍状态的需要，也是保障代孕儿童知情权的需要。自2019年1月1日，我国开始启用国家统一制发的新版《出生医学证明》（第六版），各级医院和医疗机构在对采用辅助生殖技术出生的代孕儿童签发《出生医学证明》时应坚持由新生儿母亲本人持《出院证明书》申办。如果新生儿母亲不便本人申办，则须提供新生儿母亲亲笔签字的委托书，委托新生儿父亲或意向父母办理，其他人员原则上不予受理。意向父母在受托办理《出生医学证明》时，须提供有效的收养上述新生儿的协议或公证文书。另外，一经签发，《出生医学证明》不得出卖、转让、出借和私自涂改，其所记载的所有信息不能变更。

其次，承认外国法院关于包含代孕合法的判决或者其主管当局出具的意向父母为法律上父母的证明文件显然与我国司法实践否定商业代孕协议的有效性相矛盾，而且也与我国宪法规定的人格尊严不受侵犯相冲突。在国外的实践中，日本、意大利等许多国家在涉及承认此类外国法院判决或

---

① 黎巴嫩和欧洲无国籍问题网提交的资料，转引自联合国人权理事会文件，A/HRC/31/29。
② 参见浙江省杭州市拱墅区人民法院，孙某与来某甲婚姻家庭纠纷一审民事判决书（2015）杭拱民初字第666号。

者法律文件时也都拒绝予以承认。① 然而，不承认外国司法判决和法律文件可能导致儿童无国籍状态或者损害儿童利益，所以允许跨国代孕的意向父母进行特殊收养有其必要性。

最后，应当完善我国现行的涉外收养制度。代孕引起的特殊收养导致我国从主要作为被收养儿童出生地国的单向收养向同时作为接收国的双向收养转变，这要求建立有关中国公民在境外通过代孕方式实现特殊收养的法律规范，除此之外，"要在立法与司法实践中完善跨国收养的跟踪机制"②，持续关注跨国收养中被收养人的实际状况，防止在跨国代孕儿童收养的过程中出现买卖、遗弃以及虐待儿童的情形。

（七）司法上贯彻"儿童权利最大化原则"

尽管立法可以规范代孕行为并提供代孕儿童法律保护的路径，但再完善的法律也不可能完美解决代孕所产生的法律问题和伦理问题。适度容忍代孕并不意味着接受所有代孕形式，一旦接受商业代孕合法化意味着人身可以作为客体，这将导致一系列涉及人身、器官交易行为的违法性的理论基础坍塌。同时，法律也不可能为代孕母亲与意向父母之间存在血缘关系的代孕预设可能性，因为这有可能导致伦理关系的混乱。法律对代孕的放宽仅限于特殊情形，故而可合理预见，"地下代孕""旅行代孕"中非法代孕行为仍不可能在短时间内消失。在此情形下，作为儿童权利保护的最后一道闸门，司法要将"儿童权利最大化原则"贯彻始终。

在司法实践中，对"公共秩序"的考量应向"儿童权利最大化"倾斜。欧洲人权法院在梅尼森诉法国案（Mennesson v. France）③ 和帕拉迪索和坎帕内利诉意大利案（Paradiso and Campane lli v. Italy④）中援引了《欧洲人权公约》第 8 条规定的"尊重家庭生活权利"、"尊重私人生活"

---

① 参见王艺《外国判决承认中公共秩序保留的怪圈与突围——以一起跨国代孕案件为中心》，《法商研究》2018 年第 1 期，第 170~181 页。

② 蒋新苗、张融：《我国涉外收养立法研究——湖南师范大学博士生导师蒋新苗教授访谈》，《社会科学家》2018 年第 4 期，第 6 页。

③ See Mennesson v. France，Application No. 65192 /11，Judgment of 26 June 2014.

④ Paradiso and Campanelli v. Italy，Application No. 25358 /12，Judgment of 27 January 2015.

作为儿童权利最大化的具体裁量标准。我国在司法实践中可以借鉴"家庭生活权利"作为儿童权利最大化原则具体化的适用标准，一方面，将基因联系作为判断代孕儿童与意向父母之间是否存在真实家庭生活联系的重要标准；另一方面，当意向父母与代孕儿童不存在基因联系时，也应当考虑到他们之间的真实家庭生活联系，以及不如此即可能导致儿童不可或缺的家庭生活权利受到侵害的可能性。涉及跨国代孕亲子关系的认定时，尽管特殊收养可能缓解代孕与公共秩序之间的冲突，但无疑特殊收养仍可能遭遇国际私法上的冲突，当特殊收养无法适用时，如何在司法活动中实践儿童权利最大化原则显得尤为重要。笔者认为，当代孕儿童通过国外法院判决获得意向父母与代孕母亲之间亲子关系的确认时，无论是否存在基因联系，国内法院可以将是否存在真实家庭生活联系作为判断是否承认外国判决的重要考量。

另外，儿童权利最大化原则下对拐卖儿童罪的刑事司法规制要保持谦抑。如上文所述，非法代孕，尤其是不存在基因联系的胚胎捐赠型和精子捐赠型代孕涉嫌拐卖儿童，但一旦认定其构成犯罪，则可能出现代孕母亲与意向父母双双入刑的情形，对保护儿童利益造成了更大的不利。此种情形下，尤其是胚胎捐赠型代孕，如果断然否定代孕儿童与意向父母之间的联系，那么对遗弃儿童罪的认定也将缺乏依据。故而，在对非法代孕行为是否构成拐卖儿童进行判断时应慎之又慎，充分考虑其主观的恶性以及所侵犯法益的严重程度等因素。

新兴权利研究

发展权的基本原则：理论反思与规范表达[*]

张　旭[**]

摘　要：作为一项发展中国家主导的基本人权，发展权在过去的几十年中对改革不合理的国际经济秩序、提升发展中国家参与全球治理的话语权产生了积极作用。由于各国对发展权议题的分歧不断增加，发展权正处于困境之中。基于发展权的既有理论与实践，从分析发展权的概念内涵与规范渊源入手，通过厘清发展权的价值与功能，进而提炼出的以人民为中心、自决发展、权利与义务相称、可持续发展、国际团结、管制的权利六项原则，既是发展权的基本原则也充分体现了发展中国家在发展权议题中的"重叠共识"，对于推动发展权的落实与跟进具有重要的理论启发与现实意义。

关键词：发展权；基本原则；区域人权机制；可持续发展目标

一　问题的提出

自于 20 世纪六七十年代诞生以来，发展权作为第三世界国家追求建立国际经济新秩序、平等参与经济全球化进程的有力武器在世界范围内迅速发展，成为一项独立的基本人权。数十年间，发展权的理论与实践在第三世界国家的主导下不断演化，但至今尚无关于发展权的具有直接法律约束力的规范性国际文件，同时无论是在南北方国家之间还是在南北方国家

---

　*　本文系国家留学基金委资助项目（项目编号：留金选［2018］10044）。

　**　张旭，吉林大学法学院法学理论专业博士研究生。

内关于发展权的内容与实践都存在不同见解，对发展权问题的规范性界定、后续的落实与跟进产生了不利影响。①为了确保发展权的稳定性、价值目标的一致性和演进路径的可预测性，从发展权的既有理论与实践出发，通过对比分析找到各方存在的"重叠共识"显得尤为必要。法律原则是由特定制度的价值目标、基本理念、基本思想等具有内在逻辑联系的本质属性演化而来，具有链接概念与内涵、理念与规则的作用，是人们对特定规范体系内正义与理性的共同认识，通过提取发展权理论与实践中的"最大公约数"形成规范化的、体现全球正义的发展权原则是解决发展权困境的可行进路。发展权是最早引起我国学者注意的具体类型的人权，也是人权研究中着墨较多的领域之一，已经成为我国人权理论与人权话语体系的重要构成。② 目前我国学者对发展权的研究主要集中于探讨发展权的法理依据、③ 发展权的概念内涵、④ 发展权的制度构建等方面⑤，不可否认这些理论研究为提炼发展权的基本原则奠定了基础。有少数学者在研究中附带论及发展权的原则，如齐延平教授在论述发展权的制度保护时提出实现发展权需要遵循整体性原则、参与原则与公正原则，⑥汪习根教授在探讨发展权的全球法治机制构建时提出"将以人为本作为发

---

① Arts K., Tamo A., "The Right to Development in International Law: New Momentum Thirty Years down the Line?", *Netherlands International Law Review*, Vol. 3, 2016, pp. 221 - 249.

② 参见刘志强《当代中国人权研究状况考察（1991~2016）——以 CNKI 代表性期刊论文为视角》，载齐延平主编《人权研究》（第20卷），社会科学文献出版社，2018。

③ 参见汪习根《发展权法理探析》，《法学研究》1999年第4期；汪习根《发展权主体的法哲学探析》，《现代法学》2002年第1期；汪习根《发展权含义的法治学分析》，《现代法学》2004年第6期。

④ 参见汪习根《论发展权的本质》，《社会科学战线》1998年第2期；何志鹏《以人权看待发展》，《法制与社会发展》2009年第4期；陈佑武《中国发展权话语体系的基本内涵》，《人权》2017年第4期；张良驯《青年发展权的含义、特性及其有效实现》，《中国青年社会科学》2019年第3期；王瑞雪《论发展权的多元性》，《人权》2019年第6期；等等。

⑤ 参见汪习根《论发展权的法律救济机制》，《现代法学》2007年第6期；齐延平《论发展权的制度保护》，《学习与探索》2008年第2期；汪习根《发展权全球法治机制构建的新思路》，《苏州大学学报》（哲学社会科学版）2008年第5期；汪习根等《新常态下发展权实现的新思路》，《理论探索》2016年第1期；杨建军《国家治理、生存发展权改进与人类命运共同体的构建》，《法学论坛》2018年第1期；时业伟《多边贸易体制对发展权的法律保护》，《中国政法大学学报》2018年第2期；等等。

⑥ 参见齐延平《论发展权的制度保护》，《学习与探索》2008年第2期。

展权法律原则"①，这四条原则对指导发展权的实践具有重要意义。本文尝试在已有研究基础上通过梳理发展权的概念内涵与规范渊源，在发展权的区域实践中提取共同理念，进而明确发展权应当具有的独特功能与价值，提出发展权原则的规范化表达。

二　发展权的概念内涵与规范渊源：发展权基本原则的依归

（一）发展权的概念内涵

发展权是国际人权法对全球化发展的时代因应，发展权的概念内涵体现了全面、系统发展的时代特点。《发展权利宣言》第 1 条明确指出发展权利"是一项不可剥夺的人权，由于这种权利，每个人和所有各国人民均有权参与、促进并享受经济、社会、文化和政治发展，在这种发展中，所有人权和基本自由都能获得充分实现"。据此，发展权作为一项基本人权的规范定位已经明确，纵使诸多学者在理论上质疑发展权的作为独立人权的地位，也无法否认发展权是一项基本人权的事实。② 依据定义可以发现，"扩大自由既是发展的根本目的，也是主要手段"③，发展权不仅关注经济、生活、政治和文化的发展（实现了什么），还关注权利主体在发展过程的参与、促进与对发展结果的享受（如何实现），是"以发展促人权"的目的性人权及"以人权促发展"的工具性人权的矛盾统一。具言之，发展权应当被理解为一项综合权利，其涵盖的所有权利，即经济、社会、文化、公民和政治权利应整体得到实现。联合国人权与赤贫问题独立专家阿尔琼·森古普塔先生曾提出用于解释发展权与其他人权的关系的"矢量模型"（vector model）（见图1），他认为发展权作为一项独立的人权，应该

---

① 汪习根：《发展权全球法治机制构建的新思路》，《苏州大学学报》（哲学社会科学版）2008 年第 5 期。

② Donnelly Jack，"In Search of the Unicorn：the Jurisprudence and Politics of the Right to Development"，*California Western International Law Journal*，Vol. 15，1985.

③ See Amartya Sen，*Development As Freedom*，Oxford Paperbacks，2001.

被理解成一个向量，而其他的所有人权都是其要素，只有在任何一项权利得到改善而其他任何一项权利都没有恶化的情况下，发展权才得以实现。[①] 我国学者也曾提出发展权体现的发展是包括经济、政治、生活和文化等多方面的综合发展，"发展权意味着主体在各个领域、各个方面的全方位发展，因为每一种权利都表明该主体在该领域内拥有最广泛、最深刻的自由，就发展权而论，任何层次和任何方面的发展不健全，势必导致片面、畸形的发展甚至导致最终的窒息发展"[②]。

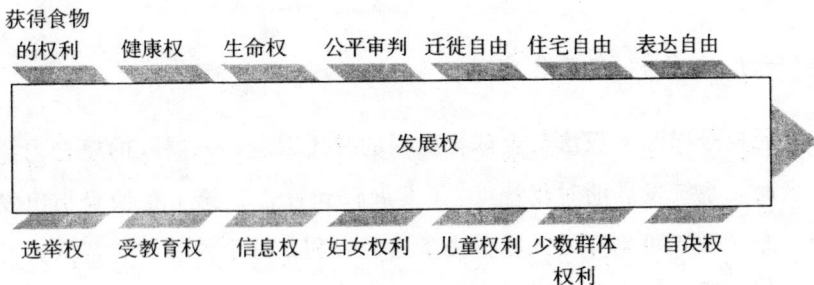

图1　发展权的"矢量模型"示意

作为一项新兴人权，发展权体现了客观经济发展水平，并充分反映了全球化不平衡背景下第三世界国家对改变国际经济秩序、平等参与国际经济活动的强烈愿望与需求。因此，在具体权利构造中，首先可以依据全球化的不同发展向度与发展权概念内涵将发展权进一步细分为经济发展权、社会发展权、政治发展权、文化发展权与生态发展权等不同的子集。经济发展权主要体现对权利主体充分自主决定经济发展模式的自由的保障，社会发展权反映权利主体基于社会而均等地享有的社会保障、公共服务、社会正义（包括平等的收入分配）的机会及权利，政治发展权表现为权利主体得以自主决定政治体制、政治模式和政治权力实现方式的自由，文化发展权是指发展权主体享有传承、发扬与践行具有社群独特性的文化传统的权利，生态发展权意指权利主体享有的通过人与自然和谐相处的方式参与

---

① See Sengupta, Arjun, "*Third Report of the Independent Expert on the Right to Development*", Arjun Sengupta, Submitted in Accordance with Commission Resolution 2000/5. Geneva: UN, 2001: para. 9–10.

② 汪习根、涂少彬:《发展权的后现代法学解读》,《法制与社会发展》2005年第6期。

发展，为生态保护与环境建设献力并共享发展成果的权利。各项不同的发展权之间具有互补性与协调性，某一方面的权利实现将有助于其他方面权利的促进与提升，如社会发展权的实现将为经济发展提供安定和谐的环境，经济表现的不断优化也有利于社会治理水平的提升。

其次，依据权利主体范围的不同可以将发展权分为集体发展权与个人发展权。集体发展权是作为一定数量的人的集合体所共同享有的参与、促进发展进程并共享发展成果的权利。依据"集体"的外延宽度不同，又可进一步细分出宏观的集体权利和微观的集体权利，前者通常包括国际社会共同体享有的共同发展权利、区域组织享有的集体发展权、国家或者民族享有的发展权；微观的集体权利至少包含土著民的发展权利、社区的发展权利等不同类型。也有学者依据权利的主体不同，将发展权进一步细分为儿童发展权、妇女发展权、种族发展权、迁徙工人发展权、残疾人发展权等具体类型。① 通过对发展权权利谱系的具化，可以为每一个个体、每一类集体平等充分"参与、促进并享受经济、社会、文化和政治发展"提供明确的法理依据，减少因"不完备性"徒增的权利履行成本。但随着经济全球化发展而不断高涨的权利意识使新兴权利主体不断增加，基于法的规范性与安定性考量，本文认为没有必要将发展权划分得如此细致。并且对上述主体基本人权的特殊保护已由专门的国际法律文件作出规定，发展权不具有赋予不同主体实质性权利的权能属性，而是赋予参与发展的权利，采用主体标准的分类方法可能会进一步加剧全球化时代国际法的"碎片化"。

（二）发展权的规范渊源

发展权是集体权利中最受关注、争议最大、讨论最多的一项人权，发展权的根源可追溯到国际人权体系的创始文件，甚至更早。其规范渊源的分布具有典型的全球化时代多元分散型法治的特点，② 主要由国际层面和区域层面的规范性文件构成。发展权导源于《联合国宪章》《各国经济权

---

① 参见何志鹏《以人权看待发展》，《法制与社会发展》2009 年第 4 期。

② 参见黄文艺《全球化时代的国际法治——以形式法治概念为基准的考察》，《吉林大学社会科学学报》2009 年第 4 期。

利和义务宪章》《国际人权宪章》等国际文书，虽然一些国际文书不具有法律约束力，但它们既是国际立法的重要参考，也是习惯国际法形成的重要元素。① 1986 年《发展权利宣言》在重申《联合国宪章》和《世界人权宣言》涵盖的一些基本原则的基础上提出："发展是建立在人人参与发展和公平分配惠益基础上的经济、社会、文化和政治的全面进程，其目的是不断改善全体人民和所有个人的福利"，"发展权是一项人权，平等的发展机会既是各个国家的特权，也是各国国内个人的特权"。虽然国际层面尚未存在具有法律约束力的"发展权国际公约"，但《发展权利宣言》中的核心权利都已被纳入其他具有法律约束力的国际性规范或区域性规范中，"发展权并不因有关人权的法律规范的确认而产生，相反，发展权法律规范的理念和价值正是源于发展权实践"②。为了客观地说明全球化时代发展权在规范层面的现状，从不同区域的人权实践中凝炼关于发展权的共同理念与认识，下文将以《发展权利宣言》为比较对象，在全面系统化梳理国际规范和区域规范的基础上简要分析发展权规范化演进的逻辑特点，为发展权原则的提炼与完善提供切实的参考线索（见表 1）。

表 1 发展权的国际与区域规范渊源

《发展权利宣言》内容	国际规范	区域规范
发展权 （第 1 条）		• 《美洲人权公约》第 23 条（文化发展权） • 《美洲人权公约 - 圣萨尔瓦多议定书》第 14 条（文化发展权） • 《非洲人权和民族权利宪章》第 22 条 • 《非洲青年宪章》第 10、11 条 • 《阿拉伯人权宪章》第 37 条 • 《东南亚国家联盟人权宣言》第 35 段

---

① 除上述提及的国际文书外，如下列举的国际"宣言"、"决议"和"议程"等文书中有关发展权的叙述亦是发展权的重要渊源：1992 年《里约环境与发展宣言》、1993 年《维也纳宣言和行动纲领》、1995 年《哥本哈根社会发展问题宣言》和《行动纲领》、1995 年《北京宣言和行动纲领》、2000 年《联合国千年宣言》、2002 年《蒙特雷共识》、2007 年《联合国土著人民权利宣言》、《2011 - 2020 十年期支援最不发达国家行动纲领》、2012 年联合国可持续发展大会成果文件《我们希望的未来》、2015 年《亚的斯亚贝巴行动议程》、2015 年《联合国 2030 年可持续发展议程》等。

② 汪习根：《论发展权的本质》，《社会科学战线》1998 年第 2 期。

《发展权利宣言》内容	国际规范	区域规范
权利主体 （第1、2条）		• 《美洲人民权利和义务宣言》 • 《非洲人权和民族权利宪章》第22条 • 《非洲青年宪章》第10条 • 《阿拉伯人权宪章》第37条 • 《东南亚国家联盟人权宣言》第35段
义务主体 （第2、3、4、6条）		• 《美洲国家组织宪章》第31条 • 《美洲人民权利和义务宣言》 • 《非洲人权和民族权利宪章》第22、25条 • 《阿拉伯人权宪章》第37条 • 《东南亚国家联盟人权宣言》第36、37段
自决权 （第1条）	• ICESCR和ICCPR共同第1条	• 《美洲国家组织宪章》第3、17条 • 《非洲人权和民族权利宪章》第20、21条 • 《阿拉伯人权宪章》第2条
改善人的福祉 （第1~4条、第8条）	• 《联合国宪章》 • 《世界人权宣言》第25条 • ICESCR • CEDAW第13~15条 • CRC第3、24、27条 • CRPD第28条	• 《美洲人民权利和义务宣言》 • 《美洲国家组织宪章》 • 《美洲国家民主宪章》 • 《非洲人权和民族权利宪章》 • 《非洲人权和民族权利宪章关于妇女权利的议定书》 • 《非洲青年宪章》 • 《非洲儿童宪章》 • 《阿拉伯人权宪章》
参与 （第1、2、8条）	• ICCPR第25条 • CEDAW第7、14条 • CRC第12、15条 • ICRMW第26、42、43条 • CRPD第9、21、29、30条 • 国际劳工组织《土著和部落人民公约》（No.169）第2、5、7、22、23条	• 《美洲国家民主宪章》 • 《美洲人民权利和义务宣言》第13、20条 • 《美洲人权公约》第23条 • 《美洲人权公约－圣萨尔瓦多议定书》第14条 • 《非洲人权和民族权利宪章》第13条 • 《非洲人权和民族权利宪章关于妇女权利的议定书》第9、10、19条 • 《非洲青年宪章》第11条 • 《阿拉伯人权宪章》第24条

续表

《发展权利宣言》内容	国际规范	区域规范
不歧视 （第6条）	• 《世界人权宣言》第1条 • ICESCR 第2条 • ICCPR 第26、27条 • CRC 第2条 • CRPD 第3、5条 • CERD • CEDAW	• 《美洲国家组织宪章》第3、10条 • 《美洲人民权利和义务宣言》第2条 • 《美洲人权公约》第1条 • 《美洲人权公约－圣萨尔瓦多议定书》第3条 • 《美洲防止、惩罚和消除对妇女的暴力行为公约》 • 《美洲消除对残疾人一切形式歧视公约》 • 《非洲人权和民族权利宪章》第2、18、19条 • 《非洲儿童宪章》第3、26条 • 《非洲青年宪章》第2条 • 《阿拉伯人权宪章》第3、11、34条 • 《东南亚国家联盟人权宣言》第2、36段
国家间的合作 （第3、4、6条）	• 《联合国宪章》 • ICESCR 第2条 • CRPD 第32条 • CRC 第4、23条	• 《美洲国家组织宪章》第3、32条 • 《美洲人权公约－圣萨尔瓦多议定书》第1条 • 《阿拉伯人权宪章》第37条 • 《东南亚国家联盟人权宣言》第37段
消除大规模和公然侵犯人权 （第5条）	• 《国际刑事法院罗马规约》 • 《禁止并惩治种族隔离罪行国际公约》 • CERD • ICESCR • ICCPR	• 《美洲人权公约》第5条 • 《非洲人权和民族权利宪章》第5条 • 《阿拉伯人权宪章》第8、10条
获得各种公共服务 （第8条）	• 《世界人权宣言》第22、25条 • ICESCR 第6、11、12、13条 • ICCPR 第2、25条 • CRPD 第24、25、28条 • ICRMW 第43条	• 《美洲人民权利和义务宣言》 • 《美洲人权公约》 • 《美洲人权公约－圣萨尔瓦多议定书》第9、11条 • 《非洲人权和民族权利宪章》第13条 • 《阿拉伯人权宪章》第36、38条 • 《东南亚国家联盟人权宣言》第28、29、30段
新国际经济秩序 （第3条）	• 《世界人权宣言》第28条	• 《非洲人权和民族权利宪章》第21条

《发展权利宣言》内容	国际规范	区域规范
逐步增进发展权利（第 10 条）	• ICESCR	• 《美洲人权公约》第 26 条 • 《美洲人权公约 – 圣萨尔瓦多议定书》第 1 条

注：表格中一些国际文书的中文译名冗长，因此用英文缩写表示，其中 ICESCR 对应《经济、社会及文化权利国际公约》、ICCPR 对应《公民权利和政治权利国际公约》、ICRMW 对应《保护所有移徙工人及其家庭成员权利国际公约》、CERD 对应《消除一切形式种族歧视国际公约》、CRPD 对应《残疾人权利公约》、CRC 对应《儿童权利公约》、CEDAW 对应《消除对妇女的一切形式歧视公约》。

全球化时代也是法律趋同发展的时代，发展权规范内容在国际与区域间的互动便是很好的例证。《美洲国家组织宪章》总体上体现了综合发展的理念，并明确规定国家、个人间的权利与义务。第 3 条规定了成员国必须遵守的一些基本原则，包括"消除赤贫是美洲国家的共同责任"、"经济合作对美洲大陆及其人民的共同富裕与繁荣十分重要"；第 17 条强调"每个国家都有权利自如地发展文化、政治和经济"属于自决权的内容；第 31 条表明"通过协作实现共同发展是成员国的共同和联合责任"。《美洲国家民主宪章》强调民主与经济、文化、社会发展间的相互促进作用，号召各国提升国内民主程度，确保国民有权参与国家政治生活。《美洲人权公约》第 26 条、《美洲人权公约 – 圣萨尔瓦多议定书》第 1 条都要求成员国在国内和国际两个层面采取适当措施，逐渐地促进经济、社会、教育、科学和文化等方面权利的完全实现。美洲区域人权机制较为重视个人的义务，在一些核心人权文书中都通过单独一章或一节的方式列举义务内容，有关"参与权"的规定主要体现为政治参与权、文化参与权。此外，美洲国家还十分重视人民的文化发展权，《美洲人民权利和义务宣言》第 13 条、《美洲人权公约 – 圣萨尔瓦多议定书》第 14 条都规定了国民有权参与、促进文化发展并从文化发展中受益。在发展权的司法实践方面，美洲人权法院率先明确了国家基于审慎义务的管辖责任，该法院在 2017 年发布的一份咨询意见中指出如果一国对域内活动具有足够的管控能力，且该活动能够直接引起域外的侵权结果，那么这些国家就对这些域内活动的域外侵权结果具有管辖权。① 扩大了一国的管辖责任，为母国规制发达国家的跨国公司在东道国的侵权行为提供了司法救济，将传统把国家视为唯一的全球秩序制定者的视野拓展到跨国公司身上，抑制跨国公司通过设定不合理的国际经济规则损害美洲国家的发展权利。

《非洲人权和民族权利宪章》是世界范围内率先承认发展权的规范性法律文件②，虽然非洲区域人权机制有关文书未明确提及"参与、促进和享有"的权利，但不同文书中多次明确承认发展权，并且该宪章是目前为止仅有的以强制性法律规范承认个人与集体发展权的国际文书，非洲国家据此承担了具有法律约束力的、可诉的发展权义务。例如《非洲人权和民族权利宪章》第22条规定："所有各国人民具有自己的经济、社会和文化发展权利，自由和身份受到应有尊重，平等享有人类的共同遗产"，"各国具有确保形式发展权的个别或集体责任"；《非洲青年宪章》第10条规定："每一位青年都有参与社会、经济、政治和文化发展的权利"，第11条第1款规定："每一位青年都应该享有参与社会各方面的权利"，将第10条和11条相结合可发现《非洲青年宪章》特别强调了青年的发展权；《非洲人权和民族权利宪章关于非洲妇女权利的议定书》第19条规定了妇女享有的可持续发展的权利（right to sustainable development），具体权利内容主要包括"参加与发展有关的政策的制定、评估和决策过程"（b款）、"拥有财产的权利"（c款）、"提升生活水平的权利"（d款）以及"将全球化贸易和经济政策对女性带来的负面影响降至最低的权利"（f款）等。此外，重视集体权利、家庭权利也是非洲人权机制的特点，几乎每一份核心人权文书都将权利与义务分别列举并详加规定，包括发展权在内的所有权利都需要在权利边界内行使，就连《非洲儿童宪章》也在其第38条规定："每一位儿童都对他的家庭和社会、国家、具有合法资格的社群和国际社会负有责任。"非洲区域人权机制在发展权的司法实践方面也走在世界前列，截至

---

① See Inter-American Court of Human Rights, The Environment and Human Rights, Advisory O-pinion（OC－23/17），15 Nov. 2017.

② 联合国人权委员会在1977年2月21日通过的第4（XXXⅢ）号决议是首份在国际层面正式承认发展权的官方文件；1981年《非洲人权和民族权利宪章》是首份正式承认发展权的规范性法律文件。

2016 年非洲委员会作出的决定中有至少七件与发展权有关，非洲国家在发展权理论与实践方面的贡献为全球贯彻落实发展权提供了思路。[①]

《阿拉伯人权宪章》是阿拉伯国家联盟的基础性人权法律规范，它明确规定了发展权的概念、内容、主体等，"发展权是一项基本人权，所有国家须制定发展政策和采取必要措施以保证权利实施。各国有义务在相互之间和在国际范围内依据团结与合作的价值观念，消除贫困，实现经济、社会、文化及政治发展"，发展权的主体是公民，"每一位公民都有权参与发展的实现并享有发展带来的福利和成果"（第 37 条）。《东南亚国家联盟人权宣言》是目前最"年轻"的区域性人权文书，由"总则"、"公民及政治权利"、"经济、社会和文化权利"、"发展权"、"和平权"以及"协调一致保护和促进人权" 6 章组成，其亮点在于将"三代人权"逐一列出，并单列"发展权"与"和平权"。第 35 段指出："发展权是一项不可剥夺的人权，根据这项权利，每个人和东盟各国人民都有权平等和可持续地参与、促进并受益于经济、社会、文化和政治发展"，发展权的实现需要"满足后代的环境保护和发展需要"；第 36 段要求成员国建立以人为本、性别平等的发展机制；第 37 段要求成员国"在国家范围内制定切实有效的发展政策，在国际层面展开合作，并将发展权的各个方面纳入东盟社会建设以及国际社会携手努力促进发展的主流之中"。同时，根据第 5 段的规定，包括发展权在内的所有人权都应当是可诉的，此种规定对发展权的保障与司法救济的实现具有积极意义。

通过上述分析可以发现随着全球化深入发展，法律全球化的同步推进，区域人权机制中有关发展权的条款内容不断丰富。《美洲人权公约》（1969年）仅规定"文化发展权"，《非洲人权和民族权利宪章》（1981 年）明确规定发展权并分别在《非洲人权和民族权利宪章关于非洲妇女权利的议定书》（2003 年）和《非洲青年宪章》（2006 年）中创设妇女的可持续发展权与青年发展权，《阿拉伯人权宪章》（2004 年）将发展权确立为一项基本人

---

① Arts K., Tamo A., "The right to development in international law: new momentum thirty years down the line?", *Netherlands International Law Review*, Vol. 3, 2016, pp. 221–249.

权,《东盟人权宣言》用专门的章节详细规定发展权,将可持续发展与发展权进一步关联,并要求国家制定相应的发展政策。与此同时,不同国家和地区的实践也充分表明,自决权、参与权、平等权、权利与义务对等、人本理念、国际合作等构成了当代发展权多元进路中的共同理念,在此基础上进一步凝炼与提升,形成规范化的发展权原则理论对今后发展权的演进与实现具有导向作用,也能为正在拟定中的"发展权国际公约"提供有益参考。

三　发展权的价值与功能：发展权基本原则的内核

发展权具备的独特功能与价值是发展权原则的宏观指引,发展权原则是确保发展权功能与价值实现的基本保障。发展权的价值与功能是发展权基本原则的内核与目标,发展权的基本原则是实现发展权价值与功能的路径与手段。同时,明确发展权的时代价值与功能定位,即回答"为什么需要发展权"是"直接关乎第二轮发展权复苏乃至复兴的关键起点"①,因此是讨论发展权原则的论证过程中必须正面的关键问题。本文认为,发展权至少具有优化全球化进程、弥合国际人权谱系的分裂、提升发展中国家国际人权话语权、推动实现 2030 可持续发展目标等重要的价值与功能。

（一）通过"过程－结果"的二元导向优化全球化进程

全球化本身是一组"价值无涉"的进程,经济学理论认为全球化带来的收益远多于损失。盖因发展过程与发展结果的人为干涉,以及一些国家参与全球化进程的能力不足,故而出现"不均衡的全球化"。② 引起各国

---

① 参见郭晓明《关于第二轮发展权复苏的三点基本设问》,《人权》2015 年第 6 期。

② Wacziarg 和 Welch 的经济学实证研究表明,贸易自由化提升了世界平均增长水平,但并不是所有的国家都能从多边贸易体系中收益,发达国家在多边贸易中的获利远远超过发展中国家和最不发达国家。See Wacziarg R., Welch K. H., "Trade Liberalization and Growth: New Evidence", *The World Bank Economic Review*, Vol. 2, 2008, pp. 187 - 231. Stiglitz J. E., Charlton A. H. G., *The Right to Trade: Rethinking the Aid for Trade Agenda*. Also see Commonwealth Secretariat, 2013; Cali M., Te Velde D. W., "Does aid for trade really improve trade performance?", *World Development*, Vol. 5, 2011, pp. 725 - 740; Illy O., Marceau G., "Global Administrative Law Perspective of the WTO Aid for Trade Initiative", *International Organizations Law Review*, Vol. 6, 2009, pp. 479 - 498.

发展不均衡的原因是多方面的，但最根本、最重要的根源之一是明显具有"亲西方属性"的不合理、不公正、不平等的经济全球化游戏规则，[①] 这些规则会以外力作用于市场，在促进规制偏好指向明显的一方经济发展的同时严重阻碍甚至剥削了另一方的经济发展，经济全球化最终变成了现代殖民主义者的游戏。[②] 发展权正是在这样的社会背景中产生，是对现实社会关系发展到特定历史阶段的必然反映，是对人为地安插的极度扭曲的社会关系之否定。[③] 因此，变革不合理的全球秩序，破除影响自由贸易机制发挥作用的人为障碍，让世界各国尤其是边缘国家能够通过比较优势共享全球经济发展果实既是发展权产生的历史动因，也是发展权的首要目标与主要价值。

发展权强调对各项人权的保障均以促进人的发展为目标，强调系统性、协调式的发展，是工具理性与价值理性的结合体。首先，发展权要求国家在制定发展政策时必须整合国家、集体、个人利益，协调经济、社会、政治、文化等的发展，以"增量取舍"（incremental tradeoff）为圭臬，[④] 通过发展权的落实最终促进个体的全面发展。其次，发展权以公平正义、参与发展、从发展中受益的机会均等为核心理念，具有"沟通理性"的权能属性，能"实现中心与边缘的对话"，为第三世界国家带来公正平等的发展机遇。[⑤] 再次，虽然"政策空间"（policy space）的本意是确保一国政府能依据国情制定发展政策最优组合，在实践中"政策空间"往往成为国家滥用权力的"遮丑布"，未必保证决策者在"善治"的轨道前行。发展权既"赋权"又"限权"，既是发展的手段也是发展的目的，

---

① 参见贾都强《全球化与建立国际经济新秩序》，《当代亚太》2001 年第 4 期。

② See John Baylis, Steve Smith, *The Globalization of World Politics*, Oxford University, 1997.

③ 参见汪习根《论发展权的本质》，《社会科学战线》1998 年第 2 期。

④ 面临资源的稀缺性，所有国家的决策者都需要在资源配置时充分权衡，一些政府则通过维持所有人权的既有水平，将新获资源用于增进其中的某一类人权，符合发展权"逐渐实现"的原则，因此也被称为"增量取舍"（incremental tradeoff）。See Osmani Siddiq R., "The Human Rights-based Approach to Development in the Era of Globalization", *United Nations, Realising the Right to Development: Essays in Commemoration of 25 Years of the United Nations Declaration on the Right to Development*, 2013: 117 – 124.

⑤ 参见汪习根《发展权全球法治机制构建的新思路》，《苏州大学学报》（哲学社会科学版）2008 年第 5 期。

引致"形式理性向实质理性的根本飞跃"。通过进一步规范发展权、赋予发展权法律约束力，能保证决策者以人权的视角和可持续发展的思维看待发展，在人权的框架内实现系统均衡的发展，实现发展过程的"善治"，而"善治"的逻辑终点是人权的实现，所以全球治理的过程可以化约为基于发展权的逻辑原点，通往人权保障的逻辑终点的进程（见图2）。由此，可以认为发展权具有通过"过程－结果"的二元导向优化全球化进程的独特功能。

发展权 ＞ 治理 ＞ 善治 ＞ 人权实现 ＞

图2　以发展权优化全球化进程的示意

（二）弥合国际人权谱系中的权能分裂与发展不均

人权是人作为人、因其人格（personhood）所具有的基本权利和自由，不可剥夺性、不可分割性、相互依存性和相互关联性是人权的根本特征。[①]《世界人权宣言》是国际人权法体系的奠基性文件，其中包含了公民、政治权利，经济、文化和社会权利等几乎所有类型的人权。在"国际人权宪章"中，《世界人权宣言》涉及的人权与基本自由被人为地分为公民和政治权利，经济、文化和社会权利两类，并载于《公民权利和政治权利国际公约》《经济、社会及文化权利国际公约》两份不同的国际法律文书中。导致国际人权体系一分为二的主要原因是当时资本主义国家与社会主义国家阵营间人权哲学的对立与政治力量的对抗，两大阵营在经济、社会和文化权利的作用和价值上产生了巨大分歧，"苏维埃"阵营认为所有人权都具有同样的价值、应被同时保护，西方国家则坚持公民和政治权利是人权的核心，人权得不到保障，发展则无从谈起，公民和政治权利必须被马上执行、严格遵守、不得"保留"（reservae）。[②]　"国际人权宪章"的分立

---

① See A/CONF. 32/41, "Proclamation of Teheran, Final Act of the International Conference on Human Rights", para. 13; A/CONF. 157/23, Vienna Declaration and Programme of Action, para. 5.

② See United Nations, Secretary-General (1953 – 1961: Hammarskjold), "Annotations on the Text of the Draft International Covenants on Human Rights", United Nations, General Assembly, 1955.

对国际人权法的发展、人权保护的实践产生了深远影响。人权体系不可分割、同等重要的理念遭到侵蚀，西方主导的"三代人权"理论在世界范围盛行。以公民权和政治权为核心的"第一代人权"在实践中被误认为具有比以经济、社会和文化权利为核心的"第二代人权"，以发展权、和平权、环境权等为核心的"第三代人权"更高的价值位阶，进一步促成全球化发展不均、人权保护不足的现实状况。

"发展权的任务在于连带、整合第一代人权和第二代人权，真正体现人权的不可分割性与相互依存性"①，发展权是经济、政治、文化、社会等权利的统一，具有多元性的特点与整合效用，通过调适集体权利与个人权利，经济、政治、文化、社会环境权利、不同程度的权利保障诉求，②弥合全球化背景下因"代际人权"观念引起的人权价值冲突与人权诉求的紧张关系。以免于贫困权利的实现为例，通过发展权推进贫困问题的解决虽有不足，但能有力地整合以自由权为进路和以适当生活水准权为进路的实现机制。③ 首先，发展权的评价维度也是多元的，公平、公开、可预见、可参与、非歧视，经济、社会、文化、政治、可持续既是发展权实现过程的评价维度，也是发展权实现结果的衡量标准。在现有人权保护水平的基础上，逐渐提升全部人权的享有质量，所有国家都能通过发展权的保障与行使来履行人权义务。其次，发展权通过明确承认所有人权和基本自由不可分割、相互依存的性质，需要给予平等重视急迫考虑，强调国家义务在国家和国际层面具有相互平行、同时存在和互为加强的侧面，承认"各国人民"和"全体人民"的权利，将联合国的"三大支柱"，即和平与安全、发展、人权紧紧相连，以系统化思维弥合国际人权谱系的权能分裂与发展不均。"发展权是一项基本权利，是自由、进步、正义和创新的前提。它是人权的起点和终点、是第一项人权也是最后一项人权，是（人权进路的）开始也是结果，简单地说，发展权是衍生所有其他权利的核心权利。"④

---

① 参见齐延平《论发展权的制度保护》，《学习与探索》2008 年第 2 期。
② 参见王瑞雪《论发展权的多元性》，《人权》2019 年第 6 期。
③ 参见郑智航《全球正义视角下免于贫困权利的实现》，《法商研究》2015 年第 1 期。
④ See Sengupta A. , "On the Theory and Practice of the Right to Development", *Human Rights Quarterly*, 2002, 24（4）：837－889.

（三） 改善发展中国家国际人权话语的缺失或不足

易变性与不确定性是全球化的时代基调，从权利发生论的角度看，当人类社会认识到某项问题的紧迫性时，经常诉诸权利的话语要求实现。[1]当前的世界情势已经发生变化，全球化不均衡与全球治理赤字表明西方国家主导的世界秩序无法适应时代发展之需，既有格局亟须改变。发展权的理念植根于现实情势，是发展中国家应时提出的基本主张，是对现有人权体系的补充和扩展。发展权坚持将普遍性与情境性（contextualization）相结合，既体现世界各国对发展的共识，也要考虑国家和地区所具有的不同政治、经济、文化、社会、法律、宗教、历史等背景，具有极强的包容性与解释张力。在人权主流化的趋势下，通过倡导、行使发展权参与人权治理可以改变第三世界国家长期以来在世界人权话语体系中消极的接受者、参与者的角色，通过国内人权实践与发展对国际人权治理贡献来自"南方国家"的方案与智慧，从此转变为世界人权话语体系的积极建设者、贡献者。因此，通过发展权的桥梁改善发展中国家国际人权话语的缺失或不足是可欲的。

长期以来，西方国家牢牢占据全球人权话语体系的主导权，他们可以随心所欲地根据政治需求或经济目的引导国际人权议题，发展中国家在国际人权话语体系中的互动几乎都是防御性、被动式的回应，人权因此成为"北方国家"牵制"弱者"的有力武器。《发展权利宣言》是发展中国家在人权领域中首次通过联合行动所促成的重大成果，展现出发展中国家强大的集体议价能力。一场由发展中国家主导的"人权运动"正在上演，发展中国家的基本立场是坚定不移地强调对发展权的维护，将改变不公正、不合理的世界经济秩序当作人权发展所必须解决的重大问题，引领人权发展的历史新阶段。经过不懈努力，发展中国家通过理论构建、实践倒推、舆论制造等方式使发展权成为独特的集体性话语，体现发展中国家共同认可的价值内核。中国的实践足以证明发展权是推动

---

[1] 参见何志鹏《以人权看待发展》，《法制与社会发展》2009 年第 4 期。

现有国际人权话语体系与人权制度与时俱进的核心路径，其目的是以系统性、全局性、协同性的方法弥补古典人权与现代人权的间隙、促进"南北双方"冲突人权价值的融合，进一步发展而不是推翻现有的国际人权话语。因此，通过发展权的桥梁改善发展中国家国际人权话语的缺失或不足是可行的。

（四）实现 2030 可持续发展目标的重要依托

可持续发展是解决当代人类面临的全球性挑战的主要方案，可持续发展的实现离不开发展权的落实，发展权的实现无疑会推进可持续发展。《里约环境与发展宣言》与《维也纳宣言和行动纲领》都曾宣告，只有确保发展权的实现才能使发展既满足当代人的需求，又不损害后代人满足自身需要的能力的发展。联合国千年发展目标的执行结果表明人权指引与系统化方法的缺失不可能完全实现可持续发展的目标。人权的保障是和平与发展的一个先决条件，2030 可持续发展目标（SDGs）基于"决不落下任何一个人"（leaving no one behind）原则将《发展权利宣言》中包括参与、反歧视、自决权、国际合作等主要原则纳入其中，"SDGs 受到《发展权利宣言》的启发，并深深扎根于后者之上，发展权的落实应该被视为践行 SDGs 的强制义务，SDGs 的执行也必须建立在发展权的基础之上"①。

通过上述分析可以发现，发展权的理念与内涵体现了优化全球化进程、弥合国际人权谱系的分裂、提升发展中国家国际人权话语权、推动实现 2030 可持续发展目标的价值，同时从前文对发展权概念与规范渊源的分析来看，也足以证成发展权的自身构造具备实现上述目标的功能。因此，发展权的基本原则必须为这些目标的实现服务，同时在明确目标的指引下提炼的发展权基本原则能确保人权普遍性理念下的特殊进路符合发展权的权能靶向。

---

① See Arts K. , Tamo A. , "The Right to Development in International Law: New Momentum Thirty Years down the Line?", *Netherlands International Law Review*, Vol. 3, 2016, pp. 221 - 249.

四　发展权原则的规范表达：发展权演进的逻辑指引

基本原则是联接权利价值内核与规则制度的桥梁，集中体现权利的价值、目标和理念，对进一步实现权利的规范化、具体化有引导作用。对发展权概念内涵、规范渊源与功能价值的探讨为确定全球化时代发展权的基本原则提供了必要素材。发展权的基本原则既需要符合所有人权的共同原则，也要体现作为一项独立的基本人权的权能价值。明确发展权的基本原则能为国际立法者在草拟具有法律约束力的"发展权公约"时确定出发点和归宿，可以为全球化时代多元价值冲突提供解释的依据和裁决的思路。

（一）发展权基本原则的主要观点概述

目前有关发展权基本原则的论述主要体现在《发展权利宣言》（以下简称《宣言》）的相关条文、国内学者的学理研究以及中国政府的官方文件中。首先，《宣言》是国际层面的规范性文件，其中第 1 条、第 2 条与第 6 条是发展权基本原则的具体体现，指明了发展权"以人为本的发展""基于人权的方针""参与""公平""不歧视""自决"六个原则。[①] 第 1 条指出"发展权利是一项不可剥夺的人权，由于这种权利，每个人和所有各国人民均有权参与、促进并享受经济、社会、文化和政治发展，在这种发展中，所有人权和基本自由都能获得充分实现"，体现了发展权的基于人权的方针的原则；同时"人的发展权利意味着实现民族自决权"，民族自决权包括各国人民对自然财富和资源的完全主权，体现了发展权的自决原则。第 2 条规定"人是发展的主体，因此，人应成为发展权利的积极参与者和受益者"、"国家有权利和义务制定适当的国家发展政策，其目的是全体人民和所有个人积极、自由和有意义地参与发展及其带来的利益的公平分配"，充分体现了以人为本的发展原则、参与发展原则与公平发展原

---

① See United Nations Human Rights Office of the High Commissioner, "*Frequently Asked Question-son the Right to Development*", *Fact Sheet No.* 37, 2016, p. 2.

则。第 6 条则是不歧视原则的体现。通过认真研读《宣言》的条文内容可以发现，一些公认的或者反复提及的原则并未包含在联合国人权高专的出版物中，譬如国际合作原则、权利与义务对等原则等，这些内容将在下文阐释相应的原则时进一步论述。

齐延平教授认为整体性原则、参与原则与公正原则是确保发展权实现的必要遵循。整体性原则是指构成发展权的所有人权元素不可分割，要基于整体的方法，在改善或增进一项人权时至少不能侵犯或减损另一项人权；参与原则强调要确保发展权权利主体均有权参与发展过程，对发展政策和方案的制定具有参与权和自主权，并享有发展成果；公正原则要求公平分配发展带来的利益。虽然齐延平教授未直接指出以人为本的发展原则，但他在文章中强调"人是发展权的中心主体、核心主体，不论是国际社会、民族国家、社会组织还是个人，努力的最终目标是推动个人发展权在一国的实现"，因此可以推断以人为本或者以人民为中心的原则包含于齐延平教授的发展权原则理论中。① 汪习根教授认为应当在发展权全球法治的理论基点上确立人本发展法律原则，该原则是发展权价值优化的制度表现，能够引领整个发展权法律制度的运行。同时，他还提出在发展权法律体系中体现"可持续发展权"新概念以促进人类社会的可持续发展。② 虽然两位学者对发展权原则的论述都十分精辟，但并非旨在系统地讨论发展权的基本原则，而是在服务文章中心论点的基础上零散地提出一些原则。从他们对发展权的研究中可以提炼出许多发展权的具体原则，他们的论述对本研究有十分重要的启发。

国务院新闻办公室曾于 2016 年 12 月 1 日发表了《发展权：中国的理念、实践与贡献》白皮书，全面地阐述了具有中国特色、体现中国国情的发展权理论与实践经验，从其中的表述可以提炼出至少包括以人民为中心、全方位发展、可持续性与包容性发展、平等原则、正义原则、共享发展与共同富裕原则、共同义务原则、法治主导原则与新发展理念等发展

---

① 参见齐延平《论发展权的制度保护》，《学习与探索》2008 年第 2 期。
② 参见汪习根《发展权全球法治机制构建的新思路》，《苏州大学学报》（哲学社会科学版）2008 年第 5 期。

权基本原则。① 这些原则是基于中国的发展权实践经验提出的中国理念的进一步具体化，是对中国的发展权理论的权威性表达，下文提出的发展权的基本原则涵盖了中国视野下的发展权基本原则，也将一些在世界层面获得普遍实践或确有必要纳入的原则纳入谱系中，以期为关于发展权基本原则的理论研究与具体实践提供系统全面的参考。本文认为除了所有人全都应体现的基本原则外，发展权的基本原则应当包括以人民为中心、自决发展、权利与义务相称、管制权、可持续发展、国际团结六项原则，下文将分别论述这六项原则。

（二）以人民为中心原则

以人民为中心的发展原则（humanperson and people-centered development）是指人民是发展的主体，要坚持发展为了人民、发展依靠人民、发展成果由人民共享的发展理念，要把增进人民福祉、促进人的自由而全面的发展作为出发点和落脚点，充分调动人民的积极性、主动性和创造性。② 以人民为中心的发展理念是以中国为典型代表的许多发展中国家共同践行的发展原则，中国为该原则的发展积累了丰富的实践与理论素材，该原则也是中国人权思想与理论体系的核心原则之一。中国的人权实践表明，只有坚持以人民为中心的发展理念，才能确保发展的过程与结果都充分体现"人民至上"的价值取向。除了《宣言》外，《维也纳宣言和行动纲领》《非洲人权与民族权利宪章》《美洲人权公约》《阿拉伯人权宪章》《东南亚国家联盟人权宣言》等人权文书也同样蕴含以人民为中心的发展原则，承认人是人权和基本自由的中心主体，国家要采取积极行动保证每一个个人充分享有发展权。同时，以人民为中心的发展理念也可以将基于权利的方法（humanrights-based approach）、社会正义的方法（socialjustice approach）等西方不同发展权利哲学的核心思想纳入其中，提升发展权的解

---

① 参见中华人民共和国国务院新闻办公室《发展权：中国的理念、实践与贡献》，《人民日报》2016 年 12 月 2 日。

② 参见中华人民共和国国务院新闻办公室《发展权：中国的理念、实践与贡献》，《人民日报》2016 年 12 月 2 日。

释张力，增进"南北国家"对发展权的共识。① 此外，人本化是现代国际法的发展趋势，越来越突出地体现于国际法之中，② 无论是从发展权的概念内涵、国际规范、各国实践，抑或是从国际法的整体发展的角度，将以人民为中心的发展原则列为发展权的基本原则既能体现各国各地区对发展权的共识，也能增强发展权理论与实践的正当性基础。

（三）自决发展原则

自决发展原则是指各国人民有实现发展所必需的自决权，包括对自然财富和资源的完全主权。发展权是第三世界国家向发达国家及既存国际经济秩序主张"自由发展"的权利，自决权得不到保障，发展权的实现就无从谈起。首先，从国际法规范来看，除了《发展权利宣言》以外，1952 年《关于人民和民族自决权的决议》庄严宣告："人民与民族应先享有自决权，然后才能保证充分享有一切基本人权。"1966 年联合国国际人权两公约也承认："所有人民都有自决权，他们凭借这种权利自由决定他们的政治地位，并自由谋求他们的经济、社会和文化的发展。"其次，从区域人权实践来看，自决权作为发展权的一项原则也获得了广泛支持，《美洲国家组织宪章》《非洲人权和民族权利宪章》《阿拉伯人权宪章》《东南亚国家联盟人权宣言》都对此作出规定。再次，从理论研究的视角来看，国内外学者都论证了自决权对发展权的基础性作用，如发展权概念的主要奠基人凯巴·姆巴伊（Keba M'Baye）在提出发展权时指出发展权是第三世界国家向曾经的殖民者"索赔"的权利，他们有义务帮助第三世界国家实现发展，更重要的是协助废除不合理的国际规则进而建立国际经济新秩序，要承认第三世界国家新获得的独立是一种现实，而不应成为虚幻的经济新殖民主义（le néo-colonialisme économique），发展权因此对于第三世界国家获得真正的独立十分重要；③国内学界的通说认为发展权是一项普遍的、不可剥夺的基本人权，是基本

---

① 参见汪习根《发展权全球法治机制构建的新思路》，《苏州大学学报》（哲学社会科学版）2008 年第 5 期。

② 参见曾令良《现代国际法的人本化发展趋势》，《中国社会科学》2007 年第 1 期。

③ See Keba M'Baye, Le Droit du Développement commeun Droitdel "Homme, *Revuedes Droitsdel*" *Homme* 2 - 3, 1974, pp. 503 - 534.

人权的组成部分，民族自决权赋予国家、民族及个人享有经济、政治、文化、社会等自由发展的权利，发展权和自决权彼此不可分割、相互促进、相互影响。[①] 由此可见，自决发展原则作为发展权的基本原则既是惯常实践的做法也是理论研究的共识。

（四）权利与义务相称原则

权利与义务相称原则是指每个国家、民族和个人都有权以个体或集体的方式在国内、国际层面促进和追求发展权的实现，同时也有责任和义务为人人享有和充分实现发展权的社会和国际秩序作出贡献。《宣言》第2条明确指出"所有的人单独地和集体地都对发展负有责任，这种责任本身就可确保人的愿望得到自由和充分的实现"。此外，大多数人权文书都将权利与义务主体一并纳入发展权的概念定义中，明确指出发展权的权利主体和义务主体，非洲人权文书是其中的典型，如《非洲人权和民族权利宪章》第22条第1款规定了"各民族"（all peoples）是发展权的权利主体，第2款规定"国家单独地或集体地负有保证发展权得以行使的义务"，确定国家是发展权的义务主体。国家是人权义务的主要承担者，国际人权法规定国家负有"尊敬、保护和实现"人权的义务。除国家外，每个个人（包括法人和自然人）、群体（groups）、社会机构（organs of society）都负有最低限度的人权责任，不能损害、侵犯和违反他人对人权的享有，即"尊重的义务"。[②] 发展权也是一项独立的人权，因此，国家和非国家行为者都对发展权的实现负有义务，只是义务的具体内容有所不同。

（五）管制权原则

管制权原则，或称为管制的权利（right to regulate）原则表明实现发展权意味着国家有权代表本国人民通过管理或其他措施以实现本国领土范

[①]　参见徐显明等《国际人权法》，法律出版社，2004，第430~431页。

[②]　See UNGA，"*Declaration on the Rights and Responsibility of Individuals，Groups and Organs of Society to Promote and Protect Universally Recognized Human Rights and Fundamental Freedoms*"，UNGA Resolution 53/144：1998.

围内的可持续发展。发展权具有个人权利和集体权利的双重性质，作为集体权利的发展权本身面临着更多的执行困难，如果不能保证一国政府能够充分合理地行使其在管辖权范围内采取管理措施以确保发展的持续性的权利，发展权则难以实现。管制的权利实质上反映了所有国家获得和使用足够的“政策空间”的权利，以通过发展绩效的最优化实现可持续的发展。全球化首先是经济的全球化，一国政府在国际贸易中享有的管制的权利早已在国际贸易交往的实践中得到确认，[①] 如允许各国基于保护公共道德的需要，为保护人民、动物或植物的生命或健康所必需，又或为了保护可耗尽的自然资源时采取违背自由贸易义务的行为而不被认为违反国际贸易法及相关法律规定。[②] 同样，管制的权利在发达国家与发展中国家间新一代的国际投资协议（international investment agreements）中也逐渐获得当事国的认可，[③] 管制的权利是衍生于国家主权的受国际习惯法认可的权利。[④] 另外，发展中国家一直是推动通过国际立法规范跨国公司行为的主要力量，除了通过制定“工商业与人权国际条约”来规制跨国公司的侵权行为外，美洲人权法院已经通过判例承认了管制的权利，为通过发展权调适工商业与人权的矛盾提供思路。我国学者也论证了运用发展权协调商业活动与人权保护的可能性，认为工商业领域的人权应以发展权为中心，发展权具有缓和商业活动与人权冲突的另类功能。[⑤] 所以，将管制的权利上升为发展权的一项基本原则是经济全球化背景下确保国家作为集体行使发展权的必要条件，也是增强国家在工商业与人权领域的治理能力的重要手段。

---

① See Harrison James, “*The Human Rights Impact of the World Trade Organization*”, Bloomsbury Publishing, 2007.

② 参见《关税贸易总协定》第 20 条（a）、（b）和（g）款，《服务贸易总协定》第 14 条（b）款。

③ See Trujillo Elizabeth, “Balancing Sustainability, the Right to Regulate, and the Need for Investor Protection: Lessons from the Trade Regime”, *Boston College Law Review*, Vol. 59, 2018, pp. 2735 - 2764.

④ See South Centre, “Policy Space for the Development of the South”, *T. R. A. D. E. Policy Brief*, No. 1, 2005.

⑤ 参见王堃《发展权的另类功能：缓和商业活动与人权的冲突》，《学术界》2020 年第 1 期。

（六）可持续发展原则

可持续发展原则强调发展的实现如果损害了发展权，发展就不是可持续的，如果发展不可持续，发展权的实现也难以保证。发展不平衡、不协调、不可持续是全球化时代诸多国家共同面临的难题，可持续发展是全人类的共同目标和努力方向。首先，自从 1987 年在《我们共同的未来》的报告中被提出以来，可持续发展已经获得了世界各国的普遍支持，联合国《2030 年可持续发展议程》集中反映了全人类对可持续发展的共识，其中第 35 段指出："尊重包括发展权在内的人权是和平与安全的一个先决条件，因而也就是可持续发展的一个先决条件。"从《发展权利宣言》与2030 可持续发展目标的内容对比（见图 3）中也可以看出《宣言》与2030 可持续发展目标的高度关联性与重合性，甚至有学者指出上述二者间具有共生性，发展权的落实将促进 SDGs 的实现，SDGs 行动本身就是在行使和保障发展权。[1] "可持续发展"本身就是一个具有包容性的概念，全球化的每个基本向度与每一项基本人权的实现都离不开可持续发展。发展权的"矢量"属性要求不能仅关注某一方面的发展，"偏颇的发展必然带来其他权利的危害，进而对发展权的整体实现产生负面影响"[2]。"发展权的保障必须是可持续的。可持续发展是发展权的应有之义，体现代际公平。发展权不平衡、不协调、不平等，发展方式粗犷，都是发展不可持续的表现。"[3] 可以认为，可持续发展体现的是一种"平衡的人权法"，即在特定时空中追求实现人权的最优绩效，实现国家、民族、个人的共同发展，促进经济、政治、文化、社会、环境保护的协调发展。[4] 可持续发展的实现必然要求每个国家、民族、个人的发展权得到充分保障，合理的"政策空间"（policy space）是发展绩效最优化的前提条件。可持续发展

---

[1] See South Centre，"The Right to Development at 30：Looking Back and Forward"，*South News*，No. 107，pp. 7 - 8.

[2] 参见王瑞雪《论发展权的多元性》，《人权》2019 年第 6 期。

[3] 参见中华人民共和国国务院新闻办公室《发展权：中国的理念、实践与贡献》，《人民日报》2016 年 12 月 2 日。

[4] 参见罗豪才等《人权法的失衡与平衡》，《中国社会科学》2011 年第 3 期。

的理念在非洲、美洲、东盟以及中国的发展权实践中都已获得充分尊重与认可，将其作为发展权的一项基本原则既有丰富的理论基础与实践经验，更是推进发展权落实的现实之需与当务之急。

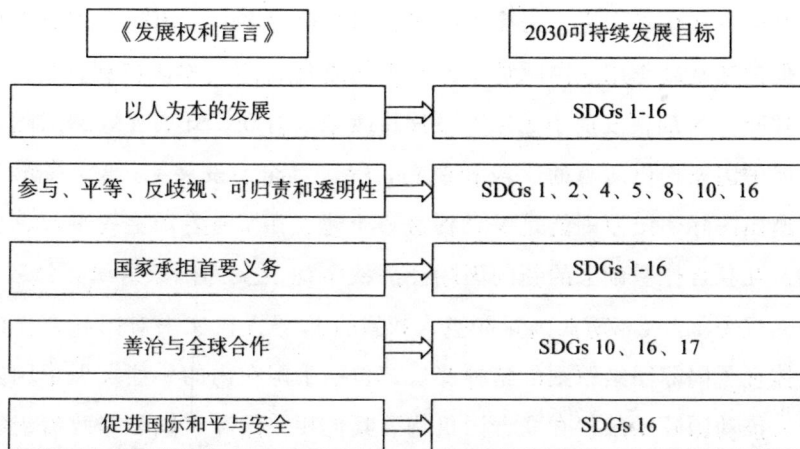

《发展权利宣言》	2030可持续发展目标
以人为本的发展	SDGs 1-16
参与、平等、反歧视、可归责和透明性	SDGs 1、2、4、5、8、10、16
国家承担首要义务	SDGs 1-16
善治与全球合作	SDGs 10、16、17
促进国际和平与安全	SDGs 16

图3　《发展权利宣言》与2030可持续发展目标的内容对比

（七）国际团结原则

国际团结（international solidarity）是指发展权的实现需要通过每个个人、民族、国家和国际组织之间团结一致的精神创造一个有利于发展的国内、国际环境，以实现共同的发展目标。国际团结与国际合作（international cooperation）是发达国家与发展中国家在国际协作问题上的观念差异，主张发展权的国家通常认为发达国家对发展中国家的发展援助是一种源于国际法或具有很强的道义约束力的义务，而发达国家则认为其对发展中国家不具有援助的法律责任，也没有道义上的责任，而是由发达国家自主决定的自愿或慈善行为。国际团结并不仅仅是国际援助与合作、救助、慈善或人道主义援助，它是一项原则，追求可持续的国际关系，特别是国际经济关系、国际社会所有成员和平共处、平等伙伴关系，以及公平分配利益和负担。"团结（solidarity）是第三代人权的关键词"，因为它们不仅强调通过国际合作共同解决全球问题，与前两代人权相比，它们强调的是更高程度的国际团结。① 因此两者的关系表现为国际合作是国际团结的前提与基础状态，国际团结是国际合作的价值指引与目标路径。同时，基于对区域人权文书中相关条文表达的梳理与有关发展权国际实践的分析，国际团结更符合发展权的内涵与权利语境。通过开展国际合作解决国际经济、社会、文化和人道主义事务是联合国的宗旨之一，国际合作对人权实现的促进和基础作用在国际社会已基本达成共识，②《发展权利宣言》第 4 条也呼吁"为加快发展中国家的发展持续采取行动，开展有效的国际合作为发展中国家提供适当的手段和便利，促进其全面发展"，第 3 条第 3 款表明遵循国际团结原则就是要"促进一个建立在所有各国主权平等、相互依存、互利合作基础上的新的国际经济秩序"。《美洲国家组织宪章》《阿拉伯人权宪章》《东南亚国家联盟人权宣言》等人权文书对国际合作的规定也体现了国际团结原则的精神要旨，包括中国在内的一些发展中国家正在努力推动国际团结权在联合国机构、其他相关国际组织和非政府组织中的主流化运动，③ 因此将国际团结作为发展权的基本原则是确保发展权实现的重要保障。

五 结 语

发展权对发展中国家争取公平合理的国际经济秩序、提升在国际治理中的话语权具有重要意义，经过数十年的理论发展与实践，发展权已经从应然权利变成了法定权利，成为对西方主导下的国际人权规范体系的补充和调适。目前无论在南北方国家之间还是在南北方国家内部，关于发展权的分歧依然存在，阻碍了发展权的继续实施与推进。尽管现今发展权议题面临诸多分歧，但发展权的核心内容已经深深植根于国际法之中，推动发

---

① See Felipe Gomez Isa, "International Protection of Human Rights", in Felipe Gomez Isa and Koen de Feyter (eds.), *International Human Rights Law in a Global Context*, University of Deusto, 2009, pp. 41 - 42；参见郑智航《全球正义视角下免于贫困权利的实现》，《法商研究》2015 年第 1 期。

② 参见联合国第 E/CN. 4/RES/2005/55 号文件。

③ 参见联合国人权理事会第 A/HRC/RES/44/11 号决议。

展权继续发挥应有作用虽然困难重重，但最好的方案就是采取务实的方法，在既有的国际法规定与实践中重新深入研究发展权问题，而不是另辟蹊径地制定新的规范。[①] 因此，通过分析发展权的概念内涵与规范渊源，找寻发展权基本原则的依归；厘清发展权的价值与功能，确定发展权基本原则的内核；最后通过提炼发展权的基本原则，揭示发展权议题中的"重叠共识"，对发展权的实践与研究提供理论参考。在改革开放的历程中，中国充分运用发展权对内实现减贫事业的"中国奇迹"，对外造就了经济发展的"中国神话"，在全球人权治理中不断贡献中国智慧与方案。以生存权和发展权为基础的中国特色人权话语体系已经建成，我国要努力将具有中国特色的人权发展经验用世界接受的人权话语传递出去，通过对话与合作的方式不断促进包括发展权在内的所有人权的保障与实现，与各国携手打造人类命运共同体的美好未来。

---

① See Arts K. , Tamo A. , "The Right to Development in International Law: New Momentum Thirty Years Down the Line?", *Netherlands International Law Review*, Vol. 3, 2016, pp. 221 – 249.

个人数据法律保护的规范对象：权益基础、行为风险与权力失衡[*]

李　旭[**]

摘　要：对个人数据法律保护之规范对象的探寻一般起始于权益基础的证成之上，在各国数据保护立法初期，权益基础呈现多样化、本土性和发展性的格局，背后体现出数据保护问题与权益基础问题"若即若离"的复杂关系。同时，对个人数据法律保护问题的理解不能局限于权益维护和利益比较之中，数据的技术化和社会化引发了更为深刻的问题，相较于单纯的权益保护甚至是个人信息保护，数据保护问题具有更加明确的独立性。数据处理的行为机理和数据权力的分配格局是深化理解个人数据法律保护问题的知识基础，对数据技术和应用所带来的行为风险和权力失衡问题的分析，更为全面地展示了个人数据法律保护的应然规范对象，并有助于进一步确立个人及其尊严在个人数据保护法律中的根基性地位。

关键词：个人数据；法律保护；权益基础；数据处理；数据权力

一　问题的提出：个人数据保护的必要性与权益基础

伴随着信息时代的到来和大数据理念的渗透，以数据为基础性要素的运用行为与处理系统已然深入个人生活与社会生活的方方面面。然而，在以数据运用与处理为引领的变革过程中，数据技术所引发的侵害问题也层

---

　　[*]　本文系司法部国家法治与法学理论研究重点课题"大数据与网络安全立法研究"（项目编号：18SFB1005）的阶段性研究成果。
　[**]　李旭，山东大学法学院博士研究生，科隆大学博士候选人。

出不穷，不仅表现为侵害种类的名目繁杂，更体现为问题结构的错综复杂。在问题显现之初，数据保护[①]问题更多地被视为技术问题，这种单纯的技术问题思维体现在各类组织早期的应对策略上，具体表现为更加注重加密、防火墙等技术安全措施的运用。不可否认，在数据安全领域技术的研发和使用应该得到足够的重视并成为永恒的课题。但是，技术性的策略和思维往往无法解决数据行为问题产生的社会原因，"在大数据时代，由于数据本身的特性，信息控制者有很强的利用激励而缺乏同等程度的保护激励……在信息控制者利用激励与保护激励明显失衡的结构下，如果缺乏外部干预与政府监管，势必产生'丛林法则'和对个人信息的滥用"[②]，在"数据安全环境"的塑造中理论的阐述与制度的建构应该扮演更为重要的角色，对滥用数据行为的法律规制应该成为克服该问题的核心关切。

鉴于此，以权益为逻辑起点的数据保护必要性研究成为重要的学说争鸣阵地。纷争的焦点可以类型化为人格权、隐私权和财产权三者之间的理论较量[③]，在论战中数据保护与三种权利的关系得到了不断的澄清与发展，但是彼此的论证与观点也总是"难分胜负"，针对每种立场的批判[④]也未曾停歇。与此同时，个人数据保护之独立确权的"第三条道路"也进入了研究的视野，不过很快亦遭遇了极具挑战性的质疑。[⑤] 在反思与互动之中，

---

① 我国现有相关研究往往将个人信息和个人数据抑或信息保护与数据保护两者等同视之，本文采用"数据保护"这一术语，在很多情境下也等同于我国现有研究之中的信息保护。但是严格讲，个人信息与个人数据在信息技术和大数据的时代语境下两者之间还是存在差别的，通过下文分析可见。

② 周汉华：《探索激励相容的个人数据治理之道——中国个人信息保护法的立法方向》，《法学研究》2018 年第 2 期，第 5 ~ 6 页。

③ 主张人格权的代表，参见王利明《论个人信息权的法律保护——以个人信息权与隐私权的界分为中心》，《现代法学》2013 年第 4 期，第 62 ~ 72 页。主张隐私权的代表，参见房绍坤、曹相见《论个人信息人格利益的隐私本质》，《法制与社会发展》（双月刊）2019 年第 4 期，第 99 ~ 120 页。主张财产权的代表，参见龙卫球《数据新型财产权构建及其体系研究》，《政法论坛》2017 年第 4 期，第 63 ~ 77 页。

④ 对财产权路径的批判，参见李延舜《个人信息财产权理论及其检讨》，《学习与探索》2017 年第 10 期，第 77 ~ 85 页。

⑤ 独立确权中比较有代表性的是个人信息自决权的主张，参见姚岳绒《论信息自决权作为一项基本权利在我国的证成》，《政治与法律》2012 年第 4 期，第 72 ~ 83 页。对个人信息自决权的否定，参见杨芳《个人信息自决权理论及其检讨》，《比较法研究》2015 年第 6 期，第 22 ~ 33 页。

关于数据保护权益基础的研究于近期得到了进一步的发展，摆脱了以往立足于单一权益基础的逻辑进路，以数据保护视野下的多重权益列举和平衡为切入进行分析，具体表现为微观层面的个人权益的多样化（诸如人格尊严、人格利益、平等）和宏观层面的个人权益与社会利益、公共利益之间的平衡配置①。然而，仅仅以权益为基础的视角未能呈现数据保护法应有的定位，同时也使个人权益保障易于在各种利益的功利式权衡中丧失主体地位。事实上，我国已有的权益研究视角受到域外立法经验和理论的深刻影响，但是在地域研究的视角和时间切入的选择上具有相对的狭隘性，本文首先以欧美主要国家早期数据保护立法之权益确定的系统介绍为开端，意图呈现数据保护之权益基础在萌生之时的本来面目，并在此基础上展示数据保护与权益基础之间的复杂关系。

同时，数据保护在当下的意涵并不局限于表象的权益侵害问题，个人数据问题之所以能够在信息时代得到凸显，很大程度上是源于数据处理方式的革新，具体展现为数据处理行为的规模化和自动化。规模化引起数据问题量体上的膨胀，自动化引发数据问题质体上的演变。正因为此，实际上欧美各国在个人数据或个人信息保护领域的立法创新主要是为了解决和防范个人数据的规模化和自动化处理所带来的问题。鉴于此，本文力图进一步深化对个人数据法律保护之规范对象的认知，将分析的重点归至数据生活化背景下数据处理作为一个行为系统和数据技术作为一个权力要素的特征与问题，力图以此拓宽个人数据法律保护所指向的深刻社会风险，从而为更好地理解个人数据法律保护的定位与目标提供知识基础。

二　个人数据保护之权益基础的原初与确立：
以欧美的发展为线索

个人数据保护于 20 世纪 70 年代迎来了第一次立法浪潮，发展至今数

---

①　从宏观层面进入，除了个人主体利益之外，尚包括信息业者对个人信息的利用需求和政府对个人信息的利用需求，个人信息的价值亦可以被表述为个人的人格尊严与自由、商业价值和公共管理价值。参见张新宝《从隐私到个人信息——利益再衡量的理论和制度安排》，《中国法学》2015 年第 3 期，第 43～49 页。

据保护的模式习惯于被划分为美国的分散式立法模式与欧洲的统一式立法模式两大类（single and overarching versus sporadic and reactive），这种区分的方法立基于国家或统一政治体层面是否有一部适用于各领域的一般性数据保护法规。① 但是倘若从权益基础的构建来探寻，两种模式之间的差异又不像实证法律体系所呈现的差异那样大，两个地区都是从一个既定的权益基础出发来推导个人数据保护的正当性，并建立与此相适应的法律规则体系、发展相应的数据权利理论。不过，两者在具体的权益基础选择和发展过程中呈现了迥异的面貌。

（一）美国个人数据保护权益基础的缘起与发展：隐私权内涵的不断扩张

美国在其个人数据保护的初始阶段所呈现的特质是权利理论的先行发展以及数据保护之专门法律制定的相对滞后，隐私权理论在该过程中始终发挥着引领作用并使自身得到了充足发展，该发展大致呈现为下述三个阶段。

首先是创始阶段。沃伦与布兰代斯于 1890 年第一次将隐私权作为一个法律概念进行了系统性的阐述，② 进一步区分了隐私权侵害与传统的诽谤侵权，并在承袭了平等观念和有限政府的传统前提下，使其具备了保护私人生活安定、防范私营公司侵害（针对新型的媒体巨头）、控制个人信息等诸多新的面向。特别需要注意的是沃伦和布兰代斯对隐私权中个人信息控制的意涵的赋予，美国的隐私权于建立之初便具有了积极权能的维度，这为其将来的扩充发展提供了重要的土壤。③ 在这之后，隐私权的发展进入了第二个阶段，即司法实践的采用和扩充阶段。一方面，隐私权作为法律概念开始大量地应用于具体的侵权民事判决之中，并逐渐衍生为四种相对具体的侵权类型，分别为"侵犯隐秘"、"公开揭露"、"扭曲形象"

---

① Samantha Diorio, "Data Protection Laws: Quilts versus Blankets", *Syracuse Journal of International Law and Commerce*, Vol. 42, No. 2, 485 – 514 (2015).

② Warren, Brandeis, "The Right to Privacy", *Harvard Law Review*, Vol. 4, No. 5, 205 (1890).

③ Dorothy J. Glance, "The Invention of the Right to Privacy", *Arizona Law Review*, Vol. 21, No. 1, 1 – 40 (1979).

和"无权在商业上使用他人的姓名和肖像"①；另一方面，隐私权的实践发展从私法的侵权领域向公法的宪法领域浸透，通过 1965 年的 Griswold v. Connecticut 案和 1973 年的 Roe v. Wade 案，美国借由宪法的司法审查制度构建出基本权利的"晕影理论"（penumbra theory），将隐私权确立为美国宪法中的未列举权利之一。截止到此，"隐私权"这一法律术语通过司法判例的发展在美国至少生成了两个维度的意义，既成了涵盖保护个人肖像和私人生活的民事权利，也成了防范公权力机关侵犯个人的宪法权利，一个涵盖私法和公法双领域的隐私权保护架构基本形成。

美国隐私权理论发展的第三个阶段以"计算机与隐私"（computers and privacy）为主题，并见证了所谓"信息隐私"（information privacy）概念的诞生。事实上在 20 世纪 60 年代以前，美国的计算机和信息化产业已经取得了巨大的进步，数据的收集和处理成本大幅下降、数据可用性得到普遍化，但是这些变化所具备的隐私侵害风险一直未能引起学界的普遍关注。② 逐渐地，一些相关领域的从业人员和学者开始对这一现象表示担忧，认为计算机化的数据处理方式令越来越多的个人信息在主体毫不知情的情况下被储存于统一化的电子设备之中，个人隐私的保护似乎变得只能依靠设备控制者的怜悯，一个"赤裸社会"正在形成。③ 鉴于隐私保护的忧虑日盛，美国纽约市律师协会下设的"科技与法律特别委员会"提议对新兴科技的隐私危害进行调研，时任该委员会负责人的威斯汀教授以此为契机展开研究并最终将信息置于隐私概念的核心地位，认为"隐私是归属于个人、群体和机构的权利主张，这一主张可以决定他们的信息与他人进行交往沟通的时间、方式和程度"④，对于相关信息之控制能力的突出成为隐私概念的核心意涵。需要澄清的是，威斯汀教授本人并没有在自己的著述中提出要扩充隐私权的内容，也没有明确地提出"信息隐私"这一概念，他更多的是强调个人的信息控制能力本身就是隐私权的本质要求并且有其古

---

① William L. Prosser, "Privacy", *California Law Review*, Vol. 48, No. 3, 383 – 423 (1960).

② Alan F. Westin, "Privacy and Freedom", *New York*: Atheneum, 298 (1970).

③ Vance Packard, "The Naked Society", *Harmondsworth*: Penguin Books, 48 (1971).

④ Alan F. Westin, "Privacy and Freedom", *New York*: Atheneum, 7 (1970).

典传统。随后不久，米勒教授便在之前研究的基础上进一步指出信息化时代背景下需要重点警惕的三类隐私风险，分别是"根据档案决策"、"无限制的信息情景转移"和"行为监控"，并再次强调"个人对于信息流通的控制能力是隐私权的核心特质"①。发展至此，隐私权与个人信息之间的密切关联被肯认，隐私权中信息控制之个人权能的赋予在理论上正式完成，同时在"信息隐私"这一理念的影响之下美国的数据保护立法与规范行动见证了自己的第一次浪潮。通过 1970 年《公平信用报告法案》（*Fair Credit Reporting Act*）、1973 年的"公平信息实践原则"（Fair Information Principles）、1974 年的《隐私法案》（*Privacy Act*）等法律实践，美国隐私权与个人数据保护在法律实践中进一步地融合并逐渐发展为一项"集合性"的权利。

（二）欧洲早期立法对权益基础的探寻与确立：多样化的表述格局

单就欧洲的个人数据保护研究而言，我国现有的文献讨论更多局限于立法形式上的统一化，并多以欧洲委员会《个人数据自动化处理中的个人保护公约》以及欧盟 1995 年的《关于个人数据处理保护及个人数据自由传输的指令》为节点进行全面介绍②。这样的角度和切入点并没有呈现欧洲各国早期个人数据保护立法的原初样貌并容易造成历史和逻辑的割裂。事实上，相较于隐私权在美国个人数据保护法律领域的一枝独秀和蓬勃发展，欧洲大陆表现出迥异的局面。它既没有明确创设隐私权作为权益基础，而且在寻求和确定过程中表现出了颇具差异的多样化外貌，这充分体现在各国的立法文件之中。

总的来讲，欧陆主要国家的个人数据保护法律实证化可以概述为两大基本路径：一是宪法性规定的直接肯认，二是专门性法案的采用。与此相应，对个人数据保护之权益基础的确立从形式上看也主要呈现两种基本的态势：

---

① Auther R. Miller, "The Assault on Privacy: Computers, Data Banks and Dossiers", *Ann Arbor: University of Michigan Press*, 40, 183 (1971).

② 参见高富平主编《个人数据保护和利用国际规则：源流与趋势》，法律出版社，2016，第 55~289 页。

一是通过宪法活动直接对其赋予基本权利的地位，偏重于权利的直接创制；二是通过专门性法案的规范内容肯定其所指向的权益基础，偏重于对既有资源的挖掘。

将数据保护之权益进行宪法化规定的主要代表国家是葡萄牙、奥地利和西班牙，其中葡萄牙是欧洲第一个将有关数据保护的具体规定统摄于成文宪法典之中的国家，在此以它为例进行说明。《葡萄牙共和国宪法》生效于1976 年，该宪法正文由四部分组成，分别是"基本权利与义务"（Fundamental rights and duties）、"经济的组织制度"（Organization of economy）、"政权的组织制度"（Organization of political power）以及"宪法的实施与修正"（Guaranteeing and revision of the Constitution），以其翔实的内容与细致的权利保障规定而闻名。而关于信息技术使用的规定——第 35 条"信息技术的使用"（Use of information technology）被放置于第一部分的"个人权利、自由与保护"一节，该条具体由七个款目组成且规定全面，内容大致可以被概括为三个方面。[1] 第一，在权利的授予上明确规定公民享有一般性的数据保护权利，具体而言包括计算机数据的访问权、使用目的之告知权、数据的更正权以及公用信息技术网络之使用权，同时该条还对有关"哲学信念、政治立场与党派、工会成员身份、宗教信仰、种族出身以及私人生活"的数据提出了特殊保护之要求，并禁止对任何公民分配"单一性的国家号码"（single national number）。第二，在规范客体的设定上，该条明确要求将个人数据作为规范的出发点，以数据的自动化处理及与其相关的数据传播和使用行为作为重点规制对象，并提出应对手工文档（manual files）中的个人数据提供相同保护的要求，以及应对第三方的数据访问行为原则上禁止的规定。第三，在制度建构上，该条明确要求下位形式意义上之法律要明确"个人数据"之定义，细化数据处理行为之规制内容，提供保护个人数据和其他事关国家利益之数据的适当保护手段，界定数据流通的管理制度，并提出要建立独立的专门性行政部门来保障法律的贯彻执行。

采用数据保护专门性法案形式的代表国家主要有瑞典、德国和法国，从

---

[1]　Article 35 of Constitution of the Portuguese Republic 1976.

立法文件上考察，三者对数据保护之权益基础的表述各具特色。瑞典是第一个在国家层面通过专门性法规来规制自动化数据处理行为的国家，其在 1973 年便通过并实施了《瑞典数据法案》（*Swedish Data Act*）。该法案将"人格完整"的保障视为基础性的立法意旨并将防止对个人人格（personal integrity）的不正当侵害作为其根本目标。[①] 究其原因主要源自两个方面：首先，这种规范设定源于担忧数据技术所具备的强大的个人身份识别能力对个人人格发展自由的可能限制与破坏，对于此种危险的担心一直是呼吁立法规制的重要论据；其次，个人人格的保障本就是公众知情权行使的消极性构成要件之一，尽管公众知情权强调所有由公共部门掌握的信息和资料原则上均应对社会公众公开，但是这种权利的行使在必要的时候需要受到个人人格保护的限制。相较于瑞典，德国的个人数据保护立法呈现由州法逐渐向联邦层面过渡的发展历程，并最终于 1977 年通过了《联邦数据保护法》（*Federal Data Protection Law*），其目录标题为"数据处理过程汇总个人数据保护与滥用之防范法"。[②] 该法案将其重点规制对象设定为在数据处理过程中所出现的个人数据滥用行为，而数据处理过程的范围包含储存、传播、修改与删除。除了对数据这一客体之保护必要性的强调，法案还特别指出要捍卫在数据处理过程中相关数据个人之应当得到保护的权益，"个人应然利益"的捍卫成为个人数据保护的重要法益基础。然而值得注意的是，该法案中提及的"应该得到保护的个人权益"却并没有被具体化和实质化，事实上从法案的文本中很难推演出隐私权，甚至是私生活权利的保护意旨，[③] 个人权益的具体内容十分模糊。法国紧随德国，于 1978 年通过了专门性的数据保护法案——《1978 年信息技术、档案与自由法案》（*Act on Information Technology, Data Files and Civil Liberties of* 6 *January* 1978）。该法案采用了"信息技术与自由"（informatique et libertés）的标签，"自由"的保障成为立法的主要目标，在"信息技术应该为每一个公民服务"的原则下该法案第一条进一步规定该法

① Gloria González Fuster, "The Emergency of Personal Data Protection as a Fundamental Right of the EU", *Springer International Publishing Switzerland*, 59 (2014).

② Bundesdatenschutzgesetz (BDSG) of 27 January 1977, Bundesgesetzblatt (BGB1) 1 S 201.

③ J. Lee Riccardi, "The German Federal Data Protection Act of 1977: Protecting the Right to Privacy?", *Boston College International & Comparative Law Review* Vol. Ⅵ, No. 1, 248 (1983).

的目的为"确保信息技术不会威胁或侵害人类身份和人权（human identity and human right）、私人生活或隐私（private life/privacy），以及个人与公共自由（individual or public freedoms）",① 法案并没有将其目标仅仅限定在保护私人生活或隐私这一相对狭窄的范畴内而是包含多重内容与目标——权利、自由、身份作为一个整体均被提及。

（三）对权益基础之进路的澄清、反思与数据技术进步的蕴涵

通过权益基础的早期梳理可以发现许多现有的研究和分类或多或少存有误差。第一，若以权益基础的诞生和发展为标准进行划分，美国所呈现的法律形态更为脉络化和更具统一性，而欧洲各国早期的权益名号呈现杂乱晦暗的局面，由此观之统一或分散的数据保护模式不能根据现有的通说进行简单的断定。当然，数据保护作为一项基本权利已经载入《欧洲基本权利宪章》（*Charter of Fundamental Rights of the European Union*），② 其第 8 条确认了个人数据保护的权利（Protection of personal data），但是仅仅就数据保护进行一般性表述的方式也在一定程度上反映出各国之间在各自传统的权益基础上难以达成共识，需要创立一个新型权利来推动一体化和统一市场的运行。第二，通过上文的介绍也可以发现，对个人数据保护权益的确定往往没有很好的定则且其内容彰显了多样性，权益的基础并不局限于人格权、财产权抑或隐私权的范围之内，在发生阶段的权益根基也往往不是唯一（如法国），有时甚至是未能清晰提及（如德国），一些看似唯一的根据（如美国的隐私权、瑞典的个人人格）实际上也是一个概括性的表述且具有很强的包容性。第三，尽管通过一种形式化的抑或自然法式的表述能够找出一些相似甚至相同的概念，并能够运用唯理论式的演绎推理从人格尊严和自由中推演出个体被尊重、个人需平等及个人要自治等推论，但是从认识论的角度看这样的方式过于轻视经验及传统的差异，而后者往往是法律作为实践科学和制度作为现实需要的侧重点。上述的分析已经展

---

① Article 1 of Loiinformatique et libertés 1978.

② Charter of Fundamental Rights of the European Union [2010] OJ C83/389.

示，各国在确立自己的数据保护权益基础时所展现的"知识本土化和地方化"特质，在充分挖掘已有的法律传统的前提下针对现实问题进行自足的理论创新，并最终通过法律实践开疆拓土。

相较于数据保护权益基础之局面和争论的错综复杂，对数据技术本身的规制确实是各国权益基础和法律规范的共同指向，数据保护问题与传统的个人信息保护发生了分野，其在美国"信息隐私"的扩张和欧洲早期立法的活动中均得到充分体现，这就要求进一步分析数据技术的变化及其所带来的深刻影响。

数据技术的发展所引发的显著变化可被简述为两个层面：首先是数据收集和运用的普遍化，伴随着物联网时代的到来更多的现象与行为可以被数据化，收集的方式也愈发的即时与随意，数据运用的领域也广泛渗透到日常生活、商业运营和公共管理之中；其次是数据能力的提升，伴随着云计算、数据挖掘等技术的出现，琐碎信息和数据的整体化构图与联想日益简便，数据自身也具备了所谓的"知识发现"和"预测未来"的能力，这对社会决策和个人决定产生了重大影响。在这样的技术发展引领之下，数据化现象所引发的权益侵害亦呈现新的态势。第一，侵害的个人权益种类十分广泛，这既是旧有的依靠单一权益基础来建构数据保护法律规则之方法失效的重要原因，也是传统权利理论扩张和抽象性权益基础选择的关键所在。个人信息与数据技术的结合使其所承载的人格利益和财产利益均有受损的可能，这当然包括隐私权、财产权、肖像权、姓名权等传统权利。同时，由于数据系统在商业运营和公共管理领域的普遍应用，对于平等权的歧视性侵害也日渐凸显[1]。此外，数据技术的权益侵害风险也催生了一些新类型的权利主张，这些主张的根据或者潜藏于法律的意旨之内或者根植于伦理道德的要求之中，例如"保持不同的权利"、"被谅解的权利"与"重新开始的权利"等。[2] 第二，权益侵害的方式发生了改变，这使得许多传统的保护方式变得力不能及。数据化所带来的权益侵害日益变

---

[1] 这一类的主题在我国经常以"算法歧视"的标题出现，参见崔靖梓《算法歧视挑战下平等权保护的危机与应对》，《法律科学（西北政法大学学报）》2019年第3期，第29~42页。

[2] Vance Packard, The Naked Society, Harmondsworth: Penguin Books, 23 (1971).

得无法预测和计算，传统的事后救济和举证方式缺乏实效，[1] 一种以"安全感匮乏"为基底的数据滥用和数据泄露的侵害层级浮现在世人面前。同时，数据化特别是数据收集和运用过程中的权益侵害变得难以感知和不透明，已经有研究提出隐私的"无感伤害"和"预测伤害"理念，[2] 而这种侵害特质背后更是隐藏着权力架构的失衡和个人自由的消减问题。如果将不确定性、难以恢复性、不可预测性归为"风险社会"的本质基因，那么数字风险社会的图样映入人们的眼帘，也正是在此意义上个人数据保护开启了独立于权益保护的维度并走向更为深刻隐秘的分析层面。

三 数据处理的行为构造与数据技术的社会权力：机理结构与风险隐患

个人数据保护问题之所以能够在信息时代得到凸显，不仅是源自一种表象的权益侵害，还源自其所引起的更为深刻的社会变化即数字化与社会生活的紧密结合。数字化的普遍运作既深刻改变着人们认识世界和行为决策的方式，也默默重塑着社会空间和人际关系的基本架构，对这些影响要素的分析有助于我们去理解数据保护的意涵所指。鉴于此，本文采取一种"由内及外"的策略——首先分析在认知和决策中已扮演重要角色的数据处理系统的行为构成，然后解读数据与社会结合所生成的权力要素，并在此基础上进一步分析独立于权益侵害的"隐形风险"[3]。

（一）数据处理系统的结构分析：以数据行为序列为视角

从行为序列的角度观察数据处理可以被理解为由数据行为集群组成的有机系统，其正当性基础通常为追求对现存事物效率化、中立化和系统化

---

① 以隐私权为例的介绍，参见徐明《大数据时代的侵权危机及其侵权法应对》，《中国法学》2017 年第 1 期，第 131 ~ 138 页。

② Kate Crawford, Jason Schultz, "Big Data and Due Process: Toward A Framework to Redress Predictive Privacy Harms", *Boston College Law Review*, Vol. 55, No. 93, 96 - 105 (2013).

③ Orla Lynskey, "The Foundations of EU Data Protection Law", *Oxford University Press*, 210 - 211 (2015).

的处理与判断，在具体的运作过程中潜藏着以数据为媒介的各方主体间复杂的互动关系。具体而言，它由四个相互区别又密切联系的行为类别构成，分别是"数据识别"（原始信息的甄别与界定）、"数据收集"（信息收集的方法与整合）、"数据使用"（从信息中得出评判或结论）与"数据传播"（产出信息或结论的公开与传送），这四组基本的行为类型界定了数据系统的行为流程与框架。

首先是数据识别。从表面上看，它是数据行为的起始阶段也是最为简单的处理部分，是在最为原始的层面上对数据进行的操作，在这里数据是指那些可以被记录、观察、体验、储存以及抽取的事实与事件。但是，实际的数据识别比我们的简单预设要复杂得多，它已经在概念层面包含了价值倾向和主观判断的重要意涵，即特定信息的识别和选择本身就蕴含着强烈的主观性评价。例如在美国宪法下所要求的人口普查制度，其数据收集对象的范围就存在争议，到底是只包含合法的永久居民和公民，还是应该包含所有的居民而不论其合法与否，在此处数据本身已经扮演了政治决定的角色。[1] 故而数据的识别便以两个维度的思考与回应为开端，即"什么是原始信息"以及"什么是判断或结论"，对此类问题的回答往往不能依靠数据自身而只能脱离数据之外寻找答案。一个十分明显的例子便是"种族"的界定问题，它究竟是一个原始数据还是一个判断。如果我们认为"种族"这一概念和内容是被建构起来的，那么就不能认为它是一个简单的事实。[2] 基于此，数据的识别与承认有两个方面的问题必须引起注意和审慎，分别是"事实认知问题"与"主观需求问题"：首先是对组成数据之事实的特征不断变化的理解，即理解发生变化的问题，此与数据的性质（作为事实描述还是主观评价）密切关联；其次是数据源的腐败可能性，具体是指在和数据建构与产生（数据源）有利害关系的场域中数据本身便可能被破坏，数据的结构成分会受到主观性目的或价值性偏好的直接影

---

① Daniel Patrick Moynihan, "Data and Dogma in Public Policy", *Journal of American Statistical Association*, Vol. 94, 359 – 360（1999）.

② Ian F. Haney Lopez, "The Social Construction of Race: Some Observations on Illusion, Fabrication, and Choice", *Harvard Civil Rights-Civil Liberties Law Review*, Vol. 29, No. 1, 6（1994）.

响，即使最为基础和原始的数据也在一定程度上受制于其所服务的场域。

与数据识别类似，数据收集系统的建构也远比单纯收集方法的运用复杂得多，其本身的主要关注点是能力与界限这两大核心问题，可以从具体的四个方面理解：第一是收集范围问题，即什么种类的数据将会被收集，例如关于经济实体单位信息收集种类的变化与扩张；[1] 第二是重点划分问题，即在被收集的数据中何种内容是要被强调和重视的，相比之下哪些内容又是可以被忽略的；第三是收集能力问题，此处的能力为技术能力即数据如何才能被收集、能够收集多少以及数据收集的极限为何；第四是分析框架问题，即数据如何被解读或整合以及数据如何基于潜藏在收集中的既定目标而被进一步框定。显然，以上四个要素中的任意一个内容均会对信息系统产生重要的影响，包括将要被产出的信息的特征、被收集数据的集合形态以及相应评判与奖惩结果的可能样态。

与数据识别和收集紧密相关的便是围绕判断而展开的数据使用行为。在这个相互关联的有机体中，识别与收集成了数据使用的基础和前提，目的是运用由它们所产生的信息或知识进行评估和判断，评估和判断是知识权力的运用以及对"呆滞"数据的激活。数据使用问题的中心是实现数据转化，即将识别与收集的数据转化为有用的、服务于特定目标的信息。这一转化过程中存在一种立基于数据的双向关系，也就是数据的聚合建构与意图实现的原则或目标之间的互动关系。同时，这种转化的有效性实现或是转化的质量在很大程度上依赖于数据的充足性，该充足性不仅是一个数量问题（数量的问题更多是在识别与收集阶段解决），更是一个质量问题，它对数据使用的能力有至关重要的要求和影响。

数据的运用需要一个有效的数据收集系统，同时又需要将所收集的数据进一步转化为能够为特定目标服务的信息。但是，为了实现数据整体行为的目标及其系统的完整运作，作为成果的信息尚需要传播与分享，进而将信息扩散至恰当的接收者手中。在传播过程中信息体现出了权力价值的

---

[1] Larry Catá Backer, "From Moral Obligation to International Law: Disclosure Systems, Markets and the Regulation of Multinational Corporations", *Georgetown Journal of International Law*, Vol. 39, No. 4, 592 (2008).

品行，这不仅是对收集者和评估者而言，也是对接收者以及根据接收的信息而采取相应行为的行动者而言。此处的信息在一定程度上可以被理解成一种"商品"，它的权力性价值来源于它的稀缺性以及接触上的限制性。信息和其传播分享的关系很好地体现于隐藏在信息系统（特别是机密信息系统）中的信息层级和相应的权力关系中，而这种信息层级与权力关系也暗示了数据处理行为中存在的多个层次。

（二）数据技术的权力要素：生成与解读

除了内部结构的复杂性以外，在外部效果上数据技术的迅猛发展和普遍应用亦引发了新的权力要素的生成。它既可能是固有权力的象征也可能是新型权力的标识，其权力维度至少包含两个方面的内容：一是形成了一种新型的外在强制力；二是形成了一种由知识话语所产生的权力话语体系。

现代数据技术已经具备对个人之生活资料、外在行为等事实的持续性记录能力，同时亦能够根据这些事实性的记录对数据主体进行精细的特质分析。数据处理系统强大的记录与分析能力催生了新的监管体制的诞生，该监管体制以数据运用为基础、以奖惩机制为核心，日渐成为整体性数据处理现代运用的典型代表并产生了重要的影响，例如全球普遍通行的个人征信，美国的对儿童性侵犯的行为追踪等。一方面，"数据要素"与"控制要素"相结合使监管的现代运用与传统运用在方式上发生了巨大的变化，现代科技力量的发展以及法律不能自行实施的认知，已逐渐推动监管从一种个别性、偶发性的管理或治理事件转变为普遍性、常态性的治理基础本身。① 另一方面，运用方式性质上的转变使监管已然形成了一种持续性的外在强制力，也可以说它就是外在强制力本身，它的效果与武器、法律符号相类似，人们在这些"强制力符号"的面前必须审慎思考自己的行为及可能后果。从表面上看，数据监管的强制力来源于客观手段和主观认知的结合，即无处不在的数据收集和身份识别与数据主体自身对这种持续

---

① Larry Catá Backer, "Global Panopticism: States, Corporations, and the Governance Effects of Monitoring Regimes", *Indiana Journal of Global Legal Studies*, Vol. 15, No. 1, 45 (2007).

性数据收集与应用认知的结合；从根本上看，数据监管的强制力很大程度上来源于其他的行为规范，这些行为规范不局限于法律，还包括源自特定场域和文化的规则、道德以及惯习，它们在背后扮演了最终评判者的角色。

此外，在由技术力量所引发的转变外衣下还隐藏着公私合作治理观念与社会责任义务理念的崛起，这两种理念为转变中的监管提供了规范性方向与正当性基础。由数据监管所产生的外在强制力在其运作逻辑上与旧有的强制力不同，特别是与法律的逻辑不同：法律的运作逻辑是"违规—惩罚"，其强调的重点是消极义务的遵从，义务主体原则上受到合规性推定的保护；相比之下，数据监管的运作逻辑是"合规—不罚/奖励"，其强调的已不仅仅是消极性义务的不违反，更是对主动性合规与否的持续观测，义务主体原则上是处在违规性推定的限制之中。换句话说，数据监管不再仅仅是基于已发生的错误行为和危险而进行的事后针对性追责，而是变成了一种几乎可以涵盖所有行为的普遍性的事前观测、预防与控制，并由此成为规范体系中至关重要的组成部分。例如，美国法院在一系列经典案例中的态度表明了其对监视的态度转变，以及肯认监视在日常管理中的持续性主动使用。在 1963 年 Graham v. Allis-Chalmers Mfg. Co. 一案中，[1] 法院认为，"在没有理由怀疑的情况下，董事没有义务安装和运营公司间谍系统来查找他们并没有理由怀疑存在的错误行为"。在这时，法院还主要是坚持一种"被动性"的监视理念。到了 1996 年 In re Caremark 一案中，法院则认为，"如果董事们未能持续地或是系统地践行监视，如在合理的信息与报告制度的建构上完全失败，则会导致诚信的缺失并进而使责任的落实成为空话。"[2]

当然，数据收集的目的往往并不是监管，例如许多市场主体并不以监管作为数据收集的目的，并且也无意往这个方向发展，因为这与其研究或商业利用的目标不一致甚至会冲突，而监控目的会大大削减人们提供数据的意愿。但是问题的关键并不在此，而是这种能力拥有的本身就是对这种

---

[1] Graham v. Allis-Chalmers Mfg. Co. , 188 A. 2d 125, 130 (Del. 1963).

[2] In re Caremark, 698 A. 2d 27 (Del. 1996).

强制力内容的解读，也是对这种强制力拥有可能性的解读，即如果数据控制者愿意便可以实施此种监管，"当下信息技术的普遍盛行和数据集和能力的加强已经模糊了信息收集与监管之间的界限"[1]。倘若对数据监管的普遍性还存有疑虑，对以此为基础的权力性质的普遍应用保持谨慎观望，那么整体性数据行为所带来的"知识话语性权力"便可以被视为无处不在的。培根提出了"知识即力量"的命题，在他的命题之中知识更多地被视为自然科学所诞生的强大物理性力量，这种力量在自然改造和人类战争中得到了显著体现。但从尼采开始，知识语境下的"power"实现了"力量"向"权力"的转变，权力意志成为世界的本质性要素，知识被刻画为实现权力意志的重要工具。开始于尼采但没有止于尼采，福柯一反宏观权力（特别是政治权力）的研究视野，采用相对主义和微观视角将权力动态化、关系化，强调权力的发生与运作机制而非掌控者，并在此基础上进一步将知识与权力的关系深化，认为它们之间存在相互内化的共生关系，"权力和知识是直接相互连带的，不相应地建构一种知识领域就不可能有权力关系，不同时预设和建构权力关系就不会有任何知识"[2]。

这种"权力－知识"的连带关系或共生关系在整体性数据行为的运作过程中得到了很好的体现，[3] 整体性数据行为的运作过程正是知识的产生过程。在数据的识别阶段对"主观性事实"的建构和承认本身就是知识的运用，或可以看作获得权力地位的知识的运用；数据收集使规模性数据的获得者得到了常人所不能拥有的知识，并且还通过数据的整合与挖掘进一步创造新的信息与知识；数据运用阶段的目的，很大程度上就是运用被确定的知识或新创造的知识来实现数据行为的主观目标或规范追求进而使知识进一步"权力化"；在数据的传播过程中，数据所产生的知识的等级性得到了明显的体现，数据、信息以及对信息的评估均可被视为权力的客体

---

① Lisa Austin, "Privacy and the Question of Technology", *Law and Philosophy*, Vol. 22, No. 2, 119, 151 (2003).

② 〔法〕福柯：《规训与惩罚》，刘北成、杨远婴译，生活·读书·新知三联书店，1995，第29页。

③ Robert J. Thierauf, "Knowledge Management Systems for Business", *Westport Connecticut: Quorum Books*, ⅶ, 6 (1999).

与对象，对顶层（机密）信息的接触就要求接触者需要符合一定的规范和行为准则，作为回报接触者通过访问这些信息获得了相应的权力，在这个过程中就存在身份地位、权力与信息接触之间的正相关性。

（三）数据社会风险再分析：数据处理的不稳定性与权力分配的不平衡性

第一，从整体上看数据处理充满了不稳定的主观性要素，而且这些主观性要素的介入往往十分隐秘。数据的识别，包括被人们看作"客观事实"的原始信息，本身就潜藏着强烈的主观性判断色彩，这种主观性要素的介入使数据信息工程在基础阶段就充满不稳定性并可能贯穿于整个数据行为体系的始终。国内现有研究对算法歧视的关注较多，算法歧视现象可以理解为数据处理主观性色彩的体现，而这种主观性偏见很可能从一开始就被掩藏在所谓的"原始信息"的数据母体之中。这种主观要素上的不稳定性与"理解的变化"和"数据源腐败"相结合，很可能导致数据信息工程自身的不稳定性和易被操作性，进而使其所欲追究的客观中立的结果输出目标不能实现，以信息的客观性为正当化旗帜的使用与判断体系有被严重破坏的巨大可能性——甚至根本就不能存在。同时，在其他的行为类型环节中主观性的不稳定要素会出现叠加现象，数据收集环节的收集范围、重点划分以及分析框架的确定，都蕴含着主观性判断和价值性目标的参与，而基于特定目标的数据整合、数据转化和转化后的信息传播与扩散更无法逃脱其服务的主观语境和层级秘密性的影响。

第二，在具体运用层面数据处理系统具有复杂且高难度的操作要求，单就客观应用层面来讲就很难满足安全性和可靠性。一方面，数据收集能力的要素高度依赖于技术的发展与应用，现今的技术能够完成广泛收集的任务但未必能实现无一例外的准确性目标而其整合的智能能力也有待检验，加之人类出现的对科技高度依赖与盲目自信的心态（computer decisions are error-resistant）[1]，仿佛科技成了新的上帝而数据系统自身便是其

---

[1] Danielle Keats Citron，"Technological Due Process"，*Washington University Law Review*，Vol. 85，No. 6，1254（2008）.

运用的正当性基础。这也极易导致数据信息工程陷于"准确性的马太效应"之中，即准确的越来越准确，错误的越来越错误。此外，不论是个人数据安全还是主权数据安全都需要建立在不断革新发展的科技能力之上，而科技能力的进步本身就是双刃剑，持剑者可能是守卫者也可能是破坏者，这也很可能意味着在技术层面寻求对数据安全的保护是没有止境的。另一方面，明确且正当的数据处理往往还需要"合比例原则"之审视方式的介入：既要满足客观性要求即数据收集应该达到必要的数量充足性，又要满足相关性要求即数据收集应该保持与作出判断所需要的数据之间存有密切关联，还要满足目标性需求即数据收集需要展望其与欲推动或实现的原则或目标之间的联系。但是如果没有相应机制的建立，这样的审查方式在数据处理运作过程中往往会被忽视或省略。

第三，数据处理系统作为一种判断依据或得出判断的方式存有显著隐患，特别是在基于数据而产生自动化决定的方面。当下对基于数据而作出评估判断的依赖度越来越高，这种依赖很大程度上源于数据及其处理系统的可测量性、可分类性与客观性，希冀于这种机械化和中立性的技术运转排除人们的主观恣意并防止由此产生的不一致性和不稳定性，进而满足可预测性和稳定性的社会运行需求。但事实上数据行为不可能摆脱人类的主观建构而实现中立，同时也很难完成或是独自完成复杂的评估与判断任务。数据处理中所谓的可测量性也往往只是结果性事实的呈现，很难提供完整而又生动的过程描述从而对行为结果之原因的了解与考量匮乏。[1] 数据化自身的潜藏观念是作为被观察者的部分能够代表其整体，[2] 可片段性的事实捕捉与实质性正义之间存在显而易见的张力。同时这样的判断方法也具有"天生的保守性"，会夸大人们过去行为所产生结果的影响并不断地基于人们过去的行为来评判当下。而且数据处理系统在许多场合下无法或者说至少目前不能满足正确判断或"真理"寻求的要求，特别是在自然

---

[1] Daniel J. Solove, "Privacy and Power: Computer Databases and Metaphors for Information Privacy", *Stanford Law Review*, Vol. 53, 1400 – 1413 (2001).

[2] Larry Catá Backer, "Global Panopticism: States, Corporations, and the Governance Effects of Monitoring Regimes", *Indiana Journal of Global Legal Studies*, Vol. 15, No. 1, 30 (2008).

科学和经济计量领域之外，数据系统评估和判断对象往往是人或人的行为，评估和判断的依据往往是伦理道德或实证法律等社会规范甚或是一些基本的法理和理论，这样的断定与判断不能也不应单纯基于一种不完整的"可观测性"的结果得出。从诠释学的角度观察，基于数据系统的评估与判断（特别是由其产生的自动化判断）能否出色扮演规范或理论解读与运用的角色是值得怀疑的。"站在法律诠释学的立场上，法律文本不是一个总传达给法律适用者相同内容的自在客体，更像一个法院每断一案对此总有新的理解的总谱；对法律的阅读和使用，不是纯复制或复述，而也总是一个创造行为。"[1] 对于包括法律在内的社会规范的运用甚至其他一些行为或人格评判理论的运用都可能遇到诠释的需要，这里就牵涉到"在规范和事实间流转"与内涵创造革新的问题，数据处理系统很难承担这一重任。

第四，数据监管强制力的形成易导致个人自主空间的过度压榨进而损害个人尊严和自由。数据监管强制力的形成将问题探究的视野牵引到传统的"权力－权利"的思维框架之中。从技术能力层面分析，数据监管已经获得了前所未有的能力支持，它依托于网络、现代通信设备等新科技的普及与发展，获得了无限的数据储存与收集能力，并在记录和观察方面具有强大的普遍性和持续性。同时，该种强制力的占有已不再仅仅是国家所独享，其他类型的实体单位也具备这样的能力并逐渐在自己的日常工作管理中运用该种技术。此外，作为支撑数据监管运用正当性的观念基础，"法律不能自行实施"与"社会责任义务理念"都在一定程度上对个人行为的合规性提出了更高的要求，前者力图使个人对规范的遵从模式由不违反到积极遵守，后者将个人的目标追求在未经对话的情况下引导至集体利益的维护之中，加之数据监管背后所隐藏的规范依据又不单单是法律，还可能是社会公德、职业道德、组织章程等内容，这就加剧了个人合规义务的内容负担并延伸了对个人义务内容要求上的未来可能性，从而无形中进一步限缩个人自治的空间。个人行为自由受到阻却，例如"以女性选择堕胎

---

[1] 郑永流：《出释入造——法律诠释学及其与法律解释学的关系》，《法学研究》2002 年第 3 期，第 32 页。

为例……不充分的个人数据保护所带来的威慑力，不仅会产生一种一般性的不安全感或压抑感，它也可能导致女性放弃性关系或承受自己并没有计划孕育的孩子"①。个人形象呈现或身份自我决定受到限制，"个人形象以相对的公私场域为界分，可以划分为私人生活形象和公共生活形象……信息技术的普遍运用可能导致个人失去对两种形象控制和塑造的能力"②。

第五，整体性数据行为所产生的"知识话语性权力"加剧了社会结构的不平衡性并强化了个体的无力状态。将福柯的"权力与知识共生关系"的论断运用到数据处理行为中可以展现出"数据－权力"的双向进路，但无论是由权力到知识再到数据，还是由数据到知识再到权力，权力的生成及作用的发挥均需要强大的数据能力，而此处所谓的数据能力的关键并非数据自身。知识是经过筛选、处理和分析所得到的信息并以大规模的数据量为基础，故而单纯地拥有数据或只是拥有少量的数据均不能完成数据到知识再到权力的进化，处理和使用数据的技术才是核心要素。但这种拥有和使用数据的能力以及对这种能力的天然性诉求在社会中的分配极为不平衡，这也就导致了日益增长的"权力关系的不平等性与不均衡性"。在以社会分工为基础的环境中这种强大能力的拥有者和追求者一般是大型的公共机构与私营组织，个人在自己的日常生活和工作需要中并不主动地追求此种能力，也很难具备拥有此种能力的条件。尽管通过福柯的论证我们可以发现权力与知识对彼此的创造力，但是权力与知识的相对独立性以及权力所具有的压制性力量仍然存在，对这种力量的抵抗和对力量不均衡性的修正应成为建构平衡性社会结构的重要考量。同时，作为强大数据能力的掌控者，不论是公共机构还是私营组织在当下大都采用了科层性的运作模式，虽然在韦伯的描述下科层式的组织机构有明确的目标并十分注重效率和目的实现，可是他也注意到了科层制所固有的"去人性化"特质，这种"去人性化"特质的消极面向便是尝试消除"爱、恨以及所有纯粹为个人

---

① Ann Bartow, "A Feeling of Uneasy about Privacy Law", *University of Pennsylvania Law Review*, Vol. 155, 52, 62 (2006).

② Orla Lynskey, *The Foundations of EU Data Protection Law*, Oxford University Press, 219 - 220 (2015).

的、非理性的、感性的要素，这些要素不是科层制欲考量的"①。此外，整体性的数据行为虽然包含很强的主观性，其运作的方式却可以被称为是机械的，这种机械性是指数据运作的强烈目标性和数据运用中个体描述的缺失性，而这种"去人性化"的组织运作范式与"机械性"的数据处理模式相结合进一步突出了效率和目标的考量，并加剧了对个体性和个人尊严的冷漠与忽视。

四 个人数据法律保护的意涵：从信息到数据，从权益到尊严

个人数据的法律保护于近些年已然成为我国法学研究的热点问题，这与数据技术的迅猛发展及其与社会生活的紧密相连密切相关，关于个人数据保护立法的提议和准备工作也稳步展开，在此时对个人数据法律保护的意旨和方向进行概括性的总结与介绍确为社会客观发展和主观建构的题中应有之意。

我国现有研究对个人数据法律保护之必要性和应然性的证成方式主要围绕权益分析展开，对单一权益基础之证成的主要目的在于从既有的法律规范体系中寻求个人数据保护的存在空间的发展方向。但是既有的证成内容往往未能实现形式与内容的统一，忽略了数据保护在各国诞生之初所呈现的权益基础之纷杂局面，也往往漠视了权益基础在国外已然经历的动态演变过程。更为重要的是，单一权益基础的逻辑进路蒙蔽了数据问题在权益领域的复杂性。个人数据保护所涉猎的传统权益种类繁多，若没有经历司法实践及相伴的理论再造的发展推动，我国法律体系中任何既有的单一传统权益都不能将其涵盖，而且强行的涵盖还很容易造成既有法律权利体系之功能系统的紊乱。此外，我国学界在该主题中一直存在"信息"与"数据"两者混同使用的现象，然则数据保护与单纯的个人信息已经发生

---

① Daniel J. Solove, "The Darkest Domain: Deference, Judicial Review, and the Bill of Rights", *Iowa Law Review*, Vol. 84, 941, 1017 (1999).

了"若即若离"的关系并成为独立的主题，而且仅仅从作为成果的信息关注表象的实体权益不能帮助我们全面地阐明个人数据法律保护所牵涉的其他根本问题。

事实上，数据的保护问题在很大程度上已经与个人信息的保护问题产生了分野，具有很强的独立性。正是在此意义上个人数据保护权利的名称为何并不重要，重要的是将其与其他权利相区分并确立相应的保护方法，[①]而且正是数据的保护问题才引发了国外相关领域的理论发展和立法浪潮。我国在此领域基本上统一采用了个人信息的表达方式，并将个人信息与个人数据等同视之，这在很大程度上源于单纯由权益基础为进路的研究方式的束缚，个人信息作为数据的承载内容与个人的表象权益或是利益联系更为密切。但是，个人数据保护的问题之所以成为当下之显学，更大程度上是源自数据的技术化和社会化所带来的深刻变动。数据的处理系统由一套行为序列组成，具有很强的联动性和隐蔽性，需要专门性的法律规范介入，并设立细致的行为规则，而数据化所引起的认知风险、权力失衡以及背后"人的异化"[②] 的问题更应成为个人数据法律保护规范所需考量的对象，这种视野的介入有助于我们突破既有的权益或利益比较方式。权益角度之分析的一种典型方法便是将个人数据的"原料"进行价值分类和比对，比较典型的做法就是将数据中所运载的个人信息的价值分为个人的尊严价值、企业的商业价值或社会价值以及政府的公共价值，并在此基础上进行价值分析和比较。但是，这种简单源自"功利主义"的方法具有很强的不稳定性和不科学性，一方面，不仅是质的计算和测量，就连量的计算和测量也十分困难，故而会导致不同的结论；另一方面，实际上若将人的尊严列为价值之一，便在很大程度上拒绝了将人的尊严与其他利益比较的方法（或者为人的尊严在比较中提供了优势地位），康德对善良意志的强调和人为目的的论断，作为一种绝对主义的道德观本身就是对后果主义道德观的批判，个人尊严命题本身就代表了自身的不可度量和不可交易。

---

① 程啸：《论大数据时代的个人数据权利》，《中国社会科学》2019 年第 3 期，第 114 页。

② 蓝江：《从物化到数字化：数字资本主义时代的异化理论》，《社会科学》2018 年第 11 期，第 111 页。

基于以上分析，个人数据法律保护之议题需要独立确立并以此为基础深化研究，包括对个人数据保护法的深化理解和个人数据权利的证成及内容等。同时，个人数据的法律保护仍应以"个人"为本位，仍应以"个人尊严"的尊重和保护为基本的原则，但这样立意的基础和所指已不单单是个人权益保护的视角之下，认知风险、权利失衡和人的异化赋予了个人及其尊严保护之应然面向以更为牢固的根基，个人数据保护的法律规范应定义为该领域的"正义法"，其所强调的面向恰恰是克服单纯效率、功利和计算的正义与公平，"社会基本制度的正义必须建立在正义对效率的优先性和自由对利益的优先性之上"①。

---

① 齐延平：《论社会基本制度的正义——对罗尔斯正义论的讨论》，《北方法学》2007 年第 4 期，第 19 页。

工
商
业
中
的
人
权

工商业人权治理的历史回眸
与实现路径之展望[*]

——暨《工商业与人权指导原则》核可十周年

徐亚文　黄　峰^{**}

摘　要：在工商业人权治理方面，中国政府将社会主体履行法定义务和承担社会责任纳入《法治社会建设实施纲要（2020—2025）》，将工商企业尊重人权纳入国家人权行动计划、社会责任国家标准、法律文本、投资及贸易政策。但工商业仍然面临"输入型"、"输出型"、"软法"失效以及法治营商环境构建的人权困境。2021 年是《工商业与人权：实施联合国"保护、尊重和补救"框架指导原则》核可十周年。以此为契机，对国际社会实施工商业人权治理的历史和中国治理政策理念的转变进行回顾分析。在坚持合作治理的基础上，通过完善和优化人权治理措施来阐释并构建新的治理路径。

关键词：工商业与人权；人权实践；人权困境；人权尽责；社会治理

一　问题的提出

经济全球化背景下，工商业具有突破地区界限、行业界限和规模界限

---

* 本文系教育部国家人权教育与培训基地重大项目"工商业与人权研究"（项目编号：17JJD820019）的阶段性成果。

** 徐亚文，武汉大学法学院教授、人权研究院秘书长，法学博士；黄峰，武汉大学法学院博士研究生、人权研究院助理研究员。

的特质。工商企业的生产经营、投资贸易等商业行为已对利益相关者权利造成实质影响，并对人权保障形成极大挑战，进一步加重了工商业发展与人权保障之间的紧张关系。[①] 2020 年 10 月 29 日，一段关于某家具厂组织以"心灵成长"为主题的巅峰培训视频引发舆论关注，并受到社会公众的强烈谴责。视频中员工情绪激昂、跪地自扇耳光，甚至被要求脱去上衣，疯狂地边喊口号、边双手拍地。这种企业培训与其说是"巅峰"，还不如说是"癫疯"。美其名曰"心灵成长"，实质却是"人格摧残"。面对舆论挞伐，企业方却声称跪地自扇耳光是员工自愿，此种态度令人咋舌。不仅如此，"幼儿园虐童"、"三鹿毒奶粉"、富士康员工"N 连跳"、"魏则西事件"以及"长生疫苗"等频频登上媒体热搜。人权侵犯的惨痛教训仍历历在目，企业人权侵犯事件却再次上演，凸显了工商业人权保障理念和人权尽责机制的缺失。工商企业应当加紧完善自身人权保障机制和培育人权保障文化。当然，工商业对人权的挑战和影响，绝不仅仅是中国问题，同样也是世界问题，"血汗工厂"、环境破坏以及资源掠夺，土著社区破坏、腐败甚至武装冲突等侵犯人权事件的背后也都能发现工商业的影子。然而，立足于中国国情，如何有效引导企业在追求经济效益的同时，积极回应利益攸关者的核心关切，是我们不能逃避的现实问题。

过去，中国政府也已认识到工商业发展过程中所带来的人权挑战问题，亦采取诸多措施以避免或者消除由此带来的风险。但是，从上述频现的人权侵犯事件来看，政府所采取的相关保障举措已经捉襟见肘，甚至失效。如一些规范指引仍停留在倡导式、自愿式的宏观治理层面，其措施的执行高度依赖企业的自律，监督机制亦不完善。"加之缺乏法律层面的强制性保障和可救济性机制，致使企业至今仍面临多重人权困境。"[②] 鉴此，笔者认为工商业人权保障在坚持原宏观治理的基础上，需要进一步强化相关举措的可执行性，也即对微观治理路径予以完善。

---

① 工商业：英文中"business"在汉语中有多种翻译。本文将根据上下文需要，同等使用"工商业""工商企业""企业""公司"。

② 参见程骞、徐亚文《人权视角下的公司环境责任——兼论"工商业与人权"框架的指导意义》，《中国地质大学学报》（社会科学版）2015 年第 5 期。

二 国际社会实施工商业人权治理的历史进路

1924 年，英国学者欧利文·谢尔顿首提"企业社会责任"（corporate social responsibility）的概念。"这一术语设定了工商企业应当承担满足产业内外各种人类需要的公共责任。"① 经济全球化带动了跨国公司的发展，并将发达国家的市场经济模式推向国际社会。跨国公司在追求自身发展的同时，所实施的对利益相关者的危害行为也受到公众的广泛关注。20 世纪 80 年代开始，发达国家逐渐兴起企业社会责任运动，消费者不再仅关注产品质量这一单一要素，而将目光扩展至生态环境、劳工权益等环境与社会议题。企业社会责任迅速成为全球的热门话题。工商企业能够影响人所享有的所有类型权利，可能致使人权受到严重侵害。在当时，大型跨国公司是造成人权侵犯事件的主要肇事方。但囿于工商企业并不是国际人权法的责任主体，并且相关国际法中并没有针对工商企业实施人权失范行为的直接规定。围绕工商企业人权责任的制度构建成为国际法领域的重要议题。联合国主导构建的工商业人权责任制度经历了从法律规制到合作治理的转变，有学者将这两个阶段概括为"私体公法化"与"公法私体化"② 两个维度。

（一）法律规制的工商业人权治理模式

法律规制，是指将工商企业作为国际公法的规制和责任主体，以及国际人权实施机制的制度客体。1950 年以来，随着全球反殖民运动的顺利推进，殖民地国家纷纷取得了政权的独立。"囿于发展中国家的现实状况，经济并未随着政治独立而实现独立发展，依然面临严重依赖向发达国家出口原材料和初级产品的窘境。"③ 发展中国家在联合国体系中影响力不断提升，为上述不公正的贸易情况与新兴国家人权保障问题得以解决提供了

---

① See Oliver Sheldon, *The Social Responsibility of Management*, Bingley, MCB UP Ltd, 1924, p.231.
② 参见梁晓晖《工商业与人权：从法律规制到合作治理》，北京大学出版社，2019，第 16～17 页。
③ See Ruth Gordon, "The Dawn of a New, New International Economic Order?", *Law and Contemporary Problem*, Vol.72, 2009, pp.131–162.

契机。发展中国家欲利用在联合国大会的绝对优势推动建立——摒弃经济制度和社会制度因素——基于主权平等、贸易公平和互利合作的国际经济新秩序。《发展权利宣言》的通过，将发展权确立为一项基本人权，为人权和发展架起了桥梁。通过人权背后所设定的权利义务关系，保障新兴国家发展权的实现。但因发达国家的集体反对，发展权并没有如其他基本人权一样对新兴国家产生积极影响。

实行法律规制的导火索有两方面。一方面，跨国公司通过转移定价、跨国布局以达到逃避法律和税收的目的，因而在发展中国家急速扩张。而东道国并未能在跨国公司投资经营中获得应有的经济利益，这种现象也被称为新形式的经济侵略或者经济殖民。另一方面，随着跨国公司在拉美、非洲以及阿拉伯等地区参与推翻地方政权以及大范围行贿官员等诸多丑闻被爆出，发展中国家将上述人权和经济发展问题直接归咎于跨国公司。上述两方面的原因，使发展中国家政府开始放弃与跨国公司所属的发达国家进行合作治理的想法，转而利用占据优势的联合国平台推动对跨国公司实施法律规制，也即"私体公法化"①。

法律规制模式的确立依据。为对抗新形式的经济殖民主义，发展中国家开始利用联合国平台以及国际法上的主权依据推动法律规制理念的具体实施。"1971 年，联合国发布的一份报告显示，一些跨国公司的规模和势力可能要远超东道国的经济体量，对工商业人权治理带来了巨大的隐藏威胁。"②1972 年，联合国经社理事会决议设立国际关系研究组织，主要研究跨国公司行为对发展中国家发展进程的影响。由其发布的研究报告——《跨国公司对发展和国际关系的影响》——为对跨国公司进行法律规制提供了正当性和必要性依据。"1974 年，联合国大会通过《各国经济权利和义务宪章》，其宗旨目的就是让东道国政府有权对其管辖区域内的跨国公司行为进行管理和监督，并采取积极措施保证行为符合法律法规，以及东道国的经济和社会

---

① See Judith Richter, Holding Corporations Accountable: Corporate Conduct, International Codes and Citizen Action, Zed Books, 2001, pp. 8 – 9.

② See United Nation Department of Economic and Social Affairs, World Economic Survey 1971: Current Economic Developments, E/5144, Sales No. E. 72. II. C. 2, 1972, p. 10.

政策。"随后，经社理事会决定设立跨国公司委员会（CTC）以及联合国跨国公司中心（UNCTC），并于1990年提交了《跨国公司行为守则》的草案稿。

（二）合作治理的工商业人权治理模式

合作治理，是指工商业实体将属于国际人权体系内的公法规范融入自身内部管理制度之中，从而推动人权保障的实现。经济全球化进程的加速对发展中国家的经济发展产生了巨大的影响，使世界各国的经济关联度和依赖关系达到前所未有的高度。尤其注意，经济全球化改变了发展中国家对跨国工商业实体在人权治理模式方面的态度。经济全球化背景下，一方面，发达国家之间的经贸关联程度加深，作为绝大多数跨国公司的注册国，发达国家拥有巨大的经济利益，因而反对存在任何逆全球化的规制性约束；另一方面，拥有极大意愿摆脱债务危机泥淖的发展中国家，因受益于跨国公司和外国的直接投资所获得的经济利益，对跨国公司的态度从心怀芥蒂转向友好合作，进而，在发展中国家占据优势的联合国也逐渐转变敌视态度，对相关的法律规制进行"松绑"。

经济全球化是一把双刃剑。20世纪80年代末期，归功于经济全球化的推进，新自由主义市场经济模式逐渐被发展中国家认可和接受，并制定和实施了投资准入自由化、贸易自由化以及放松政府管制等一系列自由化政策，如为了争夺投资者，东道国政府放开涉及劳工权益、环境保护以及消费者保护等方面的法律和政策的规制，同时也放松了对企业具有广泛影响的社会政策。人权理念和人权规范借助经济全球化得以在世界范围内传播，名正言顺成为合理合法的国际关切。全球化的双刃剑效应使工商业实体主动参与人权治理的价值逐渐显现。首先，互联网通信技术的快速发展打破了人们相互联系的时空限制，尤其是发达国家的消费者，能够以更快的速度了解到工商企业在东道国或者与供应链相关的其他国家对人权的侵害情况，因而爆发了针对环境保护、人权保障等"自下而上"式[①]的全球

---

① See Jeremy Brecher, Tim Costello, Tim Costello, and Brendan Smith, *Globalization from Below: The Power of Solidarity*, South End Press, 2000, pp. 61 - 81.

化抵制运动。这使工商企业——尤其是跨国公司——不得不将人权治理作为参与全球化市场竞争的必要发展战略。其次，"伴随着联合国'人权主流化'（Mainstreaming Human Rights）实施机制的有序推进，国家不再是履行人权保障义务的唯一主体"①。国际社会要求工商企业切实履行人权责任的呼声愈加高涨。所以，将工商企业作为人权治理的参与主体成为应有之义。如联合国人权高专多次呼吁："人权是企业的核心竞争力。"② 最后，在全球市场竞争过程中，工商企业愈加认识到品牌、商誉已经成为企业的核心商业利益，供应链的任一环节出现问题都可能导致自身成为被抵制和拒买的对象。基于上述原因，企业主动地将人权规范纳入自身发展战略中来，也即"公法私体化"。

合作治理模式确立的依据。2011 年 6 月，《工商业与人权指导原则》（以下简称《指导原则》）在联合国人权理事会被核准通过，这是合作治理模式得以确立的重要依据。《指导原则》建基于三个支柱，支柱一：国家负有保护人权不被包括工商企业在内的第三方侵害的义务；支柱二：工商企业有尊重人权的责任，通过尽责机制避免侵害人权并处理由此带来的负面影响；支柱三：受害者更加容易通过司法或者非司法途径获得补救。《指导原则》并非基于给工商企业创设法律义务的初衷而制定的。它的规范效力来源于国家和工商企业认可公众对人权保障的社会期望。关于工商企业应当在多大程度上承担人权责任的问题，有的利益相关者认为：企业尊重人权的责任只能作为实现人权保障的最低限度。工商企业，尤其是跨国公司，在所在国进行生产经营活动获得了丰厚的经济利益和资源，应当积极参与并改善所在国的人权状况，进而推动人权事业向前发展，而不仅限于承担尊重义务。但在《指导原则》看来，国家仍是推进人权事业发展的国际法主体，而非工商企业。另外，"为确保供应链环节的人权保障，《指导原则》是通过买方施加'影响'来保障下游供应商履行尊重人权责

---

① 参见张万洪《论人权主流化》，《法学评论》2016 年第 6 期。

② See Office of the UN High Commissioner, Business and Human Rights, A progress Report, https://www. ohchr. org/Documents/publications/BusinessHRen. pdf, 最后访问时间：2020 年 11 月 8 日。

任的，如终止与下游供应商合作"①。

三　中国实施工商业人权治理的实践与困境

在人权治理实践中，人权尽责是关键一环。工商业人权尽责（human rights due diligence），是指"为了确认、防止和缓解负面影响而采取的风险管理机制"②。人权尽责源于社会对工商业在人权方面寄予的重望。因此，实施人权尽责绝不是消极不作为，而是应积极采取有效举措，避免侵犯利益攸关者权利，并用积极行动来消除由此产生的负面影响。从宏观治理的角度，中国政府已将工商业实体作为人权尽责的义务主体，并将其贯穿于相关人权治理举措的践行过程之中。但在实践中，人权治理也面临"输入型"、"输出型"、"软法"失效以及法治营商环境构建的人权困境。

（一）工商业人权治理的具体实践

将人权尽责纳入法治社会建设实施纲要。2020 年 12 月 7 日，中共中央印发《法治社会建设实施纲要（2020—2025）》。该纲要指出，社会重要领域需要通过立法完善方式实现统筹治理，有效增强公民的权利意识，切实维护各主体的合法权益。市场主体必须坚持权利和义务相统一，积极履行法律义务和社会责任。人权尽责作为社会责任的重要内容，企业积极履行尽责义务自然是应有之义。

将人权尽责纳入国家人权行动计划。《国家人权行动计划（2016—2020 年）》在第四部分"人权教育和研究"中，将提高教育与培训力度、提高社会公众意识、搭建研究平台作为总要求。在标题设置方面增加了人权研究的表述。在具体内容表述中"加大力度""提高意识""搭建平

---

① 参见 Radu Mares、张万洪《工商业与人权的关键议题及其在新时代的意义——以联合国工商业与人权指导原则为中心》，《西南政法大学学报》2018 年第 2 期。

② 参见联合国人权理事会《工商企业与人权：实施联合国保护、尊重和补救框架指导原则》2011 年 6 月 16 日第 17/4 号决议，第 17 段。

台"，则凸显了政府对构建更加积极的人权保障机制的强烈期望。这也是中国政府落实联合国《指导原则》的具体举措，是国家积极引导工商企业在其经营过程中践行尊重人权责任的必然要求。另外，第五部分提出：推动海外中资企业遵守东道国法律，并履行社会责任。其他，如要求企业完善职工待遇保障、妥善处理劳资纠纷、强化安全责任及预防职业病；"建立健全政府、社会公众与工商企业三方的共同治理体系"。①

将人权尽责纳入社会责任国家标准。2010 年 9 月，《ISO 26000 社会责任指南》这一适用于全球工商业的国际社会责任标准被核准。其中，中国投出赞成票。这也是中国政府继支持《指导原则》后又一次用行动表明，官方承认工商业应当承担人权尽责的责任。2015 年，《社会责任指南》国家标准（GB 36000）发布。它主要涉及工商企业履行社会责任的内容，履行过程中应遵循的基本原则，市场主体践行社会责任的基本实践以及社会责任的核心主题。该国家标准界定人权、劳工实践、环境以及消费者等七项核心主题。劳工实践这一主题中，有四项议题内容也都与企业人权治理密切相关。另外，"其他主题之下，消费者的安全健康、隐私和信息保护、社区参与以及社会投资等相关子议题也都成为工商业人权治理的参考建议"②。总之，在《社会责任指南》国家标准（GB 36000）中，明确"社会组织应当在劳工、环境、企业治理、消费者利益保护等方面贯彻尊重人权的要求，并认可尊重人权义务的重要性和普遍性"③。

将人权尽责纳入法律文本。《公司法》第 5 条规定：公司应当承担社会责任。虽未明确提及人权尽责的表述，但人权尽责作为社会责任核心主题，可以被认为是工商企业的一项义务。通过将社会责任纳入法律文本，也相应确立了工商企业履行人权尽责的主体地位。但承担社会责任作为"应当"式责任，并未规定公司在不履行其所应当承担的社会责任时应承担何种不利后果。因此，从立法的角度来看，《公司法》中规定公司应当

---

① 参见隽薪《国际投资背景下的跨国公司与人权保护》，法律出版社，2019，第 293~294 页。
② 参见于帆、陈元桥《GB/T36000-2015〈社会责任指南〉国家标准解读》，《标准科学》2015 年第 10 期。
③ 参见郝琴《社会责任国家标准解读》，中国经济出版社，2015，第 27~39 页。

承担社会责任的属性，应当被界定为一种"软法"责任①。屡屡发生的工商业人权侵犯事件，让我们再次看到"股东至上""资本至上"理论仍牢牢占据工商企业决策机制的显赫位置，在经济效益面前，欲通过工商企业自愿履行人权尽责这一治理义务显然是无效的。

将人权尽责纳入投资政策。2008～2018 年，陆续发布了《关于中央企业履行社会责任的指导意见》《"十二五"规划纲要》《国家发展改革委重大固定资产投资项目社会稳定风险评估暂行办法》《境外投资管理办法》《民营企业境外投资经营行为规范》《企业境外投资管理办法》等文件，要求工商企业在推进重大投资项目的初始阶段，应当对项目的实施所产生的社会稳定风险进行综合性的调查分析，也即人权尽责。以利益攸关者的意见作为评价项目履行人权尽责义务的标准。将履行社会责任纳入其日常治理，建立以发布可持续发展报告的形式定期向社会公众进行通报的机制。文件要求在境外投资的中国企业在东道国经营过程中，应当积极践行社会责任，推动东道国经济发展。尽管上述文件中未明确提及人权，但鉴于中国政府官方表态以及社会责任国家标准中对"社会责任"范围的界定，有理由认为这些文件都是对海外中资企业履行人权责任的期望。但不可否认，项目单位为了商业利益，在风险评估和征询利益相关者意见时存在流于形式，甚至数据造假的情形。

（二）工商业人权治理的主要困境

"输入型"的人权挑战。自 1990 年以来，我国沿海城市的工商业，尤其如纺织服装、鞋帽玩具等传统制造企业，开始接受并应对来自供应链上游采购商的"人权验厂"，由此中国制造企业开始被动了解和履行人权尽责的强制性要求。上游采购商实施"人权验厂"的主要方式是依靠"供应商行为守则"，守则内容的主要渊源来自联合国的人权公约、人权文件以及国际劳工组织等相关机构制定的人权文件等。通过契约的形式来约束下游制造企业切实履行人权责任，形成了"不遵从即不交易"的商业合作

① 参见蒋建湘《企业社会责任的法律化》，《中国法学》2010 年第 5 期。

格局。"由于工商业者普遍缺乏人权尽责的意识和实践，面对上游品牌商和采购商实施的人权风险转嫁，以及采购商'警察式'的监控，工商业者显得手足无措，只能被动接受和应对。"① 由此，可以看出，供应商行为守则是一种消极未经协商的合作机制安排。这一制度性安排将供应链中的商品设计、服务以及经营和加工进行分离，实现了产品生产制造的风险转移。也即在该机制下原本隶属于不同国家的工商企业无须为产品设计、制造以及销售中其他工商企业造成的人权风险埋单，从而使位于供应链不同环节中的生产企业，实现了各自的"人格独立"，并有利于采购商按照供应链中的生产企业所在地的劳动力成本获得相应产品，取得价格优势，同时也免除了存在的人权风险。为防范工商业人权风险，直接导致出口制造型企业成本和管理压力的增加。

"输出型"的人权挑战。工商业人权尽责已成为全球性的运动，加之其泛政治化倾向，其正成为国家之间利益的博弈工具。《2018年度中国对外直接投资统计公报》公布的投资数据显示：2018年中国对外直接投资列全球对外直接投资总量的第二位。中国的海外投资利益比重越来越大，一些西方国家以人权为由编造谎言，以达到其丑化中国政府和中国企业的恶毒目的。这种做法已经严重威胁到中国海外的发展利益和工商企业公平竞争的国际市场环境，也警示我们必须尽快完善相关人权治理机制。当前，工商业人权治理这一软实力竞争，已成为世界各国海外投资竞争的主战场。"这也使得'走出去'的本土企业所面临的人权挑战更为显性化、复杂化。"② "输出型"人权困境揭示了企业工商业人权尽责意识及机制的缺失，未能够及时对其经营业务中涉及的人权影响进行常态化评价。同时，因中国企业在人权尽责方面的实践仍处于初级阶段，这也就给发达国家跨国公司利用其在全球价值链中的影响力，在缺乏发展中国家参与的情况下，制定有利于其自身的、单边性社会责任标准以可乘之机。由西方国家主导制定的社会责任标准，使发展中国家凭借其较低的社会、环境标准

---

① 参见梁晓晖《供应商行为守则的特性分析及其对权益保护的法律意义》，《清华法律评论》2007年第二卷第一辑。

② 参见梁晓晖《工商业与人权：从法律规制到合作治理》，北京大学出版社，2019，第195页。

而取得的低成本优势变成了企业发展的负面资产，导致"水土不服"。如"未获得 SA8000 认证的所有发展中国家企业潜意识中就已经被贴上了'压榨工人'、'剥削童工'、'不人道'等标签，极大地损害了发展中国家企业的信誉度和消费者的满意度"①。

"软法"失效的人权挑战。长期以来，社会大众、工商企业，甚至政府部门都错误地将社会责任等同于慈善责任，也即将公益捐献作为衡量企业履行社会责任的唯一评价标准，或者囿于社会责任的"软法化"而无所作为。这些错误的价值导向直接使工商业未能积极采取切实措施来保障人权尽责义务的有效实现；甚至在明知其行为可能触碰法律"高压线"的情形下，不惜以牺牲利益相关者权益来换取金钱资本，以满足自身的需求。造成上述问题的原因，如前所述，因《公司法》第 5 条未设定相应的法律责任，从实际成效来看，其要求已经"名存实亡"，最终沦为没有牙齿的"老虎"，也未能有效推进工商业人权尽责治理体系的建立。加之，一般来说，在人权侵犯事件中，受损害者都处于较为弱势的地位，面对权益被侵害敢怒不敢言，出于维权成本、工作机会等各种顾忌而不敢维权、不能维权，最终不得不逆来顺受。反过来，这也助长了部分企业实施侵害人权行为的嚣张气焰。鉴于当前工商业发展水平参差不齐，内部治理机制不完善，而人权尽责又是一项复杂性的系统工程，不能排除实施人权尽责不到位、不全面的现实问题。这就使相关工商业者一旦实施某行为，将会直接受到刑法惩罚而没有有效的缓冲区。在人权尽责角度，这种不确定性的人权风险，极大限制了企业积极社会效果的实现，也阻碍了市场活力的释放。

法治营商环境构建的人权困境。《优化营商环境条例》确立了优化营商环境应当坚持法治化、国际化的原则，将市场主体的经营需求作为政府提供服务事项的指示灯，积极响应企业的呼唤，实现企有所呼、政有所应。同时《条例》规定市场主体应当严守法律红线，积极保障安全和保障

---

① 参见杨春方《中小企业社会责任缺失的非道德解读——资源基础与背景依赖的视角》，《江西财经大学学报》2015 年第 1 期。

经营质量，维护劳动者以及消费者合法权益，并积极履行法定义务，遵循国际经贸活动中的国际通行规则。在公平竞争的营商环境背景下，内资企业和跨国企业却面临不同的市场环境。目前而言，国内法律法规中并没有专门针对工商企业履行全面人权责任的强制性法律文件，如人权尽责。如前所述，政府以及社会公益性组织制定的工商企业人权指引性文件仅停留在自愿性和倡导性层面。相比之下，跨国公司需要遵守专门针对其制定的《指导原则》。虽然《指导原则》坚持合作治理模式，表面看似有号召性，但是从十年间的实践看，跨国公司履行人权责任的成效将作为东道国政府评价的参考指标，以及履行人权责任将直接影响消费者对跨国公司的主观评价。再者，保护企业家利益也属于优化营商环境的内在要求。如前所述，企业培训造成的人权失范风险，在于管理者未形成尊重人权的主观意识，极易因其相关知识的缺乏面临法律风险。因此，有必要通过运用法律手段来督促工商企业管理者形成人权保障意识。可以说，"没有强制力规范作为保障，创建法治营商环境将具有极大困难，最终也无法保障企业家权益以及企业的可持续经营"①。

四 中国工商业人权政策理念转变及实现路径

中国工商业人权治理政策理念向支柱二转变，有其特定的历史背景。同时，转变也展现了中国政府通过主动调整治理理念所欲实现的正向价值。在综合分析工商业人权政策理念转变的前提下，结合前述宏观治理路径，可以发现自愿式、倡导式等人权治理政策已然"失效"，致使工商业人权治理现状与社会期望之间产生了较大的治理差距。这种治理差距更加强化了建立和实施微观治理路径的必要性和紧迫性，从国家、政府和工商企业三个微观维度出发以建构完善具体的人权治理路径。

（一）中国工商业人权治理政策理念的转变

工商业人权治理政策理念转变的背景。工商企业为中国各项事业的发

---

① 参见彭伶《法治是最好的营商环境》，《检察日报》2019 年 5 月 16 日，第 3 版。

展奠定和提供了殷实的物质基础和经济保障，夯实了中国作为经济强国的地位。从本国视角来看，工商企业在实现经济发展这一正向价值的同时也暴露出诸多问题。比如备受关注的劳动争议、食品药品安全、资源掠夺、环境破坏等事件，均与工商企业对人权的影响有关。从中国人口基数以及工商企业注册量角度分析，中国无疑是工商业发展与人权保障联系最密切的国家。在国际视角来看，随着"一带一路"倡议加速推进，以及中欧双边投资协定、RCEP 协定等重要经贸协议的签署，中国与世界其他各国联系更加紧密，工商业对人权的影响已经远远超越国界。毫无疑问，中国企业的投资经营给东道国带来经济利益。同时，因人权保障意识缺乏，加之不善于和当地员工以及社区居民进行沟通，境外企业的不规范经营行为，造成了工商企业与当地利益相关者关系的紧张。约翰·鲁格的一项调查研究表明：除劳工权利外，中国企业更加认可经济和社会权利，对企业尊重人权的责任鲜有知晓。中国商务部、国资委等政府部门也多次呼吁境外中国企业要积极作为，遵守国际规范和投资国的法律法规，与利益相关方保持良好沟通。

工商业人权治理模式向支柱二转变。需要强调的是，治理模式的转变并不是对之前治理模式的否定，而是不排斥工商企业作为合作治理的责任主体参与到人权治理工作中来。2004 年，宪法修正案将"国家尊重和保障人权"作为宪法内容。一方面，彰显了国家对人权保障的重视和承诺；另一方面，国家作为尊重和保障人权的义务主体通过国家根本大法的形式得以确立。人权保障思想随着全球化发展而在世界广泛传播，其与工商企业（尤其是跨国公司）对利益相关者的影响相互碰撞。双方相互的冲突已经不再仅限于公法领域内，而是已经延伸影响到私营领域。因而工商企业尊重人权成为新形势下的价值原则。2008 年，在联合国人权理事会上，《保护、尊重和救济：工商业尊重与人权框架》得到了中国的支持和接受。这也代表着该框架所提及的企业尊重人权的责任，获得了中国政府的认可。如前所述，中国政府对《ISO 26000 社会责任指南》的投票支持再次彰显国家对支柱二治理模式的官方态度。但中国版《社会责任指南》的适用范围主要是私营部门，也申明尊重的人权是国内法律法规和认可的国际人权文件所规定的人权，坚持从基本国情和实际出发尊重人权。2011 年，在联合国人权理事会中国核可了《指导原则》，再次确认了私营领域中工商企业应当履行尊重人权的责任，实现了由法律规制到合作治理的理念转变。

工商业人权治理模式转变的积极意义。工商企业的人权保障状况已充分展现在聚光灯之下，它也已经成为社会公众评价企业商誉优劣的最根本标准，也可以说人权保障状况俨然成了企业的核心竞争力。经济全球化时代，一家企业的供应链遍及世界各地的状况成为现实。为了避免出现"血汗工厂"等人权侵犯事件所招致的全球抵制风险，企业主动强化供应链的尽责管理，不仅可以实现利益相关者的权利保障，还能够完善企业自身的治理体系和提高风险防控能力。一方面，随着中国经济体量的持续发展壮大、"一带一路"国际合作的推进，越来越多的中国企业选择"走出去"。这是中国企业融入全球市场的现实需要，也是不断提高自身竞争力的重要手段。在市场竞争的大潮中，中国政府欲通过价值观念的引领来激发工商企业建构属于自身的人权风险"防火墙"。同时，促使工商企业主动开展人权保障管理、培育企业人权保障文化。另一方面，通过治理模式的转变，赋予工商企业更加积极主动的角色，能够通过相关各方的主动协调合作寻找解决方案，最终实现问题的根源性解决。总之，人权治理模式的转变，有利于树立中国企业的良好形象，并保障海外投资利益。强化企业的人权责任担当，能够有效避免与当地社区发生冲突和矛盾，有利于降低企业自身的法律风险。随着国际人权标准可操作性和可诉性的不断增强，忽视人权标准将会导致企业陷入人权法律纠纷。

（二）中国工商业人权治理的实现路径

新时代，在中国工商业人权政策理念转变的背景下，需要不断优化和探索人权治理的新路径。具体而言，主要有如下方面。

1. 将人权尽责"硬法化"

美国社会心理学家马斯洛认为，人的安全需要是仅次于生理需要的第二层次需要。正如霍布斯所言：人的安全是世界上最高的法律。只有通过法律权利义务的设定才能满足人的安全需求。这也是实现法安全价值的内在要求。安全价值作为法律的基本价值，是指"法律主体依法对其所享有的利益获得强力保障，并处于没有危险和不受威胁的现实状况、心理感觉和心理预期"①。庞德认为，"安全可以释放人的合作本性，进而压制个体的扩张性。安全可以激发人在社会本能中的合作性冲动，通过与别人的联合实现普遍的安全"②。将人权尽责"硬法化"，将会有力促使企业积极践行人权责任，从而满足利益相关者的安全需求。一般来说，当社会缺乏对工商企业实施人权尽责的强有力监督机制时，以追求效益最大化为目标的工商业就没有压力去主动承担法律以外的责任。如 Campbell 研究发现，"在政府强有力的管制措施以及良好的行业自律推动下，企业更愿意主动建立人权风险防范的尽责机制，切实履行其所应当担负的人权责任"③。另外，Holtbrügge 和 Dögl 通过研究也发现，"公司主管承担社会责任（包含人权尽责）是在外部管制压力下实现的。显然，惩罚比奖励更能督促企业去承担社会责任"④。

工商企业人权治理成效的好坏直接反映了国家治理体系与治理能力现代化水平的高低。《中共中央关于全面推进依法治国若干重大问题的决定》提出：推进企业社会责任立法，将公司承担社会责任纳入法治化治理轨道。人权尽责作为社会责任的核心要义，实现人权尽责"硬法化"也就具有了立法依据。人权尽责的"硬法化"并不违背合作治理的价值追求，因为这种方式并不剥夺工商业实体在参与人权治理中的主体地位。通过"硬法化"促使工商企业以更加积极的态度将人权尽责纳入企业发展战略，也能够保障合作治理的实现。坚持问题导向，通过将人权尽责"硬法化"弥补"软法化"下的治理缺陷与不足。"硬法化"是强化法律保障利益相关

---

① 参见卓泽渊《法的价值论》（第 3 版），法律出版社，2018，第 217 页。
② 参见〔美〕罗斯科·庞德《通过法律的社会控制 法律的任务》，沈宗灵译，商务印书馆，1984，第 88 页。
③ See John L. Campbell, "Why Would Corporations Behave in Socially Responsible Ways? An Institutional Theory of Social Responsibility", *Academy of Management Review*, Vol. 32, 2007, pp. 948–967.
④ See Dirk Holtbrügge, Corinna Dögl, "How International is Corporate Environmental Responsibility? A Literature Review", *International Management*, Vol. 18, 2012, pp. 180–195.

者权益、化解社会矛盾的关键一招。一方面，明确工商业是人权尽责的第一责任人，是实现"谁侵害、谁救济"源头治理的有效方式；另一方面，通过人权尽责的"硬法化"，促使工商业树立人权尽责的意识，建立人权尽责的内部治理机制，有利于实现人权尽责的常态化治理。总之，通过人权尽责"硬法化"能够强制性推动工商业建立健全内部人权尽责治理机制。人权尽责机制的建立将会成为工商业持续经营与法律风险之间的一堵"防火墙"。

从世界范围来看，一些国家开始积极思考通过完善国内法的方式来强化对工商企业的规制。以墨西哥为例，墨西哥国会通过《安帕鲁法案》（*Amparo Act*），该法案旨在表达，当某私人通过某种方式（作为或者不作为）来影响第三方权利时，会被视为负责任的当权者。被影响的人将有权利根据"安帕鲁程序"向法院起诉，从而制止其对人权的侵害。如：在法案实施后不久，"墨西哥最高法院就受理了当地一位居民对当地最大电信公司 Telmex 公司以及通信和交通部的关于人权侵害的上诉案件"。原告（被侵害人）依据《美洲人权法案》及其附件议定书向法院起诉 Telmex 公司以及通信和交通部侵害其言论自由权、信息获取权、平等权以及就业权，而主管部门并未能依据职责对通信公司进行审慎监管。法院认为，作为提供通信服务的公共部门，在没有法律允许的情形下，Telmex 公司突然中断通信服务，影响了个人充分生活的权利。另外，通信价值体现在行使意见和表达自由方面。最高法院认为：通信公司实施了当权者的行为，应当阻止其对人权侵害的行为。双方合作关系的确立，意味着人权责任的履行，除了国家承担人权保护义务之外，公司也应当承担人权保障责任。通过墨西哥最高法院的判决结果来看，最高法院承认了公司可以作为履行人权责任的主体。

无独有偶，2015 年美联社一篇报道——《你吃的每一条鱼，都可能沾着另一些人的血和泪》——曝光了"血汗海鲜工厂"，一家由泰国人在印度尼西亚马鲁库班吉纳岛注册成立的以海产品为主业的渔业公司。该公司将来自东南亚的工人以囚禁的方式进行奴役，强迫工人进行艰苦的劳作。被关进笼子，甚至被打死，是这些工人生活的常态，有的工人因不堪折磨而选择跳海轻生。美联社的四名记者进行了长达一年半的跟踪调查，成功解救 2000 多名工人。为解决这一严重侵犯人权事件，在《指导原则》的基础上，印度尼西亚政府签署了《渔业人权体系和认证条例》。该条例规定没有获得人权认证的市场主体将不得从事印度尼西亚水产品的经营，其内容涵盖了从事渔业经营的市场主体的人权尽职调查以及发生人权失范事件后的补救措施。另外，为确保条例制度的有效落实，真正发挥好保护渔民以及从事渔业经营工人的合法权利，政府要求渔业公司必须提交详细的人权审计报告，涉及强制性的年度监督审计，定期的船员名单审查，对所有投诉均需进行登记并采取人权调查行动等。2017 年，印度尼西亚又颁布第 2/2017 号部级条例——《印度尼西亚共和国海洋事务和渔业部长条例》，该条例共分为八章和附件，内容主要是对渔业人权认证的标准和程序进行明确，确保渔业市场不发生人权侵犯事件。

综合分析墨西哥和印度尼西亚所采取的人权治理措施，采取完善国内立法的方式是解决人权侵害问题的有效做法。就我国而言，将人权尽责"硬法化"，有利于构建具有中国特色的人权保障话语体系，打破西方国家单方提出的人权保障理论，使中国能够根据自身经验和实践，提出具有中国特色的人权治理方案；有利于增强企业家的人权责任意识，督促企业将人权尽责纳入公司日常治理之中，能够有效应对上游供应链所转嫁的人权风险；有利于完善矛盾纠纷化解机制，建立健全非诉解决人权侵犯事件的矛盾化解机制；有利于降低被侵权人的维权成本，以维护社会稳定；有利于保证中国对外投资的通畅性。通过完善企业自身的人权治理机制，并与国际标准接轨，能够有效应对西方国家对中国人权毫无根据的质疑，为国内企业走向世界打通道路；有利于从根本上改变原有人权治理机制停留在倡导性、口号性而无法真正实施的窘境，也即"软法"失效的局面将会被打破；有利于创建更加公平的营商环境，使内资企业与外资企业能够遵守共同的责任标准，消除了个别企业依靠侵权所获得的价格优势；有利于增强利益相关者的权利意识，体现了立法的人本关怀。全面推进依法治国就是把社会治理的各领域纳入法治轨道中，实现依法治国，必须坚持为了人民、依靠人民，保持立法的人民属性，保证人民在全面推进依法治国中的主体地位；有利于实现社会治理、公司治理与人权治理的有机统一。

2. 优化人权尽责实现的监督措施

工商企业的生存发展是人权尽责的基础，但不意味着二者有顺序上的先后关系。实际上，工商业的生存发展与人权尽责呈现辩证统一、互相促进的逻辑关系。以人权尽责"硬法化"作为政策制定的法律支撑，督促工商企业将人权尽责政策纳入企业发展战略的同时，行政机关应当积极完善并不断优化相关监督措施，以人权尽责为抓手，督促工商企业将积极防范人权风险纳入自身可持续发展战略。具体而言，有如下几方面。

（1）丰富信息披露的内涵与外延

同财务信息强制披露一样，政府应当要求工商企业将人权尽责工作作为其在日常风险评估中的必要事项之一，并明确违反规定的处罚措施。与此同时，"打破仅要求企业披露内部财务信息的现实状况，扩大信息披露的范围，将涉及劳工权益、消费者利益、环境保护及其他利益攸关者利益保护等事项纳入人权风险评估体系之中，并定期进行信息发布"[①]。人权风险评估结果可为政府、投资者、消费者及其他利益攸关者进行重大决策提供依据，充分发挥市场在资源配置中的决定性作用。构建工商业人权尽责常态化公开机制，形成"五公开"，即决策公开、执行公开、管理公开、服务公开及救济公开。公开信息愈充分，利益相关者的信任感就愈强烈。对人权尽责机制缺失及信息披露不及时、不完善的情况及时进行曝光。坚持将行业自律、经营指引、规则约束作为治理原则，发挥政府基础性作用，同时协调企业工会、行业协会、消费者协会等组织，通过消费者和投资者的价值选择，督促工商业在多元压力下实现人权尽责。建议信息披露实行试点制，上市公司作为信息披露制度最完善、人权责任影响范围最广的工商业实体，在人权尽责方面应当率先垂范。

信息公开是促进工商企业实现合规发展的必要举措，也是保障利益相关者权利不受侵害的应有之义。实际上，人权尽责所要求公开的信息已经

---

① 参见徐亚文、李林芳《简析企业社会责任的人权维度与路径建构》，《上海对外经贸大学学报》2020 年，第 1 期。

纳入一些大型跨国公司年度信息公开范围，但还没有普遍实现。以华为公司为例，其实施人权尽责程序的主要方式是发布可持续发展报告。2020年7月，华为主动向社会公开了2019年公司可持续发展的状况，使全社会，包括消费者、投资者、其他利益相关者、行业协会以及监管部门都能全面了解并监督华为的可持续发展工作。实际上，自2008年以来，华为公司就已经定期向社会公众发布可持续发展报告，主动披露华为公司为实现可持续发展所采取的人权保障举措。以此为契机，可持续发展报告的公开也有力地促进华为公司守法合规经营，创建和谐融洽的企业文化。企业、利益相关方和公众之间的相互理解、沟通和互动，进一步保证了企业的可持续性发展。可持续发展报告主要涉及华为总部及其分支机构在经济、环境和社会方面的全球运营的真实状况，所有数据均来自华为官方文件和统计报告。为了确保报告的真实性和透明度，选聘BV作为第三方审计机构进行审计，并发布独立的审计报告。该报告分为五个部分，即可持续发展管理、数字包容、安全可信、绿色环保和和谐生态。以第五部分为例，涵盖了商业道德、员工关爱、供应责任和社区责任四方面内容。在员工关爱方面，华为倡导员工多元化，积极吸纳本地员工，促进本地人口就业，以带动当地经济的持续稳定发展。2019年，华为累计雇用了超过3.7万名海外员工，海外员工的平均本地化率约为67%。公司时刻关心员工的多元化发展，提供多元化的成长机会，并为员工提供差异化的发展渠道。2019年，华为提供面授课程达36000多门，接受集训的员工总人数超过12万，总人次达30多万，培训覆盖率约为48%，参训员工人均参训时长超过30个小时。

（2）建立工商业人权尽责的奖励机制

在加强和培育工商业人权尽责的意识和能力的过程中，除了运用法律法规约束外，还要完善人权尽责褒奖机制和人权侵犯行为惩戒机制，使人权尽责成为工商业的积极追求和自觉行动。如在减轻税负、信用贷款、政府采购、责任投资、设立社会责任基金等方面。具体而言：

其一，制定减税、信贷优惠政策。在现有的企业信用评价体系基础上，将工商业人权尽责作为企业信用信息库评价指标，该评价结果将会与企业融资系统相关联，为银行贷款、社会融资、投资并购等提供信用支撑。针对未发生人权侵犯情形的工商企业给予减税或信贷方面的支持与奖励。这些措施将有利于累积工商业人权尽责的能力，进而逐步形成工商业和政府之间的良性循环机制。其二，探索建立采购优先的优惠政策。政府在进行采购或者重大建设项目的招投标时，针对人权尽责机制实施、人权影响评价信息披露等方面表现突出的工商业进行加分或者优先考虑，由此来鼓励工商业主动承担人权责任。相反，对未有效履行人权责任和建立人权尽责制度的企业，实行一票否决制。其三，设立工商业人权尽责基金。严防"破窗效应"所导致的劣币驱除良币的不良后果，政府应当通过提供一系列优惠措施，包括提供财产利益与非财产利益，对主动实施人权尽责，并能够形成可复制、可推广的保障相关者利益最佳做法的工商业给予一定的物质奖励，如设立工商业人权尽责奖励基金，以此来强化其承担社会责任的荣誉感和认同感。

促进工商企业积极履行人权责任需要营造一个和谐的内外部环境，而在这一努力过程中，政府作为公共事务和社会公共管理者，理当在人权治理进程中发挥主导作用。政府可以通过建立工商业人权治理的奖惩机制，形成尽责激励、失责惩罚的人权治理氛围。根据现行税收法律规定，在计算应纳税所得额时，可以扣除工商企业在年度利润总额中所占比例不超过12%的公益捐赠支出；超过前述12%的部分，允许在未来三年进行应纳税所得额时结转扣除。企业当年发生的，及以前年度结转的公益捐赠支出，扣除部分不得超过年度利润总额的12%。为保障企业的合法权利，企业计算公益捐赠扣除额时，规定要求应当先扣除前期结转的捐赠额，再扣除当年发生的捐赠额，更有力满足了扣除时间的要求。上述税收奖励规定就是积极引导企业践行社会责任的重要举措。当然，公益捐赠并不代表工商企业已经完全履行了人权责任，此处意在强调政府在人权治理中的主导作用。

（3）健全机制以实现人权治理自律化

工商业人权治理政策向支柱二转变，转变的背后就表现为赋予工商企业以主人翁的角色定位。工商企业既是人权尽责的受益主体，同时也应当是人权尽责的责任主体。在构建工商企业人权尽责机制的过程中，牢牢把握工商业的责任主体地位，把人权尽责融入企业可持续发展战略，使其认识到人权风险与工商业可持续发展的辩证关系，使工商业由被动接受转变为主动履行。因此，工商业应当积极构建维护相关者利益的快速反应机制，比如完善人权失责情形下的风险预警、利益表达、沟通协调以及损害补救，保障内部意见表达、损害申诉等渠道的畅通，具体如下。

第一，政策承诺。政策承诺应当遵循以下原则。①内容的可靠性。因公司经营业务的复杂性，政策承诺内容涉及专门知识方面，应当保证专门知识信息的可靠，再就是与公认专家磋商的有效性，并确保对此知情。如将人权尽责纳入合伙协议或者公司章程的相应条款，无疑是宣示其履行人权责任的最佳形式。②程序正当性。得到股东大会的批准，使其成为内部股东和管理者价值观的最大公约数。③传播的广泛性。履行人权责任的承诺应当予以公布并主动有效传达给工商业内部和有契约关系的实体以及与其业务直接相关的其他方，包括投资者。有巨大人权风险的业务，应及时传达给可能受影响的利益攸关者。④政策的执行性。"为保证政策的内部实施有效性，在内部通报时该政策内容应当配套设置问责程序，并对担任此项工作的企业职能人员进行必要培训。"①

第二，人权尽责。人权尽责机制应当通过对企业实际造成或者其行为可能加剧的人权影响进行评估，得出综合评级结果。根据评估结果，企业应当通过切实有效的行动，跟踪利益相关者的相关诉求反映，并最终消除企业经营带来的人权不利影响。一般而言，人权尽责机制将会帮助企业有效避免陷入人权纠纷。尽管如此，但我们不应假定，人权尽责程序本身将会助力企业自动化解其所造成或者加剧的人权影响。评估人权影响的进程可与风险评估、环境或社会影响评估同时进行，特别是在发展新的活动或者关系时应当尽早启动人权尽责机制，人权风险在合同或者其他协议的筹划阶段，可能已经加剧或者得到缓解，也可能通过工商业并购而历史性地

---

① 参见联合国人权理事会《工商企业与人权：实施联合国保护、尊重和补救框架指导原则》，2011 年 6 月 16 日第 17/4 号决议，第 16 段。

遗留下来。进行人权评估应具体注意如下方面。

其一，范围的全面性。在运用尽责机制进行人权风险评估时，工商企业应当主动将其自身经营行为所实际产生或者可能加剧，又或者因商业合作关系而与其经营业务、合作产品或者提供服务直接相关的负面人权影响均纳入风险主体确认和评估事项范围。需注意，若工商企业在其价值链中的实体体量比较大，实现人权尽责的全面性具有现实的困难，此时，工商业应当借助内部以及独立的外部人权专门知识确定负面人权影响最大的一般领域。同时根据某些供应商或者客户的经营背景，所涉及的特定业务、产品或服务以及其他因素，确定人权尽责的轻重缓急。

其二，评估的持续性。人权失范风险会随着工商企业的经营业务和经营背景的变化而变化。因此，在开展新的经营活动或者建立新的合作关系之前，在重大经营决定或者经营变化（如市场准入、产品投产及发布、政策或其他变化）之前，或在应对或预测经营环境的变化（如政治风险及其他导致社会紧张形势的因素）时，在业务活动或者合作关系的全过程中持续进行。

其三，结果的吸纳性。人权风险评估结论被吸纳并采取切实行动之前，应当先考虑工商企业究竟是造成还是加剧了负面影响，或其卷入仅因其合作关系而与其业务、产品或服务直接相关，以及消除负面人权影响的力度两方面的因素，在人权尽责承诺已经内化于工商企业相关职能部门的前提下，企业的管理层应当积极行动并与相应层级部门沟通消除实际或者潜在的人权侵害风险，并适时通过内部治理、经费保障和监督机制以应对此类不利影响。须强调，当工商业企为消除人权影响而不得已终止某些商业关系时，鉴于这一关系的不可替代性（即该合作关系提供了工商业业务不可或缺的产品或服务，又不存在合理的替代来源），终止后可能带来工商业经营中新的影响和挑战。此种情形下，人权的负面影响程度越深，工商业就需要越快采取行动促成变化以实现影响的消解，并承担继续保持商业关系所带来的不利后果，如商誉损失、财务或法律后果。

其四，行动的有效性。"效果的追踪是必要的，唯有如此，工商业才能够了解其人权政策是否得以贯彻执行。"① 基于适当的定量和定性指标，通过业务层面建立的申诉机制，接受内部和外部的反馈，包括受影响利益攸关者的反馈，对其通过人权尽责评估得出的实际或者潜在的人权影响是否已被有效应对进行追踪，并根据追踪结果继续努力改进。

第三，信息通报。人权尽责信息通报机制是保证工商业人权尽责得以落实、避免流于形式的重要措施。通报可采取多种方式，包括直接交谈、互联网在线对话、与利益相关者磋商或者公开发布正式报告。工商企业作为责任主体，应当自行消除其人权影响，并根据人权影响的严重程度通过相当的形式和频率对外公布。信息通报应当保证内容的充分性，包括工商企业是否就风险评估中某一特定人权影响提出了积极对策，并且承诺在进行积极治理后，不会再给受影响的利益攸关者及人员带来更进一步的人权风险。应强调，若严重人权影响，不论根源于企业经营业务属性，又或是商业经营背景，其都应作出正式报告，信息报告的内容应当包括企业如何确认人权影响主体和消除其负面人权影响指标，由相应部门制定的衡量指标可对信息的通报提供有益的补充。若有必要，也可结合独立第三方出具的人权报告来增强信息通报内容的公信力与说服力。

第四，提供补救。工商企业应当充分了解并及时制定最佳的人权尽责政策和执行机制，但工商企业产生的消极人权影响是会随着企业商业关系的拓展以及复杂性而加深，是市场主体所无法预料或者可以预料但无力防止的。因此，当工商企业通过实施人权尽责程序或者其他人权风险评估手段确认造成或者加剧企业人权影响的情况时，人权尽责机制内在要求企业独自承担，或者通过与其他经营者合作的方式，积极参与人权损害的补救。在经营业务层面，建立可能的利益相关者申诉机制是直接且有效的补救方式。当然，上述申诉机制要满足有效性的标准，防止流于形式。该机制将会成为补救的有效手段，在可能产生人权影响的早期阶段，通过申诉机制能够保证工商企业及时发现治理漏洞，防止损失的扩大。但仍需注

---

① 参见联合国人权理事会《工商企业与人权：实施联合国保护、尊重和补救框架指导原则》，2011 年 6 月 16 日第 17/4 号决议，第 17 段。

意，若人权影响并非由工商业造成或者加剧时，工商业人权尽责并不要求其自身提供补救。

五　结　语

人权作为个人生命的至善价值和人类发展的至上追求，已被世界各国普遍接受，在经济全球化的时代背景下，工商业活动对人权保障所带来的挑战将愈加严重。工商企业的生产经营活动已对劳工权益保障、资源可持续利用以及市场经济秩序等造成严重挑战，进而影响到社会安全、生态安全和经济安全等非传统领域安全。在推进总体国家安全观的进程中，统筹发展与安全，始终牢记安全是发展的前提。在支柱二人权治理理念的指引下，通过优化和完善人权治理路径，实现人权侵犯风险的预先评估和化解。需强调的是，人权尽责的"硬法化"并非制约企业发展的"紧箍咒"，而是护佑企业健康发展的"长命锁"。从法律规制到合作治理的转变不会自动实现，更加不是将国家人权保障义务转嫁给企业。国家、企业以及利益相关者要勠力同心，积极应对发展道路上的各种人权挑战。中国企业在保持自身稳步发展的同时，必将持续推进人类命运共同体建设。

公权力介入电商平台自治的路径 及其公法界限[*]

陈荣新^{**}

摘　要： 电商平台拥有强大的自治能力，但囿于自身存在的权力滥用风险、无序扩张倾向，易于陷入自治困境，有必要引入公权力对其进行治理。从公法要求、权利与义务平衡及公共利益之角度进行解释，公权力介入电商平台自治具有充足的必要性。从治理成效、介入成本与社会收益的衡量及公正价值与适度介入的平衡之角度进行考察，有助于准确地把握公权力介入电商平台自治的合理性。当前学界对公权力介入电商平台自治的路径选择存在较多争论，本质上是对公法界限的理解之争。对此，应置身于国家与社会的交互关系、政府与市场的逻辑关系及公私主体的责任关系之三重维度展开反思，进而在共治原则、介入权限、责任规则的公法界限中探寻破解之道。

关键词： 电商平台；自治困境；公权力介入；公法界限

一　问题的提出

在数字经济时代，电商平台基于技术垄断和网络效应等竞争优势所形成的自治权，实为一种源自市场或技术的私权力，与宪法所赋予的公权力性质相对应。《中华人民共和国电子商务法》（以下简称《电商法》）第

---

* 本文受福建省社会科学规划项目"新时代我国电子商务知识产权治理研究"（项目编号：FJ2018MGCA027）的资助。
** 陈荣新，厦门大学法学院博士研究生。

32 条明确规定了电商平台具有制定交易与服务规则、提供经营场所、撮合交易、发布信息等权限[①]。实质而言，该条款赋予了电商平台一种网络市场行政管理职能，成为平台自治权得以有效实现的法理依据。相较于传统市场组织，电商平台既是自负盈亏的商事主体，又是交易规则制定与执行的监督主体，平台的运行存在着更高的示范风险。是故，电商平台的商业私利性质与公共职能属性之间存在难以调和的自治困境。当平台经营者"有失公允"之时就应当由公权力介入予以规制，既需救济自治不足对消费者造成的损害，又要调整因自治过度导致的失衡关系[②]。

二　电商平台自治困境的成因分析

回溯电商平台发展历程，其功能早已在某种程度上代替了原本应由公权力承担的社会服务和公共职能，正在颠覆传统公权力的基本职责。由于电商平台所具有的交易主体广泛性、电子合约即时性、规则多样性的特质，当前平台自治呈现"各自为政"的现象，致使公权力机关难以及时解决平台乱象，由此引发诸多自治困境。

（一）电商平台自治的权力滥用风险

由于电商平台容易摆脱时间、空间的约束，进行跨时空、跨区域、跨层级的运转，使得直接责任人难以追踪、取证困难，平台经营者借此不断延伸其平台自治权力的范围、内容和影响力。电商平台依靠技术资源、平台资源和信息资源优势，获取了影响私人权益的强大力量。[③] 电商平台自治的权力滥用主要在于规则创制、商家审核、搜索排名设定、信用评级、

---

① 《电商法》第 32 条规定，电子商务平台经营者应当遵循公开、公平、公正的原则，制定平台服务协议和交易规则，明确进入和退出平台、商品和服务质量保障、消费者权益保护、个人信息保护等方面的权利和义务。

② 姚辉、阚梓冰：《电商平台中的自治与法治——兼议平台治理中的司法态度》，《求是学刊》2020 年第 4 期，第 101 页。

③ 马长山：《智慧社会建设中的"众创"式制度变革——基于"网约车"合法化进程的法理学分析》，《中国社会科学》2019 年第 4 期，第 82 页。

数据保护及惩罚措施处理等诸多环节，并且随着平台规模的扩大，其权力滥用风险就越大。作为以互联网、大数据、人工智能等科技赋能的数字主体，电商平台显著区别于私人企业、集贸市场及民间自治组织，其自治模式难以用传统思维进行衡量，故而产生诸多难以管控的监管风险。这些风险是平台经济的必然伴生品，它伴随着平台经济的发展而系统地增加。①

从某种程度上讲，如今的电商平台已然不具有中立色彩，采用保护竞价、管制价格、大数据杀熟等方式，平台扮演着市场"独裁者"的角色。电商平台集规则创制、实施、解释的权力于一身，在平台自治过程中缺少有效制约机制，很难不引发各种诟病。尽管大多数电商平台都建立了在线纠纷解决机制，我国在杭州、北京、广州等地也已设立了互联网法院，但现实中依然有大量网络侵权案件并未进入司法程序。究其原因，主要在于用户担心平台报复，纵使用户对平台"执法"行为快快不服，也很少愿意提起诉讼，由此也使得平台成为各类交易纠纷的"独裁者"。如此一来，对于平台所采取的多种单方强制手段，从警告到搜索限制、限制参加营销活动，再到限制发布商品、商品下架，甚至于关闭店铺、查封账户，平台内经营者只能被动接受，很难有能力与之讨价还价。电商平台拥有广泛的自治权范围，但并没有为此给付同等的制约对价。

晚近，电商平台早已不再停囿于"单纯通道"的消极角色，它作为"内容框架提供者"，已经完全拥有影响网络组织和个人行为的权力能力。近年来，腾讯对微商的清理、京东关闭拍拍网就是典型例证。电商平台行使"执法"权力不如监管机关执法一样具备严格的法定程序，不受控制的私人"执法权"极易产生过分膨胀，进而导致平台参与者利益受损的问题。平台依据抽象的平台规则所采取的具体管控措施也可能不尽合理，如处罚措施畸轻畸重、歧视对待等。② 例如，在北京微蓝时代商贸公司与上海寻梦信息技术公司的网络服务合同纠纷一案③中，人民法院判决平台处

---

① 李雨峰、邓思迪：《互联网平台侵害知识产权的新治理模式——迈向一种多元治理》，《重庆大学学报》2020 年第 2 期，第 3 页。

② 刘权：《网络平台的公共性及其实现——以电商平台的法律规制为视角》，《法学研究》2020 年第 2 期，第 50 页。

③ 参见上海市长宁区人民法院（2017）沪 0105 民初 6290 号民事判决书。

罚行为虽以服务协议为根据，但并未在充分解释和有效申辩的前提下就自行对关联商家进行管制和处罚，此种行为明显超出了必要限度，不应获得司法支持。网络平台行使私权力是数字经济时代的客观需要，具有重要的现实意义，但平台私权力同国家公权力一样容易遭到滥用，[1] 如何规范、制约权力成为人类文明史上不朽的课题。[2]

（二）电商平台自治的无序扩张倾向

当下，电商行业的快速发展引发各家平台之间的"诸强争霸"，大型平台之间恶性竞争导致供应商、消费者失去交易控制权，频频发生诉求无门、假货充斥、侵权案件、平台泛金融化、刷单伪造等问题。同时，电商平台急剧发展导致的平台"托拉斯化"对行业交易秩序乃至社会责任都有负面影响。例如，打车软件有 Uber、滴滴，UGC 领域有 YouTube、快手、百度文库，跨境购物有 Amazon、Ebay、Wish 等，这些都是在各自细分行业中具有极大垄断地位的电商平台。为了追求更多利润，电商平台间的竞争可能愈演愈烈，诱发过度竞争、恶性竞争、影响市场稳定。[3] 从权力对抗的维度而论，各个电商平台自成一派体系，在各自细分领域寻求权力扩张，背离了"互联互通"的互联网初衷，形成博弈对抗的寡头组织和权力孤岛。

电商平台巨头们凭借前所未有的"网络规模效应"，不但赢者通吃，垄断网络交易支配地位，而且凭借平台成为近乎公共物品的新型基础设施，从各个方面"锁定"平台绝大多数用户，致使用户往往被纳入各家平台的围墙之内。随着互联网及其产业的发展，越来越多的私主体可能成为关键信息基础设施的所有者或运营者。[4] 将关键基础设施完全交由私人掌

① See K. Sabeel Rahman, The New Utilities: Private Power, Social Infrastructure, and the Revival of the Public Utility Concept, 39 Cardozo L. Rev., 1621 (2018).
② 郭道晖：《权力的特性及要义》，《山东科技大学学报》（社会科学版）2006 年第 2 期，第 69 页。
③ 李小玲：《电子商务平台规范商家自律行为的策略研究：基于制度理论的视角》，武汉大学出版社，2016，第 34 页。
④ 陈越峰：《关键信息基础设施保护的合作治理》，《法学研究》2018 年第 6 期，第 188 页。

控，容易为私人掌控者的失责行为和剥削行为创造机会。① 通过聚合海量的产品和服务信息，电商平台组织了工序式的网络交易，用技术能力"引导、塑造交易秩序"②。然而，要让私法领域的权力行使公法职能，承担政府监管和规制职责，这种平台权力扩张显然不自量力。电商平台终究不是政府机构，即使依赖现代科技的赋能，也难以调动全部政府资源。平台上的信息不对称、逆向选择、道德危险等影响交易信任的因素，容易导致平台上出现竞争忽视、过度进入、竞争挤出、反向选择等负面效应。③ 平台横亘在政府与市场之间，对政府干预和市场自律的传统框架带来了巨大冲击。④

可以说，几乎所有电商平台都会单方地、强制地制定平台交易规则。平台规则就是平台王国的"法律"，无论是平台商家抑或是消费者，都必须遵从，否则就会遭到平台的相应制裁。相比国家法律，平台规则对消费者与平台内经营者利益的影响更直接也更具体。比如，淘宝平台的《淘宝平台规则总则》，覆盖了市场管理、违规处理、消费者保护及纠纷处理、店铺信用及经营保障等各类规则。电商平台集规则制定与解释、证据搜集与存储、纠纷认定与制裁等多种权力于一体，纵使平台用户不服裁判结果，也不易提起诉讼，更不用谈及平台内投诉，由此平台成为网络交易中的实际裁决者。从权力形式上看，平台行使"准立法权"、"准行政权"、"准司法权"，塑造了有组织的"私人秩序"，⑤ 有着非常明显的手段上的压制性、侵入性、否定性和强制性。⑥ 于是，各个平台纷纷进入规则制定的"跑马圈地"之中，并对其自治权"设置合法性"，展开了关涉公域与私域、自由与监管的领地割据。

---

① See K. Sabeel Rahman, The New Utilities: Private Power, Social Infrastructure, and the Revival of the Public Utility Concept, 39 Cardozo L. Rev., 1650 (2018).

② 赵鹏：《超越平台责任：网络食品交易规制模式之反思》，《华东政法大学学报》2017 年第 1 期，第 126 页。

③ 郑称德：《平台治理的国外研究综述》，《南京邮电大学学报》2016 年第 3 期，第 30 页。

④ 林建宗：《平台电子商务中的私人秩序研究》，经济管理出版社，2019，第 96 页。

⑤ 刘权：《网络平台的公共性及其实现——以电商平台的法律规制为视角》，《法学研究》2020 年第 2 期，第 46 页。

⑥ 汪志刚：《论民事规训关系——基于福柯权力理论的一种阐释》，《法学研究》2019 年第 4 期，第 54 页。

三 公权力介入电商平台自治的法理解释

电商平台能否健康发展，不仅关涉到电商行业的前景，也关涉到公共利益和社会治理等问题。公权力介入电商平台自治既源于平台治理的公法要求，也是破解平台自治困境的现实需要。

（一）公权力介入电商平台自治的必要性解释

实际上，与电商行业相关的"有关部门"范畴早已超越了单一的经济管理部门，成为政府的一项全局性事务，电商治理已经成为整个社会治理的重要内容，关乎社会的整体安全。① 是故，解释公权力介入电商平台自治的必要性，就必然要秉持公法要求的基本立场，坚持权利和义务平衡的基本原则，以维护公共利益为根本目的，方能透析公权力介入的应有之义。

1. 公法要求是公权力介入电商平台自治的基本立场

从公法要求而论，电商平台并非国家行政主体，不能像市场管理部门和司法机关那样行使执法与司法权力。换言之，电商平台自治权限应与其私法限度相匹配，不能无限延伸，更不能长期行使"准行政者"的职权。相较于具有政治内涵的公权力而言，私权力更像是一种"来源于市场或技术的经济性权力"②。一些私主体能够在事实上剥夺其他私主体的自主权和选择权，一种区别于公权力的私权力开始显现。③ 例如，对恶意散播"假冒伪劣产品"谣言的行为可用《民法典》第1194条民事侵权责任予以规制④，但纵使电商平台尽职尽责，危害性结果可能依然存在，并蔓延

---

① 李小波、刘洋：《新时代法治经济之网络平台异化研究》，《北京警察学院学报》2018年第1期，第15页。

② 许多奇：《Libra：超级平台私权力的本质与监管》，《探索与争鸣》2019年第11期，第39页。

③ 许可：《网络平台规制的双重逻辑及其反思》，《网络信息法学研究》2018年第1期，第105页。

④ 《民法典》第1194条：网络用户、网络服务提供者利用网络侵害他人民事权益的，应当承担侵权责任。法律另有规定的，依照其规定。

到普罗大众之中。因此，与其督促平台承担"通知－删除"责任，还不如政府出手及时公布真实情况，以更加有效地保护消费者的合法权益。新近，国家市场监督管理总局对二手车交易平台、网络订餐平台、社交电商及直播购物平台等网站、App 持续开展专项整治行动，即为公权力介入电商平台的典型范例。私法从来就不是一个自治的封闭系统，可以而且也需要通过公法规范来支援，反之亦然 。①

2. 权利和义务平衡是公权力介入电商平台自治的基本原则

从电商平台提供者、政府监管部门、平台商家再到用户，平台生态中的每个角色都对平台治理享有利益并负有责任，不应该无原则地让任何一方担负过重的职责。② 事实上，电商平台所承担的公共职责，早已经超越了一个企业经营的正常范围，成为企业自身发展不可承受之重。就此而言，电商平台承担的自治责任应与其自治能力和法定授权相匹配，不应当苛求斥责。例如，北京市高级人民法院《关于审理电子商务侵害知识产权纠纷案件若干问题的解答》第 18 条规定：在认定平台服务商是否应承担侵害商标权的法律责任时，要兼顾权利人、平台服务商、网络卖家、社会公众的利益。如果公权力置之不顾，纯粹由电商平台履行市场"看门人"职责，这样非但不能对电商平台违法行为予以强制打击，反而对平台设置过高的义务和责任。如此一来，随着平台掌握更多行政赋权，又可能导致平台自治权力的进一步滥用。公私难分、权利与义务失衡，将导致电商平台与用户之间、平台与政府之间、平台与平台之间的冲突难以规避。

3. 公共利益是公权力介入电商平台自治的根本目的

从行政中立的角度而言，电商平台必然需要内嵌公共利益的理念，因为公共秩序与公共安全这两项价值内生于网络社会，将伴随其永久存在和发展。③ 平台越大，对平台的中立性、公平性、道德性要求就越高。④ 比如滴滴出行

---

① 黄忠：《民法如何面对公法：公、私法关系的观念更新与制度构建》，《浙江社会科学》2017 年第 9 期，第 64 页。
② 林华：《从社会组织形态看互联网平台治理》，《汕头大学学报》2017 年第 7 期，第 78 页。
③ 梅夏英、杨晓娜：《网络服务提供者信息安全保障义务的公共性基础》，《烟台大学学报》2014 年第 6 期，第 19 页。
④ 方军、程明霞、徐思彦：《平台时代》，机械工业出版社，2018，第 16 页。

的"问题司机"、饿了么的"无证餐厅"、携程的"积分票"、百度的"售卖贴吧",这些案件都在一定程度上折射出公权力缺失对公共利益的致命打击。无论电商平台是"大政府,小社会"抑或"小政府,大社会"的治理模式,其最终目标皆为实现社会的良性运行,即达到国家的"善治"。换言之,平台虽由私人设立并运营,却日渐成为大众参与公共活动的重要场所,与公共利益密切相关。① 不管是"共治"理论,还是"共强"模式,其基本特点就是改变了国家与社会关系上的单向思维,从互动的角度认识二者关系,实现国家与社会、不同地区之间、多元社群和组织之间的共建共享。② 这样相互影响、相互促进的结果是,国家和社会都能够发挥自身的能力和影响力,实现共生共强。③ 公权力机构唯有聚焦公共利益的基本诉求,引导电商平台及其参与者对其交易行为后果进行预估和评价,以此解释公权力介入电商平台自治的必要性,方能契合公民意愿和社会期待的目的。

(二) 公权力介入电商平台自治的合理性解释

既然电商平台存在难以自行克服的自治困境,公权力介入又具有其必要性解释,此时势必要导入相应合理性解释,以商榷公权力在何种条件下介入电商平台自治,方可长期调适平台自治权与国家公权力之间的关系。我们应当从自治成效、介入成本与社会收益的衡量及公正价值与适度介入的平衡的三个角度展开考察。

1. 公权力介入电商平台自治的程度取决于平台的自治成效

公权力的优点在于组织效率高,但缺点是掌握电商平台交易数据有限,难以及时处理纠纷,有时还可能受到"寻租"或"第三方影响"。从技术角度看,电商平台大多数能对其产生的数据与用户进行管控、整合及利用,不但可以强制性要求用户提供相关信息,而且有能力秘密获取大量信息。由于不同电商平台存在不同规制要求,这导致了公权力对平台的介入程度也不尽

---

① 高薇:《互联网时代的公共承运人规制》,《政法论坛》2016 年第 4 期,第 82 页。
② 马长山:《"法治中国"建设的理论检视》,法律出版社,2017,第 4 页。
③ 郭道久:《"强国家"-"强社会":我国社会组织发展的政治分析》,天津人民出版社,2017,第 75 页。

相同。例如，对网约车平台而言，公权力机关要求平台提供全面真实的信息，必须进行严格审查并对乘车人的安全承担实时监控责任。但对云服务平台而言，公权力机关只要求存储的内容合法，电商平台除了采取技术措施控制一些非法内容外，一般不监控使用者的私人行为。虽然互联网平台是受控制的平台，但我们不能要求其承担主动的监控义务与一般的监控义务。[1] 由此可见，对法律规范明确规定电商平台配合义务的情形，公权力机关和平台应当严格遵守合法性原则，公权力机关不得超出规范要求平台进一步配合。但对于尚不存在法律规范的情形，则应遵循比例原则或法律保留原则，公权力机关应当审慎介入平台内部事务，尊重电商平台自治权。

2. 公权力介入电商平台自治应考虑介入成本与社会收益的衡量

从广义上讲，公权力介入电商平台自治的成本不仅包括立法成本、执法成本、技术设备成本，也包括信息不对称成本、寻租成本。电商平台作为新型经济载体，任何成本的投入都是为了更高的收益产出，每个人都能够按照成本－收益的原则对其所面临的所有方案及其后果进行优化选择，以确定最佳途径[2]。若在成本－收益分析中呈现"弊大于利"的结果，则属于违规，应当采取监管行动。[3] 也就是说，公权力介入电商平台自治需回溯至成本与收益的衡量之中，从最基本的介入成本与社会收益的对比出发，方可考量公权力是否有必要介入的实质问题。

申言之，电商平台具有不可忽视的外部性与复杂的网络效应，使得平台主体活动往往对其他相关群体造成连带性的社会影响。从经济学理论而言，外部性的大小取决于经济活动的成本与收益是否全部由参与者承担。互联网平台的无边界性与信息传播的低成本，更使得无论是正外部性还是负外部性，在互联网平台经济中都将会成倍放大，给规制机关带来加倍的困难。[4] 以网约车为例，北京、上海、天津等地的《网络预约出租汽车管理办法（试行）》征求意见稿要求网约车司机需具有本地户籍，本意是将网约

---

① 曹阳：《互联网平台提供商的民事侵权责任分析》，《东方法学》2017 年第 3 期。

② 钱弘道：《法律经济学的理论基础》，《法学研究》2002 年第 4 期，第 12 页。

③ See David Evans, Governing Bad Behavior by Users of Multi-Sided Platforms, Berkeley Technology Law Journal 27, No. 12, pp. 1243 – 1249（2012）.

④ 魏小雨：《互联网平台经济与合作治理模式》，《黑龙江社会科学》2017 年第 1 期，第 106 页。

车带来的外部性内部化，但该规定引起社会各界的质疑，认为存在就业歧视嫌疑，有失公平。因此，在零交易成本或低交易成本的条件下，唯有通过各方的协商谈判，方能使各方实现产权的最优配置从而使外部性尽可能降低。①

3. 公权力介入电商平台自治应顾及公正价值与适度介入的平衡

虽然公权力介入电商平台自治的判断标准需要考察自治成效和介入成本－社会收益衡量，但并不意味着放弃公正价值。相反地，公正价值实为公权力介入的公共目标与规制要求。私主体愈来愈多地履行公共职能却又摆脱了通常与公权力的运用相伴的严格审查。② 例如，电商平台囿于算法歧视之故，长期存在"违公正"的行为，平台根据用户的薪资、性别、族群和经常收货地等诸多私密信息进行"画像"，就同一商品推送不同价格给不同用户，从而进行大数据"杀熟"。对这种明显违反公正价值的行为，公权力机关就应当及时介入电商平台，运用公法规范和原则予以规制，作出有利于用户的处理裁判。

但是，公权力机关完全用强制性或命令性的方式约束电商平台自治权，会对平台构成过度干预，磨灭市场自行修复的决定性配置功能。实际上，在判断何种行为构成违法责任时，电商平台因为既无司法资源也无行政资格，故而容易产生一些不公正的处理结果，进而加剧平台、商家、用户之间的紧张局面。如果公权力介入力度过大，不但使电商平台自我治理、自我修复的激励机制滋生"懒政"，而且网络用户对平台的独立性、公正性也会心生质疑，这就破坏了平台的商业生态。与平台经营者相关的私法规范，宜从公法的基本原理、价值要求和制度实践中汲取治理经验。③ 在多大程度上限制私权力，在多大范围内将适用于行政机关的监督控制机制延伸至私人主体，又当运用何种工具，这些都需要结合具体情况予以判断。④

---

① See Ronald Coase, "The Problem of Social Cost", *Journal of Law & Economics*, pp. 2–15 (1960).

② 〔美〕朱迪·佛里曼：《合作治理与新行政法》，毕洪海、陈标冲译，商务印书馆，2010，第 142 页。

③ See K. Sabeel Rahman, The New Utilities: Private Power, Social Infrastructure, and the Revival of the Public Utility Concept, 39 Cardozo L. Rev., 1627 (2018).

④ 〔美〕朱迪·佛里曼：《合作治理与新行政法》，毕洪海、陈标冲译，商务印书馆，2010，第 143 页。

四 三重关系维度下公权力介入电商平台自治的路径选择

对公权力介入电商平台自治的路径理解差异，引发学界长久以来的众多争议，至今未有定论。当下主要存在"合作治理理论"①、"国家－平台－用户理论"②、"个人－网络服务提供者－国家理论"③ 等不同学说，各家皆有可行性之说，亦有亟待完善之处。笔者在考察各家之言的基础上，对公权力介入电商平台自治的路径选择进行反思，应置身于国家与社会的交互关系、政府与市场的逻辑关系及公私主体的责任关系的三个维度中展开考量，旨在从公法界限之中寻求答案。

（一）国家与社会的交互关系

网络服务者对用户行为表现出了极强的规制力，既可以为用户实现平等和自由提供技术保障，也可以通过设置技术壁垒阻碍其权利的实现。这种基于技术而形成的控制力在某种程度上产生的影响力甚至能够比肩国家和政府的公权力。④ 在这种"强国家－弱社会"模式下，并不能有效激发社会自治效能，电商平台难以真正地获得社会自治权力。如今的国家治理与社会自治早已摆脱零和博弈的逻辑困境，平台经济不仅正在改变商业范式，而且也正在改变法律理论，促使我们重新思考公共干预与市场创新。⑤互联网为各种社会力量提供了新的参与渠道和博弈空间，互联网正在彰显其重要的技术力量、社会力量和政治能量。⑥

---

① 〔美〕埃莉诺·奥斯特罗姆：《公共事务的治理之道》，余逊达、陈旭东译，上海译文出版社，2012，第53页。
② 〔美〕卡尔·夏皮罗、〔美〕哈尔·瓦里安：《信息规则》，张帆译，中国人民大学出版社，2000，第162页。
③ 〔美〕马克·波斯特：《第二媒介时代》，范静哗译，南京大学出版社，2001，第69页。
④ See Tim Jordan, Cyberpower—The Culture Politics of Cyberspace and the Internet, London and New York, Routledge, p. 155 (1999).
⑤ See OrlyLobel, The Law of the Platform, 101 Minn. L. Rev. , 91 - 92 (2016).
⑥ 〔英〕安德鲁·查德威克：《互联网政治学：国家、公民与新传播技术》，任孟山译，华夏出版社，2010，第8页。

从政治学角度分析，国家本身是社会的国家，国家是社会的一部分，国家和社会不存在侵蚀对方领域的问题。国家与社会也不是相互替代的关系，二者更应该是协同关系，社会不会取代国家在社会管理、公共服务等方面的角色，社会自治的发展有助于国家更好地完成其公共职责。若以国家和社会协同共治的思维而论，则公权力机关与电商平台之间就存在和谐统一的共治界限，从而形成"强国家－强社会"的关系。互联网的兴起加速了社会系统的自主发展，公共领域逐渐从单一的国家政治系统，转移到专业性的组织，特别是经济系统中的大型企业。① 比如淘宝网的"众议院"制度，如果能够继续完善，引入更多社会力量参与制定规则，完全可以考虑在全行业进行推广。② 现在即使需要对互联网加强监管，合理的监管方式已然不是将传统的法律监管框架直接延伸到互联网内部，而是探索新的监管范式，协同发挥各方力量，共同治理互联网。③

（二）政府与市场的逻辑关系

从政府与市场的逻辑关系而言，电商平台上的每个参与治理的主体都在互相牵制和影响，片面强调政府"有形的手"的规制作用，并不能有效发挥市场决定性配置作用，也难以有效地克服"市场失灵"问题。有学者认为，鉴于当前我国市场相对还不成熟，社会力量也十分薄弱，要加强政府的主导作用，建构一个包揽一切的"大政府"以应对电商平台经济的挑战。另有学者认为，电商平台经济也是市场经济的一部分，基于市场自由化之故，应该强调平台的高度自治，通过完全自治模式来实现公共目标，此为一种倾向于自由主义的、无政府主义的"大市场"观点。尽管这两种观点各有利弊、争论不止，但并不意味着我们必须"二选一"。

事实上，政府和市场都是分配社会资源、调整社会关系的重要主体，主要区别在于，政府是通过宪法赋予的公权力这一特殊要素来主动实现资

---

① 陆宇峰：《中国网络公共领域：功能、异化与规制》，《现代法学》2014 年第 4 期，第 27 页。

② 颜菊阳：《社会共治原则将成电商立法最大共识：第三方电商平台"网规"有望纳入电子商务法》，《中国商报》2015 年 8 月 28 日，第 7 版。

③ 曹建峰：《论互联网创新与监管之关系——基于美欧日韩对比的视角》，《信息安全与通信保密》2017 年第 8 期。

源分配。政府与市场的逻辑关系可以具体化为公权力介入电商平台自治的界限问题，即公权力这只"有形的手"究竟要伸到什么地方。例如，《电商法》第34条明确规定了电商平台制定规则应遵守公开、公平、公正的原则，修改规则前应在显著位置公开征求意见，并充分听取各方意见①，这是一种基于程序正义的要求。对此，法院应对电商平台自治行为进行必要的司法审查，立法者应科学地设置平台"看门人"的主体责任，从而维护网络市场最基本的程序规则。政府部门通过法律、法规、规章等规范性文件将规制权下放给网络平台，令网络平台在事实上成为行使"准行政权力"的"准行政机关"，从而充分发挥政府和企业的比较优势，实现两方在网络规制中的有效合作。②

（三）公私主体的责任关系

从公私主体的责任关系上看，公权力机关在一定程度上曲解了电商平台的功能及技术能力，要求其对交易内容承担普遍性主动监控义务③，但即使是《欧盟电子商务指令》第15条也未规定电商平台的此类义务④。在欧盟，当第三方内容构成犯罪或行政违法时，电商平台只要不存在"明知"即可获得责任豁免。⑤ 实际上，公权力机关实难根据电商平台的过错进行归责，因为要求平台承担的义务本身已经超越了其技术能力范围，在此情况下很难科学地设定平台的注意义务。公权力机关即使穷尽现有技术手段，电商平台也不可能完全消除网站上的违法内容。比如，推特每天用

---

① 《电商法》第34条：电子商务平台经营者修改平台服务协议和交易规则，应当在其首页显著位置公开征求意见，采取合理措施确保有关各方能够及时充分表达意见。修改内容应当至少在实施前七日予以公示。平台内经营者不接受修改内容，要求退出平台的，电子商务平台经营者不得阻止，并按照修改前的服务协议和交易规则承担相关责任。

② 高秦伟：《论行政法上的第三方义务》，《华东政法大学学报》2014年第1期，第78页。

③ 《互联网信息服务管理办法》《食品安全法》《广告法》《电商法》等法律法规的相关条款形成的基本规范为：如果电商平台"发现"、"明知"或"应知"平台违法行为时，就需采取处理行动，否则需要承担相应责任。从字面解释而言，这个基本规范并未指示电商平台应当如何发现并判定违法行为，以及采取何种程度的处理行动，这就在实践中容易陷平台于相对不利的境地。

④ See Article 15 of directive 2000/31/EC.

⑤ See Article 14. 1. a of Directive 2000 /31 /EC.

户所发信息超过 5 亿条,① 国内某搜索引擎服务提供商每日收到其广告主向其系统投放的广告材料达到 4500 万次,材料存量累计达到 30.4 亿次,每小时有近 25% 的广告主更新材料。② 面对如此海量信息,电商平台明显无法逐一履行全面的主动监控义务。公权力机关的规制方式越来越强调电商平台主体责任,但主体责任作为法律概念其含义并不明确,也可能忽视平台责任限度这一关键问题。③ 如果对私人主体赋予"准行政权",并承担对应的责任,那么,合理的责任边界又在哪里? 过宽肯定是不适宜的,私人主体必然有自身利益,要求其全面考量并进行复杂的价值判断是强人所难。

虽然公权力机关将部分行政任务交由社会组织承担,但政府仍然是基本公共服务的最终"供应者"。电商平台治理中行政任务的转移,并不意味着公权力机关的主体责任发生倒置。一旦电商平台滥用权力或者难以完成"行政任务",公权力机关就必须介入、纠正甚至制裁。宪法之民主原则无法推导出禁止行政任务委托私人办理,只要公权力主体保有对任务承担者与该任务政治重要性之适当监督,则不违反宪法和法律秩序。④ 因此,如何设置一套科学的电商平台自治模式与外部监管制度,如何在防范平台自治困境的前提下确定公权力机关与平台之间的责任界限,是寻找问题解决的关键所在。

五 公权力介入电商平台自治的公法界限

不管是从国家与社会、政府与市场抑或是从公私主体的不同关系维度而言,公权力介入电商平台自治的路径可归结为如何建构一种以公法界限为核心的路径模式,其内在机理是一种建构于共治原则、介入权限、责任规则的公法框架。从某种意义上讲,解决电商平台自治困境的钥匙,在于

---

① 吴心韬:《推特展翅高飞的小鸟》,《中国证券报》2013 年 11 月 9 日。
② 陈晨、赵玉瑾:《互联网 + 时代互联网广告审核责任的再思考》,http://unt. cssn. cn/fx-jjf/201508/t20150810 - 2113108. shtml,最后访问时间:2020 年 9 月 2 日。
③ 叶逸群:《互联网平台责任:从监管到治理》,《财经法学》2018 年第 5 期,第 56 页。
④ 许宗力:《论行政任务之民营化》,《当代公法新论——翁岳生教授七秩诞辰祝寿论文集》,元照出版公司,2002,第 595 页。

及时引入公权力并科学划定其界限，由此得以搭建公权力介入与平台自治权之间的公法框架。

（一）坚守共治原则是公权力介入电商平台自治的根本前提

共治原则的关键点在于秉持一种公法界限的立场，最大限度地拉伸协商对话的时空维度，推动私领域的利益诉求问题与公领域的公平正义问题的融合性解决，塑造长效稳定的治理体系和公共精神。[1] 具体而言，公权力机关可以尝试设置权力共享与制约架构、公私主体信任监督机制，也可以在创新介入工具和规制方式之时，将社会公众参与因素融入决策制定过程，引导电商平台进行社会系统化改造。公权力机关还可以建立一种协商对话机制以进行信息的提供、交换与反馈，在此基础上各主体更容易采取共同行动，合作达成利益的最大化。[2] 晚近的电商平台所呈现的模式也使传统公权力介入的"命令－控制"模式无法对其进行有效识别、涵盖，公权力机关不得不采取更多试验性的、柔和性的方式进行暂时性管控，比如行政约谈、协商解决、尽调等非正式方式。政府在尽可能少的直接干预前提下，可通过评价机制、纠纷化解机制等平台规则制定或引导同类型的平台企业群体制定标准。[3] 如此一来，政府通过公私合作治理的方式达成公共目标，不仅符合电商平台自治的私法要求，也推动了单向行政模式向多中心治理模式的现实嬗变。

现在的法律已经很难找到纯粹的公法或者私法了，公法私法化或者私法公法化已经是法律的普遍现象了。[4] 公私协作背后不仅涉及行政政策工具的多样化、行政程序的改革、行政组织方式的变迁等行政法问题，更关系到政府和市场的关系、公共部门与公众的关系、政府角色的重塑乃至民

---

[1] 杜辉：《面向共治格局的法治形态及其展开》，《法学研究》2019 年第 4 期，第 39 页。

[2] 孔繁斌：《公共性的再生产：多中心治理的合作机制建构》，江苏人民出版社，2012，第 206～207 页。

[3] See Bertin Martens: An Economic Policy Perspective on Online Platforms, Institute for Prospective Technological Studies Digital Economy Working Paper, p. 32 (2016).

[4] 谢增毅、刘俊海：《社会法学在中国：任重而道远——首届"中国社会法论坛"述评》，《环球法律评论》2006 年第 5 期，第 636 页。

主正当性、效率等深层次问题。① 例如，根据《食品安全法》第 62 条第 2 款的规定，实名登记和审查许可证等原本由政府公共机构才能行使的行政权力，现今却已悄然转移给电商平台②。

（二）恪守介入权限是公权力介入电商平台自治的必然要求

国家权力总是直接或间接地源于国家法律，或者由国家法律授权，或者由具有法定权力的国家机关委托。③ 既然立法者给予公权力机关对社会私主体合法权益之保护义务，也必然要设置相应介入限制。既禁止侵害过度，也禁止保护不足，不仅要检验权利是否受到国家侵害，还要检验国家是否提供了足够的保护。④

比例原则的核心意在强调公权力介入电商平台自治的适度性和有限性，摒弃过度干预。比例原则的功能在于限定了国家权力作用于市民的公法界限，要求每一个国家行为在外部效果上必须要合比例。在具体操作中，比例原则透过适当性、必要性和均衡性的三个子原则进行有机协作，可以对相关的民法制度、裁判及权利执行时有无过度干预相关主体的权利和自由，作出较为妥当的判断，提出相应解决方案。⑤ 禁止保护不足原则旨在公权力机关对电商平台的保护必须符合最低标准和要求，这主要取决于所涉法益的种类和私法自治的自我保护可能性。⑥ 申言之，公权力机关在准备介入电商平台自治之时，必须衡量其介入行为的必要性，即使是在必须介入的情形下，也应在平台最低保护限度内采取侵害最小或较小的方

① 杜仪方：《公私协作中国家责任理论的新发展——以日本判决为中心的考察》，《当代法学》2015 年第 3 期，第 49 页。
② 《食品安全法》第 62 条：网络食品交易第三方平台提供者发现入网食品经营者有违反本法规定行为的，应当及时制止并立即报告所在地县级人民政府食品药品监督管理部门；发现严重违法行为的，应当立即停止提供网络交易平台服务。
③ 李海平：《论基本权利对社会公权力主体的直接效力》，《政治与法律》2018 年第 10 期，第 111 页。
④ 苏永钦：《宪法权利的民法效力》，《当代公法理论——翁岳生教授六秩诞辰祝寿论文集》，月旦出版公司，1993，第 200 页。
⑤ 郑晓剑：《比例原则在民法上的适用及展开》，《中国法学》2016 年第 2 期，第 164 页。
⑥ 程明修：《论基本权保障之"禁止保护不足原则"》，《宪法体制与法治行政——城仲模六秩祝寿论文集》，三民书局，1998，第 237 页。

式为之，切勿在公法界限之外节外生枝。

此外，公权力介入电商平台自治还必须符合公法界限中的"法律保留"和"功能保留"的原则。"法律保留"原则意味着公权力所赋予的电商平台"行政外包"职责亟待法律授权，"功能保留"则要求公权力介入电商平台自治的权限应由公法约束与监管，这两个原则本身也是行政组织法之"责权法定"的要求。但是，对于符合公法规范的行政强制措施、行政许可、行政处罚的范畴，就不得违法"行政外包"，也只能将适宜由电商平台承担的公共服务或案件事实调查等工作依法"外包"。这是基于私法自治原则的考量，也正是公法界限中的"限权"与"赋权"之要求。

（三）遵守责任规则是公权力介入电商平台自治的基本法则

公权力介入电商平台自治应遵守责任规则，不仅需要利用现代科技和规制工具以合理设置公权力机关和电商平台的主体责任，还亟待建设一个符合公法规范和原则的介入程序。例如，公权力机关要求电商平台承担主动监控义务，但也必须建立判断平台违法活动的规则或标准，同时提供明确的权力清单。具言之，一是对于涉及国家安全、公共安全和公民人身安全或生命健康的高敏感领域，可建立事前准入机制、加强事中事后监管。二是对于敏感度相对低的领域，则考虑放宽或取消事前准入。三是对于把握不准的问题可在不触及底线的前提下让市场机制调节。如此一来，公权力机关就由执行责任的角色转换为担保责任的角色，但在其所设定的公共目标无法达成之时，公权力机关对公共任务就负有"接续"义务。

从治理体系而言，公权力介入电商平台不再局限于"控权式"的架构设计，更加注重治理结果的效益性、民主性和可接受性。在行政监督和救济方面，行政机关使法律责任由履行责任转向保障责任，传统公私法二元化的界限逐渐模糊，对私主体施以公法规范和在合作行政中考虑私法原则将成为新常态。[①] 由此而言，公权力机关有必要依据电商平台的类型、规

---

① 修青华：《网络平台参与互联网治理的正当性研究——从网约车规制的转变切入》，《研究生法学》2017 年第 3 期，第 77 页。

模、特性等分类来区别授权不同平台的权力清单，明确各自的行权主体、治理规则、权限范围、处罚手段和责任归属，从而形塑跨越组织界限、软硬兼施的平台责任规则体系。在职责边界清晰的前提下，公权力应该介入的就必须及时规制，不该介入的就不该管或少管，最大限度地减少对电商平台的直接干预。如此，既不损害平台自治的主动性、独立性，又实现彼此之间的融合互动。

结　语

正如孟德斯鸠所言："一切有权力的人都容易滥用权力，这是万古不易的一条经验。有权力的人使用权力一直到遇到界限的地方才休止。"[①]国家公权力与社会自治权的这种分离与制衡关系就像此消彼长的一种"博弈关系，社会自治权的不断扩张，在社会自治领域完全排挤除国家公权力，最终社会自治权也不能自保。"[②] 电商平台自治权与国家公权力的互动关系本质上是两者间对抗与协作的关系，故而破解电商平台自治困境的窠臼不仅在于探寻公权力介入的有效路径，也在于合理界定其公法界限，从而形成良善局面。

故此，我们既要怀着包容开放的心态去尊重电商平台拥有自治权、实现自我治理的良善意志，也要秉持审慎兼容的立场去反思公权力介入电商平台自治的有效路径。随着数字时代的不断发展，电商平台将会拥有更多的自治内容，与之而来的公权力介入路径又将何去何从的问题，不仅是考验国家治理体系和治理能力现代化的重要标榜，也是挑战世界互联网平台自治模式的主要关卡。

[①] 〔法〕孟德斯鸠:《论法的精神》，商务印书馆，1999，第 225 页。
[②] 周安平:《社会自治与国家公权》，《法学》2002 年第 10 期，第 18 页。

个人破产程序中债务人破产申请权思辨[*]

——基于权利保障的视角

胡守鑫**

摘　要： 在构建我国个人破产程序的过程中，理论界与实务界对我国未来个人破产法应赋予哪些债务人破产申请权的问题存在争论。就债务人破产申请权的权利属性而言，该权利不仅意味着债务人掌握了债务清理的主动权与选择权，还是连接破产程序中其他对债务人利好制度的关键。因此，我国未来个人破产法不应当选择性地赋予债务人破产申请权，而是要采纳一般个人破产主义，全面赋予债务人破产申请权，不将任何类型债务人排除在个人破产法的调整范围之外。在此基础上，我国未来个人破产法应当以案件标的额大小、债权人人数等因素为界分标准，构建简易破产程序。此外，还应当建立破产申请间隔等防范制度，以规制债务人滥用破产申请权的问题。

关键词： 个人破产程序；债务人破产申请权；一般个人破产主义；简易破产程序

　　我国破产法的一项重大立法缺陷是没有规定个人破产制度。但目前，国家正在通过一系列的改革措施，意图建立个人破产程序。在构建我国个人破产程序的过程中，首先要回答我国个人破产程序适用主体范围的问题，即哪些债务人可以适用个人破产程序实现债务清理。然而，只有当事

---

　　* 本文系 2019 年国家法治与法学理论研究项目一般课题"个人破产制度构建的难点与对策研究"（项目编号：19SFB2030）的阶段性成果。

　　** 胡守鑫，中国人民大学法学院博士研究生。

人享有破产申请权的前提下，才可以启动个人破产程序。而当事人破产申请权可以分为债权人破产申请权与债务人破产申请权，其中法律赋予债权人破产申请权，使之可对债务人启动破产程序的制度称为强制破产（involuntary insolvency），而法律允许债务人自愿行使破产申请权并启动破产程序的制度称为自愿破产（voluntary insolvency）。① 债权人享有的破产申请权自罗马法时代就已存在，至今也未发生过改变。我国个人破产法承认债权人的破产申请权即强制破产制度也是必然，因此理论无须对此再加以证成。同时，现代个人破产法也普遍承认了债务人破产申请权，故而我国个人破产法承认自愿破产制度也是自然。不过，我国个人破产法究竟应当赋予哪些债务人破产申请权的问题仍有待理论证成。

故而，我国法律应赋予哪些债务人破产申请权的问题可以等同于我国法律应允许哪些债务人适用个人破产程序的问题，二者具有交叉一致性。为此，笔者以债务人之破产申请权为问题导向，展开相应论述。

一 个人破产之"个人"概念廓清

在"个人破产"的概念上，存在"个人破产"、"自然人破产"以及"消费者破产"等相似概念。理论界在论述个人破产相关问题时，常常混淆了这些概念。笔者认为，在论述债务人破产申请权之前，有必要廓清个人破产中的"个人"概念的内涵以及相似概念之间的关系等问题。这是因为该问题直接关系到了债务人破产申请权的主体范围。

当前，理论界已有学者对这些相似概念进行了区分。例如，有的学者认为，"个人破产"的概念与"自然人破产"或"消费者破产"的概念不同，民法中的"自然人"与"法人"均属于民事主体，消费者应当属于自然人，同时在我国法律体系内，自然人还包括个体工商户、农村土地承包经营户，但是并不包括个人独资企业、合伙企业等非法人组织，因此

---

① Najeeb Zada, Ahcene Lahsasna, and Muhammad Yusuf Saleem, "Towards a Corporate Model of Islamic Law of Insolvency: A Note on 'Voluntary Insolvency'", *ISRA International Journal of Islamic Finance*, Vol. 7 Issue (2), pp. 140 – 141 (2015).

"个人破产"这一概念包括了自然人破产与非法人组织破产的情况。① 有的学者将个人破产区分为商事个人破产和民事个人破产，其中商事个人破产是指对合伙企业承担无限责任的合伙个人、个人独资企业投资人、个体工商户以及农村土地承包经营户等主体破产，而民事个人破产主要是消费者破产。② 有的学者认为破产可以分为经营性破产与消费性破产，其中经营性破产可以分为法人破产、非法人组织破产以及商自然人破产，而消费性破产则是指消费者破产，其中又可以将商自然人破产与消费者破产统称为自然人破产。③

事实上，个人破产及其相似概念主要是通过不同的立法主义表现出来的。在现代个人破产法上，存在商个人破产主义、消费者破产主义以及一般个人破产主义等不同立法例。④

商个人破产主义是指法律仅赋予从事商业活动的商个人债务人申请破产的权利，对没有从事商业活动的个人，法律不赋予其破产申请权的立法主义。⑤ 商个人破产主义滥觞于中世纪的意大利，是破产法历史中较为古老的立法主义。⑥ 该主义十分强调债务人的职业性特征。英语中的"破产"一词即 bankruptcy，源于拉丁语的 bancus 和 ruptus，前者意为桌子和柜台，后者意为打烂，即在中世纪的意大利，如果商人丧失了债务清偿能力，那么债权人则会打烂其所经营的柜台以表明该债务人从此歇业。⑦ 现如今，在部分国家或地区的个人破产法中，仍可见到商个人破产主义的踪影。

① 刘冰：《论我国个人破产制度的构建》，《中国法学》2019 年第 4 期，第 234~235 页。
② 刘静：《个人破产制度研究——以中国的制度构建为中心》，中国人民大学 2007 年博士论文，第 11 页。
③ 卜璐：《消费者破产法律制度比较研究》，武汉大学出版社，2013，第 20 页。
④ 赵万一、高达：《论我国个人破产制度的构建》，《法商研究》2014 年第 3 期，第 85 页。
⑤ 破产立法主义原本是指允许哪些债务人适用破产程序，这与是否赋予债务人破产申请权是两个问题。但是在现代破产立法中，二者逐渐趋于一致。因此，本文将破产立法主义与债务人破产申请权的问题相等同。
⑥ 汤维建：《关于建立我国个人破产制度的构想》（上），《政法论坛》1995 年第 3 期，第 44 页。
⑦ 〔美〕查尔斯·J. 泰步：《美国破产法新论》，韩长印、何欢、王志洲译，中国政法大学出版社，2017，第 2 页。

消费者破产主义是指法律赋予消费者债务人破产申请权，将消费者破产问题进行单独调整的立法主义。20 世纪 80 年代，超前消费与过度消费问题在全球范围内逐步涌现，并演变为各国及地区的棘手问题，随即部分国家与地区接二连三地单独制定了消费者破产程序以规制消费者破产问题。① 追溯消费者破产主义的历史可以发现，丹麦是最早采用这种立法主义的欧洲国家。1984 年，丹麦为了解决消费者破产问题，通过立法引入了消费者破产程序，随后欧洲多国纷纷效仿。② 例如，德国破产法针对不从事生产经营的消费者债务人，单独制定了与企业破产程序不同的破产程序。③ 同样在 21 世纪初，我国台湾地区"卡奴"问题集中爆发，进而造成了一定社会危害。所谓"卡奴"是指金融消费者利用多张信用卡相互拆借的方式进行超前消费，如此会使借贷本金＋利息呈现滚雪球式的增长态势，而消费者的收入将统统用于偿还信用卡债务而最终导致消费者无力偿还债务的现象。④ 为此，我国台湾地区在已有"破产法"的情况下，又针对消费者债务清理问题单独出台了"消费者债务清理条例"。可见，消费者破产案件的爆发是消费者破产主义诞生的直接原因。该主义并不强调债务人的职业性特征，而是将重点聚焦于债务人申请破产的原因。

一般个人破产主义是指法律赋予所有适格的自然人破产申请权，允许所有适格的债务人适用破产程序的立法主义。因此，在一般个人破产主义的立法模式下，全面赋予债务人破产申请权，只要债务人具有破产原因的，就可以行使破产申请权，启动破产程序。该主义实则是根据一般破产主义的理论，将债务人破产区分为企业破产与个人破产之后而形成的。⑤ 例如，英国 1986 年破产法将债务人分为公司（company）与个人（individual）并分别对之适用不同的破产程序。⑥ 该法中，"个人"包括消费型

---

① 卜璐：《消费者破产法律制度比较研究》，武汉大学出版社，2013，第 17～18 页。
② 赵万一、高达：《论我国个人破产制度的构建》，《法商研究》2014 年第 3 期，第 85 页。
③ 〔德〕乌尔里希·福尔斯特：《德国破产法》，张宇晖译，中国法制出版社，2020，第 15 页。
④ 沈冠伶：《消费者债务清理之清算免责制度：以信用卡债务为中心》，《台湾大学法学论丛》2012 年第 37 卷第 2 期，第 591～592 页。
⑤ 一般破产主义是指允许所有民事主体债务人适用破产程序。
⑥ See *UK Insolvency Act 1986*；〔英〕费奥纳·托米：《英国公司和个人破产法》，汤维建、刘静译，北京大学出版社，2010，第 7 页。

债务人、非法人企业的经营者以及为破产公司承担保证义务的人。① 故而一般个人破产主义强调的是个人破产与企业破产在程序规则上的不同，而不强调个人债务人的职业因素或负债原因。

个人破产法虽存在以上三种立法主义，但各国或地区的立法选择并非一成不变的。反而，纵观世界上主要国家或地区个人破产法的立法变化，可以看出它们对赋予哪类债务人主体破产申请权的问题呈现如下特点。

1. 采用商个人破产主义的立法例逐渐转向一般个人破产主义的立法例

一般个人破产主义与商个人破产主义原本是两个相对立的立法主义。在现代破产法立法上，采商个人破产主义的立法例主要与当地秉持"民商分立"的立法模式有关。例如，法国采取的就是"民商分立"的立法模式，因此，《法国商法典》仅规定了从事商业、手工业、农业以及独立职业的自然人申请破产的情况，对商个人以外的个人债务人破产问题却并未规定。② 然而，法国虽未在其商法典中赋予其他个人债务人申请破产的权利，却在《法国消费法典》中规定了消费者债务超负的处理程序，赋予了消费者债务人破产申请权，允许消费者债务人依此程序进行债务清理。③ 所以，法国的立法实践表明，采用商个人破产主义的立法例已经逐渐转向了一般个人破产主义的立法例，二者已不再是完全对立的立法主义。

2. 消费者破产主义是个人破产法为消费者债务人提供的特别保护

在比较法上，没有只允许消费者破产的立法例，而是在一般个人破产主义下，针对消费者债务清理问题进行单独立法。消费者在适用消费者破产程序时，具有明显的优待。比如在我国台湾地区，消费者利用"消费者债务清理条例"中规定的程序进行债务清理的，就可以避免其在适用"破产法"中规定的破产清算程序时，可能会带来诸如失权、声誉受损等不利后果，但又能获得余债免责的程序利益。

通过对个人破产法中的各种立法主义的内涵与关系简要梳理之后，即

---

① 〔英〕费奥纳·托米:《英国公司和个人破产法》，汤维建、刘静译，北京大学出版社，2010，第26页。

② 参见《法国商法典》（中册），罗结珍译，北京大学出版社，2015。

③ 胡守鑫:《法国个人破产惩戒制度的特点》，《人民法院报》2020年12月18日，第A8版。

可发现："商个人破产"、"消费者破产"均是"个人破产"这一母概念当中的子概念。各国或地区的立法例之所以会针对"个人"概念有不同的表达区分，与当地所发生的破产案件客观情况、民事实体法立法模式等因素有关。

我国破产法律制度主要由《企业破产法》规定，该法实行的是企业法人破产主义。因此，在一般破产主义的理论指导下，笔者认为"个人破产"中的"个人"应是指那些未被现行《企业破产法》纳入调整范围的债务人主体。详言之，我国《民法典》所规定的法律关系主体中的自然人债务人，包括个体工商户债务人以及土地承包经营户债务人完全未被《企业破产法》纳入其调整范围。而有关非法人组织的破产问题，以合伙企业债务人、个人独资企业债务人为例，《企业破产法》亦未将之完全纳入调整范围。同时，由于它们经破产清算后，企业的合伙人与投资人仍可能为企业未偿的债务承担无限连带责任，所以合伙人与投资人之间的债务清理问题，应当与非法人组织债务人的债务清理问题在同一个破产程序中一并处理。故此，在我国法律语境下，个人破产中"个人"的具体内涵应指《民法典》中的自然人、非法人组织等债务人主体。因此，"商个人破产""消费者破产"等概念仅应在我国破产理论研究中具有参考价值。假若将这些概念直接作为我国立法的依据，那么还应当结合《民法典》的规定以及现实情况等因素进行综合考量。

二 赋予债务人破产申请权之争论

在廓清"个人破产"中基本概念的内涵以及其与相似概念的关系之后，我国未来个人破产法究竟应采用何种立法主义，即如何赋予债务人破产申请权的问题，值得探讨。

2020 年 10 月，笔者将个人破产程序构建中的相关争论加以总结并制作成一份调查问卷，向具有法律专业背景，尤其是破产法专业背景的专业人士发放该问卷，进行实证调研。此次调研共有 571 位专业人士参与。当被问到"您认为可以允许下列哪些人士申请个人破产？（多选题）"一题时，571份问卷中有453人次（占比79.33%）选择"商个人"；有280人次（占比49.04%）选择"普通消费者"；有339人次（占比59.37%）选择"农村土地承包经营户"；有60人次（占比10.51%）选择"其他"。可见，专业人士对法律应赋予哪些债务人破产申请权之问题尚未达成共识。

当前，存在三种不同的方案用以解决怎样赋予债务人破产申请权的问题，具体如下。

（一）方案一：分阶段赋予债务人破产申请权

该种观点认为采用一般个人破产主义的立法符合我国目前现状，但是如果实践上存在相应的需要，可以结合实践上的要求，分阶段地赋予不同类型的债务人破产申请权。[①]

当前，在企业破产案件破产程序终结后，企业债务转移至企业法定代表人、股东以及实际控制人身上的现实案例并不鲜见。这产生了企业虽然破产，债务却没有真正被清理的现象。该种现象在江浙地区颇为常见。江浙地区的民营企业数量较多，且民营企业通常会利用贷款以维持自身的发展需要。当民营企业向银行等金融机构寻求贷款时，金融机构常会要求民营企业提供担保。为了方便融资，企业经营者之间会形成互联互保圈，即互相为对方的企业提供担保。然而，这种人与人之间的互联互保圈是脆弱的，尤其是当其中的一环发生了资金断裂并产生了资金缺口之后，整个互联互保圈将会面临崩溃的危险。近年来，受产业结构调整、新冠疫情等诸多因素影响，江浙地区的民营企业破产案件数量激增。由此带来的问题是较为严重的——原本是为地方经济作出贡献的民营企业家，现在却沦落为身负巨债的"负翁"。因为缺乏个人债务清理机制，有的民营企业家会选择出走他乡来躲债，有的甚至选择通过自我了断的极端方式来逃避债务。

以上情况就是本方案提出的现实原因，即个人破产程序可先行解决企业经营者债务人破产的问题，赋予其破产申请权，待日后实践中其他债务人主体具有现实需要的，再赋予其他债务人主体破产申请权。

---

① 王欣新：《个人破产法的立法模式与路径》，《人民司法》2020年第10期，第10页。

2019 年 6 月，国家发改委联合其他 12 个国家机关共同发布的《加快完善市场主体退出制度改革方案》正是采纳了这种方案思路。该文件中提道："研究建立个人破产制度，重点解决企业破产产生的自然人连带责任担保债务问题。明确自然人因担保等原因而承担与生产经营活动相关的负债可依法合理免责。逐步推进建立自然人符合条件的消费负债可依法合理免责，最终建立全面的个人破产制度。"

（二）方案二：构建简易破产程序，赋予全部债务人破产申请权

持这种观点的学者认为，我国自然人以及非法人组织从事商事行为越来越多，很难通过合理的标准去界定行为人的行为属于民事行为还是商事行为，因此我国个人破产法应采纳一般个人破产主义，赋予所有债务人享有破产申请权。[①] 同时，对那些当事人之间争议不大、标的额较小的破产案件，可以参照我国《民事诉讼法》的规定，设置简易破产程序或者小额破产程序。[②]

按照民事程序内部构造的复杂程度不同，民事程序可以分为通常程序与简易程序。以民事诉讼程序为例，根据民事案件事实、权利等法律因素不同，结合程序比例原理，在能够维护程序功能与价值的基础上，对那些事实简单、争议不大以及标的额较小的案件，法院可以适用简易程序审判案件，从而提高审判效率、节约当事人维权成本。[③] 因此，本方案并不强调债务人的职业性以及负债原因，而是从民事程序的基本原理出发，承认全部债务人均享有破产申请权。只不过在程序启动之后，对简单破产案件可采取独任制、缩短债权申报日期、不设债权人委员会、简化债权人会议流程、缩短审理期限的简易程序进行审理。

在实务探索中，采用本方案的做法是较为常见的。例如，《深圳经济特区个人破产条例》第 2 条规定："在深圳经济特区居住，且参加深圳社

---

① 赵万一、高达：《论我国个人破产制度的构建》，《法商研究》2014 年第 3 期，第 85 页。
② 沙洵：《建立我国个人破产制度的若干思考》，《华东政法大学学报》2005 年第 2 期，第 48 页。
③ 邵明：《现代民事之诉与争讼程序法理》，中国人民大学出版社，2018，第 328～329 页。

会保险连续满三年的自然人，因生产经营、生活消费导致丧失清偿债务能力或者资产不足以清偿全部债务的，可以依照本条例进行破产清算、重整或者和解。"同时，该条例第 10 章规定了简易破产程序，其中第 148 条规定："人民法院审理个人破产案件，债权债务关系明确、债务人财产状况清楚、案情简单的，可以由合议庭适用简易程序审理。债务人债务不超过二十万元的，可以由法官一人独任审理。"除了《深圳经济特区个人破产条例》之外，《个人破产法（学者建议稿）》也有关于简易破产程序的规定。①

（三）方案三：分别赋予商个人债务人与消费者债务人破产申请权

这种方案认为商个人破产案件与消费者破产案件存在诸多区别，应当分别立法。其理由是商个人债务的复杂程度与企业债务的复杂程度相似，而消费者债务人的债权债务关系相对简单，同时商个人与企业均属于具有完全理性的经济主体，所以商个人在掌握完整信息后可以承担相应的债务，而破产程序中的制裁或激励措施对商个人是有效的，但对消费者能够起到多大效果是不确定的，此外，消费者往往是因为有限的理性认知而陷入了过度负债之中，所以对待消费者破产应当利用信用咨询或者教育制度来应对，另外，在破产滥用方面，因商个人视个人信誉极其重要，所以商个人很少主动甚至避免申请破产，相比较而言，消费者滥用破产程序的可能性更大一些。②

这种观点在本质上并未完全突破一般个人破产主义，只不过是将一般个人破产主义拆分为商个人破产主义与消费者破产主义，并从考察个人破产程序针对不同职业特征的债务人能否产生相应的程序效力等方面而得出来的结论。因此，本方案将"个人破产"中的个人置换为商个人与消费者，并分别认可这两类债务人均可享有破产申请权，进而适用不同的破产程序进行债务清理。

---

① 刘静、齐砺杰：《个人破产法（学者建议稿）》，载合肥市破产管理人协会网，http://www. hfsaba. com/glrmc－71. html，最后访问时间：2021 年 3 月 25 日。
② 殷慧芬：《个人破产立法的现实基础和基本理念》，《法律适用》2019 年第 11 期，第 75 页。

早在 2003 年,《企业破产法(草案)》就有关于商个人债务人破产申请权的条文规定。该草案第 2 条规定:"本法适用于下列民事主体:(一)企业法人;(二)合伙企业及其合伙人;(三)个人独资企业及其出资人;(四)其他依法设立的营利性组织。前款规定的民事主体已解散但未清算或者未清算完毕的,在本法规定的范围内视为存续。"然而,相关条文最终未获得立法机关的表决通过。这主要是因为那时的个人破产程序的配套措施,即财产登记制度与信用制度尚不完善,建立个人破产程序的条件尚不成熟。① 但目前,随着财产登记制度与信用制度的日趋完善,"条件不成熟论"已经没有了现实基础。

当下,有的地方在探索个人债务集中清理程序时,就采用本方案的思路。例如,山东省高青县法院出台的《关于企业破产中对有关个人债务一并集中清理的意见(试行)》中第 1 条规定:"本意见集中清理的个人债务,是指破产企业生产经营活动中对企业债务承担清偿责任的有关个人债务。"这意味着,其他具有破产原因的个人债务人不能依此规定申请适用个人债务清理程序。不过,在现行探索中,尚未有专门涉及消费者破产问题的规范性法律文件。

(四)特别关注:土地承包经营户债务人之破产申请权

我国是农业大国,农业人口数量占据我国总人口的多数。凡是涉及农民权益的问题均应当予以特别关注,故而,在个人破产程序中债务人破产申请权的问题上自然也不例外。除了上述争论以及实践上的差异做法之外,理论界关于土地承包经营户债务人能否被法律赋予破产申请权的问题亦存在较大争论。②

---

① 蒋黔贵:《全国人大法律委员会关于〈中华人民共和国企业破产法(草案)〉修改情况的汇报》,载中国人大网,http://www.npc.gov.cn/wxzl/gongbao/2006 – 09/26/content_5354978.htm,最后访问时间:2020 年 9 月 18 日。

② 我国土地承包经营户可以分为家庭联产承包责任制的土地承包经营户以及"四荒地"土地承包经营户,两者差别较为明显。当前的学术争论主要围绕家庭联产承包责任制的土地承包经营户,因此本文所说的土地承包经营户也是指家庭联产承包责任制的土地承包经营户,而不包括"四荒地"土地承包经营户。

反对者认为，土地承包经营户收入结构复杂、享有的财产类型多样，以至于法院等机构难以准确地查清、评估其所有财产的具体情况，进而不利于判断其是否具有清偿能力以及破产程序的后续进行等问题。① 除此之外，坚持这种观点的学者还认为，土地承包经营权兼顾土地承包经营户自身经济发展以及生存保障两项职能，如果将土地承包经营权以及其他生产生活工具均列为自由财产而被豁免破产处置，则涉及土地承包经营户债务人的破产案件均属于无产可破案件，这会造成债权人申请这类债务人破产没有实际意义的问题。②

但是，支持者认为，土地承包经营权作为一种用益物权，其既然可以通过转让、入股等方式流转，那么就没有理由将之列为自由财产，此外，"无产可破"案件是事实问题而非法律问题，破产法只能解决将债务人的责任财产用于清偿债务的问题，却无力化解债务人实际享有多少财产的问题，因此破产法没有理由将土地承包经营户债务人排除在适用主体之外。③

总结上述两种对立观点可以看出，土地承包经营户债务人之破产问题争论的起始点，仍是围绕法律是否应赋予这类债务人破产申请权的问题而展开。

三 债务人破产申请权之权利属性探析

从以上争论可以看出，理论界在论证债务人破产申请权的问题时，主要是根据我国实践中的破产需求现状、程序法理等因素而进行的，但并未关注到债务人破产申请权的权利属性。

笔者认为，讨论我国个人破产法赋予债务人破产申请权的问题时，还应当结合债务人申请权的权利属性进行论证。债务人破产申请权的权利属

---

① 胡玲：《债务人生存权益视角下的我国个人破产立法研究》，中国法制出版社，2014，第48页。
② 朱涛：《"个人破产"为时尚早——从农村经济现状观之》，《前沿》2009年第3期，第88页。
③ 王雪丹：《关于二元经济体制对个人破产制度影响的思考——兼与朱涛博士商榷》，《前沿》2010年第12期，第51页。

性是该权利区别于他项权利的重要特征之所在。该属性可以表明债务人破产申请权究竟是一种什么样的权利并揭示该权利对破产债务人的意义。因此，对此加以论证，可以为破解我国个人破产法应当赋予哪些债务人破产申请权的难题提供一个不同的理论视角。

（一）债务人破产申请权之本质属性

债务人破产申请权在本质上是一种程序性权利，但这种程序性权利对债务人的意义并不一般。它意味着债务人掌握了债务清理的主动权与选择权。

当债务人具备清偿能力时，其应通过债务清偿制度来清偿债务，但当债务人丧失清偿能力时，则需要通过债务清理制度即破产程序来进行债务清理。[①] 在民事诉讼程序中，作为债务人的一方通常并不享有程序启动的主动权。进而言之，债务人不论是作为民事诉讼中的被告抑或是执行程序中的被执行人，虽然法律根据平等原则赋予了他们可以对原告、申请人对等抗衡的程序权利，可是从程序参加的角度而言，债务人属于被动加入程序之中，而非主动启动相应的程序。然而，在破产程序中，法律赋予债务人破产申请权意味着债务人享有债务清理的主动权。债务人可以根据自己是否具备破产原因等情况，主动启动破产程序。在域外实践中，个人破产案件占据破产案件的大多数，而在个人破产案件中，多数是由债务人主动行使破产申请权而启动破产程序的。[②] 这证明了破产申请权对债务人具有积极意义。

此外，破产申请权意味着债务人享有了清理债务方式的选择权。在破产程序中，不同的债务清理程序有着不同的规则与法律后果。其中，破产清算程序可以尽最大可能清理掉债务人所有无力偿还之债务，不过，债务人在破产清算程序中的利益牺牲也是最大的。例如，除法律规定的自由财

---

① 王志诚：《清算型债务清理制度之解构——以消费者债务清理条例之清算机制为中心》，《月旦法律杂志》2007 年总刊第 150 期，第 32～33 页。

② See Jacob S. Ziegel, Canadian Perspectives on the Challenges of Consumer Bankruptcies, 20 J. Consumer Pol'y 199 (1997).

产以外，债务人的其他财产均需被管理人依法处置并将相应金额分配给债权人。同时，受破产宣告之影响，破产人的名誉会受损。此外，失权措施会让破产人失去担任一些职务的资格，以及会限制破产人一些民事行为等。① 然而，破产和解程序与重整程序对债务人就没有过多的严厉措施与限制，因为它们属于破产的预防性程序。所以在破产和解或重整程序中，债务人可能会保留大部分的财产以及谋生工具，以帮助他们可以尽快地恢复正常生活。但是，债务人在和解或重整期间的大部分收入将会被用于偿债。同时，债务人在破产和解或重整程序中获得余债免责的数额也远不如其在破产清算程序中获得余债免责的数额，且破产和解与重整程序的持续时间要比破产清算程序的持续时间更久。

综上，债务人在权衡利弊并结合自身情况之后，可以选择最适合自己的债务清理程序。能够自我选择债务清理的方式，意味着债务人一改在其他程序中被动加入的局面，使其在面对随后的债务清理工作时，更加具有积极性与主动性。故而，债务人破产申请权体现了债务人在进行债务清理时，法律对其自我选择意愿的尊重。这是债务人破产申请权所具有的本质属性。

（二）债务人破产申请权之历史属性

现代个人破产法对债务人存在三大利好制度，即债务人破产申请权制度、自由财产制度以及免责制度。② 然而，这三大利好制度并非一蹴而就的，而是在个人破产法漫长的演变历史中，伴随着各种历史事件的发生、人们认知的改变而缓慢出现的。因此，笔者认为有必要回溯债务人破产申请权之由来，追寻债务人破产申请权之历史属性。

在 19 世纪以前，破产申请权一直都是债权人的专属权利。如果发生债务人无力偿还债务的情况，只有债权人才享有向法院申请债务人破产的权利。

---

① 郭兴利：《建立个人破产制度：化解个人债务纠纷的新路径》，《山东师范大学学报》（人文社会科学版）2010 年第 2 期，第 142 页。

② 韩长印：《破产理念的立法演变与破产程序的驱动机制》，《法律科学》2002 年第 4 期，第 49 页。

古代破产法对待债务人破产的态度是极为严苛的。例如，在罗马法时代，如果债务人破产，债权人就有权对债务人羁押之、奴役之甚至杀戮之。[1]《十二铜表法》第三表第 3 条规定："若（债务人）仍未（自动）执行法庭判决，且在受讯时无人代他解脱责任，则（原告人）得把他带到私宅，给他们带上足枷或手铐，其重量不轻于十五磅，而且假如愿意，还可以加重。"[2] 第 6 条规定："至第三个市集日，债务人得被砍切成块。至于砍切大小，则并不（归罪）于他们。"[3] 在那时，只要债务人无力偿还债务，那么债务人为数不多的财产乃至身家性命，就要统统归债权人支配。债权人对债务人的暴力行为，意在逼迫债务人尽力偿债，或者逼迫债务人的亲友能够代替债务人偿债，以减少自己的财产损失。在这种残忍的债务追讨程序下，债务人不会也不可能主动申请破产，因为主动申请破产就意味着自己可能难逃被债权人杀戮的悲惨命运。所以在罗马法时代，法律赋予债务人破产申请权是没有现实意义的，况且也不存在现实需要。

罗马法上债权人对待破产债务人之做法，在后来的欧洲国家破产法中并未得到改善。1543 年，世界上第一部破产法"破产行为人惩治法令"在英格兰诞生，该法只赋予了债权人启动破产程序的权利。[4] 不过，自 16 世纪以来，英国有一部分人意识到了，为了迫使债务人清偿债务而将其监禁的举措可能是无用的，所以在 16 世纪至 18 世纪，枢密院等机构规定了特定的程序，以此可让债务人不再被监禁，例如 1759 年破产法第一次明确向未被监禁的债务人提供了可以免受监禁的图景，同时该法创设了强制财产申报制度以解决部分债务人宁肯在监狱里躲债也不愿偿还债务的问题。[5] 在这个时期，英国法还出现了最初的免责制度。1706 年，著名的《安妮法》横空问世，该法采取了"胡萝卜加大棒"的政策，即赋予了那

---

① 徐国栋：《罗马破产法研究》，《现代法学》2014 年第 1 期，第 10 页。

② 江平主编《十二铜表法》，法律出版社，2000，第 10 页。

③ 江平主编《十二铜表法》，法律出版社，2000，第 12 页。

④ 《英国破产法》，丁昌业译，法律出版社，2002，译者序。

⑤ 〔英〕费奥纳·托米：《英国公司和个人破产法》，汤维建、刘静译，北京大学出版社，2010，第 9～10 页。

些诚实而不幸且愿意配合债权人工作的债务人余债免责的利益，同时该法又加大了对不合作的债务人之惩戒力度，对具有欺诈行为的债务人甚至规定了死刑。① 尽管这一时期的破产法已经对债务人呈现较为友好的态势，但是债务人的破产申请权仍然未被法律认可。

直至 1844 年，英国法才正式承认债务人享有破产申请权，创设了自愿破产制度。值得注意的是，深受英国法影响的美国法在 1841 年就赋予债务人破产申请权，比英国法还要早 3 年的时间。②

现如今，随着破产惩戒主义已经转向了破产不惩戒主义，且人们意识到了对于诚实不幸的债务人即便施加再多的破产惩戒措施，也无益于提高债权人受偿比例，更何况最清楚债务人是否具备破产原因的就是债务人本身。③ 故而为了保障债权人利益，现代破产法不仅承认债务人享有破产申请权，还敦促债务人应当在具备破产原因时，及时行使破产申请权，否则将会承担不利的法律后果。④

现代破产法对债务人的三大利好制度中，债务人破产申请权制度之所以出现较晚，主要原因在于人们将破产等同于逃废债，并将之视为犯罪。在免责制度出现之前，债权人会想尽一切办法迫使债务人交出全部财产，用以偿还债务。然而，随着人们观念的逐渐改变，且当免责制度出现以后，债权人对债务人讨债的手法逐渐变得人性化，即通过让债务人主动交出全部财产而获得免责的方式，来替代残酷的暴力讨债手段。如此可发现，在免责制度以及破产惩戒制度逐渐走向成熟的过程中，诚实而不幸的债务人自愿申请破产与债权人申请债务人强制破产，在最终债权人受偿的结果上差别不大。更何况，诚实而不幸的债务人及时主动申请自愿破产，可以尽可能地减少债务人责任财产的消耗，提高债权人的受偿

① 〔英〕费奥纳·托米：《英国公司和个人破产法》，汤维建、刘静译，北京大学出版社，2010，第 9 页。

② 韩长印：《破产理念的立法演变与破产程序的驱动机制》，《法律科学》2002 年第 4 期，第 56~57 页。

③ 齐明、仇晓光：《我国破产法中自愿破产原则的反思与重构——从中美重整制度的比较出发》，《东北师大学报》（哲学社会科学版）2010 年第 4 期，第 27 页。

④ 胡守鑫：《如何识别个人破产程序中"诚实而不幸"的债务人》，《检察日报》2021 年 1 月 27 日，第 7 版。

比例。

同时，与个人破产程序中其他对债务人利好的制度相比，债务人破产申请权具有起始性与统领性的特点。因为债务人想要获得余债免责的利益，那么他必然要先行通过行使破产申请权来启动破产程序。只有在债务人享有破产申请权且符合破产申请权行使的全部要件时，债务人方可成功启动破产程序并获得余债免责、保留自由财产等利益。因此，债务人的破产申请权是免责制度与自由财产制度的重要连接点。

综上所述，债务人破产申请权的出现标志着破产法不再是完全偏向债权人的讨债法，而是成为为债务人提供破产保护的权利保障法。被现代破产法广为接受的债务人破产申请权，在历史的维度下呈现的竟然如此艰难。法律赋予诚实而不幸的债务人破产申请权，意味着诚实而不幸的债务人不再会因为无力偿还债务而受到人身自由的限制，甚至付出生命的代价，并且彻底扭转了债务人任由债权人宰割的地位，实现了债务人与债权人在法律地位上的平等。

四 我国法律赋予债务人破产申请权之建议

针对我国个人破产程序建构中有关债务人破产申请权之争论，结合债务人破产申请权中所包含的权利属性，笔者做如下建议。

（一）全面赋予债务人破产申请权

债务人破产申请权的权利属性表明了该权利对债务人具有重要意义，因此，我国个人破产法应当采一般个人破产主义，全面赋予债务人破产申请权的立法模式。全面赋予债务人破产申请权具有诸多利好，具体如下。

1. 有利于保障债务人的生命权

债务人破产申请权的历史属性已经说明了该项权利有保障债务人生命权的功能。然而在我国，时常有债务人因欠债而选择自杀的新闻报道。例如，2016 年，常州一位名下拥有 12 个公司的企业家陈某，在其经营的公司欠下 6 亿债务后，不堪压力而自尽。① 实践中，像陈某一样的债务人往往负债数额较大，同时自己并不具备与负债额相对等的偿还能力。在此情况下，为了避免连累家人，债务人可能会选择结束自己生命的极端做法。事实上，我国社会对待诚实而不幸的债务人的态度是宽容的，债权人并不会对诚实而不幸的债务人报以严苛的态度。然而，这并不能排除部分债权人仍然用暴力等方式向债务人讨债。所以，在全面赋予债务人破产申请权的情况下，当债务人无力偿还债务时，其可以主动申请破产保护并选择清理债务的具体方式。这样有助于保障债务人本身的生命权，从而避免悲剧的发生。

2. 有利于保障债务人生存与发展的权利

仅因债务人无力偿还债务，而剥夺其生存与发展的权利是没有道理的。人们也不愿意看到债务人因无力偿还债务而遭受饥饿、贫困乃至颠沛流离的痛苦。因此，全面赋予债务人破产申请权，有助于保障债务人的生存与发展的权利。

应当意识到，当前阻碍法律赋予债务人破产申请权的一个主观因素是人们担心债务人会利用个人破产程序合法地逃废债。然而，诚实而不幸的债务人与那些具有主观恶意的债务人是存在本质区别的。例如，诚实而不幸的债务人具备破产原因并非源于主观上的逃废债意图，而是因为客观上消费信贷的增长、个人储蓄的降低、理财知识的欠缺、离婚、失业、经营不善以及疾病等而丧失了清偿能力。② 反之，具有主观恶意的债务人系通过恶意消费、非法转移财产、恶意经营等不法行为，积极追求破产结果的发生。所以，具有主观恶意的债务人并非个人破产程序所调整的主体，他们的破产申请权不受法律的保护。

因此，对于诚实而不幸的债务人而言，国家没有理由不对他们提供法律上的援助，也没有理由无视他们一直背负繁重的债务而生活的情况。所

---

① 天法轩、殷益峰：《负债6亿！常州一老板坐拥12家公司自杀身亡》，载搜狐网，https://cz. focus. cn/zixun/ee295bf8c1542aba. html，最后访问时间：2021 年 4 月 22 日。

② Jacob Ziegel, The Challenges of Comparative Consumer Insolvencies, 23 Pa St Int'l L. Rev. 639 (2005).

以，应当通过合法的程序来清理债务人的债务，以便让他们卸下沉重的债务包袱，改善生存环境，开展新的生活。如此也就实现了现代个人破产法给予债务人东山再起机会的目标。[①]

3. 有利于保障债务人家庭成员基本生活的权利

债权人的讨债行为不仅会给债务人带来极大困扰，更可能会打乱债务人家庭成员的正常生活。"于欢案"无疑是因为债务人未能及时偿还债务，债权人即通过非法逼债手段殃及家人的典型案例。在该案例中，于欢的母亲苏某因公司经营向他人借贷，由于未按时还款，债权人伙同他人在苏某公司进行讨债，在讨债过程中，债权人等人利用非法手段对苏某以及于欢进行侮辱与拘禁，于欢不堪其母遭受侮辱而使用暴力，最终酿成一死三伤的惨案。[②]"于欢案"的结果无疑是人们所不愿意看到的。所以不得不反思的是，如果法律赋予了债务人破产申请权，是否就会尽可能地避免此类案件的发生。答案是肯定的。

此外，债权人的逼债行为还可能会给债务人的未成年子女带来一定的精神伤害。这是因为若债务人的未成年子女长期生活在不安定、不和谐甚至暴力的环境中，势必不利于他们未来的成长。因此，法律赋予债务人破产申请权已不再是单纯对债务人自身提供的救助手段，该权利的保护效力亦可辐射至债务人的家庭成员。债务人通过行使破产申请权，启动一揽子解决债务危机的破产程序，强制所有债权人进入破产程序并与之进行谈判协商的做法，将会大幅度降低债权人的逼债行为对其家庭成员带来的伤害。因此，现代个人破产法要关注到债务人的家庭成员，尤其是可让其未成年子女在一个相对健康的环境中成长，并形成负责任、诚实信用的良好品性。[③]

债务人的家庭成员不仅可以因破产程序的启动而免受债权人的精神伤害，还可以因自由财产制度的存在而保留一些财产，以维持相应的物质生

---

① 〔德〕莱茵哈德·波克：《德国破产法导论》，王艳柯译，北京大学出版社，2014，第212页。

② 参见最高人民法院第93号指导性案例"于欢故意伤害案"。

③ 世界银行自然人处理工作小组：《世界银行自然人破产问题处理报告》，殷慧芬、张达译，中国政法大学出版社，2016，第31~33页。

活。事实上，我国法律体系已有保障债务人家庭成员基本物质生活权利的规定。例如，《民事诉讼法》第 244 条规定："被执行人未按执行通知履行法律文书确定的义务，人民法院有权查封、扣押、冻结、拍卖、变卖被执行人应当履行义务部分的财产。但应当保留被执行人及其所扶养家属的生活必需品。采取前款措施，人民法院应当作出裁定。"据此规定，当债务人具备偿还能力时，法律尚且需要保障债务人家庭成员基本物质生活的权利，更不必说当债务人无力偿还债务时，法律更加需要对其家庭成员的基本物质生活提供相应的制度保障。

因此，我国在构建个人破产程序时，如果没有意识到债务人破产申请权所具备的权利属性，则可能会导致所构建的程序不仅没有实现程序正义，也不利于保障债务人及其家庭成员基本生活的权利，更不利于破产法功能与目标的全面实现。

（二）应当肯定土地承包经营户债务人享有破产申请权

全面赋予债务人破产申请权意味着要当然肯定土地承包经营户债务人也享有破产申请权。主要理由如下。

1. 有利于实现对债务人的全面破产保护

据第六次全国人口普查所公布的《中国人口普查资料》，截至 2010 年，我国尚有 9 亿农民。[①]一方面面对如此庞大的社会群体，如果贸然地将之排除在一部法律的适用主体之外，则不仅有悖于权利的平等保护的理念，还剥夺了土地承包经营户债务人清理债务的主动权与选择权。另一方面，当土地承包经营户债务人确已处于破产事实的情况下，法律仍不赋予其破产申请权无异于掩耳盗铃之举。反之，在现代破产法具有对债务人强大拯救功能的前提下，依法向土地承包经营户债务人提供破产保护，拯救土地承包经营户债务人，才是化解债务危机、避免矛盾升级的有效途径。因此，若否定土地承包经营户债务人享有破产申请权，无疑是将本来被寄

---

① 载国家统计局官网，http://www.stats.gov.cn/tjsj/pcsj/rkpc/6rp/indexch.htm，最后访问时间：2021 年 3 月 25 日。

予厚望，要填补我国半部破产法之空的个人破产法，又变为了"半部个人破产法"①。如此，我国破产法律制度将仍存在有待填补的立法漏洞。

2.《民法典》已经对土地承包经营权作出了改革，承认了土地经营权是具有财产性价值的权利

现如今，有关土地承包经营权的"三权分置"方案已经被《民法典》所确认。《民法典》第339条规定："土地承包经营权人可以自主决定依法采取出租、入股或者其他方式向他人流转土地经营权。"第340条规定："土地经营权人有权在合同约定的期限内占有农村土地，自主开展农业生产经营并取得收益。"这意味着，土地经营权作为一项单独性财产权利，可以从土地承包经营权中分离。因此，即便将土地承包经营权作为债务人的自由财产进行保护，但也不妨碍土地经营权作为债务人财产，进而可被管理人依法处置并向债权人分配处置款项。故而，并非所有涉及土地承包经营户债务人的个人破产案件均是无产可破的情况。

3. 实务中对土地承包经营户债务人的执行案件并非无能为力

那些认为在破产程序中，无法实现对土地承包经营户债务人责任财产的查找与处置的观点，实则是否定了法院在普通民商事案件中，涉及土地承包经营户的审判与执行工作。换言之，如果在个人破产程序中，无法对土地承包经营户债务人展开工作，那又如何在普通民事案件中对其展开工作呢？难道对于土地承包经营户债务人作为被执行人的财产案件，所形成的裁判文书均是一纸空文而无法得到现实的执行吗？答案显然是否定的。

综上所述，我国未来个人破产法没有理由排除土地承包经营户债务人的破产申请权，而是应当赋予土地承包经营户债务人破产申请权。

（三）构建简易破产程序

比较前文所提及的三种方案而言，它们在本质上均采纳了一般个人破产主义的立法模式。只不过是在直接采纳一般个人破产主义，还是选择分类型、分阶段进行立法最终实现一般个人破产主义的路径上出现了分歧。

---

① 所谓"半部破产法"是学界对我国仅有企业破产法而没有个人破产法的称呼。

但就分类型、分阶段的方案与构建简易破产程序的方案相比较而言，笔者更倾向于采纳构建简易破产程序的方案，理由如下。

1. 构建简易破产程序契合债务人破产申请权的权利属性

在破产程序中，构建简易破产程序意味着所有债务人均享有破产申请权。破产程序的适用并不排除任何有需要的债务人，只不过在案件处理上，将会根据他们债务额的大小、案件的复杂程度等因素，将之导入不同的繁简程序之中。这意味着任何陷入破产危机的债务人都可以通过破产程序保障自身的生命权不受侵犯，使自己与家庭成员的基本生活权利得以有效维护。

2. 构建简易破产程序更加符合程序法理与程序价值

破产法的本质应属于民事程序法。我国《企业破产法》第4条规定："破产案件审理程序，本法没有规定的，适用民事诉讼法的有关规定。"尽管破产程序的性质虽有诉讼事件说、非讼事件说以及特别事件说等观点，[①] 但是这并不妨碍破产程序的设计原理与民事诉讼程序的原理相契合。将民事程序分为通常程序与简易程序的做法的目的就是将难度不一的案件导入合适的程序中进行解决，以防止"杀鸡用牛刀"的情况出现。因此，在破产程序中设置简易破产程序，更可与程序法理相符。

此外，简易破产程序更有利于实现破产程序的核心价值。破产程序设计的模型应当切合现代个人破产法兼顾债权人利益保护以及拯救诚实而不幸债务人的核心价值。所以，对于那些负债金额不大、事实较为简单的破产案件，应当使其通过精简的程序进行处理。如此做法可以加快案件处理流程，提高程序效率，并迅速实现破产程序的核心价值，而不必经过漫长且复杂的破产程序，徒增各方主体的时间与金钱成本。

3. 构建简易破产程序与《民法典》等民事实体法相契合

我国并未采民商分立的立法模式，而是采用民商合一的立法模式。故而，我国民事法律关系中也只有民事法律关系主体，却并未有商事法律关系主体，且法律行为也只有民事法律行为，而并不存在商事法律行为。所

---

① 王欣新：《破产法》，中国人民大学出版社，2019，第7页。

以，破产程序作为与民事实体法所对接的一种民事程序，亦不可在程序中将适用主体区分为民事主体与商事主体，或将法律行为区分为民事行为与商事行为，否则会产生破产程序难以与《民法典》等民事实体法相衔接契合的问题。然而，分类型、分阶段方案正是将债务人主体以及法律行为作出了与我国民事实体法不相符的分类。这是该方案的明显弊端之所在。

4. 构建简易破产程序更有利于实务上的案件处理

法律的制定不仅应当考虑如何应对现实问题，更应当考虑在实践中法律能否得到有效的执行。实践中，债务人负债的原因是多种多样的，所负债务的性质也各不相同。采简易程序的做法并不是完全否定其他方案的思路，因为这些方案均属于"繁简分流"的不同判断标准而已，即构建简易破产程序方案的思路是利用案件标的额大小、事实复杂程度等事实因素进行判断，而分类型、分阶段方案的思路则是对行为主体所实施法律行为的性质等法律因素进行判断。与法律因素判断相比，事实因素判断具有简单明了、易操作的优点。因此，与其在个人破产程序中区分负债主体或负债原因，不如直接按照债务人所负债务总额的大小等事实因素来分门别类地处理案件。这有利于管理人以及法官对破产案件的操作。

在简易破产程序的具体规则构建方面，有民事诉讼法中关于简易程序的规定作为构建简易破产程序规则的参考，又有实践探索中对简易破产程序作出的规定，因此，简易破产程序的规则构建并不复杂。笔者认为我国个人简易破产程序的规则构建中除了需要有关于独任制、申报债权时限、债权人会议表决方式等的规则之外，还应注重如下要点。

其一，程序适用标准问题。笔者认为，在判断案件是否可以适用简易破产程序的问题上，应采"债权人人数＋债权总额"的双重适用标准。例如，法律可以规定债权人人数不超过10人的以及债权总额累计不超过50万元的破产案件应当适用简易破产程序。当然，考虑到我国各地发展不均衡的现实问题，有关具体的债权人人数以及债权总额的确定标准，法律可以授权法院，通过司法解释或地方司法政策文件等形式进行具体落实。此外，适用简易破产程序的案件还应当满足"争议不大"的程序要件，即债务人应当保证其所提供的债权清册、财产清单是明晰、准确的，且不存在遗漏记载、错误记载的内容。同时，债务人还应保证承诺不存在虚假陈述、欺诈行为以及偏颇行为等违法行为，不存在破产衍生诉讼提起的必要。一旦发现债务人有违反保证承诺行为的，则应将简易破产程序转化为通常破产程序。

其二，指定管理人问题。尽管在破产程序中，管理人是重要的程序推动者。但个人破产案件基本为无产可破的案件，指定管理人无疑会造成程序成本的增加。况且管理人在面对无产可破的案件时，也未必有太大的履职积极性。然而，无产可破案件虽是个人破产案件中的一种常态，但并非毫无意义。继续破产程序的意义在于可以通过破产程序规定的各种方法，检验债务人是否为诚实而不幸的、降低债权人集体追讨债务的成本以及使债务人获得新生。因此，在简易破产程序中，法律可以规定在通常情况下，法院不指定管理人，若有当事人反对或提出异议的，则法院可以指定公职管理人参与简易破产程序。

（四）债务人破产申请权滥用之防范

在保障债务人依法享有破产申请权的同时，还应当注重防范债务人滥用破产申请权的问题。笔者认为可从以下两方面防范债务人滥用破产申请权。

其一，仔细核查债务人提交的证明资料，适度扩大调查范围。法院、管理人以及检察院应在实践中利用各种调查手段，仔细核查、辨别债务人所提交的各种证明资料是否存在违法情况，特别应对债务人的个人征信报告、银行账户流水、不动产交易记录、移动支付端转账记录等资料进行调查核实。此外，在适当的情况下应扩大调查范围，即相关主体可向债务人的亲属、具有密切关系的朋友乃至商业合作伙伴等人员进行调查。不论破产程序进展到了什么阶段，只要发现了债务人存在违反法定义务的情况，法院均应当驳回其破产申请，并根据其违法行为的具体情节，对之施加破产惩戒措施，以规制债务人滥用破产申请权的问题。比较法上，对此已有相关规定。例如，加拿大破产法规定，如果债务人滥用破产申请权且在破产程序中违反了禁止欺诈、如实披露破产事实以及妥善保管账簿等义务时，根据犯罪情节的不同，他们可能会遭受 1 年至 3 年时间不等的有期徒刑以及相应数额的罚金。①

其二，规定破产申请间隔制度。所谓破产申请间隔制度是指债务人不得在法律规定的时间内，连续多次地申请破产。法律之所以应规定破产申请间隔制度是因为，破产虽是一个事实问题，但法律如果对债务人行使破产申请权的时间不加以间隔限制，这不利于维护各方当事人的利益。比如，对债权人而言，债务人连续多次地申请破产，意味着债权人是在跟一位清偿能力极其不确定的相对人进行交易，这将有害于交易的稳定与安全。对债务人而言，债务人短时间内连续多次地申请破产，意味着他们并非诚实而不幸的债务人，因为这很可能是一种变相的逃废债行为。因此，法律应当规定债务人在行使破产申请权后的几年内，不得再次向法院申请破产保护，以防止债务人滥用破产申请权。至于具体间隔时间确定的问题，笔者认为可以根据债务人选择清理债务程序的不同而分别设置相应的间隔时间。例如，法律可以规定，债务人在申请破产清算程序后，需要间隔 10 年方可再申请启动破产程序，而若债务人申请破产和解或者重整程序的，则需要间隔 8 年方可再行使破产申请权。

五　结　论

在历史发展的脉络中，个人破产程序的适用主体范围以及债务人破产申请权的问题并非完全一致。然而，我国在构建个人破产程序的过程中，由于当然肯定了自愿破产制度，所以个人破产程序的适用主体范围与赋予哪些债务人破产申请权存在交叉一致性。尽管在比较法上，存在商个人破产主义、消费者破产主义以及一般个人破产主义等立法主义的区别，但是"商个人破产"与"消费者破产"均是个人破产中的子概念。在我国法律语境下，"个人破产"中的"个人"之内涵应当符合我国《民法典》中关

---

① 胡守鑫：《加拿大破产刑事责任惩戒制度要览》，《人民法院报》2021 年 1 月 22 日，第 A8 版。

于法律关系主体的规定。

我国未来个人破产法究竟赋予哪些债务人破产申请权的问题，应从债务人破产申请权所具备的权利属性要素以及权利保障视角进行论证。经考察可发现，该权利意味着债务人可以享有债务清理的主动权与选择权，是连接破产程序中其他对债务人利好的制度之关键。因此，法律应允许所有债务人享有此权利，这有利于保障债务人生命、生存发展以及债务人家庭成员基本生活的权利。故而，我国个人破产程序应在采一般个人破产主义的基础上，以债务人所负有的债务总额、债权人数量等因素作为划分标准，构建简易破产程序，以全面保障债务人的破产申请权，与此同时，还应当建立破产申请间隔等机制，以防范债务人滥用破产申请权。

刑事诉讼中的人权保护

我国律师在场权的权利意涵与制度建构[*]

于 浩 高 阳^{**}

摘 要：律师在场权作为保障犯罪嫌疑人合法权利、防止冤假错案的重要手段之一，已经被诸多现代法治国家所肯认。域外的相关规范和判例可为他山之石，我国现行的同步录音录像制度、值班律师制度、认罪认罚从宽制度和刑事简易程序等为律师在场权的实现提供了制度空间。尊重和保障人权是法治中国的价值旨归，深化司法改革，推进法治现代化需要进一步明晰律师在场权的权利意涵，完善制度建构。

关键词：律师在场权；人权保障；司法改革；法治

一 引 言

近年来，律师在场权①逐渐被现代法治国家所肯认，其在保护人权、防止错案、确保犯罪嫌疑人获得公正审判等方面意义深远。我国《刑事诉讼法》在 2012 年修改时，明确规定了犯罪嫌疑人自被侦查机关采取强制措施或第一次讯问之日起就有权委托辩护律师。2017 年 8 月，最高人民法院、最

---

* 本文系中国法学会部级课题"三重管理模式下中国律师专业化发展路径研究"〔CLS（2019）C11〕的阶段性成果。

** 于浩，华东师范大学法学院研究员、博士生导师；高阳，华东师范大学《师大法学》编辑部编辑。

① 根据诉讼的不同阶段，"律师在场权"有广义与狭义之分，广义指在侦查、起诉、审判全过程中，辩护律师都有权在场为犯罪嫌疑人提供法律帮助。狭义仅指刑事诉讼中的侦查阶段，辩护律师可以自嫌疑人第一次接受讯问起为其提供法律帮助，直至侦查终结。因起诉和审判过程中律师参与已有明确规定，故本文中的"律师在场权"仅指狭义的律师在场权。

高人民检察院、公安部、国家安全部和司法部联合发布《关于开展法律援助值班律师工作的意见》，要求法律援助机构在看守所设置值班律师，为犯罪嫌疑人提供法律咨询，并同时取消了"经济困难"的必要条件。国内也曾有科研机构在部分地区试验律师在犯罪嫌疑人受到讯问时在场提供帮助，并取得了不错的效果和反馈。[①] 但迄今为止，"律师在场权"这个概念尚未明确规定在我国法律中。那么，律师在场权在我国能否成为一项现实的权利？这样一种权利具有何种价值？这种权利的保障可以依赖哪些既有的制度条件？

二 律师在场权的理论意蕴及意义

在本质上，律师在场权是犯罪嫌疑人的应然权利，根源于任何人都有权在刑事诉讼中获得法律帮助的法治理念。尽管国际上多以公约和宣言等形式赋予犯罪嫌疑人寻求律师帮助的权利，但律师在场权的内涵依旧晦暗不明，亟待从理论上予以释明。

（一）律师在场权的法理基础

关于权利的来源问题，西方传统语境中始终存在自然法与实在法的先后关系之争，也就是一项权利究竟来源于自然道德还是来源于实在法。如果以实在法作为律师在场权的前提，那么除了一些显而易见的原则以外，很难对某一国家或地区是否建立起完善的律师在场制度进行评价，因为现阶段建立起律师在场制度的国家和地区对该权利的内涵均有不同的理解，实践中的操作也往往大相径庭。况且，如果完全主张律师在场权限于法律规定的内容，那么在最极端的情况下，律师在场权可能被客观法完全覆盖，从而使权利主体陷入韦伯提出的形式理性建构的"铁笼"。[②] 如果认

---

① 参见樊崇义主编《刑事审前程序改革实证研究——侦查讯问中律师在场（试验）》，中国人民公安大学出版社，2006，第192页。

② 参见〔德〕韦伯《新教伦理与资本主义精神》，于晓等译，生活·读书·新知三联书店，2002，第142页。不过，凯尔森认为，权利不过是受客观法保护的利益，坚持主观权利源于实在法，从而使政治权威拥有了权利的最终决定权。参见〔奥〕凯尔森《法与国家的一般理论》，沈宗灵译，商务印书馆，2017，第133页。

为自然法是律师在场权的基础，那么将难以发展律师在场权的具体内涵，因为仅仅从人的尊严和个人的道德自主的角度去发掘权利的内涵，难免具有哈贝马斯所言的两个缺陷：一是从单个主体出发无法认识权利的真实来源；二是过分忽视了国家权力的能动作用，使得实在法在个人权利的保护中没有发挥应有的作用。①

现代社会中，人们逐渐认识到道德无法作为权利的坚实基础，由自然法推导而来的权利路径欠缺历史依据，而完全将权利寄托于国家实在法则更难以满足权利内涵的时代发展要求。在此基础上，哈贝马斯逐渐开辟出一条新的权利研究路径。他认为，权利是人际交往、沟通和主体协商互动中的产物，权利是平等的主体之间互相承认的，人们能够借由这些权利向他人提出主张，并能够寻求国家的保护和司法救济。② 这种权利理论把权利作为主体之间互相承认和赋予的产物，不仅使权利同时具有了前人所言的能力、资格、利益等内涵，而且也避免了自然权利论和实证主义的权利法定论的传统矛盾，③ 为权利的产生和发展开拓了新的思路。

首先，律师在场权具有人权属性。联合国《公民权利和政治权利国际公约》规定"任何人不得被强迫自证其罪"，这是国际人权法和国际刑事司法的基本准则之一，更是现代法治国家为犯罪嫌疑人或被告人设立的基本权利，它代表了维护人的尊严这种深层次的重要价值：公民即使在刑事诉讼中，也享有这种与国家平等沟通的权利。④ 我国《刑事诉讼法》中亦有"不得强迫任何人证实自己有罪"的规定。实践中，如果没有律师的在场，犯罪嫌疑人将很难在"不得自证其罪"和"应当如实供述"之间实现平衡。为此就需要在刑事诉讼全过程，特别是侦查讯问环节赋予犯罪嫌

---

① 参见〔德〕哈贝马斯《在事实与规范之间——关于法律和民主法治国的商谈理论》，童世骏译，生活·读书·新知三联书店，2003，第 111～112 页。
② 参见〔德〕哈贝马斯《在事实与规范之间——关于法律和民主法治国的商谈理论》，童世骏译，生活·读书·新知三联书店，2003，第 155 页。
③ 参见高鸿钧《权利源于主体间商谈——哈贝马斯的权利理论解析》，《清华法学》2008年第 2 期。
④ 参见龙宗智《进步及其局限——由证据制度调整的观察》，《政法论坛》2012 年第 5 期。

疑人获得辩护律师帮助的权利。① 律师在场权为犯罪嫌疑人提供足够的心理支持和专业帮助，能够为犯罪嫌疑人维护基本权利、杜绝侦查机关违法办案创造条件。在这个意义上，正是律师在场权的人道内涵，使得它作为一项道德权利，具有了人权的属性。

其次，律师在场权体现鲜明的权利理念。"我们的时代是权利的时代"②，权利是现代法治的核心概念之一。律师在场权与犯罪嫌疑人的切身利益息息相关，它正是为了保护犯罪嫌疑人在刑事诉讼中的利益、使其免受非法讯问而设置的。刑罚是对人实施的最严厉的处罚，某些刑罚（例如死刑）一旦实施就无法补救，因此最大限度地避免冤假错案，是所有法治国家追求的目标，这也是犯罪嫌疑人最核心的利益。与此同时，犯罪嫌疑人所面对的是无法抗拒的国家暴力机关和经验丰富的侦查人员，叠加我国长期存在的职权主义诉讼风格，导致犯罪嫌疑人在刑事诉讼过程中的利益极易受到不法侵犯或者处在受不法侵犯的威胁中。如果法律对此不加以补救，那么律师在场就只能作为犯罪嫌疑人的一种道德资格，无法成为保护犯罪嫌疑人基本人权的重要规范力量。是故，为了增强犯罪嫌疑人在诉讼程序中的对抗力量，就需要强化其嫌疑人利益保护，使这种利益成为法律上的资格及主张，并允许律师等具备专业知识的辅助者进入诉讼程序中。

由此，权利内涵的关键并不是虚无缥缈的自然法或含糊不清的实在法。③ 正如德肖维茨所主张的，权利是经验与历史，特别是人类历史上极端的恶行，教会人们更好地进行选择，而这些选择就此拥有了权利的地位和意义。④ 这种证明律师在场权的思路，已经开始出现在欧洲的律师在场权论证中。在讨论关于在刑事诉讼程序和欧洲逮捕令程序中聘请律师的权

---

① 参见董坤《不得强迫自证其罪原则在我国的确立与完善》，《国家检察官学院学报》2012年第2期。

② 参见〔美〕路易斯·亨金《权利的时代》，信春鹰等译，知识出版社，1997，前言第1页。

③ 例如，在关于世界人权和权利取得共识的努力中，可以看到《世界人权宣言》为了获得最普遍的承认，而使用了人类"固有的尊严及其平等的不移的权利"之类的表述，但并没有说明为何是"固有的"。可以说，以往的权利来源理论都不足以令人满意。

④ 参见〔美〕艾伦·德肖维茨《你的权利从哪里来?》，黄煜文译，北京大学出版社，2014，第69页。

利（欧盟 2013 年第 48 号令）的过程中，过去曾遭受独裁或军事政权困扰的意大利、葡萄牙、西班牙，强烈反对允许各国对《欧洲人权公约》规定的权利进行克减。[①] 在此种向度上，律师在场权的意义和内涵将非常清晰：人类历史上在侦查讯问过程中的一系列不义之举，特别是对人类个体尊严和利益的侵犯使得人们意识到必须存在某一权利来对抗这些恶行，从而使个人拥有面对国家暴力机器的抵抗能力，经过一系列的探索，律师在场权成为一种可能的选择，并逐渐取得世界各国之共识。可见，人们正是为了防止历史上曾施加于犯罪嫌疑人的不义之举重复发生，才确立了律师在场权。

（二）律师在场权是实体正义和程序正义的要求

党的十八大以来，全国司法系统清理冤假错案成果显著。最高人民法院在 2019 年 10 月 23 日对全国人大常委会作的《关于加强刑事审判工作情况的报告》中提到，自 2014 年以来，人民法院依法纠正呼格吉勒图案、聂树斌案、陈满案等重大冤假错案 42 件 63 人，各级法院依照审判监督程序再审改判刑事案件 8051 件。在上述案件中，呼格吉勒图和聂树斌未能等到生前正义，陈满则在狱中蒙冤服刑 23 年，其他冤假错案和改判刑事案件中当事人的权利也遭受了严重侵犯，刑罚作为最严厉惩罚的残酷性可见一斑。与之相对，在权利对抗权力的视角上，正是在面对可能有损公正的办案过程时，律师在场权彰显了其应有地位。

习近平总书记指出：“全面依法治国是坚持和发展中国特色社会主义的本质要求和重要保障，事关我们党执政兴国，事关人民幸福安康，事关党和国家事业发展。”[②] 在全面依法治国的背景下，我国刑事司法制度由注重追诉向追求客观公正转变，由关注实体正义向同时关注程序正义与诉

[①] Steven Cras, *The Directive on the right of access to a lawyer in criminal proceedings and in European arrest warrant proceedings.* Eucrim 1：32 - 44.

[②] 参见《习近平在中国政法大学考察时强调 立德树人德法兼修抓好法治人才培养 励志勤学刻苦磨炼促进青年成长进步》，《人民日报》2017 年 5 月 4 日，第 1 版。

讼效益转变。① 长期以来，我国刑事诉讼存在过分追求实体公正的倾向，例如容易在刑事诉讼过程中发生忽视犯罪嫌疑人的权利、妨碍律师正常执业等情况，又比如在过往刑事司法资源短缺和侦查技术落后的情况下，侦查人员普遍注重犯罪嫌疑人供述。在这种"重实体、轻程序"的思维下，追求实体正义的初衷反而可能会导致冤假错案的发生，妨碍了实体正义的实现。虽然产生冤假错案的原因十分复杂，但轻视程序正义无疑是其中的重要原因。倘若在侦查讯问时允许律师在场，则提高刑事诉讼过程的透明度，也有利于发现真实情况、实现实体正义。② 相比侦查机关的讯问，辩护律师在与犯罪嫌疑人交流的过程中将更容易获得真实情况，不仅有利于案件侦查的顺利进行，提高刑事诉讼效率，更能保障犯罪嫌疑人的权利，实现实体正义。

（三）律师在场权是人权司法保障的应有之意

党的十八大将"人权得到切实尊重和保障"确立为全面建成小康社会的奋斗目标之一，尔后，党的十八届三中全会及四中全会均多次就人权保障作出专门部署和改革安排③。党的十九大报告则提出"维护国家法制统一、尊严、权威，加强人权法治保障，保证人民依法享有广泛权利和自由"，把人权的保障作为依法治国、建设社会主义法治国家的基础与重要

---

① 参见孙谦《全面依法治国背景下的刑事公诉》，《法学研究》2017 年第 3 期。有学者认为，在刑事诉讼中，程序正义至少应当具备控审分离、裁判公正和控辩平等三项品质，它们为律师在场权提供了生成空间和制度保障。参见陈在上《侦查阶段律师辩护权研究》，西南政法大学 2016 年博士学位论文。在刑事诉讼中，"程序正义"是一个不断发展完善的概念，事实上，程序正义务求在惩罚犯罪和保障人权之间寻得平衡，追究犯罪并不是刑法的唯一目的，而保障人权更是现代法治国家刑法的重要价值和标志所在。因此，程序正义在刑事诉讼中的地位必须特别强调，它给予犯罪嫌疑人能力以保障其人格尊严和其他利益。同时，鉴于国家对暴力资源的垄断和刑事侦查过程的相对秘密性，无疑需要程序正义来对其进行监督，而现代刑事诉讼过程的专业性与复杂性不断增强，律师在场为犯罪嫌疑人提供法律帮助能够有效监督侦查机关的权力运行。然而整体而言，我国目前的侦查程序对保障犯罪嫌疑人的合法权利尚显不足。
② 参见屈新《论辩护律师在场权的确立》，《中国刑事法杂志》2011 年第 1 期。
③ 党的十八届三中全会《决定》以"完善人权司法保障"作为"法治中国建设"中的独立小节予以规定，党的十八届四中全会《决定》以"加强人权司法保障"作为"保证公正司法，提高司法公信力"中的独立小节予以规定。

内容。学界于此背景之下，对"人权司法保障"理论问题的研究讨论亦蔚然成风。"人权司法保障"的内涵经此发展逐渐扩充为两大内涵：通过司法保障人权与司法中的人权保障。① 其意蕴与人权的属性相一致，人权的权利属性是消极与积极的统一体，与之相对，国家也应负人权保障的消极与积极责任。② 国家责任辐射到司法领域，对司法权有相同的要求。一方面司法权应当逐步规范，防止滥用，在行使司法权的过程中，保护犯罪嫌疑人的人权，制约国家权力的侵害可能；另一方面司法权必须积极作为，承担人权保障的积极责任。人权，归根结底就是要满足人的需要，③ 而人的需要既有共性也有个性，既是抽象的也是具体的。由此可见，人权实际上可被认为是开放的价值理念之合集，若对人权的目光仅限于人权法律化，难免囿于立法之缺失而造成人权的实际减损。

党的十八届三中全会《决定》以"人民权益"的表述宣示了一种抽象性的权利，④ 而"让人民群众在每一个司法案件中都感受到公平正义"则是一种具体要求。在此基础上，习近平总书记指出："人民幸福生活是最大的人权。"由此可见，当下中国的人权内涵已不仅限于传统语境中的个体价值，在全面发展人权内涵的背景下，有学者提出人权司法改革中，包含实体性人权、程序性权利和综合性权利的三个面向。⑤ 其中尤以律师帮助权突显人权司法保障的价值，而刑事诉讼程序中律师在场权作为司法机关与犯罪嫌疑人有效沟通的衔接，兼具公共职能和私人主体的双重属性。律师作为犯罪嫌疑人权利的代言人，不仅在权利制约权力的面向上发挥作用，其职能的积极行使更是增强犯罪嫌疑人及其家属人权保障的获得

---

① 有学者认为，人权司法保障的第一层含义"司法中的人权保障"，主要是指在刑事诉讼程序的过程中，保护犯罪嫌疑人的基本人权，寻求打击犯罪与保障人权之间的平衡。第二层含义是"运用司法权来保障人权"，其含义还可扩展为"扩大运用司法权来保障人权的范围"。参见江必新《关于完善人权司法保障的若干思考》，《中国法律评论》2014年第2期。亦有学者从语义分析出发，得出了相同的结论。参见李璐君《"人权司法保障"的语义分析》，《华东政法大学学报》2019年第4期。

② 参见汪习根《论人权司法保障制度的完善》，《法制与社会发展》2014年第1期。

③ 参见李步云《论人权的本原》，《政法论坛》2004年第2期。

④ 党的十八届三中全会《决定》："加快建设公正高效权威的社会主义司法制度，维护人民权益，让人民群众在每一个司法案件中都感受到公平正义。"

⑤ 参见汪习根《论人权司法保障制度的完善》，《法制与社会发展》2014年第1期。

感、安全感的直接触点。在司法活动和司法秩序重塑的过程中，律师在场权在其充分调动公权力和私主体两方积极性的意义上突显价值，兼有司法效用提升的现实意义。① 因此，在人权司法保障改革的过程中逐步确立律师在场权，不仅是对司法过程中人权的保障，更是借由司法权的积极作为完善人权保障措施的积极探索。

三　律师在场权的域外经验与中国试验

（一）律师在场权的域外规范、判例与实践现状

在域外刑事诉讼程序中，犯罪嫌疑人在侦查讯问阶段的律师在场权内涵，已逐渐具体化和明细化，相关原则和规定多见于联合国公约、地区性公约和各国的法律体系之中。例如，《公民权利和政治权利国际公约》第14条载明了审前程序性权利的保障，确定了犯罪嫌疑人在审判前及时获得律师帮助的权利。联合国《关于律师作用的基本原则》第1条、第5条、第8条详细规定了各国政府在保障被限制自由的犯罪嫌疑人获得审前辩护的义务和具体执行的原则。《联合国少年司法最低限度标准规则》明确了在各个阶段，少年犯罪嫌疑人均有获得律师帮助的权利。另外，一些区域性文件和公约也相继确立了律师在场权的规定。例如，《欧洲人权公约》第6条确立了受到刑事指控的人的最低限度权利，其中就包括获得辩护和法律援助的权利。随后，欧洲在2011年6月通过的"欧盟刑事诉讼权利路线图"的新法律指令以及2013年10月发布的第48号令中，均进一步明确审前刑事被追诉人的律师在场权。②

其中值得一提的是2008年欧洲人权法院的萨多斯诉土耳其（Salduz v. Turkey）案，该案对欧洲律师在场权的发展具有典范意义。案中犯罪嫌疑人萨多斯因涉嫌参加非法游行等活动被土耳其警方逮捕，随后萨多斯在

---

① 参见于浩《推陈出新："枫桥经验"之于中国基层司法治理的意义》，《法学评论》2019年第4期。

② Roadmap with a view to fostering protection of suspect and accused persons in criminal proceedings, 1 July 2009, 11457/09 DROIPEN 53 COPEN 120.

未会见律师的情况下接受了警方讯问，并作出有罪供述，此后在审判中萨多斯虽然翻供作无罪辩护，但经数次法庭审理仍被判有罪并处两年六个月有期徒刑，而他在未经咨询律师的情况下作出的有罪供述成为最终定罪的重要依据。在寻求国内司法救济无果后，萨多斯依据《欧洲人权公约》第6条，向欧洲人权法院提出申诉，认为警方的讯问侵害了自己的辩护权。欧洲人权法院小法庭则依据整体平衡原则，即结合刑事诉讼程序整个过程来判定限制行为是否会导致对犯罪嫌疑人的不公正的审判，最后认为其所受审判的公正性并未因在羁押阶段未获律师帮助而受到侵害。① 萨多斯再次申诉后，此案由欧洲人权法院大法庭审理，并推翻了先前的判决。大法庭明确指出，《欧洲人权公约》第6条适用于审前阶段，且其中律师帮助权是关于审判公正与否的重要因素。② 随后大法庭进一步指出，在侦查阶段，犯罪嫌疑人有获得法律帮助之保护性权利，因此萨多斯在被羁押期间的辩护权，毫无疑问受到了侵犯。此案之革命性的意义就在于，欧洲人权法院摒弃了之前的一贯立场，即仅仅审查刑事诉讼程序整体上是否可以满足一场公正审判的要求，③ 明确提出：犯罪嫌疑人从第一次受讯问时起，就应当获得律师帮助，并且将侦查阶段获得律师帮助权的地位和重要性提到了决定审判公正性的基础地位。在此案的基础上，欧洲人权法院进一步推进相关规则，形成了"萨多斯规则体系"④，就律师帮助权的告知、放弃、范围以及获得作出具体明确的规定，从而在欧盟范围内建立起一整套关于侦查阶段律师帮助权的通行标准。⑤ 在"萨多斯规则体系"确立之后，法国和荷兰率先行动，逐渐明确了犯罪嫌疑人在侦查讯问中获得律师帮助的权利。

此外，一些国家也在其立法中明确记载了律师在场权。例如《俄罗斯联邦刑事诉讼法典》第53条规定了律师在场权，指出若无律师在场的供

---

① ECtHR, *Salduz v. Turkey*, 36391/02 [2008], pp. 50 – 52.

② ECtHR, *Salduz v. Turkey*, 36391/02 [2008], pp. 50.

③ ECtHR, *Imbrioscia v. Switzerland*, 13972/88 [1993], pp. 38.

④ Anna Ogorodova, Taru Spronken, Legal Advice in Police Custody: From Europe to a Local Police Station, 7 *Erasmus L. Rev.* 191 (2014).

⑤ 参见陈苏豪《侦查初期律师帮助权的欧洲标准及其启示》，《交大法学》2019 年第 2 期。

述在当庭翻供时不能成为裁判依据。《意大利刑事诉讼法典》第 350 条直接规定，律师不在场的情形下的供述不能作为证据。英国 1984 年《警察与刑事证据法》明确规定，犯罪嫌疑人在接受讯问期间享有律师在场权；在具体执行中，除法定例外情形，警察只有在被羁押者获得法律咨询或帮助之后才可以讯问。美国则借由著名的"米兰达诉亚利桑那州案"确立了著名的"米兰达规则"，明确规定了犯罪嫌疑人在讯问中享有的沉默权和律师帮助权。

尽管侦查阶段律师在场权的理论讨论如火如荼，各国也相继规定了律师在场权的内容，但在实践中，律师在场权的运用处于一种尴尬的境地。例如，英国 1996 年《刑事司法与公共秩序法》规定，犯罪嫌疑人在侦查讯问中行使沉默权可能会对其带来不利后果，[1] 而在审判时，法庭可能会对符合一定条件的沉默进行不利推断，此举将严重削弱沉默权。另外，当被告人不能对其沉默的原因作出令陪审团满意的解释时，陪审团依旧可以对其作出不利推定。与此同时，除检察官以外，法官也会提醒陪审团，被告人在接受讯问时的沉默行为可能被当作有罪的证据。[2] 这项规定的实质是警方对逐渐确立的律师在场权进行回应的结果，[3] 意味着犯罪嫌疑人的"沉默"必须源于确切理由，在客观上大大降低了律师在场的作用。除此之外，英国的一项调查表明，尽管有律师值班制度的保障，但在刑事侦查讯问中，法律顾问只有在约占总数的 1/8 的案件中能做到全程在场。[4]

在美国，"米兰达规则"同样并未像人们预想的那样产生足够的积极影响。[5] 一项调查研究显示，182 名刑事犯罪嫌疑人中有 136 人明确放弃律师在场权，有 1 人在改变想法之后放弃律师在场权，36 人主张享有米兰达权利，2 人在改变主意后选择继续坚持享有米兰达权利，而另外 7 人未

---

① Susan Nash, *Recent Developments in English Criminal Law and Procedure*, 29 CRIML. J. 228, 235 (2005).

② Susan Nash, *Recent Developments in English Criminal Law and Procedure*, 29 CRIML. J. 228, 235 (2005).

③ David Dixon, *Law in Policing*, *Legal Regulation and Police*, Clarendon Press, 245 (1997).

④ Michael Zander, *The Police and Criminal Evidence Act* 1984, Sweet & Maxwell, 123 (1990).

⑤ Paul G. Cassell, Richard Fowles, *Handcuffing the Cops? A Thirty-Year Perspective on Miranda's Harmful Effects on Law Enforcement*, 50 Stan. L. Rev. 1015, 1015 (1998).

对其宣示米兰达权利，使得弃权率高达78.29%，适用率仅有21.71%。而且，在嫌疑人主张米兰达权利的案件中，约4%的讯问并未停止，其原因是侦查人员告知嫌疑人，他们只是想知道在"事实上"发生了什么。[①] 此后十年，另一项实证调查显示，多达93%的嫌疑人放弃了米兰达规则赋予的权利。[②] 另外，即使在米兰达规则确立之后，围绕米兰达规则的适用，美国法院的态度仍有反复，在1976年"Beckwith诉美国案"中，美国联邦最高法院认定，警方非以拘捕为目的之谈话，无须事先进行米兰达警告。[③] 在1980年"纽约州诉Quarles案"中，美国联邦最高法院认为，当公共安全受到紧迫威胁时，警方未进行米兰达警告获得的证据仍具有可采性。[④] 事后，美国联邦最高法院还扩张了米兰达规则的适用范围。直到21世纪以后，美国学界的主流声音认为：米兰达规则既然可以通过判例调整其适用范围，那么法院就没有必要在后案中推翻米兰达判决。[⑤] 而同样值得注意的是，美国警方对米兰达规则的态度，也经历了从诧异到适应再到完全接受的过程。

在欧洲，2013年欧盟颁布的第48号直接指令涉及在刑事诉讼和欧洲逮捕令诉讼中与律师接触的权利，在被剥夺自由时告知第三方以及在被剥夺自由时与第三人和领事机关进行沟通的权利自由，旨在加强刑事诉讼中被告人或嫌疑人的程序性权利。该指令涉及嫌疑人和被告人有权寻求律师帮助，无论他们是否被剥夺自由。此项权利还关系到嫌疑人被剥夺自由时与家人、亲戚和其他第三人以及领事机关进行交流的权利。该指令为欧盟范围内的所有嫌疑人或被告（无论其法律地位或国籍）设定了最低标准。根据该指令第15条，成员国必须在2016年11月27日之前将该指令转换为国家法律。不过，根据欧盟委员会向欧洲议会和理事会的报告，在规定

---

① Richard A. Leo, *Inside the Interrogation Room*, 86 J. Crim. L. & Criminology 266, 75 – 276 (1996).

② Anthony J. Domanico, Ichael D. Cicchini, and Lawrence T. White, *Overcoming Miranda: A Content Analysis of the Miranda Portion of Police Interrogations.* 49 Idaho L. Rev. 1, 13 (2012).

③ Beckwith v. U. S. , 425 U. S. 341 (1976).

④ New York v. Quarles, 467 U. S. 649 (1980).

⑤ 参见刘磊《米兰达规则五十周年的纪念与省思》，《比较法研究》2016年第6期。

的转换期限到期之日，还有九个成员国尚未向欧盟说明自己采取的必要措施。① 时至今日，该指令仍需进一步将其转化到国家法律和实践中。

不难看出，律师在场权的理论与规范趋于成熟，却难以在目前的实践中充分展示其生命力。基于历史和文化等因素，每个国家对律师在场权的理解并不相同，虽然国际上对律师在场权重要性的认识已经建立起来，但这种认识无疑是最低标准之上的共识。正如不同国家和地区对人权的理解各有侧重，对律师在场权的认识也存在一定的差异，进而在各自的刑事诉讼程序之中演化出不同的运用路径。

（二）我国律师在场的制度试验

2002 年，中国政法大学诉讼法学研究中心在樊崇义教授的带领下开始在广东省珠海市进行侦查讯问时"律师在场、录音、录像"试验，随后又与北京、河南、甘肃三地公安机关合作，针对 382 名犯罪嫌疑人的办案活动进行试验。② 该试验总体分为两个阶段：第一阶段仅仅在犯罪嫌疑人被采取强制措施之后的第一次讯问中安排律师在场，第二阶段则全程安排律师在场。在对侦查人员的不记名调查问卷中，关于"你对调查人员讯问犯罪嫌疑人过程中律师在场的做法持什么态度"这一问题，有 52.9% 的侦查人员选择了"赞成"，41.1% 的人选择了"无所谓"，6% 的人选择了"反对"。而对犯罪嫌疑人的调查则表明，大部分犯罪嫌疑人欢迎律师在场参加（未参加试验中的 86.4%，参加试验中的 81.2%）。参加试验的北京、甘肃、河南的各公安局副局长在报告中也称，"律师在场"制度既能够保障犯罪嫌疑人的合法权益，又能够保护公安干警权益，避免因犯罪嫌疑人翻供导致刑讯逼供嫌疑。在试验项目结束后的国际研讨会上，课题组

---

① Report from the Commission to the European Parliament and the Council on the implementation of Directive 2013/48/EU of the European Parliament and of the Council of 22 October 2013 on the right of access to a lawyer in criminal proceedings and in European arrest warrant proceedings, and on the right to have a third person informed upon deprivation of liberty and to communicate with third persons and with consular authorities while deprived of liberty.

② 参见樊崇义主编《刑事审前程序改革实证研究——侦查讯问中律师在场（试验）》，中国人民公安大学出版社，2006，第 192 页。

分别就参与刑事诉讼的三方总结出了意见：犯罪嫌疑人一方认为，律师熟悉案情，而且其在场能够监督侦查机关的执法活动，有效维护他们的合法权益；侦查机关一方认为，"三项制度"能够完整记录讯问过程，在规范办案秩序的同时，可以促进自身加强业务学习，促使其寻找口供以外的实物证据；参与的律师一方则认为，律师在场能够见证讯问程序的合法性，为犯罪嫌疑人提供法律咨询帮助，还可以遏制刑讯逼供，提升警察执法水平。① 试验后续得到的数据也同样支持这一结论：在第二阶段试验中，侦查讯问时有律师在场的 16 名犯罪嫌疑人，在案件侦办的后续过程中，基本上没有或不准备改变其认罪供述或辩解，有一人更是从不认罪变为认罪；而侦查讯问时没有律师在场的 22 名嫌疑人中，有 4 人表示要改变原有认罪供述，并且其中的 2 人还对侦查讯问的方式提出异议。不难看出，律师在场对有效合法地保障犯罪嫌疑人的供述具有积极意义，同时也能够避免讯问时因无人在场加以证明，导致无法对犯罪嫌疑人提出的翻供理由进行质证的情况。

就本次试验而言，律师在场不仅得到了侦查人员的理解和支持，而且从最保守的角度来说，基本对侦查活动不产生负面影响。事实上，2012年修改的刑事诉讼法部分吸收了"三项制度"的相关做法，建立了讯问时同步录音录像制度，为律师在场权的落地向前推进了一大步。值得注意的是，这项试验的背景与现在已有很大不同，律师人数与彼时相比已有卓然增长，而值班律师制度业已建立起来，可以说，现在的司法资源相比试验之初，已不可同日而语。另外，律师在场制度对司法公正和诉讼效率的意义愈发突显，特别是在刑事速裁程序和认罪认罚制度适用更加成熟的情况下，律师在场提供帮助不再是传统意义上增加司法成本和耗费司法资源的制度设置，相反，律师在场提供帮助，能够有效促进犯罪嫌疑人和侦查机关的沟通，更是一种优化司法资源配置、提高刑事案件质量与效率以及促进社会和谐的重要制度安排。

---

① 参见《侦查讯问改革国际研讨会现场各家讨论摘要——积极探讨闪现智慧火花》，http://news. cupl. edu. cn/info/1012/18840. htm，2020 年 7 月 30 日访问。

四 基于现行制度落实律师在场权之前提

在规范上，我国在 2004 年正式将"尊重和保障人权"写入宪法，国家作为责任主体自此在规范上有了明确的义务。作为国家行为的根本依据，宪法的要求和精神价值统摄一切国家机关的活动，就人权而言，国家的责任和义务应当具化为国家有关职能机关对人权的保护和救济，有关职能机关应当以"尊重和保障人权"作为活动准则和价值遵循。相关义务辐射到刑事诉讼领域，保障人权便成为我国刑事诉讼法发展的进路。自 1979 年首部《中华人民共和国刑事诉讼法》公布以来，历次修正案无不以人权保障为其价值目标，1996 年《刑事诉讼法》第一次规定了法律援助制度和疑罪从无的原则。2012 年《刑事诉讼法》则首次将"尊重和保障人权"写入法条，同时明确"不得强迫任何人证实自己有罪"。2018 年《刑事诉讼法》对认罪认罚从宽制度和刑事诉讼速裁程序的规定为嫌疑人的人权保障提供更多的方式，特别是认罪认罚从宽制度中对被告人签署认罪认罚具结书时律师在场的明确要求，将律师在场权的问题提到了立法的层面。[①]

（一）同步录音录像制度

2012 年修订的《刑事诉讼法》中，第 121 条第 1 款规定：对于犯罪嫌疑人可能被判处无期徒刑、死刑的案件，侦查人员讯问时应当予以录音录像，对于其他案件，侦查人员可以录音录像。据统计，到 2013 年，全国已有 90% 以上的派出所完成了录音录像区功能改造。[②] 此外，中央政法委于 2013 年发布《关于切实防止冤假错案的规定》，规定犯罪嫌疑人被羁押后，讯问应当在看守所讯问室进行并全程录音录像。可以说，我国刑事

---

① 参见陈卫东、孟婕《重新审视律师在场权：一种消极主义面向的可能性——以侦查讯问期间为研究节点》，《法学论坛》2020 年第 3 期。

② 参见中国政法大学法律实证研究中心课题组《侦查讯问中律师在场可行性报告》，《人民法治》2017 年第 6 期。

诉讼过程中录音录像制度自此已具备完善条件。

但实践中，仍存在不少问题，录音录像证据不移送、选择性录音录像、录音录像过程的中止程序不明、违反相关规定的后果不明确的问题尤为突出。[①] 对于辩护律师而言，在实践中也往往难以查看录音录像；在不少地方，仅在非法证据排除程序中，辩护律师才有权申请查看相关录音录像资料。[②] 在某种意义上，同步录音录像制度反而成了合法化侦查人员侦查行为的证明，而非制度改革中所预期的那样，成为保护犯罪嫌疑人权利的关键措施。不过，考虑到中国政法大学诉讼法学研究中心开展的"律师在场、录音、录像"三项制度试点工作，可以明确，律师在场事实上是对同步录音录像制度的深度推进，也就是从单纯的侦查机关的自我监督和机器监督发展为由辩护方参与监督。故此，不妨以同步录音录像制度为依托引入律师在场，使录音录像制度成为促成律师在场制度建构的一项配套措施。

（二）值班律师制度和认罪认罚从宽制度对律师介入的需要

值班律师制度和认罪认罚从宽制度毋庸置疑是新一轮司法改革的重要内容，其在优化司法资源配置，构建完善的案件分流机制方面具有重要作用。[③]

在认罪认罚从宽制度中，根据最高人民法院、最高人民检察院、公安部、国家安全部、司法部联合发布的《关于使用认罪认罚从宽制度的指导意见》（以下简称《指导意见》），除三种情形以外，犯罪嫌疑人自愿认罪、同意量刑建议和程序使用的，应当在辩护人或者值班律师在场的情况下签署认罪认罚具结书。同时《指导意见》还提到，犯罪嫌疑人认罪认罚

---

① 参见王永杰《新刑诉法中侦查讯问同步录音录像的程序规制：困境与出路》，《华东师范大学学报》（哲学社会科学版）2014 年第 1 期。

② 参见赵东平《论检察机关讯问全程同步录音录像制度实施中的问题及改进建议》，《河南社会科学》2014 年第 3 期。

③ 最高人民法院《关于全面深化人民法院改革的意见》指出："明确被告人自愿认罪、自愿接受处罚、积极退赃退赔案件的诉讼程序、处罚标准和处理方式，构建被告人认罪案件和不认罪案件的分流机制，优化配置司法资源。"

的，人民检察院应当听取犯罪嫌疑人、辩护人或者值班律师的意见，记录在案并附卷。另外，《认罪认罚从宽试点办法》明确要求办理认罪认罚案件时必须确保犯罪嫌疑人获得有效法律帮助。2019 年修订的《人民检察院刑事诉讼规则》规定，人民检察院办理犯罪嫌疑人认罪认罚案件，应当保障犯罪嫌疑人获得有效法律帮助，确保其了解认罪认罚的性质和法律后果，自愿认罪认罚。对于已有辩护人的犯罪嫌疑人而言，此项规定无疑为其增加了与辩护律师的接触机会，间接促使犯罪嫌疑人得到法律帮助的数量和质量提高。对于认罪认罚又没有辩护人的犯罪嫌疑人，办案机关会通知值班律师为其提供法律咨询等法律帮助。

在这里，值班律师制度成为促进认罪认罚从宽制度和维护犯罪嫌疑人合法权益的重要连结点。虽然现行规范文件将其角色定位为"法律帮助者"，而不是"辩护人"，但是，值班律师除为犯罪嫌疑人提供法律意见之外，还可从事为其提交变更强制措施申请等程序性活动，况且值班律师还有权对检察机关的定罪量刑提出意见。从各项职责来看，值班律师事实上已经在认罪认罚从宽程序中承担了辩护人的职责。从实践的视角来说，它与律师在场权的工作形式已有很大程度的重合，在人权保障需求、目的和形式上具有相同性，仅仅在服务对象上存在差异。

值班律师在满足实质辩护功能，也就是充当"准辩护人"的角色的同时，还可以被视为"司法机关的合作者"[1]、"量刑结果的协商者"[2] 以及"诉讼程序的监督者"[3]，因此是推动认罪认罚从宽制度实施的关键，也是保障被追诉人诉讼权利、延伸律师辩护权和监督办案机关依法办案的重要力量。[4] 总而言之，值班律师制度和认罪认罚从宽制度为律师介入刑事诉讼程序留下了足够空间，律师不仅被赋予更多的功能，而且还深度拓展了在刑事诉讼中的角色定位，充分凸显了律师在刑事诉讼程序中的重

---

[1] 参见谭世贵《"刑事诉讼制度改革背景下值班律师制度的构建"研讨会综述》，《中国司法》2017 年第 6 期。

[2] 参见陈瑞华《认罪认罚从宽制度的若干争议问题》，《中国法学》2017 年第 1 期。

[3] 参见姚莉《认罪认罚程序中值班律师的角色与功能》，《法商研究》2017 年第 6 期。

[4] 参见陈卫东《认罪认罚从宽制度试点中的几个问题》，《国家检察官学院学报》2017 年第 1 期。

要性。① 这无疑为拓展律师的功能提供了机会，也为律师在场权的建构提供了更具现实操作性的制度前提。

五 律师在场权制度建构的关键节点

（一）律师在场权的时间起点

律师在场权适用的时间起点关乎犯罪嫌疑人能否真正获得权利保障，因此成为广泛讨论的问题。学界一般认为，在"第一次讯问"时，犯罪嫌疑人就享有律师在场权，但如何定义"第一次讯问"，学界则存在分歧。在中国政法大学诉讼法学研究中心主持的"律师在场、录音、录像"三项制度试验中，律师在场权的时间起点被界定为对犯罪嫌疑人采取强制措施后的第一次讯问，即犯罪嫌疑人被羁押或者失去自由之后的第一次讯问。但是，如果按此理解，必然会导致侦查人员为规避律师在场权而在采取强制措施之前进行实质性的讯问。事实上，在米兰达规则实行多年的美国，侦查人员为了规避米兰达规则的限制，常常会在采取强制措施前对犯罪嫌疑人进行讯问，或采用其他方式获得口供信息，例如侦查人员自称在事前讯问犯罪嫌疑人正是为了保护对方，或仅仅出于了解事情真相的目的。对此有学者认为，"第一次讯问"时间应当以犯罪嫌疑人的人身自由受到限制的那一刻为标志。②

欧盟 2013 年颁布的第 48 号指令的第 2 条第 1 款规定，该指令"适用于刑事诉讼中的嫌疑人或被告人，从成员国主管当局通过正式通知或其他方式告知他们涉嫌或被控犯有刑事罪之时起，无论他们是否被剥夺自由"。然而实践中，经常有人作为证人而不是嫌疑人被当局审查，这一行为事实上导致了律师在场权的延后，也构成被讯问人权利的巨大减损。对此，第 48 号指令的第 2 条第 3 款规定，"在第 1 款规定的相同条件下，本指令也

---

① 参见陈卫东《认罪认罚从宽制度试点中的几个问题》，《国家检察官学院学报》2017 年第 1 期。

② 参见陈在上《比较法视域下的律师在场权悖论释义与制度建构》，《河北法学》2017 年第 3 期。

适用于嫌疑人或被告人以外，在警察或其他执法机关的讯问过程中成为嫌疑人或被告人的其他人"。欧洲人权法院的判例同样支持了这一规定，根据该判例，从所有人的地位受到重大影响之时起，他们获得法律援助的权利就必须始终得到保障，即使并没有被宣布为嫌疑人或被告。① 具体而言，欧洲人权法院认为，当局是否以任何方式通知对方涉嫌或被指控犯有应受刑事处罚的行为并不重要，只要有证据证明相关机关怀疑其参与犯罪即可。② 与此观点相类似的"Shabelnik 诉乌克兰"案中，法院认为，从某人供认自己犯罪之时起，接触律师的权利就产生了，即使当局在十天后方才指控他犯罪。③

事实上，不论如何定义"第一次讯问"的时间，都难免面临权利保护不完善的情况。大量案例证明，只要存在可能，侦查机关就有动力在犯罪嫌疑人接触律师之前对其进行讯问，即便不是以讯问的名义进行。又因为第一次讯问的口供往往具有重大意义，律师在场权的克减和缺失必然极大伤害犯罪嫌疑人的权利。因此，参照欧盟 2013 年第 48 号指令和欧洲人权法院的判例，可以明确：自犯罪嫌疑人或接受讯问人的权利地位受到重大影响之时起，就应当对其赋予律师在场权的保护。

(二) 会见的保密性

确保会见时的保密性，是保障犯罪嫌疑人权利的必然要求。显而易见，居于监听之下的律师帮助是不完整的，不论是对侦查人员的不信任抑或是摄于他人监视的威慑，犯罪嫌疑人与辩护律师的会见都难以达到有效法律帮助的要求，更难以形成对侦查人员不法行为的监督。因此，应当严格遵守会见时的保密要求。联合国《囚犯待遇最低限度标准规则》第 93 条规定，必须绝对保证律师与嫌疑人或被告之间通信的保密性："未经审判的囚犯与其法律顾问之间的面谈可以在警察或机构官员的视线范围内，

---

① Zaichenko v. Russia, decision of 28. 6. 2010.

② Elisavet Symeonidou-Kastanidou, "The Right of Access to a Lawyer in Criminal Proceedings: The transposition of Directive 2013/48/EU of 22 October 2013 on national legislation", *European Criminal Law Review*, Volume 5 (2015).

③ Shabelnik v. Ukraine, decision of 19. 5. 2009.

但不得在其听证范围内。"此外，《关于律师作用的基本原则》第 8 条规定："应向所有被捕、被拘留或被监禁的人提供充分的机会、时间和便利，让律师不被拖延地进行查访，并与律师进行沟通和协商，不得截取或审查，并应完全保密。这种协商可能在执法人员的视线范围内，但不在听证范围内。"其第 22 条规定："各国政府应承认并尊重律师与其委托人之间，在其专业关系内的一切通信和协商保密。"

在实践中，欧洲人权法院的判例同样支持保密原则。欧洲人权法院通过一系列判例，确立保密要求是民主社会公平审判的基本要求之一，认为如果律师无法与委托人在保密的情况下进行协商，则法律帮助必将受到很大的减损。欧洲人权法院还指出，如果不能确保委托人与其律师交流的保密性，委托人向律师坦率披露案情的可能性将受到很大限制，从而最终影响其有效行使辩护的权利。①

在我国，《刑事诉讼法》第 39 条规定："辩护律师会见犯罪嫌疑人、被告人时不被监听"，《律师法》第 33 条同样明确了辩护律师会见犯罪嫌疑人、被告人时不被监听。不过，虽然法律已有明确规定，但在实践中仍然难以完全实现，究其原因有以下几点。第一，"不被监听"的内涵尚未明晰，究竟怎样的行为属于"监听"，法律没有明确规定，这就在实践中留下了模糊地带。尽管通过监听取得的证据在庭审中会被作为非法证据予以排除，但这些证据无疑为侦查机关提供了更多信息。第二，"辩护律师会见不被监听"中的"监听"与作为技术侦查手段的"监听"，在法律上尚未明确区分。作为一项技术侦查手段，监听在部分犯罪侦查中仍是基本手段，《刑事诉讼法》第 150 条规定，公安机关在立案后，对一部分犯罪案件，可以经批准后采取技术侦查措施。虽然该项规定对可能涉及的罪名进行了列举，但是区分此处的监听手段和辩护律师会见中可能采取的监听手段，二者内涵仍不明确。第三，缺乏有效的救济途径。以上原因均不同程度造成律师会见保密性的减损和瑕疵，

---

① Brennan v. the United Kingdom, decision of 16. 10. 2001, p. 58, Castravet v. Moldova, decision of 13. 6. 2007, pp. 49 - 50.

也使得律师提供法律帮助的效果大打折扣。因此，建立切实有效的法律手段保障律师会见的保密性，是最终落实律师在场权的其中一项必要条件。

（三）理念的转变

越早接触律师对犯罪嫌疑人的权利保护就越有利，这关系到对犯罪嫌疑人辩护权的保护是"切实有效"还是"理论和虚幻"。然而律师在场权是否能够有效发挥作用还有赖于侦查理念的转变。从中国政法大学进行的律师在场试验中即可发现，侦查人员对律师在场的态度首先具有明显的转变，试验之初侦查人员不愿意或者带有情绪向犯罪嫌疑人介绍在场律师，而在试验中后期侦查人员则相对坦然地告知犯罪嫌疑人在场律师的作用，不认为律师在场会对讯问带来负面作用。其次则是，侦查人员从不愿犯罪嫌疑人向律师进行咨询，到主动提出律师为犯罪嫌疑人提供咨询；在一段时间的试验过后，侦查人员甚至还愿意主动向律师征求他们对犯罪嫌疑人进行讯问过程的和笔录的意见，在试验的其中一起案件，律师还指出了笔录的一处错误，而侦查人员也当场作出改正。可见，侦查机关对律师在场的接受程度是一个逐渐积极和开放的过程，而侦查机关对律师在场的态度也深刻影响了律师在场权的实现。[①]

这一试验说明：律师并不是妨碍刑事调查顺利有效开展的障碍。一名积极的辩护律师不仅保护犯罪嫌疑人不受胁迫和其他虐待行为的侵害，而且还有助于依法公开真相，并客观地保护了侦查人员的合法权益。考虑到

---

① 在这里额外需要指出的是职权主义和当事人主义的诉讼文化对此所产生的变量。传统职权主义的诉讼文化更倾向于由国家机关主导侦查过程，并且不需要律师的早期介入，并鼓励犯罪嫌疑人全部如实供述相关情况；当事人主义的诉讼文化更强调平等对抗的诉讼关系，对犯罪嫌疑人提供律师帮助以满足其法律知识的需要，律师也是对刑事诉讼过程的监督，但是这一过程往往烦琐复杂，增加了较多的司法成本。虽然"职权主义"似乎已经成了律师地位低下、刑讯逼供等问题的代名词，但倘若盲目地以"反职权主义"的表述笼统概括，则有可能误导司法改革的走向。当然，出于本文旨趣，这一变量的讨论将点到为止。相关内容可参见施鹏鹏《"新职权主义"与中国刑事诉讼改革的基本路径》，《比较法研究》2020 年第 2 期。

非法证据排除规则和控辩审三方关系的实践现状,[①] 律师在场将有助于被告人进行线索整理和材料收集等具体工作,同时可以尽量破除传统侦查文化对犯罪嫌疑人的"偏向性预设"。我国目前刑事司法中控辩审正三角形地位并未完全确立,实践中对犯罪嫌疑人或被告人辩护空间的压缩依然存在。[②] 律师在场权发挥其应有的作用还有赖于侦查人员的积极配合,当然,相关理念的转变对侦查人员来说需要心理上的适应过程,但是其势必与律师在场权的落地和实践紧密相连。

(四) 司法资源配置中重视律师在场权的作用

优化司法资源配置,兼顾公正与效率是当下司法改革的重要目标和必然趋势。在刑事诉讼领域,以刑事简易程序、速裁程序和认罪认罚从宽制度为代表的审理程序在司法改革中具有重要地位和作用。2016 年最高人民法院《关于进一步推进案件繁简分流优化司法资源配置的若干意见》第1 条明确指出,"遵循司法规律推进繁简分流,科学调配和高效运用审判资源……做到繁简得当,努力以较小的司法成本取得较好的法律效果"。目前,刑事审判程序通过区分不同案件类型的简化审理程序,已经形成了"层级式"的分流机制,体现出诉讼期限缩短、庭审简化、审理方式精简等特点,更符合司法实践的需要。[③] 但是,适用简化程序不能放松公正审判的要求,刑事审判程序繁简分流本身就是为了缓解司法资源紧张的问题,其价值在于兼顾公正与效率。目前的各类简化程序,都以被告人自愿认罪、案件事实清楚为前提。《刑事诉讼法》第 214 条规定"被告人承认

---

① 实践中,事关嫌疑人权利能否得到切实保护的非法证据排除规则鲜见适用。有学者认为,造成这一现象的原因包含以下几点:非法证据排除程序的启动机制对被告人施加了难以承担的举证义务;证明机制偏向于侦查机关的自我证明;规则的执行进一步偏向于侦查机关。参见左卫民《"热"与"冷":非法证据排除规则适用的实证研究》,《法商研究》2015 年第 3 期。除此之外,现有的刑事诉讼体制中,法官容易与侦查人员和公诉人达成打击犯罪的默契。这些原因都导致非法证据排除规则难以具有鲜活的生命力。从以上观点不难看出,影响该规则适用的因素主要可分为两类,一是被告人难以进行有效举证,二是司法机关囿于传统的观念因素没有足够动力适用该规则。

② 参见于浩《中国司法中的国家角色》,《国家检察官学院学报》2019 年第 5 期。

③ 参见刘静坤《刑事审判程序繁简分流与公正审判》,《法律适用》2016 年第 6 期。

自己所犯罪行，对指控的犯罪事实没有异议的，可以适用简易程序审判"，而第215条则规定"共同犯罪案件中部分被告人不认罪或者对适用简易程序有异议的，不适用简易程序"，关于速裁程序，《刑事诉讼法》中也有类似的规定①。同样，认罪认罚从宽制度的适用前提就是犯罪嫌疑人自愿认罪。总而言之，确保犯罪嫌疑人认罪的自愿性，是适用简化审理程序的必然要求。所以，保障嫌疑人获得律师帮助是刑事简易程序具有正当性的关键。② 犯罪嫌疑人在面对可能的多种选择时，难免囿于专业知识的缺乏而不能作出最有利于自己的判断，因此辩护律师的帮助显得尤为重要，他们不仅可以增强被告人在程序选择上的信心，也有利于后续庭审的顺利进行。在程序上，认罪自愿性保障机制的不足将导致繁简分流的功能失效，设若犯罪嫌疑人在没有充分认识和了解的情况下认罪并进入简化程序，后又在庭审中反复，基于我国法律规定，案件将不得不转为普通程序审理，反而徒增司法成本，与刑事简易程序的初衷不符，也有损司法公正；在实体上，嫌疑人若非出于自愿而认罪，将会增加错案风险，严重影响实体正义的实现。因而，必须充分重视律师在场权在刑事简易程序中的作用，否则为节约司法资源而建构的刑事简易程序将可能违背其初衷，反而徒增诉讼成本。

六 结 语

律师在场权作为一项保障犯罪嫌疑人基本人权的重要制度，其内涵是一个在历史进程中不断发展的过程。相较而言，基于传统的诉讼文化和历史因素，欧美的律师在场权已经有了长足的发展和实践，特别是作为跨国家间政治共同体的欧盟，在近年来积极推进律师在场权的制度实现，更为我国探求律师在场权的发展提供了可资借鉴的生动案例。

人权保障的需要和价值追求给了我们充足的动力去发展律师在场权在

---

① 参见《刑事诉讼法》第222条、第223条。
② 参见熊秋红《刑事简易速裁程序之权利保障与体系化建构》，《人民检察》2014年第17期。

我国实现的可能。尽管学界有观点认为，律师在场权作为嫌疑人沉默权的配套权利，并不兼容于我国的诉讼文化，但本世纪初的律师在场试验已经说明律师在场的积极意义和有效性。随着我国刑事诉讼法的修订和相关配套制度的完善，一种"新职权主义"的刑事诉讼风格正在形成，[①] 律师在诉讼程序中的参与度不断提高，律师在场对刑事诉讼过程的有效推进已经越来越重要。现行的同步录音录像制度对侦查过程的监督，值班律师制度、认罪认罚从宽制度和刑事简易程序等都为律师参与刑事诉讼全过程提供了实现空间。因而，探求律师在场权如何在我国落地，已有充分可能。

总而言之，不同国家和地区虽然对律师在场权的规定各不相同，但共同分享公平正义和人权保障的价值追求。刑事诉讼程序的目的并不仅限于惩罚犯罪，保障人权的重要性在当今愈发突显，并已经成为国际刑事司法的共识。可以说，随着司法改革和法治中国建设的不断深入，律师在场权的精神内涵和价值旨向已逐渐清晰，认真对待律师在场权在我国的可能，势在必行。

[①] 参见施鹏鹏《"新职权主义"与中国刑事诉讼改革的基本路径》，《比较法研究》2020 年第 2 期。

论刑事侦查讯问过程中的律师在场权

王　静　袁一鸣*

摘　要：随着以审判为中心的刑事诉讼制度改革不断加深，控辩双方的对抗性在庭审阶段得到了强化。然而，在侦查讯问过程中，控辩双方的对抗性仍显不足，极有可能导致侵犯犯罪嫌疑人人权的情况出现。侦查权的行使需要受到正当程序的约束。为构建侦查的正当程序以实现犯罪嫌疑人的人权保障，许多国家和地区实行了律师在场制度，试图以控辩平衡的维持达致前述目标。在新时代推进刑事治理体系现代化的进程中，有必要参酌域外法治经验，构建具有中国特色的律师在场制度。本文首先从基础概念入手，对律师在场权的内涵进行界定，然后廓清相关制度的理论基础与实践意义，继而就域外典型国家的制度进行引介与评价，最后基于前述材料提出我国律师在场制度的构建思路。

关键词：律师在场权；刑事侦查讯问；刑事诉讼的目的；人权保障

对于侦查讯问过程中侦查人员的权力限制，通常存在两类措施：其一，对侦查行为实行司法控制，包括司法授权、司法救济、非法证据排除等；其二，增加犯罪嫌疑人一方的防御力量，其中典型的是赋予其律师在场权。[①] 律师在场权对推动刑事诉讼法治进步起到了重要作用，也有利于保障犯罪嫌疑人人权。世界部分国家和地区已经确定了律师在场制度，但在我国，该制度仍然付之阙如。我国的刑事诉讼构造呈现明显的阶段化特征，侦查过程的封闭性、不公开性，[②] 导致侵犯犯罪嫌疑人人权的情况仍

---

*　王静，青岛大学法学院副教授；袁一鸣，青岛大学法学院 2020 级硕士研究生。

① 参见陈卫东、李奋飞《论侦查权的司法控制》，《政法论坛》2000 年第 6 期。

② 参见孙长永《审判中心主义及其对刑事程序的影响》，《现代法学》1999 年第 4 期。

时有发生，严重损害了刑事司法的现代化发展。特别是，随着认罪认罚从宽制度改革的深化适用，我国刑事讯问阶段确立律师在场制度面临新的变化和需求。[①] 有鉴于此，参酌域外法治经验并结合我国实际情况，构建侦查讯问过程中的律师在场制度，就显得十分必要。

一 刑事侦查讯问过程中律师在场权的内涵界定

（一）"律师在场权"的概念

关于"律师在场权"的概念，学界一直未有定论。理论上对此概念的界说分为两种，一是广义的定义，二是狭义的定义。广义上的律师在场权是指，律师有权在刑事诉讼侦查、起诉、审判等过程中在场参与。狭义上的律师在场权，则仅指刑事侦查讯问过程中的律师在场权。就狭义说而言，仍有两种不同观点：其一，"律师在场权包括侦查人员询问犯罪嫌疑人及搜查、扣押时律师的在场权"[②]；其二，"在侦查、审查起诉中，对犯罪嫌疑人进行讯问，对于已经聘请律师的犯罪嫌疑人，侦查人员、检察人员应当事先通知其律师到场"[③]。本文旨在研究刑事侦查讯问过程中的律师在场权，即狭义的律师在场权。在狭义说中，本文更倾向于采纳前一观点，即，律师在场权包括侦查人员对犯罪嫌疑人讯问、搜查、扣押时的律师在场权。

（二）律师在场权的内容

律师在场权的核心为在场律师的权利，它既包括形式上的权利，也包括实质上的权利。形式的权利不可或缺，但实质的权利则更为重要，只有权利具有实质化的特性，在场律师才能为犯罪嫌疑人提供实际有效的辩

[①] 参见陈卫东、孟婕《重新审视律师在场权：一种消极主义面向的可能性——以侦查讯问期间为研究节点》，《法学论坛》2020 年第 5 期。

[②] 参见陈卫东《刑事审前程序研究》，中国人民大学出版社，2004，第 130～145 页。

[③] 参见陈光中主编《中华人民共和国刑事证据法专家拟制稿（条文、释义与论证）》，中国法制出版社，2004，第 15～50 页。

护。从理论上看，律师在场权必须包含以下四种实质权利：第一，知情权，犯罪嫌疑人在被讯问前应通知其律师，律师有权对侦查人员所做的询问笔录进行核查，有权提出增加、删除或变更笔录内容的要求，对于犯罪嫌疑人所涉及的罪名、情节等情况均有权了解；第二，见证权，在被追诉人第一次接受讯问时起，辩护律师便有权在场，其能够有效防止控方侵犯犯罪嫌疑人合法权益的行为发生，届时还可以对侦查过程的合法性进行监督；第三，异议权，律师可以对侦查工作人员非法讯问行为提出异议，有权提出排除非法证据的请求，这对实质上维护犯罪嫌疑人的合法权益起到重要作用；第四，提供帮助权，在犯罪嫌疑人接受讯问的过程中，且在合法合规、不影响讯问正常进行的情况下，律师有权向犯罪嫌疑人提供法律帮助，告知其权利义务，在最大程度上保障犯罪嫌疑人的合法权益。[①]

（三）律师在场权的性质

律师在场权能够维护被追诉者实体与程序合法权益不受侵害，也能够提高被追诉者参与刑事诉讼程序的积极性。从权利的属性来看，律师在场权是对侦查权进行制约与监督的私权利。与之相对，侦查权是一种公权力，其具有极强的强制性，容易对个人的私权利构成侵犯，因而需要对其进行监督与约束。从权利的主体与功能上看，律师在场权是一种双向的权利。它既是辩护人固有的权利，也是被刑事追诉人的权利。辩护权是律师在场权的基础，是其母权利，换言之，律师在场权来源于辩护权。对于辩护律师而言，律师在场权是辩护权的重要组成部分，这项权利的行使主体是辩护律师。同时，被追诉者也是这项权利的行使主体，律师在场权是有着"一体两面"性质的权利，律师在场时不仅能够对被追诉者的心理起到帮助的作用，而且也可及时为被追诉者提供法律意见、法律咨询。

---

① 参见樊崇义《刑事审前程序改革实证研究》，中国人民公安大学出版社，2006，第132页。

二 刑事侦查讯问过程中律师在场权的理论基础

（一）诉讼主体理论

刑事诉讼侦查讯问过程中的律师在场权的理论基础之一是诉讼主体理论，此理论的主要目的是维护犯罪嫌疑人或被告人的诉讼主体地位。刑事诉讼制度从古到今先后经历了四种阶段，最初的是奴隶时期的弹劾式，之后是封建制的纠问式诉讼制度，现代发展为当事人主义诉讼模式、职权主义诉讼模式和混合诉讼模式并存的态势。① 诉讼模式不断变得先进与科学，在此过程中被追诉者人权保障制度也愈加完善，被追诉者的诉讼地位同时还呈现波浪式发展、螺旋式上升的特点，即经历了诉讼主体到诉讼客体再到诉讼主体的过程。② 如今世界各国都赋予了被追诉者诉讼主体的地位，赋予了他们作为诉讼主体所应有的诉讼权利。尤其在刑事侦查讯问阶段，国家机关所具有的强制侦查权力，使被追诉者在刑事侦查讯问阶段难以发挥其诉讼主体的作用，因此需要在此阶段中加强对被追诉者的权益保护。③ 辩护律师在此阶段对被追诉人合法权益的保护就显得极为重要，辩护律师在刑事侦查讯问过程中参与越充分、发挥的作用越大，越能够保障刑事侦查讯问过程的合法性、越能够维护被追诉者的合法权益。辩护律师发挥作用的程度与被追诉者诉讼主体地位保障的程度是成正比关系的。

（二）人权保障理论

刑事侦查讯问过程律师在场制度的理论来源之一是人权保障理论。西方启蒙思想家们首先提出了"人权"的概念。它的主要含义为，每个人都应受到合乎人权的对待，普遍的适用性和人道性是人权的两种基本特征。根据张文显教授的观点，人权一般是在三种情形下使用：一是人权是法定

---

① 参见宋世杰等《比较刑事诉讼法学》，中南工业大学出版社，2000，第 60 页。
② 参见陈瑞华《程序价值理论的四个模式》，《中外法学》1996 年第 2 期。
③ 参见赖玉中《刑事强制措施体系研究》，中国政法大学出版社，2012，第 207 页。

的，二是人权是道德的或者应有的，三是人权实际上是人权存在的理由。[1]
人权观念，最早用于古代哲学领域；直到近代，系统的人权思想才形成并
得到发展。[2] 二战后，人权的理念以及人权作为权利在国际社会上流行发
展起来，逐渐也演变为国际法的一项基本原则。人权的基本内容也是随着
时代发展而不断变化的，现代西方学者和一些人权组织将人权分为六类：
（1）生命权；（2）自由权；（3）财产权；（4）关于公民个人地位的各种
权利；（5）涉及政府行为的权利；（6）经济、社会和文化权利。[3] 其中，
自由权和涉及政府行为的权利与刑事侦查讯问过程中律师在场权制度有密
切的关系。为保障公民的人身自由，就应当严禁非法拘留和逮捕，而建立
刑事侦查讯问过程中的律师在场制度必将更加有效保障公民人身自由不受
非法侵犯。

人权保障理论要求保障犯罪嫌疑人、被告人的人权，而因刑事侦查讯
问过程中容易发生刑讯逼供，所以在此阶段保障被追诉人的人权就显得极
为重要。口供被认为是刑事诉讼中的"证据之王"，其作为证明犯罪的直
接证据有其独特的优势，这将诱使侦查人员使用暴力或胁迫的手段获取口
供。[4] 世界各国在刑事侦查讯问过程中都存在类似风险，其采取了多种方
式避免刑讯逼供的发生，如对讯问过程进行录音录像等。[5] 在现代刑事诉
讼程序中律师在场权制度更能发挥此作用，建立此制度对于切实保障被追
诉人的人权具有很强的现实意义。

（三）程序正当理论

程序正当理论最初是来源于普通法系的一种法律传统。英国法学家丹
宁勋爵将正当程序理解为：为保障被告人的自由、财产或者生命不被限制
和剥夺而由法律明确规定的一系列程式和步骤。[6] 法的最终使命是保障正

---

[1] 参见张文显《人权的主体与主体的人权》，《中国法学》1991年第5期。

[2] 参见夏勇《人权概念起源》，中国政法大学出版社，1992，第87页。

[3] 参见张文显《二十世纪西方法哲学思潮研究》，法律出版社，2006，第430页。

[4] 参见何家弘《毒树之果》，大众文艺出版社，2003，第386页。

[5] 参见张颖《口供问题研究》，四川大学出版社，2017，第116页。

[6] 〔英〕丹宁勋爵：《正当的法律程序》，李克强、杨百揆译，群众出版社，1984，第1页。

义的秩序，人权保障离不开程序正当的保障。诉讼的形式体现正义价值，程序正义要求的是整个刑事诉讼司法程序必须严格遵守法定程序，并使这些过程得以实现，以我们能够看到的形式实现。

犯罪嫌疑人、被告人在刑事侦查讯问过程中是被追诉、被追究者的地位，这种地位是刑事诉讼控辩双方不可能改变的。被追诉者的劣势地位与国家机关基于公权力的优势地位形成了鲜明的对比，被追诉者自我保护能力不足，很有可能造成不公行为和事实的出现。① 如果刑事侦查讯问过程中辩护律师能够在场，并通过明确的法律给予其对侦查程序的监督权，由此本制度能对侦查程序中的控方行为进行合理有效的约束，保障侦查程序能够按照既定的方向进行，有效地预防刑讯逼供行为的发生，防止侦查权的滥用，使刑事侦查讯问过程更加公开、透明。毋庸置疑，程序正当理论或多或少为刑事侦查讯问过程中的律师在场权制度的诞生和发展奠定了理论基础。

（四）有效辩护理论

宋英辉教授在《刑事诉讼原理》中提到，"有效辩护原则至少应包括以下几层意思：一是犯罪嫌疑人、被告人作为刑事诉讼的当事人在刑事诉讼中应当享受充分的辩护权；二是应当允许犯罪嫌疑人、被告人聘请合格的能够有效履行辩护义务的辩护人为其辩护，包括审前阶段的辩护和审判阶段的辩护，至少还应当包括执行阶段提供的法律帮助；三是国家应当保障犯罪嫌疑人、被告人自行辩护权的充分行使，设立法律援助制度确保犯罪嫌疑人、被告人获得律师的帮助"②。随着犯罪嫌疑人、被告人在刑事诉讼中主体地位的确定，对被追诉者人权保障的理念、制度等也呼之欲出。有效辩护原则是刑事诉讼法中人权保障的重要内容，是在对犯罪嫌疑人、被告人具有诉讼主体地位的正确认识下得以确定的。③

---

① 参见闵春雷《〈刑事诉讼法修正案（草案）〉完善的基本方向——以人权保障为重心》，《政法论坛》2012 年第 1 期。
② 参见宋英辉《刑事诉讼原理》，法律出版社，2003，第 118 页。
③ 参见吴纪奎《对抗式诉讼改革与有效辩护》，《中国刑事法杂志》2011 年第 5 期。

我国也逐渐确定了有效辩护原则，2018 年修改的《刑事诉讼法》第
11、14 条对此原则进行了一定的明确。该法第 11 条第 2 款规定，被告人
有权获得辩护，人民法院有义务保证被告人获得辩护；第 14 条第 1 款规
定，人民法院、人民检察院、公安机关应当保障犯罪嫌疑人、被告人和其
他诉讼参与人享有的辩护权和其他诉讼权利。从这两个条款来看，立法者
对有效辩护原则是认同的。具体而言，刑事诉讼法仅对审判阶段的有效辩
护进行了明确，出台了诸多法律条文、司法解释，但对审前阶段的有效辩
护并未有细致之规定。较之审判阶段，审前阶段的犯罪嫌疑人更有可能遭
到非法取证的行为，所以审前阶段的有效辩护是十分重要的。审前阶段的
有效辩护能够防止侦查机关权力的肆意滥用，切实可靠地保障犯罪嫌疑
人、被告人的合法权益。[①] 刑事侦查讯问过程中的律师在场权就属于审前
阶段有效辩护的核心内容，此项权利的理论基础部分就来自有效辩护
原则。

三　刑事侦查讯问过程中律师在场权的实践意义

刑事诉讼的目的论是刑事诉讼的理论基础，刑事诉讼的目的对于刑事
诉讼的诸多具体规定都发挥着重要的指引作用，从目的论的角度出发研究
刑事侦查讯问过程中律师在场权有其必要性。

刑事诉讼程序中包含实体正义、程序正义和社会的平和等多种利益，
而这些利益都属于刑事诉讼的中间目的。只有在实现这些中间目的后，更
高层次的法的平和的目的才能达到。刑事诉讼的目的是复合性、具有阶段
性的立体结构，诉讼程序只有在实现实体正义、程序正义和社会的平和等
多种利益的情形下才是有意义的，单纯追求实体真实或正义的本身是无意
义的。[②]

一方面，就实体正义角度而言，刑事诉讼目的包括发现案件实体真

---

① 参见林铁军、刘雯《审前阶段律师的有效辩护》，《中国律师》2014 年第 9 期。
② 〔日〕田口守一：《刑事诉讼的目的》，张凌、于秀峰译，中国政法大学出版社，2011，
　　第 41 页。

实、准确适用刑法和保障人权等方面，侦查人员通过侦查讯问、搜集证据等方式力图发现案件的全部真实，但是，案件的"全部真实"或"实际真实"是无法得到的，我们所能尽力获得的是"部分真实"或"推定真实"。① 建立刑事侦查讯问过程中的律师在场权制度，能够在刑事侦查讯问过程中使被追诉者在辩护律师的帮助下，配合侦查机关发现案件真实。同时，侦查阶段是犯罪嫌疑人、被告人的人权最容易遭受侵害的阶段，建立律师在场权制度能够有效地防止侦查人员的刑讯逼供、滥用权力的行为，从而保障被追诉者的人权。因而，在实体正义角度下，构建刑事侦查讯问过程中的律师在场权制度有其必要性。

另一方面，从程序正义角度看，刑事诉讼必然会涉及程序正义方面的利益，如以撤回公诉或者免于起诉等方式终结程序，便体现了刑事诉讼程序的程序正义。《刑事诉讼法》第 16 条规定了法定不起诉、第 177 条第 2 款规定了酌定不起诉、第 182 条规定了特殊案件不起诉，《人民检察院刑事诉讼规则》第 268 条规定了证据不足不起诉，这些不起诉都会导致程序终结，此时刑事诉讼的程序正义得以实现。侦查机关由于其职能的限定，往往对此类免诉证据或情形不予重视，建立刑事侦查讯问过程中的律师在场权制度，辩护律师在侦查阶段就能够帮助侦查机关发现此案件是否属于免诉情形。因此，建立律师在场权制度能够更加有效地实现诉讼中的程序正义。

此外，对于社会平和利益来说，在刑事诉讼程序开始后，犯罪嫌疑人、被告人可能会遭遇逮捕、羁押，此后，某些侦查机关可能因故并不通知其家属逮捕的理由以及羁押位置。如果侦查机关经过法定时间后还未通知家属，必然会导致其家属无故的恐慌、焦虑，导致社会某种平和状态的打破。如果建立了刑事侦查讯问过程中的律师在场权制度，允许辩护律师在侦查讯问期间介入案件，辩护律师会帮助消除其家属的某些不必要恐惧，消除某些社会的不平和状态。所以从此方面考虑，赋予被追诉人刑事

---

① 〔日〕田口守一：《刑事诉讼的目的》，张凌、于秀峰译，中国政法大学出版社，2011，第 31 页。

侦查讯问过程中的律师在场权也是有必要的。

四 刑事侦查讯问过程中律师在场权的比较考察

（一）英国刑事侦查讯问过程中的律师在场权

英国在 1977 年《刑事法条例》第 62 条中规定，被逮捕的犯罪嫌疑人均有权要求警察不得迟缓地向其指定的合理人通知并且告知其被逮捕、拘禁的地点，且在逮捕、拘禁时有权与辩护律师联系。[①] 在 1984 年《警察和刑事证据法》中规定，原则上允许辩护律师在犯罪嫌疑人接受警察讯问时在场，只有辩护律师的行为手段不合理地妨碍了警察对犯罪嫌疑人的询问时，警察可以要求辩护律师离场。[②] 同时，对于特定的诉讼活动，例如证据开示等，律师通过在场以及了解案情等方式，可以更好地为犯罪嫌疑人提供帮助。[③]

具体而言，在刑事侦查讯问过程开始前，侦查人员须以口头告知的方式告知犯罪嫌疑人享有律师在场为其提供法律帮助的权利，包括实体和程序上的帮助。刑事侦查讯问过程中律师在场制度的具体规定有如下几点。第一，被追诉者有权委托辩护律师，以此获得法律帮助；在进行讯问前，警方必须告知被追诉者其有获得免费的法律帮助的权利，警方不得以不合理的理由排除被追诉者的律师代理权。第二，在讯问开始之前或者在讯问开始时尚未结束前，只要被追诉者提出行使其律师在场权，警察就必须让其辩护律师到场。第三，辩护律师有提出建议、抗议的权利。可以帮助犯罪嫌疑人回答警察提出的问题，当警察提出的问题不合理或者不合法时，辩护律师也可对此提出异议。第四，对刑事侦查讯问过程中的律师在场权进行必要的限制，如果出现辩护律师以书面的方式或者代替犯罪嫌疑人回

---

① 参见张潇文《我国侦查讯问之律师在场权研究》，武汉大学 2018 年硕士论文，第 19 页。
② 参见邵聪《讯问时律师在场制度的域外考察与中国构想》，《学术交流》2017 年第 10 期。
③ See Jenna I. Turner, Allison D., and R. Edlich, "Two Models of Pre-Plea Discovery in Criminal Cases: An Empirical Comparison", *Washington & Lee Law Review*, Vol. 73, No. 1 (2016), p. 1.

答警察提问等妨碍侦查讯问过程正常进行的情况，此时警察有权拒绝辩护律师在场。当犯罪嫌疑人、被告人对此提出异议时，警察必须对拒绝辩护律师在场的合理性、合法性作出解释。

（二）美国刑事侦查讯问过程中的律师在场权

美国宪法中就有关于律师在场权的相关规定，联邦宪法第六修正案关于律师在场权的具体规定为，在一切刑事诉讼活动中，被追诉者有获得律师帮助的权利并为其提供辩护。被追诉者在刑事诉讼程序的各个阶段都有获得律师帮助的权利，而刑事侦查讯问阶段的律师在场权、帮助权对被追诉者来说尤为重要，原因是在此后的刑诉阶段中如果想要帮助被追诉者，仅仅提供法律咨询和建议是远远不够的，辩护律师要通过搜集证据、整理材料、案件推演等才能达到这一目的。但是在侦查讯问阶段中，辩护律师提供的法律意见或建议却能够直接、有效地帮助被追诉者，通过辩护律师提供的法律建议，被追诉者可以适时地选择不同的程序，由此可能会产生对于被追诉者完全不同的法律后果。所以在侦查讯问阶段的律师在场权是更为重要的，对此项权利的保护也应当更加完善。特别是，在美国辩诉交易程序适用过程中，律师在场对于保证被追诉人认罪自愿性具有重要的意义。①

美国是现今世界刑事侦查讯问过程律师在场制度的典型代表国家，在实行这项制度方面也取得了一定的效果。美国虽对刑事侦查讯问过程中的律师在场权没有明文规定，但美国联邦最高法院等通过判例确定了此项权利。美国刑事侦查讯问过程律师在场权制度的建立得益于三个较为典型的案例。第一是克劳伦斯案，克劳伦斯因盗窃被判处五年监禁，但是他因贫穷无法聘请律师，之后他自学法律向法官写下申诉书，使本案重新得以上诉。此案经联邦最高法院裁决后，克劳伦斯被无罪释放。第二是马西亚诉美国案，在本案中警方以窃听的方式获取了被告人的有罪供述，但此时律

---

① See Albert W. Alschuler, "The Defense Attorney's Role in Plea Bargaining", *The Yale Law Journal*, Vol. 84, No. 6 (1975), p. 1180.

师提出了应当进行排除，最终联邦最高法院裁定撤销原判。第三是广为人知的米兰达案，通过此案确定了世界大多数国家通行的米兰达规则。并且美国对刑事侦查讯问过程律师在场的证据排除方面有详尽的规定，如果辩护律师没有在场将会导致已经进行的侦查过程无效，侦查机关所得到的证据无法用于控诉。

（三）德国刑事侦查讯问过程中的律师在场权

通常情况下，受到大陆法系职权主义的影响，德国、法国等国家强调司法官主导的职权调查活动，对律师在场等参与持较为保守的立场。[1] 不过，德国《刑事诉讼法》中对被追诉者人权保障的制度是广泛的、相对完善的，在公诉人、侦查法官讯问期间，被追诉者有权要求律师在场以维护其合法权益；在整个审判程序期间，辩护律师的在场权是必要的、确定的。但是，德国的《刑事诉讼法》并未规定犯罪嫌疑人、被告人享有在警察侦查讯问时的律师在场权的制度。[2] 并未规定警察讯问被追诉者时的律师在场权，是不是就说明对被追诉者的人权保障不完善呢？其实不然，在德国《刑事诉讼法》中规定了犯罪嫌疑人针对警察的讯问享有沉默权，因此犯罪嫌疑人可以通过行使其沉默权来要求警察使其辩护律师到场，以为其提供法律帮助，但辩护律师在讯问中能否到场还要取决于警察是否同意，警察在告知辩护律师到场方面拥有较大的自由裁量权。由此看来，犯罪嫌疑人的沉默权行使也陷入了被动。其实此时进入了程序正义与实体正义的较量中，确立警察讯问时的律师在场权必然会完善侦查讯问过程中的程序，力图实现的是程序正义，但是在力图实现程序正义的同时可能会导致实体正义的无法实现。所以德国并未设立此项制度也并非立法的不完善，只是在实现程序正义和实体正义之间进行了抉择。

德国属于传统的大陆法系国家，我国已经建立了完善的中国特色社会

---

[1] See Jacqueline Hodgson, "The Role of the Criminal Defence Lawyer in an Inquisitorial Proce-dure: Legal and Ethical Constraints", *Legal Ethics*, Vol. 9, No. 1 (2006), p. 125.

[2] 参见杨宇冠《律师在场权研究》，樊崇义主编《刑事审前程序改革实证研究——侦查讯问程序中律师在场（试验）》，中国人民公安大学出版社，2006，第155~156页。

主义法律体系，但是在我国《刑事诉讼法》的立法和司法实践方面有着许多大陆法系的色彩，所以考察德国在侦查讯问过程中的律师在场权制度，对于我国建立此项制度或者相关制度是十分必要的。

（四）意大利刑事侦查讯问过程中的律师在场权

意大利是典型的大陆法系国家，但在其 1988 年的《刑事诉讼法》修改中加入了对抗式的元素，强调被告人在刑事诉讼程序中的主体地位，对被告人人权保障的力度再次增强。意大利《刑事诉讼法》规定，在犯罪嫌疑人被逮捕的 48 小时内，司法警察或检察官应当对其进行讯问，而且讯问时必须有律师在场，但是"情况紧急或者有其他特殊情况"的除外。在讯问开始前，讯问人员应当告知犯罪嫌疑人享有沉默权和律师在场权，犯罪嫌疑人可通知其律师到场以为其提供法律帮助；若犯罪嫌疑人因经济困难等无力聘请律师，司法警察或者检察官应当依据法律援助制度为其指派法律援助律师，以保证犯罪嫌疑人行使其律师在场权。意大利《刑事诉讼法》第350条第7款对刑事侦查讯问过程的律师在场权进行了明确的规定，在此条款中还规定了如果有违反律师在场权的情形，司法警察或者检察官讯问时所获得的证据将被限制使用。该条文规定了如果律师不在场的情况下，所获得的证据将被限制使用，此条文当时被认为是律师在场权制度的黄金条文。但对此条文的实践情况是在此种情况下所获得的犯罪嫌疑人、被告人供述等不得作为证据使用，但是可以作为庭审期间对被告人陈述的反驳证据使用，这样的实践情况对犯罪嫌疑人、被告人的人权保障是不利的。意大利宪法法院同样发现了这个问题，于是在 1991 年以违宪审查的方式废止了该条款，意大利宪法法院认为违反刑事侦查讯问过程律师在场权制度所获取的证据是完全没有证据能力的，亦不能当作弹劾证据使用，获取的这些证据应当完全禁止纳入档案且完全禁止使用。由此，意大利刑事侦查讯问过程的律师在场权制度正式确立下来。

（五）我国台湾地区刑事侦查讯问过程中的律师在场权

我国台湾地区"刑事诉讼法"明确，刑事侦查讯问过程中的律师在场权是一种独立的权利，独立于警察、法官、检察官，且贯穿于整个刑事诉讼过程。台湾地区"刑事诉讼法"第95条和第245条分别赋予了犯罪嫌疑人在刑事侦查过程中委托辩护人的权利、明确了辩护律师在刑事侦查讯问过程中的辩护人地位以及所享有的权利①。首先，对警察在调查行为过程中的律师在场权，本法第245条第2项明确规定，在警察或者司法警察讯问犯罪嫌疑人、被告人时，犯罪嫌疑人、被告人的辩护人应当在场且应当陈述自己的意见。其次，在检察官对犯罪嫌疑人、被告人进行讯问调查时，辩护人也有权在场。台湾地区"刑事诉讼法"中有三条对此进行了规定，分别是第206条第1项规定、214条第2项规定、245条第2项规定。从上述来看，第245条中的规定是台湾地区刑事侦查讯问过程律师在场权的核心内容，它规定了辩护律师对刑事侦查讯问过程中侦查机关的侦查行为进行见证，且对侦查机关的不合法行为提出抗议的权利。

富勒指出，法律并非不能出现例外，但每一个例外都必须有充分的理由，都要能够得到充分的证成。台湾地区"刑事诉讼法"也对刑事侦查讯问过程中的律师在场权设定了部分限制条件，即在数种情况下警方可在没有辩护律师时开始讯问。（1）现存的事实已经证明了辩护律师在场会出现掩盖犯罪事实的情况，台湾地区"刑事诉讼法"第245条第2款的但书规定明确了这些案件类型，危害当局机密类案件；有伪造、变造证据可能的；有串供可能的等。（2）可能会延缓案件进行，导致案件无法侦破的。"刑事诉讼法"第219条第6款第2项的但书规定，在检察官保全证据或者讯问犯罪嫌疑人、被告人前，应当提前通知辩护律师时间及地点，但是可能会导致迟延危险、导致证据灭失的情况下，可以免除通知义务；第245条第4项的但书规定，侦查阶段讯问犯罪嫌疑人、被告人，警察或者司法警察应当提前通知辩护律师讯问的时间、地点，但是情形紧迫、可能造成延迟危险的除外。（3）自愿放弃的。台湾地区"刑事诉讼法"第168条第2项的但书中规定，在侦查阶段、审判阶段，检察官、法官在讯问调查犯罪嫌疑人、被告人之前，应当将讯问的时间、地点合理地提前通知辩

---

① 参见张潇文《我国侦查讯问之律师在场权研究》，武汉大学2018年硕士论文，第19页。

护律师，辩护律师有权到场，但是辩护律师事先表明不愿到场的除外。台湾地区对刑事侦查过程律师在场权起始的时间点进行了明确的规定，即犯罪嫌疑人第一次接受讯问时起。但我国台湾地区并未对此权利下的非法证据排除情形进行规定，这也是台湾地区刑事侦查讯问过程律师在场权制度的一个问题所在。

（六）小结

不同国家和地区虽其法系不完全相同，法律习惯、风俗人情、历史渊源等也各不相同，但是诸多国家和地区都建立起了刑事侦查讯问过程中的律师在场权制度。这一制度对于推动刑事诉讼民主化和保障犯罪嫌疑人、被告人的人权具有极其重要的作用。对域外关于刑事侦查讯问过程中律师在场权的借鉴，可以归结为两种规制方式和三种讯问规范措施并举。

两种刑事侦查讯问过程律师在场权的规制方式分别为实体性规制和程序性规制。刑事侦查讯问过程律师在场权作为一种与公权力对抗的权利，其行使不是不受限制的，在侦查讯问阶段如果是出于某种特殊的目的，此时应当对其进行一定的限制。实体性规制就是指在实体权利上对刑事侦查讯问过程中的律师在场权设立必要的限制，实体性规制的内容包括对适用的案件范围、具体情形、辩护律师的具体权利等进行限制。所谓程序性规制就是指在刑事侦查讯问过程中对使用律师在场权的步骤方式等进行一定的限制，比如对辩护律师参与的时间、刑事侦查讯问过程律师在场权的适用主体、违反此权利的救济以及批准程序等进行限制，程序性的限制具有两点益处，第一点是保证了此权利的可操作性以及对结果的可预测性；第二点是程序性的限制更有利于实体性限制的实现。

三种讯问规范措施并举是指刑事侦查讯问过程律师在场权制度、沉默制度和录音录像制度三项并举，但是这三种措施并不是同等重要的，在不同的国家三种制度具有不同的地位。一是以刑事侦查讯问过程中律师在场权为主，沉默制度、录音录像制度为辅的，典型代表国家为意大利和法国。二是以沉默制度为主，刑事侦查讯问过程律师在场权制度和录音录像制度为辅的，典型代表国家是美国，由美国首创的米兰达规则我们就可以看出沉默制度是排在首位的。三是以录音录像制度为主，其他两项制度为辅的，其典型代表国家为英国。

五 我国刑事侦查讯问过程中律师在场权的构建

在英美法系国家，刑事侦查讯问过程中的律师在场权基本都已确立。进入 21 世纪以来，我国大陆地区司法实务界和法学理论界对刑事侦查讯问过程中的律师在场权问题一直争论不休，理论界对刑事侦查讯问过程中的律师在场权问题讨论激烈，一度使此问题成为诉讼法研究的热点。理论界通常以刑事侦查讯问过程律师在场权的必要性以及域外考察经验的可行性作为研究切入点。但是实务界对此权利反对声音极大加之研究思路的限制，使得刑事侦查讯问过程中律师在场权制度在我国很难正式形成。

（一）比较法经验的启示

通过对域外各国以及我国台湾地区的考察借鉴，本文认为我国刑事侦查讯问过程中的律师在场权构建需要注意以下三个问题。

以我国国情为基础，挑选出适合我国国情的刑事侦查讯问过程律师在场权制度。因世界各个国家和地区的风俗习惯、法律理念、侦查传统的不同，此时不能照搬某一国家的此类制度，应当吸取其精华的部分融进我国的国情中，才能创造出适合我国的刑事侦查讯问过程的律师在场权制度。

要制定我国刑事侦查讯问过程律师在场权的原则性规定和例外性规定，在其他国家和地区这两类规定都是必不可少的。原则性规定不必多言，但人们有时往往对例外性规定没有足够的重视。例如英国在关于刑事侦查讯问过程律师在场权的例外性规定中写道，等待律师的到来会导致不合理延缓的，此时就可以排除此权利。此项例外性规定在英国也是十分重要的。

要明确刑事侦查讯问过程中的律师在场权的开始、结束时间，我国现行的法律虽然对辩护律师何时介入进行了规定，但是仍未十分明确。如果在我国建立刑事侦查讯问过程中的律师在场权制度，就必须明确此制度下律师介入的时间点。英国对此时间点的规定为犯罪嫌疑人被拘留或者第一次接受讯问时起；美国对此时间点的规定为对犯罪嫌疑人进行第一次讯问时起或者犯罪嫌疑人被采取任何实质性的方式限制了人身自由。

（二）律师在场权及其义务法定化

要完善我国刑事侦查讯问过程律师在场权的立法设计，首先就必须将刑事侦查讯问过程中律师在场权利与义务这一实体权利义务法定化。其中三项权利和三项义务是辩护律师所必须拥有、遵循的。

三项权利分别为与被追诉人会见并提供法律帮助的权利、侦查讯问过程中的在场权、辩护律师在场的监督异议权。（1）与被追诉人会见并提供法律帮助的权利，这项权利是其他权利的基础，必须被立法所赋予。只有当辩护律师与被追诉人会见后，辩护律师才能了解案件的具体细节，才能告知犯罪嫌疑人所拥有的权利和应当履行的义务，并且为其提供法律咨询与帮助。只有先确立了此项权利，才能为之后的律师在场权等奠定基础、提供保障。（2）侦查讯问过程中的在场权，这项权利是刑事侦查讯问过程律师在场权的核心内容。在侦查机关进行讯问时，辩护律师享有法定的全过程的在场权。侦查机关在讯问犯罪嫌疑人前应当通知辩护律师到场。如果侦查机关未履行法定义务，未通知辩护律师到场，则辩护律师有权对讯问过程的真实性和合法性提出异议，此时犯罪嫌疑人也可选择沉默，拒绝回答侦查机关的问题，如果此时获得证据则有可能对此证据进行排除。（3）辩护律师在场的监督异议权，此项权利是刑事侦查讯问过程律师在场权的必有权利。当辩护律师在场时发现侦查机关的讯问行为存在非法行为、刑讯逼供或者其他不合法不合理行为，辩护律师有权对此提出异议，这对于保障犯罪嫌疑人的人权是至关重要的。且侦查人员必须将辩护律师的异议记入笔录，辩护律师对处理不满意的可以向有关机关进行申诉。此项权利是刑事侦查讯问过程律师在场权的灵魂，立法时须被赋予。

三项义务指的是保密义务、遵守讯问时纪律的义务、不得玩忽职守的义务。（1）保密义务是指，在刑事侦查讯问过程中，辩护律师对获知的任何秘密都有保密的义务，不得向除司法机关以外的任何个人、机关、团体泄露，否则应当追究辩护律师泄密的责任。（2）遵守讯问时纪律的义务，此项义务是指辩护律师在侦查讯问现场不得妨碍、破坏侦查人员的正常讯问，不得故意刁难侦查人员，不得提出不合理的要求，不得唆使犯罪嫌疑人对抗侦查机关的正常讯问。如果出现此情况的应当立即制止，情节严重的应当追究辩护律师的相应责任。（3）不得玩忽职守的义务，指的是辩护律师应当忠于职守，对犯罪嫌疑人提出的疑问等不得懈怠，应当切实履行作为辩护律师的义务，保障犯罪嫌疑人的合法权益，保证侦查讯问过程顺利进行。

（三）明确律师在场权的行使程序

对刑事侦查讯问过程中的律师在场权进行必要的限制，我们就必须先对此项权利的行使程序进行规定。此项权利的行使程序大体分为两部分，一是侦查人员对辩护律师的法定告知义务，二是辩护律师在场的法律程序。

第一，侦查讯问人员的法定告知义务。联合国以及世界其他国家和地区在此方面都规定了，侦查讯问人员在讯问开始前应当通知犯罪嫌疑人的辩护律师，通知方式也可以视情况而变化，可以适用口头、书面、电子信息等方式。同时侦查机关应当给予辩护律师足够的、必要的、合适的时间到场，到场时间的不同应根据案件复杂程度来相应调整。对于使用口头、书面或者电子信息等其他方式，也应根据案件的不同情况进行决定。如果侦查人员违反了法定的义务，此时犯罪嫌疑人或者辩护律师即有权向检察院或法院进行申诉。

第二，辩护律师在场的法律程序。在犯罪嫌疑人、被告人请求辩护律师到场后，辩护律师即有权在现场为被追诉者提供法律帮助。在之后的侦查讯问阶段，辩护律师有权始终在场。并且在此过程中对侦查机关的讯问行为进行监督，但在侦查机关正常讯问时辩护律师一旦出现故意的行为，如故意干扰正常讯问、故意刁难侦查讯问人员，此时可以排除辩护律师的在场权。讯问结束后，讯问笔录也须经辩护律师签字确认，若未经辩护律师签字确认，可以认定此讯问笔录无效。

（四）明确律师在场权的例外情形

刑事侦查讯问过程中的律师在场权制度并不是适用于所有的刑事诉讼

案件，对于一些案件就不能适用此制度。

第一，三类特殊重大案件。英国勋爵丹宁曾说："在公平审讯解决问题的过程中，除了考虑当事人的利益外，还有一种利益要加以考虑，那就是国家的公共利益。"[①] 重大的危害国家安全主权犯罪、重大的恐怖犯罪和影响重大的贪污贿赂犯罪，这三类案件对国家和社会稳定造成了极大的危害，基于对国家公共利益的考虑，此时对犯罪嫌疑人的律师会见权进行一定的限制是有必要的。如果对这三类案件过分强调人权的存在，就是对社会其他成员的不公，所以这三类案件不适用刑事侦查讯问过程律师在场权制度是有必要的。

第二，有明确的证据证明，辩护律师在场时会出现掩盖事实情形的。如有伪造、变造证据危险的；有串供危险的；律师在场时会妨碍正常讯问的。基于上述情况，侦查机关可以排除律师的在场权，但当犯罪嫌疑人提出异议时应当给出合理解释。在实践中，此种排除律师在场权的情形需要进行慎重考量。

（五）律师在场权制度的实践方案

刑事诉讼法的立法宗旨为惩罚犯罪和保障人权，刑事侦查讯问过程中律师在场权的总体目标也应是如此。但是现阶段在我国全面建立刑事侦查讯问过程中律师在场权制度是不符合实际情况的，我国可以首先在部分领域对几类案件适用此项制度，获得一些宝贵的经验。

第一类，属于重大复杂刑事案件的可以适用刑事侦查讯问过程律师在场权制度，比如重大复杂的杀人、强奸、抢劫、放火、危害公共安全的犯罪。这些案件对社会的影响较大，侦查机关在讯问过程中为了尽快取得案件的突破极易出现对犯罪嫌疑人、被告人的刑讯逼供、非法取证的行为。此时采用律师在场的制度，可以有效地防止非法侦查行为的发生，切实地保障犯罪嫌疑人、被告人的人权。此外此类案件适用律师在场权制度更有利于查清案件事实，惩罚真正的犯罪者，更加有利于实现实体正义，避免

---

① 〔英〕丹宁勋爵：《正当的法律程序》，李克强、杨百揆译，群众出版社，1984，第12页。

错案冤案的发生。

第二类，对于未成年人案件的适用，我国可以采取在部分地区推行适用未成年人案件的侦查讯问过程律师在场权制度。因未成年人心智尚未发育成熟，容易受到外来因素的干扰，我国虽确定了未成年犯罪嫌疑人在接受讯问时，其法定代理人、合适成年人的在场制度，但是未成年人的父母等容易出现情绪激动甚至打骂未成年人的情况，并不能完全地保障未成年人在侦查讯问过程中的合法权益，所以在此类案件中有适用律师在场权制度的必要。

第三类，对于认罪认罚从宽案件的适用，现行适用的《刑事诉讼法》已经将广义的律师在场权制度在认罪认罚从宽案件中适用，且在认罪认罚从宽案件中侦查机关为了可以尽快结案，可能一味地追求效率进而出现侵犯犯罪嫌疑人、被告人合法权益的行为，所以对于认罪认罚从宽案件适用此制度也不失为一种可行的方案。

六 结 语

刑事侦查讯问过程中的律师在场权制度在世界其他国家、地区的立法中得到普遍确立，尤以英美法系国家为多，已经成为人权保障制度的发展趋势和重点。对于刑事侦查讯问过程中的律师在场权制度，我国不能照搬英美的体系模式，必须要结合我国实际情况，我们要在坚持中国共产党的领导下，在坚持全面依法治国的基本方略下建立适合于我国的刑事侦查讯问过程中的律师在场权制度。尤其是在认罪认罚从宽制度全面推开的大环境下，认罪认罚案件中犯罪嫌疑人、被告人的刑事辩护应当如何进行，对他们人权保障的制度是否完善都是应当考虑、细究的问题。在我国对被追诉者的人权保障意识仍不够，将此制度逐步引入对于我国的刑事诉讼司法活动具有重要的意义。将刑事侦查讯问过程中律师在场权制度法定化，明确辩护律师在侦查讯问过程中的法律地位，使其为被追诉者更好地提供法律服务和帮助，并对侦查机关的侦查行为进行监督，防止公权力的滥用。

Abstracts

Research on Li Dazhao's Thought of Human Rights

Zhu Liyu & Wang Chenping

Abstract: Before and after the October Revolution in Russia, Li Dazhao began to use Marxism to explain and try to solve China's major issues including human rights. Socialism is a society in which he hopes people can live a good and happy life with guaranteed human rights. He believed that the contradictions between the foreign imperialists, the oppression of the domestic military warlords and the Chinese people must be solved in a revolutionary way, so that a socialist society in which the state enjoyed sovereignty and the people enjoyed human rights could be established in China. Li Dazhao also conducted a lot of research on such issues as humanitarianism, populism, fraternity, freedom, equality and morality according to historical materialism. The struggle of Li Dazhao's life was closely linked to the history of the Party leading Chinese people in fighting for national sovereignty and seeking happiness for the people. Li Dazhao's thought of human rights is an important part and theoretical achievement of the sinicization of Marxism. On the occasion of commemorating the centenary of the founding of the Communist Party of China and in the ongoing Party history learning and education activities, it is of theoretical value and practical significance to further study his thought of human rights.

Keywords: Natural Rights; Historical Materialism; Socialism; State Sovereignty; Humanism; Populism

The Observation Angle and Theoretical Approach
of Right Analysis

Li Yongjun & Zhang Xiao

Abstract: Rights are the recognition and protection of the subject's freedom or interests in the form of affirmative norms by society. A right can only be the right of the subject. Without the subject, a right will lose its logical starting point and destination. Therefore, the existence of subjects of rights is not only the necessary condition for the norms of rights, but also a important feature of describing the phenomenon of rights. The individuals are the basic forms of social composition, and the communities are the necessary ways and means for human existence and development. Therefore, the individuals and the communities constitute various forms of the subjects of rights. Right exists as a contradiction. Externally, it manifests as a contradictory relationship with obligation, which runs through all legal phenomena. Internally, the dialectical unity of negative rights and positive rights constitutes a complete picture of the rights phenomenon. Therefore, contradiction is the basic attribute of rights. Starting from this attribute, rights can be divided into two types: negative rights and positive rights. These two types of rights are shown in three forms: the right of act and the right of accept, the right of freedom and the right of demand, the traditional human rights, and the social, economic and cultural rights. "Right-based theory", "duty-centered theory", "equal emphasis on right and duty theory" and "theory of legal right as core" explain the relationship between right and duty in different aspects.

Keywords: Right; Duty; Community; Political State

Reflection on the Traditional Concept and
Justifiction of Right

—From the Perspective of Meta-theory

Zhang Hongxin

Abstract: With regard to rights, there are two main competing theories of rights, namely, the interest and the Will Theory. From the perspective of meta-theory, the debate between the theories of rights concerns the concept rather than the justification. According to the requirements of the definition of a general concept of rights, there are some difficulties in the conceptual interpretation of rights by either the interest Theory or the Will Theory, which cannot be regarded as a general concept of rights. Conceptualism provides a new perspective for conceiving the concept of rights. Rights must be pursued as an independent normative affair, in which the subjects should take reciprocity as the test standard and equal participation as the condition when they pursue what they value and realize human dignity and value. The conceptual analysis of rights is open, provided that one captures the complex way and function of the concept of rights in practical reasoning.

Keywords: Rights; Concept; Justification; Interest Theory; Will Theory

"China's Plan" for the Reconstruction of the International Human Rights Regime: A Pluralistic Perspective

Kang Huaru

Abstract: The concepts of human rights in different cultures are distinctive. Though various cultures are compatible with each other and learn from each other, in the course of the internationalization of human rights, the West has accumulated absolute superiority in human rights discourse, and has continued to dominate the development and operation of the international human rights system. While exporting its values and human rights concept, the West has suppressed the development of the human rights theories and practical models of other cultures, resulting in a serious imbalance of the international human rights regime. However, in the era of globalization, the western concept and model of human rights are no longer sufficient to support the mission and significance carried by "human rights" of the present, and the unbalanced international human rights regime needs to be changed urgently. In 2006, a significant reform of the

United Nations human rights system led to the replacement of the Commission on Human Rights by the newly established Human Rights Council, which in essence, in turn, started the structural adjustment of the international human rights order. The concept of "building a community with a shared future for mankind" proposed by China, as well as the distinct human rights theory and practical model developed in China's cultural, historical and social environment, provide a feasible plan for building a new international human rights order to adapt to the background of globalization. The "China's Plan" indicates a new international human rights regime based on the structure of "pluralism based on unity", which respects and is able to absorb the value and wisdom of diverse cultures, thus is beneficial to the realization of a "good life" for all mankind.

Keywords: Human Rights; International Human Rights Regime; China's Plan; Pluralism Based on Unity

The Current Situation and Solution of the differential Protection of Property Rights in China

Yang Guanpeng

Abstract: With the development of non-public economy, the voice of protecting private property rights has been gradually raised and written into the Constitution and legal norms. However, adhering to the constitutional norms with public ownership as the main body leads to the different status of state-owned, collective and private property rights, which is embodied in three aspects: formal inequality, substantive inequality and mutual transformation inequality. This kind of differential status directly affects the specific judgment in the legislative, administrative, judicial and other fields, especially in the cases of administrative expropriation and private economy. Due to the limited function of the private law norms to adjust the legal relations in the civil field, relying on the principle of equal protection in the past *Property Law* and the current

Civil Code can not fundamentally reverse this situation. When the internal contradictions of constitutional norms have not been fully reconciled, the case response and post correction relying on subordinate law legislation, administrative law enforcement and judicial review are often ineffective. To realize the equal protection of property rights, the state power organs and their permanent organs should perform their statutory functions and powers, especially actively exercise the power of constitutional interpretation and lead the formulation of relevant legal norms. Local people's congresses at all levels should also take the initiative to intervene in the protection and relief of private property rights through the exercise of decision-making power and supervision power.

Keywords: Property Rights; Equal Protection; Constitutional Norms; Functions and Powers of the NPC

The Concept of Speech in the Constitution

Zheng Xiaojun

Abstract: Should freedom of speech be interpreted as the freedom to express all kinds of speech? In practice, there are many misinterpretations of the concept of speech. To explain the connotation of freedom of speech in the constitution, it is necessary to distinguish the coverage from the protection. The significance of making such a distinction is to use the "filter" function of the coverage to exclude speech that should not be covered in the constitution at the beginning of the discussion, so as to avoid unnecessary disagreements on the restriction of speech. The core meaning of freedom of speech is to guard against the control of speech by the state. Therefore, to judge whether private speech should be regulated by the constitution, the key is to see whether speech has the risk of being infringed by the power and whether it should be removed from the legislative process. Allowing the constitution to regulate private speech is not only unnecessary, but also dangerous. Therefore, the concept of speech in the constitution should be subtracted rather than added. As for the speech discrimination and regulation between the private relations, it is necessary to determine whether there are elements of power such as government participation, assistance, encouragement, authorization or entrust, then the private action should be regarded as state action.

Keywords: Freedom of Speech; Constitutional Rights; Legal Relationship; Infringement Risk

A Community with a Shared Future for Mankind and Human Rights Jurisprudence with the Universal Vision of the Jurisprudence

Hu Jie & Zhou Guangying

Abstract: The jurisprudence generally refers to the most intuitive understanding and analysis of the concept of law and related matters from the perspectives and perspectives of "the rule of law". From the macro perspective, jurisprudence contains the inherent spirit of law, reflects the inherent qualities of the rule of law, and conforms to the basic principles of everything in the world. Meanwhile, the fitness between the ubiquitous concept of jurisprudence and the jurisprudence of basic human rights is mainly reflected in the consideration, exploration and protection of human freedom, rights and dignity. The rich idea of human rights and conceptual connotations contained in the community with a shared future for mankind and its concept of human rights not only helps to provide research and analysis perspectives for the relevant theories and practices of human rights in terms of the concept of rights, awareness of rights, ways of exercising rights, and limits of rights. Meanwhile, it also helps to deepen and strengthen the existing human rights knowledge concept, value and action system, and form a "locally constructed with limited but freely flexible human rights".

Keywords: The Ubiquitous Concept of Jurisprudence; The Imagined Community; A Community with a Shared Future for Mankind; Human Rights; Jurisprudence

On the Principle of Civil Rights Protection and Its Realization under the Application of Artificial Intelligence Technology

Fang Fang

Abstract: Modern artificial intelligence technology is a kind of data-driven artificial intelligence. As the object of legal relations, the wide application of artificial intelligence technology has promoted the development of human society and also poses a serious challenge to civil rights. Alienation of state public power arising from the collusion between state public power and artificial intelligence technology, the technical public power of artificial intelligence technology and the alienation of technical public power have led to violations of civil right to freedom, information rights, and other privacy rights. Therefore, civil rights protection must follow the principle of human dignity and inviolability, the principle of meaningful human control and the principle of algorithmic justice. The state grants citizen data rights, restrains themselves from application of artificial intelligence technology, carries out the domestic normalization supervision to the application of artificial intelligence technology of social technical organizations and establishes artificial intelligence internationalization supervision, provides effective judicial remedies, which provide legislative, administrative and judicial protection for civil rights. Social technical organizations comply with relevant laws and regulations, restrain themselves from application of artificial intelligence technology, which avoid the violations to civil rights.

Keywords: Artificial Intelligence; The Civil Rights; The Protection of the Civil Rights

The Logical Disorder and Adjustment in the Study of Chinese Children's Rights

—Based on the Study of Academic History

Liu Tao & Shi Huachen

Abstract: The research on children's rights in China is influenced by the three background factors of Chinese rights theories, western child rights theories and China's child rights protection practices. The three play the roles of ideological cornerstone, theoretical source and realistic power respectively. The development of the theory of children's rights in China has been slow, and it has obviously lagged behind the current needs of protection of children's rights. Through the investigation of academic history, we can find the logical disorder of the study of Chinese children's rights: the theoretical tone is vague, the theoretical context is mixed, and the theoretical function is empty. In view of the development needs of the theory of children's rights in China and the practical requirements of the protection of children's rights in China, the approach of the research on children's rights in China should focus on the three aspects: strengthening the research on the basic theory of children's rights, highlighting the realistic responsiveness of the theory of children's rights, and linking children's rights with local culture.

Keywords: Children's Rights; Protection of Minors; Preschool Education; Family Education

On Children's Right to Play

—From the Perspective of Article 31 of *the Convention on the Rights of the Child*

Wang Hao

Abstract: Article 31 of *the Convention on the rights of the child* defines children's right to play. There is a multidimensional relationship between the right to play and other rights contained in *the Convention on the Rights of the Child*. However, as a "forgotten right", children's right to play faces many difficulties in family, education and public situations. We should recognize children's play from the perspective of rights beyond instrumentalism and internalism. We should respect, support and promote children's play right by changing the traditional concept of children's play, improving children's play time and space, and protecting children's right to participate in expression.

Keywords: The Play of the Child; The Rights of the Child; Children's Right to Play

Analysis on Grandparental Childcare Policies in the United States

—Based on the Perspective of the Social Security Right Maintenance for the Groups in Difficulties of Grandparental Childcare

Hao Suyu & Liu Yan

Abstract: The living predicament of the groups of grandparental childcare and the infringement on their social security rights have gradually aroused social concern. The state has the responsibility to protect their corresponding rights and interests. From the perspective of the social security right maintenance for the groups in difficulties of grandparental childcare, the grandparental childcare policies in the US provides human rights protection by substantive and corresponding procedural means of income maintenance, social services, housing assistance, educational and medical welfare. The characteristics of these policies are embodied in the integration and development of the concept model of "familyism" and "De-familialization", the continuation of the tradition of liberal welfare system, the low degree of de-commoditization of policies, and the lack of substantive social security rights. The welfare policies of the US grandparental childcare can provide an extraterritorial reference for China's relevant policy discussion. The implication for China can include introducing the perspective of grandparental childcare in the relevant policy design and balancing the relationships of family, state and market.

Keywords: Grandparental Childcare; Social Policy; Social Security Right; Children in Difficulties; The United States

Research on the Protection of Ethnic Minority Rights in China

Ni Wenyan

Abstract: The state is an important factor in the protection of the rights of ethnic minorities, and the rights of ethnic minorities themselves also have national attributes. The formation and development of the protection system of ethnic minority rights in China is carried out under the promotion of national construction. In this process, the Communist Party of China started the foundation laying process. In the period of the founding of the People's Republic of China, based on the specific environment and political ecology, the basic form and appearance of the protection of ethnic minority rights were shaped by national capacity construction. After the reform and opening up, the protection system of the rights of ethnic minorities has been gradually standardized in a new era, and the improvement of national capacity has formed a Chinese model to promote the comprehensive development of the rights of ethnic minorities. Under the new situation of domestic and international environment, To correspond with the new situation, our state needs to improve the enculturation capacity, system enforcement capacity and fiscal capacity.

Keywords: Ethnic Minorities Rights; Regional Ethnic Autonomy; National Capacity

Protection of Surrogate Children's Rights

—Taking Human Assisted Reproductive Technology as the Starting Point

Yang Chengming & Sun Chaohui

Abstract: Surrogacy through assisted reproductive technology is becoming another global legal phenomenon after adoption, which breaks the traditional legal norms and causes a series of human rights protection problems. As far as the protection of children's rights is concerned, the limping parentage caused by surrogacy may constitute or indirectly cause the sale of children. The absence of supervision may easily lead to the abandonment and abuse of children, and make children stateless. These problems caused by surrogacy in China are embodied in the lack of unified standards for the identification of parent-child relationship, the lack of legal mechanisms to prevent the sale, abandonment and abuse of surrogacy children, and the increased risk of children becoming stateless. To solve these problems, it is necessary to gives a positive legislative evaluation on the act of legitimate surrogacy through the assisted reproductive technology, to regulate the act of surrogacy through the assisted reproductive technology is by law, to clarify the legal position that the pregnant woman is the legal mother, to improve the legal mechanism of protecting the jura personarum of surrogacy children, to establish a special adoption system applicable to surrogacy children and to improve the norms on cross-border surrogacy.

Keywords: Human Assisted Reproductive Technology; Surrogacy; Child Rights Protection; Legal Dilemma

Fundamental Principles of the Right to Development: Theoretical Reflections and Normative Expressions

Zhang Xu

Abstract: As a fundamental human right led by developing countries, the right to development has, over the past decades, played a positive role in reforming the irrational international economic order and enhancing the discourse of developing countries as a whole on participation in global governance. The right to development is in jeopardy because of the growing disagreement among States on the very issue of the right to development. Based on the existing theory and practice of the right to development including the principles of people-centred development, self-determined development, commensurate rights and obligations, sustainable development, international solidarity and the right to regulate, which not only are the basic principles of the right to development but also fully reflect the "overlapping consensus" of developing countries on the right to development, have important theoretical inspiration and practical significance in promoting the implementation and follow-up of the right to development, by analyzing the conceptual connotation and normative sources of the right to development and clarifying the values and functions of the right to development.

Keywords: Right to Development; Fundamental Principles; Regional Human Rights Mechanisms; Sustainable Development Goals

The Normative Object of Legal Protection of Personal Data: Basis of Rights and Interests, Behavioral Risk and Power Imbalance

Li Xu

Abstract: Research on the objective of norms to personal data protection commonly dates from justification for the basis of rights and interests. Preliminary legislations of data protection have seen a diversity, indigenization and expansibility pattern of rights and interests. A complicated relationship between data protection and foundation of rights and interests as semi-detached to each other is implanted in the pattern indicated. Meanwhile, understanding towards issue of legal protection for personal data should not be limited to protection of rights and comparison of interests when more comprehensive issues are triggered by the technicalization and socialization of data. Data protection issue is provided with more specific independence compared with single protection of rights or protection of personal information.

Keywords: Personal Data; Basis of Rights and Interests; Legal Protection; Data Process; Data Power

Historical Review and Prospect of Realization Pathways of Human Rights Governance in Business

—The Tenth Anniversary of the Approval of *the Guiding Principles for Business and Human Rights*

Xu Yawen & Huang Feng

Abstract: In the area of human rights governance in business, the Chinese Government has incorporated the implementation of legal obligations and social responsibilities into *the Outline for the Implementation of the Construction of a Legal Society* (*2020 – 2025*) , and incorporated respect for business and human rights into the National Human Rights Action Plan, national standards for social responsibility, legal texts, investment and trade policies. However, business still faces the human rights dilemma of " input", " output" and " soft law" and the construction of a business environment governed by law. 2021 marks the tenth anniversary of the approval of *Business and Human Rights*: *Implementing the Guiding Principles of the United Nations Framework for Protection*, Respect and Remedy. Taking this as an opportunity, this paper reviews and analyzes the history of the implementation of human rights governance in business in the international community and the transformation of China's governance policy concept. On the basis of adhering to cooperative governance, new governance pathways are explained and constructed by perfecting and optimizing human rights governance measures.

Keywords: Business and Human Rights; Human Rights Practices; Human Rights Dilemmas; Human Rights Due Diligence; Social Governance

Paths and Public Law Boundaries of Public Power Intervention in E-commerce Platform Self-governance

Chen Rongxin

Abstract: E-commerce platforms have strong autonomy abilities, but it is easy to fall into self-governance dilemmas due to its risk of power abuses and inclination of disorderly expansion. It is necessary to introduce public powers for the governance of E-commerce platforms. From the perspectives of public laws requirements, balances of rights and obligations and public interests, the public power intervention in E-commerce platforms has sufficient legal bases. From the perspectives of governance effectiveness, the measurements of intervention costs and social benefits, and the balances of fair values and moderate intervention, it is helpful to accurately grasp the rationality of public power intervention in the self-governance of E-commerce platforms. At present, there are many controversies about the paths of public powers intervening in E-commerce platforms, which are essentially disputes about the understanding of the boundaries of public laws. Therefore, we should reflect on the three dimensions of the interaction between the state and the society, the logical relationship between the government and the market, and the responsibility relationship between public and private subjects, and then explore the solutions under the boundaries of public laws of the principles of collective-governance, intervention authorities, and responsibility rules.

Keywords: E-commerce Platforms; Self-governance Dilemmas; Public Power Intervention; Boundaries of Public Laws

Research on the Debtor's Right to Apply for Insolvency in Individual Insolvency Procedure

—From the Perspective of Rights Protection

Hu Shouxin

Abstract: In the process of constructing China's personal insolvency procedure, there are debates between theoretical and practical circles on which debtors' bankruptcy filing rights should be granted in China's future personal insolvency law. In terms of the attributes of the debtor's right to file for insolvency, the right not only means that the debtor holds the initiative and option to liquidate the debt, but also is the key to connect other favorable systems for the debtor in the insolvency procedure. Therefore, China's future personal insolvency law should not selectively grant debtors the right to file for insolvency, but should adopt the general personal bankruptcy doctrine and fully grant debtors the right to file for insolvency, without excluding any type of debtors from the adjustment scope of personal insolvency law. On this basis, China's future personal insolvency law should build simple bankruptcy procedure according to the size of the subject matter of the case, the number of creditors and other factors as the dividing criteria, in addition, it should also establish a bankruptcy filing interval and other preventive systems to regulate the abuse of the debtor's right to file for insolvency.

Keywords: Individual Insolvency Procedure; Debtor's Right to Apply for Insolvency; General Personal Bankruptcy Doctrine; Simple Bankruptcy Procedure

The Right Connotation and System Construction of Chinese Lawyer's Right of Presence

Yu Hao & Gao Yang

Abstract: The lawyer's right of presence is one of the important measures to protect the legal rights of criminal suspects and prevent miscarriage of justice, and it has been recognized by many modern legal ruling countries. The abroad relevant norms and precedents can be the reference. Our country's current synchronous audio and video recording system, the on-duty lawyer system, the leniency system for pleading guilty and punishment, and the summary procedure of criminal lawsuit have provided institutional space for the realization of the lawyer's right of presence. Respecting and protecting human rights are the value of the rule of law in China. Deepening judicial reforms and advancing the modernization of the rule of law need further clarification of the connotation of the lawyer's right of presence and the improvement of system construction.

Keywords: Lawyer's Right of Presence; Human Rights Protection; Judicial Reform; Rule of Law

On the Lawyer's Right of Presence in the Process of Criminal Investigation and Interrogation

Wang Jing & Yuan Yiming

Abstract: With the deepened commitments to the trial-centered criminal procedures system reform, the adversary proceedings have been strengthened in the trial stage. However, in the process of investigation and interrogation, the adversarial nature between the prosecution and the defense is still insufficient, which may cause the violation of the human rights of the suspects. The investigation supervision should be enhanced by due process of law. In order to construct the due process of investigation to protect criminal suspects' human rights, many countries and regions have implemented the system of lawyers' presence, trying to achieve the aforementioned goal by maintaining the balance of the prosecution and the defense. In the process of promoting the modernization of the criminal governance system in the new era, it is necessary to refer to extraterritorial rule of law experience and construct the system of the presence of lawyers with Chinese characteristics. This paper starts with the basic concepts to define the connotation of the right of the lawyer's presence, clarifies the theoretical basis and practical significance of relevant systems, and then introduces and evaluates the systems of typical countries outside the region. Finally, based on the above-mentioned materials, the author puts forward the constructive suggestions of the lawyer's presence system in China.

Keywords: Lawyer's Right of Presence; Criminal Investigation and Interrogation; Purposes of Criminal Procedure; Protection of Human Rights

稿　约

　　《人权研究》创办于 2001 年，系山东大学人权研究中心主办的学术理论性集刊。该集刊在学术界具有良好学术声誉，已被收录为 CSSCI 来源集刊。现任主编为齐延平教授。

　　本集刊欢迎以人权、基本权利为主题的历史研究、比较研究、跨学科研究、案例评析、书评及译文，亦欢迎涉及刑事法、行政法、国际法、环境法等部门法的相关研究。来稿应见解独立、论证清晰、资料翔实、文风清新。

　　论文以 2 万~3 万字为宜，案例评析、书评及译文不受此限；另附中英文标题、摘要、关键词，以及作者信息和通讯方式。本集刊常年征稿，来稿三个月内未接到刊用通知者，敬请自行处理。来稿请以电子版发送至编辑部收稿邮箱：rqyj2001@163.com，稿件请勿投寄个人。

　　本集刊实行每页重新编号的脚注注释体例。引用性注释必须真实、必要。对观点的引用，应注重代表性；对事件、数据的引用，应注重资料来源的权威性。限制对非学术性书籍、非学术性期刊及报纸文章和网络资料的引用。说明性注释以必要为限，并应尽量简化表达。

　　欢迎学界同仁不吝赐稿！

《人权研究》编辑部

2022 年 3 月

图书在版编目（CIP）数据

人权研究. 第二十五卷／齐延平主编. -- 北京：
社会科学文献出版社，2022.4
ISBN 978 - 7 - 5201 - 9755 - 7

Ⅰ.①人… Ⅱ.①齐… Ⅲ.①人权 - 研究 Ⅳ.
①D082

中国版本图书馆 CIP 数据核字（2022）第 054807 号

人权研究（第二十五卷）

主　　编／齐延平
执行主编／郑智航

出 版 人／王利民
组稿编辑／刘骁军
责任编辑／易　卉
责任印制／王京美

出　　版／社会科学文献出版社·集刊分社（010）59367161
　　　　　地址：北京市北三环中路甲29号院华龙大厦　邮编：100029
　　　　　网址：www. ssap. com. cn
发　　行／社会科学文献出版社（010）59367028
印　　装／三河市尚艺印装有限公司

规　　格／开　本：787mm×1092mm　1/16
　　　　　印　张：34.25　字　数：520千字
版　　次／2022 年 4 月第 1 版　2022 年 4 月第 1 次印刷
书　　号／ISBN 978 - 7 - 5201 - 9755 - 7
定　　价／168.00 元

读者服务电话：4008918866